FORSCHUNGEN ZUR DDR- UND OSTDEUTSCHEN GESELLSCHAFT
Bianka Trötschel-Daniels
Ringen um Recht

Bianka Trötschel-Daniels

Ringen um Recht

Das Denkmalpflegegesetz der DDR
von 1975

Ch.Links VERLAG

Diese Arbeit entstand im Rahmen des DFG-Graduiertenkollegs GRK 2227 »Identität und Erbe« und wurde an der Bauhaus-Universität Weimar im April 2020 als Promotionsschrift angenommen.

Gedruckt mit freundlicher Unterstützung der Bundesstiftung zur Aufarbeitung der SED-Diktatur

Die Deutsche Nationalbibliothek verzeichnet diese Publikation in der Deutschen Nationalbibliografie; detaillierte bibliografische Angaben sind im Internet über www.dnb.de abrufbar.

Ch. Links Verlag ist eine Marke der Aufbau Verlage GmbH & Co. KG

© Aufbau Verlage GmbH & Co. KG, Berlin 2022
www.christoph-links-verlag.de
Prinzenstraße 85, 10969 Berlin
Umschlaggestaltung: Nadja Caspar, Ch. Links Verlag
Coverfoto: Die Kongresshalle am Alexanderplatz in Berlin, daneben das Haus des Lehrers, 1975, ADN-ZB, Fotograf: Erich Zühlsdorf, Bundesarchiv, Bild 183-P1029-0312
Lektorat: Dr. Daniel Bussenius, Berlin
Satz: Britta Dieterle, Berlin
Druck und Bindung: Druckerei F. Pustet, Regensburg
Gedruckt auf säurefreiem, chlorfrei gebleichtem Papier

ISBN 978-3-96289-132-9

Inhalt

Einleitung	9
I. Das Recht der Denkmalpflege in der DDR	10
1. Gesetz und Verordnung	10
2. Denkmalpflege in der DDR	13
II. Methoden und Quellen	18
1. Quellenkritik und Stand der Forschung	18
2. Methoden	25
3. Gang der Arbeit	26
Teil 1 Genese des Denkmalpflegegesetzes	29
I. Impulse aus der Denkmalpflegerschaft	30
1. Etappe I: 1945 bis 1963: Faktische und legislative Neuordnung der Denkmalpflege	30
1.1. Zum Erlass der Verordnung von 1952	30
1.2. Reformbedürftige Mängel der Verordnung von 1952	33
1.3. Diskussionen um die Rechtsform: Durchführungsbestimmung oder Verordnung?	38
1.4. Auswirkungen der Babelsberger Konferenz 1958 auf die Rechtsetzung im Denkmalschutzrecht	40
1.5. Fachleute fordern ein Gesetz, 1959	44
1.6. Die Verordnung von 1961	49
2. Etappe II: November 1963 bis Juli 1966: Der Kulturbund als Plattform	53
2.1. Konferenzen des Zentralen Fachausschusses der Natur- und Heimatfreunde, 1963	53
2.2. Erstes Grundsatzpapier: Bad Saarower Empfehlungen, 1964	57
2.3. Unzureichende Regelungen zur Finanzierung denkmalpflegerischer Maßnahmen, 1965	61
2.4. Weitere Instrumente zur Verbesserung der Stellung der Denkmalpflege, 1966	63

3. Etappe III: November 1966 bis Juli 1970: Neuordnung
durch die interministerielle Arbeitsgruppe 66
3.1. Einsatz der »Arbeitsgruppe Denkmalpflege«, 1966 66
3.2. »Unordnung« in der Denkmalpflege, 1967 70
3.3. Begünstigende Kulturpolitik: Der Staatsratsbeschluss
zur Bedeutung humanistischer Kultur, 1967 73
3.4. Zweites Grundsatzpapier: »Neuordnung des Schutzes und
der Pflege der Denkmale der Geschichte und Kultur«, 1968. . . 77
3.5. Zur vom Ministerium der Finanzen geforderten
»Neufassung der Neuordnung«, 1969. 95
3.6. Ministerratsvorlage »Ordnung zur Durchführung
der Denkmalpflege«, 1970 96

4. Etappe IV: April 1971 bis Juni 1975: Das Gesetz
nimmt Gestalt an 100
4.1. »Anarchie« und neue Hoffnungen 100
4.2. Erster Entwurf einer neuen Denkmalschutzverordnung,
April 1971 103
4.3. Kulturpolitische Öffnung und die »Erweiterung
des Denkmal(pflege)begriffs«, 1971–1972. 107
4.4. Vergleich zwischen Verordnungs- und Gesetzesentwürfen. . . . 112
4.5. Hürde: Ministerrat, 1973 117
4.6. In der Volkskammer, 1975 120

5. Zusammenfassung: Ein Gesetz als Ausdruck
besonderer Wertschätzung. 126

II. Internationale Impulse durch die Hinwendung zur Pflege des
baukulturellen Erbes als europaweitem Phänomen. 137

1. Die DDR im europäischen Kontext denkmalpflegerischer
Gesetzgebungsaktivitäten 137
1.1. Zeitgeist. 139
1.2. Völkerrecht und transnationale Vereinbarungen 141

2. Internationale Netzwerke der Denkmalpflege,
insbesondere ICOMOS, 1964–1969 143
2.1. Die DDR und der Kongress der Architekten und
Denkmalpfleger in Venedig, 1964. 144
2.2. Die Gründung von ICOMOS in Polen, 1965 147
2.3. Die Abhängigkeit der Mitgliedschaft bei ICOMOS
vom Mitgliedsstatus bei der UNESCO. 148
2.4. Die Abhängigkeit der Mitgliedschaft bei ICOMOS
vom Mitgliedsstatus bei ICOM, 1968 156
2.5. Die Aufnahme der DDR bei ICOMOS, 1969 165

3. 1975 – Die DDR und das Europäische Denkmalschutzjahr
   (EAHY) 168
   3.1. Die Europaratskampagne zum Europäischen
        Denkmalschutzjahr 170
   3.2. Das EAHY und die sozialistischen Länder,
        insbesondere die DDR 172
4. Appendix: Wechselwirkungen mit den Verhandlungen
   der KSZE 179

Teil 2 Das Denkmalpflegegesetz von 1975 181

I. Überblick über wichtige Regelungsinhalte 182
   1. Schutzbereich des Gesetzes 182
   2. Leitgedanken der Denkmalpflege in der DDR 183
      2.1. Die Präambel als Lenkungsinstrument 183
      2.2. Zielrichtungen von Denkmalpflege: Wirkungen nach innen
           (Bewusstseinsbildung) und nach außen (Internationalisierung) 189
      2.3. Instrumente der Denkmalpflege: Popularisierung,
           Erforschung und Interpretation 193
   3. Das Institut für Denkmalpflege als zentrale
      wissenschaftliche Einrichtung 195
   4. Erfassung und Klassifizierung in Denkmallisten 197
      4.1. Verordnung von 1952 200
      4.2. Verordnung von 1961 205
      4.3. Denkmalpflegegesetz von 1975 209
   5. Finanzierung denkmalpflegerischer Maßnahmen 215
   6 Rechte und Pflichten im Denkmalschutz 218
      6.1. Pflichten der Denkmaleigentümer und Rechtsträgerwechsel .. 218
      6.2. Beschwerde gegen Beschlüsse und Auflagen 221

II. Der Denkmalbegriff des Denkmalpflegegesetzes 225
   1. Allgemeiner Denkmalbegriff 228
      1.1. Zeugnis, Bedeutung und das gesellschaftliche
           Erhaltungsinteresse 228
      1.2. Bauwerke der Gegenwart als Denkmale 232
   2. Besonders ausgeprägte Denkmalgattungen des
      Denkmalpflegegesetzes – Genese und Vergleich 238
      2.1. Geschichtsdenkmale 238
      2.2. Technische Denkmale 246
      2.3. Gartendenkmale 260

3. Bau- und Kunstdenkmale 269
 3.1. Städtebauliche Denkmale 269
 3.2. Denkmale der bildenden und angewandten Kunst 289

Fazit und Ergebnisse 293
I. Zusammenfassung... 294
 1. Neuanfänge und Kontinuitäten 295
 2. Wer »sie« waren: Akteure und Zeiten 296
 3. Konkurrenz belebt das Geschäft: Verschränkung
    von Innen- und Außenpolitik 297
 4. Denkmalpflege als Instrument von Erbeaneignung............. 300
 5. Gesetze als Mittel zur Staats(re)präsentation................... 302
II. Hätte das Denkmalpflegegesetz nach der friedlichen Revolution
    in den neuen Bundesländern übernommen werden können? 305
III. Differenzierung von Gesetz und Vollzug........................ 307

Anhang 309
Denkmalschutzverordnung von 1952............................... 310
Denkmalschutzverordnung von 1961............................... 312
Denkmalpflegegesetz von 1975 315
Quellen- und Literaturverzeichnis.................................. 318
 Archivbestände 318
 Literaturverzeichnis... 321
 Internetquellen 339
  Literatur, online 339
  Rechtsquellendatenbanken, Parlamentsdokumentationen
  und Übereinkommen 341
  Nachschlagewerke 343
  Sonstige 343
Abkürzungen 345
Personenregister... 347
Dank 351
Die Autorin... 352

Einleitung

I. Das Recht der Denkmalpflege in der DDR

1. Gesetz und Verordnung

Die Pflege von Baudenkmalen wurde in der Deutschen Demokratischen Republik (DDR) von drei aufeinanderfolgenden Rechtsgrundlagen geregelt:

Am 26. Juni 1952 wurde die »Verordnung zur Erhaltung und Pflege der nationalen Kulturdenkmale (Denkmalschutz)«[1] erlassen. Sie bestimmte – im internationalen Vergleich: früh – nach dem Zweiten Weltkrieg und anknüpfend an die vor dem Krieg herrschenden Strukturen, wie Denkmalpflege funktionieren sollte. Sie galt neun Jahre, bis sie am 28. September 1961 von der »Verordnung über die Pflege und den Schutz der Denkmale«[2] abgelöst wurde.

Schließlich wurde am 19. Juni 1975 das »Gesetz zur Erhaltung der Denkmale in der Deutschen Demokratischen Republik (Denkmalpflegegesetz)«[3] verabschiedet. Ergänzt wurde das Gesetz von drei Durchführungsbestimmungen, die 1976, 1978 sowie 1980 erlassen wurden. Sie regelten Details zu den Aufgaben des Instituts für Denkmalpflege, zu den sogenannten Denkmalen mit Gebietscharakter und zur Kennzeichnung der Denkmale.[4] Das Gesetz mit seinen Durchführungsbestimmungen galt bis zur friedlichen Revolution 1989 und darüber hinaus, bis die sogenannten neuen Bundesländer landesrechtliche Regelungen erlassen haben.

Es fällt auf, dass 1975 die Rechtsform des Gesetzes gewählt wurde, wohingegen zweimal zuvor eine Verordnung erlassen worden war. 1975 war auch das vom Europarat ausgerufene Europäische Denkmalschutzjahr, an dem sich die DDR, wie andere sozialistische Staaten auch, allerdings offiziell nicht beteiligte.

Verordnung wie auch Gesetz sind abstrakt-generelle Rechtsnormen, die sich darin unterscheiden, wer sie erlässt und wie sie wirken. Die Regierung der DDR, der Ministerrat, erließ Entscheidungen in Form von Verordnungen und Beschlüssen. Während Letztere vor allem sachlich und zeitlich begrenzte Maßnahmen regelten, wurden grundsätzliche Fragen der Leitung, Planung und Rechnungsführung in der Volkswirtschaft und andere Bereiche des gesellschaftlichen Lebens

---

1 GBl. 1952, Nr. 84, S. 514. Im Folgenden VO-52 abgekürzt.
2 GBl. II 1961, Nr. 72, S. 475. Im Folgenden VO-61 abgekürzt.
3 GBl. I 1975, Nr. 26, S. 458. Im Folgenden DPG abgekürzt.
4 (1.) Durchführungsbestimmung zum DPG, GBl. I 1976, Nr. 41, S. 489; 2. Durchführungsbestimmung zum DPG – Denkmale mit Gebietscharakter und Einbeziehung der Umgebung, GBl. I 1978, Nr. 25, S. 285; 3. Durchführungsbestimmung zum DPG – Kennzeichnung von Denkmalen, GBl. I 1980, Nr. 10, S. 86.

in Verordnungen geregelt.⁵ Ihre Regelungen sollten über einen längeren Zeitraum gelten und damit stabile Rechtsverhältnisse schaffen. Fragen von »großer innerstaatlicher und außenpolitischer Bedeutung« wurden in Ministerratsverordnungen geregelt.⁶

Gesetze konnten allein von der Volkskammer der DDR erlassen werden. Die Volkskammer war ausweislich der Verfassung das »oberste Organ der Staatsmacht«. Die von der Volkskammer erlassenen Gesetze legten »die konkreten Wege und Schritte zur Errichtung des entwickelten Sozialismus fest«.⁷ Gesetze nahmen unter allen Rechtsvorschriften den formal höchsten Rang nach der Verfassung ein. In ihnen wurden die »grundlegenden und wichtigsten gesellschaftlichen Verhältnisse geregelt«.⁸

Auch wenn wir wissen, dass die Volkskammer nicht mit dem bundesdeutschen Bundestag gleichzusetzen ist, was ihre Legitimation und Arbeitsweise betrifft, so müssen wir dennoch zur Kenntnis nehmen, dass auch das Staatsorganisationsrecht der DDR eine Rangordnung der Rechtsquellen vorsah. Allein insofern ist dem Umstand, dass im Hinblick auf die Denkmalpflege nach zwei Verordnung ein Gesetz erlassen wurde, eine besondere Bedeutung zuzumessen. In einem Land, in dem zwischen 1949 und 1989 durchschnittlich zwölf Gesetze pro Jahr erlassen worden sind,⁹ war die Verabschiedung eines Gesetzes etwas Seltenes, Besonderes. Der Inhalt wurde durch diese Form geradezu ausgezeichnet.

Das Denkmalpflegegesetz war eines von acht Gesetzen, die im Jahr 1975 erlassen wurden. Andere Gesetze waren beispielsweise das gesellschaftlich höchst relevante Zivilgesetzbuch (ZGB), das die zivilrechtlichen Eigentumsverhältnisse im Sinne einer sozialistischen Weltanschauung regelte und das bis dahin geltende Bürgerliche Gesetzbuch von 1900 ablöste. Die Verabschiedung des ZGB markiert einen wichtigen Punkt in der Rechtsentwicklung der DDR. Mit ihm sei, so Mampel, die sozialistische Rechtsordnung »vollendet« worden. Ab diesem Zeitpunkt war

> »die Interessenlage der Inhaber der politischen Macht eine andere geworden. Jetzt geht es nicht mehr um Umwälzung, sondern um die Bewahrung und eventuell den Ausbau des Errungenen. Nunmehr wird das Recht als ein wichtiges Mittel dazu angesehen,

---

5 Akademie für Staats- und Rechtswissenschaften der DDR/Büchner-Uhder, Willi/Assmann, Walter u. a. (Autorenkollektiv): Verwaltungsrecht. Lehrbuch, Berlin 1979, S. 231.
6 Ebd., S. 231 f.
7 Akademie für Staats- und Rechtswissenschaften der DDR/Egler, Gert/Assmann, Walter u. a. (Autorenkollektiv): Staatsrecht der DDR. Lehrbuch, Berlin 1977, S. 326.
8 Ebd., S. 336.
9 Patzelt, Werner J./Schirmer, Roland (Hg.): Die Volkskammer der DDR. Sozialistischer Parlamentarismus in Theorie und Praxis, Wiesbaden 2002, S. 404, Tabelle 28: Anzahl der von der Volkskammer verabschiedeten Gesetze.

das in seinem ›sozialistischen‹ Charakter eine entsprechende Funktion ausüben soll. Es wird zum Instrument der Bewahrung und Festigung der neuen ›sozialistischen Staats- und Gesellschaftsordnung‹«.[10]

Gleichzeitig war 1975 das vom Europarat ausgerufene »European Architectural Heritage Year« (EAHY), das im deutschen Sprachraum sogenannte Europäische Denkmalschutzjahr, welches sich zwar vorrangig an die (westeuropäischen) Mitgliedsländer des Europarates richtete, aber in ganz Europa für mehr Aufmerksamkeit für die Pflege des baukulturellen Erbes sorgte.

Das Denkmalpflegegesetz der DDR entstand an der Schnittstelle zwischen Fachdisziplin und Politik. Der Entstehungsprozess eines Gesetzes wurde sowohl von den an der Basis und am Objekt Tätigen durch Anregungen und Forderungen auf Grundlage der Erfahrungen vor Ort begleitet als auch von Politikern beeinflusst, die größere Zusammenhänge einfließen ließen, politische Leitlinien und aktuelle Entwicklungen von Welt- und Innenpolitik während des Prozesses berücksichtigen mussten. Das Gesetz ist daher Kristallisationspunkt verschiedener Interessen. Vollziehende und gesetzgebende Kräfte vermischen sich. Praktiker, im konkreten Fall: praktisch arbeitende Denkmalpfleger, setzten Recht mit und vollzogen nicht lediglich von »oben« kommende Anordnungen. Sie gestalteten aktiv und handelten, wie auf einem Basar, Kompromisse aus. Sie konnten die Entscheidungen zwar nicht letztverbindlich treffen, aber sie beeinflussen.

Theoretiker wie Praktiker der Denkmalpflege hatte im Laufe der Jahrzehnte immer wieder gefordert, ein Denkmalgesetz zu erlassen. Noch bevor die erste Denkmalschutzverordnung 1952 verabschiedet wurde, schlug Gerhard Strauss, damals an der Bauakademie tätig, vor, statt einer Verordnung ein Gesetz zu erlassen, denn (nur) eine Verordnung entspreche »in nicht ausreichender Weise der politischen Bedeutung des kulturellen Erbes«.[11] Fast zwanzig Jahre später sprach sich auch Hans Nadler, Konservator in Dresden, für eine gesetzliche Grundlage aus: »Mit einem Gesetz« sei die Neuordnung der Denkmalpflege »in der Öffentlichkeit wirksamer als über den Weg einer Verordnung«.[12]

Dieser Rechtsformwechsel im Denkmalschutz offenbart zweierlei: den unumstößlichen Glauben an die stabilisierende Wirkung des Rechts sowie, dass Recht in Zeiten der Systemkonkurrenz als Instrument der (Re-)Präsentation eines Staates genutzt wurde.

---

10 Mampel, Siegfried: Normierung und Normsetzung in der DDR. Ein Symptom des politischen Systems der entwickelten sozialistischen Gesellschaft in der DDR, in: Georg Brunner (Hg.): Sowjetsystem und Ostrecht, Festschrift für Boris Meissner, Berlin 1985, S. 375–388, S. 376.
11 BArch, DH 2/21205, Blatt 251, Strauss' Stellungnahme zum Verordnungsentwurf der Staatlichen Kunstkommission, 25.06.1952.
12 BArch, DY 27/8931, Nadler an den Minister für Kultur Gysi, gekennzeichnet: Entwurf, 20.04.1971.

2. Denkmalpflege in der DDR

Das Bild der Denkmalpflege in der DDR ist heute häufig geprägt von den ikonischen Sprengungen baulicher Zeugen preußischer oder kirchlicher Herrschaft. Die Abrisse der Stadtschlösser in Berlin (1950) und Potsdam (1960), der Bauakademie Schinkels (1962) sowie die Sprengungen der Garnisonkirche in Potsdam und der Universitätskirche in Leipzig (beide 1968) haben sich tief in das visuelle Gedächtnis gebrannt.[13] Dieser Umgang mit Baudenkmalen, die allein aus ideologischen Gründen nicht wiederaufgebaut oder gar niedergerissen wurden, obwohl sie intakt waren, wird zu Recht kritisiert und sollte niemals vergessen werden.

Doch obschon zum und nach Ende der DDR-Zeit gemutmaßt und gehofft wurde, dass sich solcherlei Verhalten gegenüber baulichem Erbe nicht wiederholen würde, fallen auch heute noch Bauwerke der Denkmalpflege entgegenstehenden Interessen zum Opfer. Möglicherweise gibt es inzwischen zwar einen gesellschaftlichen Konsens, dass Werke bestimmter Architekten, etwa Schinkels, nicht mehr abgebrochen werden dürfen. Wobei sich auch hier die Ansichten stetig verändern: Das Œuvre Ulrich Müthers ist heute umfassend anerkannt, im Jahr 2000 noch wurde jedoch das sogenannte Ahornblatt, eine von Müther geplante Großgaststätte in Berlin, abgerissen.[14] Darüber hinaus würden wir heute wohl (nicht ohne ein wenig Hybris) behaupten, dass unser Geschichtsbild ausdifferenzierter und umfassender sei als das in der DDR, dass wir weniger »ideologisch« und dass überhaupt heute die Umstände ganz anders seien. Allein: Es gibt immer wieder – auch in der Geschichte Deutschlands nach der Wiedervereinigung – Fälle des Abrisses von Bauwerken, an denen Protest entbrennt und in denen der Abriss im Nachhinein gereut wird.[15] Der Unterschied zu den Abrissen in der DDR besteht wohl vor allem darin, dass nun nicht mehr »der Staat« selbst die Abrisse fordert, sondern die Akteure pluraler geworden sind. So stehen wirtschaftliche Interessen heute noch manches Mal über kunsthistorischen oder denkmalpflegerischen, man denke nur an die im Zuge des Braunkohletagebaus niedergerissenen Ortschaften

---

13 Ackermann, Manfred: Phasen und Zäsuren des Erbeverständnisses der DDR, in: Deutscher Bundestag (Hg.): Materialien der Enquête-Kommission »Aufarbeitung von Geschichte und Folgen der SED-Diktatur in Deutschland« (12. Wahlperiode des Deutschen Bundestages), Band III/2, Frankfurt am Main 1995, S. 768–795, S. 780, teilt die Denkmalpflege in der DDR in zwei Phasen ein. Die erste Phase, die er von 1945 bis zur Mitte der 1970er-Jahre verortet, sei die »klassenkämpferische« gewesen, in der klassisch-humanistisches Erbe restauriert, als reaktionär geltendes Erbe allerdings beseitigt wurde; Preuschen, Henriette von: Der Griff nach den Kirchen. Ideologischer und denkmalpflegerischer Umgang mit kriegszerstörten Kirchenbauten in der DDR, Worms 2011.
14 Seeböck, Tanja: Schwünge in Beton. Die Schalenbauten von Ulrich Müther, Schwerin 2016.
15 Cobbers, Arnt: Abgerissen! Verschwundene Bauwerke in Berlin, Berlin 2015. Hanno Rauterberg schrieb 2007, mehr als 300 000 Baudenkmale seien in den 30 Jahren von 1970 bis 2000 zerstört worden, und bezog sich dabei auf die Professorin für Denkmalpflege und Bauforschung Uta Hassler; Rauterberg, Hanno: Ein Land auf Abriss, in: Die Zeit, Nr. 03/2007, https://www.zeit.de/2007/03/Denkmal/komplettansicht (letzter Abruf: 24.02.2022).

oder größere Infrastrukturprojekte. So müssen wir heute leben mit dem Abriss des Palastes der Republik, der selbst einem Systemumbruch und den damit verbundenen Fragen nach Identität und Erbe zum Opfer fiel.

Weiterhin war das Bild der Denkmalpflege geprägt von dem sich wandelnden Erbeverständnis in der DDR. Insbesondere die Hinwendung der Geschichtswissenschaft zu Themen wie Preußen und Martin Luther wird zitiert. In diesem Zusammenhang bemüht man die »Rückkehr« des Reiterstandbildes Friedrichs des Großen an seinen originären Standort auf »Unter den Linden« in Berlin 1980. Die Aufstellung von Standbildern, von Georg Dehio 1903 als »gewolltes Denkmal« charakterisiert, ist allerdings, genau wie der Abbruch von (wenn auch denkmalgeschützten) Bauwerken, kein originärer Belang der Denkmalpflege. Allein die Pflege der baulichen Substanz eines solchen Denkmals fällt in den Aufgabenbereich der praktischen Denkmalpflege. Ob und wo ein solches Standbild seinen Platz im öffentlichen Raum findet, ist wiederum eine Entscheidung, die andernorts, nicht jedoch in Denkmalbehörden oder im Institut für Denkmalpflege, gefällt wird oder wurde. Die vernachlässigten historischen Innenstadtbereiche vieler Städte der DDR waren spätestens zum Zeitpunkt der friedlichen Revolution 1989 Symbol für eine verfehlte Kultur- und Baupolitik, für schwierige ökonomische Verhältnisse und für das Versagen eines Staatssystems. Nicht umsonst konzentrierten sich oppositionelle Gruppen in der späten DDR auch auf die verfallenen Innenstädte und prangerten die dortigen Zustände als Symbol für dringend notwendige Reformen an.[16]

Denkmalpflege in der DDR sollte jedoch nicht primär über diese Fälle, in denen parteipolitische Ideologie gegen jedes fachliche Argument immun war, definiert werden. Der Großteil der verantwortlichen Denkmalpfleger war damals wie heute gegen die beschriebenen Abrisse und hätte gern mehr historische Bausubstanz in den Städten vor dem Verfall gerettet. Diejenigen Denkmalpfleger bzw. mit Denkmalpflege befassten Akteure, die in diesen frühen Konflikten eine »denkmalfeindliche« Stellung eingenommen hatten, wurden im Laufe ihres weiteren Berufslebens von ihren Kollegen in der Denkmalpflege isoliert.[17] Gegen die Entschlüsse der obersten Parteifunktionäre konnten die Denkmalpfleger in der DDR wenig ausrichten. Sogar der Minister für Kultur, Hans Bentzien, hatte sich gegen die Sprengung der Leipziger Universitätskirche ausgesprochen; auch er konnte den Abriss nicht verhindern.[18]

---

16 Vgl. zu den vernachlässigten historischen Innenstädten in der DDR und den sich zum Ende der DDR hin gründenden Bürgerinitiativen, die den Erhalt der Innenstädte forderten das BMBF-Projekt »Stadtwende«, das an den Universitäten TU Kaiserslautern, Bauhaus-Universität Weimar, am Leibniz-Institut für Raumbezogene Sozialforschung und der Universität Kassel dazu bis voraussichtlich Dezember 2022 betrieben wird: https://stadtwende.de/forschungsprojekt/ (letzter Abruf: 24.02.2022).
17 So beispielsweise Gerhard Strauss, siehe S. 31, und Hermann Weidhaas, siehe S. 233.
18 Siehe S. 60.

Kritik dieser Art ist berechtigt. Doch sollte sie nicht primär mit Denkmalpflege verknüpft werden, sondern mit Handlungen politischer Entscheidungsträger. Denkmalpfleger in der DDR, seien es haupt- oder ehrenamtliche, hatten keine politische Entscheidungsgewalt. Einzig der Generalkonservator, Ludwig Deiters, war das Bindeglied zwischen Politik und Praxis. Doch auch er hatte nur geringste Handlungsspielräume. Abbrüche von Schlössern und Kirchen zu DDR-Zeiten sind primär ein Zeichen dafür, dass Denkmalpflege das schwächste Glied in einer langen Kette verschiedener Interessen war, und nicht etwa für ein fehlgeleitetes Berufsverständnis der DDR-Denkmalpfleger. Wie komplex die Gemengelage der widerstreitenden Interessen war und wer welchen Beitrag zu einzelnen Abrissen geleistet hat, wird immer wieder kontrovers diskutiert. Die Forschungen hierzu sind längst nicht abgeschlossen.[19]

Darüber hinaus adaptieren wir heute in einem ersten Zugang zur Denkmalpflege in der DDR Narrative aus der Zeit der Systemkonkurrenz. Konstatiert wurde damals wie heute etwa, die Denkmalpflege habe vorrangig oder gar ausschließlich Denkmale nach marxistisch-leninistischer Orientierung ausgewählt und erst analog zu der sich fachlich erweiternden Geschichtsschreibung sei der Denkmalbegriff differenzierter geworden: So wurde es 1984 in einem Bericht des Gesamtdeutschen Instituts formuliert, der sich mit der Denkmalpflege in der DDR beschäftigte.[20] In einem ersten Impuls wird dies auch heute häufig noch geäußert. Dabei finden sich auf den frühesten überlieferten Denkmallisten der DDR klassische, kunsthistorische Denkmale.[21] Ausschlaggebend für die Denkmalwerdung waren vordergründig kunsthistorische Kriterien, allerdings beeinflusst und geprägt vom zugrunde liegenden Gesellschaftssystem. Genauso, wie auch heute nach kunsthistorischen Kriterien ausgewählt wird, die geprägt und beeinflusst werden vom gegenwärtigen System der sozialen Marktwirtschaft in einer multiperspektivischen, heterogenen Gesellschaft, in der die Auswahl der Denkmale auch nicht allein nach kunsthistorischen Kriterien erfolgt.

Allein die Kennerschaft ausgebildeter Fachleute verringert die zwangsläufige, systemgeprägte Subjektivität menschlicher (Auswahl-)Entscheidungen. Verkürzt man die Auswahlentscheidungen der Denkmalpflege in der DDR auf die politischen Rahmenbedingungen, in denen Denkmalpflege stattfand, schätzt man

---

19 Erst am 17. September 2020 wies Arnold Bartetzky in seinem Vortrag »Kirchenabrisse in der DDR – Motive, Umstände, Folgen« im Pfarramt der Nagelkreuzkappelle an der ehemaligen Garnisonkirche in Potsdam darauf hin, dass neben der »Kirchenfeindlichkeit« Walter Ulbrichts auch die örtlichen Verwaltungen, die Kirchen selbst und weitere Akteure, beispielsweise im Fall der abgerissenen Universitätskirche in Leipzig auch die Universität, zu den Sprengungen beigetragen haben, und hat dafür Widerspruch geerntet; Richter, Christoph: Kirchenabrisse in der DDR. »Das Ding muss weg«, Deutschlandfunk, 02.12.2020, https://www.deutschlandfunk.de/kirchenabrisse-in-der-ddr-das-ding-muss-weg.886.de.html?dram:article_id=488487 (letzter Abruf: 05.10.2021).
20 Wokalek, Astrid/Gesamtdeutsches Institut (Bundesanstalt für gesamtdeutsche Aufgaben): Denkmalpflege in der DDR, Bonn 1984.
21 Siehe S. 206.

gleichsam die Kennerschaft der Akteure gering. Gleichzeitig ist es richtig, dass manche Entscheidung, die von Fachleuten getroffen wurde, von engstirnigen Parteifunktionären in Räten der Kreise, der Bezirke oder auf Ministerialebene aufgrund ideologischer Herleitungen nicht anerkannt wurde und in solchen Fällen die Funktion innerhalb der Partei die Kennerschaft des Denkmalpflegers ausstach. Die Entscheidung darüber, ob ein Objekt Denkmal wurde, fiel in den Räten der Kreise.

In einem weiteren Zugang wird erfasst, was auch zur Denkmalpflege in der DDR gehörte und durchaus als Errungenschaften bezeichnet werden kann. Über die Denkmalpflegepraxis hinaus, die einige gelungene Restaurationen oder Wiederaufbauten vorzuweisen hat,[22] ist ein international anschlussfähiges Denkmalpflegegesetz mit drei besonders ausgeprägten Denkmalgattungen: Geschichtsdenkmale, technische Denkmale sowie Gartendenkmale, zu nennen. Unter »Geschichtsdenkmale« wurde vorweggenommen, was heute als Erinnerungsort bezeichnet wird. Hier vermischten sich verschiedene Formen des Gedenkens. Nicht alle darunter verstandenen Denkmale erscheinen aus dem heutigen Blick »denkmalwürdig« oder gar »denkmalfähig«, weil die heute häufig vorausgesetzte Bausubstanz oft bei dieser Denkmalgattung nicht vorhanden war. Technische Denkmale und Denkmale der Landschafts- und Gartengestaltung wurden mit besonderen Anstrengungen gepflegt und das Augenmerk der Bürger auf den Erhalt von Maschinen und technischen Anlagen, Parkanlagen und Kulturlandschaften gelenkt. Diese Denkmalgattungen entwickelten sich im sozialistischen Staat gut, weil sie staatstragende Narrationen unterstützten. In diesem Zusammenhang steht die sogenannte Popularisierung der Denkmalpflege, mit der erreicht werden sollte, dass sich viele Bürger für den Erhalt und die Pflege des baukulturellen Erbes in ihren Orten einsetzten. Auch, dass in den Volkseigenen Betrieben (VEB) Denkmalpflege, die ab 1977 aufgebaut wurden, für die Ausbildung des handwerklich geschulten Nachwuchses gesorgt wurde, war eine Errungenschaft der DDR-Denkmalpflege.

Heinrich Magirius,[23] der von 1994 bis 2000 Sächsischer Landeskonservator und zuvor bereits Mitarbeiter beim Institut für Denkmalpflege (Ifd) war, konstatierte 2001, die Denkmalpflege in der DDR sei keine sogenannte »Nische« gewesen. Er nahm damit wohl Bezug auf das während der deutsch-deutschen Teilung erschienene Buch des westdeutschen Journalisten und Diplomaten Günter Gaus *Wo Deutschland liegt*. In diesem hatte Gaus 1983 festgestellt, (auch) die DDR-Ge-

---

22 Für Sachsen beispielsweise Brandt, Sigrid: Geschichte der Denkmalpflege in der SBZ/DDR. Dargestellt an Beispielen aus dem sächsischen Raum 1945–1961, Berlin 2003.
23 Heinrich Magirius (1934–2021), Kunsthistoriker und Denkmalpfleger, war ab 1958 Mitarbeiter des IfD, ab 1980 Lehrtätigkeiten an der Hochschule der Bildenden Künste in Dresden, 1991 Habilitation, 1994–2000 Sächsischer Landeskonservator, Eintrag: »Heinrich Magirius«, Sächsische Akademie der Künste: https://www.sadk.de/mitglieder/klasse-baukunst/magirius-heinrich (letzter Abruf: 05.10.2021).

sellschaft bestehe aus »Nischen«, in denen es – neben dem allgegenwärtigen Bild von staatlichen Repressionen – Glück und Unglück gebe. Magirius griff dies auf:

> »Im Gegenteil: Ich würde mich nicht wundern, wenn wir nächstens eine Dissertation z. B. aus Bochum zu lesen bekämen, in der – säuberlich aus Quellen erarbeitet – der Denkmalpflege ihre Systemimmanenz und ihre affirmative Rolle beim Aufbau des Sozialismus Ulbrichtscher und Honeckerscher Prägung bescheinigt würde. Alle in der Denkmalpflege der DDR Tätigen, Genossen und Nichtgenossen, müssten mehr oder weniger zugeben, dass solche Schlüsse nicht ganz falsch sind. Aber sie sind auch wiederum nicht ganz wahr.«[24]

Magirius beschreibt damit die ewige Widersprüchlichkeit von DDR-Geschichte. Was die schriftlichen Quellen offenlegen, ist nur ein geringer Teil der ganzen Geschichte; was die Zeitzeugen berichten, kann die schriftlichen Quellen widerlegen oder ergänzen und ist dabei von höchster Subjektivität geprägt. Insbesondere dann, wenn das Geschehen selbst vielschichtig, doppelbödig, in sich inkonsequent oder von so unterschiedlichen Chiffren geprägt ist, wie es häufig in der DDR-Geschichte der Fall war. Davon ist auch die Denkmalpflege nicht ausgenommen.

---

24 Magirius, Heinrich: Denkmalpflege in der DDR, in: Die Denkmalpflege 59 (2001), S. 125–140, S. 125.

II. Methoden und Quellen

1. Quellenkritik und Stand der Forschung

Dieser Arbeit liegen hauptsächlich Archivalien verschiedener Archivstandorte zugrunde. Den größten Teil archivalischer Quellen zu den Rechtsgrundlagen der Denkmalpflege in der DDR fand ich im Bundesarchiv (BArch) in Berlin-Lichterfelde. Dort boten die Akten des Ministerrates (DC 20), der Volkskammer (DA 1) sowie des Ministeriums für Kultur (DR 1) das ergiebigste Material. Aus den Beständen der Stiftung Archiv der Parteien und Massenorganisationen der DDR im Bundesarchiv waren mir die Bestände zum Kulturbund (DY 27) unerlässliche Quelle. Vereinzelt liegen auch Akten anderer Provenienzen zugrunde.

Die Bestände des Archivs des Ministeriums für Auswärtige Angelegenheiten (MfAA) brachten vor allem für die internationale Einordnung wertvolle Einsichten. Ebenso die Korrespondenz zwischen dem Bundesinnenministerium und dem Präsidenten des bundesdeutschen ICOMOS-Nationalkomitees, die sich im Bundesarchiv in Koblenz befindet (B 106).

Weiterhin konnte ich auch in Beständen zweier ehemaliger Arbeitsstellen des Instituts für Denkmalpflege der DDR Material zum Denkmalpflegegesetz auswerten. Die Akten der ehemaligen Arbeitsstelle in Erfurt liegen im heutigen Thüringer Landesamt für Denkmalpflege in Erfurt (TLDA Erfurt). Akten insbesondere zu ICOMOS liegen im heutigen Brandenburgischen Landesamt für Denkmalpflege (BLDAM Wünsdorf).

Gespräche mit Zeitzeugen haben geholfen, das Material einzuordnen. Allerdings sind diese Gespräche in einem frühen Stadium der Arbeit und nicht systematisch als Zeitzeugeninterviews geführt worden, sodass sie nicht als unmittelbare Quelle in diese Arbeit einflossen. Wichtigster Gesprächspartner war mir Ludwig Deiters.

Bei veröffentlichter Literatur sind verschiedene Zugänge zu unterscheiden. Zum einen Literatur, die in der Zeit zwischen 1949 und 1990 erschienen ist. Sie ist auf beiden Seiten des Eisernen Vorhangs von der bestehenden Systemkonkurrenz geprägt und muss dementsprechend gelesen und kontextualisiert werden.

Ist die Literatur in der DDR erschienen, muss gegebenenfalls stattgefundene Zensur oder Selbstzensur in Erwartung von Zensur mitgelesen werden. Oft werden fachliche Ausführungen zu einem denkmalpflegerischen Thema in einen erweiterten Kontext marxistisch-leninistischer Erbeaneignung gesetzt, ohne dass dies das eigentliche Thema bereichern würde. Dennoch muss der heutige Leser also wahrnehmen, dass eine solche Einordnung in einen theoretisch-ideologischen Kontext wohl entweder ausdrücklich von höherer Stelle gewünscht war

II. Methoden und Quellen

oder der Autor mit seiner Einordnung eine gesellschaftliche oder parteipolitische Erwartung an ihn antizipierte. Möglicherweise hat sich der Autor auch aus freien Stücken dazu entschieden, seine fachlichen Ausführungen theoretisch-ideologisch einzukleiden.

Ist die Literatur in der Bundesrepublik erschienen, so ist auch sie in den meisten Fällen geprägt von einem politischen Zugang. Häufig wurden dabei die Ansichten, die in der DDR herrschten, kritisiert und mit dem Hinweis auf die ideologischen Ausführungen in den jeweiligen Texten herabgewürdigt. Nur selten finden sich sachliche Darstellungen, die ohne Kritik am in der DDR herrschenden Gesellschaftssystem auskommen. Diese Kritik muss vom heutigen Leser ebenso eingeordnet werden, wie die Texte aus der DDR ideologisch eingeordnet werden müssen.

Nach der friedlichen Revolution sind Werke erschienen, die sich mit Denkmalpflege, Kultur und Erbeaneignung in der DDR beschäftigen. Sie sind vielmals geprägt von den Umbruchszeiten und Erwartungen, die nach 1989 virulent waren. Die Einigung zweier deutscher Staaten sollte sich schnell unter bundesrepublikanischen Bedingungen vollziehen, Errungenschaften oder Fortschrittliches aus dem DDR-System zu übernehmen war undenkbar, Anerkennung dafür wurde selten explizit geäußert. Es dominierte die »westliche« Perspektive auf ein untergegangenes System. Diese Literatur liest sich möglicherweise leichter als jene Literatur, die zu Zeiten der Systemkonkurrenz entstanden ist, sie ist aber heute selbst wiederum historische Quelle.

Auch die veröffentlichten Werke der letzten und jüngsten Jahre sind natürlich als historische Quelle zu lesen. Sie geben immer nur einen punktuellen Erkenntnisstand wieder, folgende Forschergenerationen werden Weiteres, Anderes herausfinden, Ergebnisse bestätigen und revidieren und den Erzeugnissen heutiger Jahre ebenfalls eine von den gesellschaftlichen Umständen geprägte Narration bescheinigen.

Die Schwerpunkte von Forschungen zur DDR haben sich in den letzten Jahren verschoben, weg vom zunächst aufgearbeiteten System staatlich organisierten Unrechts hin zur Alltagsgeschichte. Der Weg führt weg von der Aufarbeitung eines diktatorischen bzw. oligarchischen Machtsystems mit staatlich organisiertem Unrecht, Repression und Menschenrechtsverstößen durch einen die Staatssicherheit gewährleistenden Überwachungsstaat, durch politisches Strafrecht und Repressionen im Alltag für Bürger, deren Verhalten oder gar Denken nicht der von der Partei ausgegebenen Linie entsprach, hin zur Alltagsgeschichte der Bürger, die in diesem System lebten. Dieser »turn« hat sich wohl im Laufe der 2010er-Jahre vollzogen. Bei dieser Art der Aufarbeitung ergibt sich die Situation, dass diese beiden Perspektiven als zwei voneinander getrennte Bereiche staatlichen und gesellschaftlichen Lebens in der DDR wahrgenommen werden könnten, wo sie doch aufs Engste verquickt waren. Gesellschaftliches Leben hat stattgefunden, während staatlich organisiertes Unrecht praktiziert wurde; Alltag wurde gelebt, während

Politik betrieben wurde. Die Art der Darstellung suggeriert möglicherweise eine Trennung beider Bereiche, die es nicht gab. In den letzten Jahren wurden einige »gesellschaftsrelevante Bereiche kulturpolitischer Machtkämpfe«[1] wissenschaftlich aufgearbeitet.[2] Auch Denkmalpflege ist solch ein gesellschaftsrelevanter Bereich.

Die vorliegende Arbeit ordnet sich ein in spezifische Literatur zur Denkmalpflege in der DDR. Dabei sind erneut zwei Zugänge zu unterscheiden: die verschriftlichen Berichte von Zeitzeugen sowie wissenschaftlich erarbeitete Überblicke. Die Zeitzeugenberichte haben unschätzbaren Wert. Indem sie in schriftlicher, veröffentlichter Form vorliegen, bereichern sie das Bild um die erinnerte Dimension. Akteure,[3] Entscheider, Betroffene formulieren ihre Sicht der Dinge. Sie können berichten, was in Akten und Literatur nicht zu finden ist. Dabei ist zu bedenken, dass auch Erinnerungen mit der Zeit verblassen und mehr noch als ein wissenschaftlich ausgearbeitetes Werk von Subjektivität geprägt sind. Die Forscher zur Zeitgeschichte haben mit den Zeitzeugenberichten, ob in mündlicher oder schriftlicher Form, eine weitere Quelle, die bei der Einordnung und Ergänzung des aufgefundenen Quellenmaterials in Archiven und Bibliotheken helfen kann. Wichtigste Quelle aus dieser Gattung ist der 2014 erschienene monumentale Sammelband mit Erfahrungsberichten ehemaliger Denkmalpfleger der DDR.[4] Doch auch zuvor gab es bereits direkt nach der friedlichen Revolution 1990 Berichte von beteiligten Denkmalpflegern.[5]

---

1 Donth, Stefan: Rezension zu: Prause, Andrea, Catwalk wider den Sozialismus, Die alternative Modeszene in der DDR in den 1980er Jahren, Berlin 2018, 18.09.2019, www.hsozkult.de/publication review/id/reb-27406 (letzter Abruf: 17.01.2022).
2 Huff, Tobias: Natur und Industrie im Sozialismus. Eine Umweltgeschichte der DDR, Göttingen 2015; Laue, Anett: Das sozialistische Tier. Auswirkungen der SED-Politik auf gesellschaftliche Mensch-Tier-Verhältnisse in der DDR (1949–1989), Köln/Wien u. a. 2017; Prause, Andrea: Catwalk wider den Sozialismus. Die alternative Modeszene der DDR in den 1980er Jahren, Berlin 2018; Bendias, Torsten: Die Esperanto-Jugend in der DDR. Zur Praxis und Lebenswelt sozialer Strömungen im Staatssozialismus, Berlin 2011; Pestel, Friedemann: Prekäre DDR-Repräsentation. Die Europa-Tourneen des Leipziger Gewandhausorchesters in den 1950er bis 1980er Jahren, in: Revue d'Allemagne et des pays de langue allemande 51 (2019), S. 83–97. Dazu passt, dass nun ein monumentales Opus zur Kulturgeschichte der DDR vorliegt: Dietrich, Gerd: Kulturgeschichte der DDR, Göttingen 2018.
3 Sie waren in der überwältigenden Mehrzahl männlichen Geschlechts, daher wird in dieser Arbeit allein die männliche Form zur Beschreibung der Akteure verwendet. Nur da, wo es auch weibliche Akteure gab, werden beide Formen angesprochen. Darauf weist auch Klemstein, Franziska: Denkmalpflege zwischen System und Gesellschaft. Vielfalt denkmalpflegerischer Prozesse in der DDR (1952–1975), Bielefeld 2021, S. 13, hin. Sie konnte Waltraud Volk und Käthe Rieck als weibliche Akteure ausmachen. Diese seien aber »in ihren Positionen als Ausnahmen« zu sehen, ebd., dort Fn. 3.
4 Haspel, Jörg/Staroste, Hubert/Berlin, Landesdenkmalamt (Hg.): Denkmalpflege in der DDR. Rückblicke, Berlin 2014.
5 Magirius, Heinrich: Zum Schicksal der Bau- und Kunstdenkmale in der DDR, in: Kunstchronik 43 (1990), S. 237–248; Magirius, Heinrich/Hütter, Elisabeth: Zum Verständnis der Denkmalpflege in der DDR, in: Zeitschrift für Kunstgeschichte 53 (1990), S. 397–407; Glaser, Gerhard/Schoder, Hans/ u. a.: Berichte der ehemaligen Arbeitsstellen des Instituts für Denkmalpflege, in: Deutsche Kunst und Denkmalpflege 49 (1991), S. 16–51.

Die wissenschaftliche Aufarbeitung der Denkmalpflege in der DDR hat kurz nach der Jahrtausendwende begonnen. Sigrid Brandts Dissertation aus dem Jahr 2003 hat an sächsischen Beispielen die Denkmalpflege vom Ende des Zweiten Weltkrieges bis 1961 betrachtet. Ausgehend vom Kulturbund beleuchtete auch der US-amerikanische Historiker Brian Campbell in seiner Dissertation von 2005 denkmalpflegerisches Geschehen in der DDR. Zeitgleich (2001–2004) beschäftigte sich Peter Fibich in einem Forschungsprojekt der Deutschen Forschungsgemeinschaft (DFG) an der Universität Hannover mit der Geschichte der Landschaftsarchitektur in der DDR. Das in diesem Projekt zusammengetragene Material veröffentlichte er 2013. Es stellt eine umfassende Studie zur in der DDR besonders herausragenden Denkmalgattung der sogenannten Gartendenkmale dar.[6]

In einer zweiten Welle der wissenschaftlichen Aufarbeitung befassten sich nun nicht mehr ausschließlich Historiker*innen mit der Denkmalpflege in der DDR, sondern auch Kunsthistoriker*innen, Stadtplaner*innen und Architekturhistoriker*innen. Sandra Keltsch arbeitete als Kunsthistorikerin vor allem Aspekte der städtebaulichen Denkmalpflege in Städten der Bezirke Halle und Magdeburg heraus. Katja Wüllner orientierte sich in ihrer Arbeit zur Denkmalpflege in thüringischen Städten am institutionellen System.[7] In Aufsätzen sind darüber hinaus verschiedene Bereiche der Denkmalpflege bereits beleuchtet worden, so beispielsweise die VEB Denkmalpflege[8] und die besonderen Denkmale zur Geschichte der DDR, zu denen in den letzten Jahren der DDR ein umfangreiches Manuskript erarbeitet wurde, das vorrangig sehr junge Bauwerke behandelte.[9] Auch zu den technischen Denkmalen, zur internationalen Dimension der Denkmalpflege in der DDR sowie zu Netzwerken in der Denkmalpflege laufen momentan Forschungen, deren erste Ergebnisse bereits auf Tagungen präsentiert wurden.[10] Im Rahmen des

---

6 Brandt: Geschichte der Denkmalpflege in der SBZ/DDR, 2003; Campbell, Brian William: Resurrected From the Ruins, Turning to the Past. Historic Preservation in the SBZ/GDR 1945–1990, Rochester 2005; Fibich, Peter: Gartendenkmalpflege in der DDR. Handlungsstrukturen und Positionen eines Fachgebietes, München 2013.
7 Keltsch, Sandra: Stadterneuerung und städtebauliche Denkmalpflege in der DDR zwischen 1970 und 1990. Dargestellt an der Entwicklung von Denkmalstädten in Sachsen-Anhalt, Leipzig 2012; Wüllner, Katja: Hinter der Fassade. Das institutionelle System der Denkmalpflege in der DDR, Cottbus 2015.
8 Seidler, Friederike: Die Arbeiten des VEB Denkmalpflege Halle/Sitz Quedlinburg an der Thomas-Müntzer-Gedenkstätte Schloß Allstedt (Westflügel) bis 1989, in: Burgen und Schlösser in Sachsen-Anhalt 20 (2011), S. 412–466.
9 Bogner, Simone: Denkmale der unmittelbaren Vergangenheit. Zur Erfassung und Bewertung von baulichem Erbe der 1960er bis 80er Jahre in der DDR, in: Frank Eckardt/Hans-Rudolf Meier/Ingrid Scheurmann u. a. (Hg.): Welche Denkmale welcher Moderne? Zum Umgang mit Bauten der 1960er und 70er Jahre, Berlin 2017, S. 168–187; Escherich, Mark: »Denkmale unserer Zeit«. Inventarisation von Bauwerken der DDR-Moderne zu Zeiten der DDR, in: Forum Stadt 42 (2015) 1, S. 55–73.
10 Kerstin Stamm sprach am 21. Januar 2016 bei den 14. Werkstattgesprächen des IRS (Leibniz-Institut für Raumbezogene Forschung) in Erkner zum Thema »Das Nationalkomitee der DDR des Internationalen Rates für Denkmalpflege ICOMOS«; vom 29. bis 30. Juni 2016 lud das Imre Kertéz Kolleg Jena zur Tagung »Denkmalschutz im Staatssozialismus« ein. Dort präsentierte auch Jennifer

Graduiertenkolleges »Identität und Erbe« beschäftigt sich Luise Helas mit den ehrenamtlich arbeitenden Denkmalpflegern in Dresden.[11]

Mit den rechtlichen Grundlagen der Arbeit von Denkmalpflegern in der DDR setzen sich die genannten Arbeiten nur selten auseinander und wenn nur am Rande. Werke, die sich mit den Rechtsgrundlagen von Denkmalpflege im Laufe der Geschichte beschäftigen, erwähnten die DDR auch nur beiläufig.[12] Unter welchen Umständen die Rechtsgrundlagen in der DDR zustande kamen, ihre Inhalte, Reichweiten sowie ihre Besonderheiten waren bisher nicht Gegenstand der Betrachtungen. Diese Lücke wird durch die vorliegende Arbeit geschlossen.

Sie betrachtet damit nicht nur die Denkmalpflegegeschichte der DDR, sondern auch die Rechtsgeschichte der DDR und dort im Besonderen die Verwaltungsrechtsgeschichte. Die Rechtsgeschichte der DDR ist insgesamt noch wenig erforscht.

Einige Bereiche sind dennoch bereits beleuchtet worden. Das trifft vor allem auf das Justizsystem und die Ausbildung der Juristen zu.[13] Die DFG förderte gleich zu Beginn der 1990er-Jahre ein Forschungsprojekt zur »Zivilrechtskultur in der DDR«, in dessen Rahmen vor allem das Justizwesen beleuchtet wurde.[14] Eben-

---

Verhoeven ihre Forschung zur UNESCO-Verbindung der DDR, vorher publiziert in: Verhoeven, Jennifer: Die Deutsche Demokratische Republik und das UNESCO-Welterbe, in: Landesamt für Denkmalpflege Hessen (Hg.): Der Denkmalpfleger als Vermittler. Gerd Weiß zum 65. Geburtstag, Wiesbaden 2014, S. 49–66. Nele-Hendrikje Lehmann sprach am 24. November 2016 auf einer Tagung unter der Federführung des Herder-Institutes für historische Ostmitteleuropaforschung zu »Heritage in Socialism« zu den technischen Denkmalen in der DDR (Industrial Heritage in the GDR, 1949–1989), publiziert als Lehmann, Nele-Hendrikje: Socialism and the Rise of Industrial Heritage. The Preservation of Industrial Monuments in the German Democratic Republic, in: Eszter Ganter/Corinne Geering/Paul Vickers (Hg): Heritage under Socialism. Preservation in Eastern and Central Europe, 1945–1991, Oxford 2021, S. 195–216. Franziska Klemstein präsentierte bei den 15. Werkstattgesprächen des IRS am 18. Januar 2018 erste Ergebnisse zu ihren Forschungen zu Akteuren und Netzwerken in der Denkmalpflege unter dem Titel: »Denkmalpflege in der Konstituierungsphase der DDR. Beiräte und Fachkommissionen zwischen Anspruch und Wirklichkeit«, nun publiziert als: Klemstein: Denkmalpflege zwischen System und Gesellschaft, 2021. Zu Klemsteins Forschungen zur frühen DDR: Klemstein, Franziska: Der ›Klassifizierungsstreit‹ von 1956. Zuständigkeiten, Kompetenzen und die Suche nach Struktur, in: Tino Mager/Bianka Trötschel-Daniels (Hg.): BetonSalon – Neue Positionen zur Architektur der späten Moderne, Berlin 2017, S. 113–126.

11 Helas, Luise: Das Überleben der Ruine des Dresdner Schlosses – ehrenamtliche Akteure erinnern sich, in: Tino Mager/Bianka Trötschel-Daniels (Hg.): Rationale Visionen – Raumproduktion in der DDR, Weimar/Kromsdorf 2019, S. 100–111; Helas, Luise: Gegen den Verfall. Bürgerliches Engagement für das baukulturelle Erbe Dresdens zur Zeit der DDR, Dresden 2022.

12 Hammer, Felix: Die geschichtliche Entwicklung des Denkmalrechts in Deutschland, Tübingen 1995; Odendahl, Kerstin: Kulturgüterschutz. Entwicklung, Struktur und Dogmatik eines ebenenübergreifenden Normensystems, Tübingen 2005.

13 Wentker, Hermann: Justiz in der SBZ/DDR, München 2001; Booß, Christian: Im goldenen Käfig: zwischen SED, Staatssicherheit, Justizministerium und Mandant. Die DDR-Anwälte im politischen Prozess, Göttingen 2017.

14 In diesem Rahmen sind mehrere Publikationen entstanden: Schröder, Rainer (Hg.): Zivilrechtskultur der DDR, Band 1–4, Berlin 1999–2008. Rainer Schröder forschte lange Jahre zur DDR. Anlässlich seines Todes 2016 erschien ein Sammelband: Haferkamp, Hans-Peter/Thiessen, Jan/Waldhoff,

falls mit dem Justizwesen, allerdings aus der Law-and-Society-Bewegung der USA kommend, beschäftigte sich Inga Markovits. Sie beschrieb anhand eines geschlossenen Bestandes eines Kreisgerichtes den Justizalltag in der DDR auf einer mikrorechtsgeschichtlichen Ebene; zuletzt hinterfragte sie die »Ideologieanfälligkeit« der (DDR-)Juristen der Juristischen Fakultät der Humboldt-Universität (HU) zu Berlin.[15] Einen Vergleich des Rechtssystems der DDR mit dem des Nationalsozialismus unternahm 2016 der Rechtshistoriker Jan Schröder.[16] Auch Juristen, die in der DDR tätig waren, haben nach der friedlichen Revolution ihre Disziplinen erklärt und aufgearbeitet.[17] Von ihnen wurde das Augenmerk ebenfalls vor allem auf das Zivil- und Arbeitsrecht der DDR sowie auf DDR-spezifische Bereiche (etwa Landwirtschaftsrecht) gelegt. Rechtsgeschichtsforschung wird primär aus einer zivilrechtlichen Perspektive betrieben.[18]

Mit der Geschichte des Öffentlichen Rechts beschäftigen sich nur wenige Forschungen. Vor allem ist hier der Rechtshistoriker Michael Stolleis zu nennen, der sich umfassend mit der Wissenschaftsgeschichte des Öffentlichen Rechts in der DDR beschäftigt hat.[19] Auch das Verfassungsrecht der DDR war bereits Gegenstand neuerer Forschungen.[20] Ebenso wurde die Verwaltungsgerichtsbarkeit der frühen Jahre in der DDR untersucht.[21]

Das Verwaltungsrecht, in der von Otto Mayer geprägten Formel als »die Tätigkeit des Staates zur Verwirklichung seiner Zwecke unter seiner Rechtsordnung« definiert, Verwaltungsrecht als das der Verwaltung »eigentümliche öffentliche Recht«[22], oder gar verwaltungsrechtliche Praktiken in der DDR waren bisher noch

---

Christian (Hg.): Deutsche Diktatorische Rechtsgeschichten? Perspektiven auf die Rechtsgeschichte der DDR. Gedächtnissymposium für Rainer Schröder (1947–2016), Tübingen 2018.
15 Markovits, Inga: Gerechtigkeit in Lüritz. Eine ostdeutsche Rechtsgeschichte, Bonn 2006; dies.: Diener zweier Herren. DDR-Juristen zwischen Recht und Macht, Berlin 2020.
16 Schröder, Jan: Rechtswissenschaft in Diktaturen, München 2016.
17 Heuer, Uwe-Jens (Hg.): Rechtsordnung der DDR. Anspruch und Wirklichkeit, Baden-Baden 1995.
18 Eine neu eingerichtete Forschungsstelle zum DDR-Recht an der Friedrich-Schiller-Universität Jena wird demnächst vorrangig in der DDR erschienene Dissertationen digitalisieren sowie ebenfalls zu arbeits- und zivilrechtlichen Themen forschen.
19 Stolleis, Michael: Geschichte des öffentlichen Rechts in Deutschland, Vierter Band: Staats- und Verwaltungsrechtswissenschaft in West und Ost 1945–1990, München 2012; ausgekoppelt aus diesem monumentalen Band war zuvor bereits erschienen Stolleis, Michael: Sozialistische Gesetzlichkeit. Staats- und Verwaltungsrechtswissenschaft in der DDR, München 2009.
20 Bonanni, Giandomenico: Neues zur sozialistischen DDR-Verfassung von 1968. Entstehungsgeschichte und das Problem der Grundrechte, in: Jahrbuch für historische Kommunismusforschung (2005), S. 189–215; Amos, Heike: Die Entstehung der Verfassung in der Sowjetischen Besatzungszone/DDR 1946–1949, Münster 2006; Markovits, Inga: Frühe Verfassungsüberlegungen in Ost-Berlin (und Bonn), in: Rechtsgeschichte 11 (2007), S. 206–212; Büchler, Markus: Verfassung als Kampagne. Verfassungspolitik und Verfassungskultur in der SBZ und DDR, Hagen 2013; Weichert, Maik: Kunst und Verfassung in der DDR. Kunstfreiheit in Recht und Rechtswirklichkeit, Tübingen 2019.
21 Otto, Elisabeth: Das Verwaltungsrecht in der SBZ/DDR bis zur Verwaltungsneugliederung im Jahr 1952, Frankfurt am Main u. a. 2012; Lubini, Julian: Die Verwaltungsgerichtsbarkeit in den Ländern der SBZ/DDR 1945–1952, Tübingen 2015.
22 Mayer, Otto: Deutsches Verwaltungsrecht, Bd. 1, Leipzig 1895, S. 13, 18.

nicht Gegenstand einer Untersuchung. Das könnte damit zusammenhängen, dass nach der Babelsberger Konferenz von 1958 das Verwaltungsrecht als eigenständige juristische Disziplin faktisch abgeschafft wurde, um – nach Ulbrichts Vorstellungen – Bürger und Staat nicht mehr formalistisch voneinander zu trennen. Selbst der Begriff »Verwaltung« wurde fortan gemieden und durch eigene Begrifflichkeiten, beispielsweise »Leitung«, ersetzt. Doch auch nach der Babelsberger Konferenz existierten sowohl das Recht der Verwaltung als auch behördliche Praktiken weiterhin, wurden zwar anders benannt und adressiert, aber die Verhältnisse zwischen Staat und Bürger wurden weiterhin geregelt und bestanden fort. Dennoch wurde erst 1979 von der Akademie für Staats- und Rechtswissenschaften wieder ein Lehrbuch zum Verwaltungsrecht aufgelegt.[23]

Diese Arbeit untersucht daher Recht und Verwaltung in einem Bereich, der unter den Bedingungen, in denen Staats- und Verwaltungsrecht als Einheit betrachtet werden sollten, schon formal einen schwierigen Stand hatte. Diese Unsichtbarkeit des Rechtszweiges setzt sich heute in Forschungen fort: Untersuchungen, die sich mit der Verwaltungspraxis in der DDR auseinandersetzen, gibt es kaum.[24]

Für Untersuchungen zu anderen »Organen der Staatsmacht«, etwa der Volkskammer, dem Ministerrat oder zu den Organen der örtlichen Volksvertretungen (Kreistage, Bezirkstage) muss vorrangig auf Studien zurückgegriffen werden, die noch während der Zeit der Systemkonkurrenz entstanden sind.[25] Neuere Ergebnisse sind vom Forschungsprojekt der Kommission für Geschichte des Parlamentarismus und der politischen Parteien zu erwarten, die sich in einem Teilprojekt auch mit Parlamentarismus in der DDR beschäftigt.[26]

Unter den Zeitzeugenberichten von DDR-Juristen, die Anfang der 1990er-Jahre gesammelt wurden, befinden sich auch Beiträge zum Verwaltungsrecht.[27]

---

23 Akademie für Staats- und Rechtswissenschaften der DDR: Verwaltungsrecht, 1979.
24 Betker, Frank: »Einsicht in die Notwendigkeit«. Kommunale Stadtplanung in der DDR und nach der Wende (1945–1994), Stuttgart 2005; 2012 bis 2015 beschäftigte sich ein DFG-Projekt am IRS Erkner mit den »DDR-Bezirke[n] als Akteure zwischen Macht und Ohnmacht«, daraus entstanden: Werner, Oliver/Kotsch, Detlef/Engler, Harald (Hg.): Bildung und Etablierung der DDR-Bezirke in Brandenburg. Verwaltung und Parteien in den Bezirken Potsdam, Frankfurt/Oder und Cottbus 1952–1960, Berlin 2017.
25 Ausnahme dazu die neuere (20 Jahre alte) Untersuchung von Patzelt/Schirmer: Die Volkskammer der DDR, 2002; Elsner, Steffen H.: Die Praxis der ›operativen Arbeitsgruppeneinsätze‹ der DDR-Volkskammer. Ergebnisse einer retrospektiven Befragung von Abgeordneten, in: Historical Social Research 24 (1999), S. 29–69; sonst: Lapp, Peter Joachim: Die Volkskammer der DDR, Opladen 1975; Mampel, Siegfried: Die sozialistische Verfassung der Deutschen Demokratischen Republik, Frankfurt am Main 1972; Jesse, Eckard: § 68 Die Volkskammer der DDR. Befugnisse und Verfahren nach Verfassung und politischer Praxis, in: Wolfgang Zeh/Hans-Peter Schneider (Hg.): Parlamentsrecht und Parlamentspraxis in der Bundesrepublik Deutschland. Ein Handbuch, Berlin 1989, S. 1821–1844.
26 Tüffers, Bettina: Die 10. Volkskammer der DDR. Ein Parlament im Umbruch. Selbstwahrnehmung, Selbstparlamentarisierung, Selbstauflösung, Düsseldorf 2016.
27 Bernet, Wolfgang: Kapitel 9: Verwaltungsrecht, in: Uwe-Jens Heuer (Hg.): Rechtsordnung der DDR. Anspruch und Wirklichkeit, Baden-Baden 1995, S. 395–426.

II. Methoden und Quellen   25

Ein Aufarbeitung des Verwaltungssystems der DDR, entweder für spezifische Bereiche (etwa Umweltschutz, Wohnen, Bauen, Konsumgüterversorgung, Gaststätten, staatliche Fürsorge, Bildung) oder mit einem institutionellen Ansatz, der sich beispielsweise mit den einzelnen Organen (den Räten) beschäftigt, steht noch aus. Im Bereich Denkmalschutz waren die Räte der Kreise, dort die Abteilung Kultur, die Akteure mit Entscheidungsgewalt. Die Akten von Kreissitzungen müssten systematisch aufgearbeitet werden, etwa im Hinblick auf die Diskussionen rund um vorgeschlagene und letztendlich beschlossene Denkmale. Die Eingaben von Bürgern und auch Gerichtsakten könnten zum Vollzug der Rechtsgrundlagen wertvolle Hinweise geben. Das System der Bodendenkmalpflege in der DDR ist ebenfalls noch ein Desiderat.

Auch viele Quellengattungen scheinen noch nicht analysiert worden zu sein. So scheint eine Diskursanalyse in Zeitungen, etwa den Zeitungen *Sonntag* oder *Neue Zeit*, für denkmalpflegerische Themen ergiebig zu sein.

Auch Stasi-Akten konnten in der vorliegenden Arbeit nicht berücksichtigt werden. Sie würden möglicherweise das Bild zu den Akteuren erheblich erweitern. Zu den Ministern für Kultur und auch den Schlüsselfiguren an den Schnittstellen von Verwaltung und Politik, etwa dem Generalkonservator Ludwig Deiters, liegen noch keine umfassenden Untersuchungen vor. Sie waren zentral für das kulturpolitische Geschehen in der DDR und bedürfen dringender Beachtung.

2. Methoden

Die Genese des Denkmalpflegegesetzes wird anhand von Primär- und Sekundärliteratur historisch-hermeneutisch rekonstruiert. Dabei liegt der Fokus auf der Rechtsgeschichte. Im Zentrum steht die Frage, wie es zur Verabschiedung des Denkmalpflegegesetzes gekommen ist und welche Besonderheiten es aufweist. Dafür verglich ich die aufgefundenen Entwürfe des Gesetzes sowohl miteinander als auch mit dem endgültigen Rechtstext.

Wo ergiebig, werden Vergleiche beispielsweise mit den Gesetzen der Länder der Bundesrepublik gezogen. Dabei sollen diese Vergleiche nicht als Maßstab oder gar als Referenz für eine gute Praxis herangezogen werden. Es geht vielmehr um eine Einordnung. Ob die Verwendung eines Begriffes, die Aufnahme einer bestimmten Denkmalkategorie oder bestimmte Perspektiven besonders sind, kann nur anhand eines Vergleiches herausgestellt werden. Vergleiche sind nicht impliziert, wenn lediglich Fakten oder Ereignisse wiedergegeben werden. Darüber hinaus bedeutet es nicht, dass bestimmte Probleme beispielsweise in der Bundesrepublik nicht vorgelegen haben, nur weil sie für die DDR in dieser Arbeit ausdrücklich genannt, für die Bundesrepublik aber nicht herausgestellt werden.

Zudem werden auch Vergleiche mit Gesetzen anderer Länder gezogen werden. Die Einordnung der Denkmalpflege in der DDR in einen sozialistischen Gesamtzusammenhang scheint ergiebig, steht allerdings als Desiderat zur weiteren Bearbeitung offen.

Instrument für die Vergleiche waren erarbeitete Synopsen aus den jeweiligen Entwürfen der Rechtstexte sowie Synopsen mit den Gesetzen der Länder aus der Bundesrepublik.

3. Gang der Arbeit

Das Buchcover zeigt die Kongresshalle am Alexanderplatz in Berlin, links daneben das Haus des Lehrers. Dieser Gebäudekomplex wurde vom Architekten Hermann Henselmann und einem Entwurfskollektiv geplant. Der Grundstein wurde 1961 gelegt, schon 1964 öffnete das Gebäude. Während das Haus des Lehrers eine Bildungs- und Begegnungsstätte für Pädagogen war, konnte die Kongresshalle verschiedenartig genutzt werden. Sie verfügte über 1000 Sitzplätze sowie Tagungsräume unterschiedlicher Größe. Kaum mehr bekannt ist, dass dieser Kuppelsaal am Alexanderplatz eine der provisorischen Tagungsstätten der Volkskammer der DDR war, bevor diese schließlich in ihren ungleich berühmteren Tagungsort, den »Palast der Republik«, einzog.[28] Zwischen 1970 und 1976 diente der große Saal der Kongresshalle als Sitz der Volkskammer der DDR. Das Buchcover zeigt eine Aufnahme des Pressefotografen Erich Zühlsdorf,[29] die 1975 – im Jahr, in dem das Denkmalpflegegesetz an jenem Ort verabschiedet wurde – entstanden ist. Anders als sein Nachfolger als Parlamentssitz, der Palast der Republik, der nach einer umstrittenen Entscheidung abgerissen wurde,[30] existiert der Gebäudekomplex am Alexanderplatz heute noch. Am 2. Oktober 1990 wurde er als Gesamtanlage in die Denkmalliste des Landes Berlin eingetragen.[31]

Für ein Buch, das sich mit Denkmalpflege befasst, ist es ungewöhnlich, dass keine Abbildungen enthalten sind. Das hängt damit zusammen, dass es in diesem Buch nicht um die denkmalpflegerische Praxis an bestimmten Objekten geht.

---

28 Provisorische Tagungsstätten der Volkskammer, https://www.bundestag.de/parlament/geschichte/schauplaetze/volkskammer/volkskammer-200152 (letzter Abruf: 05.10.2021).
29 Erich Zühlsdorf (1917–1988), Fotograf und Bildreporter beim Allgemeinen Deutschen Nachrichtendienst (ADN) von 1948 bis 1985: Vowinckel, Annette: Weimars visuelles Erbe, in: Hanno Hochmuth/Martin Sabrow/Tilmann Siebeneichner (Hg.): Weimars Wirkung. Das Nachleben der ersten deutschen Republik, Göttingen 2020, S. 126–145, S. 140, Fn. 40.
30 Feldmann, Hans-Christian: Der Palast der Republik in Berlin, https://web.archive.org/web/20140808035439/http://www.denkmaldebatten.de/kontroversen/palast-der-republik/ (letzter Abruf: 05.10.2021).
31 Landesdenkmalamt Berlin, Objektnummer 09011381, Haus des Lehrers mit Mosaikfries »Unser Leben« & Kongresshalle.

II. Methoden und Quellen

Es geht um Recht, Verwaltung, Administration, um Prozesse, in denen ausgehandelt, gerungen, überstimmt, ignoriert wurde, um Maximalforderungen und den kleinsten gemeinsamen Nenner, um Kompromisse, Nachgeben, um kleine Erfolge, Spitzfindigkeiten, um die mit Recht verbundenen Hoffnungen, um die Antriebskraft von europa- und völkerrechtlichen Abkommen, um die Macht des Wortes und die Kraft der Symbolik; auch darum, wie Verwaltung und Recht in der frühen DDR nebeneinander her existierten, um die Einwirkungsmöglichkeiten gesellschaftlicher Kräfte, um Handlungsspielräume beteiligter Akteure, um die Möglichkeiten, ein klassisches Fach wie die Kunstgeschichte unter sozialistischen Bedingungen zu praktizieren, wo doch Inhalt (kulturelles Erbe) und Form (durch – als »bürgerlich« beschimpfte – Verwaltung) zu manchen Zeiten schwierig mit der offiziell ausgegebenen Staatsdoktrin vereinbar waren. Es geht vor allem um Menschen, die sich teilweise ihr gesamtes Berufsleben auch für scheinbar kleine Erfolge aufgerieben haben und mit sehr langem Atem für die Dinge kämpften, an die sie glaubten. Alle waren davon angetrieben, das Beste für ihr Fach, für die Denkmale in der DDR zu wollen, teils unter sehr unterschiedlichen Vorzeichen, mal radikal neu, mal tradiert herkömmlich.

Denkmalpflege ist praktizierte Kunstgeschichte und Architektur, sie ist Wissenschaft und Handwerk, in ihr kumulieren Kultur-, Bau-, Finanz- und Rechtswesen eines Staates. Der Schutz der Denkmale ist hochgradig politisch, geht es doch um das Vererben staatstragender Narrative. Denkmalschutz ist vergangenheitsbezogene Zukunftsgestaltung.

Offenkundig werden hier widerstreitende Interessen ausgehandelt. In dieser Arbeit untersuche ich, wie diese Aushandlungen in der DDR bis zum Erlass des Denkmalpflegegesetzes im Jahr 1975 geführt wurden.

Die vorliegende Arbeit beginnt mit einer Einführung, gliedert sich in zwei Hauptteile und endet mit einem Fazit.

Gleichzeitigkeiten werden zwar in einer Chronologie am besten sichtbar. Allerdings suggerierte ein solcher Aufbau eine gewisse Zwangsläufigkeit der Ereignisse, weshalb die vorliegende Arbeit im ersten Hauptteil einen anderen Aufbau wählt. Die Genese des Denkmalpflegegesetzes wird anhand zweier Impulsgeber erläutert, die für das Denkmalpflegegesetz entscheidend waren. Zum einen kamen die Impulse für eine Neufassung der Rechtsgrundlage aus der Denkmalpflegerschaft selbst. Sie waren beeinflusst, beschränkt und geprägt von den kulturpolitischen Entscheidungsspielräumen bis 1975. Zum anderen wurden internationale Impulse aufgenommen. Sie konnten wahrgenommen und rezipiert werden, weil es den Denkmalpflegern und der DDR-Denkmalpflege insgesamt gelang, sich international zu vernetzen und als Akteur auf globaler Ebene präsent zu sein. Die Parallelität der Ereignisse im innen- und außenpolitischen Bereich muss dabei mitgedacht werden.

Die Untersuchung setzt direkt nach dem Zweiten Weltkrieg an und erläutert die immer wiederkehrenden Forderungen nach einem Denkmalpflegegesetz bis zur letztendlichen Verabschiedung des Gesetzes 1975 in vier Etappen. Die erste Etappe beginnt direkt nach dem Zweiten Weltkrieg und endet nicht etwa mit dem Erlass der Verordnung von 1961, da diese keine wesentlichen Verbesserungen für die Denkmalpflege bereithielt. Die zweite Etappe auf dem Weg zum Gesetz beginnt mit dem Ende des Jahres 1963, als sich der Kulturbund (KB) aktiv in den Prozess um eine Neuordnung einbringt. Die Vorbereitungen für diese Neuordnung laufen bis zum Jahr 1966. Am Ende dieses Jahres beginnt mit dem Einsatz einer interministeriellen Arbeitsgruppe durch den neuen Minister für Kultur, Klaus Gysi, die dritte Etappe. Sie endet, als eine ausgearbeitete Ministerratsvorlage im Jahr 1970 zur erneuten Überarbeitung zurückgewiesen wird. Im Frühjahr 1971 beginnt die letzte Etappe, indem nicht mehr lediglich über eine kulturpolitische Neuorientierung der Denkmalpflege beraten, sondern schließlich ein neuer Entwurf für – zunächst doch wieder – eine Verordnung erarbeitet wird. Im Laufe des Jahres 1972 kommt es zur ersten Erarbeitung eines Gesetzentwurfes. Die Etappe endet im Juni 1975 mit der Verabschiedung des Denkmalpflegegesetzes.

Parallel zu der Arbeit am Gesetz fanden Versuche statt, die DDR-Denkmalpflege in einem internationalen Netzwerk zu positionieren. Dabei spielten der Zeitgeist, die internationale Denkmalpflegevereinigung ICOMOS sowie das vom Europarat ausgerufene Themenjahr »Europäisches Denkmalschutzjahr« eine entscheidende Rolle. Es wird deutlich, dass das Denkmalpflegegesetz der DDR in einem europäischen Kontext entstand, während zeitgleich auch weitere Staaten ihre Denkmalschutzgesetzgebung überarbeiteten und Anstrengungen zur Pflege des baukulturellen Erbes unternahmen.

In Teil 2 untersuche ich, in teils vergleichender Perspektive, Inhalt und Besonderheiten des Denkmalpflegegesetzes der DDR. Überblicksartig stelle ich im ersten Abschnitt verschiedene Regelungsinhalte dar, darunter auch verwaltungsorganisatorische Instrumente, wie die Erfassung in Denkmallisten, die Finanzierung der Denkmalpflege sowie die Möglichkeit für Denkmaleigentümer, Rechtsmittel gegen staatliche Entscheidungen zu erheben. Im zweiten Abschnitt dieses Teils analysiere ich den dem Denkmalpflegegesetz zugrunde liegenden Denkmalbegriff. Die Analyse gliedere ich in drei Bereiche: zum allgemeinen Denkmalbegriff, zu Denkmalgattungen, die im Denkmalpflegegesetz besonders ausgeprägt waren, und solchen, die es auch in den Denkmalschutzgesetzen der Bundesrepublik Deutschland gab. Besonders ausgeprägt waren in der DDR-Denkmalpflege die Gattungen der Geschichtsdenkmale, der technischen Denkmale sowie der Gartendenkmale. Sie waren im Vergleich zur Bundesrepublik in der DDR ausschließlich, früh oder umfassend geregelt, was ihre besondere Stellung ausmacht.

Schließlich fasse ich die Ergebnisse der Arbeit in einem Fazit zusammen.

Teil 1
Genese des
Denkmalpflegegesetzes

I. Impulse aus der Denkmalpflegerschaft

1. Etappe I: 1945 bis 1963: Faktische und legislative Neuordnung der Denkmalpflege

1.1. Zum Erlass der Verordnung von 1952

Schon kurz nach Ende des Zweiten Weltkrieges war die Deutsche Verwaltung für Volksbildung in der Sowjetischen Besatzungszone bestrebt, ein umfassendes Heimatschutzgesetz zu erlassen. Sie leitete im Oktober 1947 bereits einen »Zweiten Entwurf für ein Gesetz zum Schutz von Denkmalen der Kultur und Natur« an das sächsische Landesamt für Denkmalpflege zur Überarbeitung weiter.[1] Vier Jahre später regte Heinz Mansfeld, der damalige mecklenburgische Landeskonservator, im Juni 1951 erneut an, über ein Denkmalschutzgesetz zu beraten. Das bis dato für die Denkmalpflege zuständige Ministerium für Volksbildung goutierte den Vorstoß Mansfelds allerdings nicht, sodass es wieder nicht zu einer Ausarbeitung kam.[2]

Nachdem die Staatliche Kommission für Kunstangelegenheiten nach ihrer Gründung im Juli 1951 die Koordination der Aufgaben in der Denkmalpflege übernommen hatte,[3] entwarfen die dort Verantwortlichen im Frühjahr 1952 – den Rufen nach einem Gesetz nicht folgend – eine Denkmalschutzverordnung.[4] Der Entwurf in der Fassung vom 12. Juni 1952 wurde Gerhard Strauss als damaligem stellvertretenden Direktor des Instituts für Theorie und Geschichte der Baukunst der Deutschen Bauakademie vom Ministerium für Aufbau zur Stellungnahme am 21. Juni 1952 zugeleitet. Dabei ist davon auszugehen, dass bereits zuvor feststand, die Stellungnahme nicht mehr in die Verordnung einfließen zu lassen, denn schon am 25. Juni 1952 wurde sie im Gesetzblatt veröffentlicht.[5] Strauss sprach sich in seinem Antwortschreiben an den Hauptabteilungsleiter im Ministerium für Aufbau Walter Pisternik, ebenfalls dafür aus, den Denkmalschutz in einem Gesetz zu regeln. Der Vorschlag, die Denkmalpflege (nur) in einer Verordnung zu regeln, entspreche »in nicht ausreichender Weise der politischen Bedeutung des

---

1 Brandt: Geschichte der Denkmalpflege in der SBZ/DDR, 2003, »Dokument 3« im Anhang.
2 Ebd., S. 20.
3 Verordnung über die Aufgaben der Staatlichen Kommission für Kunstangelegenheiten, GBl. 1951, Nr. 85, S. 683 f., § 2 Abs. 4.
4 Brandt: Geschichte der Denkmalpflege in der SBZ/DDR, 2003, S. 23.
5 Verordnung zur Erhaltung und Pflege der nationalen Kulturdenkmale (Denkmalschutz), GBl. 1952, Nr. 84, S. 514.

kulturellen Erbes«.⁶ Den bisher angedachten Regelungen fehle der »demokratische Patriotismus«.⁷ Strauss leitete daher einen eigenen »Vorschlag für ein Gesetz zur Erhaltung und Pflege der nationalen Kulturdenkmale (Denkmalpflege)«, zusammen mit seiner Stellungnahme zum Entwurf der Verordnung, am 25. Juni 1952 an Pisternik weiter. Strauss versprach sich von einem Gesetz mehr »politisches und ideologisches Gewicht« für die Denkmalpflege.⁸ Er war und ist unter zeitgenössischen Denkmalpflegern allerdings umstritten, wird als »marxistischer Ideologe« beschrieben.⁹ Sein Gutachten legitimierte maßgeblich die Sprengung des Berliner Stadtschlosses; er befürwortete den Abriss »des Denkmals der Reaktion und des Feudalismus als ein Beispiel des imperialistischen Untergangs«.¹⁰ Strauss strebte eine Umgestaltung der Denkmalpflege an, in der Bau- und Kunstdenkmalpflege dann getrennt voneinander und die Baudenkmalpflege sodann bei der Bauverwaltung angesiedelt worden wären.¹¹ Auch Strauss' Vorschlag zu einer Klassifizierung der Denkmale führte innerhalb der Denkmalpflegerschaft zu Kontroversen.¹²

In Anbetracht dieser Vorschläge, wie die Denkmalpflege in den frühen Nachkriegsjahren ebenfalls hätte gestaltet und umfassend umgestaltet werden oder gar in einem Heimatschutzgesetz geregelt werden können, kann die von Sigrid Brandt vorgenommene Einordnung der Verordnung als »halbherzig«¹³ zwar nachvollzogen werden. Nach Einschätzung von Magirius allerdings ermögliche sie das

---

6 BArch, DH 2/21205, Blatt 251, Strauss' Stellungnahme zum Verordnungsentwurf der Staatlichen Kunstkommission, 25.06.1952.
7 Ebd.
8 Magirius, Heinrich/Landesamt für Denkmalpflege Sachsen (Hg): Die Geschichte der Denkmalpflege Sachsens 1945–1989. Hans Nadler zum 100. Geburtstag, Dresden 2010, S. 30.
9 Magirius: Geschichte der Denkmalpflege Sachsens, S. 30. Magirius (seit 1958 Mitarbeiter im IfD in Dresden) kann nicht nachvollziehen, wie Sigrid Brandt (Brandt: Geschichte der Denkmalpflege in der SBZ/DDR, 2003) Strauss eine positive Schlüsselrolle in der Denkmalpflege der frühen DDR zuschrieb: »Unter den damals in der DDR lebenden Kunsthistorikern und Denkmalpflegern war wohl keiner, der eine solche Meinung geteilt hätte« (S. 62, Fn. 4). Campbell urteilt, dass Strauss wohl nach seinem Gutachten, in dem er den Abriss des Berliner Stadtschlosses befürwortete, »possibly the closest thing to deadly enemies« [nah am Todfeind, BTD] für seine Denkmalpflegekollegen gewesen sei; Campbell: Historic Preservation in the SBZ/GDR 1945–1990, 2005, S. 70. Magirius geht sogar so weit zu sagen, dass es Sigrid Brandt in ihrer Geschichte der Denkmalpflege in der SBZ/DDR »bei aller Treue im Detail nicht gelungen [sei], das schließliche Scheitern einer Hauptperson dieser Jahre, das von Gerhard Strauß nämlich, und den unvorhersehbaren ›Sieg‹ der ›bürgerlichen‹ Landeskonservatoren zu verstehen und seine Bedeutung für die Denkmalpflege entsprechend richtig einzuschätzen«; Magirius: Geschichte der Denkmalpflege Sachsens, 2010, S. 29 f.
10 O. A.: Das Schloß muss fallen, Der Spiegel 42/1950, S. 37–38. Später bereute Strauss sein Gutachten und konstatierte, Parteidisziplin habe ihn zu seiner damaligen Einschätzung gebracht, Campbell: Historic Preservation in the SBZ/GDR 1945–1990, 2005, S. 70 f.
11 BArch, DH 2/21205, Blatt 251, 254, Strauss' Stellungnahme zum Verordnungsentwurf der Staatlichen Kunstkommission, 25.06.1952. Brandt: Geschichte der Denkmalpflege in der SBZ/DDR, 2003, S. 80, sieht darin allerdings weder einen »vollständigen Bruch« noch eine »ungebrochene Kontinuität«.
12 Brandt: Geschichte der Denkmalpflege in der SBZ/DDR, 2003, S. 99 ff.; Klemstein: Klassifizierungsstreit, 2017, insbes. S. 117–120.
13 Brandt: Geschichte der Denkmalpflege in der SBZ/DDR, 2003, S. 21.

weitere Überleben der »Landesämter« und ließ in »ideologischer Hinsicht vieles offen«.[14]

Die erste Denkmalschutzverordnung der DDR von 1952 soll unter anderem deshalb so rasch nach Ende des Zweiten Weltkrieges verabschiedet worden sein, weil sie auf dem 1934 in Sachsen erlassenen Gesetz zum Schutze von Kunst-, Kultur- und Naturdenkmalen basierte.[15] Dieses sächsische Gesetz zum Schutze von Kunst-, Kultur- und Naturdenkmalen vom 13. Januar 1934[16] wurde kurz das »Heimatschutzgesetz« genannt. Dies lag zum einen daran, dass nicht lediglich ein enger (Bau-)Denkmalbegriff zugrunde gelegt wurde, sondern auch Boden- und Naturdenkmale berücksichtigt wurden. Es hatte folglich einen umfassenderen Charakter als ein reines Denkmalschutzgesetz. Odendahl spricht von einem »in jeder Hinsicht [...] echten«[17] Denkmalschutzgesetz, da es neben umfangreichen Definitionen auch Schutzbestimmungen umfasste. Andererseits führten der Erlasszeitpunkt 1934 und die zu diesem Zeitpunkt bereits dominierende nationalsozialistische Weltanschauung dazu, dass Denkmalpflege vorrangig unter der Prämisse der »Heimatpflege« stattfinden sollte.

Das Heimatschutzgesetz trat am 17. Januar 1934 in Kraft[18] – und damit nur wenige Tage bevor der Freistaat Sachsen am 30. Januar 1934 aufhörte, staatsrechtlich zu existieren. »Der große Weckruf Adolf Hitlers« habe den »Wandel« und damit die Basis für eine gesetzliche Grundlage für den Denkmalschutz geschaffen, so der Autor des Geleitwortes zur vom Ministerialrat im Ministerium des Innern Hanns Jungmann kommentierten Ausgabe des Gesetzes. Denn

> »Denkmalschutz und Denkmalpflege können ja nicht leben etwa als ein polizeiliches Wirken im Bunde mit einer wissenschaftlich angewandten Technik, sondern sie müssen getragen sein von der Besinnung des Volkes auf seine Vergangenheit, von dem dankbaren Erkennen, daß man Erbe ist von Art und Werk und Heimat der Vorfahren«.[19]

Der Autor des Geleitwortes schreibt der Machtergreifung der Nationalsozialisten zwar zu, fruchtbare Umstände für den Erlass des Gesetzes geschaffen zu haben. Tatsächlich war am Heimatschutzgesetz schon seit den 1920er-Jahren gearbeitet worden, zum Erlass des Gesetzes war es in der Weimarer Republik jedoch nicht

---

14　Magirius: Geschichte der Denkmalpflege Sachsens, 2010, S. 30.
15　Brandt: Geschichte der Denkmalpflege in der SBZ/DDR, 2003, S. 23; Deiters, Ludwig: Das Institut für Denkmalpflege in der DDR – Erinnerungen und Reflexionen, in: Haspel/Staroste/Landesdenkmalamt Berlin (Hg.): Denkmalpflege in der DDR, 2014, S. 16–46, S. 16.
16　(Sächsisches) GBl. 1934, S. 13.
17　Odendahl: Kulturgüterschutz, 2005, S. 73.
18　Es war damit eines der letzten Gesetze, die vor der Auflösung des Sächsischen Landtages zum 30. Januar 1934 erlassen wurde. Die letzte Sitzung des Landtages fand bereits am 22. August 1933 statt.
19　O. A.: Geleitwort, in: Jungmann, Hanns: Gesetz zum Schutze von Kunst-, Kultur- und Naturdenkmalen (Heimatschutzgesetz), für den Gemeingebrauch erläutert, Radebeul 1934, S. 5f.

gekommen. Am 16. Februar 1926 schon wurde durch das Ministerium des Innern im Sächsischen Landtag ein »Entwurf eines Gesetzes über Denkmal- und Naturschutz« eingebracht.[20] Nachdem der Entwurf an den Rechtsausschuss verwiesen worden war, verhinderten widerstreitende Interessen die weitere Entwicklung. Erst 1933 wurde die Arbeit am Denkmalschutzgesetz sowie am gleichzeitig zu erarbeitenden »Gesetz betreffend die Pflege prähistorischer Funde« wieder aufgenommen.[21] Jungmann konstatierte, dass die Vorlage aus dem Jahr 1926 das »Ergebnis ausgedehnter Vorarbeiten« und in »ihren Grundzügen durchaus verwendbar« gewesen sei. Sie sei im Sächsischen Heimatschutzgesetz von 1934, »wenn auch unter wesentlichen Abweichungen und Ergänzungen«, verwertet worden.[22] Das Gesetz weist daher einige nationalsozialistische Prägungen auf, etwa die Betonung der Heimat schon im Titel und in den aufgeführten Bedeutungskategorien im Denkmalbegriff sowie die Einschränkung der Autorenschaft auf »Werke deutscher Meister«.[23]

Befreit von diesen nationalsozialistischen Ausgestaltungen, bot das Sächsische Heimatschutzgesetz dem Grunde nach eine solide Basis aus den 1920er-Jahren für eine neue Rechtsgrundlage in der DDR. Wichtig war zu diesem Zeitpunkt, dass es überhaupt eine Rechtsgrundlage für die Denkmalpflege gab. Die Wahl der Rechtsform war zweitrangig. Gefordert wurde ein Gesetz vorrangig von Vertretern, die eine radikale Umwälzung der Denkmalpflege anstrebten.

1.2. Reformbedürftige Mängel der Verordnung von 1952

Trotz oder gerade wegen ihres frühen Erlasses musste die Verordnung von 1952 bald überarbeitet werden. Zu gravierend waren die Veränderungen, die sich so rasant im neu aufzubauenden Staats- und Gesellschaftssystem in der DDR der frühen 1950er-Jahre vollzogen. Doch es dauerte neun Jahre, bis die Verordnung von 1961 die zahlreichen Veränderungen aufgriff, die sich seit 1952 in Verwaltung und Praxis ergeben hatten. Sie passte die Rechtslage der Lebenswirklichkeit in der Denkmalpflege an und schuf nicht etwa durch Recht neue Realitäten.[24]

---

20 169. Sitzung des Sächsischen Landtages vom 16.02.1926, S. 5815 D: Erste Beratung über die Vorlage Nr. 199, den Entwurf eines Gesetzes den Denkmal- und Naturschutz betreffend. In Sachsen ist auch heute noch das Innenministerium für Denkmalschutz und Denkmalpflege zuständig.
21 Schulze-Forster, Jens/Strobel, Michael: Der lange Weg zu einem sächsischen Denkmalschutzgesetz aus archäologischer Perspektive, in: Ausgrabungen in Sachsen 2, Arbeits- und Forschungsberichte zur sächsischen Bodendenkmalpflege Beiheft 21 (2010), S. 7–18, S. 15f.
22 Jungmann: Kommentar Heimatschutzgesetz, 1934, S. 34.
23 Jungmann: ebd., S. 53, hält dazu beschwichtigend fest, dass es sich lediglich um eine »gewisse Einschränkung« handele, ohne dass damit »der Bewertung der Werte fremdländischer Meister als Denkmale im Einzelfalle etwas in den Weg gelegt« werden solle.
24 Ein ähnliches Verhältnis von Recht und Wirklichkeit war später auch bei der Neufassung der Verfassung im Jahr 1968 zu beobachten, siehe S. 88–91.

Nur wenige Tage nachdem die Denkmalschutzverordnung von 1952 in Kraft getreten war, wurde das »Gesetz über die weitere Demokratisierung des Aufbaus und der Arbeitsweise der staatlichen Organe in den Ländern der Deutschen Demokratischen Republik« verabschiedet.[25] Das Gesetz brachte eine Verwaltungsreform in Gang, die die bisherige Länderstruktur zugunsten von 14 Bezirken auflöste, die sich wiederum aus neu zu bildenden Kreisen zusammensetzen sollten (vgl. § 1 Abs. 2 und § 2 Abs. 1). Im Zuge dessen wurden verschiedene Landesbehörden aufgelöst, darunter auch die mit Denkmalpflege befassten Landesämter.[26]

Die tradierte verwaltungsorganisatorische Struktur musste neu sortiert werden. Unklar war beispielsweise, wer dafür verantwortlich war, die Denkmallisten zu führen, die für den Denkmalschutz konstitutiv waren.[27] Weiterhin waren die Zuständigkeiten staatlicher Organe unzureichend geregelt. Als aufsichtsführende Dienststellen waren in der Verordnung von 1952 die Staatliche Kommission für Kunstangelegenheiten, die Verwaltungen für Kunstangelegenheiten der Landesregierungen sowie die Räte der Stadt- und Landkreise genannt. Die fünf Landesregierungen wurden im Zuge der Verwaltungsreform 1952 ebenfalls aufgelöst, ihre Aufgaben übernahmen nunmehr die Bezirke. Die Staatliche Kommission für Kunstangelegenheiten ging 1953 im Ministerium für Kultur (MfK) auf. Das der Verordnung zugrunde liegende verwaltungsorganisatorische System der Denkmalpflege gab es spätestens seit 1953 nicht mehr. Die Denkmalpflege agierte damit in der Folgezeit ohne institutionelles Regime. Auf verwaltungsorganisatorischer Ebene regelte die Verordnung von 1952 bis zur Neufassung 1961 einen nicht mehr existierenden Zustand.

Auch materiell enthielt die Verordnung Schwachstellen. So war in der Praxis unklar, was § 3 der Denkmalschutzverordnung meinte, wenn dort von »aufsichtsführenden Dienststellen für die Denkmalpflege« gesprochen wurde.[28] Walter Ohle, Leiter der Schweriner Außenstelle, berichtete 1956, dass es häufiger insofern Unklarheiten gab, als der § 3 Abs. 1 Verordnung 1952 (VO-52) dahingehend ausgelegt wurde, dass die als aufsichtsführende Stellen genannten Behörden die Aufsicht über die Denkmale führen sollten. Dies war allerdings eine Fehlinterpretation, denn die Aufsicht bezog sich auf die für die Denkmalpflege verantwortlichen Eigentümer und sonstigen Rechtsträger. Ohle berichtete, dass sogar staatliche Organe aufgrund der Formulierung der VO-52 davon ausgingen, dass die Behörden

---

25   GBl. 1952, Nr. 99, S. 613.
26   Brandt: Geschichte der Denkmalpflege in der SBZ/DDR, 2003, »Dokument 6« im Anhang.
27   § 7 (1) VO-52: »Die bedeutenden Denkmale werden durch die Landesämter für Denkmalpflege in die Denkmalsliste des Landes eingetragen. Durch die Eintragung werden die Denkmale unter Schutz gestellt.«
28   § 3 (1) VO-52: »Aufsichtsführende Dienststellen für die Denkmalpflege sind die Staatliche Kommission für Kunstangelegenheiten, die Verwaltungen für Kunstangelegenheiten der Landesregierungen sowie die Räte der Stadt- und Landkreise (Dezernent für Volksbildung).«

I. Impulse aus der Denkmalpflegerschaft

Denkmalpflege betrieben und insbesondere das Institut für Denkmalpflege für die Denkmale verantwortlich sei. Dies hänge auch mit dem nicht klar umrissenen Aufgabenbereich des Instituts für Denkmalpflege zusammen,[29] das in der Verordnung darüber hinaus nicht erwähnt wurde. Die Verordnung enthielt außerdem keine Bestimmungen zur Finanzierung der Denkmalpflege. Die fehlende Kennzeichnung der zu schützenden Objekte führte zu Rechtsunsicherheit.

Die unzureichenden Strafbestimmungen in der Verordnung von 1952 erschwerten die Verfolgung von Delikten gegen Denkmale. Es hieß in § 10 VO-52 allgemein: »Wer vorsätzlich oder fahrlässig gegen die Bestimmungen dieser Verordnung verstößt, wird mit Gefängnis bis zu drei Jahren und mit Geldstrafe oder mit einer dieser Strafen bestraft, soweit nicht nach anderen gesetzlichen Bestimmungen eine höhere Strafe verwirklicht ist.« Der Tatbestand war allerdings sehr unbestimmt. Die Formulierung gegen »Bestimmungen dieser Verordnungen« reichte zur Begründung einer Strafbarkeit nicht aus. Der Schutz der Denkmale konnte insofern nicht gewährleistet werden. Dies bemängelten auch die Staatsanwaltschaften. Die Staatsanwälte waren auf Grundlage der Verordnung von 1952 nicht in der Lage, gegen Verstöße vorzugehen. Ein wirksamer Vollzug bei Verstößen gegen den Denkmalschutz war nicht möglich.[30]

Georg Münzer, der Justiziar im Ministerium für Kultur, nahm 1955 ein Gespräch mit dem Generalstaatsanwalt zum Anlass, gegenüber der Hauptabteilung (HA) Bildende Kunst im Ministerium darauf zu drängen, eine neue Verordnung zu erlassen.[31] Der von Münzer verfasste Entwurf einer Verordnung wurde dem Innenministerium und dem Justizministerium Anfang Dezember 1955 zugeleitet.[32] Beide nahmen kritisch Stellung. Insbesondere die Rechtsabteilung des Ministeriums des Innern war skeptisch, ob eine Neufassung der Verordnung wirklich nötig sei. Vielmehr solle eine »bloße Änderungsverordnung« zur bestehenden Verordnung erlassen werden, da in der Neufassung lediglich Änderungen »organisatorischer Natur« vorgenommen werden müssten. Entscheiden sollte die Frage nach der Rechtsform allerdings das Büro des Präsidiums des Ministerrates.[33] Die-

---

29 BArch, DR 1/8031, Blatt 163, Stellungnahme von Ohle zu dem Vorschlag einer DB zur Denkmalschutzverordnung, 02.12.1956.
30 BArch, DR 1/8031, Blatt 205 ff., Aktenvermerk von Münzer über das Gespräch mit der Generalstaatsanwaltschaft, 14.05.1955.
31 Georg Münzer (1913–1999), 1931 Abitur, danach Studium der Rechtswissenschaften in Königsberg und München, 1937 Promotion, Gerichtsreferendar in Königsberg; SA-Truppenführer, später Justiziar im MfK, Kulturbund 1963 bis 1990, Vorsitzender der Zentralen Revisionskommission; Zimmer, Andreas: Der Kulturbund in der SBZ und in der DDR. Eine ostdeutsche Kulturvereinigung im Wandel der Zeit zwischen 1945 und 1990, Wiesbaden 2019, S. 614 Fn. 689.
32 BArch, DR 1/8031, Blatt 200 ff., Ministerium für Kultur, HA Gesetzgebung, Abteilungsleiter Grube, an das Ministerium für Kultur, HA Bildende Kunst, 29.12.1955.
33 BArch, DR 1/8031, Blatt 203, Ministerium des Innern, Staatssekretariat für Innere Angelegenheiten, Abteilungsleiter Henoch, an Ministerium für Kultur, HA Bildende Kunst, 23.12.1955.

ses lehnte eine Neufassung schließlich ab; die organisatorischen Abläufe könnten gut in einer ergänzenden Durchführungsbestimmung geregelt werden.[34]

Doch die notwendige Umgestaltung organisatorischer Abläufe war umfangreich, was bereits an den von außen sichtbaren ständigen Veränderungen in der Struktur abzulesen war. Die fünf Landesämter für Denkmalpflege in Erfurt, Potsdam, Schwerin, Halle und Dresden waren zunächst durch ein zentrales Institut für Denkmalpflege (IfD) mit nur noch drei Außenstellen ersetzt worden. Die Zentrale des Instituts für Denkmalpflege wurde 1953 in Berlin in der Brüderstraße 13, im sogenannten Nicolaihaus, angesiedelt.[35] Kurt Lade wurde Mitte des Jahres 1955 als Direktor der Zentrale eingestellt, nachdem die Suche nach einem Leiter bis dahin zwei Jahre ohne Erfolg verlaufen war.[36] Die Zusammenarbeit zwischen den Außenstellen und der Zentrale gestaltete sich schwierig. Insbesondere der Schweriner Denkmalpfleger Walter Ohle sowie der Leiter der Außenstelle in Halle, Wolf Schubert, widersetzten sich häufig der neuen Struktur und umgingen die Zentrale, wo es ihnen möglich war.[37] Die sture Weigerung der Konservatoren, sich der Zentrale zu unterwerfen, hat sicher zur Auflösung dieser Struktur beigetragen.[38] Doch auch das im Januar 1957 verabschiedete Gesetz über die örtlichen Organe der Staatsmacht hatte seinen Anteil daran.[39] Es regelte, dass eine einheitliche staatliche Zentralgewalt Kompetenzen an die örtlichen Volksvertretungen und deren Organe weitergab. Das Gesetz stärkte die örtlichen Volksvertretungen und sollte laut Ulbricht »Fehler in der Überzentralisation« überwinden.[40] Zum 30. Juni 1957 wurde die Zentrale des Instituts für Denkmalpflege wieder aufgelöst.[41]

Neben der Zentrale hatten drei Außenstellen bestanden. Sie waren im Mai 1953 aus den Landesämtern hervorgegangen[42] und teils personell und strukturell identisch ihnen. Die sogenannte Außenstelle Nord befand sich im Gebäude der Zentrale in Berlin und war für die Bezirke Potsdam, Frankfurt (Oder) sowie die nördlichen Bezirke Schwerin, Rostock und Neubrandenburg zuständig. Leiter dieser Außenstelle wurde 1957 als Nachfolger von Gottfried Müller der Architekt Ludwig Deiters (geb. 1921).[43] Die Außenstelle Südwest hatte ihren Sitz (wie das vorherige

---

34 BArch, DR 1/8031, Blatt 198, Heese an Schoder, 23.07.1956.
35 Das Haus war nach der friedlichen Revolution bis 1998 Sitz des Brandenburgischen Landesamtes für Denkmalpflege und beherbergt heute unter anderem Räume der Deutschen Stiftung Denkmalschutz, in deren Eigentum es auch steht.
36 Brandt: Geschichte der Denkmalpflege in der SBZ/DDR, 2003, S. 28 f.
37 Ebd., S. 28–32 sowie »Dokument 10« im Anhang.
38 Campbell: Historic Preservation in the SBZ/GDR 1945–1990, 2005, S. 77.
39 BArch, DR 1/8039, Blatt 146, Vorschlag zur künftigen Struktur der Denkmalpflege, HA Bildende Kunst, 30.04.1958. Die Verantwortung der Zentrale ging auf die Hauptabteilung Bildende Kunst über.
40 Weber, Petra: Justiz und Diktatur. Justizverwaltung und politische Strafjustiz in Thüringen 1945–1961, München 2000, S. 410, Fn. 95.
41 Brandt: Geschichte der Denkmalpflege in der SBZ/DDR, 2003, S. 28–35.
42 Wüllner: Das institutionelle System der Denkmalpflege, 2015, S. 32.
43 Deiters: Erinnerungen und Reflexionen, 2014, S. 18.

Landesamt) in Halle. Sie war verantwortlich für die Bezirke Magdeburg, Halle sowie die thüringischen Bezirke Erfurt, Gera und Suhl.⁴⁴ Wolf Schubert (geb. 1903) leitete das Amt in Halle.⁴⁵ Die Außenstelle Südost war Nachfolgerin des Landesamtes in Dresden und betreute die sächsischen Bezirke Dresden, Karl-Marx-Stadt und Leipzig sowie den brandenburgischen Bezirk Cottbus.⁴⁶ Das Landesamt in Dresden wurde seit 1949 von Hans Nadler (geb. 1910) geleitet, der die Nachfolge von Walter Bachmann angetreten hatte. Nadler übernahm auch die Führung der Außenstelle Dresden.⁴⁷ Schon 1956 wurde für die Nordbezirke wiederum eine eigenständige Außenstelle in Schwerin eingerichtet, die vom Kunsthistoriker Walter Ohle (geb. 1904) geführt wurde. Ohle war zuvor am Landesamt tätig gewesen, nach dessen Auflösung in die Berliner Zentrale abgeordnet und 1954 entlassen worden. Trotzdem erhielt er den Leiterposten in Schwerin 1956.⁴⁸ Nach der Auflösung der Zentrale im Sommer 1957 wurden die Außenstellen in »Arbeitsstellen des Instituts für Denkmalpflege« umbenannt. Deiters war bei seinem Amtsantritt 36 Jahre alt und damit mit Abstand der jüngste unter den Konservatoren. Er hatte zuvor als Architekt die Gedenkstätte Buchenwald gestaltet und war darüber hinaus Mitglied der Sozialistischen Einheitspartei Deutschlands (SED), anders als beispielsweise Nadler, und vermutete selbst im Rückblick, dass er wohl »in Folge der Gedenkstättenarbeit und aus politischen Gründen« geeignet für den Posten des Konservators und später Generalkonservators gewesen sei.⁴⁹ Am 1. Januar 1963 wurde in Erfurt wieder eine Arbeitsstelle für die drei thüringischen Bezirke eingerichtet.⁵⁰ Leiter in Erfurt wurde der Kunsthistoriker Hans Schoder (geb. 1925).⁵¹ In Verwaltung und Personal gab es nach dem Zweiten Weltkrieg eine hohe Kontinuität. Ohle und Schubert waren zum Zeitpunkt der verwaltungsorganisatorischen Umgestaltung bereits über 50 Jahre alt, Nadler war Mitte 40. Sie standen in der Blüte ihres Berufslebens. Sie hatten bereits in zwei unterschiedlichen Gesellschaftssystemen als Konservatoren gearbeitet, ihre Ausbildungen zur

---

44 Wüllner: Das institutionelle System der Denkmalpflege, 2015, S. 33 mit Karte zur territorialen Struktur, sowie S. 79–94.
45 BLDAM Wünsdorf, M 54, Deiters an Bartke, 21.04.1964, enthält als Geburtsdatum Wolf Schuberts den 28. Januar 1900, möglicherweise ein Tippfehler, denn die Festschrift zum 60. Geburtstag nennt 1963 als Jahr seines 60. Geburtstages, Hütter, Elisabeth/Löffler, Fritz/Magirius, Heinrich: Kunst des Mittelalters in Sachsen. Festschrift Wolf Schubert, dargebracht zum 60. Geburtstag am 28.1.1963, Weimar 1967.
46 Deiters: Erinnerungen und Reflexionen, 2014, S. 17.
47 Brandt: Geschichte der Denkmalpflege in der SBZ/DDR, 2003, S. 103 ff., zum Aufbau des IfD in Dresden unter Hans Nadler.
48 Gegen seinen Willen wurde allerdings Serafim Polenz als ein Stellvertreter eingesetzt: Brandt: Geschichte der Denkmalpflege in der SBZ/DDR, 2003, S. 30.
49 Deiters: Erinnerungen und Reflexionen, 2014, S. 18.
50 Wüllner: Das institutionelle System der Denkmalpflege, 2015, S. 87.
51 BLDAM Wünsdorf, M 54, Deiters an Ministerium für Kultur, HA Bildende Kunst, 21.04.1964, enthält die Geburtsdaten aller Konservatoren; zu Schoder vgl. den Nachruf von Berger, Hans: Zum Tode von Hans Schoder, in: Deutsche Kunst und Denkmalpflege 50 (1992), S. 98 f., S. 98.

Zeit der Weimarer Republik genossen. Ihr Wille, sich dem neuen (Verwaltungs-) System unterzuordnen, war gering. Vielmehr führten sie in tradierter Manier die klassische Arbeit der vormaligen Landeskonservatoren weiter. Ohle, Schubert und Nadler prägten insbesondere in den Anfangsjahren, wenn auch nicht einhellig,[52] das Bild der Außenstellen des Instituts für Denkmalpflege. Besonders Nadler hatte durch sein langes Berufsleben in der DDR viele Einflussmöglichkeiten, die er nicht nur als Konservator, sondern auch in seiner Stellung als Vorsitzender des Zentralen Fachausschusses im Kulturbund nutzte.

Erst nach der verwaltungsorganisatorischen Konsolidierung konnte mit der Rechtsanpassung begonnen werden.[53]

1.3. Diskussionen um die Rechtsform: Durchführungsbestimmung oder Verordnung?

Trotz dieser gewaltigen institutionellen Umbrüche hatte das Präsidium des Ministerrates 1956 entschieden, zunächst eine Durchführungsbestimmung zur VO-52 sowie ein Statut für das Institut für Denkmalpflege entwerfen zu lassen.

Doch schon im Februar 1957 sprach sich Münzer gegenüber dem Leiter der Hauptabteilung Bildende Kunst, Walter Heese, für die komplette Neufassung der Verordnung aus. Die notwendigen Änderungen seien zu umfassend, um sie in einer Durchführungsbestimmung zu regeln.[54] Münzer bekam schließlich Zuspruch von der damaligen Justizministerin Hilde Benjamin. Sie erklärte im Februar 1957, dass sie eine bloße Durchführungsbestimmung für »falsch« halte. Der Entwurf enthalte Änderungen der Verordnung, die den »Rahmen einer Durchführungsbestimmung überschreiten« würden. Sie regte an, zu der früher geplanten Neufassung der Verordnung »im Interesse einer richtigen und klaren Gesetzgebung« zurückzukehren.[55]

Nach fast zweijähriger Entwurfsphase war damit endlich die Frage nach der adäquaten Rechtsform beantwortet. In der Folgezeit wurde an einer Neufassung der Denkmalschutzverordnung und nicht mehr an einer Durchführungsbestimmung gearbeitet.

Da die gravierendsten Änderungen der Denkmalschutzverordnung durch das »Gesetz über die weitere Demokratisierung« von 1952 notwendig wurden, sprachen die Verantwortlichen bei der Erarbeitung der neuen Denkmalschutzverord-

---

52 Wüllner: Das institutionelle System der Denkmalpflege, 2015, S. 27; Campbell: Historic Preservation in the SBZ/GDR 1945–1990, 2005, S. 92–142.
53 Gesetz über die örtlichen Organe der Staatsmacht, GBl. I 1957, Nr. 8, S. 65; Gesetz über die Rechte und Pflichten der Volkskammer gegenüber den örtlichen Volksvertretungen, GBl. I 1957, Nr. 8, S. 72.
54 BArch, DR 1/8031, Blatt 133, Münzer an Heese, 16.02.1957.
55 BArch, DR 1/8031, Blatt 131 f., Benjamin an Abusch, 19.02.1957.

nung häufig davon, die Denkmalpflege müsse »demokratisiert« werden. Dies bezog sich jedoch nicht auf eine Bürgerbeteiligung, Mehrheitsentscheidungen oder ähnliche Instrumente, die heute mit dem Stichwort »Demokratisierung« verbunden werden könnten, sondern ausschließlich auf die verwaltungsorganisatorische Neuordnung im Sinne des Gesetzes.

Bis zum Spätsommer 1957 verliefen die Diskussionen um die neue Rechtsgrundlage innerhalb der Ministerien der Finanzen und der Justiz, sowie des Ministeriums für Kultur und der dortigen Hauptabteilung Bildende Kunst. Die Konservatoren der Außenstellen des Instituts für Denkmalpflege sollten erst auf der Konservatorensitzung, die für Ende Juni 1957 anberaumt war, zu dem von Georg Münzer verfassten Entwurf Stellung nehmen.[56] Ob es zu dieser Sitzung kam, ist fraglich, denn im August 1957 schaltete sich auf eigene Initiative die Zentrale Fachkommission Heimat- und Denkmalpflege der Natur- und Heimatfreunde im Kulturbund in den Prozess ein.[57] »Aus der Presse« hatten sie von den »Reorganisationsvorschlägen« zur Denkmalpflege erfahren und gaben nun gegenüber dem MfK, HA Bildende Kunst, eine Stellungnahme ab. Federführend war Hans Nadler, der gleichzeitig Konservator der Außenstelle in Dresden war.[58] Durch seine Stellung im Kulturbund erhielt Nadler mehr Einflussmöglichkeiten als die anderen Konservatoren. Er wählte einen beschwichtigenden Ton, zeigte Verständnis für die vertrackte organisatorische Lage: Es sei »bekannt, daß zuweilen Schwierigkeiten in der Zusammenarbeit der Bezirke und Institute [gemeint sind die Außenstellen des IfD, BTD] vorliegen. Diese resultieren nicht aus der Struktur der fachlichen und administrativen Denkmalpflege, sondern aus der Einsatzbereitschaft und -möglichkeit beider Institutionen.«[59] Nadler schlug vor, die Bezirke insofern zu entlasten, als im Kulturbund ein sogenanntes sozialistisches Aktiv gebildet werden könnte, in dem sich Werktätige der Bewältigung denkmalpflegerischer Aufgaben annähmen. Praktische Denkmalpflege sei »nur als kollektive wissenschaftliche Leistung möglich«, ein einzelner im Bezirk arbeitender Wissenschaftler könne diese Aufgabe nicht bewältigen. Außerdem sprach Nadler sich dafür aus, die neue Verordnung in Zusammenarbeit zwischen dem MfK und dem Kulturbund auszuarbeiten.

Doch zu einer intensiven Zusammenarbeit mit dem Kulturbund kam es erst nach Verabschiedung der Verordnung ab 1963.

---

56 BArch, DR 1/8031, Blatt 114, Schubert an Heese, 29.06.1957.
57 Im November 1950 gründete sich die »Zentrale Kommission für Natur- und Heimatfreunde« im Kulturbund. Der Zentrale Fachausschuss Bau- und Denkmalpflege im Kulturbund wurde 1954 gegründet; er ist 1977 in der Gesellschaft für Denkmalpflege aufgegangen, Vorsitzender war bis dahin Hans Nadler; Campbell: Historic Preservation in the SBZ/GDR 1945–1990, 2005, S. 408, 410.
58 BArch, DR 1/8031, Blatt 106, Nadler an Schoder, 27.08.1957.
59 BArch, DR 1/8031, Blatt 107, Stellungnahme des Zentralen Fachausschusses zu der beabsichtigten Umorganisation der Denkmalpflege, 15.08.1957.

1.4. Auswirkungen der Babelsberger Konferenz 1958 auf die Rechtsetzung im Denkmalschutzrecht

Im April 1958 fand an der Deutschen Akademie für Staats- und Rechtswissenschaft »Walter Ulbricht« (DASR) in Potsdam-Babelsberg eine Konferenz statt, die die Rechtswissenschaft in der DDR nachhaltig verändern sollte.[60] Ulbricht propagierte die Einheit von Staat und Verwaltung und bewirkte so die faktische Auflösung des wissenschaftlichen Verwaltungsrechts. Dies hatte auch Auswirkungen auf die Regelungen im Denkmalschutz, der als Teil des besonderen Verwaltungsrechts verstanden wird.[61]

Schon früh nach dem Zweiten Weltkrieg wurde in der sowjetischen Besatzungszone wieder verwaltungsrechtswissenschaftlich geforscht. Lehrbücher in »konsequent antifaschistischer Grundhaltung«[62] wurden publiziert, knüpften dabei (in Ulbrichts Wahrnehmung wohl: allerdings) an die tradierten bürgerlichen Rechtsvorstellungen von Staat und Verwaltung an. Juristen, die unter sozialistischen Bedingungen ausgebildet wurden, traten erst in den frühen 1950er-Jahren, nach der Ausbildung an der DASR, ihren Dienst an. Unter ihnen waren beispielsweise Karl Bönninger und Hans-Ulrich Hochbaum. Sie formulierten (trotz ihrer Ausbildung an der DASR) in ihren Arbeiten Ansätze, die wiederum klassische, rechtsstaatliche Elemente aufgriffen: Bönninger sprach sich für die Rechtsbindung der Verwaltung aus,[63] Hochbaum forderte 1956 ein »allgemeines Rechtsmittelverfahren in der Verwaltung«[64] und damit letztlich die Wiedereinführung einer Verwaltungsgerichtsbarkeit, die 1952 nach einem kurzen Intermezzo wieder abgeschafft worden war.[65] Doch das Nachdenken der Rechtswissenschaftler ging über die Anknüpfung an traditionelle verwaltungsrechtliche Instrumente hinaus. Der XX. Parteitag der KPdSU im Februar 1956 hatte sie dazu angeregt, über die Rolle des Rechts in der Gesellschaft nachzudenken. Nikita Chruschtschow hatte als Nachfolger Stalins dessen Verbrechen teilweise offengelegt und leitete auf diesem

---

60 Stolleis: Geschichte des öffentlichen Rechts, Bd. 4, 2012, S. 289–304.
61 Für die DDR: Akademie für Staats- und Rechtswissenschaften der DDR: Verwaltungsrecht, 1979, S. 552 ff.; für die Bundesrepublik: Oebbecke, Janbernd: § 42 Denkmalschutz, in: Dirk Ehlers/Michael Fehling/Hermann Pünder (Hg.): Besonderes Verwaltungsrecht, Band 2, Heidelberg 2013, S. 304–322.
62 Bernet: Kapitel 9 Verwaltungsrecht, 1995, S. 401.
63 Bönninger, Karl: Rechtsnorm und Verwaltungsanweisung, Festschrift für Erwin Jacobi, Berlin 1957, S. 333–361; zur Festschrift für Erwin Jacobi: Otto, Martin: Von der Eigenkirche zum Volkseigenen Betrieb: Erwin Jacobi (1884–1965). Arbeits-, Staats- und Kirchenrecht zwischen Kaiserreich und DDR, Tübingen 2008, S. 366; Stolleis: Geschichte des öffentlichen Rechts, Bd. 4, 2012, S. 293.
64 Hochbaum, Hans-Ulrich: Zum allgemeinen Rechtsmittelverfahren in der Verwaltung, in: Demokratischer Aufbau 10 (1956), S. 673 ff., zitiert nach Lubini: Verwaltungsgerichtsbarkeit, 2015, S. 251.
65 Zur Verwaltungsgerichtsbarkeit in der frühen DDR: Otto: Verwaltungsrecht in der DDR bis 1952, 2012; Lubini: Verwaltungsgerichtsbarkeit, 2015; Lubini, Julian: § 24 Verwaltungsrechtsschutz in Ostdeutschland nach 1945, in: Karl-Peter Sommermann/Bert Schaffarzik (Hg.): Handbuch der Geschichte der Verwaltungsgerichtsbarkeit in Deutschland und Europa, Berlin 2019, S. 959–988.

ersten Parteitag nach Stalins Tod eine Entstalinisierung der KPdSU ein. Hermann Klenner, der damals knapp 30 Jahre alte Staats- und Verwaltungswissenschaftler an der HU Berlin und neben Bernhard Graefrath und Uwe-Jens Heuer einer der »angehenden Stars« der Fakultät[66], beschrieb den Parteitag retrospektiv als wachrüttelndes Ereignis; die Machtausübung Stalins sei schließlich »durch Denk- und Verhaltensweisen von Juristen sowie von unhaltbaren, zudem als marxistisch deklarierten Auffassungen über das Wesen des Rechts im allgemeinen und besonders im Sozialismus begünstigt worden«.[67] Auch Klenner sprach sich im Zusammenhang mit dem Nachdenken über die Funktion des Rechts dafür aus, dass der Staat seine Eingriffe auf Rechtsgrundlagen stellen müsse und diese Eingriffe gerichtlich überprüfbar sein müssten. Elemente rechtlicher Kontrolle sind in einer sozialistischen Gesellschaft nicht grundsätzlich ausgeschlossen, allerdings waren sie Ulbricht ein Dorn im Auge. In seinem Vortrag, den Karl Polak für ihn ausgearbeitet hatte,[68] erläuterte er vor geladenen Gästen, dass er den Eindruck habe, die Rechtswissenschaft betrachte

»die Meisterung der marxistischen Dialektik noch nicht als ihr Hauptanliegen [...]. Selbstverständlich wird die bürgerliche Rechtsideologie bei uns noch lange nachwirken. Es kommt jedoch darauf an, diese bürgerliche Rechtsideologie in ihrem Wesen klar zu erkennen, sie als ein Überbleibsel der alten Zeit zu erkennen und zu überwinden.«[69]

Ulbricht erläuterte, dass unter anderem der tradierte Formalismus in der Rechtswissenschaft die Wissenschaftler daran hindere, »die lebendige Entwicklung zu sehen, das gewaltige Feld der neuen Probleme unserer Zeit und die tiefen Veränderungen im menschlichen Bewusstsein und in den Beziehungen zwischen den Menschen«. Sinn des Staatsrechts sei es doch, dass »alle Fragen des gesellschaftlichen Lebens von den Massen gemeistert werden müssen«. Das Recht müsse die Bürger so erziehen und leiten, dass sie »fähig, selbstbewusst und systematisch« ihre Kräfte, ihr Wissen und ihre gesellschaftliche Wirksamkeit steigern könnten.[70] Das bürgerliche Staatsrecht hingegen, dessen Grundzüge durch einige Vertreter der Wissenschaft nun auch in der DDR weiterhin verbreitet würden, könne diese Grundideen nicht verwirklichen helfen. Ulbricht klagte auf der Konferenz Wis-

---

66 Markovits: Diener zweier Herren, S. 45.
67 Klenner, Hermann: Vorwärts, doch nicht vergessen: Die Babelsberger Konferenz von 1958, in: Utopie kreativ (2005), S. 291–305, S. 292.
68 Karl Polak (1905–1963) war juristischer Ratgeber Ulbrichts. Nach der Rückkehr 1946 nach Deutschland wurde er Mitglied der KPD/SED, war einige Jahre ordentlicher Professor für Staatslehre an der Universität Leipzig und ab 1952 Jurist im Zentralkomitee der SED, vgl. Eckert, Jörn: Karl Polak, in: Otto zu Stolberg-Wernigerode (Hg.): Neue deutsche Biographie, Bd. 20: Pagenstecher–Püterich, Berlin 2001, S. 594f.
69 Ulbricht, Walter: Die Staatslehre des Marxismus-Leninismus und ihre Anwendung in Deutschland, Berlin 1958, S. 35.
70 Ulbricht: Staatslehre des Marxismus-Leninismus, 1958, S. 28f.

senschaftler öffentlich für ihre Arbeiten an, darunter Karl Bönninger, Bernhard Graefrath, Uwe-Jens Heuer, Hermann Klenner, Heinz Such, Wolfgang Weiß.[71] Das bürgerliche Staatsrecht habe, so Ulbricht, die »Aufgabe, den bestehenden Zustand der kapitalistischen Produktions-, Ausbeutungs- und politischen Machtverhältnisse zu erhalten«.[72] Dogmatismus und Formalismus seien die Hauptschwächen der Staats- und Rechtswissenschaft. Die gesteckten Ziele könnten nur erreicht werden, wenn Beschlussfassung und Durchführung einheitlich seien, die Verwaltungstätigkeit müsse als »unmittelbare staatliche Tätigkeit« verstanden und entwickelt werden. Staats- und Verwaltungsrecht seien »miteinander auf das engste verbunden«, für beide müssten dieselben Prinzipien gelten. Trenne man die beiden Bereiche, so folge man der bürgerlichen Tendenz, »die staatliche Tätigkeit als politisch neutral darzustellen, mit der Trennung der Beschlußfassung und Durchführung«. Richtig sei hingegen, die Staatsmacht und ihre Aufgaben als politisches Wesen anzuerkennen. Der Begriff des »speziellen Verwaltungsrechts« verleite zu einem »formal-juristischen Verhalten der Mitarbeiter des Staatsapparates gegenüber den Beschlüssen der gewählten Volksvertretungen«. Die Trennung von Staats- und Verwaltungsrecht sei daher ein »bürgerliches Prinzip, das wir rasch aufgeben sollten«.[73]

Dass die Einladungen zur Tagung sowohl an 238 Mitarbeiter von Lehr- und Forschungseinrichtungen als auch an 220 Praktiker aus verschiedenen Behörden bzw. örtlichen Organen, 69 Vertreter des Parteiapparates, 7 Vertreter der Massenorganisationen sowie 14 Medienvertreter ergingen,[74] zeigt, dass mit der Konferenz ein Standpunkt von gesamtgesellschaftlicher Reichweite verdeutlicht werden sollte. Mit der ausgegebenen Maxime, Verwaltungs- und Staatsrecht als Einheit zu betrachten, verknüpfte Ulbricht die Hoffnung, den als nachteilig und bürgerfern empfundenen Verwaltungsapparat zugunsten eines ganzheitlichen und nahbaren, einheitlichen Systems aufzulösen. Lehrpläne und -materialien wurden in Abkehr vom »bürgerlichen Rechtsformalismus«[75] neukonzipiert, Professoren und Dozenten wurden teilweise versetzt oder (mindestens vorübergehend) aus dem

---

71 Einige von ihnen beschäftigen sich seit der friedlichen Revolution mit der Aufarbeitung der Babelsberger Konferenz, vgl. Klenner: Vorwärts, doch nicht vergessen, 2005; Klenner, Hermann: Babelsdorf 1958. Voreingenommene Bemerkungen zu einer voreingenommenen Konferenz, in: Der Staat 31 (1992), S. 612–626; Mollnau, Karl: Die Babelsberger Konferenz oder: Vom Beginn der Niedergangsjurisprudenz in der DDR, in: Robert Alexy/Ralf Dreier/Ulfrid Neumann (Hg.): Rechts- und Sozialphilosophie in Deutschland heute: Beiträge zur Standortbestimmung (Archiv für Rechts- und Sozialphilosophie, Beiheft 44), Stuttgart 1991, S. 236–247; Klenner, Mollnau und Heuer wurden auch als Zeitzeugen bei der 39. Sitzung der Enquete-Kommission »Aufarbeitung von Geschichte und Folgen der SED-Diktatur in Deutschland« des Bundestages angehört; Markovits: Diener zweier Herren, S. 47–51.
72 Ulbricht: Staatslehre des Marxismus-Leninismus, 1958, S. 29.
73 Ebd., S. 33.
74 Klenner: Vorwärts, doch nicht vergessen, 2005, S. 296.
75 Kröger: Herbert, Schluß mit bürgerlichem Rechtsformalismus, Neues Deutschland vom 21.05.1958, S. 4.

Universitätsdienst entfernt.[76] Als Rechtszweig und Forschungsgegenstand verlor das Verwaltungsrecht im Nachgang der Babelsberger Konferenz seine eigenständige Bedeutung, es ging »im Staatsrecht auf«.[77]

Diese Neuordnung brachte auch jenseits der Forschungslandschaft Veränderungen mit sich. Wie sollten die Materien des bisherigen Verwaltungsrechts geregelt werden, wie das Verhältnis zwischen Bürger und Verwaltung ausgestaltet, wie beschrieben werden? Bereiche des täglichen Lebens, die traditionell zum Verwaltungsrecht gezählt wurden, Bauen oder eben Denkmalschutz, existierten weiter und mussten auch mit (Rechts-)Leben gefüllt und geregelt werden.

Ein erster Schritt, um die ausgegebenen Ziele der Babelsberger Konferenz umzusetzen, war die Änderung der (Rechts-)Sprache. Allein Begriffe zu verändern beseitigte zwar (zumindest vorerst) nicht tradierte Rechtspraktiken oder -beziehungen zwischen Staat und Bürger. Dennoch hat ein bestimmter Sprachgebrauch einen nicht zu unterschätzenden Einfluss auf seine Empfänger: »Sprache ist Bedingung für Macht und selbst Machtausübung«.[78] Dies hatte auch unmittelbare Auswirkungen auf die zu erarbeitende neue Denkmalschutzverordnung.

Münzer riet im Juni 1960 an, alle Erwähnungen des Begriffs »Verwaltung« in der Verordnung zu ersetzen:

»Nach längeren Diskussionen in der Rechtswissenschaft soll nunmehr allgemein von dem Begriff ›Organe der staatlichen Verwaltung‹ abgegangen werden, um von dem bürgerlichen Verwaltungscharakter wegzukommen. Ein fester neuer Begriff ist noch nicht gefunden, insbesondere zur Abgrenzung der Räte usw. von den Volksvertretern. Bei allen neuen gesetzgeberischen Akten sollte aber bereits der Verwaltungsbegriff entfallen«.[79]

Wo im ursprünglichen Entwurf noch die »Organe der staatlichen Verwaltung« adressiert waren, wurden in den nachfolgenden Entwürfen die »zentralen und örtlichen staatlichen Organe« genannt. Später wurde, um den Begriff »Verwaltung« zu vermeiden, stattdessen der Begriff »Leitung« verwendet.[80] Dieses Vorgehen offenbart die absurd vertrackte Lage nach der Babelsberger Konferenz: Wie genau die Forderungen der Babelsberger Konferenz in der praktisch-administrativen Arbeit umgesetzt werden sollten, war den Verantwortlichen nicht klar. Das

---

76 Klenner: Vorwärts, doch nicht vergessen, 2005, S. 299 f. Klenner wurde für zwei Jahre Bürgermeister in Letschin, bevor er 1960 wieder zurück in den Universitätsbetrieb ging.
77 Heuer, Uwe-Jens/Lieberam, Ekkehard: Rechtsverständnis in der DDR, in: Uwe-Jens Heuer (Hg.): Rechtsordnung der DDR. Anspruch und Wirklichkeit, Baden-Baden 1995, S. 25–74, S. 67. 20 Jahre nach der Babelsberger Konferenz erschien erstmals wieder ein Lehrbuch zum Verwaltungsrecht: Akademie für Staats- und Rechtswissenschaften der DDR: Verwaltungsrecht, 1979.
78 Klein, Josef: Sprache und Macht, Aus Politik und Zeitgeschichte (APuZ) 8/2010: Sprache, S. 7–13, S. 7.
79 BArch, DR 1/8031, Blatt 35, Münzer an Pischner, 17.06.1960.
80 Bernet: Kapitel 9 Verwaltungsrecht, 1995, S. 409.

Vorgehen untermauert Jessens Eindruck, dass »Besonderheiten und Skurrilität« der Sprache der DDR »weniger Resultat direkter Sprachlenkungen als vielmehr eines ungeplanten und unreflektierten Wechselspiels zwischen ›oben‹ und ›unten‹ im zentralistischen Apparat« waren.[81] Auch, dass es gut zwei Jahre dauerte, bis die Forderungen, die auf der Babelsberger Konferenz aufgestellt worden waren, in die tatsächliche Rechtssetzungspraxis vordrangen, ist bemerkenswert. Ziel der Babelsberger Konferenz war es, die traditionelle (»bürgerliche« und damit als »rechtsformalistisch« empfundene) Aufspaltung des Rechts in verschiedene Bereiche aufzuheben. Damit sollte erreicht werden, dass Recht und Leben stärker miteinander verknüpft würden. Durch seine Aufspaltung in verschiedene Rechtsgebiete würde das Recht vom gesellschaftlichen Leben »isoliert«, so passe es nicht zum Prinzip des demokratischen Zentralismus.[82]

Obwohl nicht geklärt war, wie genau sich dieser Wandel vollziehen sollte, schien doch sicher, dass im Nachgang zur Babelsberger Konferenz keine Gesetze erlassen werden konnten, die typisch verwaltungsrechtliche Materien regelten. Der Forderung, Staats- und Verwaltungsrecht zu vereinen, hätte wohl nichts deutlicher entgegengestanden, als ein neues Gesetz zu schaffen, das eine Materie wie Denkmalschutz regelte. Schließlich war im Denkmalschutz das Subordinationsverhältnis zwischen Staat und Bürger virulent, Denkmalschutz griff in die Rechte der Bürger bzw. der Denkmaleigentümer (auch staatlichen) ein; die Erfassung und Inventarisation der Denkmale in Listen und Karteien muteten bürokratisch an. Die Materie »Denkmalschutz« war ein schlechthin, sowohl nach Inhalt als nach Form, »bürgerliches« Metier. Die Rahmenbedingungen dafür, ein Denkmalgesetz zu erlassen, schienen sich ab 1958 verschlechtert zu haben.

1.5. Fachleute fordern ein Gesetz, 1959

Umso überraschender ist, dass noch im Jahr 1958 vom Stellvertreter des Ministers für Kultur, Hans Pischner, eine Arbeitsgruppe eingesetzt wurde, um die Rechtsgrundlage der Denkmalpflege zu überarbeiten. Sie war ein Expertengremium bestehend aus Frau Kröger,[83] dem Kunsthistoriker und späterem Leiter des Messbildarchivs im IfD Leopold Achilles, dem Justiziar des Ministeriums für Kultur Georg Münzer sowie Schoder und Deiters als Konservatoren. Im Januar 1959 forderte dieses Gremium ein neues Denkmalschutzgesetz.

---

81 Jessen, Ralph: Diktatorische Herrschaft als kommunikative Praxis. Überlegungen zum Zusammenhang von »Bürokratie« und Sprachnormierung in der DDR-Geschichte, in: Alf Lüdtke/Peter Becker (Hg.): Akten. Eingaben. Schaufenster. Die DDR und ihre Texte. Erkundungen zu Herrschaft und Alltag, Berlin 1997, S. 57–75, S. 59.
82 Kröger, Herbert: Schluß mit bürgerlichem Rechtsformalismus, Neues Deutschland vom 21.05.1958.
83 Vielleicht handelt es sich um Helga Kröger, die in den frühen 1950er Jahren bei der Staatlichen Kommission für Kunstangelegenheiten angestellt war.

Gut zwei Jahre, nachdem sich Justizministerin Benjamin für eine neue Verordnung (und nicht lediglich eine neue Durchführungsbestimmung) ausgesprochen hatte, unternahmen die Fachleute – erstmals seit den Forderungen Strauss' 1952 nach einem Gesetz – einen erneuten Versuch, die Denkmalpflege auf eine wirkmächtigere Rechtsgrundlage zu stellen. Auch vor dem Hintergrund der Entwicklungen nach der Babelsberger Konferenz ist diese Forderung bemerkenswert. Zugleich offenbart sie die Diskrepanz zwischen dem von der Partei ausgegebenen Vorgehen und der von den Fachleuten ausgefüllten Praxis. Die Experten gaben zu bedenken, dass die Erarbeitung eines neuen Gesetzes »eine Frist von einem Jahr« in Anspruch nehmen könne. Daher schlugen sie vor, die geltende Verordnung von 1952 nunmehr durch eine Durchführungsbestimmung zu ergänzen, bis das Gesetz endgültig verabschiedet werden könne. Das neue Gesetz solle das Denkmal »in grundsätzlich gleicher Weise wie die Verordnung von 1952 definieren«. Der Vorschlag der Arbeitsgruppe enthielt vorrangig Hinweise auf den zu verändernden Verwaltungsaufbau innerhalb der Denkmalpflege: Die Verantwortung für die Denkmalpflege sollte streng hierarchisch zugewiesen werden. Das Ministerium für Kultur sollte für die »gesamte« Denkmalpflege verantwortlich zeichnen, auf lokaler Ebene würden die jeweiligen Räte der Bezirke und Kreise für Denkmale in ihren Gebieten zuständig sein. Auf den drei Ebenen sollten Denkmalräte angesiedelt werden, die die politischen Kräfte der jeweiligen Instanz beraten würden. Das Institut für Denkmalpflege sollte die wissenschaftliche Arbeit auf dem Gebiet der Denkmalpflege leiten, insbesondere die Erfassung und Restaurierungsmaßnahmen.[84]

Auch der Schweriner Denkmalpfleger Ohle forderte ebenfalls 1959 ein Denkmalschutzgesetz, allerdings unter anderem Vorzeichen. Die Verordnung von 1952 solle nicht zum Vorbild genommen werden. Vielmehr sei es an der Zeit, eine dem Staatssozialismus entsprechende Rechtsgrundlage und ein entsprechendes Verwaltungs- und Finanzierungssystem zu etablieren. Er kritisierte, die Verordnung sei auf eine »kapitalistische Ordnung zugeschnitten« und ihrem »inneren Gehalt nach ungeeignet« für eine Rechtsgrundlage in einer sozialistischen Staatsform.[85] Dabei war Ohle kein glühender Sozialist,[86] er sah aber in seiner täglichen Arbeit, dass die Verordnung von 1952 die Denkmalpflege an der Realität vorbei regelte und damit zum Schutz der Denkmale unbrauchbar war. Er sprach sich

---

84 BArch, DR 1/8039, Blatt 148–152, Zu den nächsten Aufgaben in der Denkmalpflege, 28.01.1959.
85 BArch, DR 1/8039, Blatt 57, Ohles Vorschlag an die Konservatoren zu einer Denkschrift über die Organisation der Denkmalpflege, 09.03.1959.
86 Walter Ohle (19047–1971) studierte Architektur in Braunschweig sowie Kunstgeschichte in Bern und Leipzig, Promotion 1932, Arbeit als Konservator in Stettin ab 1934, Rückkehr nach Schwerin nach Kriegsgefangenschaft 1947 und fortan in der dortigen Außen- und Arbeitsstelle als Denkmalpfleger aktiv, siehe Ende, Horst: Dr. Walter Ohle zum 100. Geburtstag, in: Denkmalschutz und Denkmalpflege in Mecklenburg-Vorpommern 11 (2004), S. 61 f.

dafür aus, die Verantwortung für die Denkmalpflege völlig neu zu vergeben: Da im Staatssozialismus finanzkräftige Privateigentümer fehlten und die Mehrzahl der Denkmale in staatlicher Hand war, passten die Regelungen der traditionellen Denkmalpflege zur Finanzierung und Verantwortung für denkmalpflegerische Maßnahmen nicht mehr, so berichtete Ohle von seinen Erfahrungen. Von den Kostenträgern, unabhängig davon, ob das Denkmal in Privat- oder in Volkseigentum stehe, würde die Denkmalpflege als »unerwünschte und zwecklose Belastung« wahrgenommen, was dazu führe, dass nicht in denkmalpflegerische Maßnahmen investiert werde. Nach dem Vorbild der Denkmalpflegeorganisation in Polen und der ČSSR sollte die Denkmalpflege im Ganzen einer eigenen, neuen Organisation übertragen werden, die den Akademien des Landes gleichgestellt und aus der Organisation des Ministeriums für Kultur herausgenommen werden müsste. Mit eigenen Mitteln, Personal und Werkstätten sollte diese neue Organisation Denkmalpflege unabhängig von Bezirks- und Kreisräten betreiben.[87]

Zu einer solch radikalen Neuordnung der Denkmalpflege kam es jedoch nicht. Im Hinblick auf die Pflege der Denkmale wäre eine solche Lösung sicher dienlich gewesen. Eine oberste Fachbehörde hätte die Auswahl der Denkmale allein nach fachlichen Kriterien treffen können, ein übergeordneter Finanzfonds hätte die Finanzierung wahrscheinlich besser gewährleistet als die Finanzierung der Pflegemaßnahmen über die laufenden Haushalte der Rechtsträger. Doch die Einflussmöglichkeiten seitens der Politik auf eine außerhalb des Ministeriums angesiedelte, eigenständige Denkmalbehörde wären gering gewesen. Vermutlich war das ein Grund, weshalb sich Ohles Ansatz nicht durchsetzte.

Nach fünfjährigem Ringen um die neue Rechtsgrundlage, ließ Pischner im November 1960 ein Schreiben an jeden Rat aller 14 Bezirke versenden, in dem er das »Grundprinzip« der kurz vor der Verabschiedung stehenden neuen Denkmalschutzverordnung erläuterte. Entscheidungen in Fragen der Denkmalpflege würden künftig »nur von dem zuständigen örtlichen Staatsorgan – bzw. in letzter Instanz vom Ministerium für Kultur – getroffen werden«. Aufgabe des IfD sei es, »die Staatsorgane fachwissenschaftlich zu beraten und dazu beizutragen, daß die Objekte, nachdem die entsprechenden Entscheidungen gefallen sind, fachlich in bester Qualität gepflegt und gesichert usw. werden«.[88]

Im Februar 1961 wurde Alexander Abusch von Hans Bentzien als Kulturminister abgelöst. Deiters erinnerte sich, dass Bentzien sich dafür einsetzte, »die langvorbereitete Novelle« der Denkmalschutzverordnung zu vollenden.[89] Der Entwurf der neuen Verordnung wurde schließlich dem Ministerrat zugeleitet. Dort arti-

---

87 BArch, DR 1/8039, Blatt 57–63, Ohles Vorschlag an die Konservatoren zu einer Denkschrift über die Organisation der Denkmalpflege, 09.03.1959.
88 BArch, DR 1/8031, Blatt 6, Deiters an Münzer, 10.11.1960.
89 Deiters: Erinnerungen und Reflexionen, 2014, S. 36.

kulierte Hans Jendretzky, beschäftigt im Sekretariat des Ministerrates, allerdings Bedenken.[90]

Noch im April 1961 forderte Jendretzky das Ministerium für Kultur auf, den Entwurf zu überarbeiten, da er »den gestellten Anforderungen« nicht »in vollem Umfang« entspreche. Aus den beigefügten Änderungswünschen geht hervor, dass die Verordnung insbesondere nicht die neuen Vorschriften zur Verwaltungsorganisation berücksichtigte. Die Verordnung richtete sich lediglich ausdrücklich an die jeweiligen Räte der Kreise, Abteilung Kultur, als Verantwortliche für den Denkmalschutz, nicht jedoch an die Bezirkstage und den jeweiligen Rat des Bezirkes, die nach einer neuen Verwaltungsanweisung ebenfalls als Verantwortliche für den Denkmalschutz genannt wurden.[91] Jendretzky bezog sich auf die »Anordnung über die Aufgaben und Arbeitsweise der örtlichen Volksvertretungen«, die erst am 28. Juni 1961 unter dem Titel »Ordnung über die Aufgaben und die Arbeitsweise des Bezirkstages und seiner Organe« veröffentlicht wurde.[92] Münzer kannte die neue Anweisung offensichtlich nicht.[93] Daher bezog er sich in seinem Entwurf lediglich auf die Verwaltungsstrukturen, die in der DDR nach der Verwaltungsreform von 1952 und der Verwaltungskonsolidierung seit 1957 folgendes Strukturprinzip aufwiesen:[94] Auf jeder territorialen Ebene (Stadtbezirk, Stadt und Gemeinde, Kreis, Bezirk) gab es gewählte Volksvertretungen (zum Beispiel Stadtverordnetenversammlung, Kreistag, Bezirkstag). Die Organe dieser jeweiligen Volksvertretungen waren die örtlichen Räte der jeweiligen Ebene. Sie waren die vollziehend-verfügenden Organe ihrer Volksvertretungen. Die örtlichen Räte setzten sich zusammen aus dem Vorsitzenden, dem Ersten Stellvertreter sowie den Stellvertretern des Vorsitzenden, dem Sekretär und den Mitgliedern. Den Räten der Bezirke gehörten so in der Regel (Stand: Ende der 1970er-Jahre) 18 hauptamtliche Mitglieder an, den Räten der Kreise 17.[95] Im Entwurf adressierte Münzer nur die Räte als Organe der Volksvertretungen und nicht die Volksvertretungen der verschiedenen Ebenen selbst. Damit widersprach der Entwurf der neuen Anordnung zu den örtlichen Volksvertretungen. Wieder wurden also die Bemühungen um eine neue Verordnung von einer Neuregelung im administrativen Bereich überholt.

Münzer meinte zunächst, den Widerspruch zwischen dem Entwurf für die Denkmalschutzverordnung und der Anordnung über die Arbeitsweise der ört-

---

90 Hans Jendretzky (1897–1992) war von 1957 bis 1989 Mitglied des ZK der SED und von 1960 bis 1962 Leiter der Zentralen Kommission für Staatliche Kontrolle: Zimmer: Kulturbund, 2019, Fn. 608.
91 BArch, DR 1/8042, Blatt 11–14, Jendretzky an Bentzien, 28.04.1961.
92 GBl. I 1961, Nr. 6, S. 52.
93 BArch, DR 1/8042, Blatt 108, Münzer an Bentzien, 04.05.1961.
94 Gesetz über die weitere Demokratisierung des Aufbaus und der Arbeitsweise der staatlichen Organe in den Ländern der Deutschen Demokratischen Republik, GBl. 1952, Nr. 99, S. 613; Gesetz über die örtlichen Organe der Staatsmacht, GBl. I 1957, Nr. 8, S. 65.
95 Akademie für Staats- und Rechtswissenschaften der DDR: Verwaltungsrecht, 1979, S. 132. Den Räten der Stadtbezirke gehörten bis zu 14 Mitglieder an, den Räten der kreisangehörigen Städte je nach Einwohnerzahl bis zu 13 Mitglieder.

lichen Volksvertretungen dadurch beheben zu können, indem die Worte »staatliche Organe« durch »Organe der Staatsmacht« ersetzt würden.⁹⁶ Von Letzteren waren auch die Volksvertretungen umfasst und nicht nur deren Organe, die Räte. Münzer war sich jedoch unsicher, ob überhaupt auch die Volksvertretungen für Denkmalschutz verantwortlich sein sollten; in einem solchen Fall wäre auch die Rechtsform einer Verordnung nicht ausreichend gewesen, denn der Ministerrat konnte ohne gesetzliche Grundlage zwar die örtlichen Räte anweisen, nicht jedoch die örtlichen Volksvertretungen. Für den Durchgriff auf die Volksvertretungen wäre ein Volkskammergesetz die notwendige Rechtsgrundlage gewesen.⁹⁷ Die Rechtsabteilung des Büros des Ministerrates wurde konsultiert, wie die neue Anordnung zu verstehen sei.

Im nach dieser Konsultation verfassten neuen Vorschlag für den betreffenden § 8 finden die Volksvertretungen (Kreistag, Bezirkstag etc., vgl. § 2 Gesetz über die örtlichen Organe der Staatsmacht) keine Erwähnung. Es blieb bei der ursprünglichen Adressierung der Räte, allerdings in differenzierterer Form. Die Räte der Bezirke wurden als ausdrücklich verantwortlich für Denkmale in ihren Bezirken benannt, die Räte der Kreise als verantwortlich für Denkmale in ihren Kreisen. Die Beanstandungen Jendretzkys wurden insofern nicht vollumfänglich aufgegriffen, führten aber zu einer differenzierteren Lösung im endgültigen § 8 der Verordnung von 1961. Die neue Formulierung der Denkmalschutzverordnung widersprach damit allerdings der Ordnung über die Aufgaben und die Arbeitsweise des Bezirkstages und seiner Organe, auf die § 8 Abs. 1 der neuen VO-61 sogar ausdrücklich Bezug nahm. Umgekehrt wurde auch die Anordnung über die Arbeitsweise der örtlichen Volksvertretungen nicht angepasst, sodass in ihrer im Juni 1961 im Gesetzblatt veröffentlichten Form weiterhin die Formulierung enthalten war, die Jendretzky zu seiner Beanstandung veranlasst hatte: »Der Bezirkstag und seine Organe sind verantwortlich für […] 9. die Pflege und den Schutz der Denkmale, die von Bedeutung für den Bezirk sind […], sowie für ihre Erschließung für die Bevölkerung […].«⁹⁸

Diese Episode zeigt einerseits die nur schwer überschaubaren Regelungsregime, das dazu beitragen sollten, das neue System zu festigen.

Andererseits zeigt sie auch, dass die Wahl der Rechtsform keineswegs willkürlich war. Mit einer Verordnung konnten die örtlichen Volksvertretungen nicht verpflichtet werden. Die Umgestaltung des Gesellschaftssystems verlief parallel zur weitergeführten praktischen Arbeit in den Verwaltungen; Widersprüche und Überlagerungen waren an der Tagesordnung. Viele widerstreitende Interessen waren an diesem Prozess beteiligt, wobei das Ministerium für Kultur in der Hierarchie der am Prozess beteiligten Ministerien recht weit unten angesiedelt war.

---

96 BArch, DR 1/8042, Blatt 109, Münzer an Bentzien, 04.05.1961.
97 Ebd.
98 GBl. I 1961, Nr. 6, S. 71.

1.6. Die Verordnung von 1961

Am 28. September 1961 wurde die Verordnung über die Pflege und den Schutz der Denkmale (VO-61) sowie die erste Durchführungsbestimmung (DB) zur Verordnung erlassen.[99] Die Durchführungsbestimmung ergänzte die Vorschriften zum Umgebungsschutz, zur öffentlichen Zugänglichmachung eines Denkmals, zum Planungsprozess sowie zur Finanzierung.

Trotz des langen Prozesses konnten nicht alle administrativen Gegebenheiten in der neuen Verordnung berücksichtigt werden, zu schnell veränderten sich Kompetenzen, Zuweisungen und Strukturen ab Mitte der 1950er-Jahre, zu schwerfällig waren die Mechanismen, die für einen Rechtssetzungsprozess in Gang gebracht werden mussten. Trotzdem es sich um eine Verordnung handelte, die eigentlich nicht aufwendige Gesetzgebungsprozesse durchlaufen sollte, waren vier verschiedenen Ministerien (Finanzen, Kultur, Justiz und Bauwesen) sowie der Ministerrat in den Prozess eingebunden. Hinzu kamen die Forderungen der Fachleute, die allerdings eine zu vernachlässigende Rolle bei der Neufassung spielten. Bei dieser ersten Novelle ging es vorrangig darum, die Realität in der Denkmalpflegeadministration in der Verordnung zu fixieren, um eine gewisse Rechts- und Handlungssicherheit für die Akteure zu erreichen. Magirius schlussfolgerte, dass die Verordnung von 1961 »eine Zeit stets gefährdeter Provisorien beendete und eine Epoche einleitete, der man nachsagen kann, eine Zeit relativ konsolidierter Bürokratie gewesen zu sein«.[100]

Es wurde deutlich, dass insbesondere die personelle Kontinuität in Verwaltungen und Fachgremien wichtig für die Denkmalpflege war. Die an der Diskussion beteiligten Fachleute waren Kunsthistoriker, Architekten oder praktische Restauratoren, die bereits zu Zeiten der Weimarer Republik studiert und Berufserfahrungen gesammelt hatten. In den Anfangsjahren der DDR führten sie wichtige Abläufe weiter. Weniger wichtig hingegen scheinen die nach außen in Erscheinung tretenden politischen Persönlichkeiten gewesen zu sein, in diesem Fall die Minister für Kultur, Abusch und Bentzien. Die Verordnung war lange vor Bentziens Amtsantritt erarbeitet worden. Sein Amtseintritt brachte aber wohl frischen Wind in die langandauernden Verhandlungen.

Die neue Verordnung führte dazu, dass die Aufgaben des Instituts für Denkmale ausdrücklich festgeschrieben wurden. Eine »Anordnung über das Statut des Instituts für Denkmalpflege« war der Verordnung beigefügt.[101] Mit dieser Anordnung wurde, nach dem gescheiterten Versuch bis 1957, erneut eine übergeordnete Leitung des Instituts für Denkmalpflege eingerichtet. Ludwig Deiters übernahm

---

99 GBl. II 1961, Nr. 72, S. 475, 477.
100 Magirius: Geschichte der Denkmalpflege Sachsens, 2010, S. 31.
101 GBl. II 1961, Nr. 72, S. 477.

diese Stelle und wurde fortan als Generalkonservator bezeichnet.[102] Die Tätigkeit des IfD wurde auf eine rein beratende herabgestuft. Die Empfehlungen der Fachbehörde sollten keinerlei Bindungswirkung mehr haben, die Entscheidung über eine Denkmalwürdigkeit lag allein bei den örtlichen Organen. Diese genehmigten auch Veränderungen am Denkmal oder in dessen Umgebung. Die letztentscheidenden Machtträger in der Denkmalpflege waren die Räte für Kultur bei den örtlichen Organen.

Für die Ausgestaltung des Denkmalbegriffs der neuen Verordnung wurde auf die Vorgängerverordnung zurückgegriffen. Sie enthielt daher in dieser Hinsicht inhaltlich nichts wesentlich Neues.

Wichtig war, dass erstmals Regelungen zur Finanzierung der Denkmalpflege aufgenommen wurden. Planung und Finanzierung sollten gem. § 10 der VO-61 durch »den Rechtsträger, Eigentümer oder Verfügungsberechtigten« erfolgen.[103] Diese begriffliche Unterscheidung der Verfügungsberechtigten nahm bereits die unterschiedlichen Eigentumsarten vorweg, die erst 1975 im neuen Zivilgesetzbuch der DDR offiziell eingeführt wurden. »Rechtsträgerschaft« gab es ausschließlich an Volkseigentum, ab 1975 geregelt in § 19 Abs. 2 ZGB. Der Begriff beschrieb also die Situation, dass ein staatliches Organ oder eine Genossenschaft Eigentümer eines Denkmals war.[104] »Eigentümer« beschrieb das späterhin sogenannte persönliche Eigentum (ab 1975 geregelt in §§ 22 und 23 ZGB), das von natürlichen Personen erworben werden konnte. Andere Verfügungsberechtigte konnten beispielsweise bevollmächtige Verwalter, im Erbfalle auch Testamentsvollstrecker und Nachlasspfleger, Erziehungsberechtigte und Pfleger sein. Sie mussten als jeweilige zivilrechtlich Verantwortliche auch für die denkmalpflegerische Erhaltung aufkommen. Diese begriffliche Differenzierung ermöglichte, die Art des Eigentums anhand des Begriffes zu erfassen. Allerdings waren freilich

---

102 § 3 Abs. 2 S. 1 Anordnung über das Statut des Instituts für Denkmalpflege.
103 § 10 (1) VO-61: »Die Planung und Finanzierung denkmalpflegerischer Maßnahmen hat durch den Rechtsträger, Eigentümer oder Verfügungsberechtigten zu erfolgen. Die zuständigen staatlichen Organe üben darüber die Kontrolle aus und stimmen die Pläne und Maßnahmen zur Pflege von Baudenkmalen mit den Organen des staatlichen Bauwesens ab.
(2) Haushalts- und Investitionsmittel für Denkmalpflege sind bei den für die Denkmale zuständigen Räten der Gemeinden, der Städte, Kreise und Bezirke zu planen, soweit nicht eine andere Regelung getroffen ist.
(3) Die erforderlichen Baukapazitäten und Materialien sind von den Bezirks- und Kreisbauämtern im Rahmen der Volkswirtschaftspläne bereitzustellen.
(4) Denkmalpflegerische Maßnahmen, die der Erhaltung und Erweiterung der Grundmittel dienen, sind nach den gesetzlichen Bestimmungen zur Vorbereitung und Durchführung des Investitionsplanes zu behandeln. Dazu gehört auch die Erhaltung nichtbewerteten Sachvermögens.«
104 Rechtsträger konnten staatliche Organe oder Genossenschaften sein. Genossenschaften waren Landwirtschaftliche Produktionsgenossenschaften, Produktionsgenossenschaften des Handwerks, Gärtnerische Produktionsgenossenschaften, Genossenschaften Werktätiger Fischer: Arbeiterwohnungsbaugenossenschaften und Konsumgenossenschaften.

I. Impulse aus der Denkmalpflegerschaft

auch Rechtsträger und Eigentümer verfügungsberechtigt. Es wäre daher genauer, von Rechtsträgern, Eigentümern und »sonstigen« Verfügungsberechtigten zu sprechen. Darüber hinaus wurde die sprachliche Einteilung der Rechtsbegriffe auch in Fachkreisen nicht konsequent gehandhabt. So wurde beispielsweise im Lehrbuch für Verwaltungsrecht verallgemeinernd von »Rechtsträger, Eigentümer oder Verfügungsberechtigten (im Folgenden: Rechtsträger)« gesprochen,[105] sodass eine Ableitung nicht immer konsequent möglich war.

Die Durchführungsbestimmung zur Verordnung enthielt Details zur Finanzierung, vgl. § 6 der DB-VO-1961.[106] Dort wurde nach Denkmalen mit und ohne Nutzwert und den jeweiligen zivilrechtlichen Eigentumsverhältnissen unterschieden. Bei Denkmalen ohne Nutzwert, wie Stadtmauern, Toren, Türmen, Ruinen, Kleinarchitekturen, Bildwerken und »auch Kirchen im staatlichen Eigentum«, waren so lange die Räte der jeweiligen Städte und Gemeinden verantwortlich, wie diese Bauwerke nicht im privaten Eigentum standen. In diesem Fall war der jeweilige private Eigentümer verantwortlich.[107] Bei Denkmalen mit Nutzwert (»ständig genutzten Denkmalen«), deren Rechtsträger eine Haushaltsorganisation oder ein volkseigener Betrieb war, musste die Finanzierung ebenfalls durch den jeweiligen Rechtsträger, in diesem Fall aber in Absprache mit der Abteilung Kultur des zuständigen Rates, vorgenommen werden. Bei Denkmalen mit Nutzwert, die im privaten Eigentum standen, musste der Eigentümer auch für die denkmalpflegerischen Maßnahmen aufkommen. Er konnte Darlehen bei staatlichen Kreditinstituten aufnehmen. Ein Kreditantrag des privaten Eigentümers wurde durch das zuständige örtliche Staatsorgan daraufhin geprüft, ob mit dem Darlehen einer »kulturpolitischen Verpflichtung« nachgekommen werden könnte. Eine solche lag beispielsweise darin, Wohnraum zu generieren oder durch Entkernung von Innenhöfen »günstigere Lebensbedingungen« zu schaffen.[108]

Im Regelungsregime kam es allerdings auch dazu, dass andere Planungs- und Finanzierungsbestimmungen den Denkmalschutzbestimmungen widersprachen oder für deren Einhaltung nicht förderlich waren. War beispielsweise ein volkseigener Betrieb Denkmaleigentümer, wurde der Denkmalwert trotzdem nicht in der Bewertung der sogenannten Grundmittel des Betriebes erfasst. Abschreibungen für die Erhaltung des Objektes waren folglich nicht möglich. Öfter konfligierten deshalb Betriebsinteressen und die Inwertsetzung (von Teilen) des Betriebes als Denkmal. War eine Genossenschaft Denkmaleigentümerin, fehlten häufig die

---

105 Akademie für Staats- und Rechtswissenschaften der DDR: Verwaltungsrecht, 1979, S. 553.
106 GBl. II 1961, Nr. 72, S. 477.
107 Etwas unsauber wurde dort (§ 6 Nr. 1 [1.] DB-VO-61) auch definiert, dass es sich bei Denkmalen »ohne Nutzwert« um »unbewertetes Sachvermögen« handele, wohingegen in der Verordnung selbst von »nichtbewertetem Sachvermögen« die Rede war. Es dürfte aber dasselbe gemeint gewesen sein.
108 § 6 Nr. 3 (1.) DB-VO-61.

Eigenmittel, um denkmalpflegerische Maßnahmen zu finanzieren. Etwaig benötigte Kredite waren schwierig zu bekommen, da es keine Kreditvergünstigungen für denkmalbezogene Ausgaben gab.

In besonderen Fällen konnten auch Beihilfemittel durch staatliche Organe gewährt werden. Was einen besonderen Fall ausmachte, regelte die Durchführungsbestimmung jedoch nicht. Auch, ob diese Beihilfen als verlorene Zuschüsse zu betrachten waren und damit nicht zurückgezahlt werden oder ob Gegenleistungen seitens des Beihilfeempfängers erbracht werden mussten, war nicht geregelt.[109] Die Vergabe von Krediten für denkmalwerte Objekte war für die Kreditinstitutionen nicht rentabel. Ungeklärt war auch, unter welchen Bedingungen etwa Zwangskredite oder finanzielle Auflagen erteilt werden konnten.

Im Unterschied zur Vorgängerverordnung enthielt die Verordnung von 1961 keine Strafbestimmungen mehr. Verstöße gegen das Denkmalpflegegesetz konnten folglich nicht mehr verfolgt werden. Allerdings waren auch die Strafbestimmungen der Verordnung von 1952 wegen der unklaren Regelungen und des fehlenden Vollzuges zumeist ins Leere gelaufen. Dennoch verdeutlicht dieser Umstand, dass die Denkmalpflege nicht mit wirksamen Instrumentarien ausgestattet wurde, um die sachgerechte Pflege der Objekte tatsächlich zu vollziehen. Umgekehrt wurde die Regelung eingeführt, dass gegen die Entscheidung der Räte in Fragen der »Erfassung, der Pflege und des Schutzes« den jeweiligen Verfügungsberechtigten das Rechtsmittel der Beschwerde offenstand. Diese Schutzmöglichkeit bezog sich vor allem darauf, dass ein Objekt zum Denkmal erklärt werden sollte und der jeweilige Verfügungsberechtigte sich gegen diese Entscheidung wehren wollte. Sie schwächte folglich die Denkmalpflege, stärkte aber die Verfügungsberechtigten gegenüber staatlichen Entscheidungen. Hierbei ist zu bedenken, wie groß bzw. gering der Anteil an Objekten in Privatbesitz in der DDR war: Der Großteil der Denkmale und potenziellen Denkmalobjekte war in staatlicher Hand.

Die Verordnung von 1961 war die politischste der drei Rechtsgrundlagen der Denkmalpflege in der DDR. Dies spiegelt sich vor allem in der Präambel wider, die zwar keine Rechtsbindung entfaltet, aber den Leser auf den Text einstimmt und den Geist vorgibt, in dem die Vorschriften ausgelegt werden sollen.[110]

Die Verordnung von 1961 stellt, trotz der langen Vorbereitung, keine Zäsur da. Gleich nach ihrem Erlass, wurde erneut eine Reform gefordert. Zwar war die geltende Verwaltungsorganisation nun in der Verordnung berücksichtigt, zahlreiche inhaltliche Kritikpunkte der Denkmalpflegerschaft wurden allerdings nicht ausgeräumt.

---

109 BLDAM Wünsdorf, L 4/1, Besondere rechtliche Fragen in Bezug auf Denkmale in Besitz von Privatpersonen, undat. (wahrscheinlich April 1967).
110 Siehe S. 183.

2. Etappe II: November 1963 bis Juli 1966: Der Kulturbund als Plattform

Nur zwei Jahre nach dem Erlass der lange vorbereiteten Denkmalschutzverordnung von 1961 wurden erste Anstrengungen unternommen, die Denkmalpflege auf eine neue – dieses Mal: gesetzliche – Grundlage zu stellen. Die Verordnung biete keine geeigneten Instrumentarien, den durch die »Richtlinien für das neue ökonomische System der Planung und Leitung der Volkswirtschaft« geänderten Anforderungen an die Wirtschaftspolitik gerecht zu werden, hieß es offiziell.[111] Doch die Kritikpunkte sowohl an der Verordnung als auch an der praktizierten Denkmalpflege gingen über wirtschaftliche Schwierigkeiten hinaus.

2.1. Konferenzen des Zentralen Fachausschusses der Natur- und Heimatfreunde, 1963

Der Kulturbund, der bei der Neufassung der Verordnung von 1961 nicht eingebunden war, entwickelte sich zu Beginn der 1960er-Jahre zu einer zentralen Plattform und zur treibenden Kraft für die Neuorientierung der Denkmalpflege. Er veranstaltete zahlreiche Seminare und Konferenzen, unter anderem mindestens vier Konferenzen des Zentralen Fachausschusses Bau- und Denkmalpflege (ZFA) der Kommission Natur und Heimat des Kulturbundes allein zwischen November 1963 und März 1964.

Das politische Klima war seit dem VI. Parteitag (15. bis 21. Januar 1963) von Vorteil für Wirtschaft und Kultur. Auf diesem Parteitag und der sich anschließenden Tagung des ZK der SED wurde vorrangig die Neuausrichtung der Wirtschaftspolitik beschlossen. Die »Richtlinien für das neue ökonomische System der Planung und Leitung der Volkswirtschaft«, kurz: NÖSPL, als »Herzstück der Modernisierungsversuche« im Rahmen der Reformbemühungen der frühen 1960er-Jahre, wurden verabschiedet.[112] Neue planwirtschaftliche Steuerungselemente sollten erprobt werden, die Einheit von Wissenschaft und Produktion bildete den Kernpunkt der Wirtschaftsreformen, die der »entscheidende Schlüssel zur Stabilisierung der Herrschaftsverhältnisse«[113] sein sollten. Der VI. Parteitag leitete auch ein »kulturpolitisches Intermezzo« ein,[114] das allerdings nur bis zum 11. Plenum des ZK der SED (16. bis 18. Dezember 1965), bekannt geworden unter dem Begriff

---

111 BArch, DY 27/7338, Bad Saarower Empfehlungen, 27.–30.11.1964.
112 Malycha, Andreas/Winters, Peter Jochen: Geschichte der SED. Von der Gründung bis zur Linkspartei, Bonn 2009, S. 171.
113 Malycha/Winters: Geschichte der SED, 2009, S. 171.
114 Ebd., S. 180.

»Kahlschlagplenum«, andauern sollte. In ihrem neuen Statut aus dem Jahr 1963 erklärte die SED

»die Förderung der sozialistischen Nationalkultur zu einer der Hauptaufgaben der Partei in jener Periode und damit zur unabdingbaren Verpflichtung für jeden Genossen [...]. Die sozialistische Nationalkultur wurde im Parteiprogramm als »Kultur des realen Humanismus«, als »echte Volkskultur« charakterisiert, in der gesetzmäßig die humanistischen und revolutionären Kulturtraditionen ihre Aufhebung fänden. Damit wurde erstmals die Funktion des kulturellen Erbes als Quelle und Bestandteil der Kultur der neuen, sozialistischen Gesellschaft in einem Parteiprogramm deutscher Kommunisten festgeschrieben«.[115]

Im Kulturbund wurde dieses Klima genutzt, um es für die Denkmalpflege fruchtbar zu machen. Schon in Vorbereitung auf eine dieser Konferenzen vom 18. bis 19. November 1963 in Karl-Marx-Stadt »wurden die Schwächen und Mängel aufgezeigt und festgehalten, die der weiteren Entwicklung der Pflege und dem Schutz der Denkmale im Sinne der Verordnung« von 1961 im Wege standen.[116] Vorbereitet wurde die Konferenz auch mit Vertretern des Ministeriums für Kultur.

Auf dieser Konferenz wurden grundsätzliche Debatten geführt, wie die Denkmalpfleger ihre Disziplin kulturpolitisch verorten könnten. Auf diese Debatten griff man in späteren Jahren bei der Erarbeitung des Denkmalpflegegesetzes zurück.[117] Grundlage für die Diskussionen war der Entwurf für eine Ministerratsvorlage, der bereits vom Ministerium für Kultur gebilligt war und an dem auch die Ministerien für Bauwesen und für Finanzen sowie die Staatliche Plankommission mitgewirkt hatten. Die Ministerratsvorlage enthielt ein Konzept für denkmalpflegerische Arbeiten an circa 600 Objekten, an denen bis zum Jahr 1970 Instandsetzungsarbeiten vorgenommen werden sollten. Seitens der Staatlichen Plankommission und des Ministeriums der Finanzen (MdF) wurde dieses Konzept jedoch nicht abschließend bewilligt, die Ministerratsvorlage schließlich zurückgezogen. Die dafür erarbeitete Konzeption ist allerdings trotzdem auf der Konferenz gemeinsam mit dem Kulturbund diskutiert worden.[118]

---

115 Haase, Horst/Dau, Rudolf/Gysi, Birgid u.a.: Die SED und das kulturelle Erbe. Orientierungen, Errungenschaften, Probleme, Berlin 1986, S. 265, zitierten aus dem Parteiprogramm; Parteistatut und Programm nach dem VI. Parteitag zu finden in: BArch, DY 30/IV 1/VI/8.
116 BArch, DY 27/7338, Einleitende Bemerkung zum Gespräch mit dem Minister für Kultur, Bentzien, S. 4, 22.11.1965.
117 BArch, DY 27/8931, Bänninger an diverse Mitglieder des Kulturbundes, 06.01.1971.
118 BLDAM Wünsdorf, M 54, Kollegiums-Vorlage Nr. 58/66, Bildung einer Arbeitsgruppe zur Ausarbeitung von gesetzlichen und organisatorischen Regelungen für die Erhaltung und Nutzung wertvoller Baudenkmale insbesondere denkmalwerter historischer Stadt- und Dorfkerne, S. 2, 27.10.1966.

Der Bericht zur Konferenz schildert, dass unter anderem zum Denkmalbegriff debattiert wurde: »Falsche Auffassungen von dem Begriff und den Aufgaben der Denkmalpflege wurden – soweit sie in der Diskussion auftraten – widerlegt.«[119] So hätte etwa Rüssel aus Magdeburg[120] »sehr falsche Auffassungen« vom Denkmalwert vertreten, als er »Schlösser, Burgen, Rathäuser und Kirchen zu Bauten der ehemals herrschenden Klasse stempelte und sie deshalb als weniger wichtige Denkmale erachtete, als zum Beispiel die Bodetalsperre und den Fernsehturm von Dequede«. Ebenfalls kritisch äußerte sich der Bericht zu Beiträgen, in denen der Denkmalbegriff zu weit verstanden und die Aufgaben der Denkmalpflege mit denen des Naturschutzes und allgemeiner Ortsbildpflege »verwischt« würden:

»Es wurde die Richtung verfolgt, Städte und Dörfer von angeblich unharmonischen Bauten zu befreien und bauliche Veränderungen entweder dem Vorhandenen, ohne Rücksicht auf die Bedürfnisse unserer Zeit, unterzuordnen oder nicht mehr zuzulassen. Damit würden Städte und Dörfer entstehen, als seien sie unter einer Glasglocke präpariert. Daraus wird ersichtlich, daß noch viel Arbeit vor uns liegt […] um deutlich zu machen, daß Denkmalpflege nicht dazu da ist, alles Überkommene unangetastet zu lassen bzw. wiederherzustellen«.[121]

Die Ansichten, wie Denkmalpflege sich kulturpolitisch positionieren sollte, gingen auch unter Denkmalpflegern weit auseinander. Es gab Tendenzen, Denkmalpflege politisch zu instrumentalisieren oder sie (weniger ideologisch gesprochen) am neuen System zu orientieren, wie am Beitrag Rüssels deutlich wird. Gerhard Strauss sprach sich auf dieser Konferenz in Karl-Marx-Stadt für eine Ausweitung der Aufgaben der Denkmalpflege aus. Doch er gewann im Laufe der Zeit nicht an Einfluss, was der starken Stellung der kunsthistorisch-traditionellen Denkmalpfleger zuzuschreiben ist. Diese frühen Konferenzen waren richtungsweisend für die Denkmalpflege in der DDR. Sie manifestierten Ludwig Deiters' zentrale Stellung. Als Generalkonservator hatte er die Autorität, seine Vorstellungen von Denkmalpflege innerhalb des Kulturbundes und im Institut für Denkmalpflege zu verbreiten. Deiters wäre damit in der Position gewesen, sich diesen Tendenzen anzuschließen oder sie zu vertreten. Dass er eine dezidiert andere Auffassung von der Rolle der Denkmalpflege hatte und diese über sein langes Berufsleben in der DDR auch gegenüber dem Ministerium und seinen Mitarbeitern am Institut durchsetzte, hat die Ausrichtung der Denkmalpflege in der DDR maßgeblich

---

119 BArch, DY 27/8931, Bericht über die Konferenz des Kulturbundes am 18.–19.11.1963 in Karl-Marx-Stadt über die Bau- und Denkmalpflege von Deiters und Wüsten, 19.11.1963.
120 Wahrscheinlich der Architekt Harald Rüssel, Vorsitzender des Bezirksfachausschusses Baugeschichte und Denkmalpflege im Bezirk Magdeburg.
121 BArch, DY 27/8931, Bericht über die Konferenz des Kulturbundes am 18.–19.11.1963 in Karl-Marx-Stadt über die Bau- und Denkmalpflege von Deiters und Wüsten, 19.11.1963.

beeinflusst. Klar war allerdings auch Denkmalpflegern, die keine kulturpolitische Instrumentalisierung der Denkmalpflege wollten, dass die Denkmalpflege nur zu einer akzeptierten gesellschaftlichen Kraft werden konnte, wenn sie der Gesellschaft einen Nutzen brachte. Dies wurde in den folgenden Jahren immer wieder propagiert und im Zusammenhang mit der sogenannten Popularisierung angeführt. Die Denkmale sollten Teil des Alltags der Bürger werden, sie sollten bewohnt und genutzt werden und nicht ausschließlich als musealisierte Objekte erhalten werden. Als Leitlinie wurde daher auch auf der Tagung formuliert, dass Denkmale bei der »sozialistischen Rekonstruktion der Städte und Dörfer« berücksichtigt werden müssten.

Bereits in diesen frühen Konferenzen wurden die speziellen Ausprägungen der Denkmalpflege der DDR besprochen, die beispielsweise in der Bundesrepublik so nicht zu finden sind. Dass technische Denkmale als Objekte bewahrt wurden, die zeigen können, wie sich die Arbeiterbewegung entwickelt hat, ist für die Denkmalpflege in der DDR kennzeichnend. Schon im Frühjahr 1964 legte der ZFA dazu fest:

> »Natur- und Heimatfreunde fördern die Erforschung, Erfassung, Bewertung und Popularisierung der Denkmale als anschauliche Zeugen für die geschichtlichen Entwicklungsstufen auf dem Wege unseres Volkes zur sozialistischen Gesellschaft als wertvollen Bestandteil unseres kulturellen Erbes. Sie widmen sich dabei besonders den Denkmalen der Geschichte der Arbeiterbewegung und den technischen Denkmalen. Natur- und Heimatfreunde bemühen sich um die wirkungsvolle Einbeziehung der Denkmale in die sozialistische Rekonstruktion der Städte und Dörfer.«[122]

Damit waren seitens des Kulturbundes bereits die Hauptaufgaben der Denkmalpflege für die kommenden 15 Jahre festgelegt: Denkmale sollten eine tragende Rolle bei der Gestaltung der Städte spielen, was allerdings voraussetzte, dass sich die Zusammenarbeit mit Architekten und dem Bauwesen verbessern würde. Ein besonderes Augenmerk sollte auf den technischen Denkmalen liegen. Darüber hinaus sollten (unter dem Stichwort »Popularisierung«) möglichst viele Menschen für die Denkmale und ihre Pflege begeistert werden.

---

122 BArch, DY 27/7338, Einleitende Bemerkung zum Gespräch mit dem Minister für Kultur, Bentzien, S. 4, 22.11.1965.

2.2. Erstes Grundsatzpapier: Bad Saarower Empfehlungen, 1964

Ein Jahr nach der Konferenz in Karl-Marx-Stadt, lud die Zentrale Kommission Natur und Heimat mit dem Zentralen Fachausschuss für Bau- und Denkmalpflege des Deutschen Kulturbundes vom 27. bis 30. November 1964 zum »Erfahrungsaustausch zu Fragen der Bau- und Denkmalpflege« in die Zentralschule »Eibenhof« nach Bad Saarow ein.[123] Der Generalkonservator nahm ebenfalls an diesem Treffen teil.[124] Die Ergebnisse der Diskussionen wurden in den »Feststellungen und Empfehlungen« festgehalten, später als »Bad Saarower Empfehlungen« bezeichnet. Sie sind ein erstes Grundsatzpapier der DDR-Denkmalpflege, da sie alle wegweisenden Überlegungen, die in den Folgejahren in der Denkmalpflege umgesetzt werden sollten, bereits enthalten.

Ausgangspunkt der Empfehlungen waren »Ausführungen über die ideologischen Grundlagen der Denkmalpflege [...] als Basis für eine Massenarbeit auf diesem Gebiet«.[125] Die Denkmale nähmen »noch nicht den Platz in der Planung zur sozialistischen Rekonstruktion unserer Städte und Dörfer ein, der ihnen als einem bedeutenden Teil unseres kulturellen Erbes im Sinne der Verordnung« von 1961 zukomme.[126] Vorhandene Hemmnisse müssten überwunden werden, indem die Konzeption weiterentwickelt und die Methoden zur Durchführung der Denkmalpflege entsprechend den Bedingungen des NÖSPL verbessert würden.

Betont wurde, dass »Vorhandensein«, »Zustand« und die »würdige Einbeziehung« der Denkmale in die neu aufgebauten Städte des Landes für die Repräsentation des Staates vor der Welt ausschlaggebend seien.

Ein Gesetz wurde zwar nicht ausdrücklich gefordert. Doch war es erklärtes Ziel, die Bad Saarower Empfehlungen über das Präsidium des Deutschen Kulturbundes zum Gegenstand einer Beratung im Volkskammerausschuss für Kultur zu machen.[127] Das war möglich, weil der Kulturbund seit 1950 eine eigene Fraktion in der Volkskammer stellte.[128] Zunächst wurde lediglich gefordert, die empfohlenen Schritte durch Anordnungen oder Durchführungsbestimmungen zu kodifizieren. Eine Beratung im Volkskammerausschuss könne aber »die Unterschätzung der gesellschaftlichen und kulturpolitischen Aufgabe der Denkmalpflege [...] überwinden«. Schon 1964 war also angedacht, das Ansehen der Denkmale dadurch zu erhöhen, dass sich die Volkskammer mit dem Thema befasste.

---

123 BArch, DY 27/7338, Bad Saarower Empfehlungen, S. 1, 27.–30.11.1964.
124 BArch, DY 27/7338, Aktennotiz über die Besprechung im Ministerium für Kultur zu Fragen der Denkmalpflege, gez. Bänninger, S. 1, 05.07.1966.
125 BArch, DY 27/7338, Einleitende Bemerkung zum Gespräch mit dem Minister für Kultur, Bentzien, S. 4, 22.11.1965.
126 BArch, DY 27/7338, Bad Saarower Empfehlungen, S. 1, 27.–30.11.1964.
127 Ebd., S. 4.
128 Lapp: Volkskammer, 1975, S. 130; Zimmer: Kulturbund, 2019, Fn. 603.

Die Bad Saarower Empfehlungen waren mannigfaltig. Sie betrafen die Denkmalverwaltung, aber auch die praktische Durchführung, die Zusammenarbeit der gesellschaftlichen Organisationen und Organe sowie Fragen der Erfassung und Finanzierung. Alle Punkte fanden sich letztendlich im elf Jahre später verabschiedeten Denkmalpflegegesetz wieder.

Als konkretes Instrument zur Weiterentwicklung der Denkmalpflege wurde die »Klassifizierung« vorgeschlagen. Es sollte eine dreistufige Einteilung der Denkmale erfolgen. Zu diesem Zeitpunkt wurde bereits mit der Auflistung der Denkmale von »besonderer nationaler Bedeutung« begonnen. Für diese Denkmale war nach § 7 der geltenden Verordnung von 1961 unmittelbar das Ministerium für Kultur verantwortlich. Eine Liste mit 32 Positionen besonderer nationaler Bedeutung war bereits 1962 veröffentlicht worden.[129] Neben dieser Zentralen Liste wurden Bezirksschwerpunktlisten sowie Kreislisten, auf denen örtlich wertvolle Denkmale aufzuführen seien, vorgeschlagen. Dabei wurde nicht ausgeführt, ob sich diese Kreislisten von der in der Durchführungsbestimmung zur VO-61 geforderten Denkmalkartei unterscheiden sollten, vgl. § 4 DB zur VO-61.[130] Bei den Denkmalen der Kreislisten sollten »Denkmale der Stadtbaukunst und Gruppen ländlicher Denkmale besonders« berücksichtigt werden.[131] Die Charakterisierung eines historischen Baubestandes als Denkmal sollte dazu führen, dass die Denkmale in jedem Fall, anderer historischer Baubestand jedoch nur bedingt erhalten werden würde.[132] Dieses Vorgehen sollte dazu beitragen, den »Denkmalbegriff streng anzuwenden« und durch die Klassifizierung die vorhandenen Mittel auf die »wertvollsten Denkmale zu konzentrieren«.[133]

Auch »Reservationen« und »Schutzzonen« wurden angedacht und damit die später sogenannten Denkmalschutzgebiete vorgeschlagen.

Darüber hinaus sollte ein neu zu gründender »Rat für Denkmalpflege« beim Ministerium für Kultur Anordnungen und Durchführungsbestimmungen zur Verordnung erarbeiten.[134] Dem zu gründenden Rat für Denkmalpflege sollten

---

129 Münzer, Georg: Kulturrecht. Eine Sammlung kulturrechtlicher Bestimmungen für Kulturfunktionäre und Kulturschaffende, Berlin 1963.
130 GBl. II 1961, Nr. 72, S. 477, Erste Durchführungsbestimmung zur Verordnung über die Pflege und den Schutz der Denkmale, 28.09.1961.
131 BArch, DY 27/7338, Bad Saarower Empfehlungen, S. 3, 27.–30.11.1964.
132 Wie die Unterscheidung vorzunehmen sei, sei dem »Entwurf einer Konzeption zur Feststellung und Behandlung der örtlich wertvollen Denkmale« zu entnehmen, der leider nicht den Empfehlungen beigefügt war.
133 BLDAM Wünsdorf, M 54, Kollegiums-Vorlage Nr. 58/66, Bildung einer Arbeitsgruppe zur Ausarbeitung von gesetzlichen und organisatorischen Regelungen für die Erhaltung und Nutzung wertvoller Baudenkmale insbesondere denkmalwerter historischer Stadt- und Dorfkerne, S. 2, 27.10.1966.
134 BArch, DY 27/7338, Bad Saarower Empfehlungen, S. 5, 27.–30.11.1964; BArch, DY 27/8262, Stellungnahme des Deutschen Kulturbundes zu Fragen der Denkmalpflege in der DDR, August 1966.

zur besseren Koordinierung denkmalpflegerischer Belange Vertreter der Ministerien für Bauwesen, Finanzen, des Innern sowie der Plankommission angehören. Auch Persönlichkeiten aus Kunst und Wissenschaft, aus Parteien und gesellschaftlichen Organisationen sollten daran mitwirken. Bis zur Gründung dieses Rates für Denkmalpflege sollten nach dem frühen Vorschlag 1964 noch 13 Jahre vergehen. Erst im Dezember 1977 wurde der Rat für Denkmalpflege unter dem Vorsitz des stellvertretenden Ministers für Kultur Werner Rackwitz gegründet.[135] Der dann amtierende Minister für Kultur Hans-Joachim Hoffmann rief dieses Gremium ins Leben, um eine effektivere Zusammenarbeit zwischen den »zuständigen zentralen Dienststellen und den gesellschaftlichen Gremien« zu gewährleisten. Grundlage war das Denkmalpflegegesetz. Der Rat sollte sich unter anderem der Propagierung der Denkmalpflege als gesellschaftlicher Aufgabe, der Beratung gesetzlicher Regelungen, der Denkmalpflege in ländlichen Gebieten, des Umgebungsschutzes und der Gedenkstätten sowie des Tourismus und der Mach-mit-Wettbewerbe annehmen.[136]

Darüber hinaus wurde schon 1964 gefordert, spezialisierte Betriebe einzurichten, die einerseits denkmalpflegerische Maßnahmen durchführen sollten und andererseits die Ausbildung des denkmalpflegerisch qualifizierten Nachwuchses besorgen. Auch diese Empfehlung wurde erst 1977 mit der Gründung der VEB Denkmalpflege verwirklicht.[137]

Unmittelbare Auswirkungen entfalteten diese weitreichenden Bad Saarower Empfehlungen nicht. Nadler urteilte für seinen Bereich Dresden sogar, dass nach Bad Saarow zunächst eine »Zeit der Stagnation« folgte, die mitbestimmt war durch »sehr kritische Auseinandersetzungen über einige Grundprobleme der Denkmalpflege« und für ihn erst mit dem Ende des Jahres 1967, als der Staatsratsbeschluss vom 30. November 1967 die Bewahrung der humanistischen Kultur forderte, endete.[138]

Im Dezember 1965 fand das 11. Plenum des ZK der SED statt. Es geriet zu einem »grotesken Tribunal« über Künstler, Literaten, aber auch kulturpolitische Funktionäre. Es ging als das »Kahlschlagplenum« in die Geschichte ein.[139]

---

135 BArch, DO 4/1689, Blatt 955.
136 BArch, DO 4/1689, Blatt 962 f., Hoffmann an den Staatssekretär für Kirchenfragen, Hans Seigewasser, 12.09.1977; 1. Tagung des Rates für Denkmalpflege in Quedlinburg am 29. und 30.03.1978, 2. Tagung am 21.06.1978 in Berlin, BArch, DO 4/1689, Blatt 944.
137 Zu den VEB Denkmalpflege: Seidler: VEB Denkmalpflege Halle, 2011.
138 BArch, DY 27/4421, Blatt 65, Beratungen des Zentralen Fachausschusses Denkmalpflege der Abteilung Natur und Heimat des Deutschen Kulturbundes in Berlin, 07.03.1968.
139 Agde, Günter: Kahlschlag. Das 11. Plenum des ZK der SED 1965. Studien und Dokumente, Berlin 2000.

Die für die Denkmalpflege wohl wichtigste Auswirkung des Plenums war eine personelle Veränderung: Hans Bentzien wurde als Minister für Kultur abgesetzt.[140] Nach Aussage Bentziens war er in den seiner Amtsenthebung vorausgegangenen Jahren oft mit dem ersten Sekretär der SED-Bezirksleitung Leipzig, Paul Fröhlich, aneinander geraten, weil Bentzien gegen den Abriss der Universitätskirche in Leipzig eintrat.[141] Allerdings wurde 1965 in der Bundesrepublik durch die Vereinigung »Freiheitlicher Juristen« auch Bentziens NS-Vergangenheit aufgedeckt.[142] Offiziell hieß es, er sei wegen »ernsthafter Fehler« abgelöst worden.[143] Sandra Meenzen resümiert in einem Aufsatz aus dem Jahr 2010, dass nicht abschließend geklärt werden könne, welche Ursache für seine Amtsenthebung letztlich ausschlaggebend war; eine »Gemengelage aus verschiedenen Gründen« habe zur beruflichen Veränderung Bentziens geführt.[144] In seiner 2017 veröffentlichten Studie zum Abriss der Universitätskirche in Leipzig konnte der Historiker Andrew Demshuk allerdings Bentziens umfangreichen Einsatz für den Erhalt der Kirche nachweisen.[145] Mit Bezug auf ältere Forschungen ordnet er diesen Einsatz als einen über das Amt des Ministers für Kultur hinausgehenden Akt des Mutes und des Verantwortungsbewusstseins ein.[146]

Bentziens Nachfolger wurde der Kommunist Klaus Gysi. In der bundesrepublikanischen Wochenzeitung *Die Zeit* kommentierte Marcel Reich-Ranicki den Wechsel und beobachtete: »Manche Optimisten meinen sogar, an seine Ernennung konkrete Hoffnungen knüpfen und sie als ein erfreuliches Symptom der ge-

---

140 Malycha/Winters: Geschichte der SED, 2009, S. 181; Malycha, Andreas: Im Zeichen von Reform und Modernisierung (1961 bis 1971), in: Bundeszentrale für politische Bildung (Hg.): Informationen zur politischen Bildung: Geschichte der DDR, Bonn 2011, S. 37–47, S. 44: Neben Bentzien verloren auch dessen Stellvertreter Günter Witt sowie der Studiodirektor der volkseigenen Filmstudios DEFA, Joachim Mückenberger, ihre Ämter nach dem Kahlschlagplenum.
141 Meenzen, Sandra: »Gutes Klassenbewusstsein, Parteiverbundenheit und Prinzipienfestigkeit«. SED-Sekretäre mit NSDAP-Vergangenheit in Thüringen, in: Historical Social Research 35 (2010), S. 47–78, S. 60.
142 Meenzen: SED-Sekretäre mit NSDAP-Vergangenheit, 2010, S. 60; Zur NS-Vergangenheit Bentziens: Kappelt, Olaf: Die Entnazifizierung in der SBZ sowie die Rolle und der Einfluß ehemaliger Nationalsozialisten in der DDR als ein soziologisches Phänomen, Hamburg 1997, S. 158: »Hans Bentzien […] trat am 20.4.1944 in die NSDAP ein«; Kappelt, Olaf: Braunbuch DDR. Nazis in der DDR, Berlin 2009, S. 269 f.
143 Meenzen: SED-Sekretäre mit NSDAP-Vergangenheit, 2010, S. 59, insbes. Fn 10: »Der Hinweis, dass Bentzien in Auswertung des 11. Plenums des ZK abgelöst wurde, findet sich nur in seinen persönlichen Ausführungen, vgl. Bentzien 1995, 230. Ohne die Nennung von Gründen wurde auf der 17. Sitzung des Ministerrates vom 27.1.1966 die Funktionsentbindung Bentziens als Kulturminister mit sofortiger Wirkung beschlossen.« Meenzen bezieht sich auf die Autobiografie Hans Bentziens: Meine Sekretäre und ich, Berlin 1995.
144 Meenzen: SED-Sekretäre mit NSDAP-Vergangenheit, 2010, S. 63.
145 Demshuk, Andrew: Demolition on Karl Marx Square. Cultural barbarism and the people's state in 1968, New York 2017, S. 101.
146 Demshuk: ebd., S. 101, mit Hinweis auf Christian Winter: Gewalt gegen Geschichte, Leipzig 1998, S. 116.

genwärtig so düsteren Situation im Kulturleben der DDR werten zu können.«[147] Auch für die Denkmalpflege war Gysi ein Gewinn, wie sich gleich am Ende seines ersten Amtsjahres im November 1966 herausstellen sollte. Dass Gysi und Deiters sich bereits aus früheren Zeiten kannten, erleichterte die Zusammenarbeit. Deiters hatte 1949, noch als Architekt tätig, den Auftrag erhalten, in Berlin-Johannisthal eine Reihe von Einfamilienhäusern für Kulturschaffende aus dem Kulturbund, die damals noch in West-Berlin wohnten, wieder herzurichten. Zu diesen Kulturschaffenden gehörte auch Gysi.[148] Diese Bekanntschaft zwischen Gysi und dem Architekten Deiters war nun, 17 Jahre später, immer noch fruchtbar. Deiters zitierte Gysi mit den Worten »Ich kann für euch [Denkmalpfleger] zur Zeit nicht viel tun, aber macht mal weiter, ich werde wenigstens aufpassen, dass euch nichts passiert.«[149]

Als im Juli 1966 die Neuordnung der Denkmalpflege im Rahmen einer interministeriellen Arbeitsgruppe weiter vorangetrieben wurde, kam Deiters in einer Besprechung im MfK mit Kulturbundvertretern auf die Bad Saarower Empfehlungen zurück.[150] Sie waren folglich Ausgangspunkt für die weitere Entwicklung der Denkmalpflege.

2.3. Unzureichende Regelungen zur Finanzierung denkmalpflegerischer Maßnahmen, 1965

Die Forderungen vom Kulturbund und den Fachleuten aus der Denkmalpflege nach einer Neuordnung des Faches wurden ergänzt durch Mahnungen des Ministeriums der Finanzen. 1965 hatte es eine Revision der Staatsfinanzen vorgenommen. Dabei wurde festgestellt, dass es bei der Finanzierung denkmalpflegerischer Maßnahmen »große Mängel« gab.[151] Sowohl das Institut für Denkmalpflege als auch die örtlichen Volksvertretungen und ihre Organe würden ihre Aufgaben nach der geltenden Verordnung von 1961 nur unzureichend erfüllen.[152]

---

147 Reich-Ranicki, Marcel: Ein Fanatiker, mit dem sich reden läßt. Der neue Kulturminister der DDR Klaus Gysi, Die Zeit, Nr. 5 vom 28.01.1966, https://www.zeit.de/1966/05/ein-fanatiker-mit-dem-sich-reden-laesst/komplettansicht (letzter Abruf: 05.10.2021).
148 Deiters: Erinnerungen und Reflexionen, 2014, S. 36 f. Auch Deiters' Vater gehörte zu jenen Kulturschaffenden, die nach Berlin-Johannisthal umgesiedelt wurden. Deiters erinnerte sich: »Als Bauleiter wurde ich von Gysi mit der Verbreiterung einer schmalen Terrassentür beauftragt, woraufhin ich ihn fragte, ob die nötig wäre, denn wir waren alle überzeugt, dass binnen zwei Jahren die Spaltung überwunden sei und wir wieder in die alte Heimat zurückkehren würden. Klaus Gysi beharrte auf seinem Wunsch und sagte: ›Weißt Du, aus solchen zwei Jahren setzt sich das Leben zusammen!‹« Deiters starb am 26. April 2018 in Berlin-Johannisthal; Goralczyk, Peter: Nachruf auf Ludwig Deiters, in: Die Denkmalpflege 76 (2018), S. 216–223.
149 Deiters: Erinnerungen und Reflexionen, 2014, S. 37.
150 BArch, DY 27/7338, Aktennotiz über die Besprechung im Ministerium für Kultur zu Fragen der Denkmalpflege, gez. Bänninger, S. 2, 05.07.1966.
151 BArch, DY 27/7338, Klaus Gysi an Schulmeister, S. 3, 24.11.1966.
152 Wüllner: Das institutionelle System der Denkmalpflege, 2015, S. 47.

Insbesondere war problematisch, dass denkmalpflegerische Regelungen und wirtschaftspolitische Richtlinien einander nicht entsprachen:

»Der private Rechtsträger[153] ist an Kreditbestimmungen gebunden, der staatliche an finanzielle und materielle Kennziffern, die die Mehrkosten und einen erhöhten Arbeitsaufwand, wie sie bei der Instandsetzung denkmalwerter Substanz entstehen können, nicht berücksichtigen. In wachsendem Maße wird dadurch die Durchführung der Denkmalpflege erschwert und das Ergebnis der komplexen Instandsetzungsmaßnahmen beeinträchtigt. [...] Um das neue ökonomische System der Planung und Leitung auch auf dem Gebiet der Denkmalpflege durchzusetzen, sind vor allem rechtliche und organisatorische Neuregelungen unaufschiebbar geworden.«[154]

Denkmalpflegerische Maßnahmen wurden zum Teil ohne die erforderlichen rechtlichen Grundlagen und im Widerspruch zu den volkswirtschaftlichen Forderungen durchgeführt. Wollte beispielsweise ein Rechtsträger in einem Baudenkmal ein Internat errichten, war er pro Internatsplatz an bestimmte Kennziffern gebunden. Der Ausbau eines Denkmals konnte allerdings mehr kosten, weil etwa Sandsteinskulpturen zu ergänzen waren. Wer sollte die Differenz zwischen den angesetzten Kosten für die Herrichtung eines Internatsplatzes und den tatsächlich entstandenen Kosten für die darüber hinaus erforderlich gewordene denkmalgerechte Instandsetzung zahlen? Der Rechtsträger hatte, obwohl er nach der Denkmalschutzverordnung dazu verpflichtet wäre, durch andere gesetzliche Bestimmungen, die ihn an seine Kennziffern banden, keine Möglichkeit, die Differenz zu zahlen. In der Praxis sprang in solchen Fällen das Institut für Denkmalpflege ein. Die Verordnung sah allerdings nicht vor, dass das Institut Zuschüsse an (staatliche) Rechtsträger zahlte.[155] Es war daher auch im Sinne der Denkmalpfleger, die Regelungen zur Finanzierung der Denkmalpflege zu überarbeiten.

Des Weiteren wurde bemängelt, dass die Mittel, die für denkmalpflegerische Arbeiten zur Verfügung standen, zu wenig konzentriert eingesetzt würden. Die eingeführte Klassifizierung der Objekte auf einer Republikliste sowie einigen Bezirkslisten diene dazu, die Mittel nur für bedeutsame Objekte einzusetzen. Einige Mitarbeiter des Instituts für Denkmalpflege hätten die »Tendenz, nahezu den gesamten historischen Bestand erhalten zu wollen«.[156] Bei den auch im inter-

---

153 Diese Formulierung Gysis ist ungenau, da »Rechtsträgerschaft« nur an Volkseigentum bestehen konnte. War der Eigentümer ein Privater, dann hätte von »Eigentümer« gesprochen werden sollen.
154 BArch, DY 27/7338, Klaus Gysi an Schulmeister, S. 2f., 24.11.1966.
155 BLDAM Wünsdorf, M 54, Kollegiums-Vorlage Nr. 58/66, Bildung einer Arbeitsgruppe zur Ausarbeitung von gesetzlichen und organisatorischen Regelungen für die Erhaltung und Nutzung wertvoller Baudenkmale insbesondere denkmalwerter historischer Stadt- und Dorfkerne, S. 4, 27.10.1966.
156 BArch, DY 30/18562, Abteilungsleiter Eberhard Bartke, Abt. Bildende Kunst und Museen, Sektor Museen, Denkmalpflege, an Horst Brasch, Ministerrat, S. 1, 04.07.1967.

nationalen Vergleich geringen für die Denkmalpflege zur Verfügung stehenden Mitteln, stelle diese Einstellung ein Problem dar. Die Mitarbeiter des Instituts für Denkmalpflege wurden nach dem Finanzbericht vom Ministerium der Finanzen angehalten, mithilfe der in den Listen zum Ausdruck kommenden Klassifizierung die Mittel punktueller einzusetzen. Dieser Forderungen kamen sie teilweise nach. Im Jahr 1961 hatte ein zentraler Fonds von rund 2,4 Millionen Mark zur Verfügung gestanden. Laut Plan wurden damit 202 Objekte mit im Schnitt 12000 Mark finanziert. Im Jahr 1965 wurde der Fonds nahezu verdoppelt (4,5 Millionen), die Zahl der Objekte allerdings um ein Viertel reduziert (155 Objekte) und damit der Betrag pro Objekt auf 33 000 Mark erhöht.[157] Doch nur 155 Objekte mit staatlichen Mitteln zu pflegen war zu wenig. Die Regelungen zur Finanzierung mussten für mehr Rechts- und Planungssicherheit überarbeitet werden.

2.4. Weitere Instrumente zur Verbesserung der Stellung der Denkmalpflege, 1966

Die Abteilung Natur und Heimat im Deutschen Kulturbund hatte dem Ministerium für Kultur nach der Tagung in Bad Saarow Ende 1964 Vorschläge zur gemeinsamen Arbeit im Bereich Denkmalpflege unterbreitet.[158] Diese Initiative wurde seitens des Ministeriums zwar goutiert, allerdings erst Mitte des Jahres 1966 bei einer Besprechung innerhalb des MfK, an der unter anderem Gerhard Thiele teilnahm, aufgegriffen. Die Vertreter des MfK fühlten die »spürbare Enge auf diesem Gebiet und sind froh darüber, daß Mitglieder des Deutschen Kulturbundes und seine ehrenamtlichen Gremien eine größere Breite erreichen werden«.[159] Bei dieser internen Besprechung vereinbarten Thiele und seine Mitarbeiterin, dass das Gespräch sowohl mit dem Kulturbund als auch mit dem Institut für Denkmalpflege, unter Führung des MfK, wieder aufgenommen werden soll.

Diese Besprechung zu Fragen der Denkmalpflege fand am 5. Juli 1966 statt. Es sollten weitere Instrumente besprochen werden, mit deren Hilfe die Denkmalpflege ihre kulturpolitische Stellung verbessern könnte. Das Gespräch sollte ein baldiges Treffen mit dem neuen Minister für Kultur, Gysi, vorbereiten. Er war daher nicht anwesend. Interessant ist, dass der Leiter der Arbeitsstelle des IfD Dresden, Nadler, als Vertreter des Kulturbundes aufgeführt wird und Deiters, der Generalkonservator, als Vertreter des Ministeriums. Konservatoren anderer Arbeitsstellen waren nicht anwesend. Nadler konnte durch seine Mitgliedschaft im Kulturbund weitreichenden Einfluss auf den Prozess nehmen.

---

157 BArch, DY 30/18562, Bartke an Brasch, S. 3, 04.07.1967.
158 BArch, DY 27/7338, Aktennotiz über die Besprechung im Ministerium für Kultur zu Fragen der Denkmalpflege, gez. Bänninger, S. 3, 05.07.1966.
159 BArch, DY 27/7338, Aktennotiz, Büro Ständel, 12.05.1966.

Zentrale Kritikpunkte, die über die wirtschaftlichen Schwierigkeiten der Denkmalpflege hinausgingen, waren die unzureichende Wertschätzung ehrenamtlicher Denkmalpfleger bzw. Vertrauensleute auf Kreisebene sowie die fehlende Anleitung durch die örtlichen Organe und damit verbunden die lückenhafte Inventarisierung der Denkmale auf Listen. Der Leiter der Abteilung Natur- und Heimatfreunde des Kulturbundes Horst Bänninger berichtete, viele Ehrenamtliche hätten ihre Arbeit eingestellt und resigniert, »da in sehr vielen Fällen die Verordnung [...] nicht eingehalten wurde und den ehrenamtlichen Mitarbeitern vonseiten der staatlichen Dienststellen keinerlei oder nur wenig Unterstützung gewährt wurde«. Er forderte nun auch neue gesetzliche Regelungen und Ergänzungen zur zu diesem Zeitpunkt fünf Jahre alten Verordnung: »Darüber hinaus müssten endlich die notwendigen Durchführungsbestimmungen zur genannten Verordnung erarbeitet und erlassen werden. Es müsste weiterhin überlegt werden, die Verordnung evtl. zu erweitern oder durch ein Gesetz zu ersetzen.«[160]

Außerdem solle überlegt werden, die Deutsche Bauordnung (DBO) mehr als bisher an denkmalpflegerischen Belangen auszurichten.[161] Die DBO war 1958 in Form einer Anordnung durch den Minister für Bauwesen in Kraft getreten.[162] Sie umfasste 515 Paragrafen und war damit umfangreicher als das 1975 erlassene Zivilgesetzbuch (480 Paragrafen). Von diesen 515 Vorschriften regelten vier auch denkmalpflegerische Belange: § 343 schrieb vor, dass bei Befeuerung oder Beseitigung von Luftfahrthindernissen auch die Belange des Denkmalschutzes im Rahmen der Flugsicherheit zu berücksichtigen seien; § 344 Abs. 2 S. 2 normierte, dass Werbemittel derart anzubringen seien, dass sie nicht die architektonische Wirkung von Denkmalen störten. Zwei Paragrafen (§§ 419, 420) bildeten den Abschnitt zum Schutz von Bau- und Naturdenkmalen. Sie regelten, teilweise redundant, dass sowohl Bau- als auch Naturdenkmale nicht in ihrer Wirkung, Eigenart oder ihrem Bestand durch das Anbringen oder Aufstellen von Werbemitteln, Verkaufsständen oder Installationen beeinträchtigt werden dürften. Auch der Schutz ihrer Umgebung wurde nochmals ausdrücklich normiert. In bauliche Veränderungen an Denkmalen musste die zuständige Dienststelle einwilligen.

Erneut wurde seitens des Kulturbundes ein Rat für Denkmalpflege gefordert, dessen Bildung bereits in Bad Saarow vorgeschlagen worden war. Bänninger erläuterte, ein derartiges Gremium könnte auch im Hinblick auf die Internationalisierung förderlich sein: »Ein solcher Rat oder eine Nationale Kommission

---

160 BArch, DY 27/7338, Aktennotiz über die Besprechung im Ministerium für Kultur zu Fragen der Denkmalpflege, gez. Bänninger, S. 3, 05.07.1966.
161 Ebd.
162 GBl. Sonderdruck Nr. 287/1959 als »Anordnung Nr. 2 über verfahrensrechtliche und bautechnische Bestimmungen im Bauwesen, Deutsche Bauordnung (DBO) vom 02.10.1958.« Grundlage für diese Anordnung war eine Ministerratsverordnung vom 06.06.1957 (GBl. I 1957, Nr. 42, S. 325), in der der Minister für Aufbau vom Ministerrat beauftragt wurde, neue Bestimmungen im Bauwesen zu erlassen.

I. Impulse aus der Denkmalpflegerschaft

für Denkmalpflege könnte die Vorstufe für die Aufnahme der DDR in die Internationale Denkmalpflegevereinigung der UNO (IKOMOS [sic!]) darstellen.«[163] ICOMOS war als internationale Denkmalpflegevereinigung 1965 gegründet worden. Vertreter der DDR-Denkmalpflege, allen voran Deiters, bemühten sich seitdem um die Aufnahme der DDR in diese Vereinigung, was sich jedoch als schwierig und langwierig herausstellte.[164] Möglich, dass Bänninger sich bei seiner Forderung nach einem nationalen Denkmalrat am zuvor gegründeten Rat für Museumswesen orientierte, der 1964 ins Leben gerufen worden war, auch um den Anschluss an die internationale Museumsvereinigung (ICOM) zu gewährleisten.[165] Deiters, der ebenfalls an der Diskussion teilnahm, äußerte sich nicht zu den bereits laufenden Verhandlungen mit ICOMOS.[166] Inwieweit Bänninger über die Prozesse bei ICOMOS informiert war, wird aus den Akten nicht deutlich. Das Ministerium für Kultur sprach sich allerdings dagegen aus, einen Rat für Denkmalpflege zu gründen und gar, wie von Bänninger gefordert, beim Ministerrat anzusiedeln. Vielmehr sollte darüber nachgedacht werden, ein »Nationalkomitee für Denkmalpflege« zu gründen. Ein Rat für Denkmalpflege beim Ministerrat hätte beratend auf die Regierung der DDR einwirken können; die Befugnisse eines solchen Organs wären sicher weitreichend gewesen. Bänninger äußerte damit eine Maximalforderung, denn eine höhere Ansiedlung als die beim Ministerrat, konnte es für ein Organ in der DDR kaum geben. Die von Sonja Wüsten (MfK) geäußerte Überlegung, ein Nationalkomitee für Denkmalpflege beim MfK anzusiedeln, hatte aber den Vorteil, dass die Denkmalpflege beim fachlich zuständigen und kundigen MfK angesiedelt wäre, in dem die Denkmalpflege jedenfalls einige Fürsprecher hatte. Ein solches Nationalkomitee war auch anschlussfähig an die internationalen Entwicklungen, bei der die Bildung von Nationalkomitees immer auch Aufnahmevoraussetzung war, so auch bei ICOMOS.

Wüsten sprach sich zudem für die Gründung einer Gesellschaft für Denkmalpflege beim Kulturbund aus, was wiederum von Bänninger abgelehnt wurde.[167] Wüsten regte an, die ehrenamtliche Arbeit könne in einer Gesellschaft für Denkmalpflege besser organisiert werden als bisher im ZFA. Innerhalb der Natur- und Heimatfreunde sei das Arbeitsgebiet Denkmalpflege mit 18 weiteren Fachgebieten gleichgeschaltet, seine Wirksamkeit daher gering,[168] Bänninger fasste dies als Affront und als Geringschätzung der Arbeit des ZFA auf, der sich seit Jahren für

---

163 BArch, DY 27/7338, angehängte Aktennotiz am Schreiben von Bänninger an Deiters, S. 4, 29.09.1966.
164 Siehe ab S. 143.
165 BArch, DR 1/7481, Protokoll der konstituierenden Sitzung des Nationalen Museumsrates der DDR im Museum der Bildenden Künste zu Leipzig, 28.01.1964; siehe S. 156.
166 Siehe S. 148.
167 BArch, DY 27/7338, Aktennotiz über die Besprechung im Ministerium für Kultur zu Fragen der Denkmalpflege, gez. Bänninger, S. 6, 05.07.1966.
168 Ebd.

die Belange der Denkmalpflege engagierte. Er mutmaßte, dass eine Gesellschaft vom Ministerium deshalb gefordert wurde, um Arbeitsleistungen auf dem Gebiet der Denkmalpflege festzulegen.[169] So hätte der Kulturbund nicht mehr so frei agieren können, wie es ihm in den Jahren zuvor möglich war. Sicher war die Gründung einer Gesellschaft für Denkmalpflege auch ein Versuch seitens des MfK, die Kräfte der Denkmalpflege unter dem Dach des MfK zu bündeln (und damit möglicherweise auch eine Schwächung der im Kulturbund organisierten Denkmalpflege in Kauf zu nehmen). Einige Jahre noch gelang es dem Kulturbund, die Gründung einer Gesellschaft für Denkmalpflege hinauszuzögern. Im Juni 1977 wurde sie schließlich ins Leben gerufen. Der seit 1972 emeritierte Althistoriker Werner Hartke wurde Präsident der Gesellschaft.[170] Der Zentrale Fachausschuss für Bau- und Denkmalpflege der Zentralen Kommission Natur und Heimat des Kulturbundes ging in der Gesellschaft schließlich auf.[171]

3. Etappe III: November 1966 bis Juli 1970: Neuordnung durch die interministerielle Arbeitsgruppe

3.1. Einsatz der »Arbeitsgruppe Denkmalpflege«, 1966

Im November 1966 erhielten die Überlegungen, die Denkmalpflege anders zu organisieren, eine neue Qualität. Anscheinend ausgelöst von Streitfällen, bei denen denkmalwerte Substanz der sozialistischen Umgestaltung der Städte im Wege war, wurde der Minister für Kultur, Gysi, wahrscheinlich entweder vom Ministerrat direkt oder vom Ministerium der Finanzen aufgefordert, »›Ordnung‹ in der Denkmalpflege zu machen«.[172] Gysi, der erst im Januar desselben Jahres das Ministeramt angetreten hatte, schien für diese Aufgabe geeignet zu sein: Bereits ab 1957 hatte er sich um die Neugestaltung des Aufbau-Verlages verdient gemacht.

---

169 BArch, DY 27/7338, Bänninger an Schulmeister, 02.09.1966: »Ich wäre mit einer solchen Lösung der auf diesem Gebiet schwebenden Probleme niemals einverstanden!«
170 Herrmann, Joachim: Werner Hartke (1. März 1907 bis 14. Juni 1993) – Einhundert Jahre, in: Sitzungsberichte der Leibniz-Sozietät der Wissenschaften zu Berlin 92 (2007), S. 182–188.
171 Hartke, Werner: Zur Gründung der Gesellschaft für Denkmalpflege im Kulturbund der DDR, in: Denkmalpflege in der DDR 5 (1978), S. 16–22, S. 22. In der Zeitschrift wird Hartke mit »dt« falsch geschrieben.
172 So jedenfalls Deiters: Erinnerungen und Reflexionen, 2014, S. 22. Streitfälle, an die Deiters sich erinnern konnte, waren die Bebauung des Altstadtringes in Erfurt und das sog. Kräutergewölbe, eine Apotheke aus dem 15. Jahrhundert, in Zwickau. Deiters erinnerte sich nach so vielen Jahren beeindruckend und fast exakt genau, dass diese Aufforderung an den Minister für Kultur im Jahr 1967 ergangen sei; tatsächlich war es ein Jahr zuvor, 1966.

Auch dort hatte er den Auftrag erhalten, »Ordnung zu machen«.[173] Die Streitfälle, an die Deiters sich erinnerte, können jedoch lediglich Anlass gewesen sein. Die Ursachen für die Neustrukturierung lagen, wie dargestellt, länger zurück und betrafen grundsätzliche, strukturelle Defizite in der Denkmalpflege.

Gysi setzte eine interministerielle Arbeitsgruppe ein. Sie sollte zu Beginn des Jahres 1967 ihren Dienst aufnehmen.[174] Diesem Schritt vorangegangene Diskussionen zwischen dem Ministerium für Kultur und dem Ministerium für Bauwesen allein hätten nicht zu einem Erfolg geführt. Deiters wurde als Generalkonservator Leiter der Arbeitsgruppe.[175]

Gysi begründete den Einsatz der Arbeitsgruppe damit, dass »Neuregelungen und Veränderungen« auf dem Gebiet der Denkmalpflege dringend notwendig geworden seien. Mit der sozialistischen Rekonstruktion der Städte und der Bedeutung, die der erhaltenswerten historischen Substanz stadtbaukünstlerisch und ökonomisch zugemessen werde, müssten in der Denkmalpflege nun umfangreichere und neue Aufgaben wahrgenommen werden, für die als rechtliche Grundlage die geltende Verordnung nicht ausreiche. Die Denkmalpflege sei verpflichtet, für die Instandsetzung denkmalwerter Altbaugebiete genauere Programme zu erarbeiten und für deren Umsetzung Sorge zu tragen. Die Voraussetzungen dafür seien aber nicht gegeben.[176] Die Arbeitsgruppe solle prüfen, ob ein Denkmalgesetz zu schaffen sei, um die Durchführung der Denkmalpflege in Übereinstimmung mit dem NÖSPL zu gewährleisten.[177]

Die Arbeitsgruppe sollte sich auch mit der Frage beschäftigen, ob mit der Vergabe staatlicher Mittel für denkmalpflegerische Maßnahmen ein staatlicher Anteil am Objekt gesichert werden könne, etwa durch Grundbucheintragung, schrittweise Enteignung oder indem der Staat als Erbe des Objektes eingesetzt würde. Damit sollte der Beihilfewert abgesichert werden. Zusätzlich sollte geklärt werden, ob die Vergabe von Beihilfemitteln an Auflagen geknüpft werden dürfe, die beim jeweiligen Eigentümer zu Verlusten führten, etwa durch verloren gegangene Räume durch den Einbau einer Heizung oder Belästigung durch etwaige Besu-

---

173 Reich-Ranicki: Ein Fanatiker, mit dem sich reden läßt. Der neue Kulturminister der DDR Klaus Gysi, Die Zeit, Nr. 5 vom 28.01.1966.
174 BArch, DY 27/7338, Gysi an Schulmeister, 24.11.1966; BLDAM Wünsdorf, M 54, Kollegiums-Vorlage Nr. 58/66, Bildung einer Arbeitsgruppe zur Ausarbeitung von gesetzlichen und organisatorischen Regelungen für die Erhaltung und Nutzung wertvoller Baudenkmale insbesondere denkmalwerter historischer Stadt- und Dorfkerne, 27.10.1966.
175 Deiters: Erinnerungen und Reflexionen, 2014, S. 22. Deiters meinte, vor ihm sollte zunächst Horst Brasch die Leitung der Gruppe übernehmen, dieser gab bald aber seine Aufgaben an ihn ab und wurde schließlich versetzt. In der Kollegiums-Vorlage aus dem Oktober 1966 (BLDAM Wünsdorf, M 54, Kollegiums-Vorlage Nr. 58/66) war Deiters allerdings bereits als Leiter vorgesehen.
176 BArch, DY 27/7338, Klaus Gysi an Schulmeister, 24.11.1966.
177 BLDAM Wünsdorf, M 54, Kollegiums-Vorlage Nr. 58/66, Bildung einer Arbeitsgruppe zur Ausarbeitung von gesetzlichen und organisatorischen Regelungen für die Erhaltung und Nutzung wertvoller Baudenkmale insbesondere denkmalwerter historischer Stadt- und Dorfkerne, S. 4, 27.10.1966.

cher bei einem öffentlich zugänglichen Denkmal. Dürfte möglicherweise der Staat nach einer gewährten Beihilfe das Denkmal mitnutzen?[178]

Deiters hatte sich zu diesem Fragenkomplex bereits im Vorhinein geäußert und festgestellt:

»Die Denkmalpflege hat die dem NÖS [Neuen Ökonomischen System der Planung und Leitung] entsprechende Regelung noch nicht gefunden. Die Feststellung der Verordnung von 1961, daß der Rechtsträger oder Eigentümer alle denkmalpflegerischen Maßnahmen an seinem Objekt selbst plant und finanziert und daß ihn die örtlichen staatlichen Organe hierbei anleiten ggf. beauflagen, reicht nicht mehr aus. Die für das allgemeine Bauwesen gültigen Kennziffern wirken der Denkmalpflege entgegen. Es fehlen Durchführungsbestimmungen oder neue gesetzliche Regelungen, die den Rechtsträger oder Eigentümer durch eine spezielle Planmethodik, spezielle Kredite und spezielle Kennziffern in die Lage versetzen, ihrer Pflicht nachzukommen.«[179]

Neben den finanziellen Fragen sollte geklärt werden, wie Denkmale und historische Bausubstanz in den Altstädten in den Aufbau der Städte und Dörfer einbezogen werden können. Die Aufgabenstellung wurde maßgeblich von Deiters und der Hauptreferentin im MfK Wüsten ausgearbeitet. Es gebe noch keine »konkreten Abstimmungen« darüber, »welche historischen Altbaugebiete« erhalten werden müssten. Zwar seien auf den wenigen vorhandenen Bezirkslisten einige Altstädte verzeichnet, unter den gegebenen Bedingungen sei dies allerdings eine »Regelung ohne Folgen«.[180] Entsprechend setzte sich die Arbeitsgruppe zu großen Teilen aus Akteuren aus dem Bauwesen zusammen, mit dem sich die Zusammenarbeit bis dato schwierig gestaltet hatte. Je zwei Vertreter sollten aus dem Ministerium für Bauwesen und aus dem Ministerium für Kultur (dort Abt. Bildende Kunst sowie Abt. Ökonomie) entsendet werden, je ein Vertreter stammte aus der Deutschen Bauakademie, der Staatlichen Plankommission, dem Bund deutscher Architekten, dem Ministerium der Finanzen. Auch der Staatssekretär für Kirchenfragen und Vertreter des Kulturbundes waren dabei.[181]

---

178 BLDAM Wünsdorf, L 4/1, Besondere rechtliche Fragen in Bezug auf Denkmale in Besitz von Privatpersonen, undat. (wahrscheinlich April 1967).
179 BArch, DY 27/7883, Deiters' Bericht über die Arbeit auf dem Gebiet der Denkmalpflege seit der Verordnung vom 28.9.1961, S. 3, 13.06.1966. Dieses Referat hat Deiters wahrscheinlich bei der Tagung des KB im Juli 1966 gehalten.
180 BLDAM Wünsdorf, M 54, Kollegiums-Vorlage Nr. 58/66, Bildung einer Arbeitsgruppe zur Ausarbeitung von gesetzlichen und organisatorischen Regelungen für die Erhaltung und Nutzung wertvoller Baudenkmale insbesondere denkmalwerter historischer Stadt- und Dorfkerne, S. 4, 27.10.1966.
181 Im September 1966 war auch vorgesehen, einen Vertreter des Deutschen Reisebüros in die Arbeitsgruppe zu berufen, dazu kam es allerdings nach der endgültigen Fassung vom Oktober 1966 wohl nicht mehr, BLDAM Wünsdorf, M 54, Kollegiums-Vorlage Nr. 58/66, Bildung einer Arbeitsgruppe zur Ausarbeitung von gesetzlichen und organisatorischen Regelungen für

I. Impulse aus der Denkmalpflegerschaft

Im Februar 1967 kam die Arbeitsgruppe zu ihrer ersten Sitzung in Berlin zusammen.[182] Der geladene Vertreter des Ministeriums der Finanzen sowie der Mitarbeiter aus der Abteilung Ökonomie des Ministeriums für Kultur blieben der Sitzung allerdings fern.[183] Die Arbeitsgruppe wurde in sechs Untergruppen aufgeteilt. In jeder Untergruppe sollte es laut Protokoll möglich sein, weitere »Experten« hinzuzuziehen. Dieser anscheinend von Deiters und Wüsten ausgedachte Zug machte es möglich, weitere Mitarbeiter des Instituts für Denkmalpflege in die Arbeit einzubinden. In jeder Untergruppe war das IfD letztendlich mit mindestens einem Mitarbeiter vertreten.[184] Die Untergruppen analysierten die Probleme ihrer Arbeitsbereiche und versuchten im Laufe des Jahres 1967 in separaten Sitzungen, Lösungsvorschläge zu ihren Bereichen zu unterbreiten. Die einzelnen Vorschläge wurden schließlich im Spätsommer 1968 in einem Papier zusammengefügt. Es trug den Titel »Neuordnung des Schutzes und der Pflege der Denkmale der Geschichte und Kultur«.[185]

---

    die Erhaltung und Nutzung wertvoller Baudenkmale insbesondere denkmalwerter historischer Stadt- und Dorfkerne, 27.10.1966, sowie Beschluss über die Schaffung einer zeitweiligen zentralen Arbeitsgruppe zur Ausarbeitung von gesetzlichen Regelungen auf dem Gebiet der Denkmalpflege, 05.09.1966. Deiters erinnerte sich, dass Kurt Löffler (zum damaligen Zeitpunkt Mitglied des Rates des Bezirks Erfurt) und Gerhard Thiele (späterer Leiter der Abt. Geschichtsdenkmale) Mitglieder der Arbeitsgruppe waren, allerdings nicht, in welcher Funktion. Ihre Namen sind im Protokoll allerdings nicht vermerkt.

182 Teilnehmer waren zwei Vertreter des Ministeriums für Bauwesen, Sektor Baureparatur (Wolf) sowie Abt. Städtebau (Schlopsnies), je ein Vertreter des Deutschen Kulturbundes, Sektion Natur- und Heimatfreunde (Richter), des Staatssekretariats für Kirchenfragen (Pötte), Staatliche Plankommission, Abt. Volksbildung, Kultur und Gesundheitswesen (Braunschweig), Rat des Bezirkes Magdeburg (Rüssel), ein Dozent der TU Dresden, Dozentur Baukonstruktionslehre (Klemm), die Hauptreferentin im MfK, Abt. Bildende Kunst (Sonja Wüsten) und Ludwig Deiters, BLDAM Wünsdorf, L 4/1, Kurzprotokoll zur 1. Beratung der Arbeitsgruppe Denkmalpflege, 17.02.1967.

183 Der Vertreter des Ministeriums der Finanzen (Höft) sowie der zweite Vertreter aus dem MfK, Abt. Ökonomie (Siering), fehlten bei der Sitzung, vgl. BLDAM Wünsdorf, L 4/1, Kurzprotokoll zur 1. Beratung der Arbeitsgruppe Denkmalpflege, 17.02.1967.

184 Untergruppe 1: Ideologische und kulturpolitische Fragen der Denkmalpflege *(Deiters (IfD)*, Wüsten (MfK), Klemm (BdA); Richter (KB));
Untergruppe 2: Erfassung, Feststellung und Schutz der Denkmale, Kontrolle ihres Zustandes (Rüssel (Rat des Bez. Magdeburg); Richter (KB), *Ohle und Spielmann (IfD)*);
Untergruppe 3: Planung und Finanzierung denkmalpflegerischer Maßnahmen (Braunschweig (Staatl. Plankommission); Höft (MdF), Siering (MfK), *Tausendschön (IfD)*; Eichler (für Klemm, TU Dresden));
Untergruppe 4: Bauvorbereitung und Durchführung (Wolf (MfB), Siering (MfK), *Berger (IfD)*);
Untergruppe 5: Einbeziehung der kulturhistorischen Werte in das charakteristische Bild unserer sozialistischen Städte und Dörfer (Schlopsnies (MfB), Klemm (TU Dresden), Wüsten (MfK); *Nadler (IfD)*);
Untergruppe 6: Besondere rechtliche Fragen in Bezug auf Denkmale in Besitz von Privatpersonen, Genossenschaften und Körperschaften öffentlichen Rechts (Wüsten (MfK); Fitzner (Kirchenfragen), Kopitz (MfB), *Schoder (IfD)*) [Hervorhebungen durch BTD], BLDAM Wünsdorf, L 4/1, Kurzprotokoll zur 1. Beratung der Arbeitsgruppe Denkmalpflege, 17.02.1967.

185 Siehe S. 77.

3.2. »Unordnung« in der Denkmalpflege, 1967

Noch während die Mitglieder der Arbeitsgruppe sich in ihren Untergruppen berieten, übergab das Ministerium der Finanzen im August 1967 einen Bericht »über Feststellungen zur Finanzierung der Denkmalpflege in der DDR« an das Präsidium des Ministerrates.

In 75 Kreisen (von insgesamt 219 Kreisen und Stadtkreisen)[186] aller Bezirke wurde die Finanzierung überprüft. Dabei wurde anknüpfend an die Mängel, die bereits seit Beginn der 1960er-Jahre aufgezeigt wurden, festgestellt, dass es bei Planung und Leitung »erhebliche Mängel« und »keine ausreichende Ordnung« gebe. Die Verordnung von 1961 werde nur »ungenügend« durchgesetzt; die örtlichen Räte setzten ihre Aufgaben nur »mangelhaft« um.[187] Hauptkritikpunkte des Ministeriums der Finanzen betrafen die Erfassung und Bestimmung der Denkmale sowie die Finanzierung der Denkmalpflege und des Instituts für Denkmalpflege. Die für die Erfassung verantwortlichen Abteilungen Kultur der örtlichen Räte verfügten nicht über einen Überblick der auf ihrem Territorium liegenden Denkmale. Es herrsche »Unordnung«.[188] Meist seien die Denkmale von ehrenamtlichen Mitarbeitern erfasst worden, bei denen jedoch die Tendenz bestehe, »möglichst viele Objekte als Denkmale zu erfassen. [...] Die großzügige Erfassung von Denkmalen führt aber zu höheren Aufwendungen und verleitet zum unkonzentrierten Einsatz der Mittel.«[189] Im Bezirk Erfurt seien bisher 5010 Objekte, im Bezirk Magdeburg 2000 und in der Stadt Potsdam allein 3000 Objekt erfasst. Dabei würden häufig eine »Vielzahl gleichartiger Objekte« gelistet. Im Kreis Gotha etwa seien unter den 341 erfassten Denkmalen alle 72 Kirchen des Kreises enthalten.[190] Bei der nun einsetzenden flächendeckenden Erfassung sei versäumt worden, einheitliche Kriterien zu erarbeiten. Darüber hinaus sei der angesetzte Zeitrahmen für die Erstellung von Listen von mehreren Jahren zu lang. Auch zeigten erste Listen, dass die Anzahl der erfassten Objekte sich nicht erheblich, lediglich um ca. ein Drittel, reduzieren lasse.[191] Explizite Handlungsempfehlungen leitete das MdF aus seinen Feststellungen zwar nicht ab, doch implizit war diesen zu entnehmen, dass die Anzahl der Denkmale bei der anstehenden flächendeckenden Erfassung verringert und darüber hinaus auch die vom MdF bemängelte »Gleichartigkeit« der Objekte aufgelöst werden sollte. Zur Einordnung: In der Denkmalliste des Kreises

---

186 Mampel, Siegfried: § 43. Das System der örtlichen Volksvertretungen in der DDR, in: Günther Püttner (Hg.): Handbuch der kommunalen Wissenschaft und Praxis, Band 2, Berlin/Heidelberg 1982, S. 515–532, S. 515.
187 BArch, DC 20/16058, Blatt 260, Feststellung zur Finanzierung der Denkmalpflege, Bericht der Staatlichen Finanzrevision, 09.08.1967.
188 Ebd., Blatt 264.
189 Ebd., Blatt 260 f.
190 Ebd., Blatt 264.
191 Ebd., Blatt 260 f.

I. Impulse aus der Denkmalpflegerschaft

Gotha, die nach dem Erlass des Denkmalpflegegesetzes im Jahr 1979 aufgestellt wurde,[192] waren 312 Positionen aufgeführt, darunter 74 Kirchen mit Ausstattungen. Der Umfang der Liste wich damit rein nominal nicht erheblich von der Kreisliste der 1960er-Jahre ab.[193] Die Anzahl der geschützten Kirchen war trotz der Beanstandung des MdF stabil.

Weiter bemängelt wurden die stetig steigenden Ausgaben für die Denkmalpflege. Im Jahr 1965 betrugen die Zuschüsse der örtlichen Räte 2,6 Mio. MDN[194], im Jahr darauf schon 4,8 Mio. MDN. Beim Institut für Denkmalpflege stiegen die Ausgaben von 4,4 Mio. MDN 1965 auf 5,1 Mio. MDN im Jahr 1967. Auch seien diese zu hohen Mittel unter Verstößen gegen die Finanzdisziplin und das Sparsamkeitsprinzip ausgegeben worden.[195] Besonderen Anstoß nahm das MdF am »unkonzentrierten Einsatz« von Mitteln. Dieser zeige sich daran, dass für ein Objekt aus verschiedenen Finanzquellen Mittel entnommen würden. Exemplarisch wurde die Rechnung für das Schloss Altenburg angestellt. Für seine Restaurierung würden vom Rat der Stadt, vom Rat des Kreises, vom Rat des Bezirkes und vom Institut für Denkmalpflege Mittel zur Verfügung gestellt. Erschwerend komme hinzu, dass oft die Nutzung der Objekte nach den Restaurierungen nicht geklärt sei.[196]. Beim IfD würden Verstöße gegen die Finanzdisziplin geduldet, indem etwa unzulässige Gehaltsvorschüsse für den Ankauf von Pkw und Möbeln gewährt oder vom Institut erbrachte Leistungen beim Auftraggeber nicht in Rechnung gestellt würden, womit Einnahmen verloren gingen.[197] Schließlich seien Fälle von Betrug durch Baufirmen bei der Finanzrevision aufgedeckt worden. Eine Berliner Firma habe beispielsweise geliefertes Material doppelt in Rechnung gestellt. Dass

---

192 TLDA Erfurt, Denkmalliste des Kreises Gotha, Beschluss des Kreises Gotha, Nr. 210/79 vom 06.12.1979.
193 Die Abweichung kann sich auch aus der unterschiedlichen Art ergeben, wie die Aufzählung erfolgte: In der Denkmalliste von 1979 waren oft unter einer Position mehrere Objekte (Schloss mit Nebengebäuden, Park mit Kleinarchitekturen, Kapelle und Klostermauern) als lediglich eine Position aufgeführt. Wahrscheinlich ist jedoch, dass zugunsten von Objekten, die 1979 unter der Rubrik »Denkmale zur politischen Geschichte« aufgeführt waren (27 Objekte) und sich zu Beginn der 1960er-Jahre (wahrscheinlich) noch nicht auf den Kreislisten befanden, andere Objekte gestrichen wurden. Um diese Vermutungen zu untermauern oder zu widerlegen, wäre ein unmittelbarer Vergleich zwischen den frühen Listen bzw. Karteien der 1960er-Jahre mit den ab 1975 verabschiedeten Listen nötig. Dieser Vergleich stellt wegen der (noch) fehlenden Quellen aus den 1960er-Jahren ein Desiderat dar. Die frühen Listen/Karteien könnten in Archivbeständen der jeweiligen Räte der Kreise oder in Beständen der Bauämter zu finden sein, da den Bauämtern die Kreiskarteien der 1960er-Jahre zugänglich gemacht werden sollten; dazu siehe S. 207.
194 MDN = Mark der Deutschen Notenbank. Die Bezeichnung für die Zahlungsmittel variierte in der DDR je nach Phase: vom 24. Juli 1948 bis 31. Juli 1964 lautete die Bezeichnung »Deutsche Mark der Deutschen Notenbank (DM)«, vom 1. August 1964 bis 31. Dezember 1967 »Mark der Deutschen Notenbank (MDN)« und vom 1. Januar 1968 bis 30. Juni 1990 »Mark der Deutschen Demokratischen Republik (M)«.
195 BArch, DC 20/16058, Blatt 262, Feststellung zur Finanzierung der Denkmalpflege, Bericht der Staatlichen Finanzrevision, 09.08.1967.
196 Ebd., Blatt 266.
197 Ebd., Blatt 263.

dies nicht aufgefallen sei, liege an einer unzureichenden Finanzkontrolle durch die örtlichen Räte und das Institut für Denkmalpflege.[198] Der Bericht wurde allerdings nicht im Ministerrat besprochen. Der Staatssekretär des Ministerrates, Rudolf Rost, sendete den Bericht mit der zugehörigen Ministerratsvorlage wieder an den stellvertretenden Finanzminister Horst Kaminsky zurück. Die Beschlüsse des VII. Parteitages und des 2. ZK-Plenums erforderten, so Rost, dass die Angelegenheit von den zuständigen Ministern in eigener Verantwortung gelöst würde; es handele sich bei der Angelegenheit nicht um eine »zu entscheidende Grundfrage«, das Präsidium des Ministerrates müsse sie folglich nicht entscheiden. Vielmehr solle das Ministerium für Kultur eingebunden werden.[199]

Der Bericht zeichnet ein geradezu prototypisches Bild der schwierigen Lage der Denkmalpflege in den 1960er-Jahren. Noch geprägt von den institutionellen Neustrukturierungen in den Anfangsjahren der DDR, gab es keine belastbare Kompetenzverteilung. Die Erfurter Arbeitsstelle war erst 1963 gegründet worden, das System folglich erst vier Jahre alt. Abläufe und Kompetenzen, Hierarchie und Kontrolle standen nicht fest.

Der Bericht verdeutlicht, dass die Denkmalpflege zu dieser Zeit nicht als zentrales Anliegen im Staat wahrgenommen wurde. Nicht der Ministerrat sollte entscheiden, sondern der Minister für Kultur sollte für die Neuordnung verantwortlich sein. Denkmalpflege war Ende der 1960er-Jahre noch keine »Chefsache«. Das brachte auch einige Freiräume mit sich. Denkmalpflege wurde bei Entscheidungen höheren Ranges jedoch oft nicht mitgedacht. So kam es, dass manche Entscheidungen sich auf die Denkmalpflege auswirkten, ohne dass dabei die Gegebenheiten in der Denkmalpflege berücksichtigt worden waren. Das führte zu Ungereimtheiten und unklaren Kompetenzverteilungen.

Andererseits verdeutlicht der Bericht das Machtverhältnis der verschiedenen Ministerien: Das Ministerium der Finanzen erzeugte mit seinem Bericht Druck, die Denkmalpflege und insbesondere die Regelungen zur Finanzierung neu zu fassen. Dies fiel aber in den Verantwortungsbereich des Ministeriums für Kultur. Dort hatte die inhaltliche Neuordnung der Denkmalpflege zwar bereits begonnen, indem die interministerielle Arbeitsgruppe Ende 1966 ihren Dienst aufgenommen hatte. Auch das MdF verlangte nun die listenmäßige Erfassung der Denkmale, die bereits auch von Denkmalpflegern gefordert wurde, allerdings mit dem Ziel, die Anzahl der Denkmale zu reduzieren, um die Kosten für die Erhaltung einzuschränken und nicht ausschließlich deshalb, um einen Überblick über die zu erhaltenden Objekte zu bekommen.

---

198 Ebd., Blatt 268.
199 BArch, DC 20/16058, Blatt 271, Rost an Kaminsky, 23.08.1967.

I. Impulse aus der Denkmalpflegerschaft 73

3.3. Begünstigende Kulturpolitik: Der Staatsratsbeschluss zur Bedeutung humanistischer Kultur, 1967

Kulturpolitischen Rückenwind erfuhr die Arbeit der interministeriellen Arbeitsgruppe von einem Staatsratsbeschluss im November 1967. Der Beschluss trug den Titel »Die Aufgaben der Kultur bei der Entwicklung der sozialistischen Menschengemeinschaft« und wurde am 30. November 1967 erlassen.[200]

Der Staatsrat war 1960 gegründet worden. Er erhielt umfassende Machtpositionen auf allen Ebenen der Gewalten. In die Verfassung von 1949 wurde der Staatsrat 1960 als neues Organ aufgenommen. Mit der Verfassungsreform von 1968 vollzog sich ein »originäre[r] Typenwandel von der Ministerrats- zur Staatsratsverfassung«[201], da die neue Verfassung die umfangreichen Rechte des Staatsrates, die er bereits seit seiner Gründung hatte, kodifizierte.[202] Der Staatsrat war laut Verfassung von 1968 ein »Organ der Volkskammer« (Art. 66 Abs. 1 S. 1). Er sollte zwischen den Tagungen der Volkskammer alle »grundsätzlichen Aufgaben, die sich aus den Gesetzen und Beschlüssen der Volkskammer ergeben«, übernehmen. Gegenüber der Volkskammer war der Staatsrat laut Verfassung »verantwortlich« (Art. 66 Abs. 1 S. 3). In der Praxis war er allerdings ein unabhängig agierendes Organ, das nicht von der Volkskammer kontrolliert wurde.[203]

Der Staatsrat handelte durch Beschlüsse und Erlasse. Beide Rechtsformen standen formal-hierarchisch unterhalb von Volkskammergesetzen. Oftmals waren sie dennoch inhaltlich bedeutsam.[204] Nicht ganz klar schien allerdings das Verhältnis der beiden Rechtsformen Beschluss und Erlass untereinander: Die Verfassung sprach nach der Änderung im Jahre 1960 (Art. 106) nur von »Beschlüssen mit Gesetzeskraft«, wobei »Beschlüsse« wie auch »Erlasse« ergangen sind.[205] Erlasse bedurften lediglich der formellen »Bestätigung« durch die Volkskammer[206] und

---

200 Staatsrat: Die Aufgaben der Kultur bei der Entwicklung der sozialistischen Menschengemeinschaft. Beschluss, in: Kanzlei des Staatsrates der Deutschen Demokratischen Republik (Hg.): Die Aufgaben der Kultur bei der Entwicklung der sozialistischen Menschengemeinschaft. Protokoll der 5. Sitzung des Staatsrates der DDR vom 30. November 1967. 3. Wahlperiode, Heft 2, Berlin 1967, S. 141–151, BArch, DY 2//4421, Blatt 65, Nadler, 1968; TLDA Erfurt, Ordner IfD 37, Beschluss Nr. 31-5/70 des Bezirkes Magdeburg, 05.03.1970.
201 Brunner, Georg: § 11 Das Staatsrecht der Deutschen Demokratischen Republik, in: Josef Isensee/Paul Kirchhof (Hg.): Handbuch des Staatsrechts der Bundesrepublik Deutschland, Band I, Historische Grundlagen, Heidelberg 2003, Rn. 7.
202 Zum Begriff »Staatsratsverfassung« Zieger, Gottfried: Die Organisation der Staatsgewalt in der Verfassung der DDR, in: Archiv des öffentlichen Rechts 94 (1969), S. 185–223.
203 Lapp: Volkskammer, 1975, S. 95.
204 Ebd.
205 Zieger: Staatsgewalt in der Verfassung der DDR, 1969, Fn. 111.
206 Lapp: Volkskammer, 1975, S. 95. Vor der Verfassungsreform von 1974, mit der die Befugnisse des Staatsrates und seines Vorsitzenden erheblich beschnitten wurden, hatte der Erlass als Rechtsform eine wichtige Bedeutung. Mit der Reform fiel er gänzlich weg. Der Staatsrat konnte ab da nur noch Beschlüsse fassen und auch nur noch zur Durchführung der ihm übertragenen Aufgaben; Brunner: Staatsrecht der DDR, 2003, § 11 Rn. 38.

entfalteten Gesetzeskraft für alle Bürger, wohingegen sich Beschlüsse an staatliche Organe wendeten. Beide wurden sofort wirksam.
Der Beschluss über »Die Aufgaben der Kultur bei der Entwicklung der sozialistischen Menschengemeinschaft« wies also den Weg für die staatlichen Organe,

»wie die Beschlüsse des VII. Parteitages [...] und die prognostischen Aufgaben der Verfassung [...] zur weiteren Herausbildung einer vielfältigen sozialistischen Nationalkultur im entwickelten gesellschaftlichen System des Sozialismus zu verwirklichen sind. Dabei werden die Erfahrungen und Ereignisse, die auf dem Bitterfelder Weg unserer Kulturpolitik bei der Überwindung der aus dem Kapitalismus herrührenden Kluft zwischen Kultur und Volk gesammelt wurden, kontinuierlich auf der höheren Stufe der entwickelten sozialistischen Gesellschaft unter Führung der SED weitergeführt.«[207]

Auf dem VII. Parteitag (17.–22. April 1967) hatte Ulbricht erklärt, dass die Werktätigen neue Möglichkeiten hätten, sich kulturell zu bilden. Bis dahin galt die ab 1959 als »Bitterfelder Weg« formulierte Devise, dass die Arbeiter ihr Kulturniveau vorrangig heben könnten, indem sie selbst kulturell aktiv würden. Dies wurde nun partiell aufgegeben, wenn nicht sogar »aufgelöst«,[208] auch wenn Ulbricht betonte, der Bitterfelder Weg »ist und bleibt das Programm der Vereinigung von Kunst und Leben, von Künstler und Volk und der werdenden sozialistischen Gesellschaft.«[209] Die »produktive Arbeit« sei mit Bildung angereichert und durch Arbeitszeitverkürzungen hätten die Arbeiter nun neue Möglichkeiten, ihr »Kulturniveau zu heben und im wachsenden Maße am demokratischen Leben ihrer Gesellschaft und an der Leitung ihres Staates teilzunehmen«.[210] Die sozialistische Kultur sei, das hob Ulbricht bereits auf dem Parteitag hervor, durch »einen realen Humanismus und eine optimistische Lebens- und Weltanschauung« gekennzeichnet. In ihr werde alles »Gute, Wahre und Schöne, das die Menschheit hervorgebracht hat, gepflegt und zum lebendigen Quell der vollen Entfaltung aller geistigen und sittlichen Kräfte der Menschen«.[211] Ulbricht sprach auch konkrete Zweige der Kunst und ihre Rolle in der Kultur an. Dramatik, Bildende Kunst, Film, Theater und Literatur wurden explizit genannt. Darüber hinaus ging er auf »Kultur im Alltag« ein. Unter diesem Stichwort seien im Kreise der Partei Instrumente diskutiert worden, die dazu beitragen könnten, das tägliche Leben mit Kultur zu durchdringen. Dazu gehöre die städtebauliche Perspektivplanung, »besonders ihre künstlerische Seite,

---

207 Sorgenicht, Klaus/Weichelt, Wolfgang/Riemann, Tord u. a.: Verfassung der Deutschen Demokratischen Republik, Berlin 1969, Art. 18, S. 409.
208 Dietrich: Kulturgeschichte der DDR, 2018, S. 1204.
209 Ulbricht, Walter: Allgemeine Entwicklungstendenzen der sozialistischen Kultur, Das Protokoll des VII. Parteitages der SED, Bd. 1, 1.–3. Beratungstag, Berlin 1967, S. 264–287, S. 278.
210 Ebd., S. 265.
211 Ebd., S. 266.

sowie die Außen- und Innenarchitektur der Arbeitsstätten, Wohnungen, der Ämter und öffentlichen Gebäude, der Orte der Freizeitgestaltung, der Straßen und Plätze«.[212] In diesem Zusammenhang hätte Ulbricht auch die Rolle der Denkmalpflege ansprechen können, doch dies blieb aus. Denkmalpflege wurde auch an dieser Stelle nicht mitgedacht.

Der Staatsratsbeschluss konkretisierte diese Vorgaben des Parteitages. Der Beschluss enthielt Vorgaben darüber, was »sozialistische Kulturpolitik heute bedeute«, nämlich unter anderem, dass

> »die großen humanistischen Kultur- und Kunstleistungen der Vergangenheit und Gegenwart für die allseitige Bildung der Persönlichkeit immer stärker zu nutzen und die Voraussetzungen dafür in der zunehmenden Freizeit im Ensemble aller Lebensgewohnheiten und -beziehungen immer wirkungsvoller zu gestalten«[213]

seien. Der Beschluss richtete sich mit parteipolitischen, teils klassenkämpferischen Ausdrücken an »Künstler und Kulturschaffende«,[214] womit vor allem Schriftsteller und Bildende Künstler gemeint waren.

Auf die Pflege des baukulturellen Erbes wurde allerdings nicht ausdrücklich Bezug genommen.[215] In seinen einleitenden Bemerkungen ging der Staatsratsvorsitzende Ulbricht zwar sogar darauf ein, dass der »Aufbau der neuen Städte oder de[r] Wiederaufbau der Stadtzentren, [...] die Probleme der Gestaltung unserer schönen Heimat« Schriftstellern und Künstlern viele Anregungen für schöpferisch-künstlerisches Schaffen bieten würden.[216] Aus dieser Formulierung folgt aber

---

212 Ebd., S. 273.
213 Staatsrat, Staatsratsbeschluss vom 30.11.1967, S. 165.
214 Die Rede ist beispielsweise von »prinzipienfester Auseinandersetzung mit reaktionären Ideologien«, davon, dass die »menschenfeindliche Ordnung des Imperialismus in unserem deutschen Staat« überwunden sei und von der »antihumanistischen Manipulation des Menschen durch den staatsmonopolistischen Kapitalismus«, Staatsrat; Staatsratsbeschluss vom 30.11.1967, S. 163.
215 Das deckt sich mit der Erkenntnis, dass der Teil der Verfassungsvorschrift, der sich ausdrücklich auf die Pflege des kulturellen Erbes bezieht, erst nach der Volksaussprache im April 1968 und damit nach dem Staatsratsbeschluss vom November 1967 in den Verfassungstext aufgenommen wurde, S. 87.
216 Ulbricht, Walter: Einleitende Bemerkungen, in: Kanzlei des Staatsrates der Deutschen Demokratischen Republik (Hg.): Die Aufgaben der Kultur bei der Entwicklung der sozialistischen Menschengemeinschaft. Protokoll der 5. Sitzung des Staatsrates der DDR vom 30. November 1967. 3. Wahlperiode, Heft 2, Berlin 1967, S. 5–7, S. 7. In der Tat beschäftigten sich einige Schriftsteller in der DDR mit der gebauten Umwelt z. B. Erik Neutsch: Spur der Steine, 1964. Emmerich, Wolfgang: Kleine Literaturgeschichte der DDR, Berlin 2005, S. 199, meint, die Literatur der 1960er-Jahre in der DDR sei »kulturell innovativ« gewesen, sie stelle »bestimmte Fragen zuerst« und kritisiere »als erste festgefahrene Normen und gibt den neuen Empfindungen sehr vieler Menschen Ausdruck«, zu Neutsch: S. 201. Auch Brigitte Reimann arbeitete bereits Mitte der 1960er-Jahre in ihrem Roman über die junge Architektin »Franziska Linkerhand«, der erst nach ihrem Tod 1974 erschien.

auch, dass sowohl Architektur als auch die mit dem Wiederaufbau befasste Denkmalpflege außerhalb der von Ulbricht angesprochenen Gruppen »Schriftsteller« und »Künstler« lagen. »Architekten und Künstler« müssten bei der Gestaltung der Städte zusammenarbeiten. Denkmalpfleger versuchten dennoch, sich den Beschluss zu eigen zu machen und aus ihm Aufträge abzuleiten. Laut Nadler brachte er eine »wesentliche Aktivierung unserer Bemühungen« mit sich.[217] Daraus, dass im Beschluss »die Bewahrung der humanistischen Traditionen« gefordert wurde,[218] leiteten sie Handlungsspielräume für die Denkmalpflege ab. Durch den Beschluss komme zum Ausdruck, dass die Staatsführung die überlieferten Werke von Kultur und Geschichte des Volkes bewahren und sie als breite Basis in den Prozess der Bildung, Erziehung und Erholung einbeziehen wolle.[219]

Offiziell wurde propagiert, der Beschluss sei als Vorlage für einen neuen Verfassungsartikel herangezogen worden: Bei der Verfassungsreform im April 1968 wurde der Schutz des nationalen Kulturerbes im neuen Artikel 18 der Verfassung verbrieft. Im Kommentar zur Verfassung, die 1968 verabschiedet wurde, werden der Beschluss vom November 1967, aber auch dessen Nachfolgebeschluss vom 18. Oktober 1968,[220] als Material für die neue Verfassungsvorschrift des Artikels 18 genannt. Auch der Staatsrechtler Eberhard Poppe erklärte den Staatsratsbeschluss zum Wegbereiter des neuen Verfassungsartikels, der die Pflege des kulturellen Erbes verfassungsrechtlich verankerte: Die »Aktivitäten der höchsten staatlichen Machtorgane in der gesetzgeberischen Arbeit auf dem Gebiet der Wissenschaft, Volksbildung, Kultur und des Sports« seien »bedeutungsvoll für die Dynamik der Verfassungswirklichkeit« gewesen.[221] Der Rechtswissenschaftler Maik Weichert meint, die Vorgaben des Beschlusses seien »kompromisslos« im Art. 18 umgesetzt worden.[222] Allein: Bevor der Staatsratsbeschluss Ende November 1967 gefasst wurde, war ein Rohentwurf für die neue Verfassung schon geschrieben. In ihm waren auch die Kerngedanken des späteren Artikels 18 bereits enthalten, sodass der Beschluss vom November 1967 nicht in seiner veröffentlichten Form als Vorlage gedient haben kann. Sicher gab es allerdings Besprechungen zwischen den Mitgliedern des Staatsrates und der Arbeitsgruppe, die im Laufe des Jahres 1967 den Rohentwurf für die Verfassung erarbeitete.[223]

---

217 BArch, DY 27/4421, Blatt 104, Nadler bei einer Rede vor dem Kulturbund, 10.05.1970.
218 Staatsrat: Staatsratsbeschluss vom 30.11.1967, S. 163.
219 BArch, DY 27/4421, Blätter 65–67, Beratungen des Zentralen Fachausschusses Denkmalpflege, 07.03.1968.
220 Abteilung Presse und Information des Staatsrates der Deutschen Demokratischen Republik (Hg.): Die Entwicklung des geistig-kulturellen Lebens im gesellschaftlichen System des Sozialismus, Materialien der 13. Sitzung des Staatsrates der DDR vom 18.10.1968, 3. Wahlperiode, Heft 7, Berlin 1968.
221 Poppe, Eberhard: Der Fortschritt ist Verfassung, in: Staat und Recht 18 (1969), S. 500–505, S. 503.
222 Weichert: Kunst und Verfassung, 2019, S. 217.
223 Siehe S. 85.

3.4. Zweites Grundsatzpapier: »Neuordnung des Schutzes und der Pflege der Denkmale der Geschichte und Kultur«, 1968

Im August 1968 legte die interministerielle Arbeitsgruppe ein erstes Ergebnis vor: einen Entwurf der »Neuordnung des Schutzes und Pflege der Denkmale der Geschichte und Kultur in der Deutschen Demokratischen Republik«,[224] im Folgenden »Neuordnung« genannt. Sie enthält neben einem 13 Seiten langen Entwurf über die Neuordnung der Denkmalpflege drei Anlagen. Anlage 1 gibt Auskunft über mit Fremdenverkehr erzielte Deviseneinnahmen, Anlage 2 enthält Vorschläge für eine »Liste der Denkmale von besonderer nationaler Bedeutung«, Anlage 3 beschreibt die Aufgaben des Instituts für Denkmalpflege. Das Grundsatzpapier zur »Neuordnung« umfasst sechs Unterpunkte: 1. Grundsätze, 2. Staatliche Aufgaben auf dem Gebiet der Denkmalpflege, 3. Gesellschaftliche Arbeit auf dem Gebiet der Denkmalpflege, 4. Wissenschaftliche Grundlagenarbeit/Popularisierung und Qualifizierung auf dem Gebiet der Denkmalpflege, 5. Zentralisierter Spezialbetrieb und 6. Planung und Finanzierung der Denkmalpflege.

Die Arbeitsgruppe legte in ihrem Papier besonderen Wert auf die kulturpolitische Einordnung der Denkmalpflege und knüpfte an zwei Ereignisse an, die den Akteuren in der Denkmalpflege zupasskamen: das Referat Kurt Hagers auf dem 4. Plenum des ZK der SED im Januar 1968 sowie den Erlass der neuen Verfassung im April 1968, in der die Pflege des Kulturerbes ausdrücklich in Artikel 18 aufgenommen worden war.[225]

3.4.1 Hagers Referat auf dem 4. Plenum des ZK, Januar 1968

Das 4. Plenum des ZK der SED nach dem VII. Parteitag fand am 29. und 30. Januar 1968 statt. Berichterstatter war das Mitglied des Politbüros und Sekretär des ZK sowie Kulturpolitikfunktionär Kurt Hager. Das Zentralkomitee der SED war das höchste, von den Parteitagen gewählte Organ. Es leitete die Tätigkeit der Partei zwischen den Parteitagen, die nur alle vier Jahre stattfanden. Das Zentralkomitee tagte ab 1950 alle drei Monate.[226]

Hagers im Januar 1968 gehaltene Rede sei eines von drei Ereignissen gewesen, bei denen sich politische Funktionäre »grundsätzlich« im Rahmen einer »konsequenten Erbepolitik« zur Entwicklung der Denkmalpflege geäußert hätten, resümierte Deiters im Jahr 1982 den Auftritt Hagers.[227] Er qualifizierte Hagers

---

224 BArch, DY 27/8262, Neuordnung des Schutzes und der Pflege der Denkmale der Geschichte und Kultur in der Deutschen Demokratischen Republik, 01.08.1968.
225 Hager, Kurt: 4. Tagung des ZK der SED, Neues Deutschland vom 30.01.1968, S. 1–6, S. 5.
226 Stiftung Archiv der Parteien und Massenorganisationen der DDR im Bundesarchiv: Tagungen des ZK der SED, DY 30, 1946–1989, bearbeitet von Sylvia Gräfe, Berlin 2006, http://www.argus.bstu.bundesarchiv.de/dy30tzk/index.htm (letzter Abruf: 05.10.2021).
227 Zweites Ereignis war der Bericht Honeckers an den VIII. Parteitag 1971, drittes die 6. Baukonferenz 1975.

Äußerungen als »Auftrag, [...] die spezifischen Eigenheiten und Traditionen [Hervorhebung BTD] bei der weiteren Gestaltung der städtischen Umwelt zu nutzen«.[228]

Hager hatte in seinem Bericht an das ZK der SED unter dem Stichpunkt »Ideologische Probleme des Städtebaus und der Architektur« ausgeführt, dass es mehr denn je seit dem VII. Parteitag darum gehe, »mit den Mitteln der Baukunst dazu beizutragen, das Streben der Bürger unseres Staates nach einem kulturvollen Leben in schönen Städten und Dörfern zu fördern, den Stolz auf ihre sozialistische Heimat zu vertiefen und das gewachsene internationale Ansehen unserer Republik weiter zu erhöhen«.[229] Es gehe darum, Mittel konzentriert einzusetzen, um die Zentren der wichtigsten Städte umzugestalten sowie neue Siedlungsschwerpunkte zu entwickeln. Diese »geschlossenen städtebaulichen Ensembles« sollen eine »hohe architektonische Wirksamkeit ausüben und die Vorzüge unserer sozialistischen Ordnung überzeugend widerspiegeln«. Die wissenschaftlich-technische Revolution hebe dabei keineswegs den Unterschied zwischen dem Städtebau in Sozialismus und Kapitalismus auf. Der Städtebau im Westen sei in einer tiefen Krise: »unter den Bedingungen der Herrschaft der Monopole [ist] ein Kulturverfall der Städte nicht aufzuhalten«. Deshalb entstünden die angestrebten städtebaulichen Ensembles in hoher Qualität gerade nicht durch »Kopieren westlicher Vorbilder«. Architektonische Gestaltung, die »die spezifischen Eigenheiten und Traditionen der Städte« berücksichtige, sei »vielmehr nur auf dem Wege einer eigenständigen schöpferischen Arbeit unserer Architekten, einer echten sozialistischen Gemeinschaft erreichbar, die eine kritische Auswertung und Aneignung fortgeschrittenster [sic], internationaler Erkenntnisse einschließt«.

Hagers Bericht zeigt, dass sich die Verantwortlichen in der DDR auch im Bereich Städtebau von den Praktiken in der Bundesrepublik abgrenzen wollten. Dem Wunsch, die Architekturen des Westens zu kopieren, wurde mit dem Argument begegnet, dass selbst dort ansässige Architekten den Städtebau der Bundesrepublik kritisieren würden. Allein eine Gestaltung der Städte und Dörfer, die sich durch »Klarheit, Originalität sowie schöpferische Phantasie« auszeichne, führe zum Erfolg, zu qualitativ neuen Ergebnissen in der architektonischen Gestaltung. Dass dabei auch historische Traditionen und Ortsspezifika berücksichtigt werden sollten, erwähnte Hager lediglich in einem Nebensatz.

Und doch war der Rekurs auf »Traditionen und Eigenheiten« für Deiters 15 Jahre später ausreichend, um Hagers Rede als einen Grundsatztext für die Denkmalpflege in der DDR zu erwähnen.[230] Auf die Denkmalpflege als Akteur im Städtebau und der Architektur ging Hager nicht ein, was wiederum die schwache

---

228 Deiters, Ludwig: Grundlagen und Ziele der Denkmalpflege in der DDR, Berlin 1982, S. 14.
229 Hager, Kurt: 4. Tagung des ZK der SED, Neues Deutschland vom 30.01.1968, S. 1–6, S. 3–6, insbes. der Abschnitt »Ideologische Probleme des Städtebaus und der Architektur«, S. 5.
230 Deiters: Grundlagen und Ziele der Denkmalpflege, 1982, S. 14.

Stellung der Denkmalpflege innerhalb des Bau- und Planungswesens der DDR verdeutlicht. Auch als Hager während seines Berichts vor dem ZK zu »Fragen der Kultur« oder »sozialistischer Erziehung« oder zum »Studium der geschichtlichen Lehren« sprach, thematisierte er die Rolle der Denkmalpflege nicht. Es wäre ihm ein Leichtes gewesen, denkmalpflegerische Aspekte einzubringen, als er davon sprach, dass sich die »Geschichtspropaganda […] harmonisch […] [in die] Erlebniswelt der Werktätigen, der Geschichte ihres Betriebes, ihrer Genossenschaft, ihres Ortes« einfügen müsse. Auch als Hager konstatierte, die sich entfaltende sozialistische Nationalkultur sei zu einem bedeutenden Faktor des Kampfes gegen die imperialistische Reaktion und Unkultur in Westdeutschland geworden (und damit sogar schon teilweise dem Wortlaut des Art. 18 der neuen Verfassung vorgriff, die im April 1968 verabschiedet werden würde), erwähnte er die Denkmalpflege nicht. Umgekehrt ist interessant, dass Deiters die Äußerungen Hagers zum Städtebau aufgriff, um sie mit der Denkmalpflege in Verbindung zu bringen und eben nicht an die Äußerungen zur Kunst, Kultur oder Geschichtswissenschaft anknüpfte. So konnte Deiters gegenüber den Verantwortlichen im Bauwesen immer auf die Äußerungen Hagers rekurrieren, um der Denkmalpflege mehr Gewicht zu verschaffen. Der Städtebau wurde von Hager positiv dargestellt und vor allem im Vergleich zur Bundesrepublik als progressiv. Die Gesellschaftswissenschaftler (darunter auch Historiker) hingegen wurden von Hager kritisiert, einige von ihnen seien »zurückgeblieben bzw. haben sich nicht weiterentwickelt«.[231] Es ist leicht einzusehen, warum Deiters sich bei dieser Kritik nicht der thematisch ebenfalls nahen Geschichtswissenschaft zuordnete.

Die Arbeitsgruppe machte sich Hagers Äußerungen in abgewandelter Form für ihre denkmalfreundliche Argumentation zunutze. Sie betonte im »Neuordnungs-Papier«, dass Denkmale dazu beitragen könnten, wie von Hager gefordert, Städte mitzugestalten. Tatsächlich hatte Hager sich zur Neugestaltung der Stadtzentren durch neue Bebauung wie folgt geäußert:

> »Wir brauchen für die überzeugende und eindrucksvolle Gestaltung unserer Stadtzentren, ländlichen Siedlungsschwerpunkte und Erholungszentren kühne und originelle städtebauliche und architektonische Lösungen, um der Monotonie und dem Schematismus entgegenzuwirken. Nicht das Fehlen materieller Möglichkeiten hindert gegenwärtig, auf diesem Wege schneller voranzukommen, sondern vielmehr die Tatsache, daß die durchaus vorhandenen Gegebenheiten dafür noch unzureichend genutzt werden.«

Im »Neuordnungs-Papier« interpretierten die Denkmalpfleger Denkmale mit Bezug auf Hagers Referat als »höchst wertvolle Gegebenheiten«.[232] Es ist fraglich, ob

---

231 Hager: 4. Tagung des ZK der SED, ND vom 30.01.1968, S. 4.
232 BArch, DY 27/8262, Neuordnung des Schutzes und der Pflege der Denkmale der Geschichte und Kultur in der Deutschen Demokratischen Republik, 01.08.1968.

Hager in diesem Zusammenhang, in dem es um neue Architekturen ging, wirklich an Denkmale als »Gegebenheiten« dachte. Die Episode verdeutlicht, dass sich Denkmalpfleger Argumentationen, die auf Städtebau gemünzt waren, zu eigen machten, um anschlussfähig zu sein. Denkmalpflege wurde bei der Kultur- und Baupolitik häufig nicht ausdrücklich mitgedacht. Dies verschaffte den Denkmalpflegern umgekehrt die Freiheit, sich – je nach Anliegen – eher dort oder da zuzuordnen.

3.4.2 Die Pflege des Kulturerbes erhält Verfassungsrang

Das kulturpolitische Klima für die Pflege nicht allein der Denkmale, sondern des kulturellen Erbes im Allgemeinen war seit dem VII. Parteitag mild. Neben dem Staatsratsbeschluss vom 30. November 1967 verbriefte auch die neue Verfassung vom April 1968 den Schutz und die Pflege des nationalen Kulturerbes. Die Verfassung ersetzte jene von 1949, die noch die Weimarer Reichsverfassung zum Vorbild hatte, und umfasste 108 gänzlich neue Artikel. Die ersten 18 Artikel widmeten sich den »Grundlagen der sozialistischen Gesellschafts- und Staatsordnung«. Artikel 18 räumte dem Schutz der sozialistischen Nationalkultur Verfassungsrang ein. Er legte fest, dass die sozialistische Gesellschaft alle humanistischen Werte des nationalen Kulturerbes pflege. In drei Absätzen wurde bestimmt, dass Kunst und Kultur, darunter auch Sport und Tourismus, gefördert werden sollten.

»Artikel 18
(1) Die sozialistische Nationalkultur gehört zu den Grundlagen der sozialistischen Gesellschaft. Die Deutsche Demokratische Republik fördert und schützt die sozialistische Kultur, die dem Frieden, dem Humanismus und der Entwicklung der sozialistischen Menschengemeinschaft dient. Sie bekämpft die imperialistische Unkultur, die der psychologischen Kriegsführung und der Herabwürdigung des Menschen dient. Die sozialistische Gesellschaft fördert das kulturvolle Leben der Werktätigen, pflegt alle humanistischen Werte des nationalen Kulturerbes und der Weltkultur und entwickelt die sozialistische Nationalkultur als Sache des ganzen Volkes.
(2) Die Förderung der Künste, die künstlerischen Interessen und Fähigkeiten aller Werktätigen und die Verbreitung künstlerischer Werke und Leistungen sind Obliegenheiten des Staates und aller gesellschaftlichen Kräfte. Das künstlerische Schaffen beruht auf einer engen Verbindung der Kulturschaffenden mit dem Leben des Volkes.
(3) Körperkultur, Sport und Touristik als Elemente der sozialistischen Kultur dienen der allseitigen körperlichen und geistigen Entwicklung der Bürger.«

Der Artikel 18 wurde ab 1968 von Denkmalpflegern herangezogen, wenn es darum ging, den denkmalpflegerischen Forderungen Nachdruck zu verleihen. Schon während des Entstehungsprozesses der Verfassung wies Nadler darauf hin, dass der neue Artikel 18 den Willen der Staatsführung zum Ausdruck bringe, »die überlieferten Werte von Kultur und Geschichte unseres Volkes zu bewahren und sie als breite Basis in den Prozeß der Bildung, Erziehung und Erholung einzubeziehen«.[233] Auf dieses Bekenntnis des verfassungsgebenden Gesetzgebers legten die Denkmalpfleger zukünftig die politischen Entscheidungs- und Verantwortungsträger fest. Sie forderten, die Verfassungsbestimmung einzuhalten, und bezogen sich in Reden und offiziellen Schreiben auf die neue Norm. Auch das »Neuordnungs-Papier« wurde mit Hinweis auf Artikel 18 eingeleitet.[234] Immer wieder finden sich so oder ähnlich klingende Referenzen auf die Verfassung, wie die folgende, ebenfalls von Nadler: »Der historische, wissenschaftliche oder künstlerische Wert des Denkmals und die kulturpolitische Notwendigkeit, diesen in den Aufbau unserer sozialistischen Kultur einzubeziehen, ist in der Verfassung der DDR im Artikel 18 Ziffer 1 […] festgelegt.«[235] Die in der Verfassung angesprochene Förderung der sozialistischen Nationalkultur sollte vor allem durch

>»die Pflege, Weiterentwicklung und den Schutz des humanistischen Erbes des deutschen Volkes und anderer Völker ebenso wie die Verbindung mit den Kulturen der sozialistischen Länder – vor allem der Kultur der Sowjetunion – und mit den humanistischen Kulturleistungen aller Völker«[236]

gewährleistet werden. Mit der neuen Vorschrift setzte sich die DDR von der bundesrepublikanischen Verfassung ab. Im Grundgesetz fand und findet sich keine Bestimmung, die den Denkmalschutz als Staatsziel ausweist. Das liegt weniger an fehlender Wertschätzung des Denkmalschutzes,[237] sondern vor allem daran, dass im föderalen System der Bundesrepublik die Länder für Denkmalschutz zuständig waren und sind. Daher enthalten einige Länderverfassungen ausdrückliche Regelungen zum Denkmalschutz, die über die Gewährleistung der allgemeinen Kunstfreiheit hinausgehen: Insbesondere die südlichen Bundesländer hatten sich bei ihren nach dem Zweiten Weltkrieg verabschiedeten Verfassungen dazu entschieden, Denkmalschutz als Staatszielbestimmung aufzunehmen.[238] Die Verfassungen der nördlichen Bundesländer sowie die Verfassung (West-)Berlins von

---

233 BArch, DY 27/4421, Beratungen des Zentralen Fachausschusses Denkmalpflege, 07.03.1968.
234 Siehe S. 91.
235 BArch, DY 27/8262, Hans Nadlers Beitrag für die Diskussion Architektur und Städtebau im Präsidialrat des Deutschen Kulturbundes, Denkmalpflege im Städtebau, S. 4, 19.08.1968.
236 Sorgenicht/Weichelt/Riemann u. a.: Verfassung, 1969, Art. 18, S. 411.
237 Guckelberger, Annette: Die »richtige« Ausbalancierung von Denkmalschutz und Eigentum – eine fast unendliche Geschichte, in: Deutsches Nationalkomitee für Denkmalschutz (Hg.): Quo Vadis Denkmalrecht? Kulturerbe zwischen Pflege und Recht, Berlin 2017, S. 37–65, S. 38.
238 In den 1968 geltenden Fassungen hatten Bayern in Art. 141 Abs. 1 S. 1 LVerf (GVBl. 1946, S. 333), Hessen in Art. 62 LVerf (GVBl. 1946, S. 229), Nordrhein-Westfalen in Art. 18 Abs. 2 LVerf (GVBl. 1950, S. 127), Rheinland-Pfalz in Art. 40 Abs. 3 LVerf (GVBl. 1947, S. 209) sowie das Saarland in Art. 34 Abs. 2 LVerf (ABl. 1947, S. 1077) den Schutz und die Pflege der Denkmäler aufgenommen. Die exemplarische Formulierung Hessens lautete: »Die Denkmäler der Kunst, der Geschichte und Kultur sowie die Landschaft genießen den Schutz und die Pflege des Staates und der Gemeinden.«

1950 ebenso die ursprüngliche Fassung der Verfassung von Baden-Württemberg nahmen Denkmalschutz hingegen nicht auf.[239]

Auch die Denkmalpfleger in der Bundesrepublik empfanden es als vorteilhaft, wenn Denkmalschutz (Landes-)Verfassungsrang hatte. Beim ersten Treffen der Denkmalpfleger aus Ost und West nach der Wiedervereinigung im Jahr 1990 auf der Wartburg wurde daher gemeinsam in den dort verfassten, sogenannten Wartburg-Thesen gefordert, dass die neuen Bundesländer Denkmalschutz in ihre Verfassungen aufnehmen sollten.[240] Die Denkmalpfleger bezogen sich dabei allerdings nicht auf die Vorschrift aus der DDR-Verfassung, sondern auf die erwähnten Verfassungen westdeutscher Bundesländer sowie auf Art. 150 Weimarer Reichsverfassung (WRV), welcher den Schutz von Denkmalen ebenfalls ausdrücklich verankert hatte.[241] Auch im Verfassungsentwurf des Runden Tisches vom April 1990, der eine Verfassung für eine demokratische DDR ausarbeitete, erhielt die Pflege des kulturellen Erbes in Artikel 20 Abs. 2 S. 1 ihren Platz.[242] Letztlich haben sich, bis auf Mecklenburg-Vorpommern, alle neuen Bundesländer dazu entschieden, Denkmalschutz in ihren Landesverfassungen zu verankern[243] – und zwar abweichend von den vormals in diesen Bundesländern gültigen Landesverfassungen aus den späten 1940er-Jahren.[244]

---

239 Baden-Württemberg fügte 2000 (GBl. 2000, S. 173) Art. 3 c Abs. 2 in seine Verfassung ein. Dort findet sich Denkmalschutz als Staatszielbestimmung. Niedersachsen, Schleswig-Holstein, Hamburg, Bremen und die Verfassung von 1950 für West-Berlin (GVBl. 1950, S. 433) nahmen und nehmen Denkmalschutz nicht ausdrücklich auf.
240 Landesdenkmalpfleger: Wartburg-Thesen, in: Kunstchronik 43 (1990), S. 145 f., S. 146.
241 Art. 150 Abs. 1 WRV: »Die Denkmäler der Kunst, der Geschichte und der Natur sowie die Landschaft genießen den Schutz und die Pflege des Staates.« Diese Vorschrift wurde, trotzdem die WRV der ersten Verfassung der DDR als Vorbild diente, nicht übernommen.
242 »Das kulturelle Leben sowie die Bewahrung und Vermittlung des kulturellen Erbes werden gefördert.« Dem Verfassungsentwurf des Runden Tisches erwuchs jedoch keine Rechtskraft, stattdessen gilt das bundesrepublikanische Grundgesetz seit der Wiedervereinigung für Gesamtdeutschland.
243 In den heute gültigen Fassungen findet sich Denkmalschutz in den Verfassungen Brandenburgs (Art. 34 Abs. 2), Sachsens (Art. 11 Abs. 3), Sachsen-Anhalts (Art. 36 Abs. 4) und Thüringens (Art. 30 Abs. 2). Dass Mecklenburg-Vorpommern Denkmalschutz nicht ausdrücklich in seiner Verfassung verankert hat, ist nicht verwunderlich: Im Jahr 1990 wurden im Rahmen der »Länderprogramme zum Verwaltungsaufbau in den neuen Ländern« die sogenannten Verwaltungshilfeverträge geschlossen. Die alten Bundesländer gingen dabei Patenschaften mit den neu zu bildenden Bundesländern ein. SH, HH und HB, die Denkmalschutz in ihren Verfassungen nicht verankert hatten, waren die Paten von MV, vgl. BT-Drs. 12/916, S. 11.
244 Länderverfassungen 1946/47, Textausgabe für Brandenburg, Mecklenburg, Sachsen, Sachsen-Anhalt, Thüringen, Berlin 1990. Die Verfassungen von Thüringen und Brandenburg enthielten keine Grundrechte für Bürger. Sachsen-Anhalt regelte in seiner Verfassung vom 10. Januar 1947 die Kunstfreiheit (Art. 13 Abs. 1: »Die Kunst, die Wissenschaft und ihre Lehre sind frei. Die Provinz gewährt ihnen Schutz und nimmt an ihrer Pflege teil.«), ebenso Mecklenburg in seiner Verfassung vom 16.01.1947 (Art. 11: »Die Kunst, die Wissenschaft und ihre Lehre sind frei. Das Land gewährt ihnen Pflege und Schutz.«); auch Sachsen garantierte in seiner Verfassung vom 28. Februar 1947 Kunstfreiheit (Art. 12 Abs. 2: »Die Kunst und die Wissenschaft und ihre Lehre sind frei.«) und regelte die Erschließung der Kulturgüter für die Jugend (Art. 23 Abs. 2: »Ihr [der Ju-

I. Impulse aus der Denkmalpflegerschaft

Als das Denkmalpflegegesetz 1975 verabschiedet wurde, galt zwar die DDR-Verfassung in ihrer überarbeiteten Form aus dem Jahr 1974, Artikel 18 war bei dieser Revision allerdings nur dahingehend verändert worden, dass der Begriff »Menschengemeinschaft« durch »Gesellschaft« ersetzt wurde (Abs. 1 S. 2).[245] Schon der erste Entwurf für die neue Verfassung von 1968 enthielt den Kerngedanken des späteren Art. 18 Abs. 1 S. 4. Der für den Denkmalschutz maßgebliche Rekurs auf die Pflege des kulturellen Erbes ging von Impulsen nach der Volksaussprache im Frühjahr 1968 aus. Bis dahin wurde allerdings bereits seit einem Jahr im Geheimen an der neuen Verfassung gearbeitet.

3.4.2.1 Der (geheime) Weg zur Verfassung

Beim VII. Parteitag vom 17. bis 22. April 1967 hatte Walter Ulbricht festgestellt, dass »die gegenwärtige Verfassung der DDR offenbar nicht mehr den Verhältnissen der sozialistischen Ordnung und dem gegenwärtigen Stand der historischen Entwicklung entspricht«.[246] Nur ein Jahr später, am 9. April 1968, trat die neue Verfassung in Kraft. Zwischen Januar und März 1968 erfolgte darüber hinaus eine sogenannte Volksaussprache über den Verfassungsentwurf, bei der Bürger auf Konferenzen und durch Zuschriften Stellung zum Entwurf nehmen und Änderungswünsche äußern konnten. Den langwierigen Entstehungsprozess des Denkmalpflegegesetzes vor Augen, beeindruckt und verwundert diese schnelle Erarbeitung der umfangreichen Verfassung. Zugleich offenbart sie, unter welchem politischen Druck die Verfassung entstand. In der Bundesrepublik wurde vermutet, dass die Verfassung ursprünglich erst zum 20. Jahrestag der DDR (1969) in Kraft treten sollte, die Verabschiedung durch die Unruhen in der Tschechoslowakei aber beschleunigt wurde.[247] Auch dass die Verfassung mittels einer Volksaussprache diskutiert werden sollte, wurde häufiger mit den Unruhen in Verbindung gebracht. Dies widerlegt allerdings neuere Forschung: Die Etappen auf dem Weg zur neuen Verfassung waren bereits Mitte des Jahres 1967 festgelegt.[248]

---

gend] werden die Kulturstätten und Kulturgüter erschlossen.«). Keine der Verfassungen enthielt allerdings Bezüge zum kulturellen Erbe.
245 § 14 des Gesetzes zur Ergänzung und Änderung der Verfassung der Deutschen Demokratischen Republik vom 7. Oktober 1974, GBl. I 1974, Nr. 47, S. 425. Büchler vermutet, dass hinter dieser Änderung »die Erkenntnis [stand], dass eine klassenlose Gesellschaft noch nicht erreicht war und der seit dem Mauerbau gefestigte Staat Unterschiede und Spannungen in der Gesellschaft benennen und konzeptionell berücksichtigen konnte«; Büchler: Verfassungskultur in der DDR, 2013, S. 216.
246 Ulbricht, Walter: Die sozialistische Staats- und Rechtsordnung in der Deutschen Demokratischen Republik, Das Protokoll des VII. Parteitages der SED, Bd. 1, 1.–3. Beratungstag, Berlin 1967, S. 81–97, S. 91.
247 Müller-Römer, Dietrich: Ulbrichts Grundgesetz. Die sozialistische Verfassung der DDR, Köln 1968 S. 8 f. und S. 22 f.; Mampel: Kommentar Verfassung, 1972, Präambel VI 1. a. E.
248 Bonanni: DDR-Verfassung von 1968, 2005, S. 200 (dort Fn. 49 mit Hinweisen auf die ältere Literatur); Büchler: Verfassungskultur in der DDR, 2013, S. 137.

Am 2. Mai 1967 erklärte Ulbricht vor der Volkskammer, dass die Zeit für eine neue Verfassung gekommen sei; er empfahl der Volkskammer, eine neue Verfassung zu erarbeiten.[249] Die Volkskammer setzte am 1. Dezember 1967 eine Verfassungskommission ein. Diese »Kommission zur Ausarbeitung einer sozialistischen Verfassung« tagte bis zum Inkrafttreten der Verfassung vier Monate später drei Mal.[250] Schon dieses Vorgehen verwundert, scheint es doch kaum möglich, innerhalb von nur vier Monaten eine neue Verfassung zu erarbeiten und eine sich anschließende Volksaussprache zu bewältigen.

Auch zeitgenössische Autoren in der Bundesrepublik mutmaßten, dass es zwischen dem VII. Parteitag und dem offiziellen Beginn der Arbeit der Verfassungskommission im Dezember interne, geheim gehaltene Beratungen über einen Verfassungsentwurf gegeben haben musste.[251] Büchler schlussfolgerte 2013 aufgrund des Arbeitsplanes des ZK sowie des »Maßnahmenplanes der Partei und Regierung zur Durchführung der Beschlüsse des VII. Parteitages für das Jahr 1967«, in denen die Ausarbeitung der Verfassung trotz der Forderung Ulbrichts nicht erwähnt wird, dass die Ausarbeitung eines Entwurfes von »Anfang an geheim geplant war«.[252]

Tatsächlich wurde bei der Sitzung des Politbüros vom 27. Juni 1967 eine Arbeitsgruppe eingerichtet, die einen Verfassungsentwurf erarbeiten sollte. Diese Arbeitsgruppe wurde von Ulbricht selbst geleitet, Sekretär war der diplomierte Staats- und promovierte Politikwissenschaftler Klaus Sorgenicht. Zu diesem Zeitpunkt war er Leiter der Abteilung Staats- und Rechtsfragen des ZK der SED.[253]

---

249 Büchler: Verfassungskultur in der DDR, 2013, S. 133; Hinweise auf eine neue Verfassung soll es seit 1963 gegeben haben, vgl. Mampel: Kommentar Verfassung, 1972, S. 70. Amos: Verfassung 1949, 2006, S. 331 ff., zeigte, dass es bereits ab 1955 Bestrebungen gab, die Verfassung von 1949 zu überarbeiten. Der Staatsrechtler Karl Polak führte dafür drei Gründe an. Kernaussage war, dass die Verfassung von 1949 nicht mehr den tatsächlichen Verhältnissen entspreche. Erstens hätten sich die Rechte der Bürger gewandelt, ihnen stünden auch Pflichten in Bezug auf Staat und Gesellschaft gegenüber. Zweitens sei die Stellung der Volkskammer zu überarbeiten. Sie könne die Kompetenzen des höchsten Machtorganes nicht ausüben. Drittens sei die Aufteilung des Landes in Länder durch die Verwaltungsreform von 1952 überholt (Amos: Verfassung 1949, 2006, S. 333). Im Laufe der Jahre 1955 und 1956 wurde ein Entwurf für eine neue Verfassung erarbeitet. Nach dem XX. Parteitag der KPdSU änderte sich die politische Situation allerdings dahingehend, dass der Zeitpunkt für eine umfassende Verfassungsreform nicht mehr als günstig erachtet wurde. Otto Grotewohl kam zu dem Schluss, dass die Einführung der Wehrpflicht, die ebenfalls in die neue Verfassung eingebracht werden sollte, »sich negativ auf die Stimmung der Bevölkerung« auswirken könne (Amos: Verfassung 1949, 2006, S. 339). Zu den Überlegungen für eine neue Verfassung, die eine »Verfassung sozialistischen Typus« sein sollte, Mitte der 1950er-Jahre vgl. auch Weichert: Kunst und Verfassung, 2019, S. 180 ff.
250 Erste Beratung am 8.12.1967 (BArch, DA 1/4198); Zweite Beratung am 11.1.1968 (BArch, DA 1/4197); Dritte Beratung am 14.03.1968 (BArch, DA 1/4196).
251 Bonanni: DDR-Verfassung von 1968, 2005, Fn. 49 mit Verweis auf die bundesdeutschen Kommentatoren.
252 Büchler: Verfassungskultur in der DDR, 2013, S. 133.
253 Klaus Sorgenicht (1923–1999), 1954–1989 Leiter der Abteilung Staats- und Rechtsfragen des ZK der SED; 1958–März 1990 Abgeordneter der Volkskammer, 1963–1967 Mitglied des Ver-

Diese Abteilung war maßgeblich für die Erarbeitung aller »wichtigen Beschlüsse« verantwortlich.[254] Sorgenicht schlug die Mitglieder der Arbeitsgruppe vor.[255]

Die Arbeitsgruppe kam am 13. Juli 1967 erstmals zusammen.[256] Ulbricht erklärte in dieser Sitzung, dass die Arbeitsgruppe »streng vertraulich« arbeite und den Rohentwurf einer Verfassung konzipieren solle, der dem Politbüro zur Bestätigung vorgelegt würde. Eine neue Verfassung sei »jetzt aus internationalen Gründen, zur Herbeiführung der Anerkennung der DDR als souveräner Staat« nötig.[257] Die Volksaussprache über den Verfassungsentwurf begründete Ulbricht damit, dass die Verfassung »zur Entwicklung des Staatsbewußtseins der Bevölkerung im Inneren der Republik [diene]. Deshalb sind wir für eine umfassende und große Diskussion des Verfassungsentwurfes.«[258] Es war also von Anfang an geplant, das Volk zur Verfassung zu befragen. Dabei ging es vor allem um die Abgrenzung zum

---

fassungs- und Rechtsausschusses, Mestrup, Heinz: »Klaus Sorgenicht«, in: Helmut Müller-Enbergs/Jan Wielgohs/Dieter Hoffmann/Andreas Herbst/Ingrid Kirschey-Feix (Hg.): Wer war wer in der DDR? Ein Lexikon ostdeutscher Biographien, Berlin 2010, https://www.bundesstiftung-auf arbeitung.de/de/recherche/kataloge-datenbanken/biographische-datenbanken/klaus-sorgenicht (letzter Abruf: 05.10.2021).

254 Seiffert, Wolfgang: Entscheidungsstrukturen der SED-Führung – Verknüpfung zwischen Partei und Staat in der DDR, Mittel und Wege der sowjetischen Einflussnahme in den fünfziger Jahren, Vortrag vor der Enquête-Kommission, Protokoll der 25. Sitzung: »Die Machthierarchie der SED«, Band II/1, Baden-Baden 1999, S. 436–445, S. 443. Wolfgang Seiffert (1926–2009) war in den 1960er- und 1970er-Jahren an der Juristischen Fakultät der Berliner Humboldt-Universität tätig, später als ordentlicher Professor für internationales Wirtschaftsrecht und Rechtsvergleichung und Direktor des Instituts für ausländisches Recht und Rechtsvergleichung an der Akademie für Staats- und Rechtswissenschaft der DDR in Potsdam-Babelsberg, darüber hinaus war er Vizepräsident der Gesellschaft für Völkerrecht der DDR. Seiffert ging im Februar 1978 mit Erlaubnis Erich Honeckers an die Universität Kiel; Seiffert: Sowjetische Einflussnahme in den 1950er Jahren, 1999, S. 436 sowie: Herms, Michael: »Wolfgang Seiffert«, in: Müller-Enbergs/Wielgohs/Hoffmann/Herbst/Kirschey-Feix (Hg.): Wer war wer in der DDR? Berlin 2010, https://www.bundes stiftung-aufarbeitung.de/de/recherche/kataloge-datenbanken/biographische-datenbanken/wolf gang-seiffert (letzter Abruf: 05.10.2021).

255 Gerhard Kegel (Jurist), Wolfgang Weichelt (Leiter des Lehrstuhls Verfassungstheorie an der Deutschen Akademie für Staats- und Rechtsfragen »Walter Ulbricht« und Mitarbeiter der Abteilung Staats- und Rechtsfragen des ZK), Gert Egler (Leiter des Instituts für Staatsrecht der DDR an der Deutschen Akademie für Staats- und Rechtswissenschaft »Walter Ulbricht«), Heinz Schmidt (Sektorenleiter in der Abteilung Planung und Finanzen des ZK), Herbert Edeling (Institut für Geschichtswissenschaften), Lothar Oppermann (Leiter der Abteilung Volksbildung des ZK), Dieter Heinze (Stellvertretender Leiter der Abteilung Kultur des ZK), Uwe-Jens Heuer (Leiter des Lehrstuhls für Wirtschaftsrecht am Institut für Sozialistische Wirtschaftsführung Berlin-Rahnsdorf), Hans Voss (Leiter der Abteilung Westdeutschland im Ministerium für Auswärtige Angelegenheiten), Eberhard Poppe (Martin-Luther-Universität Halle), Walter Krutzsch (Wissenschaftlicher Mitarbeiter im Ministerium der Justiz), Hans-Joachim Semler (Kanzlei des Staatsrates); vgl. Bonanni: DDR-Verfassung von 1968, 2005, S. 193, sowie Büchler: Verfassungskultur in der DDR, 2013, S. 134.

256 Büchler: Verfassungskultur in der DDR, 2013, S. 137 mit Verweis auf BArch, DY 20/IV A 2/13/40, Blatt 39–52.

257 Büchler: Verfassungskultur in der DDR, 2013, S. 137.

258 Ebd.

bundesrepublikanischen Grundgesetz, das die Möglichkeit eines Volksentscheides gerade nicht vorsah. Das Grundgesetz galt als »Provisorium«, die Bürger der DDR jedoch sollten mit dem Volksentscheid die Möglichkeit bekommen, sich selbst eine Verfassung zu geben, so ordnet Bonanni die Rolle der Volksaussprache ein. Sie sei »der letzte Schritt einer wohlüberlegten Legitimationsstrategie« gewesen.[259]

3.4.2.2 Rohentwurf der Verfassung vom Oktober 1967

Nach wenigen Monaten leitete Sorgenicht schon am 5. Oktober 1967 einen ersten Rohentwurf der Verfassung an Ulbricht weiter. Es folgten mehrere Überarbeitungen, bei denen Änderungswünsche seitens Ulbrichts und des Politbüros eingearbeitet wurden.[260] Auch die UdSSR war eingebunden. Der Rohentwurf wurde von Leonid Breschnew, dem Ersten Sekretär des Zentralkomitees der KPdSU, durchgesehen und mit Änderungswünschen am 28. November 1967 zurückgesandt. Obwohl die Volkskammer am 1. Dezember 1967 die offizielle Verfassungskommission einsetzte, war der Rohentwurf noch nicht endgültig bestätigt. Am 5. Dezember 1967 wurden noch seitens des Politbüros Änderungen vorgenommen.[261]

Am 8. Dezember 1967 fand die erste Beratung der von der Volkskammer eingesetzten offiziellen Verfassungskommission statt. 40 Vertreter aus Parteien und Massenorganisationen gehörten ihr an. Darunter waren auch Wolfgang Weichelt und Sorgenicht, beide bereits auch Mitglieder der zuvor eingesetzten, nicht öffentlich agierenden Arbeitsgruppe. Um die Verfassungskommission zu unterstützen, wurden sogenannte Sachverständige beigeladen. Unter diesen 22 Juristen und Gesellschaftswissenschaftlern befanden sich indes alle weiteren Mitglieder der Arbeitsgruppe.[262] Alle Akteure, die den Rohentwurf ausgearbeitet hatten, waren also auch an der weiteren Diskussion des Verfassungsentwurfes ab Dezember 1967 beteiligt.

Ulbricht teilte bei der ersten Sitzung den vom Politbüro bestätigten Entwurf der Arbeitsgruppe an die Mitglieder der Kommission aus. Sie hatten den Entwurf vorher nicht gesehen und konnten sich daher nicht zu ihm äußern. Eine Vertagung wurde vereinbart.[263] Der dritte Termin der Kommission war bereits den Ergebnissen der Volksaussprache gewidmet und so blieb nur der zweite Termin am 11. Januar 1968 für eine Diskussion des Rohentwurfes. Bonanni schätzt deshalb den Einfluss der offiziellen Verfassungskommission auf die Entstehung der Verfassung zu Recht als »nicht nennenswert« ein.[264]

---

259 Bonanni: DDR-Verfassung von 1968, 2005, S. 201 f.
260 Ebd., S. 194.
261 Büchler: Verfassungskultur in der DDR, 2013, S. 140 f.
262 Bonanni: DDR-Verfassung von 1968, 2005, S. 195, Fn. 26 (Namen aller Mitglieder der Verfassungskommission), S. 196, Fn. 27 (Namen aller 22 Sachverständigen).
263 BArch, DA 1/4198, Blatt 24, Stenografische Niederschrift, 1. Beratung der Kommission zur Ausarbeitung einer sozialistischen Verfassung, S. 23, 08.12.1967.
264 Bonanni: DDR-Verfassung von 1968, 2005, S. 204.

I. Impulse aus der Denkmalpflegerschaft 87

In dem Rohentwurf der Arbeitsgruppe, welcher der Verfassungskommission ausgehändigt wurde, war bereits der spätere Artikel 18, dort noch Artikel 17, mit seinen Kerngedanken enthalten. Das zweite Kapitel (Ökonomische Grundlagen, Wissenschaft und Kultur) verantworteten Heinz Schmidt, Uwe-Jens Heuer und Lothar Oppermann.[265]

Satz 4 des späteren Artikels 18 hieß im Rohentwurf: »Die sozialistische Gesellschaft fördert das kulturvolle Leben der Werktätigen, pflegt alle humanistischen Werte der Weltkultur und entwickelt die sozialistische Nationalkultur als Sache des ganzen Volkes.«[266] Es fehlt in dieser Fassung der Hinweis auf das »nationale Kulturerbe«, auf den die Denkmalpfleger später so oft rekurrierten. Diese für den Denkmalschutz maßgebliche Änderung des Rohentwurfes ging von einem Impuls durch die Volksaussprache aus. Bonannis Einschätzung, die Volksaussprache habe durchaus Einfluss auf den Verfassungstext gehabt und sei von vielen Bürgern als Gelegenheit wahrgenommen worden, Kritik zu üben und sich einzubringen,[267] kann mithin für die den Denkmalschutz betreffende Passage bestätigt werden.

Ab 31. Januar 1968 erfolgte die Volksaussprache über den Verfassungsentwurf. Diese Volksaussprache fand im persönlichen Gespräch mit den Bürgern bei eigens dafür einberufenen Konferenzen statt. Zusätzlich wurden auch schriftliche Änderungsvorschläge und -wünsche entgegengenommen. Die Verfassungskommission hatte bis zum 26. März 1968 Zeit, die 12 454 eingesandten Zuschriften von Bürgern sowie die Anregungen, die sie auf den 232 Bürgerkonferenzen bekommen hatte, zu verarbeiten. Gegenüber dem ursprünglichen Entwurf enthielt die endgültige Fassung (nur) 118 Änderungen, die die Präambel und 55 der 108 Artikel betrafen.[268]

Insgesamt wurden bis Anfang März 40 Änderungsvorschläge zu Artikel 17 unterbreitet.[269] Fünf dieser Vorschläge betrafen konkret die Denkmalpflege: »Denkmalschutz und -pflege bzw. Förderung des Laienschaffens [sollten] besonders« hervorgehoben werden.[270] Diesen Vorschlag, Denkmalschutz ausdrücklich zu er-

---

265 Ebd., S. 194. Schmidt war Sektorenleiter in der Abteilung Planung und Finanzen des ZK, Heuer war Professor für Wirtschaftsrecht am Institut für Sozialistische Wirtschaftsführung Berlin-Rahnsdorf und Oppermann Leiter der Abteilung Volksbildung des ZK; Bonanni: DDR-Verfassung von 1968, 2005, S. 193.
266 BArch, DA 1/4198, Blatt 39, Entwurf: Verfassung der Deutschen Demokratischen Republik, Art. 16/Art. 17, Januar 1968.
267 Bonanni: DDR-Verfassung von 1968, 2005, S. 199, attestiert deshalb mit etwas überraschtem Unterton einigen Bürgern die »Fähigkeit […] auch begrenzte demokratische Spielräume wirksam für sich in Anspruch zu nehmen«. Treffender wäre wohl, von »Möglichkeit« statt von »Fähigkeit« zu sprechen.
268 Mampel: Kommentar Verfassung, 1972, Präambel VI 1.
269 BArch, DA 1/4192, Statistiken, Gliederung der Vorschläge nach Artikeln des Verfassungsentwurfes.
270 BArch, DA 1/4221, Blatt 30 f., Artikel 17 Änderungsvorschläge, nicht berücksichtigte Änderungen. Sieben Vorschläge bezogen sich auch darauf, die »völlige Freiheit für die Kunst und freie Entfaltung der Kulturschaffenden aufzunehmen«. Diese Vorschläge wurden ebenfalls nicht berücksichtigt.

wähnen, lehnte die Verfassungskommission allerdings (ohne Begründung) ab.[271] Stattdessen wurde auf der dritten Beratung der Kommission am 14. März 1968 angeregt, sowohl den ersten Satz neu zu formulieren[272] als auch sich dem Bericht des Sekretariats der Kommission vom 12. März 1968 anzuschließen und »nationales Erbe« bzw. »nationales Kulturerbe« einzufügen.[273]

Der Hinweis auf das nationale Kulturerbe im endgültigen Artikel 18 ist folglich Ergebnis der Anregungen aus der Volksaussprache.

3.4.2.3 Bedeutung der neuen Vorschrift

Die Bedeutung der neuen Verfassung wurde aus rechtlicher Sicht unterschiedlich beurteilt, was vor allem mit den differierenden Auffassungen zur Rolle von Verfassungen in Ost und West zusammenhing. Das Verfassungsverständnis in der DDR war eklatant anders als dasjenige, welches damals und heute in der Bundesrepublik vorherrscht(e).

Wesensmerkmal des sozialistischen Rechts ist seine Veränderbarkeit. Im Lehrbuch zur marxistisch-leninistischen Staats- und Rechtstheorie heißt es, es entspreche dem Wesen des Rechts:

»ohne Stillstand, im Sinne des Aufbaus des Kommunismus gesellschaftlich verändernd zu wirken, das Neue gegen das Alte durchsetzend und schützend. Das sozialistische Recht ist nicht statisch, sondern dynamisch. Die Gesellschaft mit verändernd, unterliegt es selbst ständiger Veränderung.«[274]

In diesem Sinne ist die Verfassung im Sozialismus im Unterschied zum bundesrepublikanischen Grundgesetz ein dynamisches Dokument. Sie muss sich geradezu verändern, weil sich auch die Gesellschaft immerfort verändert, auf dem Weg hin zum Kommunismus. Sie beschreibt mithin immer nur einen Status quo. Ihre Veränderung und Anpassung sind angelegt und folglich kein Zeichen von inhärenter Schwäche oder Überholtheit. Dass eine Verfassung nicht der Gesellschaft

---

271 BArch, DA 1/4221, Blatt 30f., Artikel 17 Änderungsvorschläge, nicht berücksichtigte Änderungen.
272 BArch, DA 1/4196, Blatt 64, Sorgenicht: Statt »Die Deutsche Demokratische Republik fördert und schützt die sozialistische Kultur, die dem Frieden, dem Humanismus und der Entwicklung der sozialistischen Menschengemeinschaft dient [...]« schlug Sorgenicht vor, es solle heißen: »Die sozialistische Nationalkultur ist eine der Grundlagen der sozialistischen Gesellschaft.« In der letzten Fassung wird der erste Satz nicht ersetzt, sondern rückt durch den neu eingefügten Satz an die zweite Stelle.
273 BArch, DA 1/4194, Bericht des Sekretariats der Kommission vom 12.03.1968. In diesem Bericht heißt es »nationales Kulturerbe«. Sorgenicht spricht sich zwei Tage später für die Formulierung »nationales Erbe« aus (BArch, DA 1/4196, Dritte Beratung der Kommission, 14.03.1968). In der endgültigen Fassung heißt es »nationales Kulturerbe«.
274 Institut für Theorie des Staates und des Rechts der Akademie der Wissenschaften der DDR (Hg.): Marxistisch-leninistische Staats- und Rechtstheorie. Lehrbuch, Band 1: Wesen, Aufgaben, Funktionen und Mechanismen des sozialistischen Staates, Potsdam-Babelsberg/Berlin 1975, S. 337.

entspricht, zeigt vielmehr, dass sich die Gesellschaft bereits weiterentwickelt hat. Dass die Verfassung mithin an die Lebenswirklichkeit angepasst wird und sich nicht etwa umgekehrt die Lebenswirklichkeit an die Verfassung angleicht, ist ein typisches Merkmal des Verfassungsverständnisses in der DDR.[275] Es ging auf Karl Marx zurück.

In seiner Kritik der Hegel'schen Rechtsphilosophie setzte sich Marx mit dem Verfassungsverständnis Hegels auseinander. Dabei nahm er Anstoß am Verhältnis der Verfassung zur gesetzgebenden Gewalt. Hegel beschrieb diese Gewalt zwar als Teil der Verfassung. Dabei sei die Verfassung der gesetzgebenden Gewalt allerdings vorausgesetzt. Die gesetzgebende Gewalt könne auch nicht direkt über die Verfassung bestimmen, sondern verändere sie nur indirekt. Die Verfassung müsse nach Hegel »der feste geltende Boden sein, auf dem die gesetzgebende Gewalt steht«; die Veränderung der Verfassung sei bei Hegel eine unscheinbare, die »nicht die Form der Veränderung hat«.[276]

Hegel formulierte laut Marx damit einen Widerspruch, den er auch nicht aufhebe oder löse, sondern vielmehr in einen anderen Widerspruch umwandle: »Er hat das Wirken der gesetzgebenden Gewalt, ihr verfassungsmäßiges Wirken in Widerspruch gestellt mit ihrer verfassungsmäßigen Bestimmung. Es bleibt der Gegensatz zwischen der Verfassung und der gesetzgebenden Gewalt.«[277] Die Verfassung würde auch in Hegels Verständnis von der Wirklichkeit geformt. Obwohl sie ihrer Bestimmung nach unveränderlich ist, ändere sie sich dennoch: »Der Schein widerspricht dem Wesen.«[278] Die Veränderung erfolge dabei nicht bewusst, sondern aus einer Naturgegebenheit heraus, eben weil sich die Verfassung zwangsläufig ändere und nicht statisch sein könne, so Marx. Er fragte, ob dieser Zustand nun das »Wahre« sein könne, dass eben die Verfassung nicht bewusst, sondern vielmehr unbewusst ständig verändert würde, obwohl sie eigentlich unveränderbar sein solle. Werde die Verfassung nicht bewusst verändert, so führe das, wie die Geschichte zeige, zur Revolte: Wenn sich die Bedürfnisse der Bürger ändern, ihre Verfassungen jedoch nicht, so zeige die Geschichte, dass es »zu der neuen Verfassung […] immer einer förmlichen Revolution bedurf[e]«.[279] Marx schlug daher vor, die Verfassung ständig und bewusst durch das Volk verändern zu lassen:

---

275 So auch Büchler: Verfassungskultur in der DDR, 2013, S. 47 f.
276 Hegel zitiert nach Marx, Karl, Zur Kritik der Hegelschen Rechtsphilosophie, in: Werke, Band 1, Berlin 1976, S. 258.
277 Ebd.
278 Ebd.
279 Ebd., S. 259.

»Damit der Verfassung nicht nur die Veränderung angetan wird, damit also dieser illusorische Schein nicht zuletzt gewaltsam zertrümmert wird, damit der Mensch mit Bewußtsein tut, was er sonst ohne Bewußtsein durch die Natur der Sache gezwungen wird zu tun, ist es notwendig, daß die Bewegung der Verfassung, daß der Fortschritt zum Prinzip der Verfassung gemacht wird, da also der wirkliche Träger der Verfassung, das Volk, zum Prinzip der Verfassung gemacht wird. Der Fortschritt selbst ist dann die Verfassung.«[280]

In der Bundesrepublik wurde und wird davon ausgegangen, dass die Verfassung immerwährende Werte und Prinzipien gesellschaftlichen Zusammenlebens enthält. Sie sind Fundament des Staates und der Gesellschaft. Verfassungsänderungen in der Bundesrepublik bedürfen einer Zweidrittelmehrheit in Bundestag und Bundesrat (vgl. Art. 79 Abs. 2 GG). Schon diese hohen Hürden zeigen, dass die bundesrepublikanische Verfassung nicht darauf angelegt ist, geändert zu werden. Verfassungsändernde Gesetze sind daher selten. So wurden in den 27 Jahren zwischen 1990 und 2017 nur 26 Gesetze erlassen, die sich auf das Grundgesetz auswirkten.[281] Mit diesem Verständnis sozialisiert, ist die Kritik an der Verfassung der DDR, die von bundesrepublikanischen Staatsrechtlern geäußert wurde, nachvollziehbar und verwundert wenig.

Gottfried Zieger schrieb 1969, die neue Verfassung beschränke sich darauf, den immer schärfer in Erscheinung getretenen Widerspruch zwischen Verfassungstext und Verfassungswirklichkeit in wesentlichen Punkten zu beseitigen; das relativiere von vornherein ihre aktuelle Bedeutung.[282] Die Verfassung bringe nichts wesentlich Neues und solle lediglich »der Konsolidierung des Status quo« dienen. Sie lasse sich, so Zieger weiter, mit einer Bestandsaufnahme der seit Gründung der DDR veränderten Verfassungswirklichkeit vergleichen; für die deutsche Verfassungsgeschichte ergebe das den neuen Typ einer »auf Berichtigung angelegten Verfassung«.[283] Auch Müller-Römer hob in seiner Bewertung die »konsolidierende Funktion« der Verfassung hervor.[284]

Doch auch in der neueren Literatur wird die Angleichung von Recht und Lebenswirklichkeit durch die Verfassungsänderung aus dem bundesrepublikanischen Verfassungsverständnis heraus beurteilt. Brunner spricht von einer »längst überfälligen ideologisch-verfassungspolitischen Flurbereinigung, indem das

---

280 Ebd.
281 Bundestag, Deutscher (Hg.): Datenhandbuch Bundestag Onlineausgabe 1990–2013, https://www.bundestag.de/datenhandbuch (letzter Abruf: 05.10.2021), Kap. 13.1. (jeweils sechs in der 12. und in der 16. Wahlperiode; fünf in der 14. WP; vier in der 13. WP; drei in der 18. WP; zwei in der 17. WP und keines in der 15. WP).
282 Zieger: Staatsgewalt in der Verfassung der DDR, 1969, S. 189.
283 Ebd., S. 217.
284 Müller-Römer, Dietrich: Die Entwicklung des Verfassungsrechts in der DDR seit 1949, in: Archiv des öffentlichen Rechts 95 (1970), S. 528–567, S. 566.

obsolete formelle Verfassungsrecht dem einfachgesetzlichen materiellen Verfassungsrecht und teilweise auch der Verfassungswirklichkeit angeglichen wurde«.[285]

Ungeachtet der von der Systemkonkurrenz geprägten oder sich aus bundesrepublikanischer Rechtstradition ableitenden rechtlichen Einschätzung, bot die neue Verfassung mit Artikel 18 für die Denkmalpfleger einen wichtigen Anknüpfungspunkt. Der Verfassungsauftrag strahlte mit hoher Symbolkraft in die Bevölkerung hinein. Die Pflege des humanistischen Kulturerbes wurde dem Staat aufgetragen. Allein der Umstand, dass die Pflege des kulturellen Erbes in die Verfassung aufgenommen wurde, deutet auf ein kulturpolitisches Klima hin, in dem es möglich war, Denkmalpflege Gehör zu verschaffen und sie – anders als in den Jahren zuvor – ausdrücklich mitzudenken. Denkmalpfleger konnten sich ohne Schwierigkeiten unter die Verfassungsnorm subsumieren und aus ihr sowohl einen Auftrag ableiten als auch politische Entscheidungsträger mit Hinweis auf die Verfassung für mindestens Bekenntnisse, wenn nicht Leistungen, in die Pflicht nehmen.

Das ausgearbeitete »Neuordnungs-Papier« vom August 1968 nahm, wie schon erwähnt, sogleich Bezug auf den wenige Monate zuvor in Kraft getretenen neuen Verfassungsartikel.

3.4.3 Inhalt des »Neuordnungs-Papieres«

Die von Kulturminister Gysi eingesetzte Arbeitsgruppe formulierte »grundsätzliche« Überlegungen zur Rolle der Denkmalpflege in der sozialistischen Gesellschaft, zur Aufgabe von Denkmalen und Denkmalpflege.[286] Abgeleitet aus Artikel 18 der neuen Verfassung zeige sich, dass Denkmalen als »Zeugen der Kämpfe der unterdrückten Klassen und der bedeutenden geschichtlichen Ereignisse und als den Zeugnissen der schöpferischen Kräfte der Werktätigen auf den Gebieten der Kunst, der Architektur und der Technik eine wesentliche Bedeutung« zukomme. Der Denkmalbestand werde kontinuierlich bereichert durch die »Schöpferkraft der Werktätigen«, umgekehrt dezimiere er sich durch »Verschleiß, Alterung, Verständnislosigkeit und Zerstörung«. Schutz und Pflege der Denkmale seien »Mittel für die sozialistische Erziehung und Bildung«, weil durch Denkmale die »ästhetische Urteilsfähigkeit« gefördert werde. Darüber hinaus förderten »sozialistische Denkmalpflege und der Denkmalschutz [...] die Liebe der Staatsbürger zur Heimat, ihre Achtsamkeit gegenüber den Werten der Kultur, entwickeln ihr Schönheitsempfinden und festigen ihr Staatsbewusstsein«. Denkmale seien ein »Kulturerlebnis« und zögen Besucher aus den »sozialistischen Staaten, den jungen Nationalstaaten und aus der kapitalistischen Welt« an. Die planmäßige Pflege der Denkmale und ihre wirtschaftliche Erschließung höben daher das Ansehen der DDR in der Welt.

---

285 Brunner: Staatsrecht der DDR, 2003, § 11 Rn. 10.
286 BArch, DY 27/8262, Neuordnung des Schutzes und der Pflege der Denkmale der Geschichte und Kultur in der Deutschen Demokratischen Republik, 01.08.1968.

Um diese grundsätzlichen Ideen zur möglichen Rolle der Denkmalpflege und der Denkmale in der Gesellschaft zu verwirklichen, wurden (mit Bezug auf das Referat Hagers vom Januar 1968)[287] konkrete Vorschläge unterbreitet. Denkmale müssten in die »Neugestaltung sozialistischer Städte, Dörfer und Erholungsgebiete als ›spezifische Eigenheiten und Traditionen‹« einbezogen werden, denn Denkmale seien »höchst wertvolle ›Gegebenheiten‹«, die »noch unzureichend genutzt werden, ›um der Monotonie und dem Schematismus entgegenzuwirken‹«.

Im Papier wurde herausgestellt, wie wichtig es für den Erhalt von Denkmalen sei, dass sie gebraucht werden, und zwar »nicht nur für kulturelle Zwecke«. Vielmehr sollten »möglichst viele von ihnen als Gaststätten, Heime und Herbergen, als Dorfzentren, Schulen, Kindergärten und Verwaltungsgebäude« genutzt werden. Insbesondere in historischen Bürgerhäusern könnten »durch Veränderung des Innenausbaus und Beseitigung der Hofverbauung moderne Wohnungen entstehen«. Dieser Vorschlag stand in engem Zusammenhang mit der Rolle der Denkmale beim Aufbau sozialistischer Städte. Nur wenn eine der Gesellschaft nutzende Verwendung gefunden werden konnte, war es möglich, Objekte zu erhalten. Auch die Anziehungskraft der Denkmale im internationalen Reiseverkehr wurde als Mittel, Deviseneinnahmen zu erzielen, erwähnt. Die Zahlen aus Anlage 1 des »Neuordnungs-Papieres« belegten, dass der Gesamtumsatz im weltweiten Reiseverkehr im Jahr 1964 zehn Milliarden Dollar überstiegen hatte.

»Altsubstanz« ohne Denkmalwert sei von »wertvoller historischer Substanz«, die erhaltenswert sei, zu unterscheiden.[288] Die Feststellung über die Denkmaleigenschaft sollten zukünftig die örtlichen Staatsorgane vornehmen. Die Räte der Bezirke und der Kreise sollten Schwerpunkte der Denkmalpflege auf ihrem Territorium festlegen. Denkmale von besonderer nationaler Bedeutung, wie sie in Anlage 2 aufgeführt waren, ragten aus dem Denkmalbestand heraus. Diese Liste werde vom Minister für Kultur in Absprache mit den örtlich zuständigen Organen erarbeitet. Die Liste in der Anlage enthielt ca. 200 Objekte.

Nach diesen »Grundsätzen« der Denkmalpflege wurden in dem »Neuordnungs-Papier« die staatlichen Aufgaben beschrieben. Das Ministerium für Kultur erarbeite die kulturpolitischen Konzeptionen und grundsätzlichen Regelungen auf dem Gebiet der Denkmalpflege. Es unterstütze und kontrolliere die Räte der Bezirke bei der Umsetzung ihrer Aufgaben im denkmalpflegerischen Bereich. Das MfK leite sowohl das Institut für Denkmalpflege als auch die (noch zu gründenden) Spezialbetriebe für Denkmalpflege an. Für die Denkmale von besonderer nationaler Bedeutung trage das MfK eine spezielle Verantwortung. Dazu gehörten auch die großen staatlichen Kunstsammlungen.

---

287 Siehe S. 77.
288 BArch, DY 27/8262, Neuordnung des Schutzes und der Pflege der Denkmale der Geschichte und Kultur in der Deutschen Demokratischen Republik, S. 5, 01.08.1968.

I. Impulse aus der Denkmalpflegerschaft

Die Räte der Bezirke sowie der Kreise würden zukünftig die Denkmalerklärungen durchführen. Dabei obliege den Räten der Bezirke die Kontrolle über den Schutz der Denkmale von nationaler Bedeutung in ihrem jeweiligen Bezirk, den Räten der Kreise die Kontrolle über die Denkmale des jeweiligen Kreises. Die jeweils höhere Ebene war der jeweils unteren zu Hilfe verpflichtet, übte aber auch die Kontrolle aus. In letzter Instanz sollten die örtlichen Räte der Städte und Gemeinden mit den Rechtsträgern, Verfügungsberechtigten und Eigentümern die Feststellung der Denkmale abstimmen. Die Denkmale sollten in die jeweiligen Bezirks-, Kreis- und örtlichen Entwicklungspläne einbezogen werden.

Der Entwurf zur Neuordnung sah auch vor, das institutionelle Netz der Denkmalpflege zu erweitern. Ein »zentralgeleiteter Spezialbetrieb für Denkmalpflege« sollte durch das MfK angeleitet werden. Es wurde vorgeschlagen, innerhalb der Abteilung Kultur bei den Räten der Bezirke die Denkmalpflege zu stärken und etwa – wie bereits in Neubrandenburg vorhanden – flächendeckend Bezirksinspektoren für die Denkmalpflege eingesetzt werden sollten. Der bereits 1964 in Bad Saarow sowie später vom Kulturbund mit Nachdruck geforderte Denkmalrat[289] wurde im Rahmen der »Neuordnung« erneut vorgeschlagen. Diesen Rat würde der Kulturminister berufen.

Auch sollte eine »Gesellschaft für Denkmalpflege« beim Deutschen Kulturbund ins Leben gerufen werden, »wie sie in der Sowjetunion schon seit längerer Zeit mit großem Erfolg arbeitet«. Damit griff die »Neuordnung« eine Idee auf, die bereits im Juli 1966 aufgekommen war: Damals schlug die Ministeriumsmitarbeiterin Sonja Wüsten vor, für eine bessere Organisation der ehrenamtlichen Mitwirkung eine »Vertretung im Deutschen Kulturbund zu schaffen, etwa eine Gesellschaft für Denkmalpflege«.[290] In dem »Neuordnungs-Papier« hieß es nun zwei Jahre später, diese Gesellschaft solle die Räte der Bezirke und Kreise bei deren Arbeiten unterstützen und dazu beitragen, »neue Kräfte« für die Denkmalpflege zu gewinnen, »vor allem Kräfte, die zu den Schrittmachern der sozialistischen Gesellschaft gehören«.[291] Denkmalpflege solle Kenntnisse über Geschichts- und Kulturdenkmale verbreiten, Denkmale popularisieren und »zum Verständnis des Kampfes und Sieges der Arbeiterklasse« beitragen. Breitere Bevölkerungsschichten sollten zur aktiven Teilnahme gewonnen werden und umfassende Aufgaben wahrnehmen. So sollten sie die staatlichen Organe bei Erforschung, Erfassung und Überwachung des örtlichen Denkmalbestandes unterstützen, Vorschläge für

---

289 BArch, DY 27/7338, Bad Saarower Empfehlungen, S. 5, 27.–30.11.1964; BArch, DY 27/8262, Stellungnahme des Deutschen Kulturbundes zu Fragen der Denkmalpflege in der DDR, August 1966.
290 BArch, DY 27/7338, Aktennotiz über die Besprechung im MfK zu Fragen der Denkmalpflege, 05.07.1966.
291 BArch, DY 27/8262, Neuordnung des Schutzes und der Pflege der Denkmale der Geschichte und Kultur in der Deutschen Demokratischen Republik, S. 8, 01.08.1968.

die Denkmallisten erarbeiten, denkmalpflegerische Planungen begutachten und Pflegearbeiten (im Rahmen des Nationalen Aufbauwerks) übernehmen.
Der vierte Unterpunkt betraf das Institut für Denkmalpflege. Nach Ansicht der Kommission sollte das Institut in eine Haushaltsorganisation mit Leistungsfinanzierung umgewandelt werden. Haushaltsorganisationen waren staatliche juristische Personen, die jährlich Mittel aus dem Staatshaushalt zugewiesen bekamen. Etwaige Einkünfte mussten an den Staat zurückgeführt werden.[292] Leistungsfinanzierung bedeutete in diesem Zusammenhang, dass das Institut für Denkmalpflege Geld aus dem zentralen Denkmalfonds, der beim Ministerium für Kultur angesiedelt werden würde, für seine durchgeführten Aufträge an den Objekten bekommen sollte. Das Institut bereite die Leitungstätigkeit des MfK wissenschaftlich vor, erforsche und dokumentiere die Denkmale und betreibe Forschungs- und Entwicklungsarbeit an Modellprojekten, die Methodik, Technologie sowie Ökonomie in der Denkmalpflege voranbringen würden. Auch die Aus- und Weiterbildung von haupt- und ehrenamtlichen Mitarbeitern in der Denkmalpflege solle dem Institut obliegen. Das IfD solle eng mit den ab 1969 zu gründenden Spezialbetrieben für Denkmalpflege zusammenarbeiten.[293]

Der sechste und letzte Teil der »Neuordnung« befasste sich ausführlich mit der neu zu regelnden Finanzierung in der Denkmalpflege. Die herrschenden Widersprüche, die entstünden, wenn die jeweiligen Eigentümer ihren denkmalpflegerischen Verpflichtungen nachkämen, sollten durch Neuregelungen aufgehoben werden. Es wurde nach der jeweiligen Eigentumsform unterschieden. Denkmale in staatlichem Eigentum müssten in die örtlichen Volkswirtschaftsplanungen aufgenommen werden. Dazu müssten die Objekte bewertet werden. Maßstab für diese Bewertung seien die Kosten, die eine »originalgetreue Herstellung des betreffenden Denkmals heute verursachen würde«. Bei Denkmalen, die in genossenschaftlichem oder allgemeinem Eigentum standen (Genossenschaften, Körperschaften oder Privatpersonen), sollten die örtlichen Staatsorgane die Eigentümer bei der Erfüllung ihrer jeweiligen Pflichten kontrollieren und anleiten. Wenn erforderlich, gewährten die örtlichen Staatsorgane den denkmalpflegerischen Mehraufwand in Form von Zuschüssen aus den Denkmalfonds. Die Fonds sollten erhöht werden können, indem Eintrittskarten, Postkarten und Andenken verkauft wür-

---

292 Juristische Personen konnten in der DDR in staatliche juristische Personen auf der einen Seite sowie genossenschaftliche oder gesellschaftliche Organisationen (Vereine, Verbände, Gesellschaften) auf der anderen Seite eingeteilt werden. Als staatliche juristische Personen galten alle rechtlich personifizierten Organe des Staates, etwa örtliche Räte, Ministerien oder auch staatliche Wirtschaftsunternehmen und Kombinate. Sie unterschieden sich in ihrer Finanzierung nach solchen, die nach der wirtschaftlichen Rechnungsführung arbeiteten, d. h., die Betriebe mussten ihre Kosten selbst erwirtschaften und Gewinne erzielen, und nach solchen, die als Haushaltsorganisation bezeichnet werden konnten; vgl. Petev, Valentin: Sozialistisches Zivilrecht, Berlin 1975, S. 46.
293 BArch, DY 27/8262, Neuordnung des Schutzes und der Pflege der Denkmale der Geschichte und Kultur in der Deutschen Demokratischen Republik, S. 10 f., 01.08.1968.

den und auch Erlöse aus Verpachtung, z. B. zur gastronomischen Nutzung, in die Fonds hineinflössen. Für denkmalpflegerische Arbeiten an Objekten von besonderer nationaler Bedeutung sollten bei den Räten der Bezirke Schwerpunktfonds eingerichtet werden. Alle Eigentümer, auch staatliche, sollten auf Unterstützung aus diesen Fonds zugreifen können. Bei nichtstaatlichen Eigentümern sollten die Zuschüsse allerdings grundbuchlich gesichert werden.

3.5. Zur vom Ministerium der Finanzen geforderten »Neufassung der Neuordnung«, 1969

Wegen der umfassenden Vorschläge zur finanziellen Neuregelung wurde auch das Ministerium der Finanzen in die Diskussion einbezogen. Ein Vertreter des Ministeriums, Egon Höft, war zwar Mitglied der Arbeitsgruppe, jedoch bei der ersten Sitzung nicht anwesend. Er wurde für die Untergruppe 3 eingeteilt, scheint an der internen Diskussion der Gruppe im Laufe des Jahres 1967 jedoch ebenfalls nicht persönlich beteiligt gewesen zu sein. Deiters schickte ihm nach der zweiten Sitzung der Arbeitsgruppe am 5. Juli 1968 ein Exemplar der »Neuordnung des Schutzes und der Pflege der Denkmale der Geschichte und Kultur« zu.[294] Mit den vorgeschlagenen Neuregelungen war Höft allerdings nicht zufrieden. Er forderte eine umfassende Überarbeitung. Diese sandte ihm Deiters im Januar 1969 zu.

Die Überarbeitung trug nun den Titel »Neufassung der Vorlage zur Neuordnung der Aufgaben und Arbeitsweise der Denkmalpflege im gesellschaftlichen System des Sozialismus«.[295] Sie umfasste neben 14 Seiten wiederum einen umfangreichen Anhang mit Anlage 1 zur Zusammensetzung des Denkmalrates, Anlage 2 mit Vorschlägen zur Liste der Denkmale von besonderer nationaler Bedeutung, die insgesamt 328 Positionen umfasste, Anlage 3 mit Grundsätzen für Durchführungsbestimmungen zur Finanzierung der Denkmalpflege und schließlich Anlage 4 mit einer Anordnung über das Statut des Instituts für Denkmalpflege. Wichtigste Veränderung war, dass das Institut für Denkmalpflege abweichend von der 1968 vorgesehenen Neuordnung nun auf Basis der wirtschaftlichen Rechnungsführung agieren sollte.[296] Das bedeutete, dass es seine Kosten selbst erwirtschaften und auch Gewinne hätte erzielen müssen.[297] Umgekehrt hätte es so keine Mittel aus dem Staatshaushalt erhalten. Im weiteren Verlauf der Beratungen im Jahr 1969 wurde zwar auch auf die ursprünglich erstellte »Neuordnung« aus dem

---

294 BArch, DN 1/15931, Bd. 1, Deiters an Höft, 14.01.1969.
295 Ebd.
296 BArch, DN 1/15931, Bd. 1, Neufassung der Vorlage zur Neuordnung der Aufgaben und Arbeitsweise der Denkmalpflege, Deiters an Höft, 14.01.1969, S. 11 sowie Anlage 4, § 1 Abs. 2.
297 Petev: Sozialistisches Zivilrecht, 1975, S. 46.

Jahr 1968 zurückgegriffen.[298] Dass das Institut für Denkmalpflege nicht wie ursprünglich gefordert als Haushaltsorganisation finanziert werden sollte, sondern nun nach den Prinzipien der wirtschaftlichen Rechnungsführung arbeiten sollte, hielt sich zunächst allerdings in den nachfolgenden Ausarbeitungen.

3.6. Ministerratsvorlage »Ordnung zur Durchführung der Denkmalpflege«, 1970

Ende April 1970 wurde die dem Ministerrat einzureichende Vorlage für eine letzte Abstimmung durch das MfK an die verschiedenen Ressorts gesandt. Gysi bat auch das Ministerium der Finanzen, der »Ordnung zur Durchführung der Denkmalpflege im entwickelten gesellschaftlichen System des Sozialismus«[299] zuzustimmen. Ordnung beschreibt in diesem Zusammenhang keine Rechtsform; Minister konnten Rechtsvorschriften in Form von Anordnungen und Durchführungsbestimmungen erlassen, der Ministerrat selbst in Form von Beschlüssen und Verordnungen.[300] »Ordnung« bedeutete so viel wie »Statut« und lag rechtlich unter An- oder Verordnungen, war im konkreten Fall allerdings auch als »Ordnung schaffen« zu verstehen, da sie allgemeine Regelungen enthielt, wie Denkmalpflege »geordneter« durchzuführen wäre. Die »Ordnung« sollte die bestehende Denkmalschutzverordnung von 1961 lediglich ergänzen.

Wie für Ministerratsvorlagen üblich, umfasste die Vorlage 15 Seiten mit einem vorgefertigten Beschluss. Vorgeschlagen wurde, dass der Ministerrat die »Ordnung« bestätigen solle sowie der Minister für Kultur beauftragt würde, in Zusammenarbeit mit den zuständigen zentralen staatlichen Organen alle notwendigen Maßnahmen einzuleiten, die zur »Realisierung dieser Ordnung« beitrügen.[301] Von dieser Vorlage an den Ministerrat sind zwei verschiedene Fassungen überliefert. Eine datiert vom März 1970, sie wurde zur Abstimmung an die Ministerien gesandt. Im Juli 1970 wurde nach dieser Abstimmung eine weitere Fassung erstellt. Die Versionen unterscheiden sich in manchen Punkten eklatant voneinander und offenbaren so die mannigfaltigen Streitpunkte, die auch nach Jahren der Beratungen und Abstimmungen nicht ausgeräumt werden konnten. Dem Grunde nach wurden allerdings seitens des Ministeriums für Kultur Ideen aufgegriffen,

---

298 BArch, DY 27/8929, Beratung des Arbeitsausschusses des Zentralen Fachausschusses »Bau- und Denkmalpflege«, 04.02.1970; BLDAM Wünsdorf, L 9/6, Vorlage vom Ministerium für Kultur, Sektor Museen, Abt. Ökonomie, zu einer »Ordnung der Denkmalpflege im entwickelten gesellschaftlichen System des Sozialismus«, 01.07.1969.
299 BArch, DN 1/15931, Bd. 1, Ordnung zur Durchführung der Denkmalpflege im entwickelten gesellschaftlichen System des Sozialismus, 27.04.1970.
300 Akademie für Staats- und Rechtswissenschaften der DDR: Staatsrecht, 1977, S. 367.
301 BArch, DN 1/15931, Bd. 1, Ordnung zur Durchführung der Denkmalpflege im entwickelten gesellschaftlichen System des Sozialismus, Beschluss, 27.04.1970.

die bereits bei der Tagung in Bad Saarow 1964, bei den Sitzungen im Juli 1966 durch die Vertreter des Instituts für Denkmalpflege sowie durch den Kulturbund vorgetragen worden waren.
In der Begründung zur Vorlage vom 17. März 1970 heißt es:

»Im Jahr 1961 wurde eine ›Verordnung über die Pflege und den Schutz der Denkmale‹ (VO vom 28.9.1961, Gesetzblatt II, S. 475) erlassen. Seitdem haben sich durch die Entwicklung der sozialistischen Demokratie und des ökonomischen Systems des Sozialismus die Bedingungen für die Einbeziehung der Denkmale in das Leben und die Umweltgestaltung der sozialistischen Gesellschaft verändert. Es traten Schwächen auf. Die Rechtsträger, Eigentümer oder Verfügungsberechtigten der Denkmale werden von den zuständigen staatlichen Organen bei der Erfüllung ihrer denkmalpflegerischen Pflichten nicht systematisch genug angeleitet und kontrolliert. In der Perspektivplanung wird die Denkmalpflege als geschlossener Komplex von Maßnahmen nicht sichtbar. Das Gleiche trifft auch für die Jahresvolkswirtschaftspläne zu. Die Planung und Abrechnung des denkmalpflegerischen Aufwandes (materiell und finanziell) findet noch keine methodisch geregelte Einordnung in das volkswirtschaftliche Bilanzierungssystem.«[302]

Nach den Abstimmungen innerhalb der Ministerien wurde diese Passage erkennbar entschärft. In der Fassung der »Ordnung« vom Juli 1970 heißt es an dieser Stelle:

»Seitdem [der VO von 1961, BTD] ergaben die Entwicklung der sozialistischen Demokratie und des ökonomischen Systems des Sozialismus neue Bedingungen für die Einbeziehung der Denkmale in das Leben und die Umweltgestaltung der sozialistischen Gesellschaft. Die Praxis der Denkmalpflege blieb dieser Entwicklung gegenüber zurück.«[303]

In der Vorlage wurden die Aufgaben der staatlichen Organe auf dem Gebiet der Denkmalpflege skizziert. Das Ministerium für Kultur sollte die Aufsicht über die Zentrale Denkmalliste führen sowie die Räte der Bezirke, Kreise, Städte und Gemeinden anleiten und kontrollieren. Auf den jeweiligen Verwaltungsebenen sollten die Denkmallisten aufgestellt und Denkmalpflegefonds gebildet werden. Dabei war auch vorgesehen, dass auf Ebene der Städte und Gemeinden ein örtlicher Denkmalpflegefonds eingerichtet wird, der in der Fassung der Vorlage vom Juli 1970 durch den allgemeinen Reparatur- und Erhaltungsfonds ersetzt wurde.

---

302 BArch, DN 1/15931, Bd. 1, Vorlage für einen Ministerratsbeschluß über eine Ordnung zur Durchführung der Denkmalpflege im entwickelten gesellschaftlichen System des Sozialismus, S. 14, 17.03.1970.
303 BArch, DN 1/15931, Bd. 1, Ordnung zur Durchführung der Denkmalpflege im entwickelten gesellschaftlichen System des Sozialismus, Begründung, S. 3, Fassung vom Juli 1970.

Im Denkmalpflegegesetz findet sich ein solcher Fonds auf Städte- und Gemeindeebene schließlich gar nicht mehr.[304] Im ursprünglichen Entwurf für die Vorlage wurde erneut die Einrichtung eines beim Ministerium für Kultur anzusiedelnden Denkmalrats gefordert.[305] Diese Passage entfiel ersatzlos in der Fassung vom Juli 1970.[306] Dies unterstreicht, wie umstritten ein solches Gremium und seine zukünftige Rolle als Akteur in der Denkmalpflege war. Seine Kritiker vermuteten, Denkmalpflege würde mit seiner Gründung erstarken. Da man sich über seine Bildung offenbar nicht einigen konnte, fand er sich schließlich nicht mehr in der Vorlage. Über seine Bildung sollte später separat entschieden werden. Kulturbundvertreter forderten bereits seit 1966 einen Denkmalrat einzurichten.[307]

Auch was das Institut für Denkmalpflege betraf, unterschieden sich die beiden Versionen der Ministerratsvorlage. Im Entwurf aus dem März 1970 wurde – anknüpfend an die »Neufassung der Vorlage zur Neuordnung«, die Deiters Höft im Januar 1969 vorlegte – vorgeschlagen, dass das IfD nach den Prinzipien der wirtschaftlichen Rechnungsführung arbeiten solle.[308] In der späteren Fassung vom Juli 1970 wurde diese Formulierung verändert. Es hieß dann, das IfD arbeite im Auftrag des MfK bzw. der örtlichen Räte nach den Prinzipien der »auftragsbezogenen Forschung und der auftragsgebundenen Finanzierung« und führe im Auftrag der Rechtsträger »auf der Basis der gültigen Preisbestimmungen« Arbeiten an Denkmalen aus, wie beispielsweise die Ausarbeitung denkmalpflegerischer Zielstellungen, Projektierung denkmalpflegerischer Maßnahmen und die Ausführung von Konservierungsarbeiten.[309] Aus beiden Entwürfen ging hervor, dass das IfD nur nach Auftrag tätig werden konnte und keine eigenen Entscheidungsspielräume haben sollte. Die Formulierung, nach der es nach wirtschaftlicher Rechnungsführung agieren sollte und sich so lediglich auftragsgebunden hätte finanzieren können, fiel schließlich weg; allerdings konnten sich die Verfasser der Vorlage vom Juli 1970 auch nicht dazu durchringen, der ursprünglichen Forderung des IfD und des Kulturbundes nachzukommen, wonach das IfD eine

---

304 § 10 Denkmalpflegegesetz sah lediglich vor, dass die Räte der Städte, Stadtbezirke und Gemeinden die Denkmale auf ihrem Territorium überwachen und alle Maßnahmen zu ihrem Schutz und ihrer Pflege unterstützen und fördern. Denkmalpflegefonds wurden lediglich auf zentraler sowie auf Bezirks- und Kreisebene eingerichtet.
305 BArch, DN 1/15931, Bd. 1, Vorlage für einen Ministerratsbeschluß über eine Ordnung zur Durchführung der Denkmalpflege im entwickelten gesellschaftlichen System des Sozialismus, S. 6, 17.03.1970.
306 BArch, DN 1/15931, Bd. 1, Ordnung zur Durchführung der Denkmalpflege im entwickelten gesellschaftlichen System des Sozialismus, Begründung, Fassung vom Juli 1970.
307 BArch, DY 27/7338, angehängte Aktennotiz am Schreiben von Bänninger an Deiters, S. 4, 29.09.1966; siehe S. 197.
308 BArch, DN 1/15931, Bd. 1, Vorlage für einen Ministerratsbeschluß über eine Ordnung zur Durchführung der Denkmalpflege im entwickelten gesellschaftlichen System des Sozialismus, S. 6, 17.03.1970.
309 BArch, DN 1/15931, Bd. 1, Ordnung zur Durchführung der Denkmalpflege im entwickelten gesellschaftlichen System des Sozialismus, Begründung, S. 5, Fassung vom Juli 1970.

Haushaltsorganisation hätte werden sollen. Stattdessen wählte man mit »auf Basis der gültigen Preisbestimmungen« eine Formulierung, die nichts über die grundsätzliche Finanzierung aussagte. Im verabschiedeten Statut des Instituts für Denkmalpflege von 1976 wurde letztendlich festgelegt, dass das IfD sich durch Haushaltsmittel, die das Ministerium für Kultur bereitstellte, sowie durch Einnahmen, die es aufgrund seiner Arbeitsleistungen und seiner Publikationstätigkeit erzielen konnte, finanzierte (§ 8 Statut des Instituts für Denkmalpflege).[310]

Ein letzter Punkt, gegen den wiederum das Ministerium der Finanzen Widerspruch erhob, war der Vorschlag des Ministeriums für Kultur, etwaig verbleibende Mittel der zu bildenden Denkmalpflegefonds in das nächste Planjahr zu übertragen.[311] Nachdem die Ministerratsvorlage im März begründet und im April an die zuständigen Ministerien versandt wurde, war zwischenzeitlich der Staatsratsbeschluss zur Entwicklung sozialistischer Kommunalpolitik verabschiedet worden.[312] Der Beschluss sah vor, dass nicht verbrauchte Werterhaltungsmittel dem Fonds für die Erweiterung und Erhaltung des staatlichen Vermögens zugeführt werden sollten.[313] Eine Übertragung ins nächste Planjahr war folglich nicht möglich. Zum Zeitpunkt, als die Ministerratsvorlage vom MfK begründet wurde, gab es den Beschluss des Staatsrates allerdings noch nicht. Eine Anpassung wurde schließlich nötig. Dieses Beispiel verdeutlicht einmal mehr, wie schwierig die Rechtssetzung in einer Zeit war, in der auf allen Ebenen immer wieder Grundsätzliches neu beschlossen wurde, ohne die Rechtssetzungsakteure auf den weiteren Ebenen einzubinden. Wie schon in den frühen 1950er-Jahren wurde die Rechtssetzung auf dem Gebiet der Denkmalpflege überholt, ohne mitgedacht worden zu sein. Um eine Lösung wurde beim folgenden Entwurf nicht mehr gerungen. In der Ministerratsvorlage vom Juli 1970 wurde die Passage zur Übertragung der Mittel ins nächste Planjahr einfach gestrichen.[314]

---

310 Verfügungen und Mitteilungen (VuM) des Ministeriums für Kultur (MfK), Nr. 7, 17.09.1976, abgedruckt in Fischer, Edwin: Rechtsgrundlagen der Denkmalpflege, Berlin 1986, Anhang, S. 32 ff.
311 BArch, DN 1/15931, Bd. 1, Böttcher, MdF Koordinierungsgruppe, an Abt. Finanzierung der kulturellen und sozialen Einrichtungen, 02.06.1970.
312 GBl. I, Nr. 10, S. 39: Beschluss des Staatsrates der Deutschen Demokratischen Republik »Die weitere Gestaltung des Systems der Planung und Leitung der wirtschaftlichen und gesellschaftlichen Entwicklung, der Versorgung und Betreuung der Bevölkerung in den Bezirken, Kreisen, Städte und Gemeinden« – zur Entwicklung sozialistischer Kommunalpolitik, 16.04.1970. Zur Entstehung dieses Beschlusses Lapp, Peter Joachim: Der Staatsrat im politischen System der DDR (1960–1971), Opladen 1972, S. 83 f.
313 Punkt III 4 des Staatsratsbeschlusses vom 16. April 1970: »Am Jahresende nicht verbrauchte Mittel für Investitionen und Werterhaltungen sind dem ›Fonds für die Erweiterung und Erhaltung des staatlichen Vermögens‹ zuzuführen. Diese Mittel stehen den örtlichen Volksvertretungen ausschließlich zur weiteren Finanzierung von Investitionen und Werterhaltungsmaßnahmen zur Verfügung. Übersteigen die Mittel dieses Fonds die materiellen Möglichkeiten und können sie deshalb im Perspektivplanzeitraum nicht verwendet werden, sind sie systemgerecht für die vorfristige Tilgung von Investitionskrediten zu verwenden.«
314 BArch, DN 1/15931, Bd. 1, Ordnung zur Durchführung der Denkmalpflege im entwickelten gesellschaftlichen System des Sozialismus, Fassung vom Juli 1970.

Nachdem folglich bis in den Sommer 1970 an den Formulierungen der Ministerratsvorlage gearbeitet worden war, sollte sie dem Ministerrat schließlich zum Beschluss vorgelegt werden.

Doch der Ministerrat stimmte nicht über die Vorlage ab; er befand sich für nicht zuständig. Die Vorlage wurde vom Büro des Ministerrates an den Minister für Kultur zurückgegeben. Der Leiter des Büros des Ministerrates, Rudolf Rost, teilte Gysi mit, die in der Vorlage enthaltenen Regelungen rechtfertigten nicht die Behandlung im Ministerrat bzw. in dessen Präsidium.[315] Es seien »Detailregelungen zur geltenden Verordnung«, die vom Minister für Kultur »in eigener Zuständigkeit« entschieden werden könnten. Darüber hinaus warf Rost die Frage auf, »ob nicht eine generelle Neuregelung der Denkmalpflege erforderlich« sei. Um die Denkmale dergestalt für das geistige und kulturelle Leben der Bürger zu erschließen und für die technische und ästhetische Bildung, Erholung und für den Tourismus dienlich zu machen, wie es in der Begründung zur Vorlage formuliert sei, müssten die Regelungen weiter ausgestaltet werden, als es die »Ordnung« vorsehe.

Der Minister für Kultur erteilte sodann den Auftrag, eine neue Verordnung auszuarbeiten.[316]

4. Etappe IV: April 1971 bis Juni 1975: Das Gesetz nimmt Gestalt an

Nachdem der Leiter des Büros des Ministerrates entschieden hatte, die Denkmalschutzverordnung von 1961 nicht lediglich durch eine Ordnung zu ergänzen, bekam Deiters von Kulturminister Gysi den Auftrag, eine neue Denkmalschutzverordnung zu erarbeiten. Obwohl die mühevolle Erarbeitung der Ministerratsvorlage keine unmittelbaren Früchte trug, konnte die Vorlage dennoch für die nun zu entwerfende Verordnung genutzt werden. Der erste Entwurf für eine neue Denkmalschutzverordnung stammt aus dem April 1971.[317]

4.1. »Anarchie« und neue Hoffnungen

Dennoch war die Frustration bei den für die Denkmalpflege Verantwortlichen groß, jahrelange Bemühungen hatten erneut nicht zu einem Ergebnis geführt. Karl Heinrich Douffet, ehrenamtlicher Denkmalpfleger in Freiberg, und Otfried

---

315 BArch, DC 20/11441, Blatt 1–4, Rost an Gysi, 30.09.1970.
316 BArch, DN 1/15931, Bd. 1, Deiters an Höft, 20.05.1971.
317 BLDAM Wünsdorf, L 9/12, 1. Verordnungsentwurf, 02.04.1971.

Wagenbreth, die sich innerhalb des Kulturbundes besonders für die Pflege technischer Denkmale einsetzten, fassten den dramatischen Zustand der Denkmalpflege in einem Schreiben an Bänninger zusammen:

»Seit sieben Jahren sind alle Initiativen des Deutschen Kulturbundes zu einer fortschrittlichen erfolgversprechenden Denkmalpflege im Sande verlaufen. Wir wurden immer wieder mit Versprechungen hingehalten. Das Ergebnis ist, daß die augenblickliche Situation schlimmer als je zuvor ist. Auf diesem Gebiete stehen wir praktisch vor einem Nichts. Die Mißachtung fast aller gesellschaftlichen Initiativen und gesetzlichen Verpflichtungen auf diesem Gebiete, wie sie bei staatlichen Organen aller Ebenen (Ministerien, Bezirksräte, Räte der Kreise, Städte und Gemeinden) festgestellt werden muß, hat zu einem Zustand geführt, der nur noch als Anarchie bezeichnet werden kann.«[318]

Ihre Haltung ist verständlich. Schließlich hatte sich die Situation für die Denkmale seit der Verordnung von 1961 nicht verbessert und schon diese Verordnung hatte außer verwaltungsorganisatorischen Angleichungen an die Wirklichkeit keine nennenswerten Veränderungen mit sich gebracht. Dass die verantwortlichen Akteure nicht resignierten, ist bemerkenswert.

Die Kulturbundfunktionäre schöpften gleichzeitig neue Hoffnung, dass sich nun, da eine neue Verordnung erarbeitet werden sollte, neuer Spielraum für die Frage nach der Rechtsform ergeben könnte. In den vorangegangenen Debatten war diese Frage in den Hintergrund gerückt. Zunächst hatten die grundsätzlichen, strukturellen Defizite der Denkmalpflege behoben werden müssen. Seitdem die Verordnung von 1961 erlassen wurde, hatte es – außer der Empfehlung des Präsidiums des Deutschen Kulturbundes, die Bad Saarower Beschlüsse zum Gegenstand einer Beratung im Volkskammerausschuss für Kultur zu machen[319] – keine nachvollziehbaren Bestrebungen mehr gegeben, die Denkmalpflege auf eine gesetzliche Grundlage zu stellen. Gut sieben Jahre später ergriffen nun Akteure des Kulturbundes erneut die Initiative, ein Denkmalpflegegesetz zu fordern.

In seiner Funktion als Vorsitzender des Zentralen Fachausschusses Bau- und Denkmalpflege im Deutschen Kulturbund formulierte Nadler einen Vorschlag an den Kulturminister, über ein zu schaffendes Gesetz nachzudenken.[320] Unklar ist, ob Gysi dieses als »Entwurf« gekennzeichnete Schreiben jemals erhalten hat. Nadler begründete seine Empfehlung für ein Gesetz mit dem Gewicht der in Artikel 18 der Verfassung formulierten Aufgabe, das kulturelle Erbe zu bewahren und anzueignen. »Mit einem Gesetz«, so Nadler, sei die Neuordnung der Denkmalpflege »in der Öffentlichkeit wirksamer als über den Weg einer Verordnung«. Fernziel

---

318 BArch, DY 27/4306, Blatt 76, Douffet und Wagenbreth an Bänninger, 20.01.1971.
319 BArch, DY 27/7338, Bad Saarower Empfehlungen, S. 4, 27.–30.11.1964.
320 BArch, DY 27/8931, Nadler an Gysi, 20.04.1971.

der Kulturbundakteure war allerdings nicht lediglich ein Denkmalpflegegesetz, sondern vielmehr ein umfassendes Kulturgutschutzgesetz. In diesem sollten neben Denkmalpflege auch Museums-, Archiv- und Bibliothekswesen, Kunstgut in Privatbesitz sowie die Bodendenkmalpflege geregelt werden.[321] Doch ein solches Gesetz zu erarbeiten war vorerst nicht vorgesehen. Indes wurde der erste Entwurf der Denkmalschutzverordnung abgestimmt. Die Erarbeitung einer neuen Verordnung hatte Priorität gegenüber weiteren, höher gesteckten Zielen, wie Deiters Bänninger gegenüber erläuterte.

»Wir wären auch sehr dankbar, wenn wir auch weiter die Förderung der Leitung des DKB [Deutschen Kulturbundes] für die gesetzliche Regelung der Denkmalpflege erhielten. Ich glaube, daß wir die dringend notwendigen Regelungen durch eine Verordnung so schnell wie möglich erreichen müssen und fürchte, ein Denkmalgesetz könnte eine längere Vorbereitungszeit erfordern wie [sic] das Landeskulturgesetz.«[322]

Bis Ende des Jahres 1971 wurden mindestens acht Entwürfe einer Verordnung erarbeitet.[323] Falls Nadlers Empfehlung, ein Gesetz zu erlassen, bis zu Kulturminister Gysi vorgedrungen ist, zeigte sie Anfang des Jahres 1972 Wirkung.[324] Die ersten Entwürfe für ein Gesetz konnten in den überlieferten Akten nicht aufgefunden werden, indes aber ein als »3. Entwurf« gekennzeichnetes Denkmalpflegegesetz, der vermutlich aus dem Sommer 1972 stammt, sowie drei weitere Versionen bis Oktober 1974.[325]

---

321 BArch, DY 27/8931, Douffet und Wagenbreth an Bänninger, 22.01.1971; weitere Forderungen dazu in BArch, DY 27/4450, Blatt 29; ein 2. Entwurf des zu diesem Zeitpunkt sog. »Kulturdenkmalgesetzes« findet sich ab Blatt 119.
322 BArch, DY 27/8931, Deiters an Bänninger, 21.04.1971. Zum Landeskulturgesetz siehe S. 262.
323 Verordnungsentwürfe: 1. Entwurf 02.04.1971, BLDAM Wünsdorf, L 9/12; 2. Entwurf 07.05.1971, BArch, DN 1/15931; 3. Entwurf 28.07.1971, BLDAM Wünsdorf, L 9/12; 4. und 5. Entwürfe nicht aufgefunden; 6. Entwurf 15.09.1971, BArch, DN 1/15931; 7. Entwurf nicht aufgefunden; 8. Entwurf undatiert, BArch, DY 27/4306, Blatt 136–148.
324 BArch, DY 27/4305, Blatt 1, Beschlussprotokoll der Beratung des Arbeitsausschusses des Zentralen Fachausschusses, 11.02.1972, wo Deiters berichtete, dass bereits ein erster Entwurf für ein Gesetz erarbeitet wurde.
325 Gesetzesentwürfe: 3. Entwurf, undatiert (vermutlich Spätsommer 1972), BArch, DN 1/15931; (4.?) Entwurf, undatiert (vermutlich Herbst 1972), BLDAM Wünsdorf, L 9/7; Entwurf, Fassung mit Korrekturen nach der Dienstbesprechung beim Minister für Kultur am 20.11.1973, BLDAM Wünsdorf, L 9/18, sowie Entwurf, Korrektur nach Forderung des MdJ vom 25.10.1974, BLDAM Wünsdorf, L 9/18.

4.2. Erster Entwurf einer neuen Denkmalschutzverordnung, April 1971

Der erste Entwurf für eine neue Verordnung wurde seitens des IfD im April 1971 erarbeitet.[326] Er enthielt 24 Paragrafen, die in drei größere Teile gegliedert waren. Der erste Teil war der umfangreichste. Er befasste sich in 15 Paragrafen mit Zielstellung und Prinzipien der Planung, Leitung und Verwirklichung der sozialistischen Denkmalpflege. Der kurze zweite Teil formulierte besondere Aufgaben für die Erhaltung und Erschließung einzelner Denkmalgattungen (§§ 16–18), Teil drei enthielt Schlussbestimmungen (§§ 19–24).

§ 1 widmete sich sogleich dem Denkmalbegriff, mit einer ausformulierten Zweiteilung in Geschichtsdenkmale einerseits sowie Kunstdenkmale andererseits. Je vier Unterpunkte gestalteten diese Gattungen weiter aus.

Unter den Geschichtsdenkmalen sollten »Denkmale der politischen und Militärgeschichte« verstanden werden, die zu Ereignissen und Persönlichkeiten in Beziehung standen; Denkmale der Kulturgeschichte sollten Leben und Wirken bedeutender Kulturschaffender und Wissenschaftler veranschaulichen; Denkmale der Volkskunde, etwa charakteristische Siedlungsformen, und schließlich Denkmale der Produktions- und Verkehrsgeschichte, wie Bergwerke, Anlagen und Transportmittel wurden unter den Geschichtsdenkmalen zusammengeführt. Unter der Gattung »Kunstdenkmale« wurden Denkmale des Städtebaus verstanden, wobei der Begriff Ensemble an dieser Stelle noch nicht verwandt wurde.[327] Weiter waren Denkmale der Baukunst, der bildenden Kunst und des Kunsthandwerks sowie der Landschafts- und Gartengestaltung unter den Kunstdenkmalen aufgezählt. Diese ausdrückliche Zweiteilung wurde in der Endfassung des Denkmalpflegegesetzes (DPG) zwar aufgehoben, war aber noch erkennbar (§ 3 Abs. 2 DPG).

Unabhängig davon, zu welcher der beiden Kategorien (Geschichts- oder Kunstdenkmale) die einzelnen Gattungen zugeordnet wurden, enthielten drei umfangreiche Paragrafen (§§ 16, 17 und 18 des Entwurfes) ideologische Aufträge an einige der Denkmale: Denkmale der politischen Geschichte, Militärgeschichte, Produktionsgeschichte sowie des Städtebaus und der Baukunst sollten zur »Herausbildung einer marxistischen Geschichtsauffassung, der Vertiefung des Patriotismus und der Bereitschaft zur Verteidigung der sozialistischen Heimat« oder auch der »Vertiefung des Traditionsbewusstseins der Werktätigen und der polytechnischen Bildung« dienen. Denkmale sollten in die Umgestaltung der Städte derart einbezogen werden, dass »unverwechselbare Ensembles von hohem künstlerischem und funktionellem Wert entstehen«.

---

326 Alle Zitate im folgenden Absatz entstammen, soweit nicht anders gekennzeichnet, dem 1. Entwurf 02.04.1971, BLDAM Wünsdorf, L 9/12.
327 Siehe S. 277.

In dieser ersten Entwurfsfassung wird deutlich, dass den Denkmalen Ende der 1960er-/Anfang der 1970er-Jahre ein konkreter Nutzen zugewiesen wurde, um ihren Erhalt zu rechtfertigen. Es war nur schwierig möglich, ein Objekt um seiner selbst willen zu erhalten. Denkmale mussten eine gesellschaftliche Funktion erfüllen und bestenfalls eine solche, die den ausgegebenen Zielen entsprach. Insofern kann von einem »dienenden Denkmal« gesprochen werden.

In der endgültigen Fassung des Gesetzes von 1975 sind diese Passagen, die im ersten Entwurf noch in §§ 16 bis 18 geregelt waren, am Beginn des Gesetzes unter § 1 zu Zielen, Inhalten und Grundsätzen der Denkmalpflege zusammengefasst worden. Hinzu kam eine internationale Komponente: Es wurde betont, dass Denkmale nicht mehr nur Heimat- und Nationalbewusstsein prägten, sondern bei der Herausbildung eines »proletarischen Internationalismus« eine Rolle spielten. Systematisch gewann die ideologische Aufgabenstellung an die Denkmale im endgültigen Gesetz an Prominenz. Auch ist davon auszugehen, dass sich diese Aufgaben nun nicht mehr nur auf einzelne (politisch leicht zu vereinnahmende) Gattungen, sondern sich auch auf die weiteren Gattungen der Kunstdenkmale sowie Garten- und Landschaftsdenkmale erstreckten. Inhaltlich verlor die Regelung allerdings an Bedeutung. Was im ersten Entwurf noch drei Paragrafen mit konkreten Aufgabenstellungen an bestimmte Denkmalgattungen einnahm, beschränkte sich in der letztendlichen Fassung des Gesetzes auf die stichwortartige Aneinanderreihung von Zielen (§ 1 Abs. 1) wie »Entwicklung des sozialistischen Bewusstseins«, »technische Bildung« und »ethische Erziehung«.

§ 2 des Entwurfes normierte, dass Denkmale als »kultureller Besitz des sozialistischen deutschen Nationalstaates« unter Schutz stünden, wobei sich dieser auch auf ihre Umgebung erstrecke. Denkmale sollten planmäßig erhalten und erschlossen und in das gesellschaftliche Leben einbezogen werden. Dabei sollte »höchster gesellschaftlicher Nutzen« erzielt werden. Verantwortlich sei das Ministerium für Kultur. Dieses solle in Streitfragen auch dafür sorgen, dass denkmalpflegerische Fragen im »gesamtgesellschaftlichen Interesse« entschieden würden. Auch für die Aufstellung der zentralen Denkmalliste zeichnete das MfK verantwortlich. Indes waren die Räte der Bezirke und der Kreise nach den §§ 6 und 7 verantwortlich für die Leitung der Denkmalpflege in Bezirken und Kreisen. Sie sollten Schwerpunktaufgaben festlegen, denkmalpflegerische Maßnahmen in ihre Perspektiv- und Volkswirtschaftspläne einbeziehen und die jeweiligen Listen (Bezirks- bzw. Kreisdenkmalliste) aufstellen. Vorgesehen war außerdem, bei den Bezirken einen Inspektor für Denkmalpflege anzusiedeln (§ 6 Abs. 1 S. 3 Entwurf). Zur Einrichtung dieser Inspektorenstellen ist es in der endgültigen Fassung des Gesetzes allerdings nicht gekommen. Die Räte sollten mit dem IfD zusammenarbeiten und etwa Gutachten zu infrage stehenden Objekten einholen und die Erfassung vorbereiten, für welche die Räte der Kreise zuständig waren (§ 7 Abs. 3 Entwurf). Nach diesem ersten Entwurf kamen auch den Räten der Städte, Stadtbezirke und Gemeinden noch umfangreiche Aufgaben zu. Sie sollten für die Planung und Leitung der Erschließung der Denkmale verantwortlich sein und dazu Denkmale in Ortssatzungen und Generalbebauungspläne einbeziehen. Sie sollten den Zustand der Denkmale kontrollieren, die Zusammenarbeit mit den Rechtsträgern und sonstigen Verfügungsberechtigten sowie die gesellschaftliche Nutzung der Denkmale sichern. Die Aufgaben wurden in der endgültigen Fassung des Gesetzes den Räten der Kreise übertragen. Den Räten der Städte, Stadtbezirke und Gemeinden blieb nach § 10 DPG nur die Unterstützung der Maßnahmen anderer staatlicher Organe.

Auch die Mitarbeit anderer gesellschaftlicher Gruppen und Organisationen, wie des Kulturbundes und des Bundes der Architekten (BdA), war bereits im ersten Entwurf vorgesehen. Damit sollte Denkmalpflege »popularisiert« werden (§ 9 Entwurf). Diesem Gedanken wurde im DPG noch mehr und prominenter Raum gegeben (§ 2 DPG).

Vorgesehen waren neben der allgemeinen Erhaltung und Pflege außerdem bereits die Pflicht des Rechtsträgers oder sonstigen Verfügungsberechtigten, das Denkmal öffentlich zugänglich zu machen und die amtliche Kennzeichnung anzubringen.

Auch die Finanzierung der Denkmalpflege wurde detailliert geregelt. Unterschieden wurde nach Stellung des Verfügungsberechtigten: Für Betriebe und Haushaltseinrichtungen galten im Entwurf unterschiedliche Normen. Betriebe sollten die Finanzierung denkmalpflegerischer Maßnahmen in ihre Perspektiv- und Jahrespläne aufnehmen, der laufende Unterhalt des Denkmals sollte aus den Kosten geplant und finanziert werden, Maßnahmen zur Erhaltung des Denkmalwertes sollten als Investitionen aus dem Investitionsfonds finanziert werden. Als kultureller Wert sollte der Denkmalwert eines Objektes nicht der Produktionsfondsabgabe unterliegen. Haushaltseinrichtungen, die Rechtsträger bzw. Nutzer eines Denkmals waren, sollten verpflichtet sein, ihren übergeordneten Organen denkmalpflegerische Erfordernisse anzuzeigen und die Aufwendungen für die Werterhaltung sichtbar in ihren Planvorschlägen auszuweisen. § 13 des Entwurfes regelte die Bereitstellung von Beihilfemitteln. Beihilfemittel sollten beim MfK, bei den Räten der Bezirke sowie bei denjenigen Kreisen angesiedelt werden, auf deren Territorium sich bedeutender Denkmalbestand befand. Sie sollten dann gewährt werden, wenn Wert, Zustand und gesellschaftlicher Nutzen des Denkmals eine unverzügliche Durchführung denkmalpflegerischer Maßnahmen am Objekt erforderten und Rechtsträger oder sonstige Verfügungsberechtigte nicht in der Lage seien, diese Maßnahmen vollständig aus eigenen Mitteln zu finanzieren. Diese umfangreichen Regelungen zur Finanzierung denkmalpflegerischer Maßnahmen fanden keinen Eingang in das Denkmalpflegegesetz. Die Finanzierung wurde erst in einer Durchführungsbestimmung geregelt.[328]

---

328 Durchführungsbestimmung (DB) zum DPG vom 24.09.1976, GBl. I 1976, Nr. 41, S. 489.

§ 14 des Entwurfs betraf das Institut für Denkmalpflege. Im Vergleich zum DPG traf der Entwurf noch detaillierte Regelungen, die später in das Statut des IfD ausgelagert wurden.[329] Es sei die »zentrale Einrichtung für kulturpolitische, wissenschaftliche, methodische, technische und ökonomische Aufgaben der Denkmalpflege« und dem Ministerium für Kultur unterstellt. Es arbeite nach den Prinzipien der wirtschaftlichen Rechnungsführung. Dieser Satz wurde bereits im nächsten Verordnungsentwurf gestrichen.[330] Als Hauptauftragnehmer der Rechtsträger übernehme das IfD die Vorbereitung, Leitung und Ausführung denkmalpflegerischer Maßnahmen.

§ 15 des Entwurfes sah vor, eine »Kooperationsgemeinschaft Denkmalpflege« ins Leben zu rufen, um Konservierung und Restaurierung in hoher Qualität und Effektivität durchzuführen. Damit gemeint waren die später gegründeten Spezialkapazitäten »VEB Denkmalpflege«.

Teil drei umfasste die Schlussbestimmungen. Sie betrafen Veränderungen an Denkmalen, denen durch die zuständigen staatlichen Organe zugestimmt werden musste, die Anzeigepflicht des Rechtsträgers oder sonstiger Verfügungsberechtigter bei einem Rechtsträgerwechsel, den Hinweis darauf, dass die örtlichen Räte berechtigt seien, Auflagen an die Rechtsträger oder sonstigen Verfügungsberechtigten zu erteilen, sowie Bestimmungen zur Rechtsmittelbeschwerde. Diese Regelungen fanden Eingang in das Gesetz.

Im Unterschied zur Verordnung von 1961 waren auch erstmals Ordnungsstrafbestimmungen vorgesehen. Wer vorsätzlich gegen die Bestimmungen der geplanten Denkmalschutzverordnung verstieß, etwa indem er Auflagen nicht erfüllte, seiner Melde- oder Kennzeichnungspflicht nicht nachkam, Maßnahmen ohne die erforderliche Zustimmung vornahm oder dem Beauftragten für Denkmalpflege den Zugang zum Denkmal verweigerte, konnte mit Ordnungsstrafen in Höhe von 10 bis 300 Mark belegt werden. Im Wiederholungsfalle drohten sogar 1000 Mark Ordnungsstrafe. Dem Grunde nach gleich, aber stärker differenziert, fand diese Norm Eingang in § 15 DPG.

Durchführungsbestimmungen sollte der Minister für Kultur erlassen. Die Verordnung sollte mit ihrer Verkündung in Kraft treten.

---

329 Statut des Instituts für Denkmalpflege, VuM des MfK, Nr. 7, 17.09.1976.
330 BArch, DN 1/15931, 2. Verordnungsentwurf, 07.05.1971.

4.3. Kulturpolitische Öffnung und die »Erweiterung des Denkmal(pflege)begriffs«, 1971–1972

Zwischen Ende des Jahres 1971 und Mitte des Jahres 1972 vollzog sich in den Vorarbeiten für die neue Rechtsgrundlage der Wechsel in der Rechtsform.[331] Die bis dahin ausgearbeitete Verordnung wurde von einem Gesetzentwurf abgelöst. Deiters sprach bereits im Februar 1972 davon, dass nun ein Gesetzentwurf erarbeitet würde.[332]

Diese Monate waren eine für die Kulturpolitik in der DDR prägende Zeit, in der sich auch die Bedingungen für die Denkmalpflege änderten. Auf dem VIII. Parteitag, der vom 15. bis 19. Juni 1971 stattfand, löste Erich Honecker den langjährigen Ersten Sekretär des Zentralkomitees der SED Walter Ulbricht ab. Dieser personelle Wechsel an der Machtspitze hatte für die Denkmalpflege in der DDR zwar keine unmittelbaren Auswirkungen. Dennoch schöpften Denkmalpfleger, wie die gesamte Bevölkerung, aufgrund Honeckers Rede auf dem VIII. Parteitag neuen Mut. Honecker versprach, das kulturelle Lebensniveau anzuheben.[333] In seiner Rede auf dem Parteitag betonte er, die kulturellen Schätze des humanistischen Erbes müssten den Menschen zugänglich gemacht werden.[334] Diese Aufforderung Honeckers machte sich Deiters zu eigen und stellte sie 1982 in einen denkmalpflegerischen Zusammenhang.[335] Deiters meinte, das Interesse der Menschen an Denkmalen nehme weiter zu. Er zitierte Honecker und erweckte den Eindruck, dieser habe in seiner Rede auch auf die Denkmalpflege Bezug genommen. Tatsächlich hatte Honecker 1971 auch zur kommenden Kulturpolitik referiert. Im Zusammenhang mit Schriftstellern, Künstlern sowie Musikern, Theater-, Film- und Fernsehschaffenden sprach er davon, dass die »Kulturschaffenden« einen wichtigen Beitrag »im Kampf gegen die ideologischen Diversionsversuche des Imperialismus gerade auf kulturellem Gebiet« leisteten. Dabei erweise sich die sozialistische Nationalkultur als die »Bewahrerin aller fortschrittlichen Traditionen«. Die Ehrungen für Persönlichkeiten wie Beethoven, Dürer, Heinrich Mann, Johannes R. Becher, Erich Weinert, Willi Bredel hätten gezeigt, dass – und hier folgt das Zitat, auf welches Deiters sich elf Jahre später bezog – »die kulturellen Schätze des humanistischen Erbes dem Volk zugänglich geworden sind«.[336] Denk-

---

331 Siehe S. 102, Fn. 323–325.
332 BArch, DY 27/4305, Blatt 1, Beschlussprotokoll der Beratung des Arbeitsausschusses des Zentralen Fachausschusses, 11.02.1972.
333 Malycha/Winters: Geschichte der SED, 2009, S. 240.
334 Honecker, Erich: Die Entwicklung der sozialistischen Gesellschaft in der Deutschen Demokratischen Republik, Protokoll der Verhandlungen des VIII. Parteitages der Sozialistischen Einheitspartei Deutschlands, 15. bis 19. Juni 1971, Band 1, Berlin 1971, S. 57–97, S. 96.
335 Deiters: Grundlagen und Ziele der Denkmalpflege, 1982, S. 14.
336 Honecker: Die Entwicklung der sozialistischen Gesellschaft in der Deutschen Demokratischen Republik, 1971, S. 96.

malpflege war jedoch weder ausdrücklich erwähnt, noch ergab sich ein Rekurs auf sie aus dem Zusammenhang.

Wichtiger als der Parteitag war das darauffolgende 6. Plenum des ZK der SED, das am 6. und 7. Juli 1972 stattfand.[337] Die Tagung stand im Zeichen der Kulturpolitik, Berichterstatter war Kurt Hager. Die Parteifunktionäre setzten sich mit der kulturellen Verantwortung aller staatlichen, politischen und wirtschaftlichen Leitungen auseinander, also auch für die Denkmalpflege. Hager versuchte in einer Rede, die Malycha und Winters »stark an die kulturpolitischen Klassenkampfparolen der fünfziger Jahre« erinnert, in widersprüchlicher Manier auf die Künstler zuzugehen und gleichzeitig Parteilichkeit von ihnen zu fordern.[338] Auffällig und im Vergleich zu allen kulturpolitischen Grundsatzreferaten vergangener Jahre, die von Denkmalpflegern als wegweisende Handlungsaufforderungen verstanden wurden, besonders war, dass Hager die Denkmalpflege in seinem Referat ausdrücklich erwähnte. Er verortete sie unter dem Stichpunkt »für eine schöne Umwelt« zusammen mit Umweltschutz und Landeskultur[339] im Zusammenhang mit der Gestalt der Städte. Der Aufbau neuer Stadtzentren, die Schaffung neuer Wohnkomplexe und »anerkannte Leistungen der Denkmalspflege [sic]« seien beachtliche Fortschritte. Nach diesem kurzen Lob konstatiert Hager allerdings, dass noch viel zu tun bleibe in »Architektur und Bauwesen, Formgestaltung, Mode und Werbung, Handel und Touristik, Umweltschutz und Landeskultur«. Dennoch dankte er allen Bürgern, die dafür sorgten, dass die Umwelt gepflegt und erhalten werde.[340] Hager formulierte als Aufgabe für das Ministerium für Kultur, »der Einrichtung von Spezialkapazitäten für die Pflege und Erhaltung kulturhistorisch bedeutender Bauten besondere Aufmerksamkeit« zu widmen.[341] Dass Hager die Denkmalpflege ausdrücklich adressierte und sie im Rahmen der Kulturpolitik mitdachte, zeugt davon, dass das Bewusstsein für die Denkmalpflege innerhalb der politischen Führungsriege zu Beginn der 1970er-Jahre gestiegen war.

Auf seiner Sitzung am 11. Oktober 1972 griff der Ministerrat die Ergebnisse der 6. Tagung des ZK der SED auf und formulierte Arbeitsaufträge, vorrangig an den Minister für Kultur, um die Vorgaben des ZK umzusetzen.[342] Als letzte von 16 Maßnahmen forderte der Ministerrat, dass ihm der Entwurf für ein neues »Gesetz über den Denkmalschutz« in der DDR vorzulegen sei. Damit war von höchster Stelle gefordert, woran Kulturfunktionäre und Denkmalpfleger bereits seit Jahren arbeiteten. Zwar stammt der erste datierte Gesetzentwurf aus dem

---

337 BArch, DY 30/40982; BArch, DA 1/11730, Deiters vor Kulturausschuss, S. 48, 10.02.1975.
338 Malycha/Winters: Geschichte der SED, 2009, S. 243.
339 Zum 1970 erlassenen Landeskulturgesetz siehe S. 264.
340 Hager, Kurt: Zu Fragen der Kulturpolitik der SED, Referat auf der 6. Tagung des Zentralkomitees, Neues Deutschland vom 08.07.1972, S. 3–7, S. 4.
341 Ebd., S. 7.
342 BArch, DC 20-I/4/2739, Blatt 174–178, Beschluß über Maßnahmen für die weitere Auswertung der 6. Tagung des ZK der SED, 11.10.1972.

I. Impulse aus der Denkmalpflegerschaft

November 1973.[343] Zuvor gab es allerdings bereits mindestens zwei weitere Entwürfe.[344] Darüber hinaus sprach Deiters bereits Anfang des Jahres 1972 – und damit gute acht Monate vor dem Ministerratsbeschluss – davon, dass an einem Gesetz gearbeitet werde.[345] Als der neue Minister für Kultur, Hans-Joachim Hoffmann, im Februar 1973 beim Ministerrat einen Entwurf für ein Denkmalpflegegesetz einbrachte, wurde der Ministerratsbeschluss vom 11. Oktober 1972 dennoch als Grund für die Ausarbeitung eines Gesetzes angegeben.[346] An diesem zeitlichen Ablauf wird die Wechselwirkung und die Abhängigkeit zwischen Praxis und Politik deutlich: Zuerst gab es die Forderungen und Vorarbeiten der praktischen Denkmalpfleger und des Kulturbundes, doch erst als auf höchster Ebene im ZK der SED und im Ministerrat die politischen Weichen dafür gestellt wurden, diesen Forderungen fruchtbaren Boden zu bereiten, konnte die langjährigen Arbeiten Früchte tragen. Allerdings ist davon auszugehen, dass die Vorarbeiten der Praktiker den Anstoß dafür gaben, dass sich das ZK der SED und der Ministerrat mit Denkmalpflege auseinandersetzten. Auch die wichtigen Vermittlerpositionen von Generalkonservator Deiters und dem Minister für Kultur Gysi, der die Entstehung des Gesetzes begleitet hatte, werden deutlich.[347] Sie waren die Scharniere zwischen den beiden Ebenen, zwischen Praxis und Politik.

Mit der 6. Tagung des ZK der SED im Juli 1972 veränderte sich die Einstellung zum Kulturbegriff. Die bis dahin propagierte, einseitige Fokussierung auf das Erbe der Künste und der Wissenschaften sollte verringert werden.

In der Leistungsschau *Die SED und das kulturelle Erbe*[348] wurde die ZK-Tagung retrospektiv mit der Ausweitung des Kulturbegriffes in Verbindung gebracht: Die kulturellen und künstlerischen Bedürfnisse könnten nicht allein über den Umgang mit dem künstlerischen und wissenschaftlichen Erbe befriedigt werden.

»Vielmehr rückten auch jene geschichtlichen Zeugnisse und Erfahrungen ins Blickfeld, die an die Arbeits- und Lebensweise verschiedener Klassen und Schichten der Vergangenheit gebunden waren und im Sozialismus ihre Aufhebung fanden. Diese Tagung hatte allerdings für das Verhältnis zum Kulturerbe solche Schlußfolgerungen noch nicht direkt gezogen.«[349]

---

343 BLDAM Wünsdorf, L 9/18, Entwurf, Fassung mit Korrekturen nach der Dienstbesprechung beim Minister für Kultur am 20.11.1973.
344 Ein als »3. Entwurf« gekennzeichneter Entwurf ist undatiert (vermutlich aus dem Spätsommer 1972), BArch, DN 1/15931; BLDAM Wünsdorf, L 9/7, (4.?) Entwurf, undatiert (vermutlich Herbst 1972).
345 BArch, DY 27/4305, Blatt 1, Beschlussprotokoll der Beratung des Arbeitsausschusses des Zentralen Fachausschusses, 11.02.1972, wo Deiters berichtete, dass bereits ein erster Entwurf für ein Gesetz erarbeitet wurde.
346 BArch, DC 20/16112, Blatt 2.
347 Zum Wechsel von Klaus Gysi zu Hans-Joachim Hoffmann im Februar 1973 siehe S. 117.
348 Zu dieser Publikation ausführlich S. 247.
349 Haase/Dau/Gysi u. a.: Die SED und das kulturelle Erbe, 1986, S. 367.

Auch die Definition eines »weiten« Kulturbegriffes sei nicht »in dem Sinne neu«, immerhin hätten Marx, Engels und Lenin ebenfalls Kultur als Bestandteil aller Seiten des Lebens aufgefasst.

»In den siebziger Jahren aber war eine Situation herangereift, die es ermöglichte, mehr als bisher die materiellen und kulturellen Lebensbedingungen als Einheit zu gestalten. […] Und die Aneignung des Kulturerbes erfolgte nun vorrangig unter dem Gesichtspunkt eines Beitrages ›zur weiteren Ausprägung der sozialistischen Lebensweise‹.«[350]

Schließlich schlugen die Autoren Haase, Dau und Gysi in ihren Ausführungen zur Partei und dem kulturellen Erbe auch die Brücke zum Bauwesen. Sie wiesen 1986 darauf hin, dass die Bereiche Baukultur und Denkmalpflege bis zu jener ZK-Tagung 1972 recht strikt voneinander getrennt waren. Während in den 1960er-Jahren die Neubauten Vorrang genossen, erhalte man mit Beginn der 1970er-Jahre auch die historische Bausubstanz.[351] Im Bauwesen wurde es »besonders deutlich«, dass man sich nun zum kulturellen Erbe hinwende. »Hauptsächlich die Begrenzung der ökonomischen Ressourcen« habe sich als Hindernis erwiesen, um »diesen Anforderungen und Einsichten entsprechend allen wünschbaren Maßnahmen zur Erhaltung, Pflege und Nutzung der historisch gewordenen Bauweise und Umwelt der Menschen gerecht zu werden«.[352]

Letztlich trat in der DDR nach 1971 ein, was in ganz Europa ebenfalls zu beobachten war: die Hinwendung zum baukulturellen Erbe einerseits unter künstlerischen, andererseits unter sozialpolitischen Aspekten. Denkmalpflege wurde als Teil von Kunst verstanden und gleichzeitig als umweltbildender Faktor wahrgenommen, der Einfluss auf eine ethische und ästhetische Erziehung haben konnte. Parallelen zu Diskussionen in der bundesrepublikanischen Denkmalpflege, beispielsweise angestoßen durch Willibald Sauerländer, drängen sich auf.[353] Sauerländer forderte 1975 auf der Jahrestagung der bundesrepublikanischen Landesdenkmalpfleger in Goslar, den Denkmalbegriff zu erweitern. Dabei ging es nicht ausschließlich um eine auch angedachte Erweiterung des Kreises denkmalwürdiger Objekte, sondern um einen »sozialbewussten und urbanen« Denkmalbegriff,[354] der sich im Grunde auf die gesamte Disziplin »Denkmal-

---

350 Ebd., S. 367f.
351 Dies beobachtete auch Putz, Andreas: Wo Paul und Paula lebten. Zur Erhaltung und ›Rekonstruktion‹ des Baubestandes in der DDR, in: Mager/Trötschel-Daniels (Hg.): Rationale Visionen, 2019, S. 81–99.
352 Haase/Dau/Gysi u. a.: Die SED und das kulturelle Erbe, 1986, S. 370.
353 Scheurmann, Ingrid: Konturen und Konjunkturen der Denkmalpflege. Zum Umgang mit baulichen Relikten der Vergangenheit, Köln/Weimar/Wien 2018, S. 315–319; 254–261 zu den Erneuerungsforderungen an die Denkmalpflege in den 1960er- und 1970er-Jahren in der Bundesrepublik.
354 Sauerländer, Willibald: Erweiterung des Denkmalbegriffs?, in: Deutsche Kunst und Denkmalpflege 33 (1975), S. 117–130, S. 129.

pflege« erstreckte. Daher könnte man auch von einer Erweiterung des Denkmalpflegebegriffs und nicht nur von einer Erweiterung des Denkmalbegriffs sprechen, wie Sauerländer sein Referat genannt hatte. Sauerländer plädierte dafür, den Sinn der Denkmalpflege zu hinterfragen, und dafür, die Bewahrung von Erinnerung neu zu begründen,

> »und zwar nicht allein für unsere Wissenschaft, nicht allein für unser Geschichtsbild, sondern für Menschen und Bürger, welche die Bewahrung von Erinnerung, die sie begreifen können, vielleicht dankbar annehmen werden, wohingegen sie vor Denkmälern als dokumentierter Kunstgeschichte ratlos bleiben und wahrscheinlich in die Verweigerung flüchten müßten«.[355]

Sauerländer kritisierte die isolierte, vor allem kunsthistorisch angetriebene Bewahrungsstrategie der bundesrepublikanischen Denkmalpflege. Er forderte seine Kollegen auf, die Disziplin neu auszurichten. Denkmalpflege müsse auch als angewandte Sozialgeschichte agieren.[356] Er artikulierte mit diesen Forderungen auch Ideen, die in der Denkmalpflege in der DDR diskutiert wurden: Nur Objekte, die sozialverträglich sind, d. h. mit einer für die Menschen sinnvollen Nutzung versehen werden, können langfristig erhalten werden. Denkmalpflege ist sowohl Bestandteil von Kultur als auch des Alltags der Menschen. Durch die Erweiterung des Kultur- und Denkmalbegriffs könnte es gelingen, Kunst in den Alltag zu integrieren und damit die Denkmalpflege zu popularisieren. Diese Popularisierung strebte auch Sauerländer an. Die Akzeptanz für Denkmalpflege und ihre Objekte, die »Bewahrungsmotivation«[357] der Bevölkerung, könne nur steigen, wenn die Denkmale sozialverträglich in das Leben der Bevölkerung integriert würden. In der Bundesrepublik wurden die Forderungen Sauerländers kaum rezipiert.[358] In der DDR bot eben die Erweiterung des Kunstbegriffes in den Jahren 1971 und 1972 die Grundlage für eine Denkmalpflege, die nicht ausschließlich kunsthistorische Aspekte verfolgte.

Das kulturpolitische Klima hatte sich folglich seit dem Amtsantritt Honeckers verändert. Die ZK-Tagung im Juli 1972 gab den Anstoß für die Ausweitung und Veränderung des Kulturbegriffs. Beides trug dazu bei, die bereits im Gange begriffenen Entwicklungen in der Denkmalpflege zu begünstigen. Bereits Anfang des Jahres 1972 war die Entscheidung gefallen, ein Gesetz auszuarbeiten,[359] sodass die ZK-Tagung und die Ministerratssitzung vom 11. Oktober 1972 nicht als

---

355 Sauerländer: Erweiterung des Denkmalbegriffs?, 1975, S. 124.
356 Scheurmann: Konturen und Konjunkturen, 2018, S. 319.
357 Sauerländer: Erweiterung des Denkmalbegriffs?, 1975, S. 124.
358 Scheurmann: Konturen und Konjunkturen, 2018, S. 315–319, 254–261.
359 BArch, DY 27/4305, Blatt 1, Beschlussprotokoll der Beratung des Arbeitsausschusses des Zentralen Fachausschusses, 11.02.1972, wo Deiters berichtete, dass bereits ein erster Entwurf für ein Gesetz erarbeitet wurde.

Anlass für den Rechtsformwechsel und damit für die Verstärkung der Denkmalpflege als gesellschaftlichem Interesse gesehen werden können. Sie und ihre Beschlüsse boten aber dennoch einen fruchtbaren kulturpolitischen Boden, um die langjährigen Bemühungen um ein Gesetz im Bereich Denkmalpflege erfolgreich abzuschließen.

4.4. Vergleich zwischen Verordnungs- und Gesetzesentwürfen

Um zu verdeutlichen, welche Auswirkungen es im konkreten Fall hatte, dass sich die Rechtsform von der Verordnung zum Gesetz änderte, ist ein Vergleich zwischen den vorliegenden Entwürfen unterschiedlicher Rechtsform fruchtbar. Der Vergleich zwischen der letzten aufgefundenen Verordnung (8. Entwurf von vermutlich Ende 1971) und dem ersten aufgefundenen Gesetz (3. Entwurf von vermutlich Spätsommer 1972) ergab, dass es umfangreiche Anpassungen im rechtstechnischen Sinne gab, wohingegen sich die inhaltliche Ausrichtung der Denkmalpflege durch die veränderte Rechtsform nicht wesentlich änderte.

4.4.1 Vergleich materieller Aspekte

Die Präambeln glichen sich, ebenso wie alle ideologisch-politischen Aufträge an Denkmalpflege und Denkmale. Sie enthalten die allgemeinen Bekenntnisse des Staates und den Auftrag an alle gesellschaftlichen Kräfte, Denkmale zu erhalten und daran gemeinschaftlich zu arbeiten. Denkmale sollten so zur Wirkung gebracht werden, dass sie zur Bildung eines sozialistischen Geschichtsbewusstseins beitragen, sie sollten Bestandteil charakteristischer Orts- und Landschaftsbilder werden und über die Entwicklung der Produktivkräfte Auskunft geben.[360]

Der später noch weitreichender sprachlich veränderte Denkmalbegriff war nach der Umwandlung des Verordnungsentwurfs in einen Gesetzentwurf weiterhin unterteilt in Geschichtsdenkmale sowie Bau- und Kunstdenkmale. Den Geschichtsdenkmalen waren die Denkmale der politischen Geschichte, der Kulturgeschichte, Volkskunde sowie der Produktions- und Verkehrsgeschichte zugeordnet; unter Bau- und Kunstdenkmalen sollten Denkmale des Städtebaus, der Baukunst, der bildenden Kunst und des Kunsthandwerks sowie der Landschafts- und Gartengestaltung verstanden werden. Die Normen glichen sich wortwörtlich.[361] Ergänzt wurde im Gesetzentwurf, dass die Denkmaldefinitionen »ungeachtet der Eigentumsverhältnisse« gelten sollten. Möglicherweise ist dies ein Hinweis darauf, dass es durch die Gesetzesform möglich war, die durch den Denkmalschutz entstehenden möglichen Eingriffe in die Eigentümerpositionen auch auf Volkseigen-

---

360 § 1 II–V Verordnungsentwurf/§ 3 II–V Gesetzentwurf.
361 § 3 Verordnungsentwurf/§ 2 Gesetzentwurf.

tum zu erstrecken. Bei den Denkmalen der politischen Geschichte wurden im Gesetzentwurf »Erinnerungsmale« sowie »Gedenksteine und -tafeln« hinzugefügt. Verändert wurde darüber hinaus die Reihenfolge bei Bau- und Kunstdenkmalen: Denkmale der Landschafts- und Gartengestaltung rückten gegenüber der Verordnung von letzter an zweite Stelle, wodurch die nachfolgenden Denkmale der Baukunst und der bildenden sowie angewandten Kunst von der zweiten an die dritte bzw. von der dritten an die vierte Stelle rückten. Daraus ergab sich, dass nun unter Bau- und Kunstdenkmalen 1. Denkmale des Städtebaus, 2. Gartendenkmale, 3. Denkmale der Baukunst und 4. Kunstdenkmale erfasst werden sollten. Der Begriff »Baukunst« wurde hier noch beibehalten und erst im weiteren Verlauf des Jahres 1972 durch »Architektur« ersetzt.[362] Der Ensemblebegriff war in der dritten Version eines Verordnungsentwurfes bereits im Juli 1971 eingeführt worden.[363] Auch Umgebungsschutz wurde in beiden Entwürfen garantiert.[364]

Dass dem Minister für Kultur die kulturpolitischen und methodischen Grundfragen auf dem Gebiet der Denkmalpflege übertragen wurden, änderte sich ebenfalls nicht.[365] Auch die Klassifizierung der Denkmale auf drei Ebenen durch die zuständigen örtlichen Organe sowie die Tätigkeit des Instituts für Denkmalpflege wurden in beiden Entwürfen wortgleich kodifiziert.[366]

4.4.2 Vergleich formeller Aspekte

Umfassender waren die Veränderungen durch den Rechtsformwechsel auf rechtstechnischer Seite. Durch die Rechtsform Gesetz war es möglich, andere Gremien anzusprechen und stärker in die Rechtsposition der Eigentümer einzugreifen. In der Präambel des Gesetzentwurfes wurden im Unterschied zur Verordnung auch die Volksvertretungen in die Verantwortung genommen. Damit wurde aufgegriffen, was bereits vor der Neufassung 1961 diskutiert und von Jendretzky beanstandet worden war.[367] Dort, wo in der Verordnung noch die Räte der Bezirke, Kreise oder kreisfreien Städte für Erhaltung und Erschließung der Denkmale verantwortlich sein sollten, wurden im Gesetzentwurf ausdrücklich die örtlichen Volksvertretungen und ihre Organe in die Pflicht genommen.[368] Nur durch die Rechtsform eines Gesetzes war die Verpflichtung der örtlichen Volksvertretungen, und nicht ausschließlich der Räte, möglich. Wollte man also die örtlichen Volksvertretungen in die Verantwortung nehmen, reichte eine Verordnung nicht aus, ein Gesetz war zwingend notwendig. In der endgültigen Fassung des Denkmalpflegegesetzes

---

362 BLDAM Wünsdorf, L 9/7, (4.?) Entwurf, undatiert (vermutlich Herbst 1972).
363 BLDAM Wünsdorf, L 9/12, 3. Verordnungsentwurf, 29.07.1970.
364 § 7 II Verordnungsentwurf/§ 10 II Gesetzentwurf.
365 § 8 I Verordnungsentwurf/§ 5 II Gesetzentwurf.
366 Klassifizierung: §§ 6 I, II, 5 II Verordnungsentwurf/§ 9 IV, VI, V Gesetzentwurf; IfD: § 5 IV 2 Verordnungsentwurf/§ 9 I 2 Gesetzentwurf, § 8 III Verordnungsentwurf/§ 13 Gesetzentwurf.
367 Siehe S. 47; BArch, DR 1/8042, Blatt 108, Münzer an Bentzien, 04.05.1961.
368 §§ 9, 10 Verordnungsentwurf/§ 6 Gesetzentwurf.

wurde den örtlichen Volksvertretungen in § 2 die Verantwortung für die Denkmalpflege im Allgemeinen übertragen. Dass ihnen explizit Aufgaben zugewiesen wurden, wie es noch im Gesetzentwurf der Fall war, fand sich allerdings nicht mehr. Wie bereits im Entwurf der Verordnung wurden die Aufgaben auf die Räte der Bezirke und Kreise übertragen (§ 8 und § 9 DPG). Es ist daher nicht davon auszugehen, dass die Rechtsform des Gesetzes allein deshalb gewählt wurde, um die örtlichen Volksvertretungen in die Pflicht zu nehmen. Zwar wurden sie Gesetz erwähnt, waren aber letztlich nicht stärker eingebunden, als es noch die Verordnung vorsah. Umgekehrt scheint es so, dass die örtlichen Volksvertretungen angesprochen werden »mussten«, als die Entscheidung für die Rechtsform Gesetz gefallen war, um über sie ihre Organe, die Räte, zu adressieren.

Eine weitere Änderung betraf die Zuständigkeit des Ministerrates. Gemäß § 17 des Gesetzentwurfs war nun der Ministerrat und nicht mehr allein der Minister für Kultur für den Erlass der Durchführungsbestimmungen zum Gesetz verantwortlich. Hierbei wird deutlich, dass durch die Wahl der Gesetzesform Denkmalpflege zur »Chefsache« wurde. Das wird auch in § 5 des Gesetzentwurfs ausgedrückt, der schließlich im endgültigen § 6 Denkmalpflegegesetz aufging. Der Ministerrat sei für die zentrale staatliche Leitung und Planung der – im Gesetzentwurf noch sozialistischen – Denkmalpflege verantwortlich.

Ebenfalls eingeführt wurde eine Meldepflicht für Rechtsträger oder sonstige Verfügungsberechtigte sowie »Entdecker«, die schließlich in § 13 DPG kodifiziert wurde. Vermutete einer der dort Verpflichteten, dass es sich bei einem Objekt um ein Denkmal handelte, so musste er seine Vermutung melden. Im Entwurf sollte die Meldung noch an den zuständigen Bürgermeister ergehen, im § 13 DPG wurde dann der Rat des Kreises eingesetzt.

Das Gesetz ermöglichte auch, stärker in die Rechtspositionen der Eigentümer einzugreifen. Zwar sah auch der Verordnungsentwurf Rechte und Pflichten der Eigentümer vor;[369] Werkzeuge für die Denkmalpfleger, um den Pflichten bei Nichterfüllung Nachdruck zu verleihen, hielt die Verordnung allerdings nicht bereit. In § 14 des Gesetzentwurfs wurden indes Maßnahmen aufgenommen, die einer Enteignung gleichkamen. Dabei wurde zwischen den unterschiedlichen Eigentumsformen unterschieden. Befand sich das Denkmal im Volkseigentum und kam der Rechtsträger seinen Verpflichtungen zur denkmalgerechten Pflege des Objektes nicht nach, konnte vom zuständigen staatlichen Organ ein (entschädigungsloser) Rechtsträgerwechsel herbeigeführt werden. Das Denkmal konnte

---

369 Pflichten der Eigentümer: erhalten, pflegen, schützen, der Öffentlichkeit zugänglich machen, Denkmalschutzzeichen sichtbar anbringen, Rechtsträgerwechsel anzeigen;
Rechte der Eigentümer: sich in allen Fragen an die zuständigen örtlichen Organe, das IfD und die Ehrenamtlichen wenden, das Denkmal nutzen, bei öffentlichen Besichtigungen Eintrittsgelder erheben, staatliche Beihilfen beantragen, wenn sie ihren Pflichten nicht aus eigenen Mitteln nachkommen können, § 12 Verordnungsentwurf.

I. Impulse aus der Denkmalpflegerschaft

folglich auf einen anderen staatlichen Eigentümer übertragen werden. Eine Entschädigung war deshalb nicht nötig, weil das Objekt im Volkseigentum verbleiben würde. War das Objekt in privatem oder genossenschaftlichem Eigentum und seine Erhaltung »gefährdet«, so sollte es »gegen Entschädigung« in Volkseigentum überführt werden können. In § 12 Abs. 1 DPG war dieser mögliche Rechtsträgerwechsel schließlich kodifiziert.

Obwohl also das Gesetz nun die Grundlage für stärkere Eingriffe in die Rechtspositionen des Eigentümers, bis hin zur faktischen Enteignung, bot, veränderte sich der Umfang der Rechtsmittel, die der Betroffene gegen Maßnahmen nach dem Denkmalpflegegesetz erheben konnte, nicht. Einziges Rechtsmittel war die Beschwerde.[370] Sie bot die Möglichkeit verwaltungsinterner Kontrolle.[371] Anderer Verwaltungsrechtsschutz war in der DDR nicht vorgesehen.[372] Die Beschwerde konnte gegen Entscheidungen, die nach Maßgabe des Denkmalpflegegesetzes getroffen worden waren, sowie gegen Auflagen, die dem Denkmaleigentümer erteilt wurden, erhoben werden.[373] Dabei mussten die staatlichen Entscheidungen oder Maßnahmen den Beschwerdeführer betreffen oder »speziell an ihn

---

370 In der Bundesrepublik gibt es verschiedene Möglichkeiten, den Rechtsweg zu beschreiten, abhängig davon, wogegen sich der Betroffene wehrt. Gegen Maßnahmen der Verwaltung kann zunächst in der Regel Widerspruch eingelegt werden (zur Abschaffung des Widerspruchsverfahrens: Cancik, Pascale: Vom Widerspruch zum informalen Beschwerdemanagement. Siegt der »Verhandlungsstaat« über den »hoheitlichen Anordnungsstaat«?, in: Die Verwaltung 43 (2010), S. 467–499). Die Verwaltung hat im Widerspruchsverfahren die Möglichkeit, etwaige Fehler selbst zu korrigieren (»Selbstrevision«).
Eine Rechtsverordnung kann im Wege eines Normenkontrollverfahrens nach § 47 Verwaltungsgerichtsordnung (VwGO) angegriffen werden. Dem Betroffenen stehen – je nach Klagebegehren – unterschiedliche Klagearten vor Verwaltungsgerichten offen, beispielsweise eine Anfechtungsklage der Verwaltungsakte. Wurde der Rechtsweg erschöpft und fühlt sich der Betroffene noch immer durch die Maßnahme in seinen Rechten verletzt, kann er das Bundesverfassungsgericht im Rahmen einer (Urteils-)Verfassungsbeschwerde anrufen, die sich gegen die zuvor erwirkten Urteile richtet. Für einen Überblick insbesondere die §§ 20–30 in Ehlers, Dirk/Schoch, Friedrich (Hg.): Rechtsschutz im Öffentlichen Recht, Berlin 2009.
371 Lohmann, Ulrich: Zur Staats- und Rechtsordnung der DDR. Juristische und sozialwissenschaftliche Beiträge 1977–1996, Wiesbaden 2015, S. 42.
372 Zwischen 1969 und 1974 gab es die zusätzliche Möglichkeit, vor sogenannten Beschwerdeausschüssen, die bei den örtlichen Volksvertretungen auf Bezirks-, Kreis- und Stadtebene angesiedelt waren, Verwaltungsvorgänge durch Externen (also nicht an der zu überprüfenden Maßnahme beteiligten Organen) überprüfen zu lassen; Bernet, Wolfgang: Eingaben als Ersatz für Rechte gegen die Verwaltung in der DDR, in: Kritische Justiz 23 (1990), S. 153–161, S. 159–161. Damit hatte die DDR eine »neue, beachtenswerte Form der Drittentscheidung in Konflikten zwischen Bürger und Verwaltung gefunden«, urteilte Lohmann: Staats- und Rechtsordnung der DDR, 2015, S. 40. Genutzt wurde diese Möglichkeit allerdings selten (durchschnittlich 22-mal jährlich in den Stadtkreisen im Jahr 1970); Bernet: Eingaben als Ersatz für Rechte gegen die Verwaltung in der DDR, 1990, S. 160. Ins Leben gerufen wurden die Beschwerdeausschüsse durch einen Staatsratserlass (GBl. I 1969, Nr. 13, S. 239), der Art. 105 II Verfassung von 1968 ausfüllte. Dieser sah vor, dass Aufgaben und Recht der Beschwerdeausschüsse durch Erlass geregelt würden. Mit der Verfassungsänderung von 1974 wurde Art. 105 aufgehoben. Das 1975 verabschiedete Eingabengesetz sah die Beschwerdeausschüsse als weitere Instanz des Verwaltungsrechtsschutzes nicht mehr vor.
373 § 13 II Verordnungsentwurf/§ 15 II Gesetzentwurf.

gerichtet« sein.[374] Popularbeschwerden waren damit ausgeschlossen. Anders als letztendlich in § 14 DPG kodifiziert, sahen beide Entwürfe noch vor, dass die Beschwerde auch mündlich eingelegt werden könne. Dies entsprach wohl der gängigen Verwaltungspraxis und wurde von den Bürgern in zwei Dritteln aller Fälle auch genutzt.[375] Dass diese Möglichkeit in der endgültigen Fassung des Gesetzes gestrichen wurde, erhöhte wahrscheinlich die Hürden für Bürger, überhaupt eine Beschwerde einzulegen.

In beiden Entwürfen war darüber hinaus vorgesehen, dass die Beschwerde keine aufschiebende Wirkung haben solle. Die aufschiebende Wirkung eines Rechtsmittels führt dazu, dass in der Zeit bis zur Kontrolle bzw. Überprüfung der infrage stehenden Maßnahme, keine Tatsachen durch Vollzug geschaffen werden (sogenannter Suspensiveffekt). Die Maßnahme muss bis zur rechtlichen Entscheidung pausieren. Hätte die Beschwerde gegen eine denkmalpflegerische Auflage oder Entscheidung eines örtlichen Organs also keine aufschiebende Wirkung entfaltet, hätte sich dies nachteilig auf die Rechtsposition des Beschwerdeführers auswirken können. Eine aufschiebende Wirkung stärkte folglich seine Rechtsposition und war auch in der Mehrzahl anderer Rechtsvorschriften vorgesehen.[376] Ob sich eine aufschiebende Wirkung auch positiv auf das Denkmal auswirkt, hängt davon ab, ob der Beschwerdeführer für die Interessen des Denkmals streitet. Ist dies der Fall, streitet der Beschwerdeführer also für das Denkmal, etwa gegen eine Beseitigungsanordnung, profitiert auch das Denkmal von der aufschiebenden Wirkung, das im Beispiel nicht abgerissen werden dürfte, bis über die Rechtsmittel entschieden worden ist. Streitet der Beschwerdeführer gegen das Denkmal, etwa gegen eine Unterschutzstellung, dann widerspricht eine aufschiebende Wirkung den Interessen des Denkmals.

In diesem Fall ist auch der Vergleich zu den vorhergehenden Entwürfen der Verordnung, die aus dem IfD stammten, aufschlussreich: Dort war eine aufschiebende Wirkung vorgesehen. Davon ausgegangen, dass das IfD das Wohl des Denkmals im Blick hatte, spricht die Ausgestaltung des ursprünglichen Entwurfes dafür, dass seitens des IfD angenommen wurde, dass der Beschwerdeführer im Zweifel auf der Seite des Denkmals stand und die aufschiebende Wirkung so auch dem Denkmal zugutekomme. Nach der ersten Abstimmungsrunde zwischen den Ministerien, welcher der Entwurf der Verordnung in der zweiten Fassung vom Mai 1971 zugrunde lag, wurde die Passage verändert. Ab dem dritten Verordnungsentwurf war keine aufschiebende Wirkung mehr vorgesehen. Erst nachdem das Ministerium für Kultur den dann schon mindestens vierten Gesetzentwurf im Herbst 1973 erneut vorgelegt bekam, erfolgte die Rückkehr zur ursprünglichen

---

374 Akademie für Staats- und Rechtswissenschaften der DDR: Staatsrecht, 1977, S. 488.
375 Lohmann: Staats- und Rechtsordnung der DDR, 2015, S. 44, unter Berufung auf eine Mikrostudie von Bernet.
376 Lohmann: Staats- und Rechtsordnung der DDR, 2015, S. 44.

I. Impulse aus der Denkmalpflegerschaft

Vorschrift. In der Fassung mit Korrekturen nach der Dienstbesprechung beim Minister für Kultur am 20. November 1973 wurde die Vorschrift in ihre ursprüngliche Form von April/Mai 1971 zurückversetzt. In § 14 Abs. 5 S. 1 DPG hatte die Beschwerde letztendlich aufschiebende Wirkung. Möglicherweise schwächte dies zwar in einzelnen Situationen die Position des Denkmals, stärkte aber in jedem Fall die Rechtsposition des Beschwerdeführers.

Die Bestimmungen zu den Ordnungsstrafmaßnahmen wurden wortgleich vom Verordnungsentwurf in den Gesetzentwurf übernommen. Ein Absatz wurde ergänzt. Er sah vor, dass der Minister für Kultur oder das zuständige staatliche Organ vom Rechtsträger Wertersatz zugunsten des Denkmalpflegefonds fordern könne, wenn das Denkmal durch den Rechtsträger vernachlässigt, beseitigt oder verändert worden und dadurch ein Verlust für den nationalen Kulturbesitz eingetreten war. In der letztendlichen Fassung des Gesetzes findet sich dieser Absatz allerdings nicht.

4.5. Hürde: Ministerrat, 1973

Fast zwei Jahre waren seit dem ersten Entwurf für eine neue Denkmalschutzverordnung vergangen, als dem Ministerrat am 6. Februar 1973 das Denkmalpflegegesetz zur Entscheidung vorgelegt wurde.[377] Doch erneut entschied dieser nicht in der Sache, sondern reichte den Entwurf am 26. Februar 1973 an das Ministerium für Kultur zurück.[378]

Anfang Februar 1973 war Gysi als »außerordentlicher und bevollmächtigter Botschafter« nach Rom berufen worden, seine Nachfolge trat Hans-Joachim Hoffmann an.[379] Die Vorlage des Denkmalpflegegesetzes an den Ministerrat muss eine der ersten Amtshandlungen Hoffmanns gewesen sein, da er erst wenige Tage zuvor sein Amt überhaupt aufgenommen hatte. Hoffmann war seit 1972 Leiter der Abteilung Kultur beim ZK der SED.[380] Er passte »dennoch nicht in das Bild des tumben SED-Bürokraten«, äußerte *Der Spiegel*, als Hoffmann 1994 im Alter von

---

377 BArch, DC 20/16132, Blatt 82, Beschluss über den Entwurf des Gesetzes, 06.02.1973.
378 BArch, DC 20/16132, Blatt 1, Zurückgegebene und zurückgezogene Beschlussvorlagen, 26.02.1973.
379 *Der Spiegel* mutmaßte zwar, dass der »Parade-Intellektuelle«, der fließend Französisch spreche und darüber hinaus in Paris studiere habe, wohl in Frankreich Botschafter würde, aber tatsächlich war Rom erster Einsatzort Gysis; o. A., Berufliches: Klaus Gysi, Der Spiegel 6/1973, S. 124.
380 Hans-Joachim Hoffmann (1929–1994), ab 1945 Mitglied der KPD/SED, 1966–1971 Sekretär für Agitation und Propaganda, dann für Wissenschaft, Volksbildung und Kultur, 2. Sekretär der SED-Bezirksleitung Leipzig, 1972/1973 Leiter der Abteilung Kultur des ZK der SED, ab 1973 Minister für Kultur, Barth, Bernd-Rainer/Mestrup, Heinz: »Hans-Joachim Hoffmann«, in: Müller-Enbergs/Wielgohs/Hoffmann/Herbst/Kirschey-Feix (Hg.): Wer war wer in der DDR? Ein Lexikon ostdeutscher Biographien, Berlin 2010, https://www.bundesstiftung-aufarbeitung.de/de/recherche/kataloge-datenbanken/biographische-datenbanken/hans-joachim-hoffmann?ID=1451 (letzter Abruf: 05.10.2021).

64 Jahren verstarb.[381] Mit ihm war »einer von den Liberalen« in ein hochrangiges Amt gekommen,[382] was sich spätestens 1988 offenbarte: Hoffmann unterstützte offen Michail Gorbatschows Kurs der Perestroika und äußerte sich in einem Interview mit der bundesrepublikanischen Zeitschrift *Theater heute* dahingehend, dass es eine »Öffnung nach innen« geben müsse, er plädierte für Veränderungen und für die Abschaffung der Zensur. Sein während dieses Interviews getätigter Ausspruch »Das Sicherste ist die Veränderung!« wurde von seiner Frau späterhin als Titel für einen posthumen Erinnerungsband an ihn ausgewählt. Auch der Untertitel des Bandes, Hoffmann sei ein »häufig verdächtigter Demokrat« gewesen, drückt dessen Einstellung zur Reformbedürftigkeit der (mindestens späten) DDR sowie seine außergewöhnliche Stellung im politischen Regime des Staates aus.[383] Er stand, so Deiters 2014, für »ein gutes menschliches Klima im Kulturbereich ein, für gegenseitigen Respekt und kollegiale Zusammenarbeit. […] So stärkte er uns den Rücken und ließ uns an seiner großen Autorität gegenüber den Staats- und Parteiorganen teilhaben.«[384]

Wie schon beim Wechsel von Abusch zu Bentzien, musste der Neue im Amt eine bereits langwierig vorbereitete Novelle der Rechtsgrundlagen in der Denkmalpflege weiter vorantreiben. Auch hier wird deutlich, dass nicht die personellen Wechsel, sondern vor allem die personellen Kontinuitäten eine bedeutende Rolle im Entstehungsprozess spielten. Hoffmann wurde zu einer Zeit involviert, als die Diskussionen um den Regelungsgegenstand bereits seit acht Jahren geführt wurden und mehrfach bereits Entwürfe aufgrund von fachlichen Impulsen entstanden waren.

Warum der Entwurf nicht bereits 1973 vom Ministerrat angenommen und an die Volkskammer weitergereicht wurde, geht aus den Akten nicht hervor. Ein Vergleich mit dem nachfolgenden Entwurf und die dortigen Änderungen lassen vermuten,[385] dass der Ministerrat mehr Kontrolle über die Denkmalpflege ausüben wollte und mit der Zuweisung einiger Kompetenzen an den Minister für Kultur nicht einverstanden war. Im nächsten Entwurf wurde dem Ministerrat die zentrale staatliche Leitung und Planung der Denkmalpflege übertragen, dem Minister für Kultur blieb nur, die »vom Ministerrat gestellten Aufgaben« zu verwirklichen. Diese Aufgabenverteilung wurde auch in das verabschiedete DPG übernommen

---

381 O. A., Gestorben: Hans-Joachim Hoffmann, Der Spiegel 31/1994, S. 176.
382 Zum Sammelband, in dem sich Künstler und Kulturschaffende zu Hoffmann äußern: »Künstler geben Nachhilfe zur DDR«, Berliner Kurier vom 02.06.2003, https://www.berliner-kurier.de/kuenstler-geben-nachhilfe-zur-ddr-21859372 (letzter Abruf: 02.02.2019).
383 Malycha/Winters: Geschichte der SED, 2009, S. 318, zu dem Interview mit *Theater heute*; o. A.: Gestorben: Hans-Joachim Hoffmann; Erinnerungsband: Hoffmann, Gertraude/Höpcke, Klaus: »Das Sicherste ist die Veränderung.« Hans-Joachim Hoffmann, Kulturminister der DDR und häufig verdächtigter Demokrat, Berlin 2003.
384 Deiters: Erinnerungen und Reflexionen, 2014, S. 37.
385 BLDAM Wünsdorf, L 9/18, Entwurf, Fassung mit Korrekturen nach der Dienstbesprechung beim Minister für Kultur am 20.11.1973.

(§ 6, § 7 DPG). Nicht in die endgültige Fassung des Gesetzes übernommen wurden hingegen die anderen weitreichenden Kompetenzen, die dem Ministerrat nach dem neuen Entwurf übertragen werden sollten. Anders als im eingereichten Entwurf von Februar 1973 sollte nicht mehr der Minister für Kultur, sondern der Ministerrat für Planung, Finanzierung und Bilanzierung zuständig sein. Dies konnte sich jedoch nicht durchsetzen und wurde letztendlich in § 7 DPG wieder dem Minister für Kultur übertragen. Möglicherweise hatte Hoffmanns Autorität diesen Verlust von Kompetenzen an den Ministerrat verhindert.

In den allgemeinen Denkmalbegriff wurde aufgenommen, dass nur Denkmal ist, was »staatlich« zum Denkmal erklärt wurde. Anscheinend war auch zu diesem Zeitpunkt ungeklärt, welches Organ die Denkmalerklärung vornehmen sollte. Der Denkmalbegriff wurde weniger stark ausdifferenziert und die ausdrückliche Zweiteilung zwischen Geschichts- und Bau- sowie Kunstdenkmalen aufgegeben. Die den einzelnen Denkmalgattungen zugewiesenen Aufgaben wurden in einem neuen § 1 als allgemeine Ziele der Denkmalpflege formuliert.

Eine weitere Änderung betraf die Bezirks- und Kreisebene. Hier wurde die Verantwortung von den örtlichen Volksvertretungen abgezogen und lediglich den Räten der Bezirke und Kreise (als Organen der Volksvertretungen) zugewiesen, was sich letztendlich durchsetzte. Verändert wurde außerdem, dass die Beschwerde nur noch schriftlich eingelegt werden könne, sowie dass sie (nun doch wieder) aufschiebende Wirkung entfalten sollte.

Parallel zu den Arbeiten am Gesetzentwurf brachte der neue Minister nach gut einjähriger Amtszeit am 22. März 1974 einen weiteren Entwurf für eine Ministerratsvorlage ein, in der über »Maßnahmen zur weiteren Entwicklung der Denkmalpflege in der Deutschen Demokratischen Republik« entschieden werden sollte. Diese Vorlage sollte »parallel zur Beschlußfassung über das Denkmalpflegegesetz konkrete staatliche Maßnahmen« festlegen, »um den weiteren Verfall des bedeutenden Denkmalbestandes zu verhindern und diese Kulturgüter in immer breiterem Maße den Werktätigen zugänglich zu machen«.[386] Soweit ersichtlich, wurde diese geplante Vorlage nicht vom Ministerrat verhandelt, sie verdeutlicht allerdings, wie nachdrücklich sich Hoffmann der angedachten Verbesserungen in der Denkmalpflege annahm und darüber hinaus, wie dringend diese inzwischen geboten waren. Denn in all den Jahren des Ringens um Regelungen musste die praktische Denkmalpflege an den Objekten weitergehen, auch wenn die Rechtsgrundlagen sowohl unzureichend ausgestaltet waren als auch unzureichend befolgt wurden.

386 BArch, DR 1/10459, Leihkauf an Hoffmann, 24.04.1974.

4.6. In der Volkskammer, 1975

4.6.1 Der geregelte Gang

Am 16. Januar 1975 beschloss der Ministerrat, sowohl der Volkskammer als auch dem Politbüro den Entwurf des Gesetzes zur Erhaltung der Denkmale in der DDR vorzulegen.[387] Die Vorlage für das Politbüro wurde am 26. März 1975 ausgearbeitet.[388] Nachdem eine Gesetzesvorlage in die Volkskammer eingebracht wurde, sah die Verfassung vor, diese in ihren Ausschüssen zu beraten. Das Präsidium der Volkskammer beschloss auf seiner Sitzung am 16. Mai 1975, den Gesetzentwurf dem Kulturausschuss, dem Rechts- und Verfassungsausschuss und dem Ausschuss für Industrie, Bauwesen und Verkehr zuzuleiten.[389] Es war die Regel, dass Gesetzesentwürfe in mehreren Ausschüssen beraten wurden.[390] Die Ausschüsse legten im Anschluss an ihre Beratungen dem Plenum ihre Auffassungen vor (Art. 65 Abs. 2 Verf.-74). Aufgabe der Ausschüsse war es, in »enger Zusammenarbeit mit den Wählern die Gesetzentwürfe zu beraten und die Durchführung der Gesetze im gesellschaftlichen Leben zu kontrollieren« (Art. 61 Abs. 1 S. 2 Verf.-74).[391] Wichtig war dabei, dass der Vorsitzende sowie die Mitglieder des Ministerrates zwar Mitglieder der Volkskammer sein konnten (und dies in den meisten Fällen auch waren),[392] allerdings nicht Mitglieder von Volkskammerausschüssen sein durften.[393] Die Mitglieder der Ausschüsse hatten das Recht, die Anwesenheit bestimmter Minister zu verlangen; diese wiederum waren den Abgeordneten gegenüber auskunftspflichtig.[394] Dies waren grundsätzlich gute Voraussetzungen für kritische Diskussionen. Auch der in der Bundesrepublik tätige Politologe Lapp bemerkte, dass es

> »in den Ausschusssitzungen [...] nach wie vor auch zu sehr kritischen Auseinandersetzungen zwischen Abgeordneten und Mitgliedern des MR [Ministerrates] über das Wie der durchzuführenden Maßnahmen, allerdings hinter verschlossenen Türen [kommt]. Die Protokolle der Ausschüsse werden nicht in der Öffentlichkeit zugänglich gemacht.«[395]

---

387 BArch, DY 30/J IV/2/2A, Blatt 126, Beschluss zum Entwurf des Denkmalpflegegesetzes, 16.01.1975. Der Ministerrat hatte nach der Verfassungsnovelle von 1974 in Art. 77 Verf.-74 die ausdrückliche Kompetenz erhalten, der Volkskammer Entwürfe für Gesetze zuzuleiten: Art. 77: »Der Ministerrat arbeitet die zu lösenden Aufgaben der staatlichen Innen- und Außenpolitik aus und unterbreitet der Volkskammer Entwürfe von Gesetzen und Beschlüssen.« Dies war allerdings keine neue Kompetenz: Schon in der Verfassung von 1949 war in Art. 82 vorgesehen, dass Gesetzesvorlagen auch von der Regierung eingebracht werden konnten.
388 BArch, DY 30/J IV/2/2A, Blatt 125, Vorlage für das Politbüro des ZK der SED, 26.03.1975.
389 BArch, DA 1/12725, Präsidiumssitzung, 16.05.1975.
390 Akademie für Staats- und Rechtswissenschaften der DDR: Staatsrecht, 1977, S. 335.
391 Ebd., S. 333.
392 Lapp, Peter Joachim: Der Ministerrat der DDR. Arbeitsweise und Struktur der anderen deutschen Regierung, Opladen 1982, S. 52.
393 Akademie für Staats- und Rechtswissenschaften der DDR: Staatsrecht, 1977, S. 334.
394 Lapp: Ministerrat, 1982, S. 50.
395 Ebd.

Zwar hatten die Ausschüsse formal das Recht, Gesetzesentwürfe zu beraten und damit dem Grunde nach auch, Veränderungen vorzunehmen. Tatsächlich nahmen sie jedoch kaum Einfluss auf die Gesetze.[396] Dass auch dem Gesetzentwurf zum Denkmalpflegegesetz »evtl. unter Berücksichtigung der beschlossenen Änderungen« zugestimmt werden würde, wurde schon einen Tag vor der Ausschusssitzung des Rechts- und Verfassungsausschusses im vorgefertigten Protokoll vermerkt.[397]

Das Debattieren und Verändern der Gesetzentwürfe war auch nicht vorrangige Aufgabe der Ausschüsse. In diesem Punkt unterschieden sich die parlamentarischen Systeme der Bundesrepublik und der DDR elementar voneinander. Die Ausschüsse sollten an der Vorbereitung der Volkskammertagungen teilnehmen, Empfehlungen über den Ablauf der Tagungen an das Volkskammerpräsidium abgeben, Gesetzentwürfe beraten, zu den ihnen überwiesenen Vorlagen Stellung nehmen, die Durchführung von Gesetzen durch Ministerien und andere zentrale Staatsorgane sowie durch örtliche Volksvertretungen, Betriebe, Genossenschaften und sonstige Einrichtungen kontrollieren und dem Ministerrat oder Staatsrat neue Vorschläge unterbreiten. Die Ergebnisse der Ausschussarbeit sollten dazu dienen, die Durchführung von Gesetzen besser einzuschätzen sowie an Informationen über Probleme in den Wahlkreisen, Betrieben und Wohngebieten zu gelangen.[398] Die Ausschüsse stellten damit eher ein Bindeglied zwischen Volkskammer, Ministerrat und Bevölkerung dar, Elsner spricht insofern von einer »Brücke des Vertrauens« zwischen den Bürgern auf der einen und den staatlichen Institutionen auf der anderen Seite.[399]

Der Ausschuss für Kultur beriet sich eingehend am 29. Mai 1975 zum Denkmalpflegegesetz.[400]

4.6.2 Diskussionen im Ausschuss für Kultur

Doch noch bevor feststand, dass der Ausschuss für Kultur den Gesetzentwurf überhaupt vom Präsidium der Volkskammer zugeleitet bekäme,[401] wurde im Entwurf für den Arbeitsplan des Ausschusses für Kultur der Volkskammer der DDR für das 1. Halbjahr 1975 vorgesehen, »Probleme der Denkmalpflege« zu besprechen. Der Kulturausschuss, dem auch der Kulturbundfunktionär Karl-Heinz Schulmeister angehörte, befasste sich folglich aus eigenem Antrieb und zunächst unabhängig vom Gesetzentwurf, wohl aber in Erwartung des ausgearbeiteten Entwurfs, mit der Neufassung des Denkmalpflegegesetzes. Schulmeister attestierte dem Ausschuss am Zustandekommen des Denkmalpflegegesetzes »besonders

---

396 Lapp: Volkskammer, S. 155; Lapp: Ministerrat, 1982, S. 50.
397 BArch, DA 1/12725, Ablaufplan für die Sitzung der Arbeitsgruppe am 12. Juni 1975, S. 5, 11.06.1975.
398 Akademie für Staats- und Rechtswissenschaften der DDR: Staatsrecht, 1977, S. 334–336.
399 Elsner: ›Operative Arbeitsgruppeneinsätze‹ der DDR-Volkskammer, 1999, S. 64.
400 BArch, DA 1/11732, Sten. Protokoll des Volkskammerausschusses für Kultur, 29.05.1975.
401 BArch, DA 1/11730, Protokoll, S. 65, 10.02.1975.

großen Anteil«, er habe sich »besonders intensiv und dauerhaft« mit Fragen der Denkmalpflege beschäftigt.[402] Der Ausschuss für Kultur tagte 20- bis 30-mal pro Wahlperiode und gehörte damit zu den sehr aktiven Ausschüssen.[403]
Am 10. Februar 1975 kam der Ausschuss schließlich zusammen, um über Probleme in der Denkmalpflege unterrichtet zu werden. Dazu hielt Deiters einen etwa 90-minütigen Vortrag zum Stand der Denkmalpflege in der DDR.[404] Er erläuterte das verwaltungsorganisatorische System und die beiden vorangegangenen Rechtsgrundlagen. Sie hätten grundsätzlich gute Dienste geleistet, nunmehr sagten sie aber zu wenig aus über die kulturpolitische Zielsetzung der Aktivität zur Denkmalpflege, »die wir heute brauchen«.

Sodann sprach er die internationale Dimension der Denkmalpflege an, erläutert das institutionelle Netzwerk von ICOMOS und UNESCO. Schnell kam er auch auf die Schwächen der Denkmalpflege in westeuropäischen Ländern zu sprechen, wo beobachtet werden könne, dass insbesondere die Jugend sich für die Pflege des kulturellen Erbes einsetzte, um die Missstände dort anzuprangern. Um die Versäumnisse auf dem Gebiet der Erberezeption aufzuholen, hätten die neun Kulturminister in Straßburg (beim Europarat) beschlossen, »das Jahr 1975 zum Architekturerbejahr auszurufen«. Deiters bezog sich hier auf den Beschluss des Europarates, im Jahr 1975 eine langangelegte Kampagne enden zu lassen, an der sich alle Mitgliedsländer des Europarates, aber auch andere Länder beteiligen sollten, um der Pflege des baukulturellen Erbes mehr Aufmerksamkeit zu verschaffen.[405] Wie auch andere sozialistische Länder, hatte die DDR allerdings beschlossen, an der Abschlussausstellung in Amsterdam sowie an den zahlreichen Veranstaltungen, die unter dem Motto »Eine Zukunft für unsere Vergangenheit« im Laufe der Jahre 1973 bis 1975 stattfinden sollten, nicht offiziell teilzunehmen. Darüber hinaus gab es offiziell keine Verbindung der Verabschiedung des Denkmalpflegegesetzes in der DDR zum vom Europarat ausgerufenen Europäischen Denkmalschutzjahr. Dass Deiters allerdings nach jahrelangen Verhandlungen auf diesem Gebiet vor dem Volkskammerausschuss der internationalen Dimension der Denkmalpflege so viel Raum einräumte, ist bezeichnend für die Triebkraft, die die internationale Systemkonkurrenz auch in diesem Bereich entfaltete. Nachdem zum damaligen

---

402 Schulmeister, Karl-Heinz: Ausschussarbeit am Beispiel des Kulturausschusses, in: Roland Schirmer/Werner Patzelt (Hg.): Die Volkskammer der DDR. Sozialistischer Parlamentarismus in Theorie und Praxis, Wiesbaden 2002, S. 215–226, S. 218.
403 Es gab 15 Ausschüsse, die unterschiedlich aktiv waren. Mit 30 Sitzungen in der 5. Wahlperiode gehörte der Ausschuss für Kultur zum Kreis der aktiven Ausschüsse, wohingegen beispielsweise der Ausschuss für Auswärtige Angelegenheiten nach seiner Bildung kaum zusammentrat, Bundesarchiv: Volkskammer der DDR, Teil 12: Ausschüsse der Volkskammer, DA 1, 1949–1990, bearbeitet von Roswitha Schröder, Berlin 2013, http://www.argus.bstu.bundesarchiv.de/DA-1-62638/index.htm (letzter Abruf: 05.10.2021).
404 BArch, DA 1/11730, Protokoll, S. 36–65, 10.02.1975. Alle folgenden Zitate sind, soweit nicht anders gekennzeichnet, aus dieser Rede.
405 Siehe S. 168.

Zeitpunkt bereits seit zwölf Jahren über die Neuordnung der Denkmalpflege und ihrer Rechtsgrundlagen diskutiert worden war, präsentierte Deiters – kurz vor dem Ziel – nun das schlagende Argument zuerst, ohne explizit zu werden: Durch den Verweis auf die Tätigkeiten anderer Ländern im Rahmen des Europäischen Denkmalschutzjahres verdeutlichte er, dass der Erlass des Denkmalpflegegesetzes noch im selben Jahr stattfinden müsse, damit die DDR im Wettbewerb der Systeme konkurrenzfähig bleiben könne. Zu einer weiteren Verzögerung, wie sie zuletzt 1970 wegen der fehlenden Zuständigkeit des Ministerrates eingetreten war, dürfe es keinesfalls kommen. Deiters erwähnte die internationale Dimension »so ausführlich, weil eine gewisse Propagandawelle rollt, deren humanistischen Kern man kennen, aber auch deren merkwürdige Hintergründe man begreifen muß«.[406]

Er erläuterte, dass die neue gesetzliche Grundlage »nicht aus dem Nichts« erschaffen wurde, vielmehr sei sie »erwachsen aus der politischen Aufgabenstellung, aber auch aus den Formen der entwickelten staatlichen und gesellschaftlichen Arbeit und sie ist erwachsen aus der denkmalpflegerischen Praxis«.[407]

Drei Monate nach Deiters' Auftritt, beriet sich der Ausschuss für Kultur am 29. Mai 1975 zum Denkmalpflegegesetz.[408] Nur drei Wochen später wurde das Denkmalpflegegesetz von der Volkskammer verabschiedet. Der zeitliche Rahmen für etwaige Änderungen war denkbar knapp bemessen, was von den Ausschussmitgliedern auch kritisiert wurde und offensichtlich in dieser Form nicht üblich war.

In Vorbereitung auf diese Beratung waren im Ausschuss sogenannte Arbeitsgruppen eingesetzt worden, die sich in den Wahlkreisen vor Ort über die Probleme in der Denkmalpflege informieren sollten.[409] Diese gängige Praxis in den Volkskammerausschüssen war verfassungsrechtlich nicht verankert. Allerdings regelte § 35 Abs. 3 der Geschäftsordnung der Volkskammer, dass die Ausschüsse

---

406 BArch, DA 1/11730, Protokoll, S. 46, 10.02.1975.
407 Ebd., S. 59.
408 BArch, DA 1/11732, Sten. Protokoll des Volkskammerausschusses für Kultur, 29.05.1975. Von 25 Ausschussmitgliedern fehlten bei der Beratung acht, davon fünf, die zur Sitzung nach Berlin hätten anreisen müssen.
409 BArch, DA 1/11730, Entwurf Arbeitsplan des Ausschusses für Kultur der Volkskammer der DDR für das 1. Halbjahr 1975, S. 2 f.; BArch, DA 1/11732, Sten. Protokoll des Volkskammerausschusses für Kultur, S. 1, 29.05.1975. Die Arbeitsgruppeneinsätze kamen zu der Arbeit der Volkskammerabgeordneten in den Tagungen der Ausschüsse hinzu. Sie dauerten oft mehrere Tage. Die Mitglieder der Arbeitsgruppen nutzten sie, um an verschiedene Orte ins Land zu reisen und mit den Bürgern ins Gespräch zu kommen. Diese Tätigkeit zeuge von einer »unvermutete[n] Problemnähe und Lebensverbundenheit jener obersten sozialistischen Vertretungskörperschaft«, so das überraschte Urteil von Elsner: ›Operative Arbeitsgruppeneinsätze‹ der DDR-Volkskammer, 1999, S. 30. Lapp: Ministerrat, 1982, S. 51 f., meinte, es handele sich lediglich um »sporadische Arbeitseinsätze von ›Arbeitsgruppen‹ bestimmter Ausschüsse in der Provinz«. Allein der Ausschuss für Kultur fuhr allerdings zweimal zwischen Februar 1975 und Juni 1975 zu Arbeitsgruppeneinsätzen in die Wahlkreise, um zu Problemen der Denkmalpflege mit den Bürgern Kontakt zu suchen, BArch, DA 1/11732, Sten. Protokoll des Volkskammerausschusses für Kultur, S. 1, 29.05.1975.

»zur Erfüllung ihrer Aufgaben Arbeitsgruppen bilden« konnten.[410] Zweimal fuhren die Mitglieder dieser Arbeitsgruppen zwischen Februar 1975 und Juni 1975 in die Wahlkreise, um sich vor Ort ein Bild von den Problemen der Denkmalpflege zu machen.[411]

In einer dreieinhalbstündigen Sitzung diskutierten die Ausschussmitglieder, in Anwesenheit des stellvertretenden Ministers für Kultur, Werner Rackwitz, sowie Deiters' und Wagenbreths, den Gesetzentwurf. Ihre Kritik war deutlich. Sie betraf vor allem die konkrete Ausgestaltung einiger Aufgaben.[412] So wurde gefragt, wie der Minister für Kultur seiner in § 7 festgelegten »Verantwortung« denn nachkomme und wie die Beziehung zu den anderen Ministerien ausgestaltet werden solle. Denn der Minister für Kultur allein, da waren sich die Ausschussmitglieder einig, könne die Situation in der Denkmalpflege nicht verbessern. Eine Zusammenarbeit mit den Industrieministerien und ein Verständnis der dortigen Minister für denkmalpflegerische Anliegen sei vonnöten. Dieses Verständnis und eine entsprechende Mitarbeit verlangte das Denkmalpflegegesetz jedoch nicht. Vielmehr übertrug es allein dem Minister für Kultur die Verantwortung, ohne diesem konkrete Handlungsmöglichkeiten anzubieten. Auch dass bereits die Definition des Denkmals in § 3 auf die notwendige Denkmalerklärung Bezug nahm, wurde kritisiert. Damit erhielten die Ratsmitglieder des Kreises, die die Denkmalerklärung aussprachen, die Deutungshoheit über den Denkmalbestand. Und gerade in den Kreisen und Bezirken wirkten Denkmalpflege und Ratsherren oft nicht zusammen, wie einige Ausschussmitglieder aus ihren Wahlkreisen zu berichten wussten. Darüber hinaus seien in § 2 die örtlichen Volksvertretungen zwar erwähnt, im weiteren Text des Gesetzes würden ihnen aber keine weitere Aufgaben zugeschrieben. Die Ausschussmitglieder entdeckten somit sofort die Stellen, an denen im Verlauf der Bearbeitung Kompromisse und Überarbeitungen vorgenommen worden waren. Die geringe Geldstrafe in Höhe von 10 bis 300 Mark bei Verstößen gegen das Gesetz wurde kritisiert, sie mache den Verstoß gegen die Melde- und Aufsichtspflicht zu einem »Kavaliersdelikt«; bei »Rot über die Kreuzung« zu fahren koste mehr, als fahrlässig ein Barockschloss zu zerstören, empörten sich die Ausschussmitglieder.

Auch der Ablauf des Gesetzgebungsverfahrens wurde kritisiert: Es sei bedauerlich, dass die Ausschussmitglieder keine Gelegenheit gehabt hätten, sich »zeitiger und somit gründlicher« auf die Materie vorzubereiten. Zu diesem Zeitpunkt noch Veränderungen vorzunehmen, sei doch hoffnungslos. Die Ausschussmitglieder wussten aus »langjähriger Praxis, wie schwer es der Minister hat, so weit ausgreifende Interessen in der Gesellschaft zu wahren«. Ernüchterter Tenor war deshalb, dass die ausgedrückte Kritik sowie Verbesserungsvorschläge vor allem in die aus-

---

410 Geschäftsordnung der Volkskammer vom 07.10.1974, GBl. I 1974, Nr. 50, S. 469.
411 BArch, DA 1/11732, Sten. Protokoll des Volkskammerausschusses für Kultur, S. 1, 29.05.1975.
412 Ebd., S. 12–28.

zuarbeitenden Durchführungsbestimmungen eingearbeitet werden müssten. Der Abgeordnete Hans Rodenberg konstatierte:

> »Der Gesetzesentwurf hat eine lange Geschichte. So wie er jetzt vorliegt, ist er im Prinzip natürlich richtig. Das kann man nur begrüßen. Jetzt kommt es meiner Meinung nach entscheidend auf die Durchführungsbestimmungen an, was wie konkretisiert wird, so daß keine Mißverständnisse mehr möglich sind und vor allen Dingen auch die Frage: wer – wen? nicht immer wieder gestellt werden muß.«[413]

Rackwitz nahm zu den Kritikpunkten im Anschluss Stellung. Er verteidigte den Entwurf, nicht ohne nochmals darauf hinzuweisen, dass ihm »sehr viele und langwierige Diskussionen« vorausgegangen seien und der Entwurf die Vorstellungen nicht nur des Ministeriums für Kultur, sondern auch anderer Staatsorgane und Gremien berücksichtige.[414] Er wolle nicht verschweigen, hätte das in diesem Kreis allerdings wohl kaum betonen müssen, dass »manche Initiativen des Ministers gegenüber anderen zentralen Staatsorganen kein Echo fanden«.[415]

Nach zwölf Jahren Arbeit an einer neuen Ordnung in der Denkmalpflege, nach vier Jahren Entwurfsarbeit und unzähligen Diskussionen lag nun mit dem Gesetz wiederum ein Dokument vor, das weder materiell noch formell hinreichend konkret genug ausgestaltet war, um in der denkmalpflegerischen Praxis zu bestehen und tatsächliche Verbesserungen für den Denkmalschutz in der DDR herbeizuführen. Noch bevor das Gesetz erlassen wurde, war klar, dass es durch weitere Vorschriften ergänzt und erklärt werden müsste. Darüber hinaus war den Ausschussmitgliedern bewusst, dass sie in nächster Zukunft kein weiteres Denkmalpflegegesetz ausarbeiten würden: »Das Gesetz ist nicht nur ein Gesetz für ein Jahr.«[416] Die konkreten Änderungsvorschläge des Ausschusses fanden keinen Eingang in das Gesetz mehr.

Auch im Rechts- und Verfassungsausschuss wurde das Denkmalpflegegesetz beraten. Auch dort trat vor der eigentlichen Ausschusssitzung eine Arbeitsgruppe »Denkmalpflegegesetz-Entwurf«, bestehend aus drei Personen,[417] zusammen, die aus der Mitte des Ausschusses gebildet wurde. Sie prüfte den Gesetzentwurf und empfahl dem Rechts- und Verfassungsausschuss in dessen Sitzung am 12. Juni 1975 schließlich die Annahme des Gesetzentwurfes. Diskutiert wurde vor allem die Übereinstimmung des Beschwerdeverfahrens mit dem Gesetz über Rechtsmittel,

---

413 BArch, DA 1/11732, Sten. Protokoll des Volkskammerausschusses für Kultur, Abgeordneter Hans Rodenberg, S. 43, 29.05.1975.
414 Ebd., Rackwitz, S. 53 f.
415 Ebd., Rackwitz, S. 59.
416 Ebd., Rodenberg, S. 43.
417 Die Leitung hatte Richard Wilhelm (Magdeburg) inne, Ursula Steinert (Karl-Marx-Stadt) und Siegfried Mohr (Berlin) waren Mitglieder, Werner Rackwitz und Ludwig Deiters Gäste der Arbeitsgruppe.

weil die Regelung in § 14 DPG missverständlich formuliert war. Die zur Klärung vorgeschlagene Änderung wurde allerdings nicht in das Gesetz übernommen, nachdem der Vertreter der Rechtsabteilung des Ministerrates § 14 nochmals erläuterte.[418]

Der Ministerrat formulierte den Antrag an die Volkskammer, das Denkmalpflegegesetz vom 29. April 1975 zu beschließen.

Am 19. Juni 1975 beschloss die Volkskammer das Gesetz zur Erhaltung der Denkmale in der Deutschen Demokratischen Republik. Es wurde am 27. Juni im Gesetzblatt veröffentlicht und trat am 1. Juli 1975 in Kraft.[419]

5. Zusammenfassung: Ein Gesetz als Ausdruck besonderer Wertschätzung

Mit dem Rechtsformwechsel von einer Verordnung hin zu einem Volkskammergesetz wurden immer wiederkehrende Forderungen von Denkmalpflegern umgesetzt. Staatsorganisationsrechtlich ermöglichte das Volkskammergesetz, die örtlichen Volksvertretungen zu verpflichten. Der Ministerrat hätte in einer Verordnung lediglich auf die Organe der Volksvertretungen, also auf die Räte, zugreifen können. Auch stärkere Eingriffe in die Rechtsposition des Denkmaleigentümers wurden durch das Gesetz eingeführt, eventuell sogar erst durch diese Rechtsform ermöglicht, wenn man – ähnlich der bundesrepublikanischen Konstruktion des Gesetzesvorbehalts – davon ausgeht, dass stärkere Eingriffe auch stärkerer und unmittelbar legitimierter Rechtsgrundlagen bedürfen.[420] Dies sollte sich vor allem begünstigend für die Denkmale auswirken, auch wenn es stärkere Eingriffsmöglichkeiten beim Denkmaleigentümer bedeutete. Diese Auswirkungen lassen sich aus dem direkten Vergleich zwischen dem Verordnungsentwurf und dem Gesetzentwurf zum Denkmalpflegegesetz ableiten.

Obwohl es einerseits selbstverständlich wirkt, dass es – auch in der DDR – einen qualitativen Unterschied zwischen einer Verordnung und einem Gesetz gegeben haben muss, dominiert andererseits der Vorbehalt gegen das Recht der DDR.

---

418 BArch, DA 1/12725, Sten. Protokoll des Verfassungs- und Rechtsausschusses, S. 25–30, 12.06.1975.
419 GBl. I 1975, Nr. 26, S. 458.
420 Um hier belastbare Aussagen treffen zu können, müsste eine repräsentative Anzahl von Verordnungen auf durch sie ermöglichte Grundrechtseingriffe hin untersucht werden. Erst nach dem Befund einer solchen Auswertung könnte man konstatieren, ob grundrechtsrelevante Eingriffe nur oder vorrangig aufgrund von oder durch Gesetze oder eben auch aufgrund von oder durch Verordnungen möglich waren. Davon zu unterscheiden wären der faktische Vollzug der Rechtsgrundlagen und der Eingriff in Grundrechtspositionen der Bürger, die tatsächlich ohne oder durch unzureichende Rechtsgrundlagen stattgefunden haben.

Insbesondere die Volkskammergesetze sind mit einem Makel behaftet. Das liegt einerseits daran, dass die Volkskammerwahlen nicht nach rechtsstaatlichen und demokratischen Prinzipien abliefen.

Zudem prägten die Analysen zeitgenössischer Beobachter aus der Bundesrepublik die Debatte. Sie negierten mit Hinweis auf die Machtverhältnisse in der DDR die Bedeutung von Volkskammergesetzen.[421] Besonders harsch kritisierte Gottfried Zieger das Recht der DDR. Zieger war 1924 in Leipzig geboren und 1956 in die Bundesrepublik geflohen. Er habilitierte sich 1968 in Göttingen und war dort ab 1970 Direktor des Instituts für Internationales Recht und Öffentliches Recht.[422] Er schrieb: »lediglich der Bezeichnung, nicht aber dem Range nach haben sich die Verordnungen des Ministerrates von den Volkskammergesetzen unterschieden«. Vielfach müsse es »rein zufällig erscheinen, ob eine Materie durch Gesetz oder Verordnung eine Regelung gefunden« habe.[423] Lediglich die in der Verfassung einem förmlichen Gesetz vorbehaltenen Sachgebiete, insbesondere Volkswirtschaftspläne, Haushaltspläne, Amnestien, würden konsequent nicht in Rechtsverordnungen der Regierung, sondern tatsächlich durch Volkskammergesetze geregelt.

Jesse konstatierte zwar 1989 in seinem Beitrag im Handbuch *Parlamentsrecht und Parlamentspraxis* gleich zu Beginn, dass nicht der Fehler begangen werden dürfe, die Volkskammer mit dem Bundestag gleichsetzen zu wollen; da die Systeme »so fundamental verschieden« seien, sei es »unerlässlich«, mit diesem Missverständnis aufzuräumen.[424] Dennoch wohnt den Publikationen zur Volkskammer bei Vergleichen mit dem Bundestag häufig inne, dass ebendieser als Maßstab herangezogen wird.

Auch Brunner propagierte im *Handbuch des Staatsrechts* noch 2003 die Lesart, die Wahl der jeweiligen Rechtsetzungsebene seine »eine Zweckmäßigkeitsentscheidung«[425] gewesen; »Die Abwesenheit eines materiell-demokratischen Gesetzesbegriffs gestattete der politischen Führung die freie Wahl der Regelungsebene.«[426] Brunner schreibt aber auch, dass seit den 1960er-Jahren Be-

---

421 Müller-Römer: Verfassungsrecht in der DDR seit 1949, 1970, S. 542, macht sich die Einschatzung Ziegers zu eigen, die Volkskammer sei ab 1960 zum »Resonanzkörper der Entscheidungen der Staatsführung deklassiert« gewesen; Zieger: Staatsgewalt in der Verfassung der DDR, 1969.
422 Gottfried Zieger (1924–1991), Studium der Rechtswissenschaften, 1949 Promotion an der Universität Leipzig, 1968 Habilitation an der Universität Göttingen: http://kalliope-verbund.info/gnd/110541373X (letzter Abruf: 05.10.2021).
423 Zieger, Gottfried: Die Regierung der SBZ als Organ der Gesetzgebung, Teil II, in: Recht in Ost und West (1960), S. 98–102, S. 99; Zieger: Staatsgewalt in der Verfassung der DDR, 1969, S. 197 f.; Lapp: Ministerrat, 1982, S. 74: »Am 3.10.1963 beschloß der Staatsrat (!) auf seiner 33. Sitzung (1. Wahlperiode 1960–1963) per ›Erlaß‹ den Volkswirtschafts- und Staatshaushaltsplan 1964. Dieser Verfassungsverstoß blieb allerdings ein Einzelfall«.
424 Jesse: Volkskammer, 1989, § 68 Rn. 1.
425 Brunner: Staatsrecht der DDR, 2003, § 11 Rn. 30.
426 Ebd., § 11 Rn. 46.

mühungen zu erkennen waren, das Rechtssystem in sich stimmig zu gestalten. Er versucht die Rechtsinstitute vom Vorrang und Vorbehalt des Gesetzes auf die DDR zu übertragen. In der Honecker-Ära sei der Vorrang des Gesetzes in Form einer Normenhierarchie anerkannt gewesen.[427] Selbst einen Vorbehalt des Gesetzes erkannte Brunner, weil die Rechtssetzungskompetenzen der Staatsorgane festgeschrieben waren.[428]

Dass die Wahl der Rechtsform eine reine Zweckmäßigkeitsentscheidung war, kann nach den aufgefundenen Quellen jedenfalls für den Bereich Denkmalschutz nicht bestätigt werden. Neben den erwähnten Änderungen, die sich auf die formelle Reichweite des Gesetzes bezogen, wurde dem Gesetz eine wesentlich höhere Wirkmacht nach innen und eine Strahlkraft nach außen zugetraut und beigemessen als den vorangegangenen Verordnungen. Die Rechtsformwahl war bewusst gefordert und letztlich auch bewusst durchgesetzt worden. Auch die Äußerungen des Justiziars Münzer während des Ringens um eine neue Rechtsgrundlage vor 1961 lassen den Schluss zu, dass sehr wohl aus formaljuristischer Sicht zwischen Rechtsverordnung und Gesetz unterschieden und bewusst gewählt wurde. Allein aus dem Umstand heraus, dass die Volkskammer nicht dem Bundestag gleichzusetzen ist, lässt sich nicht schlussfolgern, dass ihre Gesetze den Verordnungen gleichzusetzen waren.

4.7.1 Die staatsorganisationsrechtliche Stellung der Volkskammer

Die Volkskammer war laut Verfassung das höchste Organ. Schon die Verfassung von 1949 legte dies in Art. 50 fest. Im Text der Verfassung von 1974, die bei Erlass des Denkmalpflegegesetzes 1975 galt, war verankert, dass die Volkskammer das »oberste staatliche Machtorgan« ist und in ihrer Tätigkeit den Grundsatz der Einheit von Beschlussfassung und Durchführung verwirklicht (Art. 48 Abs. 1 S. 1 und Abs. 2 S. 3).

Im Staatsrechtslehrbuch der DDR wird zur Rolle der Volkskammer erläutert, dass sie

---

427 Akademie für Staats- und Rechtswissenschaften der DDR: Verwaltungsrecht, 1979, S. 87, schreiben, dass der Vorrang der Gesetze sich aus ihrem Charakter als Rechtsvorschriften höchsten Ranges ergebe. Ein »Vorbehalt des Gesetzes« wird allerdings nicht erwähnt. Die sozialistische Gesetzlichkeit erfordere, dass die »Organe des Staatsapparates in ihrer gesamten Tätigkeit und bei allen Entscheidungen strikt von den geltenden gesetzlichen Bestimmungen ausgehen. Insbesondere müssen allen Einzelentscheidungen Rechtsvorschriften zugrunde liegen, und es muß der konkrete Bezug zu den entsprechenden Normen hergestellt werden.« Daraus folgt jedoch, dass »Rechtsvorschriften« nicht ausschließlich Gesetze sein mussten, sondern auch Rechtssetzungen anderer Organe (Ministerrat, Minister) oder eben der Partei sein konnten (heute würden wir von »materiellen Gesetzen« im Unterschied zu »formellen« [Parlaments-]Gesetzen sprechen).
428 Brunner: Staatsrecht der DDR, 2003, § 11 Rn. 30.

»mit den höchsten verfassungsrechtlichen Vollmachten ausgestattet [ist], um den Willen des werktätigen Volkes zum Gesetz zu erheben, und [...] über alle notwendigen Mittel [verfügt], um dem Gesetz gesellschaftliche Wirksamkeit zu verleihen. Die Stellung der Volkskammer wird dadurch charakterisiert, daß sie ihre Vollmachten ausschließlich vom Volk erhält und daß sie nur ihm gegenüber verantwortlich ist.«[429]

Dass wir heute wissen, dass die Volkskammerabgeordneten in Wahlen gewählt wurden, die rechtsstaatlichen Ansprüchen nicht genügten,[430] sagt wenig über die formale Bedeutsamkeit der von der Volkskammer erlassenen Gesetze aus. Diese Ebenen der Betrachtung sollten voneinander getrennt werden. Um die Bedeutsamkeit eines Gesetzes (und dabei allein seines Erlasses, nicht seines Vollzuges) zu beurteilen, muss die Stellung der Volkskammer im System des DDR-Verfassungsrechts betrachtet werden.

Brunner folgerte aus der verfassungsrechtlichen Kompetenzzuweisung eine »Allzuständigkeit« der Volkskammer.[431] Art. 48 Abs. 1 S. 2 Verf.-74 legte jedoch fest, dass die Volkskammer in ihren Plenarsitzungen »über die Grundfragen der Staatspolitik« entscheide. Die Volkskammer sollte sich laut Verfassung daher nicht aller Fragen, sondern lediglich der grundsätzlichen Fragen annehmen. Durch ihre Gesetze bestimmte sie »endgültig und für jedermann verbindlich die Ziele der Entwicklung« (Art. 49 Abs. 1 Verf.-74) und legte die »Hauptregeln für das Zusammenwirken der Bürger, Gemeinschaften und Staatsorgane sowie deren Aufgaben bei der Durchführung der staatlichen Pläne der gesellschaftlichen Entwicklung fest« (Art. 49 Abs. 2 Verf.-74). Zusätzlich gab es die verfassungsrechtlich eingeräumte Möglichkeit, aus dem Kreis dieser gesetzlich geregelten Grundfragen besonders wichtige den Bürgern vor Verabschiedung vorzulegen. Sogenannte »Entwürfe grundlegender Gesetze« konnten von der Bevölkerung öffentlich diskutiert werden (vgl. Art. 65 Abs. 3 Verf.-74). Die Ergebnisse dieser »Volksdiskussion« seien bei der endgültigen Fassung auszuwerten, legte Art. 65 Abs. 3 S. 2 Verf.-74 fest. Das Denkmalpflegegesetz wurde allerdings nicht in solch einem Format diskutiert. Als »grundlegende« Gesetze wurden beispielsweise das LPG-Gesetz (1959), das Arbeitsgesetzbuch (1961), Wassergesetz (1963), das Familiengesetzbuch (1965), das Strafgesetzbuch (1968), das Jugendgesetz (1974), das Zivilgesetzbuch (1975) und das Gesetzbuch der Arbeit (1977) erachtet.[432] Auch wenn das Denkmalpflegegesetz nicht von derart grundsätzlicher Bedeutung war, dass es

---

429 Akademie für Staats- und Rechtswissenschaften der DDR: Staatsrecht, 1977, S. 319.
430 Weber, Gudrun/Florath, Bernd: Vorbemerkung, in: Gudrun Weber (Hg.): »Nun falten Sie den Zettel ...« – Wahlen in der DDR in der Überlieferung der Staatssicherheit (1949–1961), Berlin 2019, S. 7–35; Roth, Dieter: Die Wahlen zur Volkskammer in der DDR: der Versuch einer Erklärung, in: Politische Vierteljahresschrift (PVS) 31 (1990), S. 369–393.
431 Brunner: Staatsrecht der DDR, 2003, § 11 Rn 45.
432 Mollnau, Karl/Sander, Peter: Rechtsetzung in der entwickelten sozialistischen Gesellschaft, Berlin 1989, S. 105.

Gegenstand einer Volksdiskussion wurde, so wurde es dennoch im Staatsrechtslehrbuch als eines von 19 »wichtigen Gesetzen der Volkskammer« genannt, die zwischen 1960 und 1977 entstanden sind.[433]

Anhand dieser Zahlen wird bereits deutlich, dass Gesetze in der DDR selten erlassen wurden. Während der gesamten Zeit ihres Bestehens, also in 40 Jahren, wurden in der DDR (nur) 502 Gesetze von der Volkskammer verabschiedet.[434] Zur Einordnung: In der Bundesrepublik wurden allein in der 7. Wahlperiode (1972–1976) 516 Gesetze vom Bundestag erlassen.[435] Das Denkmalpflegegesetz der DDR wurde in der 6. Wahlperiode der Volkskammer (1971–1976) verabschiedet. Diese Wahlperiode war mit 61 verabschiedeten Gesetzen eine derjenigen mit der höchsten Gesetzgebungsaktivität.[436] Im Jahr 1975 wurden insgesamt nur acht Gesetze erlassen.[437]

Die geringe Zahl von Gesetzen und Sitzungen der Volkskammer wurde von der bundesrepublikanischen Rechtswissenschaft kritisiert. Die Volkskammer sei wegen der geringen Zahl der Sitzungen »gar nicht in der Lage«, von ihren Befugnissen Gebrauch zu machen.[438] Die offiziellen Darstellungen aus der DDR erklärten andererseits, die Stellung der Volkskammer im staatsrechtlichen Gefüge könne nicht mit anderen Parlamenten gleichgesetzt werden:

»Die Funktion der Volkskammer ist im Gegensatz zu den Parlamenten kapitalistischer Staaten nicht an der Turbulenz ihrer Debatten, an der Häufigkeit ihrer Tagungen oder an der Anzahl der von ihr verabschiedeten Gesetze zu messen, sondern vielmehr an ihrem erfolgreichen gesellschaftlichen Wirken an der Spitze des sozialistischen Staates.«[439]

---

433 Akademie für Staats- und Rechtswissenschaften der DDR: Staatsrecht, 1977, S. 326.
434 Patzelt/Schirmer: Die Volkskammer der DDR, 2002, S. 404, Tabelle 28: Anzahl der von der Volkskammer verabschiedeten Gesetze.
435 Bundestag, Datenhandbuch Bundestag 1990–2013, Kapitel 23, Statistische Gesamtübersicht der 1. bis 11. Wahlperiode, www.bundestag.de/datenhandbuch (letzter Abruf: 05.10.2021).
436 Mehr Gesetze wurden nur in der 3. Wahlperiode (1958–1963) und in der 7. Wahlperiode (1976–1981) erlassen, nämlich 70 bzw. 71.
437 Schröder: Rechtswissenschaft in Diktaturen, 2016, S. 71, Anm. 58, zählte neun Gesetze. Ich fand nur acht: das Denkmalpflegegesetz, welches auch das erste Gesetz aus dem Jahr 1975 war (GBl. I, S. 458), das Gesetz über die Bearbeitung der Eingaben der Bürger (Eingabengesetz) (GBl. I, S. 461), das Zivilgesetzbuch der DDR (GBl. I, S. 465), das Einführungsgesetz zum Zivilgesetzbuch der DDR (GBl. I, S. 517), das Gesetz über das gerichtliche Verfahren in Zivil-, Familien- und Arbeitsrechtssachen (Zivilprozeßordnung) (GBl. I, S. 533), das Gesetz über den Volkswirtschaftsplan 1976 (GBl. I, S. 737), das Gesetz über den Staatshaushaltsplan 1976 (GBl. I, S. 746) sowie das Gesetz über die Anwendung des Rechts auf internationale zivil-, familien- und arbeitsrechtliche Beziehungen sowie auf internationale Wirtschaftsverträge (Rechtsanwendungsgesetz) (GBl. I, S. 748).
438 Brunner: Staatsrecht der DDR, 2003, Rn. 46.
439 Akademie für Staats- und Rechtswissenschaften der DDR: Staatsrecht, 1977, S. 319.

I. Impulse aus der Denkmalpflegerschaft 131

Dabei war es nicht so, dass in Gänze wenig Recht gesetzt wurde. Die acht von der Volkskammer 1975 erlassenen Gesetze wurden von 27 Verordnungen des Ministerrates sowie von 234 Anordnungen und Durchführungsbestimmungen von Ministern oder Leitern anderer zentraler Staatsorgane ergänzt.[440] Damit waren 3 Prozent der Rechtsakte Gesetze. In der Bundesrepublik wurden 1975 insgesamt 104 Gesetze erlassen und von 387 Verordnungen flankiert.[441] Das entsprach einem Anteil von 21 Prozent der erlassenen Gesetze an allen Rechtsakten. Schröder erkennt in dieser »weitgehenden Verlagerung der Rechtssetzung auf die Exekutive« in der DDR Übereinstimmungen mit dem nationalsozialistischen Rechtsregime,[442] sie war aber auch in anderen Staaten des sogenannten Ostblocks und der Sowjetunion zu beobachten.[443] Die Zahlen spiegelten wider, dass – entgegen den in der Verfassung geregelten Kompetenzen – der staatsrechtlich »eigentliche Machtträger«[444] nicht die Volkskammer, sondern schon bald nach 1949 der Ministerrat geworden war.

4.7.2 Die staatsorganisationsrechtliche Stellung des Ministerrates

Der Ministerrat war die Regierung der DDR. Bis 1950 wurde dieses Organ auch als »Regierung der DDR« bezeichnet, ab dann setzte sich die Bezeichnung »Ministerrat« immer mehr durch.[445] Die Kompetenzen des Ministerrates waren in den jeweils gültigen Verfassungsdokumenten verankert. Zusätzlich wurden Aufgaben, Rechte und Pflichten in (einfachgesetzlichen) Ministerratsgesetzen geregelt. Insgesamt gab es acht aufeinanderfolgende Ministerratsgesetze.[446] 1958 erhielt der

---

440 Schröder: Rechtswissenschaft in Diktaturen, 2016, S. 71, Anm. 58.
441 Ebd.
442 Ebd., S. 71.
443 Zieger: Staatsgewalt in der Verfassung der DDR, 1969, S. 196. Heute kennen wir in der Europäischen Union eine ähnliche Verlagerung der Rechtssetzungstätigkeit auf die Exekutive, den ebenfalls so genannten Ministerrat. Das Europäische Parlament hat im Vergleich zu den nationalen Institutionen weniger Rechtssetzungsbefugnisse, vgl. Senn, Marcel: Stichwort Gewaltenteilung, in: Albrecht Cordes/Hans-Peter Haferkamp u. a. (Hg.): Handwörterbuch zur Deutschen Rechtsgeschichte, Band II, Berlin 2004, Sp. 335–341.
444 Zieger: Staatsgewalt in der Verfassung der DDR, 1969, S. 196.
445 Im Gesetz über die Regierung der DDR vom 8. November 1950 (GBl. 1950, S. 1135) wurde erstmals der Terminus »Ministerrat« verwendet. Ministerrat und Regierung bezeichnen dasselbe Organ, vgl. Lapp: Volkskammer, 1975, S. 98.
446 Sie tragen teilweise noch die früher gebräuchliche Bezeichnung »Regierung der DDR«: (1) Gesetz über die Provisorische Regierung der DDR vom 7.10.1949 (GBl. 1949, S. 2), (2) Gesetz über die Regierung der DDR vom 8.11.1950 (GBl. 1950, S. 1135), (3) Gesetz über die Regierung der DDR vom 23.5.1952 (GBl. 1952, S. 407), (4) Gesetz über den Ministerrat der DDR vom 16.11.1954 (GBl. 1954, S. 915), (5) Gesetz über den Ministerrat der DDR vom 8.12.1958 (GBl. I 1958, S. 865), (6) Gesetze zur Änderung des Gesetzes über den Ministerrat der DDR vom 6.7.1961 und 19.10.1962 (GBl. 1961, S. 152; GBl. I 1962, S. 92), (7) Gesetz über den Ministerrat der DDR vom 17.4.1963 (GBl. I 1963, S. 89) und (8) Gesetz über den Ministerrat der DDR vom 16.10.1972 (GBl. I 1972, S. 253); vgl. Brunner: Handbuch des Staatsrechts § 11 Fn. 129, sowie Lapp: Volkskammer, 1975, S. 98. Die Gesetze wurden durch das jeweils neuere ersetzt. Außer im Falle von (3) und (4), die beide gleichzeitig ihre Geltung behielten, bis sie durch (5) 1958 außer Kraft gesetzt wurden.

Ministerrat eine »originäre Rechtssetzungsbefugnis«[447].[448] Er hatte nunmehr ein eigenes, von der Volkskammer unabhängiges Recht zum Erlass normativer Bestimmungen.[449] Seit 1968 waren die zuvor in den Ministerratsgesetzen geregelten Normsetzungsbefugnisse des Ministerrates in der Verfassung verankert.[450] Organe des Ministerrates waren unter anderem die Ministerien.[451] Aus dieser verfassungsrechtlichen Kompetenz und der Tatsache, dass sich die Verordnungen des Ministerrates (formal) aus den Volkskammergesetzen ableiteten, folgte, dass die Verordnungen und Beschlüsse des Ministerrates (ebenso wie die Beschlüsse des Staatsrates) im System der Rechtsquellen den »dem Gesetz unmittelbar nachfolgenden Rang einnehmen«.[452]

Durch die »direkte staatsrechtliche Verkettung von Volkskammer und Regierung« bestimmte sich auch die Rolle der Regierung (also des Ministerrates) als höchstes zentrales Organ des Staatsapparates. Ausgehend von der Machtvollkommenheit der Volkskammer liege in ihr und dem Ministerrat eine einheitliche sozialistische Staatsmacht vor.[453] Ministerrat und Volkskammer waren verquickt, Exekutive und Legislative gerade nicht voneinander zu trennen. Sie bildeten eine Einheit, die sich auch in der engen Verschränkung ihrer Aufgaben zeigte. Beide Gremien seien Teil eines »ganzheitlichen Rechtsetzungsprozesses«, in dem »das Recht im Sozialismus auf sozialistische Art und Weise zustande kommt« und damit nicht mehr nur ein als »bürgerlich« empfundenes Recht im Sozialismus, son-

---

447 Müller-Römer: Verfassungsrecht in der DDR seit 1949, 1970, S. 537.
448 GBl. I 1958, Nr. 71, S. 865. § 4 Abs. 2 MinisterratsG: »Der Ministerrat erläßt Rechtsnormen in Form von Verordnungen; außerdem faßt er Beschlüsse zur Regelung von Einzelfragen.«
449 Zieger: Regierung Teil II, 1960, S. 99.
450 Art. 78 (2) Verf.-68: »Im Rahmen der Gesetze und Beschlüsse der Volkskammer erläßt der Ministerrat Verordnungen und faßt Beschlüsse.«
451 Zentrale Organe des Ministerrates waren die Arbeiter-und-Bauern-Inspektion, die Staatliche Plankommission, die Ministerien, Staatssekretariate, Ämter (z. B. für Preise und für Jugendfragen), andere zentrale Organe (z. B. die Technische Überwachung), Staatliche Komitees (z. B. für Forstwirtschaft und für Rundfunk), Staatliche Verwaltungen (z. B. Zentralverwaltung für Statistik), Zentrale Finanzorgane (z. B. Staatsbank), der Forschungsrat der DDR, Akademien, die Oberste Bergbehörde sowie das Staatliche Vertragsgericht; vgl. Akademie für Staats- und Rechtswissenschaften der DDR: Staatsrecht, 1977, S. 369. Unter den Ministerien gab es eine zwar nicht kodifizierte, jedoch wohl be- und anerkannte Hierarchie. Ganz oben stand das Ministerium für Auswärtige Angelegenheiten (MfAA), darunter das Ministerium der Finanzen und das Ministerium des Innern. Sie waren die einzigen beiden, deren Bezeichnung mit »der« bzw. »des« und nicht wie die aller anderen mit »für« geführt wurde. Auch in der Bundesrepublik kennen wir heute diese Unterscheidung: alle in der Verfassung genannten und damit obligatorischen Ressorts werden mit »der« bzw. des bezeichnet, alle weiteren, fakultativen mit »für«. Es gab sehr viele Ministerien in der DDR, zum Beispiel das Ministerium für Volksbildung, für Wissenschaft und Technik, für chemische Industrie, für Land-, Forst- und Nahrungsgüterwirtschaft, für Leichtindustrie, für Schwermaschinen- und Anlagenbau, für Geologie sowie für Hoch- und Fachschulwesen, für Erzbergbau, Metallurgie und Kali, für Nationale Verteidigung, für Post- und Fernmeldewesen, für Umweltschutz und Wasserwirtschaft, für Bauwesen, für Kohle und Energie oder auch das Ministerium für Staatssicherheit.
452 Akademie für Staats- und Rechtswissenschaften der DDR: Staatsrecht, 1977, S. 354 f.
453 Ebd., S. 355.

dern vielmehr ein sozialistisches Recht sei.[454] Problematisch war, dass Ministerrat und Volkskammer nicht gleichwertig miteinander verflochten waren, sondern der Ministerrat die politischen Entscheidungen darüber traf, welche Gesetzentwürfe an die Volkskammer weitergegeben wurden. Die formale vorgegebene Gleichheit war faktisch nicht gegeben.

Im System der DDR angelegt war allerdings ein sehr anderes Verständnis von Rechtssetzungskompetenzen und -aufgaben, als es die bundesrepublikanische Verfassung mit ihren klaren Gesetzgebungskompetenzen kennt. Grundsätzlich regelte die Verfassung der DDR zwar auch Kompetenzen zum Erlass und Rang der Rechtsakte. Aus dieser rechtlichen Normierung ergab sich aber »noch nicht die Entscheidung, welches rechtsetzungsbefugte Organ auf welche rechtliche Regelungsnotwendigkeit durch Rechtsetzung zu reagieren hat«. Vielmehr ergebe sich aus der verfassungsrechtlichen Normierung »zunächst nur« die Aufgabe für das jeweilige Staatsorgan, »Regelungsnotwendigkeiten« zu erkennen. Im Folgenden müsse das betreffende Staatsorgan entscheiden, ob es dem Ministerrat vorschlage, ein Gesetz vorzubereiten, oder selbst eine Verordnung erlasse. Das betreffende Staatsorgan habe auch die Möglichkeit, in eigener Zuständigkeit eine Durchführungsbestimmung oder Anordnung zu erlassen.[455] An diesem Zustand wurde Ende der 1980er-Jahre von Rechtswissenschaftlern zurückhaltende Kritik geübt: »Für die wichtige Entscheidung, auf welcher Rangebene des Systems der Normativakte die Regelung erfolgen soll, gibt es nur teilweise normative Festlegungen.«[456] Art. 49 Verf.-74 enthielt zwar Leitsätze für die Regelungsgegenstände der Volkskammer, diese waren allerdings allgemein formuliert (»Ziele der Entwicklung«, »Hauptregeln für das Zusammenwirken«, »Grundsätze der Tätigkeit« der Staatsorgane). Daraus konnte kein konkreter Gesetzgebungsauftrag abgeleitet werden.[457] Allein Art. 51 bis 53 Verf.-74 enthielten konkrete Zuweisungen an die Volkskammer. Sie bestätigte Staats- und andere völkerrechtliche Verträge, beschloss den Verteidigungszustand und die Durchführung von Volksabstim-

---

454 Mollnau/Sander: Rechtsetzung, 1989, S. 18, 33–36.
455 Ebd., S. 33. Mollnau zitiert in diesem Zusammenhang »Sonderdruck GBl.-Sdr. Nr. 1056, § 4 Abs. 2«. Es handelt sich hierbei um den Beschluss vom 25. Juli 1980 zur »Ordnung über die Vorbereitung und Gestaltung von Rechtsvorschriften«.
456 Ebd., S. 33. Für die Frage nach der Abgrenzung von Rechtsetzungskompetenzen zwischen Ministerrat und Ministern werden die Autoren deutlicher: Die Abgrenzung der inhaltlichen Rechtssetzungskompetenzen bereite »noch größere Schwierigkeiten« als die Abgrenzung zwischen Volkskammer und anderen Staatsorganen, eine Regelung »wäre aber anzustreben.«: Ebd., S. 33.
457 Art. 49 (1) Verf-74: »Die Volkskammer bestimmt durch Gesetze und Beschlüsse endgültig und für jedermann verbindlich die Ziele der Entwicklung der Deutschen Demokratischen Republik.
(2) Die Volkskammer legt die Hauptregeln für das Zusammenwirken der Bürger, Gemeinschaften und Staatsorgane sowie deren Aufgaben bei der Durchführung der staatlichen Pläne der gesellschaftlichen Entwicklung fest.
(3) Die Volkskammer gewährleistet die Verwirklichung ihrer Gesetze und Beschlüsse. Sie bestimmt die Grundsätze der Tätigkeit des Staatsrates, des Ministerrates, des Nationalen Verteidigungsrates, des Obersten Gerichts und des Generalstaatsanwalts.«

mungen. Diese drei Artikel wiesen der Volkskammer die ausschließliche Kompetenz und damit, der Logik des sozialistischen Staates folgend, »von vornherein die Zuständigkeit für die Rechtsetzung«[458] und nicht lediglich die Aufgabe, Rechtssetzungsbedarf zu erkennen, zu.

Die Volkskammer hatte also nur wenige verfassungsrechtlich festgeschriebene, ausschließliche Kompetenzen in der Rechtssetzung. In anderen Fällen war sie darauf angewiesen, dass der Ministerrat ihr die Materien zuwies. Das Recht, Gesetzesinitiativen einzubringen, hatten die Abgeordneten der Volkskammer, die Ausschüsse der Volkskammer, der Staatsrat, der Ministerrat sowie der Freie Deutsche Gewerkschaftsbund (vgl. Art. 65 Abs. 1 Verf-74).[459] In der Praxis ging die Gesetzesinitiative meistens vom Ministerrat aus.[460] Dies war auch beim Denkmalpflegegesetz der Fall.

Dass die Regierung die überwiegende Zahl der Gesetzesinitiativen einbringt, ist auch heute im Bundestag der Fall.[461] Teilweise wird dies allerdings sehr kritisch gesehen. Rehbinder schlussfolgerte, dass die Macht der Gesetzgebung nicht mehr beim Parlament liege, sondern das Parlament lediglich noch das Vollzugsorgan von Entscheidungen der Exekutive sei.[462] Er bezieht dabei sich auf den von Böhret geprägten Begriff der »Vorbereitungsherrschaft«[463]. Franz gibt allerdings zu bedenken, dass trotz umfassender Vorbereitung in der Verwaltung nahezu kein Gesetzentwurf unverändert aus dem sich an die Gesetzesinitiative anschließenden parlamentarischen Verfahren im Bundestag wieder herauskommt.[464] Hierin liegt auch der eklatante Unterschied zu dem in der DDR praktizierten Modell, in dem die Volkskammer nur geringe Einwirkungsmöglichkeiten hatte.

Im Falle des Denkmalpflegegesetzes wurde der Entwurf, der den Ausschüssen der Volkskammer zugeleitet wurde, nicht mehr verändert. Die Abgeordneten beklagten dieses Vorgehen allerdings und äußerten teils scharfe Kritik am Entwurf, sodass davon ausgegangen werden muss, dass dieses beim Denkmalpflegegesetz

---

458 Mollnau/Sander: Rechtsetzung, 1989, S. 33.
459 Art. 65 (1) Verf.-74 sowie § 8 der Geschäftsordnung der Volkskammer (GBl. I 1974 Nr. 50, S. 469): § 8 (1) »Das Recht zur Einbringung von Gesetzesvorlagen gemäß Artikel 65 Absatz 1 der Verfassung haben die Abgeordneten und Fraktionen der Volkskammer, die Ausschüsse der Volkskammer, der Staatsrat, der Ministerrat und der Freie Deutsche Gewerkschaftsbund. (2) Anträge können von den Abgeordneten und Fraktionen der Volkskammer, vom Präsidium und den Ausschüssen der Volkskammer, vom Staatsrat und vom Ministerrat eingebracht werden. (3) Die Fraktionen können gemeinsame Gesetzesvorlagen und Anträge einbringen.«
460 Jesse: Volkskammer, 1989, § 68 Rn. 55.
461 Bspw. für die 18. Wahlperiode: 72 Prozent der eingebrachten Entwürfe stammten aus der Regierung, 7,8 Prozent aus dem Bundesrat und 20,2 Prozent aus der Mitte des Bundestags; bei den tatsächlich verabschiedeten Entwürfen ist das Zahlenverhältnis noch deutlicher: 87,9 Prozent aller verabschiedeten Entwürfe stammten aus der Regierung, 18 Prozent vom Bundesrat und 9,4 Prozent aus der Mitte des Bundestags; Bundestag, Datenhandbuch Bundestag 1990–2013, Kapitel 10.1.
462 Rehbinder, Manfred: Rechtssoziologie, München 2014, § 9 Rn. 178.
463 Böhret, Carl: Politik und Verwaltung, Opladen 1983, S. 12 ff.
464 Franz, Thorsten: Einführung in die Verwaltungswissenschaft, Wiesbaden 2013, S. 30.

gewählte Vorgehen nicht der Regelfall war.[465] Darüber hinaus wurde das Denkmalpflegegesetz auch nicht allein von der Exekutive, also dem Ministerrat, vorbereitet, sondern war Ergebnis jahrelanger Verhandlungen zwischen Praktikern und politischen Entscheidungsträgern.

4.7.3 Differenzierung von Kompetenz und Einfluss
Für die Frage, ob durch die Verabschiedung eines Volkskammergesetzes der Denkmalpflege eine besondere Wertschätzung zuteilwurde, ist das tatsächliche Machtverhältnis zwischen Volkskammer und Ministerrat nicht zentral. Relevant ist vielmehr, Kompetenzen und Einfluss nicht zu vermischen. Obrecht konstatierte, dass die Beschreibung eines »formalen Institutionendesigns [...] nicht einfach zu einer Gleichsetzung von Kompetenzen und Einfluss führen [darf]. Einfluss lässt sich nicht einfach aus konstitutionellen Kompetenzen ableiten.«[466] Diese Differenzierung ist auch für das Verhältnis von Volkskammer und Ministerrat hilfreich.

Der Volkskammer kam laut Verfassung die Kompetenz zu, Grundfragen des Zusammenlebens zu regeln. Im staatsorganisationsrechtlichen Regime der DDR war allerdings vorgesehen, dass sie sich ihre Materien, bis auf wenige verfassungsrechtlich geregelte Ausnahmen, nicht allein suchte, sondern die Regierung der DDR, der Ministerrat, bestimmte, welche Materien derart grundsätzlich waren, dass sie der Volkskammer zur Verabschiedung zugewiesen werden sollten. Unabhängig davon, ob der Ministerrat nun mehr Macht ausübte als die Volkskammer oder ob sich Macht dadurch ausdrückt, wie häufig ein Parlament tagt oder wie viele Gesetze es erlässt, lässt sich konstatieren, dass Denkmalpflege vom Ministerrat als eine so grundsätzliche und für die Gesellschaft wichtige Aufgabe angesehen wurde, dass er 1975 entschied, der Volkskammer einen lang ausgearbeiteten Entwurf vorzulegen. Dieser Entwurf war, wie die Genese zeigt, nicht vorrangig in Parteigremien oder gar im Ministerrat selbst vorbereitet worden. Vielmehr waren unterschiedliche Akteure an der Erarbeitung des Entwurfs beteiligt. Die Volkskammerabgeordneten hatte nur wenig Zeit, über den Entwurf zu verhandeln. Trotz ihr zugewiesener Kompetenzen hatten sie keinen Einfluss auf seine Gestaltung.

Nach außen sichtbar war, dass die Volkskammer von ihrer Kompetenz Gebrauch machte. Der Erlass eines Gesetzes hatte in der DDR, auch aufgrund der Seltenheit, eine symbolische Kraft. Er sollte nach innen und – im Falle des im Europäischen Denkmalschutzjahr 1975 erlassenen Denkmalpflegegesetzes – auch unbedingt nach außen strahlen. Die Funktionäre gaben den langjährigen Forde-

---

465 Untersuchungen zum Handlungs- und Entscheidungsspielraum der Volkskammer und von deren Ausschüssen fehlen noch.
466 Obrecht, Marcus: Niedergang der Parlamente? Transnationale Politik im Deutschen Bundestag und der Assemblée nationale, Bordeaux/Freiburg 2009, S. 43.

rungen von Denkmalpflegern nach einer starken Rechtsgrundlage nach. Insofern wirkte der Erlass des Gesetzes stabilisierend nach innen. Nach außen symbolisierte das Gesetz das Handeln des Staates auf dem Gebiet der Denkmalpflege. Für alle sichtbar wurde im Gesetzblatt veröffentlicht, dass sich der Staat DDR der Pflege seines baukulturellen Erbes auf höchster, verfassungsrechtlich verankerter Stufe annahm. Das tatsächliche Machtverhältnis zwischen Volkskammer und Ministerrat spielte nach außen hin keine Rolle. Gesetze waren auch Teil der Staatenrepräsentation.

Die Volkskammer war nicht (gleich einem Wesentlichkeitsvorbehalt) das einzige Organ in der DDR, das wesentliche Materien regelte, aber sie regelte wesentliche Materien in Gesetzen. Die Rechtssetzungsaktivität anderer Organe negierte nicht die formale Bedeutung von Volkskammergesetzen. Dass das Denkmalpflegegesetz von der Volkskammer erlassen wurde, zeugt vom besonderen Wert, der der Denkmalpflege nach innen und nach außen beigemessen wurde.

II. Internationale Impulse durch die Hinwendung zur Pflege des baukulturellen Erbes als europaweitem Phänomen

1. Die DDR im europäischen Kontext denkmalpflegerischer Gesetzgebungsaktivitäten

Der Wunsch, international teilhaben zu können und nicht allein auf einer staatlichen, außenpolitischen Ebene, sondern vielmehr auch auf einer fachlichen Ebene die Möglichkeit zu haben, am Austausch mit Kollegen zu partizipieren und auch die Debatten um das Fach Denkmalpflege mitzuprägen, hat die Denkmalpfleger in der DDR angetrieben. Welche konkreten Ideen oder Instrumente von den internationalen Tagungen auf direktem Weg ins Gesetz flossen, vermag die Aktenlage nicht aufzuklären. Aber das ist auch nicht nötig. Ausschlaggebend ist, dass die Denkmalpfleger mit einer beachtlichen Vehemenz und unerschütterlicher Langmut für die Teilhabe an einer europäischen Öffentlichkeit kämpften. Dies hätten sie nicht getan, wenn es nicht zum Nutzen oder Vorteil für sie und ihre Arbeit gewesen wäre.

Geschätzt wurde der Austausch mit den Kollegen aus anderen Ländern. Immer wieder wurden dort gemachte Erfahrungen für neue Impulse in der DDR-Denkmalpflege ausgewertet. So wurde 1975 beispielsweise eine eigene Denkmalpflegezeitschrift ins Leben gerufen, nachdem ein Vergleich mit der »Propaganda« auf dem Gebiet der Denkmalpflege in anderen sozialistischen Ländern gezeigt hatte, dass dort gute Erfahrungen sowohl mit regelmäßig durchgeführten Denkmaltagen oder gar -wochen als auch mit periodisch erscheinenden Publikationen gemacht wurden.[1] Im Januar 1975 erschien das erste Heft der Zeitschrift *Denkmalpflege in der Deutschen Demokratischen Republik*.[2]

---

1 BArch, DY 27/8933, Vergleichsmaterial zur Denkmalpflege in Auswertung der Konferenz in Karl-Marx-Stadt vom 03.–04.06.1967 (Auswertung vermutlich nach 1973).
2 In den frühen Jahren der DDR gab es die Zeitschrift *Natur und Heimat*, die vom Kulturbund unter der Redaktion von Reimar Gilsenbach herausgegeben wurde (BArch, DY 27/4421, Rede von Nadler an Bundesfreunde, 10.05.1970). Sie widmete sich häufiger auch denkmalpflegerisch relevanten Themen. 1977 wurde das ICOMOS-Nationalkomitee Mitherausgeber der Zeitschrift *Denkmalpflege in der Deutschen Demokratischen Republik* (BArch, DY 27/8357). Das Erscheinen der Zeitschrift wurde mit dem Heft 7/1980 eingestellt. Von der Einstellung der Zeitschrift wurden anscheinend die Abonnenten nicht ausreichend informiert. So beschwerte sich bspw. die Hochschule für Architektur und Bauwesen (HAB) Weimar am 25. Mai 1983, dass sie am 28. Juli 1981 das Heft Nr. 7/1980 erhalten habe und seitdem auf die Hefte der Jahre 1981 und 1982 warte. Wann mit dem Bezug zu rechnen

1978 durfte die DDR das *ICOMOS-Bulletin* gestalten.[3] Sie konnte damit einem internationalen Publikum auf Deutsch und Französisch auf rund 200 Seiten ihre denkmalpflegerischen Erfolge präsentieren. Deiters übernahm den ersten Beitrag und versäumte es nicht, gleich im dritten Satz auf das Denkmalpflegegesetz der DDR hinzuweisen.[4]

Umgekehrt wurden auch die Publikationen anderer Länder konsultiert, um sich über deren Erfahrungen zu informieren und zu beurteilen, wie sie ihre denkmalpflegerischen Leistungen präsentierten.[5] Insbesondere wurde der Blick immer wieder nach Polen geworfen.[6]

Für die praktizierenden Denkmalpfleger war wichtig, ihre in der DDR errungenen Erfolge bei der Restaurierung und Instandhaltung des baukulturellen Erbes auch vor Ort zu präsentieren. Zu den in der DDR stattfindenden Tagungen wurden daher meist auch internationale Gäste eingeladen. Ein deutsch-deutsches Treffen fand allerdings 1965 letztmalig vor der Wiedervereinigung statt. Damals tagten die Denkmalpfleger sowohl in Hessen als auch in einigen thüringischen Städten. Neben Kirchen auf thüringischem Gebiet wurde bei einer Exkursion auch die Wartburg besichtigt.[7] Sie war dann beim ersten Treffen der Denkmalpfleger nach der Wiedervereinigung ebenfalls wieder Tagungsort.[8]

ICOMOS spielte während der gesamten Zeit seit seiner Gründung eine entscheidende Rolle für die internationalen Denkmalpflegenetzwerke. Große Erfolge für die Denkmalpflege in der DDR bedeutete es also, wenn ICOMOS-Veranstaltungen in der DDR abgehalten wurden. Vom 5. bis 11. Mai 1974 fand das Kolloquium von ICOMOS zum Thema »Neue gesellschaftliche Nutzung monumentaler

---

sei (BArch, DY 27/8357, Abteilungsleiter Preuß der Hochschulbibliothek der HAB Weimar an den Kulturbund, 25.05.1983)? Es folgten Verhandlungen mit dem Henschel-Verlag in Berlin über die Herausgabe einer quartalsweise erscheinenden Zeitschrift, die wahrscheinlich wiederum diesen Titel tragen sollte (BArch, DY 27/8357, Rüegg [Leiter der Abteilung Denkmalpflege] an Ernst Holtermann, Evangelische Buchhandlung [einer der Hauptabnehmer der Zeitschrift], 06.09.1982). Dazu kam es jedoch nicht.

3 Zuvor hatten das Ungarische ICOMOS-Nationalkomitee (1971), das Sowjetische (1971), das Bundesdeutsche (1975) sowie das Tschechoslowakische Nationalkomitee (1976) die Bulletins gestaltet. Nach der DDR folgten Schweden (1981) und Norwegen (1987).
4 Deiters, Ludwig: L'entretien des monuments en R.D.A., Monuments Preservation in the GDR, in: ICOMOS Bulletin 5 (1978), S. 5–24, S. 7.
5 BArch, DY 27/4450, Blatt 13, um 1970. Otfried Wagenbreth analysierte beispielsweise die Publikationen zu technischen Denkmalen in anderen Ländern, wie der ČSSR, Polen, aber auch Schweden, Dänemark und England. Er führte aus, dass die Publikationen den »außenpolitischen Akzent« der Pflege der technischen Denkmale aufzeigten.
6 Zum Beispiel als Vorbild für die Popularisierung technischer Denkmale in Form von obligatorischen Besuchen von Schülerklassen im Schaubergwerk Wieliczka bei Krakow, BArch, DY 27/4421, Blatt 129, Schreiben von Wagenbreth, um 1970.
7 Kreisel, Heinrich: Tagung der Denkmalpfleger 1965 in Hessen und Thüringen, in: Deutsche Kunst und Denkmalpflege 23 (1965), S. 128–146.
8 Landesdenkmalpfleger: Wartburg-Thesen, 1990.

Baudenkmale« in Frankfurt (Oder) und anderen DDR-Städten statt.[9] Drei Jahre später rief ICOMOS zur Regionalkonferenz nach Rostock, um dort vom 19. bis 23. September 1977 zum Thema »Beitrag der Jugend zur Pflege und Erschließung historischer Stadtzentren« zu diskutieren. Als größter Erfolg wurde unter Denkmalpflegern gewertet, dass die VII. Generalversammlung von ICOMOS vom 12. bis 18. Mai 1984 in Rostock und in Dresden stattfand.[10]

1.1. Zeitgeist

In den 1960er- und 1970er-Jahren kam es überall in Europa zu Gesetzgebungsaktivitäten im Bereich des Denkmalschutzes. Es war der Zeitgeist. 1960 und 1961 wurden in Schweden und in den Niederlanden die ersten Denkmalschutzgesetze der Dekade erlassen,[11] 1962 gab sich Polen ein neues Denkmalschutzgesetz,[12] und in Frankreich wurde die »Loi Malraux« erlassen, die den Schutz von Baudenkmalen und die Rechte von Denkmalbesitzern verbesserte.[13] Dieses Gesetz wurde als Beispiel in der Aufgabenstellung für die 1966 eingesetzte interministerielle Arbeitsgruppe in der DDR angeführt.[14] Dänemark ersetzte 1966 sein Gesetz von 1918.

Zwischen 1971 und 1978 traten neun von elf Denkmalschutzgesetzen der Länder in der Bundesrepublik Deutschland in Kraft.[15] Bis dahin arbeitete man

---

9 BArch, DY 27/8931, Bericht zum Kolloquium: Denkmalpfleger aus zwölf europäischen Ländern kamen nach Frankfurt/Oder, Neubrandenburg, Schwerin und Magdeburg, 1974.
10 Dokumente zu allen drei ICOMOS-Tagungen bei Brandt, Sigrid (Hg.): Im Schatten des Kalten Krieges. Dokumente und Materialien zur Geschichte von ICOMOS Deutschland, Berlin 2017.
11 Für Schweden: Sveriges Riksdag, Dokument och Lagar: http://www.riksdagen.se/sv/dokument-lagar/dokument/svensk-forfattningssamling/lag-1960690om-byggnadsminnen_sfs-1960-690 (letzter Abruf: 05.10.2021); für die Niederlande: Engelberg-Dockal, Eva von: Kategorisierung in der niederländischen Denkmalpflege, in: kunsttexte 2 (2005), S. 1–3.
12 Das Gesetz zum Schutz von Kulturgut vom 15.02.1962 (Ustawa z dnia 15 lutego 1962 r. o ochronie dóbr kultury i o muzeach (Dz. U z 1962 r. Nr. 10, poz. 48), Internetowy System Aktów Prawnych. http://prawo.sejm.gov.pl/isap.nsf/DocDetails.xsp?id=WDU19620100048, letzter Abruf: 05.10.2021) ersetzte die Verordnung über Denkmalpflege vom 6. März 1928 (rozporządzenia Prezydenta Rzeczypospolitej Polskiej z dnia 6 marca 1928 r. o opiece nad zabytkami (Dz. U. z 1928 r. Nr. 29, poz. 265)); Stubbs, John H./Makaš, Emily G.: Architectural Conservation in Europe and the Americas, Hoboken 2011, S. 259–269, S. 263.
13 Loi No. 62-903 du 4 août 1962 complétant la législation sur la protection du patrimoine historique et esthétique de la France et tendant à faciliter la restauration immobilière. Art. 1 – Des secteurs dits secteurs sauvegardés, lorsque ceux-ci présentent un caractère historique, esthétique ou de nature à justifier la conservation, la restauration et la mise en valeur de tout ou partie d'un ensemble d'immeubles, peuvent être créés et délimités […], Légifrance. Le service public de la diffusion du droit : https://www.legifrance.gouv.fr (letzter Abruf : 05.10.2021), benannt nach dem damaligen Kulturminister André Malraux.
14 BLDAM Wünsdorf, M 54, Kollegiums-Vorlage Nr. 58/66, S. 5, Bildung einer Arbeitsgruppe zur Ausarbeitung von gesetzlichen und organisatorischen Regelungen für die Erhaltung und Nutzung wertvoller Baudenkmale insbesondere denkmalwerter historischer Stadt- und Dorfkerne, 27.10.1966.
15 1958 schon hatte Schleswig-Holstein sein Denkmalschutzgesetz verabschiedet.

in den Ländern noch mit den preußischen Gesetzen aus dem frühen 20. Jahrhundert.[16]

1973 erarbeitete die Regierung der ČSR, dem föderalen Teilstaat der ČSSR, ein Konzept für ein neues Gesetz zum »Schutz von historischen Werten im Bereiche Kultur«.[17] Schon das zuvor erarbeitete Gesetz von 1958 war durch die Kollegen in der ČSSR übersetzt und den Denkmalpflegern in der DDR zur Verfügung gestellt worden.[18] Ebenso konnten sie auf Materialien und gesetzliche Grundlagen aus Russland zurückgreifen. Dort wurde 1978 ein neues Denkmalschutzgesetz eingeführt, zuvor hatte es allerdings bereits Gesetzgebung auf diesem Gebiet gegeben, die dem Kulturbund während des Entstehungsprozesses des Denkmalpflegegesetzes in der DDR vorlag.[19] Bereits 1976 wurde in der UdSSR ein neues Denkmalschutzgesetz verabschiedet,[20] 1978 in Österreich.[21] 1980 schloss Nordrhein-Westfalen als letztes westdeutsches Bundesland den Gesetzgebungsreigen beider Dekaden ab.[22]

Die Sorge und die rechtliche Verankerung eines besseren Schutzes für das baukulturelle Erbe war ein Phänomen, das sowohl ost- als auch westeuropäische Staaten betraf. Miles Glendinning sprach von »parallelen Narrativen« im West- und im Ostblock, wobei ein sich darüber spannendes internationales Narrativ eine vermittelnde Position einnahm.[23] Vor allem ab den 1970er-Jahren gewann die internationale Ebene an Einfluss und führte somit zu einer offeneren Annäherung der Blöcke.[24] Dieses Ergebnis von Glendinning wird durch die hier aufgeführten Bemühungen um Teilhabe an internationalen Netzwerken bestätigt.

---

16 Zum Beispiel das Gesetz gegen die Verunstaltung von Ortschaften und landschaftlich hervorragenden Gegenden vom 15. Juli 1907 oder das Gesetz betreffend den Schutz von Baudenkmälern und Straßen- und Landschaftsbildern vom 4. März 1909; Mieth, Stefan: Die Entwicklung des Denkmalrechts in Preußen 1701–1947, Frankfurt am Main u. a. 2005, S. 169.
17 Hruška, Emanuel: Zur neuen Konzeption des Denkmalschutzes in der ČSSR, in: Deutsche Kunst und Denkmalpflege 32 (1974), S. 85–91.
18 BArch, DY 1/8031, Blatt 52–72, Denkmalgesetz der ČSR, Schoder an Münzer, 26.11.1959. 1958 wurde ein Institut für Denkmalpflege und Naturschutz (SÚPPOP) ins Leben gerufen und ein 1950 gefasster Beschluss der Regierung, die Altstadterhaltung zum öffentlichen Interesse zu erheben, als Gesetz kodifiziert. Es war das »erste in Europa, das die Priorität des Ensemblecharakters vor der Einzelform sowie die Schutzwürdigkeit historischer Stadtkerne festschrieb.« Marek, Michaela: Das Tschechische Denkmalpflegegesetz von 1987, eine gefährliche Erblast für die historischen Städte, in: Kunstchronik 43 (1990), S. 330–362, S. 330, 331 f.
19 BArch, DY 27/8931, Bänninger an Bundesfreunde, 06.01.1971.
20 Für Dänemark: Langberg, Harald: Das neue dänische Denkmalschutzgesetz, in: Deutsche Kunst und Denkmalpflege 26 (1968), S. 63–67; für die Tschechoslowakei: Marek: Tschechisches Denkmalpflegegesetz, 1990; für die UdSSR und Russland: Davydov, Dimitrij: Das »fremde« Erbe. Grenzsicherungsanlagen der 1920er bis 1940er Jahre als Gegenstand des Denkmalschutzes in Russland, Bonn 2014, S. 46.
21 BGBl. 167/1978, S. 1089: Rechtsinformationssystem des Bundes (Österreich): https://www.ris.bka.gv.at/Dokumente/BgblPdf/1978_167_0/1978_167_0.pdf (letzter Abruf: 05.10.2021).
22 Das Gesetz war allerdings seit 1976 bereits vorbereitet worden, vgl. LT-Drs. NW 8/635, 09.02.1976.
23 Glendinning, Miles: The Conservation Movement. A History of Architectural Preservation, London 2013, S. 259.
24 Ebd.

1.2. Völkerrecht und transnationale Vereinbarungen

Wahrgenommen wurden die inter- und transnationalen Entwicklungen auch dann, wenn die DDR nicht offiziell auf Tagungen vertreten oder Mitglied in den erlassenden Gremien war. So wurde die Charta von Venedig von 1964 über die Jahre hinweg als Material für die Neufassung des Gesetzes konsultiert und von Fachleuten aus der DDR-Denkmalpflege übersetzt.[25] Auch die Empfehlung der UNESCO vom 19. November 1968 zur Erhaltung von Kulturgut wurde beim Entwurf des Denkmalpflegegesetzes hinzugezogen,[26] zu einem Zeitpunkt, als die DDR noch vier Jahre lang kein Mitglied der UNESCO war. Die 1972 verabschiedete Welterbekonvention spielte dagegen keine nennenswerte Rolle, sie wurde auch erst 1988 von der DDR ratifiziert.[27] Nachdem die DDR 1973 Mitglied der UNO geworden war, trat sie auch der Haager Konvention zum Schutz von Kulturgut bei bewaffneten Konflikten von 1954 bei.[28] Dies führte zur notwendigen Klassifizierung von Kulturgut für den Kriegsfall und beeinflusste die Zusammenarbeit von Kirchen und Denkmalpflegern.[29]

Ende der 1980er-Jahre waren nationales und internationales Recht in der DDR stark miteinander verwoben. Infolge des hohen Grades der Internationalisierung der Produktivkräfte, könne sich kein Staat mehr auf Dauer von internationalen Kooperationen ausschließen; zwischen Innen- und Außenpolitik gebe es einen »dialektischen Zusammenhang«, so formulierte ein Autorenkollektiv, dem auch der bei der Babelsberger Konferenz 1958 angegriffene Verwaltungsrechtler Karl Mollnau angehörte, Grundsätze zur Wechselwirkung von internationalem und innerstaatlichem Recht.[30] Das Völkerrecht beeinflusse die innerstaatliche Rechtssetzung auf dreierlei Wegen. Es wirke erstens stimulierend auf den Erlass von innerstaatlichen Normen, zweitens könnten durch das Völkerrecht ausdrücklich Kompetenzen den Nationalstaaten zugewiesen werden, drittens ergäben sich Einflussmöglichkeiten durch die konkrete Umsetzung völkerrechtlicher Vorgaben.[31] Diese Formen internationalen Einflusses führten letztendlich zur Rechtsvereinheitlichung im internationalen Rechtsraum. Einheitliche Regelungen seien wiederum auch friedenssichernd.

Der Grad an Internationalisierung wurde als Maßstab dargestellt, an dem ein fortschrittlicher Staat sich messen lassen müsse:

---

25 TLDA Erfurt, Ordner IfD 36, Charta von Venedig.
26 Deiters: Erinnerungen und Reflexionen, 2014, S. 23.
27 Verhoeven: UNESCO-Welterbe, 2014.
28 Bekanntmachung über den Beitritt der DDR zur Konvention vom 14.05.1954 zum Schutz von Kulturgut bei bewaffneten Konflikten sowie zu dem dazu vereinbarten Protokoll vom 18.09.1974, GBl. II 1974, Nr. 27, S. 514.
29 BArch, DO 4/6146, Aktennotiz zu Problemen der Kategorisierung des Kulturgutes, 16.09.1974.
30 Mollnau/Sander: Rechtsetzung, 1989, S. 58 ff.
31 Ebd., S. 61–69.

»Eine nationale Rechtsordnung wird auch daran gemessen, wie sie in die ganzheitlichen Prozesse integriert und einen Beitrag zur Lösung der globalen politischen, ökonomischen, sozialen und kulturellen Entwicklungsprobleme der Welt zu leisten in der Lage ist. [...] Dazu gehört, daß bestimmte nationale Rechtsnormen in Übereinstimmung mit dem internationalen Recht gebracht werden bzw. das internationale Recht bei der Schaffung nationaler Rechtsnormen berücksichtigt wird.«[32]

Im kulturellen Bereich sowie in Umweltfragen und Ökonomie sei zwischen »Staaten mit entgegengesetzter Sozialordnung [...] störungsfreie Zusammenarbeit«[33] möglich. Ausdrücklich wird auf den Denkmalschutz verwiesen. Dort seien bereits zwischen den sozialistischen Staaten einheitliche Regelungen »typisch«[34], doch auch zwischen Staaten mit entgegengesetzter Sozialordnung könnten »Angleichungen von Einzelregelungen und Normativakten« erfolgen. Dabei folge aus einer Rechtsangleichung nicht, dass auch die Sozialsysteme angeglichen würden: »Was die Gesellschaftsverhältnisse ausschließen, kann nicht durch das Recht doch noch vereint werden.«[35]

Der Einfluss der internationalen Ebene wurde – mindestens in der späten DDR – nicht als Überfremdung oder Oktroyierung, sondern vielmehr als eine Chance wahrgenommen, durch Kompromisse mit anderen Ländern zu einer friedlichen Verständigung zu gelangen. Teil einer internationalen Rechtsgemeinschaft zu sein wurde angestrebt. Obwohl die Vereinheitlichung sich nicht auf das Gesellschaftssystem erstrecken sollte bzw. konnte, wurde doch deutlich, dass es sich bei Kultur und Umwelt um solche Bereiche handelte, bei denen Vermittlung und Annäherung losgelöst vom Gesellschaftssystem funktionieren konnten.

Schon seit den frühen 1960er-Jahren hatten Denkmalpfleger, Museumsleute und auch Umweltaktivisten[36] dieses Potenzial erkannt. Sie bemühten sich seither um die Mitgliedschaft in internationalen Netzwerken.

---

32 Ebd., S. 69f.
33 Ebd., S. 75.
34 Ebd., S. 74.
35 Ebd.
36 Für Museen: Wanner, Anne: ICOM Deutschland feiert Geburtstag, Mitteilungen, 60 Jahre ICOM Deutschland 20/2013, S. 11–18, https://www.yumpu.com/de/document/read/23402745/60-jahre-icom-deutschland-pdf (letzter Abruf: 24.02.2022); für Umwelt: Huff: Umweltgeschichte der DDR, 2015, insbes. S. 166 ff.; Wöbse, Anna-Katharina: Naturschutz global – oder: Hilfe von außen. Internationale Beziehungen des amtlichen Naturschutzes im 20. Jahrhundert, in: Hans-Werner Frohn/Friedemann Schmoll (Hg.): Natur und Staat. Staatlicher Naturschutz in Deutschland 1906–2006, Bonn 2006, S. 625–727.

2. Internationale Netzwerke der Denkmalpflege, insbesondere ICOMOS, 1964–1969

ICOMOS ist der Internationale Rat für Denkmalpflege (International Council on Monuments and Sites). Die Teilnehmer des zweiten Kongresses der Architekten und Denkmalpfleger in Venedig im Mai 1964 beschlossen die Gründung dieser internationalen Vereinigung. Die Gründungsvereinbarung war eine von 13 Resolutionen des Kongresses. Eine zweite dieser Resolutionen ist die bekannte, sogenannte Charta von Venedig. Formal gegründet wurde ICOMOS ein Jahr später, im Juni 1965 in Warschau.[37]

Die Idee, eine nichtstaatliche, international tätige Organisation für die Belange der Denkmalpflege ins Leben zu rufen, entstand zwar schon 1948 auf der ersten Generalkonferenz des zwei Jahre zuvor gegründeten Internationalen Museumsrats ICOM (International Council on Museums). Auf der Konferenz schlug ICOM der UNESCO vor, »to consider the establishment of an organization exclusively devoted to historic monuments, modelled on ICOM and working in co-operation with ICOM and with the special division of UNESCO«.[38] Aufgegriffen wurde dieser Vorschlag jedoch erst 1961 in einer Deklaration seitens ICCROM.[39] ICCROM war 1959 als »International Centre for the Study of the Preservation and Restoration of Cultural Property« mit Sitz in Rom gegründet worden.[40] Die Generalkonferenz der UNESCO beauftragte das Sekretariat der Organisation 1962 mit der Ausarbeitung eines Statutes für eine zu gründende Denkmalpflegevereinigung.[41] Dieser Entwurf des Statutes wurde auf dem oben genannten zweiten Kongress der Architekten und Denkmalpfleger in Venedig 1964 diskutiert.[42]

---

37 Auf der Homepage von ICOMOS findet sich ein Hinweis auf die Gründung des (bundesrepublikanischen) Deutschen Nationalkomitees von ICOMOS 1965 in Mainz. Einen Hinweis auf das Nationalkomitee der DDR und dessen Aufnahme 1969 findet sich jedoch nicht, »Aufgaben und Ziele. ICOMOS. Internationaler Rat für Denkmalpflege«, https://www.icomos.de/index.php?lang=Deutsch&contentid-143&navId=197 (letzter Abruf: 24.02.2022).
38 Gfeller, Aurélie Elisa: Preserving Cultural Heritage across the Iron Curtain The International Council on Monuments and Sites from Venice to Moscow 1964–1978, in: Ursula Schädler-Saub/Angela Weyer (Hg.): Geteilt, Vereint! Denkmalpflege in Mitteleuropa zur Zeit des Eisernen Vorhangs und heute, Petersberg 2015, S. 115–121, S. 115; Jokilehto, Jukka: ICCROM and the Conservation of Cultural Heritage. A History of the Organization's first 50 years 1959–2009, Rom 2011, S. 11. Gfeller bringt diesen Vorschlag ICOMs mit der Gründung von ICOMOS in Verbindung.
39 Zaryn, Aleksandra: The first General Assembly of ICOMOS 1965, in: ICOMOS Scientific Journal 5: Thirty Years of ICOMOS (1995), S. 3–6, S. 3.
40 Jokilehto: ICCROM 50 years 1959–2009, S. 9.
41 Recommendation Concerning the Safeguarding of the Beauty and Character of Landscapes and Sites, adopted by the General Conference at its Twelfth Session, Paris, 11.12.1962, 12 C/Resolutions, CPG.63/VI.12/A/F/S/R, https://unesdoc.unesco.org/ark:/48223/pf0000114582.page=142 (letzter Abruf: 08.11.2021).
42 Gfeller: Preserving Cultural Heritage 1964–1978, 2015, S. 115.

Bei der UNESCO besaß ICOMOS seit Ende des Jahres 1970 den Status A und war damit eine unmittelbare Arbeitsgruppe der UNESCO geworden.[43] Seit 1966 arbeitete ICOMOS mit der UNESCO zusammen.[44] Das Nationalkomitee der DDR, dessen Vorsitzender Deiters war, wurde 1969 von ICOMOS aufgenommen. Im DDR-Leitmedium *Neues Deutschland* wurde die außenpolitische Dimension dieser Entscheidung hervorgehoben: Die »bedeutenden denkmalpflegerischen Leistungen in der DDR [finden] auch auf diesem Wege internationale Anerkennung«.[45]

Dieser kurzen Pressemeldung war ein fast fünf Jahre währender Prozess vorausgegangen. Die Geschichte der Aufnahme der DDR bei ICOMOS ist daher auch eine Geschichte vom Machtverhältnis zwischen dem Ministerium für Kultur und dem Ministerium für Auswärtige Angelegenheiten sowie vom Umgang mit zwei deutschen Staaten auf internationaler Ebene. Darüber hinaus ist sie ein Beispiel für die Unerschütterlichkeit und die Langmut der beteiligten Fachleute sowie für das Primat der Fachfragen über Ideologie.

2.1. Die DDR und der Kongress der Architekten und Denkmalpfleger in Venedig, 1964

Als die Nachricht über die Gründung einer internationalen Denkmalpflegevereinigung, wohl über Kontakte in die rumänische und tschechoslowakische Denkmalpflege, zu Beginn des Jahres 1964 in die DDR gelangte, wandte sich Generalkonservator Deiters an den Abteilungsleiter der Abteilung Kulturelle Verbindungen, Roland Feix, im Ministerium für Kultur. Er wollte klären, ob sich die DDR-Denkmalpfleger an einer solchen Vereinigung beteiligen könnten. Zunächst führte Deiters fachwissenschaftliche Argumente an. Es sei wichtig, sich mit internationalen Kolleginnen und Kollegen zu Fragen der Erfassung und Restaurierungsmethoden auszutauschen. Darüber hinaus betonte er auch die politische Dimension einer potenziellen Mitgliedschaft:

»Gleichzeitig ist der politische Aspekt einer eventuellen Beteiligung der Denkmalpflege der DDR an der Arbeit der Vereinigung [ICOMOS] nicht zu unterschätzen. Infolge der großen Dichte an kulturhistorisch wertvollen Denkmalen, darunter zahlreichen Bau-

---

43 TLDA Erfurt, Ordner ICOMOS, ICOMOS-Tagungen 1966–1980, Protokoll der Tagung des Nationalkomitees der DDR des ICOMOS, 03.11.1970.
44 Protection of mankind's cultural heritage, sites and monuments, COM.69/II.28/A, 1970, https://unesdoc.unesco.org/ark:/48223/pf0000131324, S. 16 (letzter Abruf: 08.11.2021).
45 ADN: Komitee für Denkmalpflege der DDR in UNESCO-Organisation, Neues Deutschland vom 10.12.1969, S. 4.

ten und Kunstwerke von Weltgeltung und auf Grund der Bemühungen der Regierung der Deutschen Demokratischen Republik und der verantwortlichen Facheinrichtungen wird die Denkmalpflege in der DDR im Ausland anerkannt.«[46]

Der Kongress der Architekten und Denkmalpfleger in Venedig 1964 war eine internationale Großveranstaltung. Zwischen 600 und 700 Teilnehmer aus aller Welt nahmen daran teil.[47] Dabei gab es ein Übergewicht an europäischen Teilnehmern. Unter ihnen bestand ein »ungefähres Gleichgewicht« an west- und osteuropäischen Delegierten: Italien (mit über 150), Frankreich (90), Österreich, Belgien, Jugoslawien, die Schweiz und die Sowjetunion (mit je über 20 Delegierten) waren vertreten.[48] Die Bundesrepublik, die Niederlande, Großbritannien und Spanien entsandten jeweils circa zehn Teilnehmer.[49] Deiters attestierte den sozialistischen Ländern Mitte der 1970er-Jahre in der Rückschau auf die Konferenz, an der Gründung von ICOMOS »stark beteiligt« gewesen zu sein, an der Formulierung der Charta von Venedig gar mit den Italienern zusammen »den Hauptanteil« gehabt zu haben.[50]

Vertreter der DDR-Denkmalpflege waren zwar zum Kongress nach Venedig eingeladen, konnten jedoch nicht teilnehmen, da die für die Reise notwendigen sogenannten Travelpässe für die DDR-Delegation nicht ausgestellt wurden.[51] Noch bis zum 26. März 1970[52] brauchten alle DDR-Bürger für Reisen in einen NATO-Staat ein sogenanntes »Temporary Travel Document« (TTD), auch Travel-Pass

---

46 BArch, DR 1/15881, Deiters an Feix, 21.02.1964. Feix informierte am 19. Februar 1965 Hildegard Kiermeier im MfAA, dass die »Mitarbeit des Instituts für Denkmalpflege in dieser internationalen Organisation für notwendig« erachtet und Deiters im Juni deshalb nach Warschau delegiert werde, er bitte um Stellungnahme; ebd.
47 Stamm, Kerstin: »Il monumento per l'uomo«. Zur Entstehungsgeschichte der Charta von Venedig im Kontext der europäischen Nachkriegszeit, in: Österreichische Zeitschrift für Kunst und Denkmalpflege (ÖZKD), LXIX (2015) 1/2: 50 Jahre Charta von Venedig. Geschichte, Rezeption, Perspektiven, S. 20–26, S. 24, beschreibt, dass sich die zeitgenössischen Darstellungen unterscheiden. Zaryn: The first General Assembly of ICOMOS 1965, 1995, S. 3, spricht von 622.
48 Stamm: Entstehungsgeschichte der Charta von Venedig, S. 24. Teilweise wurde später die Kritik laut, die auf dem Kongress ausgearbeitete Charta von Venedig sei trotz der Internationalität von Teilnehmern und Agenda »zu europäisch«, zur Kritik: Jokilehto, Jukka: A History of Cultural Conservation, York 1986, S. 422.
49 Die Einladungen seien in der »föderalen Struktur der Landeskompetenzen weitgehend untergegangen«, daher sei die Teilnehmerzahl aus der Bundesrepublik so gering: Brandt, Sigrid: Internationale Grundsatzpapiere der städtebaulichen Denkmalpflege. Eine Analyse im Vergleich zu städtebaulichen Entwicklungen, in: Österreichische Zeitschrift für Kunst und Denkmalpflege (ÖZKD) LXIX (2015) 1/2: 50 Jahre Charta von Venedig. Geschichte, Rezeption, Perspektiven, S. 51–59, S. 51.
50 BArch, DA 1/11730, Blatt 43a, Deiters, Arbeitsplan des Ausschusses für Kultur der Volkskammer der DDR für das 1. Halbjahr 1975.
51 BArch, DR 1/15881, Feix an die Botschaft der DDR in Warschau, 26.04.1965. Er berichtet, dass »von italienischer Seite nicht die Möglichkeit [bestand], ohne Travelpaß einzureisen, so daß damals die Teilnahme nicht möglich war«.
52 Schwarz, Hans-Peter/Institut für Zeitgeschichte: Akten zur Auswärtigen Politik der Bundesrepublik Deutschland (AADP), 1970, München 2001, Dok. 1 und 129.

genannt, der ihnen vom »Allied Travel Office« (ATO) ausgestellt wurde.[53] Diese Behörde wurde von den USA, Frankreich und Großbritannien in Berlin-Schöneberg betrieben. Die Ausstellung dieses temporären Reisedokumentes wurde den eingeladenen Vertretern der DDR-Denkmalpflege vom ATO verwehrt.[54]

Die verhinderte Teilnahme am Kongress hatte weitreichende und langanhaltende Folgen. Den Vertretern der DDR-Denkmalpflege wurde damit die fachliche Teilhabe an den wichtigen Debatten, an der Formulierung der Charta von Venedig sowie an der Initiierung von ICOMOS unmöglich gemacht. In den darauffolgenden Jahren wurde immer wieder mit der Nicht-Teilnahme in Venedig argumentiert, wenn es darum ging, die erfolglosen Aufnahmebemühungen bei ICOMOS gegenüber politisch Verantwortlichen zu begründen. Es wurde zu einem gängigen (Opfer?-)Narrativ, dass die Aufnahme bei ICOMOS deshalb schwierig sei, weil die DDR nicht am Kongress in Venedig teilgenommen hatte (und nicht etwa aus anderen Gründen, wie beispielsweise der geforderten Mitgliedschaft bei der UNESCO).

Deiters versuchte, alle Voraussetzungen für eine Aufnahme bei ICOMOS zu schaffen. Er hatte trotz seiner Stellung als Generalkonservator allerdings nur begrenzte Einflussmöglichkeiten. Er war gut vernetzt und fand Wege, an Informationen über die Gründung der neuen Vereinigung zu gelangen. Auf einer Tagung in Saarbrücken im Juni 1964 erfuhr er von seinem Schweizer Kollegen Alfred A. Schmid wie es um die Vorbereitungen zur Gründung von ICOMOS stand. Er schöpfte Hoffnung, dass die DDR – trotzdem sie nicht in Venedig teilgenommen hatte – Mitglied bei ICOMOS werden könne. Er setzte Irene Gysi im Ministerium für Kultur von Schmids Aussagen in Kenntnis:

»Es sei vorgesehen, außer offiziellen Ländervertretungen auch einzelne Institutionen und Einzelpersonen des Fachbereichs als Mitglieder aufzunehmen. [...] darin [besteht] die Möglichkeit, die Denkmalpfleger der DDR an der internationalen Vereinigung zu beteiligen«.[55]

Ein wichtiges Zwischenziel war nun die Teilnahme von DDR-Delegierten an der geplanten Gründungskonferenz in Warschau sicherzustellen.

---

53 Das TTD-System wurde im März 1970 suspendiert. Die drei Westmächte wollten damit zur »Verbesserung der Atmosphäre bei den am 26.3. beginnenden Vier-Mächte-Gesprächen über Berlin beitragen«, vgl. AADP 1970, 2001, Dok. 129. Schon im Juni 1969 wurde die strenge Handhabung zunächst gelockert und beispielsweise Teilnehmer an Sportveranstaltungen benötigten kein TTD mehr. Dänemark hatte im Juni 1969 angeregt, die Regelung des TTD vollständig zu suspendieren, und setzte sich auch im weiteren Verlauf des Jahres 1969 dafür ein, die TTD-Regelung aufzuheben, vgl. AADP 1970, 2001, Dok. 1. Ca. 30 Personen suchten täglich das ATO auf, vgl. Der Spiegel 35/1969, S. 49.
54 BArch, DR 1/15881, Feix zu Kiermeier, 16.02.1965: »Deiters [...] konnte aber an den bisherigen Beratungen wegen der bekannten Einreiseschwierigkeiten nicht teilnehmen.« Brandt: Grundsatzpapiere der städtebaulichen Denkmalpflege, 2015, S. 51.
55 BArch, DR 1/15881, Deiters an das MfK, Abt. Bildende Kunst, 13.07.1964.

2.2. Die Gründung von ICOMOS in Polen, 1965

Die Gründung von ICOMOS fand 1965 in Polen statt. Diese Entscheidung ging auf einen Vorschlag Piero Gazzolas zurück. Gazzola war ein italienischer Architekt und federführend für die Charta von Venedig verantwortlich. Der Beschluss, dass das erst im September 1964 unter der Leitung des Kunsthistorikers Stanisław Lorentz gegründete polnische Nationalkomitee die erste ICOMOS-Tagung ausrichten werde, war noch im Mai 1964 auf dem Kongress in Venedig getroffen worden.[56]

Ein Organisationskomitee wurde ins Leben gerufen.[57] Der Vorstand dieses Komitees setzte sich zusammen aus Denkmalpflegern aus dem Vereinigten Königreich, Italien, Belgien, Spanien, Polen, und der Schweiz; außerdem waren am Organisationskomitee Jugoslawien, Syrien, Ägypten, Nigeria, Tunesien, die Bundesrepublik, USA, Österreich, Griechenland, Dänemark, Indien, Peru, Mexiko und Japan beteiligt. Mit dem polnischen Vertreter im Vorstand und der Tschechoslowakei, UdSSR und Rumänien waren insgesamt vier sozialistische Länder im Organisationskomitee vertreten. Die Vorbereitungen zur Konferenz wurden auch in der DDR verfolgt. So war man beispielsweise über den Besuch Gazzolas im Februar 1965 in Polen informiert. Er besuchte in seiner Eigenschaft als Generalsekretär des Organisationskomitees das polnische Nationalkomitee.[58] Das Ministerium für Kultur in Polen hatte die Information an die DDR weitergeleitet.[59]

Auf dem Kongress im Juni 1965 in Polen wurden schließlich als Vorstand von ICOMOS neben Piero Gazzola (Italien) als Präsident und Stanisław Lorentz (Polen) drei Vizepräsidenten aus Spanien, den USA und der UdSSR, ein Generalsekretär aus Belgien sowie ein Schatzmeister aus Frankreich gewählt. Im Exekutivkomitee, dem »directive body«[60], dem Organ mit Richtlinienkompetenz, saßen insgesamt 14 Mitglieder. Davon kamen je einer aus Ungarn, der Tschechoslowakei und Jugoslawien. Die übrigen elf kamen aus Brasilien, der Bundesrepublik (Werner Bornheim gen. Schilling), Italien, dem Vereinigten Königreich, Mexiko, Österreich, den Niederlanden, Indien, Dänemark, der Schweiz und Japan. Von insgesamt zehn europäischen Vertretern im Exekutivkomitee kamen damit drei aus sozialistischen Staaten.

---

56 Stanisław Lorentz (1899–1991), polnischer Musikwissenschaftler, Museologe und Kunsthistoriker, leitete ab 1935 das Nationalmuseum Warschau, gehörte während der deutschen Besatzung der Untergrundbewegung in Polen an und fertigte Verzeichnisse über die geraubten Objekte aus Museen und Sammlungen an; Majewski, Piotre: Polnische Denkmalpflege angesichts der Totalitarismen (1939–1956), in: Ruth Heftrig/Olaf Peters/Barbara Schellewald (Hg.): Kunstgeschichte im »Dritten Reich«, Berlin 2008, S. 347–361, S. 351.
57 Zaryn: The first General Assembly of ICOMOS 1965, 1995, S. 3.
58 Ebd.
59 BArch, DR 1/15881, Feix an Kiermeier, 19.02.1965.
60 Art. 10 ICOMOS-Statut von 1965, Statutes adopted by the Constituent Assembly, Warsaw, 22.06.1965, https://www.icomos.org/images/DOCUMENTS/Secretariat/StatutesAmendments_R2_20130325/st1965-statuts-en.pdf (letzter Abruf: 05.10.2021).

2.3. Die Abhängigkeit der Mitgliedschaft bei ICOMOS vom Mitgliedsstatus bei der UNESCO

Anfang April 1965 reisten Feix und Deiters nach Warschau, um »die Anwesenheit von DDR-Vertretern zum Kongress [im Juni zur Gründung von ICOMOS, BTD] sicherzustellen«.[61] Sie trafen dort den Leiter der Abteilung Museumswesen, Ptasznik, und sprachen mit ihm über die Teilnahme der DDR am Gründungskongress für ICOMOS.

Ptasznik erklärte erstmals die »Schwierigkeiten«: Eine Aufnahme der DDR bei ICOMOS sei deshalb problematisch, weil die DDR bislang kein Mitglied bei der UNESCO war. Lorentz, der Präsident des polnischen Nationalkomitees, habe, so berichtete Feix über die Gespräche in Warschau,

»bei der Vorbereitung des Juni-Kongreßes das Ministerium in dem Sinne informiert [...], daß die Beteiligung der DDR diesen Kongreß belasten würde. Wie weit dies auf Forderungen von Prof. Gazola [sic] (Italien) beruht oder lediglich eine Vorsichtsmaßnahme von Prof. Lorenz [sic] darstellt, konnten wir nicht feststellen.«[62]

Feix und Deiters berichteten Ptasznik daraufhin von dem Alleinvertretungsanspruch westdeutscher Vertreter in internationalen Organisationen. Auch über die Umstände, warum die DDR-Vertreter ihrer Ansicht nach nicht am Kongress in Venedig teilnehmen konnten, klärten sie Ptasznik auf (»Die Fragen im Zusammenhang mit Travelpass usw. waren ihm völlig neu.«[63]). Ptasznik vermittelte Feix und Deiters nach dem Gespräch, dass er ihre Belange unterstütze und einen Weg zu finden versuche, der »gewisse Vorbehalte« seitens Lorentz' oder Gazzolas zu umgehen suchte. Doch Ptasznik hatte nicht die Einwirkungsmöglichkeiten, die er versprach.

Briefe Deiters' sowohl an Gazzola als auch an Lorentz mit der Bitte, die DDR-Vertreter ausdrücklich und direkt zum Gründungskongress nach Warschau einzuladen, blieben ohne Wirkung. Der 2. Sekretär der Kulturabteilung der Botschaft der DDR in Polen, Günther Tönnies, traf sich am 19. Mai 1965 persönlich mit Lorentz.[64] Lorentz erläuterte ebenfalls, das Komitee für die Gründung von ICOMOS habe sich darauf verständigt, nur solche Länder an der Gründungsversammlung im Juni teilnehmen zu lassen, die Mitglieder der UNESCO seien.[65]

---

61 BArch, DR 1/15881, Bericht von Feix über die Konsultation in Warschau am 6. und 7. April 1965 bezüglich der Mitarbeit im ICOMOS, 10.04.1965.
62 Ebd.
63 Ebd.
64 BArch, DR 1/15881, Tönnies an Feix, 20.05.1965.
65 Aus diesem Grunde würde auch Portugal nicht teilnehmen; Portugal wurde am 11. September 1974 Mitglied der UNESCO.

Im später verabschiedeten Statut von ICOMOS war diese Bedingung allerdings nicht enthalten.[66] Das war allerdings nicht etwa ein Versäumnis, sondern eine bewusste Entscheidung seitens der UNESCO. Am 17. Mai 1965 hatte die UNESCO entschieden, die bisher durch das Sekretariat der UNESCO ausgearbeiteten Statuten von ICOMOS dahingehend zu überarbeiten, dass es keine Bindung von ICOMOS an die UNESCO geben solle.[67] Damit wurden die Voraussetzungen denen für eine Aufnahme bei ICOM angeglichen. Dort konnten auch Nationalkomitees von Ländern assoziiert werden, die noch kein Mitglied bei der UNESCO waren.[68] Indem Gazzola und Lorentz eine Mitgliedschaft bei der UNESCO zur Teilnahme am Gründungskongress voraussetzten, forderten sie also mehr, als die UNESCO selbst für eine Mitgliedschaft verlangte. Ob Lorentz die kurz vor seinem Treffen mit Tönnies getroffene Entscheidung der UNESCO, die Mitgliedschaft bei ICOMOS auch für solche Länder zu ermöglichen, die nicht bereits bei ihr Mitglied waren, bereits bekannt war, ist unklar.

Indem Gazzola und Lorentz daran festhielten, allein Mitgliedsländer der UNESCO zur Gründungskonferenz zuzulassen, umschifften sie freilich außenpolitisch heikles Fahrwasser. Sie wollten sich vermutlich nicht mit ihrer neuen Organisation über praktizierte Außen- und letztlich Weltpolitik unter den Bedingungen des Kalten Krieges hinwegsetzen und so möglicherweise den Erfolg der neuen Organisation gefährden.

In der Zeit bis in die frühen 1970er-Jahre hinein, war es gängige Praxis in internationalen Organisationen, dass lediglich entweder die Bundesrepublik oder die DDR offiziell vertreten war. Dieses Vorgehen basierte im Wesentlichen auf der seit 1955 praktizierten Hallstein-Doktrin der Bundesrepublik. Sie war benannt nach dem damaligen Staatssekretär im Auswärtigen Amt, Walter Hallstein. Unter Hallstein hatte die Bundesrepublik festgelegt, dass sie diplomatische Beziehungen mit allen Staaten einschränke bzw. abbreche, die ihrerseits die DDR diplomatisch oder völkerrechtlich anerkannten.[69] Diese Praxis führte dazu, dass die DDR auch in internationalen Organisationen selten dann Mitglied wurde, wenn bereits die

---

66 Statutes adopted by the Constituent Assembly, Warsaw, 22.06.1965, https://www.icomos.org/images/DOCUMENTS/Secretariat/StatutesAmendments_R2_20130325/st1965-statuts-en.pdf (letzter Abruf: 05.10.2021).
67 Bornheim gen. Schilling, Werner: Bericht vom 21. Juli 1965, in: Brandt (Hg.): Im Schatten des Kalten Krieges, 2017, S. 21–35, S. 22: »Am 17. Mai 1965 war von der Obersten Juristischen Instanz der UNESCO in Paris Lemaire gegenüber geäußert worden, dass die ICOMOS-Organisation möglichst ohne Bindung an die UNESCO erscheinen und wirken solle. Demzufolge sollen auch die entsprechenden Paragraphen der Statutenentwürfe von ICOMOS ausdrücklich ohne jede Bindung an die UNESCO durchgesetzt werden.«
68 Siehe S. 156, 164.
69 Gülstorff, Torben: Die Hallstein-Doktrin – Abschied von einem Mythos, Deutschland Archiv, 9.8.2017, www.bpb.de/253953 (letzter Abruf: 05.10.2021); Kilian, Werner: Die Hallstein-Doktrin: Der diplomatische Krieg zwischen der BRD und der DDR 1955–1973. Aus den Akten der beiden deutschen Außenministerien, Berlin 2001.

Bundesrepublik von diesen Gremien anerkannt war. Die Vertreter der Bundesrepublik übten in den Gremien aktiv Druck auf die Verantwortlichen aus, die DDR nicht aufzunehmen. So schätzte der Ministerialdirigent Lothar Lahn noch 1970 die Situation so ein:

>»Unsere bisherigen Bemühungen, der DDR den Zugang zum internationalen bilateralen und multilateralen Bereich so lange zu verwehren, bis eine befriedigende Regelung der Verhältnisse zwischen den beiden deutschen Staaten gefunden ist oder sich zumindest abzeichnet, sollten wir fortsetzen. (Die Erfurter Gespräche [ein Treffen zwischen Stoph und Brandt in Erfurt am 19. März 1970, BTD] lassen den Schluss zu, daß die DDR die Stärke unserer Position im internationalen Bereich vielleicht noch höher bewertet als wir selbst es tun.)«[70]

Gegen diesen Alleinvertretungsanspruch der bundesrepublikanischen Delegationen mussten nun auch die Denkmalpfleger der DDR ankämpfen, wenn sie bei ICOMOS partizipieren wollten. Von der sozialliberalen Regierung unter Willy Brandt wurde die Hallstein-Doktrin ab Ende 1969 weitestgehend aufgegeben. Artikel 4 des 1972 abgeschlossenen sogenannten Grundlagenvertrages zwischen der DDR und der Bundesrepublik liquidierte die Doktrin und den damit verbundenen Alleinvertretungsanspruch endgültig.[71] In den Jahren zuvor wurde sie allerdings – wie die Ereignisse bei ICOM 1968 und ICOMOS 1969 zeigen – bereits nicht mehr konsequent angewandt.

Lorentz hatte bei dem Treffen mit Tönnies in Aussicht gestellt, dass »nach Gründung des Rates den Statuten entsprechend selbstverständlich weitere Mitglieder aufgenommen werden können«. Er einigte sich mit Tönnies, dass wenigstens eine Delegation der DDR zur Zeit der Gründungsversammlung in Warschau weilen würde.[72] Dieser Delegation gehörten Deiters und Nadler an.

Beim Gründungskongress äußerten die beiden gegenüber Bornheim gen. Schilling, dass sie »zufällig« in Warschau weilten, »man habe sie nach einer Besprechung mit dem polnischen Kulturministerium zum Austausch wissenschaftlicher Fachkräfte gebeten, doch als Gäste beim ICOMOS-Kongress zu bleiben«.

---

70 AADP 1970, 2001, Dok. 130.
71 Art. 4 Vertrag über die Grundlagen der Beziehungen zwischen der Bundesrepublik Deutschland und der Deutschen Demokratischen Republik, 21.12.1972: »Die Bundesrepublik Deutschland und die Deutsche Demokratische Republik gehen davon aus, daß keiner der beiden Staaten den anderen international vertreten oder in seinem Namen handeln kann.«; Roth, Margit: Zwei Staaten in Deutschland. Die sozialliberale Deutschlandpolitik und ihre Auswirkungen 1969–1978, Opladen 1981, S. 62.
72 BArch, DR 1/15881, Tönnies an Feix, 20.05.1965.

II. Internationale Impulse

So gab Bornheim gen. Schilling in seinem Bericht (wohl an das Auswärtige Amt) vom Gründungskongress die Begegnung mit Deiters und Nadler in Warschau wieder.[73]

Auch Deiters musste nach seiner Reise Bericht erstatten. Er schrieb an das MfK sowie das MfAA und rekurrierte wieder zunächst auf die Nicht-Teilnahme der DDR am Kongress in Venedig. Dass die DDR nun nicht zu den Gründungsmitgliedern von ICOMOS gehöre, liege daran, dass sie beim Kongress in Venedig 1964 nicht vertreten war. Der Gäststatus der DDR habe sich auch während der Tagung in Warschau nicht mehr ändern lassen, da dies die Existenz eines nationalen Komitees vorausgesetzt hätte. Mit der Bildung eines solchen solle man aber abwarten, so Deiters, bis über den Mitgliedsantrag der DDR bei ICOMOS entschieden sei. Deiters betonte, dass die Aufnahme bei ICOMOS nicht von der Mitgliedschaft bei der UNESCO abhänge.[74] Dass sie dennoch von Lorentz und Gazzola gefordert wurde, verschwieg Deiters. Indem er betonte, das ursprüngliche Problem sei die Nicht-Teilnahme am Kongress in Venedig gewesen, lastete er die Verantwortung dem ATO an und nicht etwa der eigenen politischen Führung, die sich bereits seit Jahren um die Mitgliedschaft bei der UNESCO bemühte. Möglicherweise hätte es die Bemühungen Deiters um eine Mitgliedschaft bei ICOMOS gefährdet, hätte er gegenüber dem Ministerium für Kultur oder dem MfAA offengelegt, dass vorrangig die fehlende UNESCO-Mitgliedschaft die offizielle Teilnahme an der Gründungskonferenz verhindert hatte.

2.3.1 Ein weiterer, langer Weg, 1955 bis 1972

Die UNESCO (United Nations Educational, Scientific and Cultural Organisation, deutsch: Organisation der Vereinten Nationen für Bildung, Wissenschaft und Kultur) war das Ergebnis frühester Bemühung nach dem Zweiten Weltkrieg, Kulturverwaltung als Instrument der Friedenssicherung auf internationaler Ebene zu institutionalisieren. Sie wurde im Dezember 1945 in London ins Leben gerufen. Vertreter von 37 Staaten fanden sich dort zusammen, um die Verfassung der UNESCO zu unterzeichnen. Diese trat am 4. November 1946 in Kraft, als Griechenland die 20. Ratifizierungsurkunde hinterlegte.[75] Die UNESCO ist eine

---

73 Bornheim gen. Schilling: Bericht ICOMOS, 2017, S. 28.
74 BArch, DR 1/15881, Deiters' Bericht über die Teilnahme an der Tagung des ICOMOS, 19.07.1965. Sigrid Brandt liest Deiters' Bericht derart, dass »weniger […] die fehlende UNESCO-Mitgliedschaft als die mangelnde Unterstützung seines Landes zur Bildung eines Nationalkomitees« beklagt wird: Brandt, Sigrid: Einführung, in: Brandt (Hg.): Im Schatten des Kalten Krieges, 2017, S. 7–16, S. 9. Das Nationalkomitee wurde im April 1969 gebildet.
75 Hüfner, Klaus/Naumann, Jens: UNESCO-Organisation der Vereinten Nationen für Erziehung, Wissenschaft und Kultur, in: Rüdiger Wolfrum/Norbert J. Prill/Jens A. Brückner u. a. (Hg.): Handbuch Vereinte Nationen, München 1977, S. 475–479, S. 476.

Sonderorganisation der Vereinten Nationen.[76] In der DDR wurde sie auch als »Spezialorganisation« bezeichnet.[77]

In den ersten Nachkriegsjahren hatte die DDR offiziell kein Interesse an der Mitarbeit in der Organisation. 1951 verweigerte sie noch jede Mitarbeit.[78] Es hieß, die UNESCO werde »im Gegensatz zu der feierlich proklamierten Zielsetzung zur Vorbereitung eines neuen imperialistischen Weltkrieges mißbraucht«. Dies war auch als Abgrenzung zur Bundesrepublik zu verstehen, die 1951 in die UNESCO aufgenommen worden war. Die Organisation solle, so der damalige Minister für Volksbildung, Paul Wandel,

»eine besonders aktive Rolle bei der ideologischen Kriegsvorbereitung spielen. Das UNESCO-Programm für Westdeutschland ist ein Teil der amerikanischen Kriegsvorbereitungen und soll mit seiner kosmopolitischen Tendenz die Bevölkerung Westdeutschlands vom nationalen Befreiungskampf gegen die imperialistische Interventionspolitik abhalten.«[79]

Im Jahr 1954 dann trat die UdSSR der UNESCO bei. Der erste Beitrittsantrag der DDR folgte 1955.

Im August 1955 wurde eine – und hier gilt es die sprachlichen Feinheiten zu beachten – »Kommission für UNESCO-Arbeit der DDR« gegründet, »deren Wirken im Wesentlichen auf den Empfehlungen der Verfassung der UNESCO für nationale Komitees der Mitgliedsländer beruhte«.[80] Leiter dieser Kommission war ab Mai 1963 Walter Neye, damaliger Rektor der Humboldt-Universität zu Berlin.[81]

---

76 Artikel X der Verfassung der UNESCO: »Die UNESCO erhält so bald wie möglich den Status einer der in Artikel 57 der Charta der Vereinten Nationen erwähnten Sonderorganisationen. Diese Beziehung mit den Vereinten Nationen wird in einem Abkommen nach Artikel 63 der VN-Charta geregelt […]«, https://www.unesco.de/mediathek/dokumente/verfassung-der-organisation-fuer-bildung-wissenschaft-und-kultur (letzter Abruf: 08.11.2021); Artikel 57 Absatz 1 der Charta der Vereinten Nationen: »Die verschiedenen durch zwischenstaatliche Übereinkünfte errichteten Sonderorganisationen, die auf den Gebieten der Wirtschaft, des Sozialwesens, der Kultur, der Erziehung, der Gesundheit und auf verwandten Gebieten weitreichende, in ihren maßgebenden Urkunden umschriebene internationale Aufgaben zu erfüllen haben, werden gemäß Artikel 63 mit den Vereinten Nationen in Beziehung gebracht«, https://dgvn.de/publications/PDFs/Sonstiges/Charta-der-Vereinten-Nationen.pdf (letzter Abruf: 05.10.2021).
77 Bruns, Wilhelm: Politik der selektiven Mitgliedschaft, Vereinte Nationen 5/1978, S. 154–159, S. 154. Nawrocki verwendet allerdings ebenfalls den Terminus »Spezial«- statt »Sonderorganisation«, Nawrocki, Joachim: DDR am Ende des Tunnels, Die Zeit, Nr. 48 vom 01.12.1972, https://www.zeit.de/1972/48/ddr-am-ende-des-tunnels/komplettansicht (letzter Abruf: 05.10.2021).
78 BArch, DR 2/1176, Blatt 118 f., Wandel an Zaisser, 11.08.1951.
79 Ebd., Blatt 119.
80 Muth, Ingrid: Die DDR-Außenpolitik 1949–1972. Inhalte, Strukturen, Mechanismen, Berlin 2001, S. 91. Die »Verordnung über das Statut der Kommission für UNESCO-Arbeit der Deutschen Demokratischen Republik« trat erst acht Jahre später in Kraft, DDR GBl. II 1963, Nr. 50, S. 353.
81 Zu Walter Neye, https://www.hu-berlin.de/de/ueberblick/geschichte/rektoren/neye, (letzter Abruf: 05.10.2021). In der Bundesrepublik gab es seit 1948 ein UNESCO-Büro in Wiesbaden, das aus den drei UNESCO-Verbindungsstellen der drei westlichen Besatzungszonen in Stuttgart, Mainz und

II. Internationale Impulse

Diese Kommission ist nicht zu verwechseln mit der »UNESCO-Kommission«, die erst nach der Aufnahme der DDR in die Organisation 1973 gegründet wurde. Der erste Mitgliedsantrag der DDR wurde zwar im Dezember 1955 abgelehnt.[82] Die DDR-Führung bemühte sich aber auch während der 1960er-Jahre kontinuierlich um eine Mitgliedschaft in der UNESCO. 1970 stellte sie erneut einen Antrag auf Mitgliedschaft.[83]

2.3.2 Die Mitgliedschaft der DDR bei UNESCO, 1972 bis 1974

Auf der 17. Generalkonferenz (auf der auch die UNESCO-Welterbekonvention verabschiedet wurde) wurde dem nunmehr dritten Beitrittsantrag der DDR stattgegeben. Die um einen Tag verlängerte Konferenz billigte am 21. November 1972 den Antrag der DDR: Am 24. November 1972 wurde sie als 130. Mitgliedstaat in die UNESCO durch die Hinterlegung der Beitrittserklärung aufgenommen. Die UNESCO war die erste Sonderorganisation der UN, in die die DDR aufgenommen wurde.[84]

Damit hatte die DDR-Führung einen großen Schritt in Richtung internationaler Anerkennung getan, auch wenn der Vertreter der Bundesrepublik bei seiner Ansprache im Exekutivrat betonte, dass eine Aufnahme der DDR bei der UNESCO nichts an der Rechtsposition der Bundesrepublik gegenüber der DDR ändern würde.[85] Doch die DDR stellte sich institutionell sehr gut auf und maß dem Beitritt zur UNESCO große Bedeutung zu, was sich auch in der Besetzung und Organisation ihrer UNESCO-Gremien niederschlug. Eine ständige Vertretung der DDR bei der UNESCO wurde am 4. Dezember 1972 in Paris eröffnet. Ständiger Vertreter bei

---

Düsseldorf, die kurz zuvor gegründet worden waren, hervorgegangen war. Im Januar 1948 noch hatte der Alliierte Kontrollrat eine Tätigkeit der UNESCO in Deutschland abgelehnt, nach weiteren Diskussionen aber zum April hin der Aufnahme von UNESCO-Tätigkeiten, zunächst in eingeschränktem Rahmen, zugestimmt. Am 1. Dezember 1950 beantragte die Bundesregierung die Aufnahme in die UNESCO. Die 6. Generalversammlung in Paris (18. Juni–11. Juli 1951) beschloss am 11. Juli die Aufnahme als 64. Mitgliedstaat. Am 3. November 1951 wurde der Deutsche Ausschuss für UNESCO-Arbeit unter dem Vorsitz von Walter Hallstein, der am 12. Mai 1950 in Bad Godesberg (Taunus) gegründet worden war, in die bis heute bestehende Deutsche UNESCO-Kommission e. V. gemäß Artikel VII der UNESCO-Verfassung umbenannt. Das Büro in Wiesbaden bestand bis 1951, http://unesco.de/chronik.html (letzter Abruf: 08.11.2021)

82 Neugebauer, Bernhard: UNESCO-Leben in der DDR von 1956 bis 1990, in: Mitteilungsblatt des Berliner Komitees für UNESCO-Arbeit e. V., 2011, http://web.archive.org/web/20170306094503/http://www.vip-ev.de/text724.htm (letzter Abruf: 05.10.2021).
83 PA AA, MfAA, Dok. 346, Blatt 60, Winzer an Generaldirektion der UNESCO, 05.08.1970.
84 Der erste Antrag zur Aufnahme in eine UN-Sonderorganisation wurde im April 1968 an die Weltgesundheitsorganisation (WHO) gestellt und abgelehnt; Krüger, Elfriede: Antrag der »DDR« auf Aufnahme in die Weltgesundheitsorganisation, Vereinte Nationen 4/1968, S. 117–119.
85 PA AA, MfAA/C/3783, Blatt 17: »Der BRD-Vertreter Blankenhorn führte in seiner Ansprache bei der Behandlung des Antrages der DDR im Exekutivrat aus, dass
  – beide Staaten die Staaten einer Nation und einer gemeinsamen Kultur sind;
  – die Viermächte-Verantwortung für Deutschland in Kraft bleibt;
  – die Zustimmung der BRD zur Aufnahme der DDR in die UNESCO nichts an der Rechtsposition der BRD verändert.«

der UNESCO war von 1973 bis 1977 Dieter Heinze.[86] Am 31. Januar 1973 wurde auf Beschluss des Ministerrates die UNESCO-Kommission der DDR gegründet, die dem Außenministerium als beratendes Gremium zugeordnet war.[87] Dass die Kommission dem Außen- und nicht etwa dem Kulturministerium zugeordnet wurde, unterstreicht die besondere Bedeutung, die der UNESCO-Arbeit in der DDR beigemessen wurde. Vorsitzender der Kommission wurde der stellvertretende Außenminister Horst Grunert. Ab 1974 war die DDR sogar mit einem Sitz im Exekutivrat, dem operativen Organ der UNESCO, vertreten.[88] Die Professorin für Romanistik an der HU Berlin, Rita Schober, wurde 1974 Vertreterin der DDR, 1976 bis 1978 bekleidete der Romanist und Philologe Werner Bahner dieses Amt.[89]

Dass die DDR als erster UN-Sonderorganisation der UNESCO beitrat, lag vor allem daran, dass die Generalversammlung – das höchste Organ der Vereinigung – bereits kurz nach der deutsch-deutschen Einigung über den Grundlagenvertrag, die am 8. November 1972 stattgefunden hatte,[90] zusammentrat.[91] Dieser rein praktische Umstand soll allerdings nicht darüber hinwegtäuschen, dass die Mitgliedschaft bei der UNESCO für die DDR von außerordentlicher Bedeutung war. Zum einen war die UNESCO die »wichtigste internationale Organisation im ideologischen Bereich, von der geistigen Auseinandersetzung um die richtige Antwort auf die entscheidenden Lebensfragen« geprägt«[92], und damit höchst politisch. Zum anderen erhielt die DDR mit der Mitgliedschaft bei der UNESCO umfassenden Zugang zum System der Vereinten Nationen. Denn obwohl sie zunächst nur in eine Sonderorganisation eingetreten war, war es ihr dadurch möglich, auch

---

86 BArch, DY 15/882, Blatt 1, UNESCO-Kommission der DDR. Zu Dieter Heinze, der wegen des Verdachtes auf »Verbindungsaufnahme zu einem imperialistischen Geheimdienst« nach einem Aufenthalt in der DDR nicht nach Paris zurückreisen durfte und fortan an der Akademie der Künste eingesetzt wurde: Braun, Matthias: Kulturinsel und Machtinstrument: die Akademie der Künste, die Partei und die Staatssicherheit, Göttingen 2007, S. 284–290.
87 Neugebauer: UNESCO-Leben in der DDR, 2011; Micheel, Hans-Jürgen: Außenpolitische Aspekte der Mitgliedschaft der DDR in der UNESCO, in: Siegfried Bock/Ingrid Muth/Hermann Schwiesau (Hg.): DDR-Außenpolitik im Rückspiegel, Teil II: Alternative deutsche Außenpolitik?, Münster 2006, S. 179–193, S. 179.
88 Der UNESCO-Exekutivrat ist eines der wichtigsten Gremien im UN-System. Für die Periode 2019 bis 2023 wurde Deutschland durch die 40. Generalversammlung der UNESCO erneut in den Exekutivrat gewählt. Die Präsidentin der Deutschen UNESCO-Kommission, Maria Böhmer, erläuterte, dass die Wahl in den Exekutivrat »Anerkennung für die intensive Mitwirkung Deutschlands in der UNESCO« sei. Deutschland habe so die Möglichkeit, die »Ausrichtung der UNESCO auf die Ziele der Agenda 2030 entscheidend mitzugestalten«. https://www.unesco.de/ueber-uns/ueber-die-unesco/organe/deutschland-ist-mitglied-im-exekutivrat-2019-2023-der-unesco (letzter Abruf: 05.10.2021).
89 Micheel: Außenpolitische Aspekte, 2006, S. 189. In Rita Schobers Erinnerungen spielt diese Zeit allerdings keine wesentliche Rolle, Röseberg, Dorothee: Rita Schober – Vita. Eine Nachlese. Editiert, kommentiert und mit Texten aus Archiven und dem Nachlass erweitert, Tübingen 2018.
90 Roth: Sozialliberale Deutschlandpolitik, 1981, S. 62.
91 Bruns: Politik der selektiven Mitgliedschaft, 1978, S. 157.
92 Ebd., zitiert: Horst Grunert in: Außenpolitische Korrespondenz 40/1976, S. 316.

an Debatten anderer Organisationen teilzunehmen.[93] Dies ergab sich aus der sogenannten »Wiener Formel«. Sie war keine amtliche Bezeichnung, hatte sich aber seit einer Konferenz der Vereinten Nationen in Wien 1961 und dem auf dieser Konferenz abgeschlossenen »(Wiener) Übereinkommen über diplomatische Beziehungen« im Rahmen der Vereinten Nationen etabliert. Die Generalversammlung hatte alle Mitgliedstaaten der Vereinten Nationen sowie die Mitgliedstaaten von Sonderorganisationen und auch Staaten, die Parteien des Statuts des Internationalen Gerichtshofes waren, ersucht, an der Konferenz teilzunehmen. In Artikel 48 des Übereinkommens wurden dieses Ersuchen kodifiziert und ebendiese Staaten aufgefordert, auch das Übereinkommen zu ratifizieren.[94] Seither war es möglich, an UN-Konferenzen und -Sitzungen teilzunehmen, wenn das jeweilige Land in mindestens einer UN-Organisation offiziell vertreten war.

Im Laufe des Jahres 1973 wurde die DDR in sechs weiteren UN-Sonderorganisationen Mitglied.[95] Das ebenfalls auf der 17. Generalkonferenz in Paris ins Leben gerufene »Übereinkommen zum Schutz des Kultur- und Naturerbes der Welt« (Welterbekonvention) »akzeptierte« die DDR allerdings erst am 12. Dezember 1988.[96] Die Bundesrepublik ratifizierte am 23. August 1976 die Welterbekonvention.[97]

---

93 Bruns: Politik der selektiven Mitgliedschaft, 1978, S. 154; o. A.: Aus dem Bereich der Vereinten Nationen. Das Tauziehen um die Aufnahme der Bundesrepublik Deutschland in den Ausschuss für die Vorbereitung der Zweiten Entwicklungsdekade, Vereinte Nationen 2/1969, S. 57–63, S. 58.
94 Art. 48 des Übereinkommens regelte die Unterzeichnung: »Dieses Übereinkommen liegt für alle Mitgliedstaaten der Vereinten Nationen oder ihrer Sonderorganisationen, für Vertragsstaaten der Satzung des Internationalen Gerichtshofs und für jeden anderen Staat, den die Generalversammlung der Vereinten Nationen einlädt, Vertragspartei des Übereinkommens zu werden, wie folgt zur Unterzeichnung aus: bis zum 31. Oktober 1961 im österreichischen Bundesministerium für Auswärtige Angelegenheiten und danach bis zum 31. März 1962 am Sitz der Vereinten Nationen in New York.«, BGBl. BRD II, 1964, Nr. 38, S. 959, https://www.justiz.nrw.de/Bibliothek/ir_online_db/ir_htm/frame_wued_18-04-1961.htm (letzter Abruf: 05.10.2021).
95 ITU (Internationale Fernmeldeunion) 3. April 1973; WHO (Weltgesundheitsorganisation) 8. Mai 1973; UPU (Weltpostverein) 1. Juni 1973; WMO (Weltorganisation für Meteorologie) 22. Juni 1973; IMCO (Zwischenstaatliche Seeschifffahrtsorganisation) 25. September 1973; IAO (Internationale Arbeitsorganisation) 1. Januar 1974. Die Mitgliedschaft im Weltpostverein hatte die DDR zwar bereits 1955 »erklärt«. Dem UPU kann allerdings nicht durch einseitige Erklärung beigetreten werden, vielmehr müssen mindestens zwei Drittel aller Mitgliedsländer dem Beitritt zustimmen, Nawrocki: DDR am Ende des Tunnels, Die Zeit, Nr. 48 vom 01.12.1972.
96 »Ratification« (Ratifikation), »Acceptance« (Annahme), »Approval« (Genehmigung) oder »Accession« (Beitritt) eines Vertrages haben dieselben rechtlichen Konsequenzen und bedeuten, dass ein Staat an diesen Vertrag gebunden ist. In der Praxis einiger Staaten wurden »Acceptance« oder »Approval« statt der Ratifikation angewandt, wenn im nationalen Recht die Ratifikation durch ein Staatsoberhaupt verfassungsrechtlich nicht erforderlich war, vgl. Art. 2 Abs. 1 b) und Art. 14 Abs. 2 Wiener Übereinkommen über das Recht der Verträge.
97 https://unesdoc.unesco.org/ark:/48223/pf0000378425_eng/PDF/378425eng.pdf.multi.page=11 (letzter Abruf: 08.11.2021). In diesem Dokument findet sich nicht einmal eine Fußnote zur DDR und dem Umstand, dass auch sie die Welterbekonvention unterzeichnet hatte. Auf der Internetseite http://whc.unesco.org/en/statesparties (letzter Abruf: 08.11.2021), auf der alle Konventionsstaaten mit Datum und Status verzeichnet sind, findet sich unter »Germany« eine Fußnote, die einen Hinweis auf die DDR und deren Beitritt am 12. Dezember 1988 zumindest vermerkt.

Der stellvertretende Außenminister Ewald Moldt sprach nach der Aufnahme der DDR vor der Generalversammlung der UNESCO von einer »zeitgemäßen« Entscheidung, sie markiere einen »Wendepunkt« in den Beziehungen zwischen der DDR und den UN-Organisationen.[98] In seinem internen Bericht bewertete er die Aufnahme vor allem mit Blick auf das andauernde Kräftemessen zwischen den Blöcken: »Die sozialistischen Staaten konnten der Linie der imperialistischen Staaten, die Arbeit der UNESCO zu entpolitisieren, offensiv entgegenwirken. [...] Die Ausnutzung der UNESCO als Tribüne gegen die Ideen des Sozialismus war den imperialistischen Kräften nicht mehr möglich«.[99]

Diese Einschätzung offenbart das unterschiedliche Verständnis der Staaten von der Bedeutung und den Kompetenzen der Sonderorganisationen: Die osteuropäischen Staaten betonten regelmäßig den politischen Charakter der Sonderorganisationen, wohingegen Vertreter der westlichen Staaten eine Trennung von politischer Materie und unpolitisch-technischen Sachverhalten anstrebten. Letztere sollten in den Sonderorganisationen diskutiert, Erstere hingegen in den Gremien der UNO verhandelt werden.[100] Die Lesart der sozialistischen Staaten wurde in der DDR auch in den Folgejahren weiter propagiert. Noch 1979 heißt es im Lehrbuch zur *Außenpolitik der DDR* in Bezug auf die UNESCO, die DDR wende sich »gegen Versuche der imperialistischen Staaten, die Organisation zu ›entpolitisieren‹, von der Lösung ihrer eigentlichen Aufgaben wegzuführen und für ihre Politik zu mißbrauchen«.[101]

2.4. Die Abhängigkeit der Mitgliedschaft bei ICOMOS vom Mitgliedsstatus bei ICOM, 1968

Während sich 1965 abzeichnete, dass eine Aufnahme bei ICOMOS nicht unmittelbar bevorstand und die fehlende Mitgliedschaft bei der UNESCO weitere Aufnahmeverhandlungen be- bzw. verhinderte, waren auch Verantwortliche im Museumswesen der DDR bestrebt, sich international zu vernetzen. Die geeignete Plattform dafür bot der Internationale Museumsrat (International Council of Museums, ICOM). Er war bereits 1946 in Paris gegründet worden und bietet als

---

98 Moldt, Ewald: Wende in Beziehungen zwischen DDR und UNO-Organisationen, Neues Deutschland vom 22.11.1972, S. 6.
99 PA AA, MfAA/C/81-77, Blatt 8, Einschätzung der Aufnahme der DDR in die UNESCO des Stellvertreters des Außenministers Moldt, 23.11.1972.
100 Bruns: Politik der selektiven Mitgliedschaft, 1978, S. 156.
101 Spröte, Wolfgang: Das Wirken der DDR im Rahmen der UNO und ihrer Spezialorganisationen, in: Institut für Internationale Beziehungen Potsdam-Babelsberg/Autorenkollektiv/Stefan Doernberg (Hg.): Außenpolitik der DDR, Drei Jahrzehnte sozialistische deutsche Friedenspolitik, Berlin 1979, S. 335.

II. Internationale Impulse

nichtstaatliche Organisation Diskussionen für Fachfragen rund um das Museumswesen weltweit.[102]

Gegenüber dem Ministerium für Kultur argumentierten die Museumsfachleute, ähnlich wie die Denkmalpfleger, mit der internationalen Anerkennung, die der DDR über die Teilnahme in einer weltweit agierenden Vereinigung zuteilwerden könnte:

>»Aufgrund seiner Universalität und seiner Aktivität gehört der ICOM zu den wichtigsten Organisationen im Rahmen der UNESCO (Status A). Die Aufnahme der Museen der Deutschen Demokratischen Republik in den ICOM wäre demzufolge ein wichtiger Beitrag zur Stärkung des Ansehens unseres Staates. Die Mitarbeit in ICOM würde die Stellung der DDR gegenüber der UNESCO begünstigen und damit auch ihre Anerkennung als Mitgliedstaat der UNO fördern«.[103]

Auch der Aufnahmeprozess dort dauerte mehrere Jahre, gelang aber schließlich 1968, ebenfalls noch bevor die Hallstein-Doktrin offiziell aufgegeben wurde. Auch im Fall von ICOM bemühten sich die Fachleute vorrangig aus berufsspezifischen Gründen um einen Anschluss an die internationale Ebene. Seitens des Ministeriums für Kultur wurde dies begrüßt, vonseiten des Ministeriums für Auswärtige Angelegenheiten zunächst skeptisch begleitet, später dann für eigene, außenpolitische Zwecke gutgeheißen. Insofern gab es Parallelen zwischen Denkmalpflege und Museumswesen.

Dass das DDR-Nationalkomitee bei ICOM aufgenommen wurde, hatte unmittelbare Auswirkungen auf den Aufnahmeprozess bei ICOMOS. Während Deiters im Sommer 1968 nicht davon ausging, dass es einen Zusammenhang zwischen ICOM und ICOMOS geben könnte, war der Präsident des bundesdeutschen ICOMOS-Nationalkomitees, Bornheim gen. Schilling, in hellem Aufruhr, als er davon erfuhr, dass die 8. Generalkonferenz von ICOM das Komitee der DDR aufgenommen hatte. Er setzte sich besorgt mit dem Bundesinnenministerium in Verbindung. Dort schätzte man die Lage so ein:

>»Bedauerlicherweise treffen die in Ihrem Schreiben vom 22. August 1968 erwähnten Pressenachrichten zu. Die 8. Generalkonferenz von ICOM hat der Bildung eines Nationalkomitees in der SBZ […] zugestimmt. Welche Konsequenzen sich aus dieser Ent-

---

102 ICOM, Missions and objectives: https://icom.museum/en/about-us/missions-and-objectives/ (letzter Abruf: 05.10.2021).
103 BArch, DR 1/7482, Konzeption für Maßnahme zur Erlangung der Mitgliedschaft bei ICOM, S. 3, 16.08.1967.

scheidung für ICOMOS ergeben, läßt sich zum gegenwärtigen Zeitpunkt nicht voraussagen. Es ist jedoch im Interesse der Wahrung der gesamtdeutschen Belange zu hoffen, daß sich eine gleichartige Entwicklung hier vermeiden läßt.«[104]

Die Aufnahme des Nationalkomitees der DDR bei ICOM kam einem Dammbruch gleich. Sowohl Bornheim gen. Schilling als auch die Mitarbeiter im Innenministerium ahnten, dass der bisher durchgesetzte Alleinvertretungsanspruch von bundesdeutschen Delegationen in internationalen Organisationen nicht mehr lange aufrechterhalten werden konnte.

In der DDR-Presse wurde eine überraschend knappe Meldung ausgegeben, die DDR sei nun in die »von der UNESCO unterstützte Organisation« ICOM aufgenommen worden. Das bedeute »Bestätigung und Anerkennung der Tätigkeit der DDR-Museen und der wissenschaftlichen und kulturellen Bildung in der DDR«.[105] Erst eine ergänzende Meldung, die einige Tage später in der Zeitung *Neue Zeit* erschien, ordnete dieses Ereignis in einen globalen Kontext ein. Die Meldung besage

»nichts Geringeres, als daß vor und von Fachexperten aus sämtlichen Erdteilen mit Nachdruck bestätigt und anerkannt wurde, welch weitausstrahlende Wirksamkeit der Arbeit unserer Museen innewohnt und wie hoch zugleich das Niveau der wissenschaftlichen und kulturellen Bildung in unserem Lande zu veranschlagen ist«.[106]

Gegenüber Vertretern der Ministerien wurde die Mitgliedschaft bei ICOM häufiger als Referenz herangezogen, um Arbeitsweise und Wichtigkeit von der im Vergleich jungen Vereinigung ICOMOS zu erläutern.[107]

Wie auch in der Denkmalpflege, hatte man im Museumswesen in den Jahren 1964 und 1965 diskutiert, wie ein Sprung auf die internationale Ebene institutionell vorbereitet werden könnte. Am 28. Januar 1964 kam in Leipzig der »Nationale Museumsrat« (auch »Museumsrat der DDR« genannt) zu seiner konstituierenden Sitzung zusammen.[108] Er war beim Ministerium für Kultur angegliedert und sollte die Interessen des Museumswesens der DDR gegenüber ICOM vertreten.[109] Er

---

104 BArch, B 106/59688, Engstler an Bornheim gen. Schilling, 18.09.1968.
105 ADN: DDR im Internationalen Museumsrat, Neues Deutschland vom 03.08.1968, S. 2.
106 KB: Erbe in guter Hand, Neue Zeit vom 16.08.1968, S. 1.
107 Beispielsweise in BArch, DR 1/15881, Gysi an Winzer, 28.10.1969: »Seine fachliche Arbeit leistet der ICOMOS, ähnlich wie der ICOM, im Rahmen von internationalen Fachkomitees«; Deiters an den Minister des Innern Dickel, 28.09.1970: »ähnlich wie der ICOM (Internationaler Museumsrat), zu dem er enge Beziehungen unterhält, leitet der ICOMOS seine Arbeit in speziellen Komitees«.
108 BArch, DR 1/7481, Protokoll der konstituierenden Sitzung des Nationalen Museumsrates der DDR im Museum der bildenden Künste zu Leipzig, 28.01.1964; Wanner: ICOM, 2013, S. 12.
109 Es gab darüber hinaus noch einen »Rat für Museumswesen« in der DDR, BArch, DR 1/7482, Konzeption für Maßnahme zur Erlangung der Mitgliedschaft bei ICOM, 16.08.1967, S. 6. Die

konnte seine Aufgaben allerdings nicht wie geplant wahrnehmen, anscheinend gab es organisatorische Schwierigkeiten.[110] Nach Statut und Zusammensetzung entsprach er darüber hinaus nicht den Voraussetzungen eines ICOM-Nationalkomitees, welches für eine Aufnahme aber obligatorisch war. Daher wurde im Laufe des Jahres 1967 darüber nachgedacht, eine weitere Institution zu gründen, die ebenfalls unter der Bezeichnung »Nationaler Museumsrat« firmieren sollte.[111] In der Presse wurde erstmals im Februar 1968 von einem »Nationalen Museumsrat« berichtet.[112] Ihm gehörten angesehene Museumsfachleute an; Johannes Jahn, bis 1962 Direktor des Museums der Bildenden Künste in Leipzig, übernahm (wie auch schon 1964) den Vorsitz.[113]

2.4.1 Die Chuzpe des Johannes Jahn

Dass Jahn erneut den Vorsitz des Museumsrates innehatte, lag aus fachlichen Gründen nahe. Johannes Jahn war ein international anerkannter, renommierter Museumsfachmann.

Allerdings hatte er 1965 den Unmut des Ministeriums für Auswärtige Angelegenheiten auf sich gezogen und sollte, nach Meinung des dort zuständigen Referenten, mit keinen wichtigen Ämtern mehr betraut werden. Insofern ist die erneute Ernennung Jahns als ein Sieg der fachlichen über die politischen Kräfte in den späten 1960er-Jahren zu werten.

Jahn hatte Ende des Jahres 1964 eigenmächtig in Paris beim Sekretariat von ICOM angefragt, wie eine Teilnahme an der Generalkonferenz im Sommer 1965 möglich sei. Er erhielt einen Brief mit der Antwort, dass lediglich Mitglieder des ICOM an der Konferenz teilnehmen könnten, er aber als »observateur« willkommen sei.[114] Dem Brief waren sowohl ein Anmeldeformular für ICOM als auch für die Konferenz in New York beigefügt. Diese Formulare füllte er aus, sandte eines zurück nach Paris, das andere nach New York und ließ den fälligen Jahresbeitrag durch seinen Sohn, der in München wohnte, überweisen. Zu Beginn des Jahres 1965 dann erhielt Jahn eine offizielle Bestätigung, dass er nun Mitglied bei ICOM

Existenz »zweier gleichartiger Gremien (Museumsrat und Rat für Museumswesen) sollte bei der Tagung vom ICOM 1965 in New York tunlichst nicht nach außen treten«, so die Direktive an die Dienstreisenden zur Generalversammlung 1965, BArch, DR 1/23303, Abt. Internationale Organisationen an Abt. Bildende Kunst, 03.08.1965.
110 BArch, DR 1/7481, Herzfeld an Walther, 16.12.1965: »Im Januar 1964 wurde der Rat vom Ministerium für Kultur konstituiert. Inzwischen liegt eine Vielzahl von Beschwerden von Teilnehmern dieser Tagung vor, die mit der Arbeit des Rates unzufrieden sind, eines Rates, der offiziell, da die Berufung und die Bestätigung des Statutes nicht erfolgt ist, nicht existiert und daher auch kaum aktionsfähig ist.«
111 BArch, DR 1/7482, Konzeption für Maßnahme zur Erlangung der Mitgliedschaft bei ICOM, S. 6, 16.08.1967.
112 ADN: Nationaler Museumsrat der DDR tagte, Neues Deutschland vom 24.02.1968, S. 5.
113 BArch, DR 1/7482, Konzeption für Maßnahmen zur Erlangung der Mitgliedschaft bei ICOM, S. 6, 16.08.1967.
114 BArch, DR 1/23303, Jahn an Bartke, 22.03.1965.

sei. Er hatte damit, ob wissentlich oder versehentlich, eine Entwicklung losgetreten, die letztendlich zur internationalen Anerkennung der DDR maßgeblich beitrug. Jahn informierte Roland Feix im Ministerium für Kultur darüber, dass er nun bei ICOM aufgenommen sei. Feix erkannte sofort die Tragweite dieser Information. Er wollte dafür sorgen, dass Jahn nach New York reisen konnte. Er rapportierte weiter an das MfAA und teilte sogleich mit, diese Mitgliedschaft müsse für den Museumsrat der DDR »ausgenutzt« werden.[115] Jedenfalls spreche sich das MfK dafür aus, Jahn zum Kongress zu entsenden. Die Einreise nach New York sei freilich fraglich, allerdings wolle er »nichts unversucht lassen«. Feix spekulierte: »Wenn er die Einreise erhält, ist dies bereits eine Form der Anerkennung des Museumsrates durch den ICOM.«[116]

Im MfAA teilte man Feix' Enthusiasmus allerdings nicht. Vielmehr wurde die Angelegenheit skeptisch beurteilt. Hildegard Kiermeier, Abteilung Internationale Organisationen, war sich sicher, dass Jahn keinesfalls unter seiner korrekten Amtsbezeichnung, als Direktor eines Museums der DDR, bei ICOM geführt würde.

»Obwohl wir die Mitgliedschaft im ICOM begrüßen, können wir uns mit dem Vorgehen von Prof. Jahn nicht einverstanden erklären. Wie Ihnen bekannt ist, bedarf die Beantragung jeder neuen Mitgliedschaft in internationalen nichtstaatlichen Organisationen der Zustimmung durch das MfAA. Diese Festlegung hat keinesfalls nur formalen Charakter, sondern dient in erster Linie dazu, diskriminierende Bedingungen weitgehend auszuschalten«.[117]

Es sei nicht davon auszugehen, dass Jahn wie erforderlich als Direktor eines Museums der DDR aufgenommen sei, sondern im »günstigsten Falle unter ›Germany‹ oder womöglich gar als zum westdeutschen Nationalkomitee« zugehörig. Es gelte folglich, zunächst sicherzustellen, dass Jahn eindeutig als der DDR zugehörig ausgewiesen würde und als Direktor eines DDR-Museums auch als solcher bezeichnet werden müsse.[118]

Sie wies Feix an, den Mitgliedsausweis persönlich dahingehend zu überprüfen. Feix kam dieser Anweisung nach und berichtete: »Es handelt sich also um eine eindeutige Mitgliedschaft eines Museumsdirektors der DDR. Auch in anderen Veröffentlichungen hat der ICOM bisher diese Bezeichnung und Trennung gegenüber Westdeutschland exakt durchgeführt.« Feix unterstrich die einmalige Chance, nun bei ICOM zu partizipieren:

---

115 BArch, DR 1/23303, Feix an Kiermeier, 03.04.1965.
116 Ebd.
117 BArch, DR 1/23303, Kiermeier an Feix, 09.04.1965.
118 Ebd.

II. Internationale Impulse

»Unter diesem Aspekt, daß Prof. Jahn offiziell Mitglied der DDR ist, halten wir es für richtig, seine Teilnahme am Kongreß in den USA zu versuchen. [...] Es ist natürlich nicht wahrscheinlich, ob er die Einreise in die USA erhält. [...] Wir bitten unter diesem Aspekt um nochmalige Prüfung, da wir eine Mitarbeit im ICOM auf jeden Fall anstreben müssen [...].«[119]

Kiermeier gab dem Drängen Feix' schließlich nach:

»Die Beantragung weiterer Einzelmitgliedschaften im ICOM findet unsere Zustimmung. [...] Der Teilnahme von Herrn Prof. Dr. Jahn am ICOM-Kongreß im September dieses Jahres in den USA stimmen wir zu. In Absprache mit der zuständigen Ländersektion unseres Ministeriums befürworten wir auch die Inanspruchnahme des Travel-Office, sofern Bemühungen zur Umgehung ohne Erfolg bleiben.«[120]

Ebenfalls im Mai 1965 fanden die Vorbereitungen zum ICOMOS-Gründungskongress in Warschau statt. Es war zu diesem Zeitpunkt bereits deutlich geworden, dass die DDR wegen der geforderten, aber fehlenden, UNESCO-Mitgliedschaft nicht zu den Gründungsländern der neuen Denkmalpflegevereinigung gehören würde. Insofern war die Zustimmung des MfAA zur Reise Jahns nach New York ein Erfolg für das MfK. Nach dem Kongress in Warschau wollte man die Verbündeten in Polen allerdings nicht vor den Kopf stoßen und entschied, sie im Vorfeld zum Kongress in New York darüber zu informieren, dass auch Vertreter der DDR beim ICOM-Kongress in New York sein würden.[121]

Nach einer überstürzten, weil bis zum letzten Moment ungeklärten Abreise wegen fehlender Visa[122] trafen die Delegierten Johannes Jahn, Hans Damm (Museum für Völkerkunde, Leipzig) und Siegfried Wolf (Staatliches Museum für Völkerkunde, Dresden), beide Letztgenannten waren bisher noch keine Mitglieder bei ICOM, am 24. September 1965 in New York ein.

In seinem Reisebericht stellt Jahn heraus, dass die die drei Delegierten überall herzlich empfangen wurden und es »nicht das geringste Ressentiment« ihnen gegenüber gab.[123] Dem MfAA war der dreiseitige Bericht Jahns allerdings nicht

---

119 BArch, DR 1/23303, Feix an Kiermeier, 14.05.1965.
120 BArch, DR 1/23303, Kiermeier an Feix, 28.05.1965.
121 BArch, DR 1/23303, Abt. Internationale Organisationen an Abt. Bildende Kunst, 03.08.1965: »Trotz der Schwierigkeiten, die sich bei der ICOMOS-Tagung in Warschau ergaben, sollten auch die polnischen Vertreter über die Beschickung des Kongresses seitens der DDR informiert werden.«
122 BArch, DR 1/23303, Telegramm von Jahn an die Leitung des ICOM, 22.09.1965: »Wünschen der Konferenz gutes Gelingen. Sind leider verhindert zu kommen, da Visa bis jetzt nicht erteilt.«; Telegramm für Metropolitan Museum of Arts ICOM 65, 24.09.1965: »Zum ICOM 65 treffen Jahn, Damm und Wolf am 24.9.1965 mit Maschine aus Kopenhagen gegen 18:30 Uhr in New York ein.«
123 BArch, DR 1/7481, Bericht Jahns über die Teilnahme am 7. Kongress des ICOM 1965 in New York, 29.10.1965.

ausführlich genug. In den vom MfAA angeforderten Ergänzungen, beschrieb Jahn das Klima in den informellen Diskussionen, die nach dem »Genuß geistiger Getränke« schließlich angeregt geführt wurden. Es sei immer wieder ausgedrückt worden, dass die Fachleute die in der »DDR geleistete Museumsarbeit sehr wohl zu schätzen« gewusst hätten und dass man »bedauerte[n], daß die politischen Verhältnisse eine engere Zusammenarbeit so erschwerten. Doch glaubte man, in der Tatsache der Anwesenheit von drei Vertretern der DDR einen guten Anfang für bessere Zusammenarbeit sehen zu können«.[124]

Im Ministerium für Auswärtige Angelegenheiten herrschte allerdings keine Euphorie nach Jahns Rückreise. Seine Berichte hielt man für »nichtssagend«. Sie unterstrichen, dass es notwendig sei, in Zukunft bei Delegierten »in erster Linie von der politischen Qualifikation auszugehen«.[125] Jahn und seine zwei Mitreisenden hätten die »Bedeutung und Tragweite der Entsendung zu solch einem wichtigen Kongreß und die damit verbundenen Möglichkeiten, für unsere sozialistische Gesellschaftsordnung wirksam zu werden, gar nicht erfaßt«. Das MfAA wollte daher bei der anstehenden Neukonstituierung des Museumsrates »diese Herren mit keiner Funktion mehr« betrauen; auch weitere Delegationen zu anstehenden Kongressen würden seitens des MfAA nun nicht mehr zugelassen. Jahn würde noch im Januar durch den Beirat für Museumswesen beim Ministerium für Kultur zu seiner Reise nach New York »sehr kritisch« befragt werden.[126]

Mit seiner ideologischen Haltung konnte sich das MfAA in dieser Sache jedoch nicht durchsetzen. Jahn wurde erneut zum Vorsitzenden des Museumsrates gewählt. Ihm und seinem internationalen Renommee sowie seinen internationalen Kontakten war es zu verdanken, dass das Komitee der DDR 1968 letztendlich bei ICOM aufgenommen wurde.

Es ist unwahrscheinlich, dass der etablierte Wissenschaftler Jahn nicht um die Tragweite seiner Handlungen wusste. Wichtig war in diesem Fall, dass er Unterstützung seitens des Ministeriums für Kultur erhalten hatte, wo Feix sofort erkannte, dass über die Einzelmitgliedschaft eines so anerkannten Museologen, wie Jahn es war, eine Tür für die DDR zur Teilhabe an einer internationalen Organisation aufgestoßen war. Ab 1966 wurde Jahns Mitgliedsbeitrag für ICOM vom Ministerium für Kultur bezahlt.

2.4.2 Die Aufnahme der DDR bei ICOM 1968 als Wegbereiter für ICOMOS

Die Erfolgsaussichten für die Aufnahme des Komitees der DDR bei ICOM wurden noch im August 1967 als sehr gering eingeschätzt. Im zuständigen Exekutivkomitee von ICOM waren mit der UdSSR, ČSSR, Polen, Rumänien und Jugoslawien lediglich fünf von 21 vertretenen Ländern der DDR (offiziell) zugewandt. Das

---

124 BArch, DR 1/23303, ergänzender Bericht Jahns an Walther, S. 2, 12.01.1966.
125 BArch, DR 1/23303, Walther an Adamczyk, 25.01.1966.
126 Ebd.

II. Internationale Impulse 163

westdeutsche Komitee würde, so die Vermutung, »im Falle des DDR-Antrages im Sinne des Alleinvertretungsanspruches der Bonner Regierung auftreten«.[127]

Im März 1968 stellte der Nationale Museumsrat dennoch einen Antrag auf Aufnahme des Nationalkomitees der DDR bei ICOM.[128]

Der Präsident des bundesdeutschen ICOMOS-Nationalkomitees, Bornheim gen. Schilling, erhielt Kenntnis vom Aufnahmeantrag bei ICOM, ahnte die Auswirkungen auf den bis dahin erschwerten Beitritt der DDR zu ICOMOS und wandte sich besorgt an das Auswärtige Amt. Er habe, so Bornheim gen. Schilling, vom Präsidenten des sowjetischen ICOMOS-Nationalkomitees erfahren, dass der Präsident des ICOM-Nationalkomitees der Bundesrepublik, Alfred Hentzen,[129] einem Vorschlag zugestimmt habe, die DDR bei beiden Vereinigungen aufzunehmen.[130]

Bornheim gen. Schilling wurde als strikter Gegner der Aufnahme der DDR wahrgenommen. Schon auf dem Gründungskongress in Warschau hatte Deiters den Eindruck, dass Gazzola und der belgische Generalsekretär Raymond Lemaire von Bornheim gen. Schilling unter Druck gesetzt worden seien. Er habe erklärt, dass die Bundesrepublik ihre Arbeit bei ICOMOS einstellen werde, würde die DDR aufgenommen. Er habe »offensichtlich Anweisung, gegen die Aufnahme der DDR in das ICOMOS aufzutreten«,[131] schilderte Deiters seine Beobachtungen. Inwieweit Deiters Bornheim gen. Schillings Einfluss dabei überschätzte, ist offen.

Bornheim gen. Schillings Schreiben wurde an das zuständige Bundesinnenministerium weitergeleitet.[132] Hentzen musste sich daraufhin erklären: Er habe weder der Aufnahme der DDR bei ICOM noch bei ICOMOS zugestimmt, wisse aber, dass das Exekutivkomitee ICOMs bei der nächsten Generalversammlung im August 1968 über den Antrag der DDR abstimmen werde.[133]

Deiters schien unterdessen keine Kenntnis davon zu haben, dass es einen Zusammenhang zwischen der Mitgliedschaft bei ICOM und ICOMOS gab. Er wandte sich in einem Brief im Mai 1968 an Christa Friedrich in der Abteilung Kulturelle Verbindungen im MfK. Sie solle ihm »Materialien zum Problem der Aufnahme der DDR in das ICOMOS« zur Verfügung stellen, damit er sie an den Vorsitzenden des sowjetischen Nationalkomitees von ICOMOS, Alexander Halturin, weiterleiten könne. Dieser wolle die Materialien bei einem Treffen mit Lorentz in Moskau verwenden. Statt die Materialien zu senden, verfasste Friedrich eine

---

127 BArch, DR 1/7482, Konzeption für Maßnahme zur Erlangung der Mitgliedschaft bei ICOM, S. 3, 16.08.1967.
128 BArch, DR 2/25249, Nationaler Museumsrat an das Ministerium für Volksbildung, 19.06.1968.
129 Hentzen (1903–1985), war von 1955 bis 1969 Direktor der Hamburger Kunsthalle und seit 1965 Präsident des bundesdeutschen Nationalkomitees.
130 BArch, B 106/59688, Engstler an Bornheim gen. Schilling, 17.05.1968.
131 BArch, DR 1/15881, Stand der Bemühungen um Aufnahme der DDR in das ICOMOS, gez. Deiters, 15.05.1969.
132 BArch, B 106/59688, Engstler an Bornheim gen. Schilling, 17.05.1968.
133 BArch, B 106/59688, Hentzen, Präsident des Deutschen Nationalkomitees bei ICOM, an das Bundesministerium des Innern, 29.04.1968.

knappe handschriftliche Notiz: »Wir waren uns einig zunächst Aufnahme ICOM abzuwarten. Ist Fachabteilung anderer Meinung?«[134] Die Fachabteilung bekundete Einigkeit und man wartete die Entscheidung von ICOM ab.
Auf der 25. Sitzung des Exekutivkomitees von ICOM wurde beschlossen, ein DDR-Nationalkomitee für den Internationalen Museumsrat zu bilden. Am 31. Juli 1968 gründete Jahn das DDR-Nationalkomitee bei der 8. ICOM-Generalkonferenz,[135] die in München und in Köln stattfand.[136] Anders als bei ICOMOS forderten weder Statut noch Verantwortliche eine bereits bestehende UNESCO-Mitgliedschaft. Das damals gültige ICOM-Statut unterschied in Artikel 30 ausdrücklich zwischen Nationalkomitees, deren Länder bereits UNESCO-Mitglieder waren, und anderen Ländern.[137] Festgelegt war, dass auch solche Länder Nationalkomitees bei ICOM assoziieren konnten, die noch nicht Mitglied in der UNESCO waren. Gemäß Art. 30 Abs. 2 konnten auch »other countries« Mitglied werden.[138] Der Exekutivrat musste in die Bildung eines Nationalkomitees einwilligen, wohingegen bei Ländern, die bereits Mitglied der UNESCO waren, eine vorläufige Mitgliederliste des Nationalkomitees eingereicht werden und der Exekutivrat die Bildung des Nationalkomitees »nur« noch genehmigen, also nachträglich zustimmen, musste. Diese Unterscheidung gab es bereits 1962, also bei Gründung von ICOMOS. Dennoch schrieb Bornheim gen. Schilling im Juli 1965 noch in seinem Bericht zur Gründungstagung von ICOMOS in Warschau, dass bei ICOM eine »entsprechende Bindung [an die UNESCO] durch die Statuten bestünde«. Dies solle aber entsprechend geändert werden. Grund für diese Änderung sei das »besondere Interesse der UNESCO an den sogenannten Entwicklungsländern«.[139] Es ist zwar korrekt, dass es zwischen ICOM und UNESCO eine spezielle Verbindung gab und die beiden der Kultur verpflichteten internationalen Organisationen

---

134 BArch, DR 1/15881, handschriftliche Notiz von Christa Friedrich, undat. (ca. Mai 1968).
135 BArch, DY 30/57085, Sekretariat des ZK, Anlage Nr. 4 zu Protokoll Nr. 71, 24.07.1968, Teilnahme an der 8. Generalkonferenz des ICOM, es werden entsandt Johannes Jahn, Konrad Senglaub, Helmut Holtzhauer, Rudolf Meyer, Kurt Patzwall, Elfriede Rehbein, Wolfgang Herbst, Konrad Sasse.
136 Wanner: ICOM, 2013, S. 12.
137 Statut von ICOM, 06.11.1961, Doc. 61/82; verabschiedet auf der 7. Generalversammlung von ICOM in Amsterdam am 11. Juli 1962. Ich danke Morgane Fouquet-Lapar (Principal Legal Officer bei ICOM) herzlich für den Zugang zu den historischen ICOM-Statuten. Für Mitgliedstaaten der UNESCO galt Artikel 30 Abs. 1: »In all Member States of UNESCO, an ICOM National Committee may be set up, on the initiative of the country concerned or at the suggestion of the President of ICOM, under the following conditions:
a) a provisional list of members shall be drawn up or an organisation particular representative of museums shall be designated, after consultation with representatives of the appropriate organisations, e. g. the UNESCO National Commission, an association of museums, museums of national importance, […];
b) the acceptance, by the National Committee in formation, of the Statutes and Rules of ICOM;
c) the final approval of the Executive Committee.«
138 Art. 30 Abs. 2: »An ICOM National Committee may be set up in other countries subject to the approval of the Executive Committee.«
139 Bornheim gen. Schilling: Bericht ICOMOS, 2017, S. 24.

II. Internationale Impulse 165

auch zusammenarbeiten, Voraussetzung für eine Mitgliedschaft bei ICOM war die UNESCO-Mitgliedschaft allerdings nie, auch nicht im Statut von 1951. Dass sie seitens der ICOMOS-Verantwortlichen in Bezug auf die DDR gefordert wurde, war eine Über-, wenn nicht Fehlinterpretation der geltenden Statuten von ICOM.

Dass die DDR ausgerechnet auf deutschem Boden in Köln in den ICOM aufgenommen wurde, sorgte im Pressekommentar in der *Neuen Zeit* für Genugtuung: Es »mag naturgemäß so manchen ›Alleinvertreter‹ an den Ufern des Rheins in Harnisch gebracht haben; davon ließ sich jedoch die Generalkonferenz in ihrer Entscheidung nicht beeinflussen«.[140] Damit bezog sich der Autor einerseits auf den Tagungsort Köln, er könnte natürlich auch den Regierungssitz in Bonn oder den Sitz des bundesdeutschen Nationalkomitees von ICOMOS in Mainz gemeint haben. Dort ahnte der Präsident des Nationalkomitees der Bundesrepublik Bornheim gen. Schilling bereits: »Damit bahnt sich eine Entwicklung an, die auch für ICOMOS zahlreiche Folgen haben wird«.[141]

2.5. Die Aufnahme der DDR bei ICOMOS, 1969

Acht Monate nach den Ereignissen bei ICOM wurde am 16. April 1969 das Initiativkomitee für die Aufnahme des Instituts für Denkmalpflege in der DDR bei ICOMOS gegründet. Dieses Komitee bildete nach der Aufnahme bei ICOMOS das Nationalkomitee der DDR. Neben Deiters und den fünf Konservatoren der Arbeitsstellen Halle, Dresden, Erfurt, Schwerin und Berlin (Hans Berger, Hans Nadler, Hans Schoder, Walter Ohle, Joachim Fait), waren der stellvertretende Konservator der Arbeitsstelle Schwerin, Serafim Polenz, der Leiter der Produktionsabteilung im Institut für Denkmalpflege, Kurt Tausendschön, und der Abteilungsleiter der Projektierungsgruppe, ebenfalls Berlin, Martin Henze, sowie der Gartenarchitekt und Abteilungsleiter Historische Garten- und Parkanlagen Hugo Namslauer Mitglieder des Komitees. Ute Schwarzenberger war als wissenschaftliche Referentin des Generalkonservators ebenfalls Mitglied.[142]

---

140 KB: Erbe in guter Hand, Neue Zeit vom 16.08.1968, S. 1.
141 BArch, B 106/59688, Bornheim gen. Schilling an das Bundesministerium des Innern, 22.08.1968.
142 BArch, DR 1/15881, Initiativkomitee ICOMOS, 26.09.1969. Im Mai 1970 wurde seitens der MfK ein Antrag an das Ministerium des Innern auf Registrierung des Nationalkomitees des ICOMOS gem. der »Verordnung zur Registrierung von Vereinigungen« vom 9. November 1967 gestellt. Dem Antrag wurde im August 1970 stattgegeben. Verbunden damit war die Aufforderung, eine Verwaltungsgebühr in Höhe von 200 Mark zu entrichten. Das Nationalkomitee wurde unter der Nummer 800/118 geführt, vgl. BArch, DO 1/16761. Bei der Neubesetzung des ICOMOS-Nationalkomitees im Jahr 1976/77 wurden die Konservatoren anscheinend nicht mehr berücksichtigt. Jedenfalls beklagte sich Hans Schoder in einem Schreiben an Helmut Stelzer darüber, dass der Anschein entstehe, das Nationalkomitee sei »eine neue Fachgruppe des BdA«, schon quantitativ sei die Kunstgeschichte bei der Besetzung marginalisiert, eine Arbeit auf denkmalpflegerisch-kunsthistorischem Gebiet daher kaum zu erwarten. Das sei sehr bedauerlich und entspreche

Deiters befürchtete, insbesondere Bornheim gen. Schilling würde seine Kräfte mobilisieren, um die Aufnahme der DDR zu verhindern. Auf einer Tagung in Ludwigsburg wollte Deiters daher gemeinsam mit Schoder und Berger versuchen, Bornheim gen. Schilling »zu isolieren«.[143] Dazu sollte Schoder seine Kontakte zum neuen Landeskonservator Hessens, Gottfried Kiesow, und Berger seine Kontakte zu den südwestdeutschen Denkmalpflegern nutzen, die er aus seinen Studienzeiten an der TU Stuttgart kannte. Diese Anekdote verdeutlicht einmal mehr, wie wichtig die Kontakte der Fachleute waren, die sie in der Zeit vor dem Bau der Mauer im Rahmen ihrer beruflichen Laufbahnen knüpfen konnten.

Im September 1969 erhielt Deiters auf einer Tagung in Leningrad das Signal, dass die DDR auf der nächsten ICOMOS-Versammlung im Paris im Dezember 1969 aufgenommen werden würde. Um den »sehr wahrscheinlichen Aktivitäten von westdeutscher Seite gegen unseren Aufnahmeantrag keinen Spielraum zu lassen und einer negativen Einflußnahme auf das eine oder andere Mitglied des Exekutivkomitees vorzubeugen«, wie Klaus Gysi es in einem Schreiben an den Außenminister Otto Winzer ausdrückte,[144] mussten die Vorbereitungen für einen Aufnahmeantrag der DDR bis Mitte November 1969 zügig getroffen werden. Winzer war mit dem Aufnahmeantrag einverstanden, appellierte jedoch, dass »nur eine absolut selbständige Mitgliedschaft« des Nationalkomitees »mit der vollen staatlichen Bezeichnung akzeptiert« werden könne.[145] Wieder fragte Lorentz allerdings nach Angaben, in welchen Organisationen der UNESCO die DDR bereits Mitglied sei.[146]

Das Nationalkomitee der DDR wurde am 5. Dezember 1969 einstimmig als vollberechtigtes Mitglied bei ICOMOS aufgenommen.[147] Auch die Delegation der Bundesrepublik hatte für die Aufnahme der DDR gestimmt. Deiters resümierte 2014 in einem rückblickenden Aufsatz etwas überrascht, dass »offenbar« auch Bornheim gen. Schilling »vorbereitend mitgewirkt« habe, die DDR aufzunehmen.[148] Das Statut des ICOMOS-Nationalkomitees wurde im Juli 1970 verabschiedet.[149]

---

darüber hinaus nicht den ›internationalen Gepflogenheiten.‹ Würde die vorgeschlagene Besetzung derartig durchgeführt, entstünde eine ›Trennung von Repräsentanz und Exekutive, die zwar nicht beabsichtigt scheint, aber heraufbeschworen wird‹«: TLDA Erfurt, Ordner ICOMOS, ICOMOS-Tagungen, 1966–1980, Schoder an Stelzer, 03.12.1976.
143 BArch, DR 1/15881, Stand der Bemühungen um Aufnahme der DDR in das ICOMOS, gez. Deiters, 15.05.1969. Die Tagung vom 9. bis 11. Juni 1969 widmete sich inhaltlich den Fragen der Holzkonservierung und ist dokumentiert in: Deutsche Kunst und Denkmalpflege 27 (1969), S. 89–204.
144 BArch, DR 1/15881, Klaus Gysi an Winzer, 28.10.1969.
145 BArch, DR 1/15881, Winzer an Klaus Gysi, 10.11.1969.
146 BArch, DR 1/15581, Deiters Reisebericht an MfK, Abt. Kulturelle Beziehungen, 16.09.1969.
147 BArch, DY 27/4421, Blatt 105, Rede Nadlers vor dem Kulturbund, 10.05.1970; o. A.: In Icomos aufgenommen, Berliner Zeitung vom 09.12.1969, S. 7; ADN: Komitee für Denkmalpflege der DDR in UNESCO-Organisation, Neues Deutschland vom 10.12.1969, S. 4; o. A.: DDR aufgenommen, Neue Zeit vom 10.12.1969, S. 1.
148 Deiters: Erinnerungen und Reflexionen, 2014, S. 45.
149 VuM des MfK, Nr. 7, 31.07.1970; BArch, DY 27/8931, Bänninger an Bundesfreunde, 06.01.1970.

II. Internationale Impulse

Als die lang vorbereiteten Aufnahmeprozesse bei ICOM (1968) und ICOMOS (1969) abgeschlossen waren und damit längst seitens der Fachleute erkannt worden war, wie wichtig die Mitgliedschaft in trans- und internationalen Netzwerken war, wurde dies auch im MfAA manifestiert. Eine im November 1969 dort erarbeitete Vorlage unterstrich, wie wichtig die Mitgliedschaften in nichtstaatlichen internationalen Organisationen waren. Es hieß, solche Mitgliedschaften trügen »in hohem Maße zur internationalen Anerkennung der DDR bei«:[150]

> »Unter Bedingungen, da die DDR noch nicht Mitglied der UNO und ihrer Spezialorganisationen ist, stellt die selbständige Mitgliedschaft von DDR-Institutionen in einer Vielzahl nichtstaatlicher internationaler Organisationen eine anschauliche Zurückweisung der westdeutschen Alleinvertretungsanmaßung dar [...].«

Darüber hinaus gäben die Mitgliedschaften die »Möglichkeit, die Errungenschaften der DDR in Wirtschaft, Wissenschaft, Technik und Kultur in vielfältigen internationalen Gremien, Kongressen usw. darzustellen und andererseits die Leistungen und Forschungsergebnisse anderer Länder für den Aufbau des Sozialismus in der DDR nutzbar zu machen«. Insbesondere seien Mitgliedschaften in solchen Institutionen von Bedeutung, die einen Konsultativstatus bei der UNO und deren Unterorganisationen besäßen. Denn das gebe der DDR »gewisse Möglichkeiten, auch mittels nichtstaatlicher internationaler Organisationen ihren Anspruch auf Mitgliedschaft im UNO-System geltend zu machen und in bestimmtem Maße an Veranstaltungen von UNO-Organen teilzunehmen«.[151]

In Denkmalpflege und Museumswesen wurde vorweggenommen, was Ende des Jahres 1969 offiziell als Ziel ausgegeben wurde, allerdings unter anderem Vorzeichen. Daher bemühten die Fachleute gegenüber den politisch Verantwortlichen immer wieder das Argument internationaler Anerkennung für die DDR. Wichtiger war ihnen aber der Anschluss an fachliche Debatten. Sowohl Deiters als auch Jahn waren in den 1960er-Jahren renommierte Wissenschaftler und anerkannte Experten auf ihren jeweiligen Gebieten. Sie waren noch zu Zeiten der Weimarer Republik ausgebildet worden und vertraten traditionelle Ansichten ihres Faches, die international anschlussfähig waren. Aus den Berichten Jahns geht hervor, dass er vorrangig an der Diskussion von Fachfragen mit seinen Kollegen interessiert war und es ihm nicht darum ging, als politischer Vertreter der DDR aufzutreten, was vom MfAA aufs Schärfste missbilligt wurde. Dem MfAA ging es letztlich da-

---

150 PA AA, MfAA/C/554-75, Blatt 118, Vorlage des MfAA an die Kommission des Ministerrates der DDR für die Gestaltung der Arbeit im Bereich Wissenschaft und Kultur nach Westdeutschland und Westberlin, 19.11.1969.
151 PA AA, MfAA/C/554-75, Blatt 120, Vorlage des MfAA an die Kommission des Ministerrates der DDR für die Gestaltung der Arbeit im Bereich Wissenschaft und Kultur nach Westdeutschland und Westberlin, 19.11.1969.

rum, die Organisationen als Vehikel für die internationale Anerkennung DDR zu nutzen. Das schmälert jedoch nicht den Einsatz der Museumsleute und Denkmalpfleger, die sich um eine Teilhabe der Vertreter ihres Faches in der DDR an einer europäischen Öffentlichkeit bemühten.

3. 1975 – Die DDR und das Europäische Denkmalschutzjahr (EAHY)

Das Jahr 1975 war nicht nur das Jahr, in dem in der DDR ein Denkmalpflegegesetz verabschiedet wurde. Es war auch das vom Europarat ausgerufene »European Architectural Heritage Year«, in Deutschland kurz und verkürzend auch »Europäisches Denkmalschutzjahr« genannt[152] (im Folgenden nach der englischen Bezeichnung »EAHY« abgekürzt).

Dass ein Denkmalpflegegesetz im Europäischen Denkmalschutzjahr verabschiedet wurde, erscheint auf den ersten Blick logisch. Für die DDR und ihr Gesetz liegt der Zusammenhang mit dem EAHY jedoch nicht auf der Hand: Das EAHY war eine Kampagne des Europarates, in dem die DDR niemals Mitglied war. Außerdem hatten die Arbeiten am Gesetz lange vor seiner Verabschiedung begonnen.

In der Literatur wird heute trotzdem häufiger eine geradezu zwangsläufige Kausalität zwischen dem EAHY und dem Erlass des Denkmalpflegegesetzes suggeriert. Michael Bräuer, von 1969 bis 1989 Stadtplaner und Architekt im Büro für Stadtplanung in Rostock und letzter Staatssekretär im Ministerium für Bauwesen, Städtebau und Wohnungswesen der DDR im Jahr 1990,[153] beleuchtete 2007 in einer Broschüre der Bundestransferstelle Städtebaulicher Denkmalschutz in einem dreiseitigen Beitrag in zwei Sätzen die Verbindung der DDR zum Europäischen Denkmalschutzjahr. Seine Äußerungen wurden in den folgenden Jahren öfter rezipiert. Bräuer beschrieb die unterschiedlichen Ausgangssituationen in Ost und West in den 1970er-Jahren: Aus dem eingetretenen Verlust historischer Bausubstanz durch die finanziell mögliche Umgestaltung im Zeitgeist in der Bundesrepublik sowie aus dem drohenden Verlust durch ökonomischen Mangel in der DDR hätten sich da wie dort »Konfliktpotentiale im Umgang mit der Geschichte« gezeigt. Aus diesen unterschiedlichen Ausgangspositionen leitete Bräuer ein jeweiliges Interesse der Länder am Europäischen Denkmalschutzjahr ab:

»Das Europäische Jahr des Denkmals 1975 fand so in beiden Staaten hohe Resonanz und Berücksichtigung in der Politik, in der DDR zusätzlich gestützt durch die in dieser

---

152 Zum deutschen verkürzenden Titel auch Odendahl: Kulturgüterschutz, 2005, S. 103, Fn. 518.
153 Eintrag zu Michael Bräuer in der Datenbank vom Forschungsprojekt Stadtwende: https://stadtwende.de/stadtwendepunkte/dipl-ing-michael-braeuer/ (letzter Abruf: 24.02.2022).

II. Internationale Impulse

Zeit gestartete Offensive um internationale Anerkennung. Das im Jahr 1975 erlassene [Denkmalpflegegesetz] war eines der fortschrittlichsten seiner Zeit«,

was Bräuer unter anderem an der Möglichkeit, ganze Denkmalschutzgebiete unter Schutz zu stellen, festmachte.[154] Auch wenn die DDR an den Aktivitäten zum Europäischen Denkmalschutzjahr nicht teilnahm, war die zeitliche Koinzidenz zwischen dem Erlass des Denkmalpflegegesetzes und dem Europäischen Denkmalschutzjahr nicht zufällig. Sie zeugt einerseits von einer europaweiten Bewusstseinsbildung für den Schutz des baukulturellen Erbes, an dem auch die DDR beteiligt war; andererseits deutet sie darauf hin, dass auch auf Gebieten wie Denkmalschutz die herrschende Systemkonkurrenz unmittelbare Auswirkungen hatte.

In einem Schreiben, das zu Beginn des Jahres 1975 den Verantwortlichen im Kulturbund übermittelt wurde, findet sich ein Hinweis darauf, dass das Gesetz unbedingt noch im Jahr 1975 erlassen werden sollte. Es hieß dort, weitere Änderungswünsche sollten später in Durchführungsbestimmungen berücksichtigt und der Gesetzgebungsprozess nicht weiter verzögert werden.[155] Es war folglich wichtig, das Gesetz noch im Jahr 1975 zu erlassen.

---

154 Bräuer, Michael: Stadterneuerung und Städtebaulicher Denkmalschutz – zwischen Vision bis 1989 und Wirklichkeit heute, Dokumentation: 15 Jahre Förderprogramm Städtebaulicher Denkmalschutz, Berlin 2007, S. 30–32, S. 31. Das wird später von Brichetti, Katharina: Die Paradoxie des postmodernen Historismus: Stadtumbau und Städtebauliche Denkmalpflege vom 19.–21. Jahrhundert am Beispiel von Berlin und Beirut, Berlin 2009, S. 153, aufgegriffen: »Trotz der Trennung in Ost und West gab es einige Parallelen. So fand auch in der DDR das Europäische Denkmalschutzjahr 1975 hohe Resonanz und Berücksichtigung in der Politik, so dass das im Jahr 1975 erlassene ›Gesetz zur Erhaltung der Denkmale in der DDR‹ eines der fortschrittlichsten seiner Zeit‹ war.« Brichetti zitiert Bräuer. Ruland, Ricarda: Die deutsche Einheit im Spiegel des Städtebaulichen Denkmalschutzes, Informationen zur Raumentwicklung 5/2015, S. 519–529, S. 522, nimmt Bräuers Formulierung ebenfalls auf und schreibt, das EAHY habe in der DDR »hohe Resonanz und Berücksichtigung in der Politik« gefunden; Gutzeit, Ina: Denkmäler im Braunkohleabbaugebiet Leipzig Süd. Möglichkeiten und Grenzen, Hamburg 2007, S. 41: »Im Europäischen Denkmalschutzjahr 1975 wurde – wiederum recht öffentlichkeitswirksam – ein von der Volkskammer beschlossenes […] Denkmalschutzgesetz [sic, richtig: Denkmalpflegegesetz] vorgestellt.« Keltsch: Städtebauliche Denkmalpflege in der DDR, 2012, S. 72: »Dieser Gesetzeserlass [des DPG] im europäischen Jahr des Denkmalschutzes, das den Höhepunkt der internationalen Rückbesinnung auf das kulturhistorische Erbe der vergangenen Jahrhunderte markierte, trug nicht unwesentlich dazu bei, die Wahrnehmung der denkmalpflegerischen Aktivitäten in der DDR positiv zu beeinflussen.« Die zitierten Arbeiten befassen sich schwerpunktmäßig mit anderen Themen und erwähnen die DDR und ihr Denkmalpflegegesetz nur am Rande. Dennoch zeigen sie eindrücklich, wie eine knappe Äußerung in einer Broschüre zur Geschichte des städtebaulichen Denkmalschutzes (Bräuer, 2007) und die anschließende weitere Verknappung des Kontextes die Debatte nachhaltig prägen kann. Die Dokumente sind leicht online zu finden und somit vermutlich erster Zugang zur Materie.

155 BArch, DY 27/4450, Blatt 81, 18.06.1975: Herma Klar von der Abteilung Natur und Heimat des Kulturbundes vermerkte bzgl. einer Anfrage von Schulmeister zum Gesetzestext, dass sie (Herma Klar) von Manfred Fiedler einen Entwurf des Gesetzes erhalten habe »und gleichzeitig den Rat, keine Änderungsvorschläge zum Gesetzestext mehr einzubringen, um keine Zeitverzögerung mehr herbeizuführen. […] Es wurde beschlossen, dann zu den noch zu erarbeitenden Durchführungsbestimmungen unseren Forderungen Ausdruck zu verleihen.«

3.1. Die Europaratskampagne zum Europäischen Denkmalschutzjahr

Das EAHY war eine Kampagne, initiiert vom Europarat, die dazu beitragen sollte, das Bewusstsein der Bevölkerung für das bedrohte baukulturelle Erbe zu schärfen. Viele zivilgesellschaftliche, private und öffentliche Akteure wiesen in Ausstellungen, Führungen und Publikationen auf die Wertigkeit der historischen Bausubstanz hin und trugen so dazu bei, dass die in den 1960er- und 1970er-Jahren herrschende Planungseuphorie in den Innenstädten, die häufig mit dem Abbruch historischer Bausubstanz einherging, hinterfragt wurde. In der heutigen Rezeption wird allerdings auch kritisch auf das EAHY geblickt, da es nicht gelang, neben der Sensibilisierung für das Alte auch das Neue weiterhin wertzuschätzen.[156]

Genau wie auch das Denkmalpflegegesetz der DDR hatte die Europaratskampagne für das Europäische Denkmalschutzjahr eine lange Vorlauf- und Vorbereitungszeit. Schon 1963 hatte der Österreicher Ludwig Weiß in seiner Funktion als Mitglied des Kultur- und Wissenschaftskomitees im Europarat einen Bericht vorgelegt, in dem er die Bedrohung für das kulturelle Erbe in Europa und die Notwendigkeit zu handeln aufzeigte.[157] Bedroht wurde vor allem das baukulturelle Erbe durch das neue Leitbild der »autogerechten Stadt«[158] sowie durch großflächige Wohnbebauung am Stadtrand bei gleichzeitiger Vernachlässigung der historischen Bausubstanz in den Innenstädten. Auch die von einigen als maßstabslos empfundenen Platzgestaltungen, modern interpretierte neue Bauaufgaben, etwa Stadthallen, Bürohochhäuser, Universitätsgebäude trugen zur *Unwirtlichkeit unserer Städte* bei, um den Titel eines Buches des Psychoanalytikers Alexander Mitscherlich aufzugreifen, der 1965 die Missstände in der Stadtplanung, auch unter gesundheitlichen Aspekten, anprangerte.[159]

---

156 Scheurmann: Konturen und Konjunkturen, 2018, S. 254–261, m. w. N. Zu den damals erschienenen Publikationen: Scheurmann, Ingrid: Erweiterung als Erneuerung. Zur Kritik des traditionellen Denkmalbegriffs im Denkmalschutzjahr 1975, in: Michael Falser/Wilfried Lipp (Hg.): Eine Zukunft für unsere Vergangenheit. Zum 40. Jubiläum des Europäischen Denkmalschutzjahres (1975–2015), Berlin 2015, S. 147–156. Die Denkmalwürdigkeit von Nachkriegsbauten wird heute teilweise noch infrage gestellt. Der schwierige Stand dieser Objektgruppe wird mit der Verdammung der damals neuen Architektur im Rahmen des EAHY in Verbindung gebracht. Heute wird dazu gestritten und geforscht: Eckardt, Frank/Meier, Hans-Rudolf/Scheurmann, Ingrid u. a. (Hg.): Welche Denkmale welcher Moderne? Zum Umgang mit Bauten der 1960er und 1970er Jahre, Berlin 2017.
157 Fürniß, Maren: Die Kampagne des Europarates für das Europäische Denkmalschutzjahr 1975. Entstehungsgeschichte, Ziele und Umsetzung, in: Falser/Lipp (Hg.): Eine Zukunft für unsere Vergangenheit, 2015, S. 73–85, S. 73 (Report on the Preservation and Development of Ancient Buildings and Historical or Artistic Sites).
158 Zum Leitbild der autogerechten Stadt auch im Sozialismus: Bernhardt, Christoph: Längst beerdigt und doch quicklebendig. Zur widersprüchlichen Geschichte der ›autogerechten Stadt‹, in: Zeithistorische Forschungen 14 (2017), S. 526–540.
159 Mitscherlich, Alexander: Die Unwirtlichkeit unserer Städte, Frankfurt am Main 1965.

II. Internationale Impulse

Nach dem Bericht des Komiteemitgliedes Weiß empfahl der Europarat die Durchführung eines Maßnahmenplanes für den Schutz des baulichen Erbes in Europa.[160] Vorbild für dieses Themenjahr war das Europäische Naturschutzjahr,[161] das 1970 stattfand und zur Zeit der Planungen für das Europäische Denkmalschutzjahr bereits ebenfalls in der Planung war.[162] Nach fünf Symposien in den Jahren zwischen 1965 und 1968 wurde auf einer Konferenz in Brüssel vom 25. bis 27. November 1969 ein Europäisches Jahr zum Schutze und zur Pflege des kulturellen Erbes vorgeschlagen.[163] 1972 wurde das EAHY offiziell proklamiert.[164] Die Startkonferenz der zweijährigen Kampagne fand im Juli 1973 in Zürich statt.[165] Das Hauptereignis des EAHY war der abschließende Kongress in Amsterdam 1975, auf dem eine Ausstellung mit dem Titel »Eine Zukunft für unsere Vergangenheit – Das bauliche Erbe Europas« von den teilnehmenden Staaten bespielt wurde.[166] Darüber hinaus wurden auf dem Kongress die Deklaration von Amsterdam verabschiedet sowie die Europäische Denkmalschutzcharta feierlich verkündet.[167]

Dem Europarat gehörten zum Zeitpunkt der Kampagne 18 Länder an. Neben den neun Ländern der damals noch sogenannten Europäischen Wirtschaftsgemeinschaft (EWG), der die sechs Gründungsstaaten Belgien, Niederlande, Luxemburg, Frankreich, Italien und die Bundesrepublik, sowie ab 1. Januar 1973 Irland, Dänemark und das Vereinigte Königreich angehörten, waren auch Norwegen, Schweden, die Türkei, Griechenland, Island, Österreich, Zypern, die Schweiz und Malta Mitglieder des Europarates. Beide Gremien, Europarat und EWG, waren also zu Beginn der 1970er-Jahre Zusammenschlüsse von Staaten ohne sozialistisches Gesellschaftssystem.

---

160 Recommendation 365 and Order No. 216 (1963) on the preservation and development of ancient buildings and historic or artistic sites (May 1963, Doc. 1570, rapporteur: Mr. Weiss), abgedruckt in Falser/Lipp (Hg.): Eine Zukunft für unsere Vergangenheit, 2015, S. 572 665.
161 Fürniß: Kampagne des Europarates, 2015, S. 74.
162 Zum 1970 erlassenen Landeskulturgesetz der DDR siehe S. 262.
163 Resolution von Brüssel für ein Europäisches Denkmalschutzjahr, 1969, http://www.dnk.de/_uploads/media/137_1969_Europarat_Denkmalschutzjahr.pdf (letzter Abruf: 05.10.2021).
164 ER 1972/1 51: Session of the Committee of Ministers, Meeting held on 14 Dec 1972 at the headquarters of OECD, Paris, https://rm.coe.int/090000168091de30 (letzter Abruf: 05.10.2021); ER 1972/2 CM(72)20: Man in a European Society, Intergovernmental Work Programme of the CoE 1973–1974, Dec 1972, Strasbourg: CoE, https://rm.coe.int/090000168067fa1a, (letzter Abruf: 05.10.2021).
165 Fürniß: Kampagne des Europarates, 2015, S. 74.
166 Fürniß, Maren: Das Europäische Denkmalschutzjahr 1975 im Kontext der Postmoderne. Debatten in Denkmalpflege und Architektur, Dresden 2018, S. 72.
167 Europäische Denkmalschutz-Charta, Strasbourg, 26.09.1975; Deklaration von Amsterdam, Amsterdam, 24.10.1975, beide Dokumente abgedruckt in: Deutsches Nationalkomitee für Denkmalschutz (Hg.): Denkmalschutz. Texte zum Denkmalschutz und zur Denkmalpflege, Bonn 2007, S. 88–89, S. 91–95.

3.2. Das EAHY und die sozialistischen Länder, insbesondere die DDR

Die Europaratskampagne richtete sich zunächst ausschließlich an dessen Mitglieder, doch sie zog bald weitere Kreise, sogar bis nach Ghana.[168] Ob auch Vertreter der DDR am EAHY teilnehmen würden, hing von mehreren Faktoren ab, allesamt höchst politisch. Die sozialistischen Staaten waren wegen ihrer fehlenden Mitgliedschaft in den Institutionen zunächst nicht ausdrücklich adressiert. Der Schwede Sten Renborg, stellvertretender Direktor für ökonomische und soziale Angelegenheiten im Europarat, äußerte sich in einem internen Schreiben im April 1972 zum als schwierig empfundenen Verhältnis zu den osteuropäischen Staaten. Einerseits würden die osteuropäischen Staaten kein Interesse an einer offiziellen Mitarbeit zeigen, andererseits dürfe der Europarat nicht offiziell auf die Staaten zugehen.

»As regards the Eastern European countries, this means that the Secretariat must not, and must not be seen to, try to inveigle these countries into joining the Council of Europe preparation for the ›year‹. It is in any case unlikely that they will wish to do so officially (our experience in the preparations for Nature Conservation Year 1970 showed this conclusively and the political situation has not fundamentally changed, i.e. there is no possibility at the present time of the Council of Europe inviting the DDR [sic] to participate and hence no prospect of official participation of the other Eastern European countries.).

The most one can hope for is, therefore, that Eastern European countries unofficially emulate the action of the Council of Europe member and observer states and possibly send distinguished experts in a private capacity to conferences or symposia that may be organized by the Council of Europe or under its aegis. For the time being, therefore, what we can and should do is to bring the European Architectural Heritage Year to the attention of Eastern European countries.«[169]

Zur Startkonferenz des EAHY im Juli 1973 in Zürich erhielten einige osteuropäische Länder eine offizielle Einladung.[170] Aus dem sogenannten Ostblock nahmen Delegierte aus Polen, Rumänien und der Tschechoslowakei teil, darüber hinaus beteiligten sich auch Länder des westlichen Blocks sowie blockfreie Staaten, die

---

168 UNESCO/ICOMOS Documentation Center, Activities of the ICOMOS National Committees in 1973, in: ICOMOS Bulletin 4 (1976), S. 173–177, S. 175. In Ghana sollte 1975 eine »National Monuments Week« ausgerichtet werden.
169 Fürniß: Europäische Denkmalschutzjahr im Kontext der Postmoderne, 2018, S. 89, Fn. 507, zitiert ER 1972/6: »Association of European non-member countries with European Architectural Heritage Year 1975, 18th April 1972, Confidential, for the attention of Mr. N. Sombart.«
170 Albanien, Bulgarien, DDR, Jugoslawien, Polen, Rumänien, Tschechoslowakei, UdSSR, Ungarn; Fürniß: Europäische Denkmalschutzjahr im Kontext der Postmoderne, 2018, S. 89, Fn. 508, zitiert ER 1973/5: »Année Européenne du patrimoine architectural 1975, Liste des pays invités«.

II. Internationale Impulse

bis dato kein Mitglied des Europarates waren, an der Startkonferenz.[171] Vertreter der DDR waren bei der Konferenz in Zürich nicht zugegen.

Da das politische Klima zu Beginn der 1970er-Jahre bei den Vertretern im Europarat so wahrgenommen wurde, als sei eine direkte Ansprache osteuropäischer Länder nicht möglich, nahm ICOMOS eine wichtige Vermittlerrolle zwischen dem Europarat und den osteuropäischen Staaten ein. Mögliche Aktivitäten und Beiträge sozialistischer Staaten im Rahmen des EAHY sollten über ICOMOS gebündelt und koordiniert werden. UNESCO und ICOMOS hätten jedenfalls, so Deiters 1975, mit einer »gewissen Mißbilligung betrachtet«, dass die verantwortlichen Gremien des Europarates organisatorisch die sozialistischen Länder ausklammerten. Sie hätten

»festgestellt, man könne über solche Fragen gerade der Pflege des Architekturerbes in den Städten nicht diskutieren, ohne die Erfahrungen der sozialistischen Länder hinzuzugewinnen. UNESCO und IKOMOS [sic] haben sich in der Folgezeit sehr darum bemüht, die sozialistischen Länder an einer Mitwirkung am europäischen Architekturerbejahr zu interessieren«.[172]

ICOMOS übernahm allerdings nicht nur organisatorische Aufgaben, sondern setzte sich aktiv dafür ein, auch die sozialistischen Staaten an der Europaratskampagne zu beteiligen: »ICOMOS is convinced that any European campaign for the protection of the architectural heritage must take advantage of the long experience of the countries of Eastern Europe«, lautete das ausgegebene Credo im ICOMOS-Newsletter im Dezember 1974. In Absprache mit dem Vorsitzenden des International Organizing Committee habe daher der ICOMOS-Präsident mit den Präsidenten der jeweiligen osteuropäischen Staaten Kontakt aufgenommen. Als Erfolg wurde verbucht, dass das Nationalkomitee der Sowjetunion sich entschied, an der Ausstellung in Amsterdam teilnehmen.[173] Weitere Beiträge aus Polen, Ungarn, Bulgarien und Rumänien wurden erwähnt; in diesen Ländern sollten Aktivitäten mit Verbindung zum EAHY stattfinden. Ohne die institutionelle Anbindung der sozialistischen Staaten, insbesondere auch der DDR, die erst vier Jahre zuvor überhaupt Mitglied bei ICOMOS geworden war, hätte es keine Bestrebungen gegeben, die Europaratskampagne auch auf osteuropäische Staaten auszuweiten. ICOMOS und insbesondere Gazzola kam in diesem Zusammenhang eine wichtige Vermittlerrolle zu.

Im Herbst 1973 kamen die Präsidenten der ICOMOS-Nationalkomitees der sozialistischen Länder Tschechoslowakei, Bulgarien, Polen, DDR, Ungarn und Ju-

---

171 Fürniß: Europäisches Denkmalschutzjahr im Kontext der Postmoderne, 2018, S. 70, Fn. 408.
172 BArch, DA 1/11730, Stenographisches Protokoll der Sitzung des Ausschusses für Kultur, Beitrag Deiters zu »Probleme der Denkmalpflege in der DDR«, S. 46, 10.02.1975.
173 BLDAM Wünsdorf, L 3/6, ICOMOS Newsletter No. 4, Dezember 1974, S. 5f.

goslawien in Vilnius zusammen.[174] Sie diskutierten vom 3. bis 7. September 1973 zum »Schutz der historischen Stadtzentren« und zu Problemen bei der Umsetzung dieses Schutzes.[175] Für die DDR nahmen Deiters und Polenz (»als Gäste des sowjetischen ICOMOS-Nationalkomitees«) sowie Helmut Stelzer, Gerhard Glaser, Rudolf Zießler, Leonardas Schneider und Günter Kabus (»im Rahmen der Direktbeziehungen zwischen den Instituten für Denkmalpflege in Berlin und Vilnius«) an dieser Konferenz teil.[176] Dort wurde auch festgelegt, dass sich die denkmalpflegerischen Arbeiten für das Jahr 1975 auf die Themen »30. Jahrestag der Befreiung, Ehrung der Widerstandskämpfer, Ehrung der Kämpfer des großen Vaterländischen Krieges, Wiederaufbau der Städte in der DDR nach dem Kriege«[177] konzentrieren sollten. Auf der Agenda stand aber auch das gemeinsame Vorgehen in Bezug auf die Teilnahme der sozialistischen Länder am EAHY.

Vertreter der Sowjetunion hätten bei diesem Treffen erklärt, so berichtete Deiters in der Nachschau zur Konferenz, dass die sozialistischen Länder »keine Ursache« hätten, sich an einer solchen Kampagne zu beteiligen, dass aber die »Völker [...] es jedoch nicht verstehen [würden], wenn bei internationalen Veranstaltungen zur Denkmalpflege die Darstellung von Ergebnissen der städtebaulichen Denkmalpflege unter sozialistischen Bedingungen fehlte«.[178] Schon damals erwog die UdSSR, an der Abschlusskonferenz und Ausstellung in Amsterdam teilzunehmen,[179] was sie letztlich erst im Dezember 1974 nach erneutem Bitten seitens Gazzolas publik machte.[180] Deiters war darüber bereits im Mai 1974 vom ICOMOS-Präsidenten der UdSSR, Wladimir Iwanow, informiert worden.[181] Die Teilnahme an der Ausstellung sollte lediglich dazu dienen, die sowjetischen Erfolge beim Denkmalschutz zu präsentieren.[182]

Die Konferenzteilnehmer stellten in Vilnius fest, dass die Frage nach der Beteiligung am EAHY »nur von den Regierungen der sozialistischen Länder entschie-

---

174 Die litauische Presse berichtete: Kaminskas Romualdas: Kūrybinės pamokos, in: Literatūra ir menas, 1973 lapkričio 17 d., S. 3–4; o. A.: ICOMOS konferencija Vilniuje, in: Statyba ir architektūra, 1973, Nr. 10, S. 28. I thank Vilte Janusauskaite for the warm and informative communication and the information about the meeting in Vilnius 1973.
175 Regional Conference on the Protection of Historic Town Centres and the Problems of Adapting them to New Uses in Socialist Countries, Vilnius, in: ICOMOS Bulletin 4 (1976), S. 184–185, S. 184 f.
176 BArch, DR 1/15881, Direktive, 15.08.1973.
177 BArch, DY 15/984, Blatt 7, Aktenvermerk von Wachtel, Bund der Architekten, zum Seminar von ICOMOS in Kazimierz, VR Polen, 31.05.1974.
178 BLDAM Wünsdorf, L 3/6, Deiters an Irene Gysi, 05.11.1974.
179 Ebd.
180 BLDAM Wünsdorf, L 3/6, ICOMOS Newsletter No. 4, Dezember 1974, S. 5 f.
181 BArch, DR 1/15881, Deiters an Irene Gysi, 25.05.1974.
182 Mintaurs, Mārtiņš: European Architectural Heritage Year 1975. A Year that wasn't there in the USSR, in: Falser/Lipp (Hg.): Eine Zukunft für unsere Vergangenheit, 2015, S. 367–375, S. 370 f.: »to show that Soviet practice of architectural heritage protection activities was in line with the general trends approved on the international level as well as to promote the heritage protection system of the USSR as such«.

II. Internationale Impulse

den werden« könne.[183] Ende des Jahre 1973 hatten allerdings fast alle sozialistischen Länder dem Präsidenten von ICOMOS, Gazzola, signalisiert, dass sie sich am EAHY beteiligen wollten. Alle, bis auf die ČSSR und die DDR.[184]

Noch im Sommer 1974 war in der DDR unklar, inwieweit sie sich beteiligen würde. Auch wenn die Teilnahme der UdSSR an der Ausstellung zu diesem Zeitpunkt schon lange feststand, gab dies nicht den Ausschlag für eine Teilnahme der DDR. Auch, dass in Polen, Ungarn sowie in der ČSSR Arbeitsgruppen zur Vorbereitung und Durchführung von Aktivitäten im Rahmen des EAHY gegründet worden waren bzw. werden sollten (ČSSR), wusste Deiters schon im Frühjahr 1974.[185]

Ausschlaggebend dafür, dass sich die DDR-Vertreter nicht an der Ausstellung beteiligten, war die wenig ins EAHY involvierte UNESCO. Im März 1974 hatte es bei Irene Gysi, der Abteilungsleiterin für Fragen der UNESCO und andere internationale Organisationen beim MfK, ein Treffen, auch mit Vertretern des MfAA, gegeben, bei dem beschlossen worden war, »alle Vorbereitungen zu treffen, um in der Lage zu sein, sich an dem Jahr des europäischen Architekturerbes zu beteiligen, aber noch keine weiteren Schritte zu veranlassen, um die Beteiligung der DDR an irgendeiner Stelle bekanntzugeben«.[186] Ob die DDR an der Abschlusskonferenz in Amsterdam teilnehme, sollte davon abhängig gemacht werden, ob das EAHY »zu einem Programmpunkt der UNESCO wird oder nicht«.[187] Im Programmentwurf der UNESCO, der Irene Gysi und Deiters schließlich im Juni 1974 vorlag, war das EAHY nicht als offizieller Programmpunkt verzeichnet. Deiters ließ über Irene Gysi bei Manfred Thiede im MfAA anfragen, ob es denn nun eine Entscheidung zur Teilnahme am Europäischen Denkmalschutzjahr gebe. Doch das MfAA schien sich nicht zu einer Antwort durchringen zu können. Noch im November 1974 sprach sich Deiters gegenüber Irene Gysi erneut für eine Teilnahme der DDR an der Konferenz und Ausstellung in Amsterdam aus.[188]

---

183 Brandt, Sigrid: »Die Frage einer Beteiligung am ›Europäischen Jahr des Kulturerbes‹ kann nur von den Regierungen der sozialistischen Länder entschieden werden« – Positionen und Realisiertes in der DDR, in: Falser/Lipp (Hg.): Eine Zukunft für unsere Vergangenheit, 2015, S. 358–366, S. 359, zitiert: BArch, DR 1/6378, Vermerk von Deiters, 11.02.1974.
184 BLDAM Wünsdorf, L 3/6, Deiters an Irene Gysi, 05.11.1974.
185 BArch, DR 1/15881, Deiters an Irene Gysi, 25.05.1974. Zum EAHY in Ungarn: Fejérdy, Tamás: The (indirect) Impacts of the European Cultural Heritage Year in a former »Socialist Country«. Sketches for a Hungarian Case Study, in: Falser/Lipp (Hg.): Eine Zukunft für unsere Vergangenheit, 2015, S. 380–389; Zur ČSSR: Štulc, Josef: Heritage Conservation in Communist Czechoslovakia in the 1970s and the European Architectural Heritage Year 1975, in: Falser/Lipp (Hg.): Eine Zukunft für unsere Vergangenheit, 2015, S. 376–379. Zur Gründung der Arbeitsgruppe in der ČSSR scheint es letztendlich nicht gekommen zu sein, da Štulc konstatiert, die Kampagne sei in der ČSSR völlig ignoriert worden (»totally ignored«).
186 Treffen am 14. März 1974 bei Irene Gysi, MfK, Abt. UNESCO und Internationale Organisation. BArch, DR 1/15881, Irene Gysi an Thiede, 06.06.1974.
187 Ebd.
188 BLDAM Wünsdorf, L 3/6, Deiters an Irene Gysi, 05.11.1974.

Welche Rolle die UNESCO im Rahmen des EAHY spielte, ist noch nicht gänzlich geklärt. Glendinning sprach davon, die Europaratskampagne sei von der UNESCO, aber auch von ICOMOS, »co-sponsored«[189] worden. Dass ICOMOS eine dezidiert andere Rolle einnahm als die UNESCO, wird mit Blick auf seine vermittelnde Rolle und seiner Funktion als Plattform für die Organisation der Aktivitäten in den osteuropäischen Staaten deutlich. Dass internationale Organisationen während des Kalten Krieges auch Orte der Zusammenarbeit und des Austausches waren, hat Kott schon für die Internationale Arbeitsorganisation (ILO) nachgewiesen.[190] Gleiches gilt auch für ICOMOS. Dort bildete sich eine genuin europäische Öffentlichkeit aus.[191]

Sowohl ICOMOS als auch die UNESCO waren mit Vertretern im »Committee on Monuments and Sites« repräsentiert.[192] Dieses Komitee (nicht zu verwechseln mit ICOMOS selbst) trat vom 29. November bis 3. Dezember 1971 erstmals in Straßburg zusammen.[193] Es umfasste Experten aus 17 Ländern des Europarats sowie Beobachter des Europarates, der UNESCO, von ICOMOS und von Europa Nostra[194].[195] Es sprach in der Folge auch weitere, mit der Pflege des baukulturellen Erbes befasste staatliche sowie Nichtregierungsorganisationen an und forderte sie zur Mitarbeit am EAHY auf.[196] Die Arbeitsweise dieses großen Gremiums scheint noch nicht aufgearbeitet. Delafons schrieb 1997: »How this unwieldy body ever succeeded in launching EAHY is a mystery«.[197] Vorsitzender dieses Komitees war der Vorsitzende von Europa Nostra, der Brite Lord Duncan-Sandys.

---

189 Glendinning, Miles: The European Architectural Heritage Year and UNESCO World Heritage. The Hare and The Tortoise?, in: Falser/Lipp (Hg.): Eine Zukunft für unsere Vergangenheit, 2015, S. 93–103, S. 94, sowie Glendinning: Conservation Movement, 2013, S. 405: »The initiative was co-sponsored by ICOMOS and UNESCO as well as the western-dominated Council of Europe and European Union – which allowed the involvement of some socialist countries (Hungary, Poland, CSSR).«
190 Kott: Les organisations internationales et les circulations Est-Ouest, 2011.
191 Trötschel-Daniels: Europäische Institutionenöffentlichkeit, 2019.
192 CoE DELA/MS/CO (72) 6, Committee on Monuments and Sites, Report of the 1st meeting of the Organising Committee Paris 17–18 March 1972, 4. May 1972, https://rm.coe.int/090000168067ce74 (letzter Abruf: 05.10.2021); Dobby, Alan: Conservation and Planning, London 1978, S. 100 f.
193 CoE DELA/MS (71) 18, Committee on Monuments and Sites, Report 1st Session of the Committee on Monuments and Sites (29 November–3 December 1971), 16. February 1972, https://rm.coe.int/0900001680676b5b (letzter Abruf: 05.10.2021).
194 Europa Nostra wurde 1963 gegründet und damit im selben Jahr, in dem die EAHY-Kampagne ihren Anfang nahm. Sie ist die Dachorganisation privater Denkmalschutzorganisationen auf europäischer Ebene. Fürniß: Europäische Denkmalschutzjahr im Kontext der Postmoderne, S. 81, meint, Hauptaufgabe von Europa Nostra im EAHY sei es gewesen, die Öffentlichkeit über die Kampagne zu informieren und sie daran zu beteiligen. Präsident war von 1969 bis 1983 Lord Duncan-Sandys.
195 CoE DELA/MS (71) 18, Committee on Monuments and Sites, Report 1st Session of the Committee on Monuments and Sites (29 November–3 December 1971), 16. February 1972, Appendix I, Teilnehmerliste, https://rm.coe.int/0900001680676b5b (letzter Abruf: 05.10.2021).
196 CoE DELA/MS (71) 18, Committee on Monuments and Sites, Report 1st Session of the Committee on Monuments and Sites (29 November–3 December 1971), 16. February 1972, S. 19 (https://rm.coe.int/0900001680676b5b (letzter Abruf: 05.10.2021).
197 Delafons, John: Politics and Preservation. A Policy History of the Built Heritage 1882–1996, London 1997, S. 108.

II. Internationale Impulse

Das Organisationskomitee formulierte in seiner ersten Arbeitssitzung, es hoffe, an den Erfahrungen der UNESCO darin, internationale Kampagnen zu organisieren, teilhaben zu können. Es schlug vor, eine Resolution zu verabschieden, in der sich auch die UNESCO dafür ausspreche, allen europäischen Mitgliedstaaten die Teilnahme an der EAHY-Kampagne zu empfehlen. Darüber hinaus sollte über die UNESCO bei einer geplanten ICOMOS-Konferenz in Budapest auch der Kontakt zu Vertretern osteuropäischer Staaten gesucht werden.[198]

Die Europäische Gemeinschaft war am Europäischen Denkmalschutzjahr nicht beteiligt. Einzige Verbindung ist eine Empfehlung[199] der Europäischen Kommission vom 20. Dezember 1974, die sie an ihre Mitgliedstaaten richtete.[200] Die Kommission erläuterte die aus ihrer Sicht beiden »wichtigen Initiativen«, die in den letzten Jahren ergriffen worden waren, um dem »fortschreitenden Verfall und Verschwinden des baulichen Kulturerbes und der natürlichen Umwelt entgegenzuwirken«. Dies seien zum einen die Welterbekonvention der UNESCO, zum anderen das in der deutschen Übersetzung der Empfehlung so bezeichnete »Europajahr der Baudenkmäler«, in der englischen Fassung ist vom »European Architectural Heritage Year« die Rede. Die Kommission empfahl ihren Mitgliedstaaten, sowohl der Welterbekonvention beizutreten als auch die »verschiedenen Initiativen des Europarates« im Rahmen des Europäischen Denkmalschutzjahres zu unterstützen. Die Empfehlung griff eine Entschließung des Europäischen Parlaments vom 13. Mai 1974 auf. In dieser hatte sich das Parlament für einen verstärkten Schutz des europäischen Kulturerbes und größere Anstrengungen zu dessen Erhaltung ausgesprochen.[201]

Wer letztlich in der DDR die Entscheidung traf, nicht an den Aktivitäten des EAHY teilzunehmen, kann nicht rekonstruiert werden. Vermutlich lag die Entscheidung beim MfAA. Deiters berichtete im Dezember 1974 an das Ministerium für Kultur im Rahmen seiner Jahreseinschätzung der ICOMOS-Arbeit, dass die Zusammenarbeit mit ICOMOS grundsätzlich erfolgreich verlaufe. Die dort getroffenen Vertreter »imperialistischer Länder« hätten auch »keine negativen Aktivitä-

---

198 CoE DELA/MS/CO (72) 6, Committee on Monuments and Sites, Report of the 1st meeting of the Organising Committee Paris 17–18 March 1972, 4 May 1972, S. 8 f., https://rm.coe.int/090000168067ce74 (letzter Abruf: 05.10.2021). Die Konferenz, von der die Rede war, sollte die Dritte Generalversammlung von ICOMOS werden, 25.–30.06.1972 in Budapest, vgl. FRG (Federal Republic of Germany)/RFA (Républic Fédérale d'Allgemagne): Third General Assembly of ICOMOS, in: ICOMOS Bulletin 3 (1975), S. 175–176.
199 Heute Art. 288 AEUV, damals Art. 249 EGV. Eine »Empfehlung« ist eine Handlungsform der Europäischen Kommission, sie ist ein nicht rechtsverbindlicher Akt.
200 ABl. L 21 vom 28.1.1975, S. 22–23, 75/65/EWG: Empfehlung der Kommission vom 20.12.1974 an die Mitgliedstaaten zum Schutz des baulichen Kulturerbes und des natürlichen Lebensraums, https://eur-lex.europa.eu/eli/reco/1975/65/oj (letzter Abruf: 05.10.2021).
201 ABl. Nr. C 62 vom 30.5.1974, S. 5, Résolution sur la Proposition de Résolution présentée, au Nom du Groupe des Libéraux et Apparentes sur la Sauvegarde du Patrimoine Culturel Européen, https://eur-lex.europa.eu/legal-content/DE/TXT/?uri=OJ:C:1974:062:TOC (letzter Abruf: 05.10.2021).

ten« gegenüber der DDR durchgeführt. Es habe, so Deiters weiter »verschiedene Versuche gegeben, die DDR zum sogn. ›Europäischen Kulturerbejahr‹ hineinzuziehen«. Diese Versuche seien allerdings von »außerhalb des ICOMOS liegenden Institutionen« gekommen.[202] Deiters verschwieg die vermittelnde Rolle ICOMOS, wohl um die fruchtbare und gewinnbringende Zusammenarbeit mit der Vereinigung nicht zu gefährden. Dass die DDR nicht am EAHY teilnehme, obwohl die Mehrzahl der sozialistischen Partnerstaaten sich für die Teilnahme an der Ausstellung im kommenden Jahr in Amsterdam entschieden hatte, stellte er gegenüber dem MfK als einen Akt der Stärke und Selbstständigkeit dar. Deutlich wird in diesem Schreiben die dichotomische Rolle, die Deiters im System der Denkmalpflege einnehmen musste: Er changierte zwischen den Ebenen. Er war selbst Vermittler zwischen den fachlichen Belangen der Denkmalpfleger und der durch die Systemkonkurrenz geprägten politisch-staatlichen Ebene durch seine Stellung als Generalkonservator. Als Denkmalpfleger befürwortete er die Teilnahme an der Ausstellung; gegenüber dem Ministerium für Kultur musste er allerdings die (anderswo getroffene) Entscheidung, nicht daran teilzunehmen, verteidigen.

Grundsätzlich hatte zunächst seitens der Denkmalpfleger Interesse bestanden, am EAHY teilzunehmen. Deiters war der Kampagne gegenüber positiv gestimmt, hatte sie doch (nach seinem Eindruck: erstmals) dazu geführt, dass eine »komplexere Sicht des Denkmalschutzes und der Wiederbelebung der Denkmale im politischen, städtebaulichen und landesplanerischen Zusammenhang« europaweit ermöglicht wurde.[203] Nur wenige Wochen nachdem er noch im November 1974 empfahl, die Teilnahme der DDR an der Ausstellung offiziell zu machen, erläuterte Deiters vor dem Volkskammerausschuss für Kultur im Februar 1975 die Haltung der sozialistischen Staaten gegenüber dem EAHY. Schon in Vilnius 1973 hätten sich die Anwesenden geeinigt, dass sie auf dem Gebiet der Denkmalpflege »keine Kampagne [...] nötig« hätten. Die Denkmalpflege gehöre »seit langem zur Kulturpolitik und Städtebaupolitik der sozialistischen Länder«. Deshalb gebe es in der DDR »keine Ursache, irgendwelche Nationalkomitees für das europäische Architekturbejahr zu gründen«. Eine »Hintertür« ließ Deiters allerdings offen: »Wenn internationale Veranstaltungen auf Ebene der UNESCO und des IKOMOS [sic] durchgeführt werden, werden wir unseren Beitrag im Jahre 1975 leisten.«[204] Dazu kam es jedoch nicht.

---

202 BArch, DR 1/10569a, Deiters an das Ministerium für Kultur, 19.12.1974.
203 Brandt: »Die Frage einer Beteiligung am ›Europäischen Jahr des Kulturerbes‹ [...]«, 2015, S. 359, zitiert: BArch, DR 1/6378, Vermerk von Deiters, 11.02.1974.
204 Alle Zitate dieses Abschnitts aus: BArch, DA 1/11730, Stenographisches Protokoll der Sitzung des Ausschusses für Kultur, Beitrag Deiters zu »Probleme der Denkmalpflege in der DDR«, S. 46, 10.02.1975.

4. Appendix: Wechselwirkungen mit den Verhandlungen der KSZE

Im Jahr 1975 fand auch die erste Phase der Konferenz über Sicherheit und Zusammenarbeit in Europa (KSZE) mit der Unterzeichnung der Schlussakte in Helsinki ihren Abschluss. Der Prozess war langjährig vorbereitet, die eigentlichen Verhandlungen hatten schließlich im Juli 1973 in Helsinki begonnen. Die DDR nahm als gleichberechtigter Staat an den Verhandlungen teil.[205] Die auf der Konferenz diskutierten Themen waren in vier Kapitel gegliedert, sie wurden »Körbe« genannt. Korb III stellte den »wohl kontroversesten Teil«[206] der Schlussakte dar. Seine Inhalte betrafen die menschlichen Kontakte unter den Bürgern der teilnehmenden Staaten sowie Fragen des Kultur- und Informationsaustausches. Das MfAA befürchtete, dass die kulturelle Zusammenarbeit als »Instrument westlicher Infiltration« missbraucht werden könnte.[207] Der Minister für Staatssicherheit, Erich Mielke, vermutete, dass die westlichen Staaten bei den Verhandlungen kultureller Themen versuchen würden, »bestimmte negative, antisozialistische Elemente, vor allem sogenannte oppositionelle Kräfte« innerhalb der sozialistischen Staaten zu unterstützen.[208] Tatsächlich hatten die in Korb III verhandelten Menschenrechtsvereinbarungen erheblichen Einfluss auf die nach der Konferenz einsetzende Ausreisebewegung in der DDR.[209]

Von diesem politischen Klima blieben auch die Verhandlungen im internationalen Netzwerk der Denkmalpfleger nicht unberührt. Deiters brachte die erfolgreichen Verhandlungen insofern mit den Beiträgen der sozialistischen Staaten für das EAHY Anfang des Jahres 1974 in Verbindung: »Ob und in welcher Weise sie [die sozialistischen Länder] […] zu internationalen Veranstaltungen im Jahr 1975 beisteuern, muß politischen Entscheidungen unter Umständen im Zusammenhang mit der Konferenz über Sicherheit und Zusammenarbeit in Europa vorbehalten bleiben.«[210]

In den Direktiven, die den Reisenden vor Dienstreisen zugesandt wurden, wurde 1975 ausdrücklich darauf hingewiesen, dass die Reisenden auch zu politi-

---

205 Zur ebenfalls langen und politisch schwierigen Vorbereitung dieses Prozesses Hanisch, Anja: Die DDR im KSZE-Prozess 1972–1985. Zwischen Ostabhängigkeit, Westabgrenzung und Ausreisebewegung, München 2012, S. 27–88. Zur Rolle der Staatssicherheit: Selvage, Douglas/Süß, Walter (Hg.): Staatssicherheit und KSZE-Prozess. MfS zwischen SED und KGB (1972–1989), Göttingen 2019.
206 Hanisch: DDR im KSZE-Prozess, 2012, S. 2.
207 Ebd., S. 54.
208 Ebd., S. 107 mit Hinweis auf BStU, MfS, ZAIG 4769, Blatt 2–104, Referat auf der zentralen Dienstkonferenz vom 16.11.1972, Blatt 23.
209 Hanisch: DDR im KSZE-Prozess, 2012, S. 144 ff.
210 Brandt: »Die Frage einer Beteiligung am ›Europäischen Jahr des Kulturerbes‹ […]«, 2015, S. 359, zitiert: BArch, DR 1/6378, Vermerk von Deiters, 11.02.1974.

schen Fragen im Zusammenhang mit der KSZE Stellung beziehen sollten. Als der Schweriner Chefkonservator Dieter Zander im September 1975 eine Konferenz in London besuchen sollte, wurde er in seiner Direktive vom Ministerium für Kultur, Abteilung UNESCO, ausdrücklich angewiesen, während seines Aufenthaltes

»vor allem auf die Notwendigkeit der Fortsetzung der europäischen Sicherheitskonferenz hin[zu]weisen mit der Begründung, daß das Zustandekommen eines europäischen Sicherheitssystems im Interesse aller Völker Europas und damit auch der Kunst- und Kulturschaffenden dieses Kontinents ist.«[211]

Die Äußerungen Deiters' und auch die Handlungsanweisungen gegenüber den Dienstreisenden im Auftrag des MfK zeigen, dass die laufenden Verhandlungen bei der KSZE unmittelbare Auswirkungen auf anderweitige internationale Zusammenarbeit hatten. Die Frage nach den Beiträgen, die die DDR innerhalb des EAHY leisten würde, stand auch im Zusammenhang mit den politischen Entscheidungen im Rahmen der KSZE-Verhandlungen. Die im Korb III verhandelten Fragen zum Kulturaustausch wirkten auf die nationale Ebene zurück. Die spezifischen Wechselwirkungen der politischen Verhandlungen auf kulturellem Gebiet bedürfen weiterer Erforschung.

---

211 BArch, DR 1/15881, Direktive für die Teilnahme von Dieter Zander an einem Symposium in London, 22.–26.09.1975, wortgleich auch die Formulierung in der Direktive für die Teilnahme von Prof. Dr. Edgar Lehrmann an dem IX. Kolloquium des Corpus Vitrearum Medii Aevi, Paris, 08.–12.09.1975; eine frühere Direktive für die Teilnahme von Helmut Materna an dem Symposium von ICOMOS und ICOM vom 18. bis zum 23.06.1975 in Bologna nahm auch noch auf den erwünschten »erfolgreichen Abschluss« Bezug: »In Diskussionen wird er vor allem auf die Notwendigkeit der Fortsetzung und des baldigen und erfolgreichen Abschlusses der europäischen Sicherheitskonferenz hinweisen, […].«

Teil 2
Das Denkmalpflegegesetz von 1975

I. Überblick über wichtige Regelungsinhalte

1. Schutzbereich des Gesetzes

Das Denkmalpflegegesetz der DDR war ein reines (Bau-)Denkmalschutzgesetz. Regelungsgegenstand waren ausschließlich Baudenkmale. Nicht vom Gesetz umfasst waren daher Gegenstände und Sammlungen staatlicher Museen, Bibliotheksgut und Archivalien.[1] Bibliotheksgut wurde nach der Bibliotheksverordnung von 1968 geschützt.[2] Für das Archivwesen galt zunächst die Verordnung über das Archivwesen von 1950, die 1976 von einer neuen Verordnung abgelöst wurde.[3] Späterhin unterfielen Güter hohen historischen, wissenschaftlichen oder künstlerischen Wertes, die nationale oder internationale Bedeutung erlangt haben, dem Kulturgutschutzgesetz von 1980.[4] Die Zuordnung eines Gegenstandes zum staatlichen Museumsfonds schloss nicht aus, dass das Kulturgut denkmalwürdig war und bei einer etwaigen Aussonderung aus diesem Fonds als (bewegliches) Denkmal erfasst werden konnte.[5]

Unter »Bodenaltertümern« verstand man in der DDR alle Reste von Lebewesen, Gegenständen und Bauwerken aus ur- und frühgeschichtlicher Zeit, die im Boden erhalten geblieben sind. Sie waren seit 1954 in der Bodenaltertümerverordnung erfasst.[6] Aufsichtsführende Stelle für Schutz und Pflege der Bodenalter-

---

1 § 5 (2) DPG: »Gegenstände und Sammlungen, die zu den Fonds der staatlichen Museen, Bibliotheken und Archive gehören, sowie Bodenaltertümer sind nicht als Denkmal im Sinne dieses Gesetzes zu erfassen. Ihre Beziehungen zur Denkmalpflege werden gesondert geregelt.«
2 Verordnung über die Aufgaben des Bibliothekssystems bei der Gestaltung des entwickelten gesellschaftlichen Systems des Sozialismus in der Deutschen Demokratischen Republik, GBl. II 1968, Nr. 7, S. 565, die durch mindestens elf Durchführungsbestimmungen (letzte DB, GBl. I 1984, Nr. 28, S. 318) ergänzt wurde; Marks, Erwin: Die Entwicklung des Bibliothekswesens der DDR, Leipzig 1985; Rau, Christian: »Nationalbibliothek« im geteilten Land. Die Deutsche Bücherei 1945–1990, Göttingen 2018.
3 Verordnung über das Archivwesen in der Deutschen Demokratischen Republik, GBl. I 1950, Nr. 78, S. 661; Verordnung über das staatliche Archivwesen, GBl. I 1976, Nr. 10, S. 165; Autorenkollektiv/Brachmann, Botho u. a.: Archivwesen der Deutschen Demokratischen Republik. Theorie und Praxis, Berlin 1984; Schreyer, Hermann: Das staatliche Archivwesen der DDR, Düsseldorf 2008.
4 § 2 (1), (2) Nr. 1 Kulturgutschutzgesetz: »alles Kulturgut, das als Bestand der Museen, Archive, Bibliotheken und anderen Einrichtungen […] seinen ständigen Standort im Hoheitsgebiet der Deutschen Demokratischen Republik hat«, unterlag diesem Gesetz.
5 Fischer: Rechtsgrundlagen der Denkmalpflege, 1986, S. 25.
6 Verordnung zum Schutz und zur Erhaltung der ur- und frühgeschichtlichen Bodenaltertümer, GBl. I. 1954, Nr. 54, S. 547; Schohknecht, Ulrich/Kunow, Jürgen: Die Bodendenkmalpflege in der DDR und in den neuen Bundesländern, in: Verband der Landesarchäologen in der Bundesrepublik Deutschland (Hg.): Archäologische Denkmalpflege in Deutschland. Standort, Aufgabe, Ziel, Stuttgart 2003, S. 20–29.

tümer war – anders als bei den Baudenkmalen, bei denen in den 1950er-Jahren noch die Staatliche Kommission für Kunstangelegenheiten zuständig war, später dann das Ministerium für Kultur – das Staatssekretariat für Hochschulwesen. Fachlich betreut wurden die Bodenaltertümer durch die staatlichen Museen für Ur- und Frühgeschichte (Berlin, Potsdam, Schwerin, Halle, Weimar, Dresden). Bei ihnen wurden auch die Fundarchive für die beweglichen sowie die konstitutiven Listen für die unbeweglichen Bodenaltertümer geführt (§ 6 Abs. 1 und Abs. 3 Bodenaltertümer-VO). Da die archäologische Denkmalpflege in der DDR institutionell und fachlich unabhängig von der Baudenkmalpflege agierte, gab es kaum bis keine Überschneidungen zwischen Bau- und Bodendenkmalpflege (außer im Bereich der ehrenamtlichen Denkmalpfleger, die oft sowohl in der Baudenkmalpflege als auch bei Grabungen beteiligt waren).[7] Das Denkmalpflegegesetz galt folgerichtig auch nicht für die sogenannten Bodenaltertümer.

Ebenfalls nicht erfasst waren Naturdenkmale. Sie wurden schon ab 1954 im § 3 des Naturschutzgesetzes und nach der Verabschiedung des Landeskulturgesetzes 1970 durch die dann geltende Naturschutzverordnung geschützt.[8]

2. Leitgedanken der Denkmalpflege in der DDR

2.1. Die Präambel als Lenkungsinstrument

Die Präambel des Denkmalpflegegesetzes formulierte Grundsätze, Inhalte und Ziele der Denkmalpflege in der DDR. Eine Präambel geht dem rechtssetzenden Text voraus und leitet in der Regel Verfassungen, völkerrechtliche Verträge, Kon-

---

7 Helas: Das Überleben der Ruine des Dresdner Schlosses, 2019; dies.: Gegen den Verfall, 2022.
8 GBl. 1954, Nr. 7, S. 695: »§ 3 (1): Einzelne Gebilde der Natur, deren Erhaltung wegen ihrer nationalen, heimatkundlichen oder wissenschaftlichen Bedeutung im gesellschaftlichen Interesse liegt, können zu Naturdenkmalen erklärt werden. (2) Es ist verboten, ein Naturdenkmal zu beschädigen, zu zerstören oder es ohne Genehmigung der Kreis-Naturschutzverwaltung zu verändern oder zu entfernen.« Ab 1970: Erste Durchführungsverordnung zum Landeskulturgesetz – Schutz und Pflege der Pflanzen- und Tierwelt und der landschaftlichen Schönheiten (Naturschutzverordnung), GBl. II 1970, Nr. 46, S. 331: »§ 11 (1): Naturdenkmale sind die dazu erklärten Einzelgebilde der Natur, die Zeugen der Erd- und Landschaftsgeschichte sind, wissenschaftliche oder heimatkundliche Bedeutung besitzen oder sich durch besondere Schönheiten oder ihren Wert für Erziehung und Bildung auszeichnen. Naturdenkmale können eine Flächenausdehnung bis zu 3 ha (Flächennaturdenkmale) haben. Die Erklärung zu Naturdenkmalen und die Festlegung von Schutzmaßnahmen erfolgen durch Beschluß des Rates des Kreises. Die Eigentümer bzw. Nutzungsberechtigten von Grundstücken sind verpflichtet, für die Erhaltung und Pflege von Naturdenkmalen zu sorgen. (2) Naturdenkmale dürfen nicht beschädigt, zerstört oder ohne Genehmigung des Rates des Kreises verändert werden. Flächennaturdenkmale sind nur auf Wegen zu betreten.«
Dix, Andreas/Gundermann, Rita: Naturschutz in der DDR: idealisiert, ideologisiert, instrumentalisiert?, in: Hans-Werner Frohn/Friedemann Schmoll (Hg.): Natur und Staat. Staatlicher Naturschutz in Deutschland 1906–2006, Bonn 2006, S. 535–624.

kordate oder wichtige Gesetze ein.[9] Etwa seit Mitte des 19. Jahrhunderts wird der einleitende Text, insbesondere vor Verfassungen, »Präambel« genannt.[10] Dass das Denkmalpflegegesetz der DDR eine Präambel enthielt, unterschied es von allen Denkmalschutzgesetzen der Länder in der Bundesrepublik der 1970er-Jahre.[11] Die Präambel des DPG lautete:

»In der Deutschen Demokratischen Republik ist die Pflege des kulturellen Erbes Anliegen der sozialistischen Gesellschaft und ihres Staates. Die Deutsche Demokratische Republik verfügt über einen bedeutenden Besitz an Denkmalen, die von geschichtlichen Entwicklungen und progressiven Taten zeugen, die städtebauliche und landschaftsgestalterische, bau- und bildkünstlerische, handwerkliche und technische Leistungen aus der Vergangenheit bis in die Gegenwart repräsentieren. Die Erhaltung und Erschließung dieser Denkmale der Geschichte und Kultur gehören zu den Elementen des reichen kulturellen Lebens der sozialistischen Gesellschaft. Deshalb beschließt die Volkskammer folgendes Gesetz: [...].«

Im sozialistischen Recht kam Appellen, Deklarationen und Aufrufen an das gesamte Volk eine wesentliche Bedeutung zu. Präambeln formulierten die Ziele der Rechtsakte und ihre staatliche Bedeutung. Mithilfe der in den Gesetzen festgelegten Ziele könne, so die Annahme, das Verhalten der Kollektive und der Individuen gelenkt werden. Die Bürger sollten durch diese Instrumente zu einem »aktiven sozialen Verhalten« angeregt werden.[12] Präambeln wurden nach 1945 daher häufig in der Rechtssetzung sozialistischer Länder verwendet. Sie knüpften damit an Gepflogenheiten aus der Zeit des Nationalsozialismus an, in der die Präambel als propagandistisches Mittel genutzt und gar »inflationär«[13] verwendet wurde.[14] Insbesondere in der einfachen Gesetzgebung wurde die Präambel in Abkehr von der nationalsozialistischen Rechtssetzung nach dem Zweiten Weltkrieg in westlichen Ländern nur noch sehr selten verwendet.[15] In Verfassungen[16] und völkerrecht-

---

9 Kroppenberg, Inge: Stichwort Präambel, in: Albrecht Cordes/Hans-Peter Haferkamp u.a. (Hg.): Handwörterbuch zur Deutschen Rechtsgeschichte, Band II, Berlin 2004, Sp. 701–703.
10 Breslin, Beau: From Words to Worlds. Exploring Constitutional Functionality, Baltimore 2009, S. 49.
11 Schleswig-Holstein hat sich in der Neufassung seines Denkmalschutzgesetzes vom 30.12.2014, GVOBl. 2015, S. 2, für eine Präambel entschieden.
12 Kasimirtschuk, Wladimir P.: Der soziale Mechanismus der Wirkung des Rechts, in: Staat und Recht 20 (1971), S. 284–295, S. 290 f.
13 Fögen, Marie Therese: The Legislator's Monologue. Notes on the History of Preambles, in: Chicago-Kent Law Review 70 (1995), S. 1593–1620, S. 1610.
14 Kroppenberg: Stichwort Präambel, in: Cordes/Haferkamp u.a. (Hg.): Handwörterbuch zur Deutschen Rechtsgeschichte, Band II, 2004, Sp. 701–703.
15 Wegen ihres ideologischen Charakters wurde nach dem Ende des Zweiten Weltkrieges bestimmt, dass die Präambeln bei denjenigen Gesetzen, die in Kraft blieben, bei der Auslegung des Textes außer Acht gelassen werden sollen; Müller, Hanswerner: Handbuch der Gesetzgebungstechnik, Berlin 1963, S. 35.
16 Über 80 Prozent aller Verfassungen der Welt, die zeitlich nach der US-amerikanischen Verfassung verfasst wurden, haben eine Präambel. In Verfassungen nach 1990 sind es sogar 98 Prozent:

lichen Verträgen[17] wird sie auch heute noch öfter dem Text vorangestellt, da es sich hierbei mehr um politische Vereinbarungen als um Gesetzgebung im engeren Sinne handelt. Wird sie heute noch gebraucht, kann sie einerseits zur Auslegung des einfachen Rechts herangezogen werden, andererseits kann sie auch Auskunft über Autoren, Adressaten, Herkunft und Ziele des Rechtstextes geben. Sie gibt, kurz gesagt, die Wertvorstellungen des Rechtssetzenden wieder.

In der DDR und in anderen sozialistischen Ländern beschränkten sich die Gesetzgeber bei der Verwendung von Präambeln nicht auf Verfassungen, sondern nutzten sie auch bei einfachen Gesetzen, wie beispielsweise beim Denkmalpflegegesetz der DDR.

Für das Jahr 1964 konnte Varga nachweisen, dass in der DDR prozentual im Vergleich zu anderen sozialistischen Ländern in Europa die meisten Rechtsakte mit Präambeln erlassen wurden. 19 Prozent der 570 Rechtsakte, die in diesem Jahr in den Gesetzblättern der DDR veröffentlicht worden waren (dazu zählten neben den wenigen Gesetzen auch alle Anordnungen, Beschlüsse, Abkommen, Bekanntmachungen, Verordnungen, Staatsratserlasse), hatten eine Präambel.[18] In der DDR gab es zeitweise drei verschiedene Typen Gesetzesblätter: I, II und III. Gesetze wurden ausschließlich im Teil I veröffentlicht, wobei umgekehrt nicht alle Rechtsakte im Gesetzblatt I Gesetze waren. In diesem Gesetzblatt I fand Varga bei 25 Prozent der Rechtsakte eine Präambel.[19]

Nimmt man nur die Gesetze des Jahres 1964 in den Blick, ergibt sich sogar eine Quote von 43 Prozent, da drei von sieben im Jahr 1964 erlassenen Gesetzen eine Präambel hatten.[20] In den anderen sozialistischen Ländern wurden Präambeln unterschiedlich häufig verwendet: die Quote lag zwischen 1 Prozent und 25 Prozent.[21]

Ginsburg, Tom/Rockmore, Daniel/Foti, Nick, We the Peoples. The Global Origins of Constitutional Preambles, in: The George Washington International Law Review 305 (2014), S. 101–136, S. 109.

17 Vgl. die Richtlinien für die Behandlung völkerrechtlicher Verträge (RvV) nach § 72 Abs. 1 Gemeinsamer Geschäftsordnung der Bundesministerien (GGO), wo auch vermerkt ist, dass die in der Präambel formulierten Beweggründe für den Abschluss des Vertrages nach Art 31 Abs. 2 des Wiener Übereinkommens über das Recht der Verträge (WVK) zur Auslegung von Vertragsbestimmungen herangezogen werden können: »The context for the purpose of the interpretation of a treaty shall comprise, in addition to the text, including its preamble and annexes«.
18 Varga, Csaba: The Preamble. A Question of Jurisprudence, in: Acta Juridica Academiae Scientiarum Hungaricae 13 (1971), S. 101–128, S. 122.
19 Varga: The Preamble, 1971, S. 122.
20 Eine Präambel hatten das Jugendgesetz (GBl. I, S. 75), das Arzneimittelgesetz (GBl. I, S. 101) sowie das Gesetz über die Nicht-Verjährung von Nazi- und Kriegsverbrechen (GBl. I, S. 127); keine Präambel hatten das Änderungsgesetz zum Atomenergiegesetz (GBl. I, S. 1), das Gesetz über den Konsularvertrag mit Jugoslawien (GBl. I, S. 87), das Gesetz über den Freundschaftsvertrag mit der UdSSR (GBl. I, S. 131) sowie das Änderungsgesetz zum Gesetz über die Bildung des Nationalen Verteidigungsrates (GBl. I, S. 139).
21 Varga: The Preamble, 1971, S. 122: Polen 1 Prozent von 320 Rechtsakten im Jahr 1964; Jugoslawien 1 Prozent von 750; Ungarn 7 Prozent von 250; ČSSR 12 Prozent von 210; Bulgarien 15 Prozent von 360; DDR 19 Prozent von 570; UdSSR 25 Prozent von 10.

Im Jahr 1975 wurden neben dem Denkmalpflegegesetz sieben weitere Gesetze veröffentlicht.[22] Von diesen insgesamt acht Gesetzen verfügten lediglich das Zivilgesetzbuch und das Denkmalpflegegesetz über eine ausführliche Präambel.[23] Das Denkmalpflegegesetz war also nicht nur eines von wenigen in diesem Jahr erlassenen Gesetzen, sondern unter den erlassenen Gesetze auch noch eines von nur zweien, denen eine Präambel vorangestellt war. Dies unterstreicht den bedeutenden Charakter des Gesetzes.

Auch die Verordnungen von 1952 und 1961 verfügten über Präambeln. Die Idee für eine umfassende Präambel, die dem Leser die Motive des Gesetzgebers erläutert, stammte nicht aus dem Sächsischen Heimatschutzgesetz, das der Verordnung von 1952 in weiten Teilen als Vorbild diente. Das Sächsische Heimatschutzgesetz (Sächs. HSG) hatte zwar eine Präambel, diese war allerdings sehr kurz.[24] Die Präambel des Denkmalpflegegesetzes umfasst 83 Wörter. Im Vergleich mit den Präambeln der vorangegangenen Denkmalschutzverordnungen ist sie die kürzeste: Die Präambel der Verordnung von 1952 ist 96 Wörter lang, die von 1961 umfasst 128 Wörter. Alle drei Präambeln sind damit verhältnismäßig kurz.[25]

Im Vergleich zu den Vorgängerverordnungen ist die Präambel des Denkmalpflegegesetzes von 1975 mit wenig Pathos formuliert. Hieß es 1952, das kulturelle Erbe umfasse »kostbare Werke der Kunst, die durch ihre Schönheit und Wahrhaftigkeit Zeugnis für die schöpferische Kraft der Volksmassen ablegen«, und 1961, Denkmale seien fester Bestandteil einer »bewahrten materiellen, architektonischen und künstlerischen Kultur«, so wurde die Umschreibung der Denkmalgattungen 1975 versachlicht. Die Programmatik der Denkmalpflege, die im § 3 des Gesetzes ausdifferenziert wurde, war bereits in der Präambel angelegt: Denkmale zeugen in der DDR von »Entwicklungen« und »progressiven Taten« sowie »Leistungen«. Für die Umschreibung der Denkmalgattungen wurden mit Städtebau, Landschaftsge-

---

22 Siehe S. 130.
23 Dem Eingabengesetz (GBl. I 1975, S. 461) ist zwar vor dem ersten Paragrafen auch ein Satz vorangestellt (»Gemäß Art. 103 der Verfassung der DDR wird folgendes Gesetz beschlossen:«), ebenso beim Gesetz über den Staatshaushaltsplan von 1976 (GBl. I 1976, S. 746; »Die Volkskammer beschließt in Übereinstimmung mit dem Volkswirtschaftsplan folgendes Gesetz:«), diese beiden Verweise erfüllen allerdings nicht die Kriterien einer Präambel, sondern sind, was heute als »Eingangsformeln« bezeichnet wird.
24 Präambel des Sächsischen Heimatschutzgesetzes: »Die Regierung hat in dem Willen, dem Volke und dem Lande die wertvollen Wahrzeichen ihres Wesens und Werdens (Denkmale) zu erhalten und damit der Erziehung zum Volksbewußtsein und zur Heimatliebe zu dienen, folgendes Gesetz beschlossen:«, 13.01.1934, Sächsisches GBl. 1934, S. 13 (35 Worte).
25 Fünf der zehn wortreichsten Präambeln der Welt stammen aus sozialistischen Ländern: Jugoslawien, Verfassung von 1974: 6164 Wörter; Kuba, Verfassung von 1952: 1825 Wörter; Vietnam, Verfassung von 1960: 1052 Wörter/Verfassung von 1980: 1284 Wörter; China, Verfassung von 1982: 1071 Wörter; Äthiopien, Verfassung von 1987: 963 Wörter; Ginsburg/Rockmore/Foti: Origins of Constitutional Preambles, 2014, S. 110. Auch die Nachfolgestaaten der Sowjetunion verwenden in ihren aktuellen Verfassungen oft Präambeln, Breslin: From Words to Worlds, 2009, S. 50 f.

staltung, Bau- und Bildkunst, Handwerk und Technik Begrifflichkeiten gewählt, die auch in der Bundesrepublik üblich waren. Die im Denkmalbegriff angelegte Dichotomie zwischen Geschichtsdenkmalen einerseits und Kulturdenkmalen andererseits wird ebenfalls bereits in der Präambel eingeführt. Die vorher übliche Polemik gegen die Zerstörung von Denkmalen, insbesondere durch kapitalistische Kräfte, wurde nicht in die Präambel des Gesetzes übernommen.[26]

Auch bei den Aufgaben der Denkmalpflege wurden die breiteren Formulierungen der Vorgängerregelungen konzentriert: nicht mehr »[zu] erhalten, [zu] pflegen und den breiten Massen unseres Volkes zugänglich [zu] machen« oder »Erhaltung, Pflege, ordnungsgemäße Verwaltung, zweckdienliche Verwendung und Erschließung für die Bevölkerung«, sondern »Erhaltung und Erschließung« werden als Zielstellung formuliert. Dieser Gedanke wurde in § 1 Abs. 1 wieder aufgegriffen.

Ausschließlich in der Präambel wird die zeitliche Dimension des Denkmalbegriffs erwähnt: Objekte sollen bestimmte Leistungen aus der »Vergangenheit bis in die Gegenwart« repräsentieren. Weitere Ausführungen, wie alt ein Objekt sein oder aus welcher Epoche es stammen muss, damit es ein Denkmal werden kann, enthält das Gesetz nicht.[27] Die Ausweitung der zeitlichen Grenze bis zur Gegenwart unterscheidet die Präambel des Gesetzes von der der vorangegangenen Verordnung von 1961. Dort hieß es noch, Denkmale seien »Bestandteil [...] der [...] bewahrten [...] Kultur vergangener Epochen«. Dies grenzt wiederum die Verordnung von 1961 von ihrer Vorgängerin aus dem Jahr 1952 ab. Letztere kannte keine Zeitgrenze.

In den Verordnungsentwürfen wurde Artikel 18 der Verfassung von 1968 noch wörtlich wiedergegeben. Artikel 18 erklärte die Pflege »aller humanistischen Werte des nationalen Kulturerbes und der Weltkultur zum Anliegen der sozialistischen Gesellschaft und ihres Staates«. Es kann nicht nachgehalten werden, warum der Verweis auf Artikel 18 nicht in die endgültige Fassung der Präambel im DPG übernommen wurde. Die letztendliche Fassung der Präambel umfasste nur circa die Hälfte der Worte der Präambeln der Entwürfe.

---

26 VO-52: »Die Aneignung des kulturellen Erbes ist Sache des ganzen Volkes, das sich gegen alle Versuche böswilliger oder fahrlässiger Zerstörung von Kulturdenkmalen mit der Strenge des Gesetzes [sic] wendet.« In der Präambel zur Verordnung wird tatsächlich von »Gesetz« gesprochen. VO-61: »Angesichts der jahrzehntelangen Vernachlässigung der Denkmale in der kapitalistischen Vergangenheit und der schweren Kriegszerstörungen hat die Denkmalpflege seit der Gründung der Deutschen Demokratischen Republik bedeutende Sicherungs- und Wiederaufbauarbeiten an international bekannten und auch an vielen Hunderten von kleinen Denkmalen durchgeführt. Eine große Anzahl von Bauwerken wurde einer sinnvollen gesellschaftlichen Nutzung als Dorfzentren, Schulen, Erholungs- und Altersheimen, Kulturhäusern oder Museen zugeführt.« Diese politische Präambel entstammte der Feder des stellvertretenden Ministers für Kultur, Pischner; BArch, DR 1/8042, Blatt 213.
27 Siehe S. 232.

Auf den Begriff der »Aneignung«, der in der VO-52 verwendet wurde, in der VO-61 allerdings schon weggefallen war, kam man 1975 nicht mehr zurück. Nach Marx umfasste Aneignung »sowohl das, was geschieht, wenn die Eigentümer der Produktionsmittel die ›Früchte fremder Arbeit‹ auf sich übertragen, als auch die Befreiung von dieser Art der Übertragung«. Aneignung stehe also dafür, dass die »Entfremdung der Arbeit beendet wird, weil das Privateigentum endet«.[28] Aneignung war das Schlüsselwort, das in marxistischer Tradition die Aktivität des Erbens beschrieb.[29] Wer erbte, musste aktiv werden. Dieses Konzept wurde in der Denkmalpflege in der DDR in besonderem Maße verwirklicht, auch wenn der Begriff »Aneignung« sich im Denkmalpflegegesetz nicht wiederfand. Dennoch sollten sich die Bürger die Denkmale »inhaltlich aneignen«, indem sie sie als Teil ihrer Umwelt wahrnahmen:

»Durch die Freude an beidem, dem geistigen und bildlichen Aufnehmen, werden die Denkmale den Menschen vertraut. Mit ihrer besonderen geschichtlichen und künstlerischen Aussage und Wirkung werden sie mehr und mehr zu einem beachteten und geschätzten Bestandteil des Heimatbildes«.[30]

Die aktive Komponente des »Erbens« wurde in weiteren Paragrafen aufgegriffen, etwa durch die in § 1 Abs. 3 DPG normierte Aufgabe, die Denkmale zu nutzen und sich so täglich mit ihnen zu konfrontieren.[31]

---

28 Willer, Stefan: Kulturelles Erbe. Tradieren und Konservieren in der Moderne, in: Stefan Willer (Hg.): Erbe. Übertragungskonzepte zwischen Natur und Kultur, Berlin 2013, S. 160–201, S. 169.
29 Willer, Stefan: Erbfälle: Theorie und Praxis kultureller Übertragung in der Moderne, Paderborn 2014, S. 309.
30 Deiters: Grundlagen und Ziele der Denkmalpflege, 1982, S. 16.
31 § 1 (3): »Die Denkmale sind in die Gestaltung der Städte, der Dörfer und der Landschaft so einzubeziehen, dass unverwechselbare Ensembles geschichtlicher Aussage und künstlerischer Wirkung entstehen. Das schließt eine ihrer Eigenart entsprechende Nutzung für die Verbesserung der Arbeits- und Lebensbedingungen der Werktätigen, insbesondere für das geistige und kulturelle Leben, für die Erholung und den Tourismus ein.«

2.2. Zielrichtungen von Denkmalpflege: Wirkungen nach innen (Bewusstseinsbildung) und nach außen (Internationalisierung).

§ 1 Abs. 1 und Abs. 2 DPG formulierten anknüpfend an die Gedanken, die in der Präambel enthalten waren, die Ziele der Denkmalpflege.[32] Denkmale sollten so erhalten und erschlossen werden, dass sie der Entwicklung des sozialistischen Bewusstseins dienen konnten, die Bürger ästhetisch und technisch bildeten und zu ihrer ethischen Erziehung beitrugen. Dabei wurde offenkundig, dass Denkmale vorrangig nicht um ihrer selbst willen erhalten werden sollten, sondern aus dem Gesetz der Auftrag hervorging, Denkmale gesellschaftlich zu nutzen. Konnte ein Denkmal nicht in diesem Sinne genutzt werden, wurde es schwierig, für seinen Erhalt zu argumentieren. Ein genutztes Objekt hatte dauerhaft bessere Chancen, auch erhalten zu werden. Dieser politische Auftrag an die Denkmale wurde seitens der Denkmalpfleger auch unterstützt. Denn nur gepflegte Objekte konnten ihre »bewusstseinsbildende« Wirkung voll entfalten. Die Denkmalpfleger münzten diesen Auftrag um und betonten damit ihre tragende Rolle im System sozialistischer Kulturpolitik. Denkmalpflege, so die Narration, könne dazu beitragen, die Liebe der Bürger zu ihrem Staat zu vergrößern, dessen Legitimation zu verstärken. In diesem Sinne wurde die Daseinsberechtigung der Denkmalpfleger und ihrer Zunft gegenüber den politisch Verantwortlichen, die Denkmalpflege häufig als bürgerliches Relikt empfanden und den Wirkungsbereich mindestens eindämmen, wenn nicht abschaffen wollten, immer wieder erläutert. Deiters formulierte 1982 in einem Heft der Schriftenreihe »Sozialistische Kulturpolitik – Theorie und Praxis« die Verbindung zwischen Bewusstseinsbildung der Menschen und der Identifikation mit ihrer Umwelt. Das Heft war als Studienmaterial für marxistisch-leninistische Kulturtheorie und -politik gedacht und richtete sich folglich an zukünftige Kulturfunktionäre, die es von der Relevanz der Denkmalpflege zu überzeugen galt:

> »Die Identifizierung der Menschen mit ihrer gesellschaftlichen Existenz beginnt dort, wo sie aufwachsen, verbindet sich mit dem charakteristischen Bild des Heimatortes. Die Identifizierung erfaßt bald darüber hinaus den Staat, in dem sie leben, mit seinem ganzen Territorium. Und überall verbindet sich die bildliche Vorstellung von diesem Heimatland mit den Geschichts-, Bau- und Kunstdenkmalen, deren typischer Erscheinung in jeder seiner Landschaften und Städte.

---

32 § 1 (1): »Ziel der Denkmalpflege ist es, die Denkmale in der Deutschen Demokratischen Republik zu erhalten und so zu erschließen, dass sie der Entwicklung des sozialistischen Bewusstseins, der ästhetischen und technischen Bildung sowie der ethischen Erziehung dienen. […].«
§ 1 (2): »Die Denkmale der revolutionären Traditionen des deutschen Volkes, der internationalen und der deutschen Arbeiterbewegung, des antifaschistischen Widerstandskampfes und der Geschichte der Deutschen Demokratischen Republik sind so zur Geltung zu bringen, dass sie zur Verwirklichung der Ideen des sozialistischen Patriotismus und proletarischen Internationalismus beitragen.«

Diese starke Verbindung des gesellschaftlichen Bewußtseins mit dem Heimatbild erklärt auch, warum der Pflege und Erschließung der Denkmale in den Zentren des gesellschaftlichen Lebens besonders in der Hauptstadt und in den Bezirksstädten so große Bedeutung zukommt. Überall sind die Denkmale in ihrer Eigenart und Wirkung ein äußerst wichtiger unersetzlicher Faktor für das Wohlfühlen und die Leistungsbereitschaft der Menschen in der sozialistischen Gesellschaft, für ihre Bereitschaft, für diese Gesellschaft einzutreten. In ihrer eigenen Unverwechselbarkeit wie in ihrem Zusammenwirken mit dem Neuen im Heimatbild tragen die Denkmale zu patriotischem Fühlen und Handeln bei.

Der Erlebniswert der Denkmale wird umso größer sein, je besser wir es verstehen, sie in das Leben der Gesellschaft einzubeziehen.«[33]

Dass sich Denkmalpfleger in diesem Maße kulturpolitisch konform positionierten, kam einer Selbstinstrumentalisierung gleich, die als Schutzreflex zu verstehen ist. Nur wenn die Vertreter der Zunft deren Relevanz überzeugend darstellen konnten, blieb Denkmalpflege weiter bestehen. Im Laufe der Entstehung des Denkmalpflegegesetzes wurde hinreichend deutlich, dass die Daseinsberechtigung der Denkmalpflege nicht allgemein anerkannt war, dass beispielsweise das Ministerium für Bauwesen ernst zu nehmende Ambitionen hatte, die Denkmalpflege radikal umzugestalten.[34] Ob die Denkmalpflege wirklich in dem Maße, wie es gegenüber den Kulturfunktionären dargestellt wurde, eine staatstragende Rolle eingenommen hat, lässt sich bezweifeln. Denkmalpflege wirkte lokal und hatte dort eine wichtige Rolle für die Menschen vor Ort. Heinrich Magirius und Elisabeth Hütter[35], beide in der Sächsischen Denkmalpflege tätig, erklärten kurz nach der friedlichen Revolution die Rolle der Denkmalpflege in der DDR mit einem Ausspruch eines in der DDR tätigen Denkmalpflegers so: »Wir sind hier die Schwächeren, wir müssen uns ducken.«[36]

Absatz 1 und Absatz 2 verfolgten verschiedene Zielrichtungen: Während Absatz 1 sich auf die bewusstseinsbildende Rolle der Denkmale zur Herausbildung sozialistischer Persönlichkeiten stützte, betonte Absatz 2 die Rolle, die den Denkmalen im Hinblick auf die Außenwirkung der DDR zukam. Ersteres bedingte dabei Letzteres: »[proletarische Erbeaneignung [ist] eine Grundlage des Patriotismus wie auch des Internationalismus«. Das Ererbte sollte in seinen

---

33 Deiters: Grundlagen und Ziele der Denkmalpflege, 1982, S. 16 f.
34 Siehe S. 275.
35 Elisabeth Hütter (1920–2015) war eine der wenigen weiblichen Akteure in der Denkmalpflege der DDR. Sie war Mitarbeiterin der Arbeitsstelle in Dresden. Magirius, Heinrich: Notizen zur Biographie von Elisabeth Hütter, in: Landesamt für Denkmalpflege Sachsen (Hg.): Denkmalpflege in Sachsen, Mitteilungen des Landesamtes für Denkmalpflege in Sachsen. Elisabeth Hütter zum 75. Geburtstag am 21. März 1995, Dresden 1995, S. 5–7.
36 Magirius/Hütter: Zum Verständnis der Denkmalpflege in der DDR, 1990, S. 399.

Entstehungszusammenhängen verstanden werden, im nächsten Schritt müsse der Ge- oder Missbrauch während der Zeit der Klassengesellschaft erkannt und schließlich das Ererbte vom Standpunkt der Arbeiterklasse her neuinterpretiert werden. Diese kritische Sicht solle aber nicht einengend verstanden werden, wozu es in den Anfangsjahren der DDR hin und wieder gekommen sei. Vielmehr gehe es darum, das Erbe für das gesamte werktätige Volk zu erschließen. Nur so könne man auf die Leistungen des eigenen Volkes stolz sein und gleichzeitig die Leistungen anderer Länder anerkennen.[37]

Umgekehrt ging es auch darum, durch ansehnlich gestaltete Städte Reiseziele für in- und insbesondere ausländische Touristen und damit Quellen für Deviseneinnahmen zu schaffen. Die galt allerdings nicht nur für die DDR.[38] Seit 1966 wurde jede zweite Woche nur noch fünf Tage gearbeitet und damit wurden die Wochenenden für Ausflüge frei.[39]

In den Bad Saarower Empfehlungen hatte man schon 1964 auf die Denkmale als touristische Ziele hingewiesen.

»[N]icht nur der Bevölkerung unseres eigenen Landes [wird] die historische und künstlerische Aussage der Denkmale erlebbar, auch den Gästen aus anderen Ländern werden die Denkmale zum eindrucksvollen Erlebnis unserer nationalen Kultur. Als ein unabtrennbarer [sic] Bestandteil der Weltkultur dienen so auch unsere Denkmale der Achtung und dem Verständnis der Völker füreinander. Vorhandensein und Zustand unserer Denkmale und ihre würdige Einbeziehung in den Neuaufbau unseres Landes werden damit wesentlich für die Repräsentation unseres Staates vor der Welt.«[40]

Attraktive Einzeldenkmale zogen Besucher an, aber die Argumentation konnte ohne Weiteres auf ganze Altstädte als Urlaubsziele ausgedehnt werden. »Beson-

---

37 Deiters: Grundlagen und Ziele der Denkmalpflege, 1982, S. 10.
38 Für ČSSR etwa resümierte Hruška 1974, dass dort Denkmale natürlich nicht nur deshalb geschützt werden, »weil sie uns Devisen einbringen«, doch sei »kultureller Tourismus, spezifizierter Fremdenverkehr, auch ein wichtiger politischer Faktor, der gegenseitige Kontakte und die Annäherung der Jugend verschiedener Länder und politischer Bekenntnisse fördert«. Deshalb sei es notwendig, »gerade diesen Bereich politisch richtig zu erfassen und zu lenken«; Hruška: Konzeption des Denkmalschutzes in der ČSSR, 1974, S. 89.
39 Am 9. April 1966 wurde die »Fünf-Tage-Arbeitswoche jede zweite Woche« eingeführt. Damit wurde die Arbeitszeit für ca. 3 Mio. Beschäftigte auf wöchentlich 45 Stunden gesenkt (GBl. II 1965, S. 897). Ab 28. August 1967 folgte die durchgängige 5-Tage-Arbeitswoche mit 43 ¾ Stunden. Im Gegenzug wurden einige Feiertage abgeschafft (GBl. II 1967, S. 237). Das Arbeitsgesetzbuch der DDR (AGB) schrieb ab April 1977 den »schrittweisen Übergang zur 40-Stunden-Arbeitswoche durch die Verkürzung der täglichen Arbeitszeit ohne Lohnminderung bei Beibehaltung der 5-Tage-Arbeitswoche« fest (GBl. I 1977, S. 185), Dowe, Dieter/Kuba, Karlheinz/Wilke, Manfred (Hg.), FDGB-Lexikon, Berlin 2009, unter: http://library.fes.de/FDGB-Lexikon/texte/sachteil/a/Arbeitszeit.html (letzter Abruf: 05.10.2021).
40 BArch, DY 27/7338, Bad Saarower Empfehlungen, 27.–30.11.1964.

dere Werke der Stadtbaukunst und der Baukunst werden durch die gesamte Gesellschaft als Reiseziele und Besichtigungsobjekte gewissermaßen ›genutzt‹.«[41]
Der Minister für Kultur, Gysi, hatte 1966 längst erkannt, dass sein Ministerium mithilfe der Denkmalpflege auch zum Staatshaushalt beitragen konnte:

»Viele Denkmale – stadtkünstlerische Ensembles und Einzeldenkmale – liegen in Erholungsgebieten und bilden im Hinblick auf die In- und Auslandstouristik Hauptanziehungspunkte und könnten in vielen Fällen durch sinnvollere Nutzung und entsprechende Investitionslenkung auch zur Quelle erhöhter Deviseneinnahmen werden.«[42]

In den 1960er-Jahren manifestierte sich Denkmalpflege als ein wichtiger Faktor des Reisegeschehens in der DDR: »Wir wissen, daß heute der Erholungssuchende Denkmale aufsucht«, betonte Nadler 1968. Die Besucherzahlen beispielsweise für die Wartburg waren mit angegebenen 400000 bemerkenswert hoch.[43] Der Königstein verzeichne etwa 500000, der Frohnauer Hammer im Erzgebirge etwa 300000 Besucher im Jahr. Dabei sei davon auszugehen, dass der Strom der ausländischen Touristen von Jahr zu Jahr ansteige. Deshalb sei dringend geboten, »Formen und Wirksamkeit unserer denkmalpflegerischen Tätigkeit in der Deutschen Demokratischen Republik zu verbessern«.[44] An der 1966 gebildeten Arbeitsgruppe sollte daher ursprünglich auch ein Vertreter des Reisebüros der DDR teilnehmen.[45] In dem 1968 von dieser Arbeitsgruppe vorgelegten »Neuordnungs-Papier« für die Denkmalpflege war das Reisebüro als Akteur berücksichtigt.[46]

---

41 Deiters, Ludwig: Zum kulturpolitischen Interesse der Gesellschaft an den Denkmalen, in: Deutscher Kulturbund/Institut für Denkmalpflege (Hg.): Denkmalpflege in unserer Zeit, Berlin 1962, unpag.
42 BArch, DY 27/7338, Klaus Gysi an Schulmeister, 24.11.1966.
43 BArch, DY 27/8262, Hans Nadlers Beitrag für die Diskussion Architektur und Städtebau im Präsidialrat des Deutschen Kulturbundes, Denkmalpflege im Städtebau, 19.08.1968. Die Wartburg verzeichnete im Jahr des Reformationsjubiläums 2017 einen neuen Besucherrekord mit 459000 Besuchern, vgl. Thüringer Allgemeine, 01.01.2018, https://www.thueringer-allgemeine.de/web/zgt/leben/detail/-/specific/Wartburg-in-Eisenach-feiert-Rekord-459-000-Besucher-zum-Reformationsjubilaeum-1957132640 (letzter Abruf: 05.10.2021). In den Jahren zuvor kamen durchschnittlich 350000 Gäste, vgl. die Aufstellung über Besucherzahlen in Thüringer Museen des Museumsverbandes Thüringen e. V., http://www.museumsverband-thueringen.de/fileadmin/museumsverband/dokumente/Jahres-PK_2017/MVT_JPK_Besucherzahlen_Th_Museen_2002-2016.pdf (letzter Abruf: 20.08.2018).
44 BArch, DY 27/7883, Bänninger, Aktennotiz über die Besprechung im Ministerium für Kultur zu Fragen der Denkmalpflege, S. 7, 05.07.1966.
45 BLDAM Wünsdorf, M 54, Kollegiums-Vorlage Nr. 58/66, Bildung einer Arbeitsgruppe zur Ausarbeitung von gesetzlichen und organisatorischen Regelungen für die Erhaltung und Nutzung wertvoller Baudenkmale insbesondere denkmalwerter historischer Stadt- und Dorfkerne, S. 4, 27.10.1966.
46 BArch, DY 27/8262, Neuordnung, S. 4, 01.08.1968.

2.3. Instrumente der Denkmalpflege: Popularisierung, Erforschung und Interpretation

§ 1 Abs. 1 S. 2 DPG enthielt eine Definition von »Denkmalpflege«.[47] Neben den heute noch üblichen Instrumenten der Denkmalpflege, der Konservierung und Restaurierung nach wissenschaftlichen Methoden sowie der Erforschung, Erfassung und dem Schutz, wurden auch Interpretation und Popularisierung der Denkmale als Instrumente der Denkmalpflege genannt. Popularisierung der Denkmale sollte auf verschiedene Weise erreicht werden. Einerseits indem verschiedene gesellschaftliche Organisationen an der Verwirklichung der Ziele der Denkmalpflege mitarbeiten sollten (vgl. § 2 S. 2 DPG), andererseits indem ehrenamtliche Helfer, sogenannte Beauftragte für Denkmalpflege, an der Verwaltung und Pflege der Denkmale beteiligt wurden.[48]

Die ehrenamtlichen Denkmalpfleger wurden seit Ende des Zweiten Weltkrieges auf vielfältige Weise in das denkmalpflegerische Geschehen eingebunden. Zu Beginn enttrümmerten sie die Städte und schon bald bildeten sich spezielle Gruppen von handwerklich begabten Menschen, die sich für bestimmte Bauwerke und deren Erhalt einsetzten. Sie leisteten Arbeitsstunden beim Wiederaufbau oder bei allgemeinen denkmalpflegerischen Arbeiten. Viele Ehrenamtliche waren sowohl in der Boden- als auch in der Baudenkmalpflege tätig. Sie organisierten sich in freien Gruppen oder waren beim Kulturbund, beim Bund der Architekten oder bei der Kammer der Technik angegliedert.

In vielen Kreisen oblag es den ehrenamtlichen Denkmalpflegern, Denkmallisten aufzustellen. Sie arbeiteten mit der jeweiligen Arbeitsstelle des Instituts für Denkmalpflege zusammen, durch das sie auch laufend geschult wurden. Die Verfügung über die Aufgaben und Verantwortung von ehrenamtlichen »Beauftragten für Denkmalpflege«[49] regelte, dass die Beauftragten zunächst für fünf Jahre berufen wurden. Sie hatten umfassende Rechte.[50] Sie berieten die Rechtsträger,

---

47 § 1 (1) »Ziel der Denkmalpflege ist es, die Denkmale in der Deutschen Demokratischen Republik zu erhalten und so zu erschließen, dass sie der Entwicklung des sozialistischen Bewusstseins, der ästhetischen und technischen Bildung sowie der ethischen Erziehung dienen. Das erfordert die Erforschung, Interpretation und Popularisierung der Denkmale, ihre Erfassung und ihren Schutz, ihre planmäßige Konservierung und Restaurierung nach wissenschaftlichen Methoden.«
48 § 2: »Für die Denkmalpflege sind die zentralen Staatsorgane sowie die örtlichen Volksvertretungen mit ihren Räten verantwortlich. Sie lösen diese Aufgabe unter Einbeziehung der Bevölkerung mit den wirtschaftsleitenden Organen, den Betrieben und Einrichtungen, der Nationalen Front der DDR, den gesellschaftlichen Organisationen, insbesondere dem Freien Deutschen Gewerkschaftsbund, der Freien Deutschen Jugend, dem Kulturbund der DDR, dem Bund der Architekten der DDR und dem Verband Bildender Künstler der DDR und der Kammer der Technik; […]«; zu den Ehrenamtlichen in der Denkmalpflege der DDR am Beispiel Dresdens: Helas: Gegen den Verfall, 2022.
49 VuM des MfK, Nr. 7, 17.09.1976, abgedruckt bei Fischer: Rechtsgrundlagen der Denkmalpflege, 1986, Anhang, S. 42.
50 § 5 und § 6 der VuM des MfK, Nr. 7, 17.09.1976.

Eigentümer oder Verfügungsberechtigten und holten von ihnen Informationen zum Denkmal ein, das sie auch betreten durften. Durch das Institut für Denkmalpflege konnten den Beauftragten »bestimmte Aufgaben der fachlichen Begutachtung und denkmalpflegerischen Anleitung an Denkmalen von regionaler Bedeutung«, also von solchen, die auf der Kreisliste verzeichnet waren, übertragen werden. Die ehrenamtlichen Beauftragten waren wichtige Arbeitskräfte für die Denkmalpflege in der DDR und Multiplikatoren für denkmalpflegerische Erfolge. Sie übernahmen eine wichtige Rolle, indem sie sich für das baukulturelle Erbe der DDR einsetzten. Zur Würdigung ihrer besonderen Leistung, konnten sie durch die Räte der Kreise »materielle und finanzielle Anerkennungen und Auszeichnungen« bekommen.[51]

Doch die Popularisierung äußerte sich nicht nur darin, dass sämtliche Bürger zur aktiven Mitarbeit aufgerufen waren. Sie äußerte sich auch in umfassender Information in verschiedenen Formaten: Mitte der 1980er-Jahre veröffentlichte der Verlag für Lehrmittel Pößneck ein Quartett-Kartenspiel für Kinder ab zehn Jahren zu technischen Denkmalen in der DDR. Der Spieler lernte so insgesamt 32 technische Denkmale aus den Kategorien Erzbergbau, Wasserversorgung, Mühlen, Metallurgie, Baustoffindustrie, Verkehrswesen, Energiewirtschaft und Maschinenbau kennen. Auf der ersten Spielkarte fand sich eine Einleitung zum Thema. Der Spieler liest dort: »Die Geschichte eines Volkes ist unlösbar verbunden mit seiner Nationalkultur.« Im vierten Satz hieß es: »Ein spezielles Denkmalpflegegesetz bildet die Grundlage für die Pflege und den Erhalt dieser Objekte. Denkmalschutz kann nicht allein durch Verordnungen und materielle Zuwendungen geregelt werden.«

Ziel der Popularisierung war es, die Denkmale mit dem Alltag der Bürger zu verknüpfen. Je mehr sich von ihnen für Denkmale engagierten, desto höher würde die Akzeptanz für den Erhalt der historischen Bausubstanz. Je mehr Denkmale erhalten würden, desto identitätsstiftender könne die Umwelt sein, umso mehr steige auch die Liebe zum Heimatland. Dieser Gedanke wurde bereits in § 1 Abs. 1 S. 1 DPG festgehalten, die Popularisierung war Instrument dafür, das ausgegebene Ziel der Bewusstseinsbildung der Bürger zu erreichen. Gleichzeitig wäre die Denkmalpflege in der DDR ohne die Mitwirkung der Bürger nicht denkbar gewesen. Diejenigen, die sich ehrenamtlich für Denkmale einsetzten, taten dies allerdings weniger vor dem Hintergrund »sozialistischer Bewusstseinsbildung«, sondern weil sie sich für ihre Stadt oder ihr Dorf einsetzen wollten, sich davon Gemeinschaft oder sonstige Vorteile versprachen.

---

51 § 8 der VuM des MfK, Nr. 7, 17.09.1976.

3. Das Institut für Denkmalpflege als zentrale wissenschaftliche Einrichtung

Die zentrale wissenschaftliche Einrichtung für Denkmalpflege in der DDR war das Institut für Denkmalpflege.[52] Es trug die Verantwortung für die fachwissenschaftliche Anleitung in Fragen der Erfassung, der Klassifizierung, des Schutzes und der Pflege der Denkmale. Den örtlichen Räten sollte es Gutachten und Stellungnahmen zu vorgesehenen denkmalpflegerischen Maßnahmen anfertigen. Zur Bindungswirkung dieser Gutachten enthielten Gesetz und Durchführungsbestimmung keinerlei Vorgaben. Darüber, inwieweit sich die örtlichen Organe den Empfehlungen des IfD anschließen müssten, wurde bereits bei den Arbeiten an der Verordnung von 1961 gestritten.

Der damals vorgeschlagene § 9 sah 1960 noch vor, dass die örtlichen Organe »verpflichtet« seien, die fachwissenschaftliche Stellungnahme des IfD »einzuholen und zu berücksichtigen«.[53] Der stellvertretende Vorsitzende der staatlichen Plankommission bei der Regierung (später Ministerrat), Anton Ackermann, meinte, er könne sich nicht damit einverstanden erklären, dass

»die fachwissenschaftlichen Stellungnahmen des Instituts für Denkmalpflege von den örtlichen Räten unbedingt berücksichtigt werden müssen. Damit würde die Verantwortung der örtlichen Räte (§ 8) erheblich eingeschränkt werden. Ich gebe zu bedenken, daß die in Fragen des Schutzes, der Pflege oder der Veränderung von Denkmalen notwendig werdenden Entscheidungen oft von bestimmten politischen Gründen getragen sein werden und fachwissenschaftliche Gesichtspunkte unberücksichtigt bleiben müssen [...].«[54]

Der stellvertretende Kulturminister Pischner gab diese Bedenken sogleich an den Justiziar Münzer weiter. Dieser formulierte die Vorschrift in eine Soll-Vorschrift um: Die örtlichen staatlichen Organe »sollen« zur Vorbereitung die Gutachten des IfD einholen. Doch anscheinend ging das den politisch Verantwortlichen immer noch nicht weit genug. Die Einwirkungsmöglichkeiten des IfD sollten ausdrücklicher und weitreichender begrenzt werden. Deiters schaltete sich wenige Tage später mit einem Brief an Münzer und einem konkreten Formulierungsvorschlag ein. Ihm sei nach einer Besprechung im MfK und der Deutschen Bauakademie, in der es um »die Begutachtung von Fragen des Denkmalschutzes [...] bei der

---

52 § 7 (4): »Als zentrale wissenschaftliche Einrichtung für die Vorbereitung und Anleitung bei der Erfassung, dem Schutz, der Pflege und der Erschließung der Denkmale ist dem Minister für Kultur das Institut für Denkmalpflege unterstellt. Er regelt Aufgaben und Tätigkeit des Instituts.«
53 BArch, DR 1/8031, Blatt 25, 12. Entwurf zur Denkmalschutzverordnung, Juli 1960.
54 BArch, DR 1/8031, Blatt 11, Ackermann an Pischner, 14.09.1960.

sozialistischen Umgestaltung der Städte, Dörfer und der Landschaft« ging, »eine Schwäche des § 9« aufgefallen. Deiters schrieb, es sei

»in jedem Falle schwierig, durch Ausdrücke wie »verpflichten« oder »sollen«, »einzuholen« und »zu berücksichtigen« das wirkliche Verhältnis zwischen den verantwortlichen Staatlichen [sic] Organen und dem Institut für Denkmalpflege auszudrücken. Da die staatlichen Organe über die Denkmale zu entscheiden haben [...] müssen sie die Möglichkeit haben, sich der fachwissenschaftlichen Betreuung der Denkmale durch das Institut zu versichern.«[55]

Wahrscheinlich hatte das Ministerium für Bauwesen Druck ausgeübt, die Formulierung zugunsten der örtlichen Organe zu verändern. Die endgültige Fassung der Verordnung von 1961 sah den geplanten Passus nicht mehr vor. § 9 der VO-61 verwies lediglich auf die Stellung des IfD als Einrichtung des MfK. Näheres zu den Aufgaben des IfD regelte auch schon 1961 ein Statut.[56]

Anknüpfend an die Norm aus der Verordnung von 1961 wurde das Institut für Denkmalpflege im DPG ebenfalls nur knapp angesprochen. § 7 Abs. 4 DPG wies darauf hin, dass das IfD dem Minister für Kultur direkt unterstellt war. Eine Durchführungsbestimmung sowie ein Statut, beide aus dem Jahr 1976, regelten seine Aufgaben detaillierter.[57] Das Statut formulierte folgende Aufgaben:[58] Die örtlichen Räte sowie alle Verfügungsberechtigten sollten durch das IfD beraten und unterstützt werden, um ihre Aufgaben und Pflichten gegenüber den Denkmalen zu erfüllen; das IfD sollte den Denkmalbestand erforschen und den wissenschaftlichen Nachweis dazu führen; das IfD sollte die zentrale Denkmalliste führen und den zentralen Denkmalpflegefonds verwalten; Entwicklungs- und Forschungsarbeit zur Theorie, Methodik und Technologie der Denkmalpflege sollte geleistet werden; denkmalpflegerische Maßnahmen sollten vorbereitet, angeleitet und dokumentiert werden; das IfD sollte denkmalpflegerische Spezialkapazitäten aufbauen und fachlich unterweisen sowie die Ausbildung der Nachwuchsfachkräfte unterstützen und haupt- wie ehrenamtliche Mitarbeiter in der Denkmalpflege weiterbilden. Hinzu kamen kulturpolitische Aufgaben: Ziele und Methoden der sozialistischen Denkmalpflege sollten durch das IfD verbreitet werden. Gleichzeitig sollte das IfD als Sekretariat des Rates für Denkmalpflege beim MfK fungieren und die internationale Zusammenarbeit auf dem Gebiet der Denkmalpflege, insbesondere mit der UdSSR und den sozialistischen Ländern, aber auch mit ICOMOS, fördern.

---

55 BArch, DR 1/8031, Blatt 5, Deiters an Münzer, 10.11.1960.
56 GBl. II 1961, Nr. 72, S. 477.
57 § 1 und § 2 der Durchführungsbestimmung zum DPG, 24.09.1976, GBl. I, Nr. 41, S. 489; Statut des Instituts für Denkmalpflege, VuM des MfK, Nr. 7, 17.09.1976.
58 § 2 Statut des Instituts für Denkmalpflege, VuM des MfK, Nr. 7, 17.09.1976.

Als das Denkmalpflegegesetz erlassen wurde, bestand das IfD aus einer zentralen Leitung in Berlin mit Fachabteilungen sowie aus Arbeitsstellen mit regionalen Zuständigkeitsbereichen, die sich an den vormaligen Landesämtern für Denkmalpflege orientierten. Die ab 1963 etablierte Struktur bestand ohne größere Veränderungen bis 1989. Die Arbeitsstellen befanden sich in Dresden, Schwerin, Halle, Erfurt und Berlin.[59] Sie wurden jeweils von Chefkonservatoren, das IfD insgesamt vom Generalkonservator geleitet. Die Anzahl der Arbeitsstellen und auch die Standorte waren weder im Gesetz noch im Statut über das IfD festgelegt. Seit 1972 gab es eine beim IfD angesiedelte Restaurierungswerkstatt, in der auf Denkmalpflege spezialisierte Handwerker arbeiteten. 1977 kam die Fachabteilung Geschichtsdenkmale hinzu.

Nach langem Hin und Her im Laufe der Genese des Gesetzes in den Jahren 1968 und 1969, in denen überlegt wurde, wie das IfD finanziert werden könnte und ob es Haushaltsorganisation werden oder nach der wirtschaftlichen Rechnungsführung arbeiten sollte,[60] wurde im Statut schließlich festgelegt, dass das IfD sich aus Haushaltsmitteln finanziere, die vom Ministerium für Kultur bereitgestellt würden. Hinzu kamen Einnahmen aus der Publikationstätigkeit der IfD-Mitarbeiter sowie aus Arbeitsleistungen, denn obwohl das Institut im staatlichen Auftrag handelte, konnten über einzelne Leistungen seiner Mitarbeiter (etwa aus der Restaurierungswerkstatt) separate Verträge abgeschlossen werden.[61]

Nach der letztendlichen Konzeption handelte es sich beim IfD (lediglich) um eine Einrichtung zur fachwissenschaftlichen Beratung. Es hatte keine politischen Entscheidungskompetenzen. Seine Gutachten entfalteten keine Bindungswirkung.

4. Erfassung und Klassifizierung in Denkmallisten

»§ 5 (1) Denkmale werden klassifiziert und einheitlich gekennzeichnet. Sie werden entsprechend ihrer Bedeutung auf der zentralen Denkmalliste, der Bezirksdenkmalliste oder der Kreisdenkmalliste erfasst.«

»§ 7 (2) Der Minister für Kultur stellt die zentrale Denkmalliste auf und ist für den Schutz, die Pflege und die Erschließung der auf ihr verzeichneten Denkmale verantwortlich. Er gewährleistet in Zusammenarbeit mit den örtlichen Räten die Durchführung der erforderlichen denkmalpflegerischen Arbeiten.«

---

59 Nach der friedlichen Revolution berichteten die jeweiligen Chefkonservatoren der Arbeitsstellen in der Zeitschrift *Deutsche Kunst und Denkmalpflege* über ihre Arbeiten: Glaser/Schoder u. a.: Berichte der ehemaligen Arbeitsstellen des Instituts für Denkmalpflege der DDR, 1991.
60 Siehe S. 63, S. 98.
61 Fischer: Rechtsgrundlagen der Denkmalpflege, 1986, S. 28.

»§ 6 S. 3: Er [der Ministerrat] bestätigt die zentrale Denkmalliste.«

»§ 8 (2) Die Räte der Bezirke beschließen nach vorheriger Zustimmung des Ministers für Kultur über die Aufnahme von Denkmalen in die Bezirksdenkmalliste.«

»§ 8 (3) Die Räte der Bezirke sind für den Schutz, die Pflege und die Erschließung der in der Bezirksdenkmalliste erfassten Denkmale verantwortlich. Sie gewährleisten in Zusammenarbeit mit den Räten der Kreise die Durchführung der erforderlichen denkmalpflegerischen Arbeiten unter fachwissenschaftlicher Anleitung.«

»§ 9 (1) Die Räte der Kreise erfassen alle Denkmale, sichern die materiellen Voraussetzungen für denkmalpflegerische Maßnahmen und beziehen die Denkmale in die Entwicklung ihres Territoriums ein.«

»§ 9 (2) Die Räte der Kreise beschließen nach vorheriger Zustimmung des Rates des Bezirkes über die Aufnahme von Denkmalen in die Kreisdenkmalliste unter Berücksichtigung der Denkmale der zentralen Denkmalliste und der Bezirksdenkmalliste. Die Entscheidung ist unter Einbeziehung der Rechtsträger, Eigentümer oder Verfügungsberechtigten vorzubereiten.«

Die Erfassung der Denkmale in der DDR erfolgte auf Denkmallisten. Die Listen sind heute eine wichtige historische Quelle. Sie zeigen, wie der rechtliche Denkmalbegriff in der Praxis ausgelegt wurde.

Eine Besonderheit der DDR-Denkmalpflege war die Einteilung des Denkmalbestandes in drei Klassen. § 5 Abs. 1 DPG regelte, dass Denkmale bei regionaler Bedeutung auf den vom Kreis geführten Kreisdenkmallisten, bei nationaler Bedeutung auf den vom Bezirk geführten Bezirksdenkmallisten oder bei herausragender nationaler und internationaler Bedeutung auf der zentralen Denkmalliste verzeichnet wurden. Die Umschreibung der Bedeutungen (regional, national, international) fand sich nicht im Gesetz, sondern wurde in den Überschriften zu den Denkmallisten verwendet und etablierte sich damit in der Praxis.

Wichtig ist, mit der Legaldefinition des § 5 Abs. 1 DPG, von »Klassifizierung« zu sprechen, sofern die Zuordnung zu den drei unterschiedlichen Listenebenen gemeint ist und nicht etwa von »Kategorisierung«. Denkmal(wert)kategorien gab es auch im Denkmalpflegegesetz und auch in heutigen Gesetzen. Damit sind allerdings die unterschiedlichen Werte, Gründe oder Bedeutungen, etwa künstlerisch, geschichtlich oder wissenschaftlich, gemeint.[62]

---

62 Dieser Terminologie folgt Davydov, Dimitrij: Teil C II Denkmalbegriff – gesetzliche Voraussetzungen, in: Dieter Martin/Michael Krautzberger (Hg.): Handbuch Denkmalschutz und Denkmalpflege. Recht, fachliche Grundsätze, Verfahren, Finanzierung, München 2017, Rn. 27. Der Titel eines Beitrages des ehemaligen Generalkonservators Peter Goralczyk aus dem Jahr 2005, in dem er der

Die Klassifizierung wird heute kritisch gesehen. Befürchtet wird, dass lediglich den Objekten der höchsten Klasse Mittel und Aufmerksamkeit zugewendet werden und dadurch die Denkmale der anderen, als niedriger empfundenen Klassen weniger gepflegt würden. Gleich nach der friedlichen Revolution galt insbesondere die Klassifizierung als sozialistisches Relikt, das im neuen System wie ein Fremdkörper wirkte. Sie wurde beispielsweise in der Gesetzesbegründung zum thüringischen Denkmalschutzgesetz harsch kritisiert:

»Im Besonderen entspricht die Auflistung der Kulturdenkmale in nationale, Bezirks- und Kreislisten nicht mehr den Gegebenheiten des demokratischen föderativen Staatsaufbaus Thüringens. Sie entbehrt außerdem der denkmalfachlich-wissenschaftlichen Berechtigung. Angesichts des großen Bestandes an Baudenkmalen, archäologischen und paläontologischen Denkmalen in Thüringen ist die Auswahl der Listen lückenhaft und von sachfremden Vorgaben geprägt.«[63]

2005 berichtete Peter Goralczyk, der letzte Generalkonservator der DDR, mit einigem zeitlichen Abstand zur friedlichen Revolution, wie sich diese Klassifizierung auswirkte. Die Einteilung der Denkmale in das dreistufige Listensystem habe die Arbeit der Denkmalpfleger »tatsächlich nicht wirklich behindert«, so Goralczyk, eine »langfristige, kontinuierliche Steigerung von Erhaltungsarbeiten an den Denkmalen«, die man sich von der Einteilung versprach, sei umgekehrt allerdings auch nicht eingetreten. Maßgeblich für die Durchführung oder Unterlassung von Erhaltungsmaßnahmen an Objekten waren »andere Gründe« und nicht etwa die Zuordnung zu den Listen. Durch die aufgestellten Listen sollte vor allem die Verantwortung der drei Ebenen klarer benannt werden können.[64]

Dies wirkte sich insbesondere auf die Finanzierung der denkmalpflegerischen Maßnahmen aus: Beim Ministerium für Kultur war der zentrale Denkmalfonds angesiedelt. Aus ihm speisten sich die Mittel für die Instandhaltungsmaßnahmen an Objekten der zentralen Liste. Für die Denkmale der Bezirks- oder Kreislisten standen Mittel aus Fonds zur Verfügung, die beim jeweiligen Bezirk oder Kreis angesiedelt waren.[65] Die zentrale Liste wurde aufgrund des Denkmalpflegegesetzes im Jahr 1979 verabschiedet und umfasste 399 Positionen; auf den Kreis- und Bezirksdenkmallisten befanden sich nach Schätzungen rund 48 000 Objekte.[66]

Listen können, auch heute noch, auf zwei Arten wirken. Sie können einerseits ein reines Verwaltungsinstrument sein. Sie enthalten dann zwar den Denkmal-

---

Frage nachgeht, ob »Kategorisierung die Denkmalpflege« behindert, ist sprachlich daher ungenau; Goralczyk, Peter: Behindert Kategorisierung die Denkmalpflege?, in: kunsttexte (2005), S. 1–7.
63 LT-Drs. TH 1/824, S. 1.
64 Goralczyk: Behindert Kategorisierung die Denkmalpflege?, 2005, S. 1.
65 Genaueres zur Finanzierung regelte § 7 V i. V. m. § 11 II, siehe S. 215.
66 Wokalek: DDR-Denkmalpflege, 1984, S. 8; Fischer: Rechtsgrundlagen der Denkmalpflege, 1986, S. 39.

bestand, sind allerdings nur für interne Verwaltungszwecke da. Ein Objekt ist dann ein Denkmal, wenn es die Voraussetzungen des Gesetzes erfüllt. Die Listen sind in diesem Fall rein deklaratorisch. Meist im Konfliktfall wird der Denkmaleigentümer über die Denkmaleigenschaft seines Objektes von der zuständigen Behörde benachrichtigt. Daher wird dieses System auch als »nachrichtliches System« bezeichnet.

Im anderen Fall entfalten die Listen eine Rechtswirkung. Nur ein Objekt, das auf einer Liste eingetragen ist, unterfällt dem staatlichen Denkmalschutz. Der Eintrag begründet – konstituiert – den Denkmalschutz. Die Denkmallisten sind also konstitutiv,[67] weshalb dieses System als »konstitutives System« bezeichnet wird.

Im Laufe der Zeit wandelte sich das System der Denkmallisten in der DDR vom konstitutiven zum deklaratorischen und ab dem Denkmalpflegegesetz wieder zum konstitutiven System zurück.

4.1. Verordnung von 1952

Nach der Verordnung von 1952 galt formaljuristisch nach § 7 das konstitutive Listensystem. Allerdings wurden die zur Listenführung befugten Landesämter für Denkmalpflege mit der Verwaltungsreform 1952 aufgelöst. In den Wirren um die Neukonzeption der Denkmalverwaltung in den 1950er-Jahren wurde die Listenführung daher nicht konsequent verfolgt. Von wahrscheinlich wenigen erstellten Listen sind fast keine überliefert.

4.1.1 Vorbild: Sächs.HSG und die Adressatenfrage

Wie auch andere Merkmale der Verordnung von 1952, entstammte die Praxis, eine Denkmalliste zu führen, dem Sächsischen Heimatschutzgesetz von 1934. Dort war in § 10 geregelt, dass bei der obersten Aufsichtsbehörde eine Landesdenkmalliste zu führen war, bei den Regierungsbezirken eine Liste, die auf die Denkmale in diesem Bezirk beschränkt war. Jedoch wurden in die Landesdenkmalliste nach dem Sächsischen Heimatschutzgesetz nur Sachen eingetragen, die im Eigentum von Personen des Privatrechts standen.[68] In den Ausführungsbestimmungen zu § 10 war vorgeschrieben, dass die Eintragungen von Privateigentum in die Denk-

---

67 Zur heutigen Praxis beider Systeme in den Ländern Davydov: Handbuch Denkmalschutz und Denkmalpflege, 2017, Rn. 75 ff.
68 § 9 (1) Sächs.HSG: »Als Kunst- und Kulturdenkmale gelten [...] e) Sachen, die Personen des Privatrechts gehören und in die Landesdenkmalliste (§ 10) eingetragen sind, solange nicht die Eintragung durch Ablauf der Beschwerdefrist Rechtskraft erlangt hat oder von der obersten Aufsichtsbehörde bestätigt worden ist.«
§ 10 (1): »Über Kunst- und Kulturdenkmale, die Personen des Privatrechts gehören, wird bei der obersten Aufsichtsbehörde eine Liste, Landesdenkmalliste, geführt, bei der Aufsichtsbehörde eine auf den Regierungsbezirk beschränkte Teilliste.«

malliste »zurückhaltend« ausgeführt werden sollten. Mit dem Eintrag in die Landesdenkmalliste würde Privateigentum erheblich gebunden, das öffentliche Interesse an der Erhaltung musste daher entsprechend hoch sein, um einen solchen Eingriff in das Privateigentum zu rechtfertigen. Das konnte nur bei wenigen, außergewöhnlichen Objekten der Fall sein. Das Gesetz sollte nicht als »lästige Fessel wirken, die Eintragung in die Landesdenkmalliste soll vielmehr als Ehrung der zu sichernden Sache empfunden werden«.[69] In den Denkmalschutzgesetzen der Länder wurde die Unterscheidung zwischen privatem und öffentlichem Eigentum unterschiedlich gehandhabt.[70]

Bei Objekten, die im Eigentum von Personen des öffentlichen Rechts standen, war eine Eintragung nach dem Sächsischen Heimatschutzgesetz nicht nötig: Sie galten schon nach dem Gesetz als Denkmale. Mit dieser Denkmalvermutung wurde versucht, die Rechtsschutzlücke zu schließen, die sich durch eine möglicherweise zweifelhafte Denkmaleigenschaft eines Objektes ergab. Die Denkmaleigenschaft konnte in einigen Fällen, etwa bei Bodenaltertümern, auf Antrag des Eigentümers widerlegt werden.[71] Grundsätzlich wurde das Sächsische Heimatschutzgesetz nicht auf Denkmale, die im Eigentum des Reiches, des Staates, der Universität Leipzig und der Kulturstiftung standen, angewandt (vgl. § 1 Abs. 3 Sächs.HSG). Die Ministerien, die damals Denkmale verwalteten, vertraten den Standpunkt, dass sie der Aufsicht, die das Heimatschutzgesetz auferlegte, nicht bedürften.[72] Insbesondere Bau- und Finanzbehörden wehrten sich häufiger gegen die Einbeziehung ihrer Objekte in Denkmalschutzgesetze.[73] Auch mit dem Hinweis auf »kulturpolitische Souveränität«[74] wurde öffentlich-rechtliches Eigentum

---

69 Jungmann: Kommentar Heimatschutzgesetz, 1934, S. 23; § 7 der Ausführungsverordnung zum Gesetz zum Schutze von Kunst-, Kultur- und Naturdenkmalen (Heimatschutzgesetz), GBl. S. 19.
70 In Hessen waren ebenfalls nur Baudenkmale in Privateigentum in eine Denkmalliste einzutragen; Speitkamp, Winfried: Die Verwaltung der Geschichte. Denkmalpflege und Staat in Deutschland 1871–1933, Göttingen 1996, S. 325. Die Entwürfe zu einem preußischen Denkmalschutzgesetz nahmen die Denkmale im Eigentum von juristischen Personen des öffentlichen Rechts nicht aus. Vielmehr unterlagen sie umfangreichen Anzeigepflichten, wenn sie Veränderungen an ihren Denkmalen vornehmen wollten; vgl. Mieth: Denkmalrecht in Preußen 1701–1947, 2005, S. 133. Die Gesetzesentwürfe beschränkten sich fast ausschließlich auf öffentliches Eigentum wegen des Widerstandes, den die Eingriffe in Privateigentum hervorriefen; Mieth: Denkmalrecht in Preußen 1701–1947, 2005, S. 177.
71 § 9 (1): »Als Kunst- und Kulturdenkmale gelten a) Sachen, die in dem Werke »Beschreibende Darstellung der älteren Bau- und Kunstdenkmäler des Königreiches Sachsen« und in seiner Fortsetzung »Die Kunstdenkmäler des Freistaates Sachsen« (Inventarisationswerk) aufgeführt sind, soweit sie Personen des öffentlichen Rechts gehören; b) alle beweglichen Sachen, die Personen des öffentlichen Rechts gehören und in Kirchen, Museen, Sammlungen verwahrt werden; c) Burgwälle und Hügelgräber, zu a) bis c) solange nicht festgestellt ist, daß die Sache kein Denkmal im Sinne von § 1 ist; d) bewegliche Bodenaltertümer, die bei Grabungen (§§ 11, 12) gefunden werden, solange nicht der Landespfleger für Bodenaltertümer festgestellt hat, daß die Sachen keine Denkmale im Sinne von § 1 sind; [...].«
72 Jungmann: Kommentar Heimatschutzgesetz, 1934, S. 44.
73 Speitkamp: Verwaltung der Geschichte, 1996, S. 326.
74 Ebd.

in Denkmalschutzgesetzen ausgeklammert: Der Staat behandele seine ihm unterstehenden Objekte ohnehin sorgsam. Das hessische Innenministerium argumentierte 1903, dass die Ausnahmeregelung im hessischen Denkmalschutzgesetz für öffentlich-rechtliches Eigentum sogar nur für hessische Behörden gelte; Objekte, die im Eigentum des Reiches standen, sich aber in Hessen befanden, seien trotzdem vom Denkmalschutzgesetz umfasst und unterlägen der Aufsicht der hessischen Denkmalschutzbehörden.[75]

Dass bei der Eintragung in Denkmallisten also zwischen den Eigentümern (privat oder öffentlich-rechtlich) unterschieden wurde, war historisch bedingt. Als die neue Rechtsgrundlage für die Denkmalpflege in der DDR nach dem Zweiten Weltkrieg erarbeitet wurde, dachte man auch darüber nach, diese Unterscheidung fortzuführen. Im zweiten Entwurf für ein Gesetz zum Schutz von Denkmalen der Kultur und Natur vom Oktober 1947 wurde in § 9 vorgeschlagen, dass sich der gesetzliche Denkmalschutz sowohl auf Objekte erstrecken solle, die im »Eigentum öffentlicher Rechtsträger« stehen, als auch auf solche im »Eigentum von Privatpersonen«.[76] Hinzu kam, dass Objekte in Privateigentum nur dann den besonderen Schutz des Landes genießen sollten, wenn sie »in die unter § 10 genannten Verzeichnisse der Denkmale eingetragen sind«. In den Gesetzentwurf floss also das aus dem Sächsischen Heimatschutzgesetz bekannte System, wonach die Eintragung von Denkmalen in Privateigentum konstitutiv für deren Schutz war, wohingegen die Objekte in öffentlich-rechtlichem Eigentum keiner Eintragung bedurften, ein. Anders war im Entwurf von 1947, dass das Gesetz grundsätzlich auch auf Denkmale im öffentlichen Eigentum angewandt werden konnte. Allerdings gab es zu diesem Grundsatz sogleich eine Ausnahme: § 20 des Gesetzentwurfes von 1947 legte fest, dass Teile des Gesetzes nicht auf Denkmale im Eigentum des Landes Anwendung finden sollten. Es handelte sich insbesondere um Vorschriften, bei denen die Genehmigung des Denkmalamtes eingeholt werden sollte. In einem solchen Fall hätte also »der Staat« in seiner Eigenschaft als Denkmaleigentümer eine Genehmigung »beim Staat« in seiner Eigenschaft als Denkmalbehörde einholen müssen. Mit Blick auf die von Speitkamp ausgemachte kulturpolitische Souveränität[77] lässt sich nachvollziehen, warum diese Regelungen keine Anwendung auf in staatlichem Eigentum befindliche Objekte finden sollten.

In einem zeitgenössischen Veränderungsvorschlag zum Gesetzentwurf (wohl vom sächsischen Landesamt für Denkmalpflege) wurde jener § 20 kritisiert. Es habe sich immer wieder gezeigt,

---

75 Ebd.
76 2. Entwurf Gesetz zum Schutz von Denkmalen der Kultur und Natur vom 30.10.1947, abgedruckt bei Brandt: Geschichte der Denkmalpflege in der SBZ/DDR, 2003, S. 292, »Dokument 3« im Anhang.
77 Speitkamp: Verwaltung der Geschichte, 1996, S. 326.

»daß staatliche Baustellen an ortsfesten Baudenkmalen Veränderungen oder sonstige Eingriffe vorgenommen haben, die der Kritik einer späteren Zeit nicht standhalten. Der staatliche Kulturdenkmalbesitz ist zweifellos durch das Gesetz in gleichem Maße zu erfassen wie der nichtstaatliche«.[78]

In die endgültige Fassung der Verordnung von 1952 wurde die Unterscheidung nach Eigentümern nicht übernommen. Nun war allerdings unklar, ob auch diejenigen Objekte, die in öffentlichem Eigentum standen, eingetragen werden mussten. Da die Verordnung keine entgegenstehenden Regelungen traf, ist davon auszugehen, dass sämtliche Objekte, unabhängig vom Eigentümer, in die Listen eingetragen werden mussten, um Schutzstatus zu erhalten.

4.1.2 Mängel des konstitutiven Listensystems in den 1950er-Jahren
Die Aufstellung der Listen wurde in § 7 VO-52 kodifiziert:

»§ 7 VO-52 (1) Die bedeutenden Denkmale werden durch die Landesämter für Denkmalpflege in die Denkmalsliste des Landes eingetragen. Durch die Eintragung werden die Denkmale unter Schutz gestellt. Die Eigentümer der Denkmale und sonst daran berechtigte Personen sind von der Eintragung schriftlich zu verständigen.«

So eindeutig, wie das konstitutive System heute aus dieser Vorschrift hervorgeht, scheint es in der zeitgenössischen Praxis nicht gesehen worden zu sein. Selbst unter Denkmalpflegern war die Auslegung umstritten. Ohle beklagte, aus § 7 VO-52 werde oft »herausgelesen, daß ein Objekt erst durch erfolgte Eintragung in die Liste und die danach zu erfolgende schriftliche Benachrichtigung des Eigentümers die Eigenschaft eines Denkmals bekäme«. Seiner Ansicht nach ergebe sich die Denkmaleigenschaft bereits aus § 1 VO-52. Das Institut würde schließlich auch nicht »unter Denkmalschutz stellen«, sondern gegebenenfalls feststellen, ob ein Objekt »auf Grund seiner Eigenschaften ein Denkmal ist«.[79] Ohle verwies auf den immensen Verwaltungsaufwand, den es verursachen würde, sollten die Listen erstellt werden. Ohles Ansicht war eine denkmalfreundliche. Wenn ein Objekt auch ohne Eintragung Schutz genießt, so sind potenziell mehr Objekte geschützt, als wenn ein Listeneintrag Voraussetzung für den Schutz ist. Allerdings ist der Wortlaut des § 7 VO-52 in Verbindung mit der historischen Herleitung eindeutig: Nach der Verordnung von 1952 war die Eintragung konstitutiv für den Schutz. Durch die verwaltungsorganisatorische Neuordnung in der Denkmalpflege dürfte

---

78 2. Entwurf Gesetz zum Schutz von Denkmalen der Kultur und Natur vom 30.10.1947, abgedruckt bei Brandt: Geschichte der Denkmalpflege in der SBZ/DDR, 2003, S. 292, »Dokument 3« im Anhang.
79 BArch, DR 1/8031, Blatt 164, Ohles Stellungnahme zu dem Vorschlag einer Durchführungsbestimmung zur Denkmalschutzverordnung, 02.12.1956.

es allerdings keine Ressourcen gegeben haben, Listen zu erstellen. Die Pflege von Denkmalen kann schließlich nicht davon abhängig gewesen sein, ob ein Objekt auf einer Denkmalliste stand. Die denkmalpflegerische Praxis fand auch in den Jahren verwaltungsorganisatorischer Neuordnung statt. Dieses Vorgehen brachte Rechtsunsicherheit mit sich, sodass § 7 VO-52 bei der Überarbeitung für eine neue Verordnung sogleich neukonzipiert wurde.

Die 1956 vom Justiziar Münzer erarbeitete Durchführungsbestimmung stellte, Ohles Argumentation zu § 7 VO-52 folgend, heraus, dass sich die Denkmaleigenschaft aus § 1 VO-52 ergebe. Das Institut für Denkmalpflege sollte in Zweifelsfällen die Denkmaleigenschaft feststellen. Diese Feststellung sollte dem Eigentümer in Form eines Bescheides mit Begründung zugehen. Der Eigentümer hätte sodann die Möglichkeit, sich gegen den Bescheid mit einer Beschwerde zu wenden.[80] Diesem Vorgehen lag ein Verwaltungsverfahren zugrunde, das dem Grunde nach auch heute in deklaratorischen Systemen praktiziert wird. Die Denkmalbegründung des Amtes ist ein Verwaltungsakt, gegen den der Betroffene im Wege der Anfechtungsklage vorgehen kann.

Größtmöglicher Schutz für die Denkmale konnte nur gewährleistet werden, wenn sie rechtssicher zu Denkmalen erklärt worden waren. Die große Anzahl potenzieller Denkmale und der damit einhergehende Verwaltungsaufwand, alle diese Objekte explizit zu Denkmalen zu erklären, war dabei allerdings ein Hemmnis. In einer vorläufigen Konzeption für die Neuordnung der Denkmalpflege aus der Abteilung Bildende Kunst und Museen, im September 1958 ausgearbeitet, wurde die Klassifizierung von Denkmalen vorgeschlagen, um die Unterschutzstellung von Objekten zu gewährleisten.[81] Vier Kategorien wurden unterschieden: Denkmale von internationaler und hervorragender nationaler Bedeutung, von bezirklicher Bedeutung, von Kreis- und schließlich von Ortsbedeutung. Auf der jeweiligen Ebene sollten die Objekte von Fachkommissionen ausgewählt werden. Die Finanzierung denkmalpflegerischer Maßnahmen sollte durch den Rechtsträger mit Unterstützung von auf der jeweiligen Verwaltungsebene angesiedelten Finanzmitteln gewährleistet werden. Die in dieser Form festgelegten Denkmale sollten »namentlich« in Listen einzutragen sein, wobei die Inventarisation dadurch nicht ersetzt würde. Mit diesem Vorschlag waren bereits die Grundzüge der fast 20 Jahre später im Denkmalpflegegesetz verankerten Grundsätze beschrieben.

Wahrscheinlich Ende 1958 wurde ein neuer Vorschlag für ein Verfahren gemacht. In ihm hieß es schließlich, das Ministerium für Kultur solle die »direkte Verantwortung für Kulturdenkmale von nationalem und internationalem Rang (zentrale Liste)« übernehmen. In diesem Zusammenhang wurde erstmals von

---

80 BArch, DR 1/8031, Blatt 188, Entwurf für die erste Durchführungsbestimmung, Fassung vom 04.12.1956.
81 BArch, DR 1/8039, Blatt 143–145, Vorläufige Konzeption für die Neuordnung der Denkmalpflege, 05.09.1958.

einer zentralen Denkmalliste gesprochen.[82] Die politischen Einflussmöglichkeiten anderer Ministerien auf diese zentrale Liste, die allein durch das Ministerium für Kultur aufgestellt werden sollte, waren allerdings für einige politische Funktionäre nicht weitreichend genug. Anfang des Jahres 1959 modifizierte die Arbeitsgruppe, bestehend aus Kröger, Achilles, Münzer, Schoder und Deiters, den Vorschlag erneut. Nun wurde festgelegt, dass die Kulturdenkmale von nationaler und internationaler Bedeutung in eine Liste »Nationaler Kulturdenkmale« eingetragen werden sollten. Veränderungen oder Streichungen von Objekten dieser Liste könnten nur auf Beschluss des Ministerrates erfolgen. Im Unterschied zur endgültigen Vorschrift fällt auf, dass in den Entwürfen lediglich von »internationaler Bedeutung« oder »internationalem Rang« gesprochen wurde, wohingegen in der Verordnung von 1961 schließlich vom »internationalem Kunstwert« die Rede war. Der Vorschlag für diese Formulierung ging auf Schubert, den Hallenser Konservator, zurück.[83] Dieser spät, erst im Laufe des Jahres 1961, eingeführte Kniff führte dazu, dass ausschließlich kunsthistorisch bedeutsame Objekte auf die Denkmalliste gesetzt wurden, mit Ausnahme der Nationalen Gedenkstätten zum Andenken an die Verbrechen des Nationalsozialismus in den ehemaligen Konzentrationslagern Buchenwald, Sachsenhausen und Ravensbrück sowie der Gedenkstätte für Klassische Literatur in Weimar. So erklärt sich die eindeutig klassisch-kunsthistorische Ausrichtung der endgültigen Liste von 1962, auf der vorrangig Kirchen und Schlösser verzeichnet waren.

4.2. Verordnung von 1961

Die neue Verordnung von 1961 folgte schließlich dem sogenannten deklaratorischen System. Der staatliche Schutz galt für alle Objekte, die die Voraussetzungen der Norm erfüllten, unabhängig von einer Registrierung, Kennzeichnung oder sonstigen Eintragung.[84] In § 1 der Durchführungsbestimmung zur VO-61 wurde ergänzt, dass ein Denkmal und seine Umgebung auch dann den staatlichen Schutz genießen, wenn sie noch nicht nach § 8 in die Denkmalkartei/-liste aufgenommen waren. Dies begründete das nachrichtliche System.

Trotzdem kam es mit der Verordnung von 1961 zur ersten Ausprägung des ab 1975 flächendeckend eingeführten Listensystems. Gemäß § 7 VO-61 »kann«

---

82 BArch, DR 1/8039, Blatt 125–142, 138, Die Aufgaben auf dem Gebiet der staatlichen Denkmalpflege, undat. (wahrscheinlich 1958).
83 BArch, DR 1/8042, Blatt 110, Münzer an Bentzien, 04.05.1961.
84 Münzer, Georg: Erläuterungen zur Verordnung über die Pflege und den Schutz der Denkmale, in: Institut für Denkmalpflege/Deutscher Kulturbund (Hg.): Denkmalpflege in unserer Zeit, Berlin 1962, unpag.

die Verantwortung für Pflege und Schutz der Denkmale von »besonderer nationaler Bedeutung und internationalem Kunstwert [...] nach Bestätigung durch den zuständigen Stellvertreter des Vorsitzenden des Ministerrates unmittelbar vom Ministerium für Kultur übernommen werden«.[85] Zur Wahrnehmung dieser Aufgaben musste eine Liste mit Denkmalen von solch besonderer nationaler Bedeutung und internationalem Kunstwert aufgestellt werden. In ihrer endgültigen Fassung stellte diese Liste mit 32 Positionen die erste zentrale Denkmalliste der DDR dar.[86]

4.2.1 Die Diskussion um die erste zentrale Denkmalliste von 1962

Ein früher, möglicherweise sogar erster Entwurf der zentralen Denkmalliste wurde Mitte des Jahres 1960 erstellt.[87] Er umfasste 89 Positionen und war damit im Vergleich zur endgültigen Fassung sehr umfangreich. In den sechs Kategorien Denkmalstädte, Stadtbaukünstlerische Ensembles, Denkmale der Landbaukunst, Einzelkunstwerke, Technische Denkmale und Historische Denkmale wurden, nach Bezirken geordnet, verschiedene Objekte und Bereiche als Denkmale vorgeschlagen. Bis auf die Klosterkirche Hamersleben waren alle Positionen der veröffentlichten Denkmalliste von 1962 bereits im ersten Entwurf enthalten.

Auffällig ist die breite Anlage der Liste: Sie enthielt Vorschläge zu jeder Denkmalgattung, sogar später nicht mehr relevante »Denkmale der Landbaukunst« wurden aufgenommen. Nur zwei der sechs in dieser Rubrik vorgeschlagenen Objekte wurden 1979 in die zentrale Denkmalliste aufgenommen.[88]

Die Nationalen Gedenkstätten wurden im ersten Entwurf unter »Historischen Denkmalen« aufgeführt und standen am Ende der Aufzählung. Sie rückten in der endgültigen Version der Liste von 1962 an den Beginn.

Bei den Einzelkunstwerken lag der Schwerpunkt auf kirchlichen Bauten. Von 42 Bauwerken in dieser Kategorie waren 28 Kirchen und Klosteranlagen; auch Burgen, Schlösser und Parkanlagen fanden sich hier. In der endgültigen Fassung der Liste von 1962 dominierten ebenfalls Kirchen und Schlösser. Sie wurden aufgenommen, weil es den Denkmalpflegern gelang, in der Verordnung als Voraussetzung neben dem besonderen nationalen Wert auch den »internationalen Kunstwert« zu verankern (vgl. § 7 S. 1 VO-61). Diese Voraussetzung führte umgekehrt dazu, dass beispielsweise technische Denkmale nicht erfasst werden konnten. Die Liste von 1962 wies folglich auch keine technischen Denkmale aus,

---

85 § 7 S. 1 VO-61: »Die Verantwortung für die Pflege und den Schutz der Denkmale von besonderer nationaler Bedeutung und internationalem Kunstwert kann nach Bestätigung durch den zuständigen Stellvertreter des Vorsitzenden des Ministerrates unmittelbar vom Ministerium für Kultur übernommen werden.«
86 VuM des MfK Nr. 2, Teil II lfd. Nr. 2, veröffentlicht in Münzer: Kulturrecht, 1963, S. 292–294.
87 BArch, DR 1/8031, Blatt 16–20, Erste Liste der Denkmale von überbezirklicher Bedeutung, 1960.
88 Lehde (Spreewalddorfanlage in Blockbauweise) und Raun (Blockbauhöfe mit Fachwerkgiebeln) werden 1960 vorgeschlagen und 1979 in die Zentrale Denkmalliste übernommen.

sondern enthielt vorrangig klassisch kunsthistorisch bedeutsame Denkmale. Unwidersprochen blieb die getroffene Auswahl mit dem Schwerpunkt auf kirchlichen Bauten und Schlössern freilich nicht.

Im Frühjahr 1961 monierte der Staatssekretär des Ministerrates, Jendretzky, es sei

> »auffällig, daß in dieser Liste die verschiedensten Klosterkirchen, Stiftskirchen, Reiterstandbilder usw. durch den Ministerrat zu Denkmalen von besonderer nationaler Bedeutung erklärt werden sollen, während solche Stätten, die für die deutsche Geschichte von besonderem historischem Wert sind, wie z. B. Tivoli in Gotha, Ziegenhals, Dimitroff-Museum u. a. unerwähnt bleiben. Auch solche Denkmale wie z. B. das älteste Hammerwerk Deutschlands in Frohnau Kreis Annaberg, sollten bei diesen Überlegungen in Betracht gezogen werden.«[89]

Tatsächlich waren sowohl der Tivoli in Gotha als auch das Frohnauer Hammerwerk im ersten Entwurf enthalten.[90] In späteren Versionen waren beide Positionen gestrichen. Kulturminister Bentzien antwortete Jendretzky, die vorgeschlagenen Klosterkirchen seien nicht wegen ihres früheren kirchlichen Charakters, sondern als bedeutendste Baudenkmale von internationalem Rang hervorgehoben worden. Ebenso das einzige »Reiterstandbild« der Liste, der weltberühmte »Magdeburger Reiter«. Die Liste sei darüber hinaus von der Kulturkommission beim Politbüro nicht beanstandet worden.[91]

Unter welchen Umständen die Klosterkirche von Hamersleben letztendlich 1962 aufgenommen wurde, ist unklar. Der Bezirk Magdeburg, in dem Hamersleben verortet war, war bereits mit dem Dom und dem Reiterstandbild »vertreten«. Es kann folglich nicht darum gegangen sein, dass jeder Bezirk mit mindestens einem Objekt vertreten war. Der Bezirk Suhl war weder im ersten Vorschlag noch in der letztendlichen Fassung mit einem Objekt vertreten.

4.2.2 Bezirksschwerpunktlisten und Kreiskarteien

Neben dieser frühen zentralen Liste gab es in den 1960er Jahren bereits einige Bezirke, in denen sogenannte Bezirksschwerpunktlisten geführt wurden.[92] Sie wurden vorrangig mit dem Bezirksfachausschuss beraten. In jenen Bezirken, in

---

89 BArch, DR 1/8042, Blatt 14, Jendretzky an Bentzien, 28.04.1961.
90 BArch, DR 1/8031, Blatt 16–20, Erste Liste der Denkmale von überbezirklicher Bedeutung, 1960. Das Tivoli in Gotha war eine Gaststätte, in der die Sozialistische Arbeiterpartei Deutschlands 1875 einen wegweisenden Parteitag abhielt; seit 1953 war das Haus Gedenkstätte. »Ziegenhals« ist eine 1953 eröffnete Ernst-Thälmann-Gedenkstätte im gleichnamigen Ortsteil, in der Thälmann 1933 eine programmatische Rede gehalten hatte. Das Dimitroff-Museum in Leipzig existierte von 1952 bis 1991 und war dem bulgarischen Kommunisten Georgi Dimitroff gewidmet.
91 BArch, DR 1/8042, Blatt 78 f., Bentzien an Jendretzky, 25.05.1961.
92 BArch, DY 27/7338, Bad Saarower Empfehlungen, 27.–30.11.1964.

denen es keinen Bezirksfachausschuss gab, übernahm der Zentrale Fachausschuss Bau- und Denkmalpflege (ZFA) des Kulturbundes die Beratung.[93]

Auf den 1963 bereits erstellten Listen befanden sich durchschnittlich nicht mehr als 50 Positionen. Das wäre auf insgesamt weniger als 700 Positionen auf den Listen aller Bezirke hinausgelaufen. Diese Listen bildeten damit keinen »Querschnitt durch den Denkmalbestand«, sondern lediglich eine »Feststellung etwa gleichwertiger Bau- und Kunstdenkmale, die über einem bestimmten Niveau« lägen, nämlich nationale Bedeutung hätten und sich damit an der zentralen Denkmalliste orientierten.[94] Der Umfang der Bezirkslisten veränderte sich im Laufe der 1960er-Jahre jedoch stark. Im August 1967 monierte das Ministerium der Finanzen die umfangreichen Denkmallisten, die bis dato in einigen Bezirken und Kreisen, vor allem durch ehrenamtliche Helfer, aufgestellt worden waren.[95] Im Bezirk Erfurt waren zu diesem Zeitpunkt 5010 Objekte, im Bezirk Magdeburg 2000 und in der Stadt Potsdam allein 3000 Objekte erfasst. Der Vertreter des Ministeriums der Finanzen kritisierte, dass häufig eine »Vielzahl gleichartiger Objekte« gelistet würde. Im Kreis Gotha etwa seien 341 Objekte, davon 72 Kirchen, als Denkmale erfasst.[96] Dabei wird nicht deutlich, ob die Erfassung in einer Kreisliste oder in einer Kreiskartei erfolgt ist.

Eine Kreisliste oder Kreiskartei sah die Verordnung von 1961 zur Erfassung von Denkmalen auf Kreisebene vor. Die in den jeweiligen Kreisen geführten Listen sollten die Bezirkslisten ergänzen. Sie seien als »Schwerpunktlisten« zu verstehen, wobei es sich nicht um kulturpolitische Schwerpunkte handelte, sondern um Dringlichkeiten. Deiters appellierte an die Helfer, dass bei der Aufstellung über das »Morgen Wünschenswerte nicht das Heute Nötige« vergessen werden dürfe.[97] Es seien daher »knappe, sehr knappe Kreislisten nötig, die nur die Denkmale enthalten, die wir vor allen anderen instand setzen wollen und in überschaubarer Zeit auch instand setzen können«.[98]

Zu Beginn der 1960er-Jahre waren die Listen also dazu gedacht, Objekte zu verzeichnen, die besonders dringlich instand gesetzt werden müssten. Insbesondere die Kreislisten dieser Jahre sind folglich als Listen zu verstehen, in denen nicht etwa der gesamte als erhaltenswert eingeschätzte Bestand eines Kreises ver-

---

93 BArch, DY 27/4305, Blatt 161, Wagenbreth an Fiedler, 25.11.1976.
94 BArch, DY 27/4421, Blatt 53, Referat Deiters' vor Kulturbundvertretern, geschrieben wohl 1963, gehalten am 05.09.1964.
95 Siehe S. 70.
96 BArch, DC 20/16058, Blatt 264, Feststellung zur Finanzierung der Denkmalpflege, Bericht der Staatlichen Finanzrevision, 16.08.1967. In der Denkmalliste des Kreises Gotha, die nach dem Denkmalpflegegesetz im Jahr 1979 verabschiedet wurde, waren 312 Positionen aufgeführt, darunter 74 Kirchen mit Ausstattungen.
97 BArch, DY 27/4421, Blatt 54, Referat Deiters' vor Kulturbundvertretern, geschrieben wohl 1963, gehalten am 05.09.1964.
98 Ebd.

zeichnet wurde, sondern lediglich die Objekte, die dringend denkmalpflegerischer Maßnahmen bedurften.

Doch auch diese von Deiters ausgegebene Leitlinie zur Erstellung von Listen wurde nicht flächendeckend angenommen und umgesetzt. Vielmehr setzten sich die ehrenamtlichen Helfer beim Aufstellen der Listen dafür ein, möglichst viele Objekte auf die Listen zu setzen. Nur so erklärt sich, warum allein im Kreis Gotha über 300 Objekte auf einer Kreisliste erfasst wurden.

Zur umfassenden Erfassung sah die Verordnung von 1961 eine andere Form vor: § 8 Abs. 3 i. V. m. § 4 DB VO-61 regelte, dass Denkmale in »Kreiskarteien« mit kurzen Angaben erfasst und ausführlich in wissenschaftlichen Inventaren beschrieben werden sollten.[99] Die Kartei sei eine »Arbeitskartei«, die den zuständigen Bauämtern zur Verfügung stehe.

4.3. Denkmalpflegegesetz von 1975

4.3.1 Verstetigte Klassifizierung

Mit dem Denkmalpflegegesetz wurde die Erfassung der Objekte auf dreistufig angelegten Listen verstetigt und institutionalisiert. Der Aufbau der Denkmalverwaltung war inzwischen konsolidiert. Damit waren die Voraussetzungen für eine Erfassung der Denkmale gegeben. § 9 Abs. 2 DPG legte fest, dass die Räte der Kreise die Aufnahme von Denkmalen in die Kreisdenkmalliste beschließen. Dabei wurden auch die Denkmale der zentralen und der Bezirksdenkmalliste berücksichtigt. Auf den Listen der Kreise findet sich daher zumeist der gesamte Bestand der Denkmale des Kreises, inklusive der Objekte, sie sich auch auf den Bezirkslisten (B) und der Zentralen Liste (Z) finden. Diese Objekte sind auf den Kreislisten entsprechend mit (B) oder (Z) gekennzeichnet. Die Listen wurden als Beschluss des jeweiligen Rates erlassen und meist im Mitteilungsblatt veröffentlicht.

Denkmale von nationaler Bedeutung wurden auf Bezirksdenkmallisten zusammengefasst. Die Bezirksdenkmalliste wurde »nach vorheriger Zustimmung des Ministers für Kultur« (§ 8 Abs. 2 DPG) vom Rat des Bezirkes beschlossen. Diese Listen wurden vom Rat des Bezirkes verabschiedet und im Mitteilungsblatt des jeweiligen Bezirkes veröffentlicht.

Gemäß § 8 Abs. 1 DPG waren die Räte der Bezirke für die »Erhaltung und gesellschaftliche Erschließung des Denkmalbestandes ihres Territoriums« verantwortlich. § 8 Abs. 1 DPG unterschied sich also von der Parallelnorm für die Kreise

---

99 Deiters: Kulturpolitisches Interesse an Denkmalen, 1962. Inventare in Form von publizierten Denkmaltopografien hat es in der späten DDR unter dem Titel *Bau- und Kunstdenkmale in der DDR* für Berlin (2 Bände, 1983) sowie für einige Bezirke gegeben, z. B. für die Bezirke Potsdam (1978) und Frankfurt (Oder) (1980), Neubrandenburg (1982), für die Mecklenburgische Küstenregion (1990).

(§ 9 DPG) insofern, als dass die Kreise für die Erfassung der Denkmale zuständig waren. Welche Objekte auf Kreis- und welche auf Bezirkslisten veröffentlicht werden sollten, hing vorrangig von der Entscheidung der Kreise ab. Dem Ratsmitglied für Kultur im jeweiligen Kreis kam daher für die Denkmalpflege eine besondere Bedeutung zu, da es die politische Entscheidung darüber traf, welche vorgeschlagenen Objekte letztendlich auf die Liste kamen.

Am 25. September 1979 wurde zum ersten und einzigen Mal, nachdem das Denkmalpflegegesetz erlassen wurde, eine zentrale Denkmalliste verabschiedet.[100] Sie umfasste den Bestand an »Denkmalen von besonderer nationaler und internationaler Bedeutung«. Anders als noch 1961 war also nicht mehr von »internationalem Kunstwert«, sondern von »internationaler Bedeutung« die Rede. Diese ermöglichte auch die Aufnahme von Objekten, die keinen Kunstwert, sondern einen reinen Kulturwert aufwiesen, wie etwa technische Denkmale.

Auf dieser zentralen Liste waren 399 Objekte verzeichnet. Die Liste erfuhr bis zum Ende der DDR keine Anpassung oder Ergänzung, sondern galt in der im Gesetzblatt veröffentlichten Form fort und diente in den neuen Bundesländern schließlich als Grundlage für die neu aufzustellenden Listen. Gemäß § 6 S. 3 DPG bestätigte der Ministerrat die zentrale Denkmalliste. Aufgestellt wurde sie nach § 7 Abs. 2 S. 1 DPG vom Minister für Kultur. Er war darüber hinaus auch für Schutz, Pflege und Erschließung der Objekte auf der Liste verantwortlich. Die Vorschläge für die Liste kamen aus Fachkreisen der Denkmalpfleger, etwa aus dem Institut für Denkmalpflege und von ehrenamtlichen Mitarbeitern in der Denkmalpflege, die häufig im Kulturbund organisiert waren.[101]

4.3.2 Das Verhältnis von Denkmalliste und Denkmalerklärung

»§ 9 (1) Die Räte der Kreise erfassen alle Denkmale, sichern die materiellen Voraussetzungen für denkmalpflegerische Maßnahmen und beziehen die Denkmale in die Entwicklung ihres Territoriums ein.«

»§ 9 (2) Die Räte der Kreise beschließen nach vorheriger Zustimmung des Rates des Bezirkes über die Aufnahme von Denkmalen in die Kreisdenkmalliste unter Berücksichtigung der Denkmale der zentralen Denkmalliste und der Bezirksdenkmalliste. Die Entscheidung ist unter Einbeziehung der Rechtsträger, Eigentümer oder Verfügungsberechtigten vorzubereiten.«

»§ 9 (3) Die Räte der Kreise sprechen die Denkmalerklärung nach § 3 Abs. 1 aus und unterrichten die Rechtsträger, Eigentümer oder Verfügungsberechtigten über die Klas-

---

100 Bekanntmachung der zentralen Denkmalliste, GBl. 1979, Sonderdruck Nr. 1017, 05.10.1979.
101 Helas: Gegen den Verfall, 2022.

I. Überblick über wichtige Regelungsinhalte

sifizierung des Denkmals und ihre Verpflichtungen zu seiner Pflege und Erschließung. Das zuständige Ratsmitglied ist berechtigt, den Rechtsträgern, Eigentümern oder Verfügungsberechtigten im Rahmen ihrer Pflichten nach § 11 Absätze 1 und 2[102] Auflagen zu deren Erfüllung zu erteilen.«

»§ 9 (4) Die Räte der Kreise können eine Denkmalerklärung nach vorheriger Zustimmung des Ministers für Kultur aufheben.«

»§ 7 (3) Der Minister für Kultur ist berechtigt, in Übereinstimmung mit den Vorsitzenden der Räte der Bezirke von den Räten der Kreise eine Denkmalerklärung oder ihren Widerruf zu fordern.«

Ein Objekt, das die Voraussetzungen eines Denkmals erfüllte, war demnach nur dann ein Denkmal, wenn es zum Denkmal erklärt worden war. Die Denkmalerklärung schaffte Rechtssicherheit. Sie musste gegenüber dem Rechtsträger, den Eigentümer oder dem Verfügungsberechtigten ausgesprochen werden (§ 9 Abs. 3 DPG). Als »Rechtsträger« wurde der Rechteinhaber an Volkseigentum bezeichnet, als »Eigentümer« Rechteinhaber an Privateigentum. Unter »Verfügungsberechtigten« fielen alle anderen Rechteinhaber, wie beispielsweise Testamentsvollstrecker. Diese begriffliche Zuordnung ermöglichte, die Art des Eigentums anhand des Begriffes zu erfassen. Allerdings waren freilich auch Rechtsträger und Eigentümer verfügungsberechtigt. Es wäre daher genauer, von Rechtsträgern, Eigentümern und »sonstigen« Verfügungsberechtigten zu sprechen. Darüber hinaus wurde die sprachliche Zuordnung der Rechtsbegriffe auch in Fachkreisen nicht konsequent gehandhabt. So wurde beispielsweise im Lehrbuch für Verwaltungsrecht verallgemeinert vom »Rechtsträger, Eigentümer oder Verfügungsberechtigten (im Folgenden: Rechtsträger)« gesprochen.[103] Selbst der Minister für Kultur verwendete die Begriffe nicht immer trennscharf. So sprach er 1966 beispielsweise von »privaten Rechtsträgern«[104], was bereits vom Wortsinn her ausgeschlossen war.[105] Insofern kann die unterschiedliche Verwendung der Begriffe ein Indiz für unterschiedliche

---

102 § 11 (1) DPG: »Die Rechtsträger, Eigentümer oder Verfügungsberechtigten sind verantwortlich für den Schutz und die Pflege der Denkmale sowie dafür, dass sie im Rahmen der Denkmalerklärung der Öffentlichkeit zugänglich gemacht und gekennzeichnet werden.
(2) Die Rechtsträger, Eigentümer oder Verfügungsberechtigten sind verpflichtet, in enger Zusammenarbeit mit den zuständigen Staatsorganen die Denkmale unter fachwissenschaftlicher Anleitung in ihrem Bestand und ihrer Wirkung zu erhalten und zu restaurieren. Sie können bei der Durchführung ihrer denkmalpflegerischen Aufgaben finanziell unterstützt werden.«
103 Akademie für Staats- und Rechtswissenschaften der DDR: Verwaltungsrecht, 1979, S. 553.
104 BArch, DY 27/7338, Klaus Gysi an Schulmeister, S. 2 f., 24.11.1966.
105 1966 galt in der DDR noch das Bürgerliche Gesetzbuch (BGB) von 1900, das die Unterscheidung Rechtsträger und Eigentümer nicht kannte. Das Zivilgesetzbuch der DDR wurde 1975 erlassen. Es führte die Unterscheidung zwischen sozialistischem Eigentum und persönlichem Eigentum (§§ 17, 22 ZGB) ein.

Eigentumsformen sein und war im Ursprung wohl auch dafür gedacht, die Eigentumsformen zu unterscheiden. Wegen der inkonsequenten Handhabung kann und konnte man sich jedoch nicht auf diese Zuordnung verlassen. Das Verhältnis von Eintragung (Erfassung) und Erklärung war gesetzlich nicht eindeutig geregelt. Die Eintragung wurde in § 9 Abs. 1 DPG, die Erklärung in § 9 Abs. 3 DPG normiert. Das Gesetz sah hierzu keine Einzelheiten vor. Es sei jedoch »selbstverständlich, daß die Entstehung entsprechender Schutzpflichten der Verfügungsberechtigten und anderer Beteiligter [...] die Kenntnis dieser Erfassung und des dadurch ausgelösten Schutzes voraussetzt«, begründete Fischer die Regelungslücke im Gesetz.[106] Darüber hinaus waren gemäß § 9 Abs. 2 S. 2 DPG die Rechtsträger, Eigentümer oder Verfügungsberechtigten in die Entscheidung darüber, ob ein Denkmal in die Denkmallisten aufgenommen werden sollte, einzubeziehen.[107] Im geregelten und idealen Fall wussten sie bereits zum Zeitpunkt, zu dem die Denkmalliste verabschiedet wurde, dass ihr Objekt auf die Denkmalliste aufgenommen worden war.

Die Aufnahme in eine Denkmalliste war eine kulturpolitische Entscheidung über den Denkmalcharakter eines Objektes; sie war der Vorentscheid zur Denkmalerklärung.[108] Die Denkmalerklärung folgte der Entscheidung über die Denkmallisten und war insofern von ihr abhängig.[109] Durch die Aufnahme in eine der drei Denkmallisten, wurde über den wesentlichen Inhalt der gegenüber dem Verfügungsberechtigten auszusprechenden Denkmalerklärung entschieden. Nach § 9 Abs. 3 S. 1 DPG war der Rat des Kreises verpflichtet, nachdem ein Objekt auf eine Liste aufgenommen war, die Erklärung gegenüber den jeweiligen Verfügungsberechtigten auszusprechen. In welcher Form dies geschehen sollte, legte das Gesetz nicht fest. Die erste Durchführungsbestimmung zum DPG von 1976 erläuterte in § 4, dass die Denkmalerklärung »in Form einer Urkunde« an den Rechtsträger, Eigentümer oder Verfügungsberechtigten übergeben werden sollte.[110] Ob die Urkunde eine Begründung enthalten musste, wurde in der Durchführungsbestimmung nicht geregelt. § 14 DPG legte allerdings bereits fest, dass Beschlüsse und Auflagen der örtlichen Staatsorgane nach § 9 Abs. 3 DPG schriftlich zu ergehen hatten, eine Rechtsmittelbelehrung enthalten mussten und zu begründen waren. Dem Betreffenden mussten sie ausgehändigt oder zugesandt werden.

Erst ein Jahr nach Verabschiedung des Gesetzes ergänzte § 3 Abs. 2 der Durchführungsbestimmung zum DPG, dass die in der Liste erfassten Objekte »bis zur Entscheidung über die Erklärung zum Denkmal dem im Gesetz vorgesehenen Schutz« unterlagen. Obwohl also bereits die Eintragung in eine Liste rechtliche

---

106 Fischer: Rechtsgrundlagen der Denkmalpflege, 1986, S. 37.
107 Diese Einbeziehung ist wohl der heutigen Anhörung nach § 28 VwVfG ähnlich.
108 Fischer: Rechtsgrundlagen der Denkmalpflege, 1986, S. 38.
109 Ebd., S. 44.
110 DB-DPG, GBl. I 1976, Nr. 41, S. 489.

Wirkung entfaltete, war auch die Erklärung gegenüber dem Denkmaleigentümer zwingende Schutzvoraussetzung. Es lag insofern ein konstitutives Listensystem vor. Auch heute noch wird bei konstitutiven Systemen die Eintragung erst bestandskräftig, wenn ein Eintragungsbescheid ergangen ist. Die mit dem Bescheid über die Eintragung verbundene Begründung (§ 39 Abs. 1 VwVfG des Bundes) trägt heute dazu bei, Willkür bei der Eintragung zu verhindern. Die einschlägigen Denkmalwertkategorien sowie die Bewertung der Behörde, müssen der Begründung zu entnehmen sein.[111]

Erfassung und Erklärung des Denkmalpflegegesetzes der DDR sind dennoch nicht gleichzusetzen mit dem heute geltenden System von Eintragung und Eintragungsbescheid. Denn die Zielrichtungen und Adressaten von Erfassung und Erklärung waren in der DDR dezidiert verschieden: Die Erfassung auf Denkmallisten war eine kulturpolitische Entscheidung, die Rechtswirkungen in Richtung Staat entfaltete. Dieser war mithilfe seiner Organe für Schutz und Pflege der Objekte auf der Liste verantwortlich. Die Liste war die bekanntgemachte Entscheidung des Staates, für die Pflege der Objekte die Verantwortung zu übernehmen. Die Erklärung richtete sich an die jeweiligen Verfügungsberechtigten. Sie löste deren Pflichten aus und teilte ihnen ihre Rechte mit. Erst mit der Erklärung an die Verfügungsberechtigten war die Pflege der Objekte gesichert. Auch darum wurde in § 3 Abs. 1 DPG auf die Erklärung und nicht bereits auf die Erfassung eines Denkmals in einer Liste rekurriert.

Die Erklärung enthielt folgende Angaben: Bezeichnung des Denkmals einschließlich Lage bzw. Standort, Erklärung des so bezeichneten Objektes zum Denkmal auf der Grundlage der Denkmalliste, Bestandteile und Ausstattungsstücke des Denkmals so wie Eigenheiten des umgebenden, zum Denkmal gehörenden Grundstücks. Regelmäßig wurden Auflagen formuliert, beispielsweise einen Rechtsträger- oder Eigentümerwechsel mitzuteilen oder das Denkmal der Öffentlichkeit zugänglich zu machen.[112] Mit der Angabe, auf welcher Denkmalliste das Objekt erfasst wurde, wurde der Verfügungsberechtigte gem. § 9 Abs. 3 S. 1 DPG über die Klassifizierung unterrichtet. Erklärung und Unterrichtung, beides Auflagen im Sinne des § 9 Abs. 3 S. 1 DPG, fallen folglich zusammen.

Außer dass die Erklärung den Verfügungsberechtigten in Form einer Urkunde überreicht werden sollte, gab es dazu keine Vorschriften. Üblich war, dass kirchliche und private Eigentümer Urkunden erhielten, nicht jedoch staatliche Rechtsträger. An dieser Stelle unterschied zumindest die Praxis doch, wie in früheren Gesetzen üblich, zwischen privaten und staatlichen Denkmaleigentümern. Während Denkmale privater Eigentümer beispielsweise nach dem Sächsischen Heimatschutzgesetz in Listen eingetragen werden mussten und diese Eintra-

---

111 Davydov: Handbuch Denkmalschutz und Denkmalpflege, 2017, Rn. 82.
112 VuM MfK, Nr. 7, 17.09.1976; Fischer: Rechtsgrundlagen der Denkmalpflege, 1986, S. 40.

gung gegenüber dem Eigentümer auch bekannt gemacht werden musste, waren in den Rechtsgrundlagen des frühen 20. Jahrhunderts Denkmale im staatlichen Eigentum sogar gelegentlich vom Wirkungsbereich der Denkmalpflegegesetze ausgenommen. Das Denkmalpflegegesetz der DDR griff insofern in der Praxis auf historische Unterscheidungen zwischen privaten und öffentlichen Eigentümern zurück. Wurde ein Objekt im Privateigentum zum Denkmal, wurde die Eintragung gegenüber dem Eigentümer bekanntgemacht. Wurde ein Objekt im öffentlichen Eigentum Denkmal, so war das Wissen darüber beim »Staat« bereits vorhanden. Es herrschte im demokratischen Zentralismus keine Trennung zwischen den Gewalten. Der die Denkmale erklärende Staat war gleichsam der die Denkmale eignende Staat. Er musste sich selbst keine Erklärung oder Urkunde ausstellen. Dies galt zumindest für Einzeldenkmale. Bei Ensembles, die für eine zusammenhängende Nutzung geschaffen wurden und demselben Rechtsträger zustanden, wurde von der Erklärung in Urkundenform Gebrauch gemacht.[113] Für denkmalgeschützte Altstädte, die oft als Einzelposition auf den Listen vermerkt waren, Straßenzüge oder Plätze erfolgte die Erklärung zusätzlich durch öffentliche Bekanntmachung, wobei den Verfügungsberechtigten der zu solchen Ensembles gehörenden Einzeldenkmale wiederum Urkunden zugehen sollten.[114]

Diese Praxis führte nach der friedlichen Revolution dort zu Streit, wo die Denkmaleigenschaft eines Objektes, welches sich zuvor im staatlichen Eigentum befunden hatte, bestritten wurde. In einem Rechtsstreit zu Beginn der 1990er-Jahre stellte das Verwaltungsgericht (VG) Cottbus fest, dass die fehlende Bekanntmachung gegenüber den Verfügungsberechtigten zur Unwirksamkeit des Denkmalschutzes führe, auch wenn das Objekt in die Denkmalliste eingetragen war. Die Frage, ob in der Verwaltungspraxis die gesetzlichen Vorschriften »insoweit nicht eingehalten wurden, ist rechtlich unerheblich«.[115] Auch wenn es also zu DDR-Zeiten gängige Praxis war, allein private und kirchliche Eigentümer über die Denkmaleigenschaft eines Objektes zu unterrichten, änderte dies nach Ansicht des VG Cottbus nichts an der Rechtsunwirksamkeit des Denkmalschutzes bei fehlender Erklärung an staatliche Eigentümer. Die fehlende Denkmalerklärung könne auch nicht dadurch geheilt werden, dass die Denkmalliste schließlich im Amtsblatt veröffentlicht wurde. Die Denkmalerklärung sei der Bekanntgabe aus dem bundesdeutschen Verwaltungsverfahrensgesetz gleichzusetzen. Eine Veröffentlichung komme dieser Bekanntgabe jedoch nicht gleich. Anderer Ansicht waren Denkmal- und Verwaltungsrechtler. Martin meinte, dass beispielsweise § 23 des Denkmalschutzgesetzes von Sachsen-Anhalt (DSchG-ST), welches nach der friedlichen Revolution erlassen wurde, deutlich mache, dass es gerade nicht auf eine rechtswirksame Erklärung ankomme. § 23 DSchG-ST regelte, dass

---

113 Fischer: Rechtsgrundlagen der Denkmalpflege, 1986, S. 43.
114 Ebd.
115 VG Cottbus, 03.08.1994, 1 K 86/93, Rn. 18.

I. Überblick über wichtige Regelungsinhalte 215

die Denkmallisten, die zu DDR-Zeiten erstellt wurden, in vollem Umfang in die Verwaltungspraxis übernommen werden sollten. Daher komme es richtigerweise lediglich auf die Erfassung, nicht jedoch auf weitere Rechtsakte, wie die Erklärung, Unterrichtung oder gar auf Kennzeichnung, an.[116]

5. Finanzierung denkmalpflegerischer Maßnahmen

Gemäß § 11 Abs. 2 DPG waren die Verfügungsberechtigten für den Erhaltung und die Restaurierung des Denkmals verantwortlich.

Gemäß § 11 Abs. 2 S. 2 DPG konnten die Eigentümer und sonstigen Verfügungsberechtigten bei der Pflege ihrer Denkmale finanziell unterstützt werden.[117] Im Hinblick auf die neu zu fassende Beihilfeordnung, die ab 1976 zwischen dem IfD und dem MdF diskutiert wurde, waren sich beide Institutionen einig, dass die Beihilfen »unabhängig von der Eigentumsform der Denkmale« ausgezahlt werden sollten.[118] Über die Eigentumsverhältnisse enthielten die Denkmallisten keine Aussagen. Lediglich ein Entwurf für die Zentrale Denkmalliste aus dem Jahr 1978 gibt Einblick in die Eigentumsverhältnisse. Unter den knapp 400 Positionen auf der Liste waren allein sieben in reinem Privatbesitz, einige andere gehörten Organisationen, Parteien, Museen. Ein Großteil der Denkmale war im Besitz der Räte der jeweiligen Städte, gefolgt von den evangelischen Kirchen.[119]

Für Denkmale, die im Eigentum der Kirchen standen, gab es ab 1950 einen »Fonds zur Sicherung und Erhaltung kirchlicher Bau- und Kunstwerke«, der im Jargon auch Nuschke-Fonds genannt wurde, benannt nach dem Volkskammerabgeordneten Otto Nuschke, Leiter der »Hauptabteilung Verbindungen zu den Kirchen bei der Regierung der DDR« in den 1950er-Jahren. Nach Nuschkes Tod 1957 wurde diese Hauptabteilung zunächst in ein Staatssekretariat umgewandelt, bevor die Verantwortung für die kirchlichen Denkmale schließlich ab 1960 an das MfK übergeben wurde. Dort wurde ein neuer »Fonds zur Sicherung und Erhaltung denkmalwerter Kirchen« geschaffen.[120]

---

116 Martin, Dieter: DSchG LSA Übergangsvorschriften, 2001, https://www.denkmalrechtbayern.de/wp-content/uploads/2015/06/Martin_2001_DSchGLSA_23_24_Uebergangsvorschriften_11_S.pdf (letzter Abruf: 05.10.2021).
117 § 11 (2) DPG: »Die Rechtsträger, Eigentümer oder Verfügungsberechtigten sind verpflichtet, in enger Zusammenarbeit mit den zuständigen Staatsorganen die Denkmale unter fachwissenschaftlicher Anleitung in ihrem Bestand und ihrer Wirkung zu erhalten und zu restaurieren. Sie können bei der Durchführung ihrer denkmalpflegerischen Aufgaben finanziell unterstützt werden.«
118 TLDA Erfurt, Ordner IfD 36, 10. Entwurf der Anordnung über die Gewährung von Beihilfemitteln zur Unterstützung denkmalpflegerischer Maßnahmen, 09.11.1976, Entwurf zu § 2.
119 BArch, DO 4/6146, Hoffmann an Seigewasser, Anlage: Zentrale Denkmalliste, 25.10.1978.
120 Brandt: Geschichte der Denkmalpflege in der SBZ/DDR, 2003, S. 201–204, insbes. S. 203.

Für die Unterstützung aller anderen Rechtsträger wurden Denkmalfonds neueingerichtet. Sie waren eine wesentliche Änderung im Vergleich zu den vorangegangenen Verordnungen. Die Denkmalfonds waren bei den zuständigen Staatsorganen angesiedelt, die nach der jeweiligen Klassifizierung des zu pflegenden Denkmals zuständig waren (§ 9 Abs. 7 DPG).[121] Für die Denkmale der Kreislisten gab es also einen beim jeweiligen Kreis angesiedelten Kreisdenkmalfonds, für die Denkmale der Bezirkslisten gab es einen entsprechenden Bezirksdenkmalfonds und die Objekte der zentralen Liste wurden mit Mitteln des Zentralen Denkmalfonds unterstützt, der beim Minister für Kultur angesiedelt war. Damit wurde die Finanzlast auf den unterschiedlichen Ebenen verteilt. Die Fonds wurden aus Mitteln des Staatshaushaltes gebildet. Aus ihnen wurden Beihilfemittel an die Verfügungsberechtigten ausgezahlt, sofern sie nicht mit eigenen Mitteln oder Krediten ihre Denkmale unterhalten konnten. Der Verfügungsberechtigte musste in diesem Fall einen Antrag auf Beihilfe bei dem örtlichen Organ stellen, das für die Klassifizierung des entsprechenden Denkmals zuständig war. Das heißt, ein Verfügungsberechtigter, dem ein Denkmal gehörte, das auf der Kreisdenkmalliste verzeichnet war, musste sich mit seinem Beihilfeantrag an den Rat des Kreises wenden. Wurde der Antrag bewilligt, erhielt er Beihilfemittel aus dem Kreisdenkmalfonds. Zwischen dem Verfügungsberechtigten und dem mittelgebenden Staatsorgan wurde eine Beihilfevereinbarung geschlossen. Entsprechend verlief das Verfahren für Denkmale der Bezirks- und der Zentralen Denkmalliste (§ 8 Abs. 4 und § 7 Abs. 5 DPG).[122] Die Einstellung der Fonds in den jeweiligen Haushalt gewährleistete eine gewisse Planbarkeit im Vergleich zur vorherigen Situation.

Planbarkeit war insbesondere dann wichtig, wenn der Verfügungsberechtigte ein staatliches Organ oder eine staatliche Einrichtung, also ein Rechtsträger, war. Die 1976 erlassene Durchführungsbestimmung traf Regelungen für diesen Fall. Sie regelte in § 10, dass Denkmale nicht zu den Grundmitteln staatlicher Organe oder staatlicher Einrichtungen gehörten. »Grundmittel« ist ein Begriff aus der DDR-Wirtschaft im Zusammenhang mit Rechnungsführung und Bilanzierung. Als »Grundmittel« oder auch »Grundfonds« wurden in der DDR alle »Arbeitsmittel, deren normative Nutzungsdauer ein Jahr überschreitet und die einen Bruttowert ab 1000 M haben«, bezeichnet.[123]

---

121 § 9 (7) DPG: »Die Räte der Kreise planen den Kreisdenkmalpflegefonds und unterstützen aus ihm die Durchführung denkmalpflegerischer Maßnahmen.«
122 § 7 (5) DPG: »Der Minister für Kultur plant den zentralen Denkmalpflegefonds und unterstützt aus ihm die Durchführung denkmalpflegerischer Maßnahmen.«
§ 8 (4) DPG: »Die Räte der Bezirke planen den Bezirksdenkmalpflegefonds und unterstützen aus ihm die Durchführung denkmalpflegerischer Maßnahmen.«
123 Spezialarchiv Bauen in der DDR. Informationszentrum Plattenbau, hrsg. vom Bundesinstitut für Bau-, Stadt- und Raumforschung im Bundesamt für Bauwesen und Raumordnung: DDR-Grundmittelpass: https://www.bbr-server.de/bauarchivddr/archiv/tglarchiv/tgl30001bis40000/tgl31501bis32000/tgl-31575-okt-1975.pdf (letzter Abruf: 05.10.2021); Begriffsklärung aus dem Grundmittelpass vom Oktober 1975. Der Bruttowert differenziert: Bei Staatsorganen, haushalts-

§ 10 Abs. 1 S. 1 DB-DPG legte also fest, dass ein Denkmal grundsätzlich nicht zu den Grundmitteln gehörte. Dies galt grundsätzlich auch für Denkmale im Bereich der volkseigenen Wirtschaft, es sei denn diese Denkmale dienten staatlichen, betrieblichen oder gesellschaftlichen Aufgaben des Rechtsträgers und wurden aus Investitionsmitteln unterhalten. In diesem Fall wurden sie doch als Grundmittel bilanziert.

Arbeitete der Rechtsträger nach den Grundsätzen der wirtschaftlichen Rechnungsführung (und nicht als Haushaltsorganisation), dann folgte aus § 10 Abs. 2 DB-DPG, dass für die Finanzierung der Aufwendungen für Erhaltung und Wiederherstellung jeder Art von Denkmal, ganz gleich welchem Zweck es diente und aus welchen Mitteln es angeschafft worden war, die Regeln für Grundmittel angewendet werden mussten.

Die wirtschaftliche Rechnungsführung wurde in der DDR 1952 eingeführt.[124] Unter »wirtschaftlicher Rechnungsführung« wird ein »betriebsbezogenes wirtschaftspolitisches Lenkungsinstrumentarium« verstanden, das häufig in staatssozialistischen Planwirtschaften angewandt wurde. Dabei werden alle betrieblichen Rechengrößen wie Kosten, Gewinn und Steuern durch zentrale Lenkungsinstanzen festgelegt. Ziel ist, das betriebliche Verhalten bei Planaufstellung und -durchführung mittels dieser festgelegten Rechengrößen auf die zentrale Lenkungsinstanz auszurichten, um den vorgelegten Plan zu erfüllen.[125]

Allein in dem Fall, dass der Rechtsträger im Bereich der volkseigenen Wirtschaft nicht nach der wirtschaftlichen Rechnungsführung arbeitete und das Denkmal nicht für staatliche, betriebliche oder gesellschaftliche Aufgaben eingesetzt und nicht aus Investitionsmitteln angeschafft wurde, war es kein Grundmittel und auch nicht als solches zu behandeln.

---

finanzierten Einrichtungen, volkseigenen Kombinaten, Betrieben und Einrichtungen der Landtechnik sowie des Land- und Meliorationsbaues [Werterhöhung des Bodens, BTD], in Genossenschaften (mit Ausnahme der Konsumgenossenschaften) und bei privaten Gewerbetreibenden lag er bei 1000 M Bruttowert; in volkseigenen Kombinaten, wirtschaftsleitenden Organen, volkseigenen und ihnen gleichgestellten Betrieben und Einrichtungen sowie in den Organisationen, Kombinaten und Betrieben des Verbandes der Konsumgenossenschaften mit Ausnahme der oben genannten lag er bei 2000 M; Dokumente und Quellen zu DDR-Statistik, Grundlagen, Methoden und Organisation der amtlichen Statistik der DDR 1949 bis 1990, in: Dokumentenband 13, DOC 103, Heft 34 der »Sonderreihe mit Beiträgen für das Gebiet der ehemaligen DDR«, https://www.destatis.de/GPStatistik/servlets/MCRFileNodeServlet/DEHeft_derivate_00033382/DokumenteDDR-13.pdf, S. 2179 (letzter Abruf: 05.10.2021). Zu diesen Grundmitteln gehörten auch Erstausstattungen und Ausstattungsgesamtheiten eines Betriebes. Nicht zu Grundmitteln gehörten beispielsweise Boden (Grundstücke), Nutzvieh, geringwertige Arbeitsmittel, Grünanlagen; Dokumente und Quellen zu DDR-Statistik, Grundlagen, Methoden und Organisation der amtlichen Statistik der DDR 1949 bis 1990, S. 2179.

124 Verordnung über Maßnahmen zur Durchführung des Prinzips der wirtschaftlichen Rechnungsführung in den Betrieben der volkseigenen Wirtschaft vom 20.02.1952, GBl. 1952, Nr. 38, S. 225.

125 Wirtschaftslexikon Gabler, Stichwort: »Wirtschaftliche Rechnungsführung«, https://wirtschaftslexikon.gabler.de/definition/wirtschaftliche-rechnungsfuehrung-50723/version-273941 (letzter Abruf: 05.10.2021).

Diese theoretische, für die Rechnungsführung wichtige Unterscheidung, ob Denkmale und die Finanzierung der Erhaltungsmaßnahmen als Grundmittel behandelt werden mussten oder nicht, hatte in der Praxis in Bezug auf die Behandlung der Objekte dann Auswirkungen, wenn Steuern oder Abgaben auf Grundmittel zu zahlen waren.[126] So wurde ab 1970 eine Produktionsfondssteuer eingeführt, die sich insbesondere auf den Erhalt potenzieller technischer Denkmale auswirkte.[127]

6. Rechte und Pflichten im Denkmalschutz

§§ 11 bis 17 DPG enthielten Vorschriften zu Rechten und Pflichten der Denkmaleigentümer und sonstigen Verfügungsberechtigten, Regelungen um Rechtsschutz, Straf- und schließlich Schlussbestimmungen.

6.1. Pflichten der Denkmaleigentümer und Rechtsträgerwechsel

§ 11 DPG formulierte Pflichten der Denkmaleigentümer.[128] Er sprach dabei auch die Rechtsträger an. Die Verantwortung, die dem Organ als Rechtsträger zukam, ist abzugrenzen von der Aufgabe, Denkmale zu schützen und zu pflegen, die dem staatlichen Organ im Allgemeinen oblag. Im Falle des § 11 Abs. 1 DPG ging es um die konkreten Pflichten aller Denkmaleigentümer. Schutz, Pflege, Erhalt und Restaurierung wurden dabei als konkrete Aufgaben genannt.

Darüber hinaus mussten die Eigentümer das Denkmal öffentlich zugänglich machen und es als Denkmal kennzeichnen. Näheres zur Kennzeichnung regelte die 3. Durchführungsbestimmung zum Denkmalpflegegesetz aus dem Jahr 1980.[129] Um ein Denkmal zu kennzeichnen, musste das staatlich vorgegebene Zei-

---

126 Weitere Auswirkungen gab es beispielsweise durch die Anordnung (Nr. 1) vom 10. November 1971 über die Aussonderung von Grundmitteln, die Anwendung von Sonderabschreibungen und die Bildung und Verwendung des Reparaturfonds (GBl. II 1971, Nr. 78, S. 694) in der Fassung der Anordnung Nr. 2 vom 23.06.1975 (GBl. I 1975, Nr. 30, S. 574).
127 Siehe S. 252.
128 § 11 (1) DPG: »Die Rechtsträger, Eigentümer oder Verfügungsberechtigten sind verantwortlich für den Schutz und die Pflege der Denkmale sowie dafür, dass sie im Rahmen der Denkmalerklärung der Öffentlichkeit zugänglich gemacht und gekennzeichnet werden. (2) Die Rechtsträger, Eigentümer oder Verfügungsberechtigten sind verpflichtet, in enger Zusammenarbeit mit den zuständigen Staatsorganen die Denkmale unter fachwissenschaftlicher Anleitung in ihrem Bestand und ihrer Wirkung zu erhalten und zu restaurieren. Sie können bei der Durchführung ihrer denkmalpflegerischen Aufgaben finanziell unterstützt werden. (3) Vor Maßnahmen, die den Bestand, den Standort, die Nutzung oder die Wirkung der Denkmale verändern, ist die Genehmigung des für die Denkmalpflege zuständigen Staatsorgans einzuholen.«
129 3. Durchführungsbestimmung, Kennzeichnung von Denkmalen, GBl. I 1980, Nr. 10, S. 86.

I. Überblick über wichtige Regelungsinhalte

chen verwendet werden, andere Darstellungen reichten zur Kennzeichnung nicht aus. Sofern nach internationalen Konventionen, etwa der Haager Konvention, ebenfalls eine Kennzeichnung nötig war, mussten beide Kennzeichen angebracht werden (§ 1 Abs. 2 3. DB-DPG). Das DDR-Kennzeichen orientierte sich an der Plakette der Haager Konvention: In einer quadratischen Grundform schmiegte sich im Inneren des Quadrates ein Kreis an seine Ränder, im Kreis wiederum war ein Symbol zu sehen, das aus drei Teilen bestand; den äußeren Rand des Symbols bildete ein auf der Dachspitze stehendes angedeutetes Haus, darin befanden sich ein wiederum auf der Spitze stehendes Quadrat und ein darauf gesetztes auf der Spitze stehendes Dreieck, die entstehenden Freiflächen zum Außenrand bildeten zwei weiße Dreiecke. Zusätzlich stand »Denkmal« bzw. »Denkmalschutzgebiet« als Wort auf der Plakette.

War ein Denkmaleigentümer nicht in der Lage (ab 1980: oder nicht bereit) seinen Pflichten nachzukommen, regelte § 12 DPG verschiedene Möglichkeiten, wie das Denkmal dennoch gepflegt werden konnte.[130] Dies ging zulasten des Denkmaleigentümers. Der Rat des jeweiligen Kreises konnte einen sogenannten »Rechtsträgerwechsel« herbeiführen. Dies sollte zunächst einvernehmlich und vertraglich mit dem jeweiligen Rechtsträger oder Eigentümer geregelt werden. Kam ein solcher Vertrag nicht zustande, hatte der zuständige Rat des Kreises die Möglichkeit, nach Absatz 2 einen Rechtsträgerwechsel vorzunehmen, das Denkmal also einem anderen staatlichen Eigentümer zu übertragen, oder die Eigentums- oder Nutzungsrechte am Denkmal gegen eine Entschädigung zu beschränken oder gar zu entziehen. Die Höhe der zu zahlenden Entschädigung bestimmte sich nach dem Entschädigungsgesetz (§ 12 Abs. 3 DPG).

Diese Vorschrift bestand in dieser Form allerdings nur bis zur Verabschiedung des Kulturgutschutzgesetzes im Jahr 1980. Durch dieses Gesetz wurde § 12 DPG neu gefasst. Rechtsträgerwechsel und Eigentumsentzug waren ab 1980 nur noch Ultima Ratio. Darüber hinaus standen dem Rat seitdem weitere Maßnahmen zur

---

130 § 12 (1) DPG: »Erfordern die Sicherung des Bestandes, die Restaurierung, Nutzung oder Erschließung eines Denkmals Maßnahmen entsprechend der denkmalpflegerischen Zielstellung, zu denen der Rechtsträger, Eigentümer oder Verfügungsberechtigte nicht in der Lage ist, ist ein Vertrag über Rechtsträgerwechsel oder Kauf anzustreben. (2) Kommt ein Vertrag nach Abs. 1 nicht zustande, kann der zuständige Rat des Kreises auf Antrag des für das Denkmal verantwortlichen Staatsorgans durch Beschluss
– einen Wechsel des Rechtsträgers vornehmen
– die Eigentums- oder Nutzungsrechte am Denkmal und den zugehörigen Grundstücken gegen Entschädigung beschränken oder entziehen. (3) Der Rat des Kreises entscheidet zugleich über Art und Höhe der Entschädigung nach dem Entschädigungsgesetz vom 25. April 1960 (GBl. I 1960, Nr. 26, S. 257). (4) Das Verfahren nach Abs. 2 wird durch eine Durchführungsbestimmung geregelt. (5) Der Rat des Kreises kann die Durchführung der erforderlichen Maßnahmen zu Lasten des Eigentümers oder Verfügungsberechtigten beschließen und hierzu bei Grundstücken die Rechtsvorschriften zur Kreditierung und Sicherung durch Aufbaugrundschuld anwenden.
(6) Werden Nutzungs- oder Mitnutzungsrechte begründet, so haben diese den Vorrang gegenüber bestehenden dinglichen Rechten.«

Verfügung, die weniger eingriffsintensiv waren. So konnte er die erforderlichen Arbeiten am Baudenkmal ersatzweise selbst vornehmen (Ersatzvornahme), indem der Rat einen Kredit zulasten des Eigentümers, verbunden mit einer Aufbauhypothek, aufnahm. Der Rat konnte darüber hinaus die Eigentumsrechte entziehen sowie anordnen, dass das Objekt anderweitig genutzt oder gegebenenfalls von anderen mitgenutzt werde. Für die Pflege beweglicher Denkmale konnten Kuratoren eingesetzt werden.[131] Die Auflagen der örtlichen Organe mussten schriftlich ergehen und dem Denkmaleigentümer mit Begründung und Rechtsmittelbelehrung zugestellt werden (§ 14 Abs. 1 DPG).

Ein Objekt galt auch dann als Denkmal, wenn seine Eigenschaft als Denkmal zunächst nur vermutet wurde. Das legte § 13 DPG fest. Wenn bei Forschungs-, Planungs- oder Ausführungsarbeiten Besonderheiten am Objekt festgestellt wurden, die eine etwaige Denkmaleigenschaft begründeten, so war der Leiter der Arbeiten verpflichtet, seine Vermutung schriftlich beim Rat des Kreises anzuzeigen.[132] Die endgültige Entscheidung über die Denkmaleigenschaft traf wiederum gemäß § 3 DPG und § 9 DPG der zuständige Rat des Kreises. Bis dahin genoss das Objekt vorläufigen Schutz gem. § 3 Abs. 2 der (1.) Durchführungsbestimmung.

---

131 Nach der Fassung von 1980: § 12 (1): »Erfordern die Sicherung des Bestandes, die Restaurierung, Nutzung oder Erschließung eines Denkmals Maßnahmen entsprechend der denkmalpflegerischen Zielstellung, zu deren Durchführung sein Rechtsträger, Eigentümer oder Verfügungsberechtigter nicht in der Lage oder nicht bereit ist, sind die Rechtsvorschriften über den Schutz des Kulturgutes anzuwenden. (2) Der Rat des Kreises kann auf Antrag des für das Denkmal entsprechend seiner Klassifizierung zuständigen Staatsorgans auch die Durchführung der erforderlichen Maßnahmen zu Lasten des Eigentümers oder Verfügungsberechtigten beschließen und hierzu bei Grundstücken und Gebäuden die Rechtsvorschriften über die Kreditierung und Sicherung durch Aufbauhypothek anwenden. (3) Erfordern Maßnahmen der Denkmalpflege die Nutzung, Mitnutzung oder Eigentumsübertragung von Grundstücken und Gebäuden, ist darüber ein Vertrag anzustreben. Kommt ein solcher Vertrag nicht zustande, kann der Rat des Kreises durch Beschluß das Eigentum an diesen Grundstücken und Gebäuden entziehen oder daran bestehende Nutzungsrechte durch Anordnung von Nutzungs- oder Mitnutzungsrechten einschränken oder entziehen. Der Rat des Kreises entscheidet zugleich über Art und Höhe der Entschädigung nach dem Entschädigungsgesetz vom 25. April 1960 (GBl. I Nr. 26, S. 257). (4) Mit dem Entzug des Eigentums an den Grundstücken und Gebäuden entsteht Volkseigentum. Grundstücksbelastungen erlöschen. Die Entschädigung und die Begleichung von Forderungen der Gläubiger, deren Rechte erloschen sind, erfolgen nach den dafür geltenden Rechtsvorschriften. (5) Werden durch die Anordnung von Nutzungs- und Mitnutzungsrechten andere Nutzungsrechte eingeschränkt oder entzogen, sind sie durch Vereinbarung der Beteiligten zu ändern oder zu beenden. Kommt darüber oder über die Anteile an der Entschädigung keine Einigung zustande, entscheidet darüber der Rat des Kreises auf Antrag.«
132 § 13 DPG: »Werden im Zusammenhang mit Forschungs-, Planungs- oder Ausführungsarbeiten an einem Objekt Besonderheiten festgestellt, die dessen Denkmaleigenschaft vermuten lassen, so sind der Leiter der Arbeiten am Ort Verantwortliche und der Rechtsträger, Eigentümer oder Verfügungsberechtigte nach Kenntnis verpflichtet, das betreffende Objekt unverzüglich dem zuständigen Rat des Kreises schriftlich zur Erfassung zu melden. Das Objekt gilt vom Zeitpunkt der Feststellung an bis zur Entscheidung über seine Denkmaleigenschaft als Denkmal im Sinne dieses Gesetzes. Die Meldung eines Verpflichteten entpflichtet den anderen.«

Wer als Eigentümer im Sinne des § 11 DPG oder als Leiter von Betrieben bzw. als Leiter von Arbeiten im Sinne des § 13 DPG seinen gesetzlichen Aufsichts- und Meldepflichten vorsätzlich oder fahrlässig nicht nachkam, musste nach § 15 DPG damit rechnen, einen Verweis oder eine Ordnungsstrafe zu erhalten.[133] Geldstrafen konnten sich auf 10 bis 300 Mark, im Wiederholungsfall auf bis zu 1000 Mark belaufen. Die im Vergleich zu anderen Geldstrafen in der DDR geringe Höhe der Strafandrohung hatte im Verlauf der Beratungen im Kulturausschuss der Volkskammer zu Kritik geführt.[134] Auch in der Verordnung von 1952 war die Strafandrohung wesentlich höher: Nach § 10 VO-52 konnte sogar mit »Gefängnis bis zu drei Jahren« und mit Geldstrafe oder nur mit einer dieser Strafen belegt werden, wer vorsätzlich oder fahrlässig gegen die Bestimmungen der Verordnung verstieß.

6.2. Beschwerde gegen Beschlüsse und Auflagen

Gegen Beschlüsse und Auflagen der örtlichen Staatsorgane, die nach § 9 Abs. 3 DPG (Denkmalerklärung) sowie nach § 12 Abs. 2 und Abs. 5 DPG[135] (Rechtsträgerwechsel) ergingen, konnten die Adressaten Beschwerde erheben. Dies war in § 14 DPG geregelt.[136] Die Vorschrift regelte folglich den Rechtsschutz für Denkmaleigentümer.

---

133 § 15 (1) DPG: »Wer vorsätzlich oder fahrlässig
– als Leiter von Betrieben oder Einrichtungen, die Rechtsträger von Denkmalen sind, oder als deren Eigentümer oder Verfügungsberechtigter Auflagen nach § 9 Abs. 3 nicht erfüllt oder Denkmale nicht gemäß § 11 in ihrem Bestand erhält oder nicht die nach § 11 Abs. 3 erforderliche Genehmigung zu Maßnahmen, die diesen oder den Standort oder die Nutzung verändern, einholt oder seiner Kennzeichnungspflicht nicht nachkommt,
– bei Arbeiten an Objekten seiner Meldepflicht nach § 13 nicht nachkommt,
kann mit Verweis oder Ordnungsstrafe von 10 M bis 300 M belegt werden. (2) Ist eine vorsätzliche Handlung nach Abs. 1 aus Vorteilsstreben oder ähnlichen, die gesellschaftlichen Interessen missachtenden Beweggründen oder wiederholt innerhalb von 2 Jahren durchgeführt und mit Ordnungsstrafe geahndet worden, kann eine Ordnungsstrafe bis zu 1000 M ausgesprochen werden. (3) Die Durchführung des Ordnungsstrafverfahrens obliegt dem zuständigen Mitglied des Rates des Kreises am Standort des Denkmals. (4) Für die Durchführung des Ordnungsstrafverfahrens und den Ausspruch von Ordnungsstrafmaßnahmen gilt das Gesetz vom 12. Januar 1968 zur Bekämpfung von Ordnungswidrigkeiten – OWG (GBl. I Nr. 3, S. 101).«
134 Die geringe Höhe der Geldstrafe manifestiere den Verstoß gegen die Melde- und Aufsichtspflicht als »Kavaliersdelikt«; bei »Rot über die Kreuzung« zu fahren koste mehr, als fahrlässig ein Barockschloss zu zerstören, BArch, DA 1/11732; Sten. Protokoll des Volkskammerausschusses für Kultur, S. 12–28, S. 20, 29.05.1975.
135 Nach der geänderten Fassung des § 14 durch das Kulturgutschutzgesetz von 1980 auch gegen Beschlüsse nach § 12 Abs. 3 DPG.
136 § 14 (1): »Beschlüsse und Auflagen der örtlichen Staatsorgane nach § 9 Abs. 3 und § 12 Absätze 2 oder 5 haben schriftlich zu ergehen, eine Rechtsmittelbelehrung zu enthalten, sind zu begründen und den Betreffenden auszuhändigen oder zuzusenden. (2) Gegen Beschlüsse und Auflagen nach Abs. 1 kann Beschwerde eingelegt werden. Diese Beschwerde ist schriftlich unter Angabe von Gründen innerhalb von 4 Wochen nach Zugang der Entscheidung bei dem örtlichen Rat, der den Beschluss gefasst hat, bzw. dem Mitglied des Rates, das die Auflage erteilt hat, einzulegen. (3) Der zuständige Rat bzw. das zuständige Mitglied des Rates entscheidet über die Beschwerde

Verwaltungsrechtsschutz, wie er in der Bundesrepublik praktiziert wird, gab es im Rechtssystem der DDR nicht. Art. 138 der Verfassung von 1949 sah zwar eine Verwaltungsgerichtsbarkeit zum »Schutz der Bürger gegen rechtswidrige Maßnahmen der Verwaltung« vor. Die Verwaltungsgerichte, die nach 1945 für kurze Zeit bestanden, wurden allerdings zusammen mit den Landesbehörden 1952 aufgelöst.[137] Seither bestand »praktisch kein gerichtlicher Rechtsschutz« gegen Akte der öffentlichen Gewalt.[138]

Dennoch gab es eine, wenn auch schwächere Form des Verwaltungsrechtsschutzes, nicht durch externe Kollegialorgane (Gerichte), sondern in Form von verwaltungsinterner Kontrolle.[139] Möglich waren Beschwerden an die Behörde, allerdings nur, wenn es ausdrücklich vorgesehen war.[140] Schon die Denkmalschutzverordnung von 1961 hatte das Rechtsmittel der Beschwerde vorgesehen. § 14 DPG regelte die Rechtsmittelbeschwerde nun erneut, allerdings differenzierter, als es noch § 11 VO-61 vorgesehen hatte.

§ 14 Abs. 3 DPG rekurrierte sowohl auf den »zuständigen Rat« (Kollegialorgan) als auch auf das »zuständige Mitglied des Rates« (zumeist das Ratsmitglied der Abteilung Kultur). Die Räte waren die vollziehend-verfügenden Organe der örtlichen Volksvertretungen. Sie wurden von den jeweiligen Volksvertretungen (Bezirkstag, Kreistag) gewählt.[141] Im Rat des Kreises oder des Bezirkes waren jeweils einzelne Mitglieder für bestimmte Bereiche, beispielsweise Wohnungspolitik, Arbeit, Verkehr, Jugendfragen, zuständig. Das Mitglied des Rates für Kultur war auch für Denkmalpflege zuständig.

---

innerhalb von 4 Wochen nach ihrem Eingang. Wird der Beschwerde nicht oder nicht in vollem Umfang stattgegeben, ist sie innerhalb dieser Frist
– vom Rat des Kreises dem Rat des Bezirkes,
– vom Mitglied des Rates des Kreises bei Denkmalen der Bezirksdenkmalliste dem zuständigen Mitglied des Rates des Bezirkes, bei Denkmalen der zentralen Denkmalliste dem Minister für Kultur zur Entscheidung zuzuleiten. Diese entscheiden innerhalb weiterer 4 Wochen nach Eingang endgültig. (4) Kann in Ausnahmefällen eine Entscheidung innerhalb der Frist nicht getroffen werden, ist rechtzeitig ein Zwischenbescheid unter Angabe der Gründe sowie des voraussichtlichen Abschlusstermins zu geben. (5) Die Beschwerde hat aufschiebende Wirkung. Wenn jedoch die Gefahr des Substanzverlustes besteht, kann der zuständige Rat des Kreises oder bei Auflagen das zuständige Mitglied des Rates die Durchführung von Sicherungsmaßnahmen zu Lasten des Rechtsträgers, Eigentümers oder Verfügungsberechtigten anordnen. (6) Entscheidungen über Beschwerden sind zu begründen und dem Einreicher der Beschwerde mitzuteilen.«

137 Lubini: Verwaltungsgerichtsbarkeit, 2015; Otto: Verwaltungsrecht in der DDR bis 1952, 2012.
138 Müller-Römer: Verfassungsrecht in der DDR seit 1949, 1970, S. 550.
139 Lohmann: Staats- und Rechtsordnung der DDR, 2015, S. 42.
140 Das war zum Beispiel nicht der Fall bei enteignenden Eingriffen nach dem Aufbaugesetz von 1950. Der dortige § 14 regelte in Absatz 2, dass die Erklärung eines Gebietes zum Aufbaugebiet bewirke, dass dort bebaute und unbebaute Grundstücke für den Aufbau in Anspruch genommen werden können und dadurch dauernde oder zeitweilige Beschränkungen oder Entziehungen von Eigentum erfolgen könnten. Eine Entschädigung habe nach den geltenden Vorschriften zu erfolgen. Eine Beschwerde war jedoch nicht ausdrücklich geregelt.
141 Akademie für Staats- und Rechtswissenschaften der DDR: Verwaltungsrecht, 1979, S. 132.

I. Überblick über wichtige Regelungsinhalte

Der Beschwerdeführer im Denkmalrecht musste differenzieren: Richtete sich seine Beschwerde gegen eine Entscheidung, die vom Rat als Kollegialorgan getroffen worden war, etwa die Denkmalerklärung gemäß § 9 Abs. 2 DPG, war die Beschwerde an dieses Organ zu richten. Erhob der Beschwerdeführer die Beschwerde gegen eine Entscheidung, die vom zuständigen Ratsmitglied erlassen worden war, etwa Beschlüsse und Auflagen, musste er seine Beschwerde an das Ratsmitglied richten.

In der DDR galt für internen Verwaltungsrechtsschutz in Form einer Rechtsmittelbeschwerde grundsätzlich das Prinzip der doppelten Unterstellung oder doppelten Unterordnung. Dieses sah vor, dass die Exekutivorgane einer Verwaltungsebene sowohl der Volksvertretung der gleichen Ebene als auch dem Exekutivorgan der nächsthöheren Ebene verantwortlich und rechenschaftspflichtig waren.[142] Das Ratsmitglied des Kreises war folglich dem Kreistag (als Volksvertretung) und auch dem Ratsmitglied des Bezirkes für Kultur unterstellt, der Rat des Kreises war dem Kreistag und dem Rat des Bezirkes unterstellt. Durch dieses Kontrollprinzip sollte gewährleistet werden, dass die Arbeit aller gleichartigen Organe auch einheitlich durchgeführt wurde. Dabei konnten auch örtliche Interessen berücksichtigt werden, mit Lenin sei dort eine doppelte Unterstellung besonders »notwendig [...], wo ›man es verstehen muß, den wirklich vorhandenen unvermeidlichen Unterschieden Rechnung zu tragen‹, um nicht in bürokratischen Zentralismus zu verfallen«.[143]

Im Denkmalpflegegesetz wurde dieses Prinzip jedoch durchbrochen, was – wenn Lenins Gedanke konsequent angewandt würde – bedeutete, dass gerade in der Denkmalpflege keine örtlichen Interessen berücksichtigt werden müssten, also gerade keine »unvermeidlichen Unterschiede« vorlägen. Halfen das zuständige Ratsmitglied oder der zuständige Rat der Beschwerde nicht ab, musste nach § 14 Abs. 3 DPG die Beschwerde dem Rat des Bezirkes bzw. dem zuständigen Mitglied des Rates des Bezirkes oder dem Minister für Kultur zugeleitet werden. Hier wurde das Prinzip der doppelten Unterstellung also nicht eingehalten.[144]

Die jeweils zuständigen örtlichen Volksvertretungen (Kreistag, Bezirkstag) waren damit nicht nur aus der ursprünglichen Entscheidung über die Denkmaleigenschaften, sondern auch aus der Kontrolle dieser Entscheidungen herausgenommen. § 14 Abs. 3 DPG regelte folglich ein Verfahren, das in seiner konkreten

---

142 Bernet, Wolfgang/Fuß, Norbert/Schüler, Richard: Zu Grundzügen und Funktion, Rechtsstellung und Arbeitsweise der örtlichen Räte nach dem GöV der DDR, in: Die Verwaltung 21 (1988), S. 354–374, S. 364; Zieger: Staatsgewalt in der Verfassung der DDR, 1969, Fn. 39.
143 Akademie für Staats- und Rechtswissenschaften der DDR: Verwaltungsrecht, 1979, S. 79 mit Verweis auf Lenin.
144 Dies sorgte auch bei einer Diskussion im Rechts- und Verfassungsausschuss für kurze Irritation (siehe S. 126, Fn. 418), wurde aber seitens der Rechtsabteilung des Ministerrates nicht als problematisch angesehen; BArch, DA 1/12725, Sten. Protokoll des Verfassungs- und Rechtsausschusses, S. 28, 12.06.1975.

Ausprägung nicht mit den sonstigen Anforderungen übereinstimmte. Fischer hält in seiner Kommentierung nur lapidar fest: »Über die Beschwerde entscheidet der Rat des Kreises innerhalb von 4 Wochen. Gibt er der Beschwerde nicht oder nicht vollständig statt, so entscheidet darüber der Rat des Bezirkes – bei Denkmalen der zentralen Denkmalliste der Minister für Kultur.«[145]

145 Fischer: Rechtsgrundlagen der Denkmalpflege, 1986, S. 84.

II. Der Denkmalbegriff des Denkmalpflegegesetzes

Die Definition dessen, was Denkmal sein soll, ist schwierig. Trotzdem wurde im Denkmalpflegegesetz der DDR versucht, den Schutzbereich des Gesetzes zu beschreiben. § 3 Abs. 1 und Abs. 2 DPG enthalten deshalb die Definition dessen, was vom Denkmalpflegegesetz erfasst wurde, was also »Denkmal« im Sinne des Gesetzes sein sollte.

»§ 3 (1) Denkmale im Sinne dieses Gesetzes sind gegenständliche Zeugnisse der politischen, kulturellen und ökonomischen Entwicklung, die wegen ihrer geschichtlichen, künstlerischen oder wissenschaftlichen Bedeutung im Interesse der sozialistischen Gesellschaft durch die zuständigen Staatsorgane gemäß § 9 zum Denkmal erklärt worden sind.«

§ 3 Abs. 1 DPG normierte den allgemeinen Denkmalbegriff. Zusätzlich zählte Abs. 2 konkrete Denkmalgattungen auf. Schon 1952 hatte die Verordnung, angelehnt an das Sächsische Heimatschutzgesetz, eine Aufzählung enthalten. Sie war allerdings wenig umfangreich und gering ausdifferenziert. Dennoch bot sie eine solide Basis an Denkmalgattungen und wurde in der Verordnung von 1961 weiterentwickelt. In beiden Verordnungen wurde durch das Wort »insbesondere« verdeutlicht, dass es sich nicht um abschließende Aufzählungen handelte. Eine Aufzählung sei bei der »Vielfältigkeit der Formen der Denkmale gar nicht durchführbar […] und von vornherein zur Unvollständigkeit verurteilt«, stellte der damalige Justiziar im MfK, Georg Münzer, 1962 fest. Sie könne damit nicht der »kulturpolitischen Absicht und dem Sinn und Zweck des staatlichen Rechtsschutzes gerecht werden«.[1] Die Normen der vorangegangenen Verordnungen lauteten:

---

1 Münzer: Erläuterungen zur VO-61, 1962, unpag.

§ 1 Abs. 2 VO-52:

Insbesondere sind hiernach als Denkmale zu betrachten:

(a) Bauwerke in ihrer äußeren und inneren Gestaltung, Park- und Gartenanlagen sowie Friedhöfe, Ruinen, Orts-, Straßen- und Platzbilder, die sich durch ihre geschichtliche Bedeutung, durch ihre Eigenart oder Schönheit auszeichnen

(b) Werke der Malerei, Plastik, Graphik und des Kunsthandwerkes, die von hervorragender Bedeutung sind

(c) Einrichtungen, Maschinen, Anlagen und Bauten, soweit sie geschichtliche und ethnographische Bedeutung haben, der technischen und landwirtschaftlichen Tätigkeit und dem Verkehr allgemein dienen oder gedient haben und für die Arbeitsweise in einzelnen Landschaftsgebieten kennzeichnend sind

(d) Gegenstände, die zu bedeutenden Persönlichkeiten oder Ereignissen der deutschen Geschichte in Beziehung stehen

§ 2 Abs. 2 VO-61:

Denkmal im Sinne des Abs. 1 sind insbesondere:

(a) nationale Gedenkstätten und andere Stätten, die zu bedeutenden Ereignissen oder Persönlichkeiten der Geschichte, besonders auch der Geschichte der Arbeiterbewegung, in Beziehung stehen;

(b) Bauwerke, auch Ruinen, in ihrer äußeren und inneren Gestalt sowie einzelne Teile von ihnen, wie Tore, Erker, Innenräume und Ausstattungen, Treppenanlagen oder Decken;

(c) Stadtanlagen, Orts-, Straßen- und Platzbilder, desgleichen stadtgeschichtlich bedeutsame Anlagen, wie Stadtumwehrungen, Burganlagen, charakteristische alte Dorf- und Gehöftanlagen und Verkehrswege, Standbilder, Postmeilensäulen, Grenzsteine und ähnliches;

(d) Gärten, Parkanlagen, Friedhöfe;

(e) Werke und Sammlungen der Malerei, Plastik, Grafik, des Kunsthandwerkes und des Musikinstrumentenbaus;

(f) technische Anlagen, Maschinen und Gerätschaften

1975 wurde die Kasuistik deutlich erweitert und »insbesondere« gestrichen. Mit der Kasuistik knüpfte das Gesetz an die Tradition älterer, europäischer Rechtstexte an.[2]

»§ 3 (2) Zu den Denkmalen gehören:
– Denkmale zu bedeutenden historischen und kulturellen Ereignissen und Entwicklungen oder zu Persönlichkeiten der Politik, der Kunst und Wissenschaft wie Bauten oder andere Wirkungsstätten und ihre Ausstattungen, Befestigungsanlagen, Schlachtfelder und Grabstätten, Standbilder, Gedenksteine und Tafeln;
– Denkmale zur Kultur und Lebensweise der werktätigen Klassen und Schichten des Volkes wie typische Siedlungsformen, Wohn- und Arbeitsstätten mit ihren Ausstattungen;
– Denkmale der Produktions- und Verkehrsgeschichte wie handwerkliche, gewerbliche und landwirtschaftliche Produktionsstätten mit ihren Ausstattungen, industrielle

---

2 Speitkamp: Verwaltung der Geschichte, 1996, S. 322.

II. Der Denkmalbegriff des Denkmalpflegegesetzes

und bergbauliche Anlagen, Maschinen und Modelle, Verkehrsbauten und Transportmittel;
– Denkmale des Städtebaus und der Architektur wie Stadt- und Ortsanlagen, Straßen- und Platzräume, Stadtsilhouetten und Ensembles, Burgen, Schlösser, Rathäuser, Bürgerhäuser, Theater und andere Kulturbauten, Kirchen, Klöster oder Teile von ihnen wie Tore, Erker, Treppen, Innenräume, Decken und Wandgestaltungen, Kleinarchitekturen und Ausstattungen;
– Denkmale der Landschafts- und Gartengestaltung wie Park- und Gartenanlagen, Friedhöfe, Wallanlagen und Alleen;
– Denkmale der bildenden und angewandten Kunst wie Werke und Sammlungen der Malerei, der Grafik, der Plastik, des Kunsthandwerks, des Musikinstrumentenbaus.«

In den Entwürfen zum Denkmalpflegegesetz wurde die kasuistische Aufzählung ausdrücklich durch Zwischenüberschriften zweigeteilt, einerseits in Geschichtsdenkmale, andererseits in »Bau- und Kunstdenkmale«[3]. Diese ausdrückliche Unterscheidung löste man 1973 auf, nachdem der Gesetzentwurf am Veto des Ministerrates gescheitert war.[4] Inhaltlich sind die ersten drei Spiegelstriche aber weiterhin den Geschichtsdenkmalen und die weiteren den Kunst- und (Bau-)Kulturdenkmalen zuzuordnen. Der Denkmalbegriff umfasste vielerlei Ausprägungen von Bau- und Kulturdenkmalen. Trotzdem schärfte er den Anwendungsbereich im Vergleich zu den Vorgängerregelungen.[5]

In der 1986 erschienenen Leistungsschau *Die SED und das kulturelle Erbe* bezogen sich die Autoren mit Stolz auf den weiten im Denkmalpflegegesetz festgelegten Denkmalbegriff:

»Mit dieser Bestimmung ist der Kreis des als Denkmal Geltenden sehr weit gezogen. Das entspricht nicht nur der – theoretischen – Überwindung einer überkommenen Kulturauffassung, die sich vorwiegend auf geistige Bereiche erstreckte, sondern auch einer progressiven, sich zunehmend durchsetzenden Sicht auf die Volksmassen als die eigentlichen Schöpfer der menschlichen Reichtümer und Werte.«[6]

Die Erweiterung des Denkmalbegriffs wurde zwar auch beispielsweise in der Bundesrepublik diskutiert, die ausführliche Aufzählung war jedoch eine Besonderheit des DDR-Denkmalpflegegesetzes. Die Gesetze der Länder in der Bundesrepublik verzichteten weitgehend auf eine solch ausdifferenzierte Kasuistik.

---

3 Zunächst nur »Kunstdenkmale«, 1. Verordnungsentwurf, BLDAM Wünsdorf, L 9/12; ab 8. Entwurf, vermutlich Beginn 1972, BArch, DY 27/4306, Blatt 136: »Bau- und Kunstdenkmale«.
4 BLDAM Wünsdorf, L 9/18, Gesetzentwurf vom November 1973. Siehe S. 117.
5 Deiters, Ludwig: Zum neuen Denkmalpflegegesetz, in: Denkmalpflege in der DDR 2 (1975), S. 1–4, S. 1.
6 Haase/Dau/Gysi u. a.: Die SED und das kulturelle Erbe, 1986, S. 480.

1. Allgemeiner Denkmalbegriff

1.1. Zeugnis, Bedeutung und das gesellschaftliche Erhaltungsinteresse

Prinzipiell konnten nur »gegenständliche Zeugnisse« Denkmal sein. Immaterielles, etwa Brauchtumspflege, war daher nicht erfasst. Diese Einschränkung war für jene Zeit durchaus üblich und auch in den vorherigen Gesetzen der deutschen Länder gängige Praxis.[7]

Der Begriff »Zeugnis« griff die Formulierung aus der Verordnung von 1952 wieder auf:

»§ 1 (1) VO-52: Denkmale im Sinne dieser Verordnung sind alle charakteristischen Zeugnisse der kulturellen Entwicklung unseres Volkes, deren Erhaltung wegen ihrer künstlerischen, wissenschaftlichen oder geschichtlichen Bedeutung im öffentlichen Interesse liegt.«

1961 hatte man in der damals neuen Verordnung vom Zeugnis-Begriff Abstand genommen und Denkmale als »Werke« bezeichnet:

»§ 2 (1) VO-61: Denkmale sind solche Werke der Baukunst und des Städtebaus, der bildenden Kunst und des Kunsthandwerks, der Gartenkunst und der Technik, deren Erhaltung wegen ihrer künstlerischen, geschichtlichen oder wissenschaftlichen Bedeutung im Interesse von Staat und Gesellschaft liegt.«

Der Begriff »Zeugnis« hat mehrere Bedeutungen. Er kann einerseits eine Leistung beurkunden, andererseits eine beweiskräftige Aussage treffen.[8] Ein Zeuge »bringt etwas vor«, »sagt etwas aus«.[9] Historisch wurde der Begriff »Denkmal« zwar mit »Zeugnis« in Verbindung gebracht, aber nicht deckungsgleich verwendet.[10]

---

7 Speitkamp: Verwaltung der Geschichte, 1996, S. 322. Auch das 1980 verabschiedete Kulturgutschutzgesetz der DDR konzentrierte sich auf materielles Kulturgut, § 2 (1) und (2) KulturgutschutzG. Das immaterielle Kulturerbe, auch unter dem englischen Begriff »intangible heritage« diskutiert, rückte erst mit dem UNESCO-Übereinkommen »zur Erhaltung des immateriellen Kulturerbes« vom Oktober 2003 in den Fokus; Kono, Toshiyuki (Hg.): Intangible Cultural Heritage and Intellectual Property. Communities, Cultural Diversity and Sustainable Development, Cambridge 2009.

8 Das Wortauskunftssystem zur deutschen Sprache in Geschichte und Gegenwart, Stichwort: »Zeugnis«, https://www.dwds.de/wb/Zeugnis (letzter Abruf: 05.10.2021).

9 Stichwort: Der Zeuge, in: Schmitthenner, Friedrich: Kurzes deutsches Wörterbuch für Etymologie, Synonymik und Orthographie, Darmstadt 1834, S. 352.

10 Stichwort: Zeugnis, in: Grimm, Jakob/Grimm, Wilhelm (Hg.): Deutsches Wörterbuch, http://dwb.uni-trier.de/de/das-woerterbuch/das-dwb/ (letzter Abruf: 05.10.2021), Bd. 31, Sp. 863: »zeugnisse, die sich durch gegenstände, denkmäler, werke, thaten oder verhalten kundthun oder aus einer seelischen einstellung fliesszen [sic]« mit dem Hinweis auf Friedrich Schlegel und die Verwendung im Zusammenhang »zeugnisse und denkmahle der urwelt«; Schlegel, Friedrich: Sämtliche Werke,

II. Der Denkmalbegriff des Denkmalpflegegesetzes

Warum im Gesetz von 1975 auf diese altertümliche Bezeichnung zurückgegriffen wurde, obwohl 1961 bereits der nüchternere Werkbegriff Einzug in die Verordnung gehalten hatte, ist nicht klar. 1952 wurde der Zeugnisbegriff nicht etwa deshalb gewählt, weil er im Sächsischen Heimatschutzgesetz von 1934 verwandt worden wäre; dort hieß es vielmehr mit Bezug auf den bürgerlich-rechtlichen Sachbegriff, Denkmale seien »Sachen«. Deiters ordnete 1982 die Verwendung des Zeugnisbegriffes in der VO-52 so ein, dass Denkmale nun nicht mehr allein wegen ihrer kulturgeschichtlichen bzw. künstlerischen Bedeutung geschützt würden, sondern sich das Interesse an ihrer Erhaltung aus ihrer »Eigenschaft als Zeugnisse der geschichtlichen Entwicklung überhaupt« speise.[11]

Schon der erste Entwurf zur neuen Rechtsgrundlage aus dem April 1971 sprach, abweichend von der bestehenden VO-61, von »Zeugen«, später im Jahr war dann von »Zeugnissen« die Rede.[12] Die Abkehr vom Werkbegriff war folglich schon zu einem frühen Zeitpunkt zentral. »Zeugnis« hat gegenüber »Werk« eine bestätigende Komponente. Denkmale, die Zeugnisse sind, können daher als »vergegenständlichte Beweise für den gesellschaftlichen Fortschritt und für die Vervollkommnung der Produktivkräfte« herangezogen werden.[13] Deiters griff die Bedeutung eines Zeugen im gerichtlichen Kontext auf, wenn er meinte, Denkmale trügen als »materielle Beweisstücke« zum herrschenden Geschichtsbild sowie zum wissenschaftlichen Weltbild bei.[14]

Die Formulierung, dass Denkmale »politische, kulturelle oder ökonomische Entwicklungen« bezeugen müssten, beschränkte den Denkmalbegriff auf die Zeugnisse »gesellschaftlicher Entwicklungen« und schloss so etwa Naturdenkmale aus.[15]

Die Zeugnisse politischer, kultureller oder ökonomischer Entwicklungen konnten nur dann zum Denkmal erklärt werden, wenn ihnen eine bestimmte Bedeutung zugeschrieben wurde. Das Gesetz kannte drei verschiedene Bedeutungskategorien: geschichtlich, künstlerisch und wissenschaftlich. Diese drei Bedeutungskategorien waren seit der VO-52 gleich, lediglich die Reihenfolge hatte sich verändert.[16] Diese drei Kategorien sind die Basiskategorien aller Denkmalschutzgesetze. Dies gilt sowohl für die historische Perspektive[17] als auch für die zeitgleich entstandenen

---

Bd. 1, Wien 1822, S. 108/S. 144. Band 31 wurde 1956 vom Wörterbuchkollektiv fertiggestellt. Im Januar 1961 wurde das Autorenkollektiv für die Arbeit am Deutschen Wörterbuch von der Regierung der DDR mit dem Nationalpreis I. Klasse ausgezeichnet.
11 Deiters: Grundlagen und Ziele der Denkmalpflege, 1982, S. 13.
12 BLDAM Wünsdorf, L 9/12, 1. Verordnungsentwurf, 02.04.1971; Zeugnisse: 3. Verordnungsentwurf, 28.07.1971.
13 Rüegg, Peter: Rechtliche Aspekte zur Werterhaltung von Denkmalen, in: Denkmalpflege in der DDR 3 (1976), S. 39–45, S. 39.
14 Deiters: Grundlagen und Ziele der Denkmalpflege, 1982, S. 15.
15 Fischer: Rechtsgrundlagen der Denkmalpflege, 1986, S. 11.
16 VO-52: künstlerisch, wissenschaftlich, geschichtlich; VO-61: künstlerisch, geschichtlich, wissenschaftlich; DPG 1975: geschichtlich, künstlerisch, wissenschaftlich.
17 Speitkamp: Verwaltung der Geschichte, 1996, S. 322.

Gesetzen der Länder der Bundesrepublik in den 1970er-Jahren, denn bis auf in den Gesetzen von Schleswig-Holstein (1958) und Baden-Württemberg (1971) gab es neben diesen drei Kategorien mindestens eine weitere.[18] Auch die Begriffe sind identisch, außer in Baden-Württemberg (1971) und in Bremen (1975), wo statt von »geschichtlich« jeweils von »heimatgeschichtlich« gesprochen wurde.

Die VO-52 hatte sich bei den Kategorien beim Sächsischen Heimatschutzgesetz bedient. Dort waren künstlerisch und wissenschaftlich – neben dem heimatlichen Wert – eigenständige Kategorien. Geschichtlich wurde damals als Unterkategorie zu wissenschaftlich verstanden und in Klammern aufgeführt.[19]

In der VO-52 errang die geschichtliche Bedeutung Eigenständigkeit und behielt sie. Die Bedeutungskategorie schränkte den Kreis der potenziellen Denkmale auf solche ein, die mit ihren Aussagen über historische Leistungen bzw. Ereignisse für »die Bildung und Erziehung in der Gegenwart, insbesondere für die Herausbildung sozialistischer Denk- und Verhaltensweisen«, bedeutsam waren.[20] Damit wurde eine Brücke zu § 1 Abs. 1 S. 1 DPG geschlagen, der als Ziel der Denkmalpflege angab, Objekte (auch) deshalb zu erhalten und zu erschließen, damit sich ihre »bewusstseinsbildende Wirkung« entfalten könne. Konkret bestehe »geschichtliche Bedeutung« eines Objektes dann, wenn es geeignet sei, »für die Entwicklung verschiedener Bewußtseinsformen, wie z.B. des Staats-, National-, Moral- oder des Heimatbewußtseins, wesentliche Geschichtskenntnisse anschaulich, interessant und überzeugend zu vertiefen«.[21] Die geschichtliche Bedeutung war im DPG nun an erste Stelle gerückt. Zwar sollten Reihenfolgen in Gesetzen nicht überbewertet werden, allerdings könnte die Reihenfolge derart interpretiert werden, dass der geschichtlichen Dimension der Denkmale in der DDR eine besondere Rolle zukam, was sich sogar anhand einer eigenen Denkmalgattung, der »Geschichtsdenkmale«, zeigte.[22]

Die »künstlerische Bedeutung« bestehe, wenn das Objekt für die »ästhetische oder ethische Bildung geeignet und wesentlich« sei. Werke mit künstlerischer Bedeutung wirkten »vor allem durch ihren (heutigen) Genuß als künstlerisch gestaltete Werke bewußtseinsbildend«. Sie beeinflussten, so Fischer, die Wertvorstellungen des Betrachters.

Die wissenschaftliche Bedeutung eines Denkmals liege darin, dass es »Gegenstand heutiger wissenschaftlicher Forschung und Erkenntnis« sein könne. Dabei

---

18 Trötschel-Daniels, Bianka: Kann denn Beton Denkmal sein? Zum Denkmalbegriff im Denkmalpflegegesetz der DDR von 1975, in: Tino Mager / Bianka Trötschel-Daniels (Hg.): BetonSalon. Neue Positionen zur Architektur der späten Moderne, Berlin 2017, S. 127–138, S. 131.
19 Jungmann: Kommentar Heimatschutzgesetz, 1934, S. 7.
20 Fischer: Rechtsgrundlagen der Denkmalpflege, 1986, S. 11. Alle Zitate im folgenden Absatz stammen aus dieser Quelle.
21 Ebd.
22 Siehe S. 238.

waren geschichts- und kunstwissenschaftliche Forschungen über die vorgenannten Bedeutungskategorien abgedeckt. Wissenschaftliche Bedeutung allein betraf »die Erkenntnis von in der Vergangenheit gefundenen wissenschaftlich-technischen Lösungen«. Denkmale sollten im alltäglichen Leben »als Objekt für den Erkenntnisprozeß« vorhanden sein, da sie »anschaulicher Gegenstand der eigenen sinnlichen Erkenntnis« waren.[23]

Zusätzlich zum Zeugnischarakter und den zugeschriebenen Bedeutungen musste ein Objekt »im Interesse der sozialistischen Gesellschaft« zum Denkmal erklärt worden sein. Ein Objekt war also nur dann ein Denkmal, wenn es zu einem solchen erklärt wurde. Diese zirkelschlüssige Formulierung nahm auf das konstitutive System Bezug, das in Abkehr von der VO-61 eingeführt wurde. 1961 galt nämlich nach dem deklaratorischen System ein Objekt dann als Denkmal, wenn es die Voraussetzungen erfüllte. Das konstitutive System brachte insofern Rechtssicherheit mit sich, als die Objekte dann Schutz genießen konnten, wenn sie ausdrücklich zum Denkmal erklärt worden waren. Die Denkmalerklärung richtete sich an den Eigentümer des Objektes.[24] Das Element der Erklärung war neu in das Gesetz aufgenommen worden. Zuvor – und auch in anderen Gesetzen, in denen ein konstitutives System praktiziert wird – war bzw. ist die Denkmalerklärung kein Element der Denkmaldefinition.

Dass die Erhaltung bzw. der Schutz von Denkmalen auch im Interesse derjenigen Gesellschaft liegen muss, die für die Denkmale Sorge trägt, ist ein so althergebrachtes wie streitbares Prinzip, weil unklar ist, wer »die Gesellschaft« sein sollte und wer sie repräsentieren kann und darf.[25] In den meisten Gesetzen wird vom »öffentlichen Interesse« gesprochen. Diese Formulierung wurde auch noch 1952 verwendet: Die Erhaltung musste im »öffentlichen Interesse« liegen. 1961 wurde diese Formulierung verändert, die Erhaltung musste nun im »Interesse von Staat und Gesellschaft« liegen. In der letztendlichen Fassung des Gesetzes von 1975 wurde der »Staat« gestrichen und übrig blieb die »sozialistische Gesellschaft«.[26] Der Kommentator zum Denkmalpflegegesetz überging diese Formulierung gar und schrieb, das Objekt müsse »im gesellschaftlichen Interesse« zum Denkmal erklärt werden.[27] Was genau im öffentlichen Interesse liegt, wird in der Bundesrepublik vor allem über streitige Fälle von der Rechtsprechung ausdifferenziert. Ob es

---

23 Fischer: Rechtsgrundlagen der Denkmalpflege, 1986, S. 12.
24 Siehe S. 212f.
25 Faur, Julia Faber du: Der Begriff des öffentlichen Erhaltungsinteresses im Denkmalschutzrecht, Berlin 2004; Mörsch, Georg: Wer bestimmt das öffentliche Interesse an der Erhaltung von Baudenkmalen? Mechanismen und Problematik der Auswahl, in: Deutsche Kunst und Denkmalpflege 38 (1980), S. 126–129.
26 Im 2. Verordnungsentwurf hieß es noch »im Interesse der sozialistischen Gesellschaft und ihres Staates«.
27 Fischer: Rechtsgrundlagen der Denkmalpflege, 1986, S. 12.

in der DDR Fälle gab, in denen die Unterschutzstellung deshalb abgelehnt wurde, weil das Objekt nicht im Interesse der sozialistischen Gesellschaft erhaltenswert sei, müsste anhand der Akten aus den zuständigen Räten des Kreises nachgehalten werden. Im Verlauf des Entstehungsprozesses stand die Formulierung jedenfalls in dieser Form seit Juli 1971 fest.[28]

1.2. Bauwerke der Gegenwart als Denkmale

Einige Gesetze in der Bundesrepublik beschränkten den Denkmalschutz auf Objekte, die aus »vergangener Zeit« stammen. Nach dem Denkmalpflegegesetz der DDR war ein bestimmtes Mindestalter hingegen nicht gefordert. Damit kehrte das Gesetz wieder zum Ansatz zurück, der bereits in der VO-52 verfolgt wurde. Zwar forderte die VO-61 ein Mindestalter nicht ausdrücklich. Sie sprach aber in der (keine Rechtswirkung entfaltenden) Präambel davon, dass Denkmale »Kultur vergangener Epochen« bezeugten. Diese Formulierung wurde im Gesetz nicht verwendet; stattdessen wurde – wieder nur in der Präambel – ausdrücklich festgelegt, dass Denkmale »Leistungen aus der Vergangenheit bis in die Gegenwart« repräsentierten.

Damit knüpfte das Gesetz an Regelungen seiner historischen Vorläufer an. Unterlag ein Objekt dem Denkmalbegriff des § 1 Abs. 2 i. V. m. § 2 a) und b) Sächs. HSG, konnte es ungeachtet einer bestimmten Altersgrenze unter Schutz gestellt werden. Es musste weder einer abgeschlossenen Stilepoche angehören, noch sollte eine bestimmte Anzahl von Jahren zwischen Errichtung und Unterschutzstellung vergangen sein müssen. Das Sächs.HSG ging davon aus, »daß auch Werke aus späterer Zeit schon jetzt oder in nächster Zeit in der allgemeinen Bewertung so gewürdigt werden können, daß sie als Denkmale anzusprechen sind«.[29] Zwar griffen andere Gesetze aus der Zeit um 1920 Zeitgrenzen in ihren Texten auf: Der badische Entwurf für ein Denkmalschutzgesetz von 1913 formulierte ausdrücklich, dass Bauwerke dann Denkmal sein können, so sie aus einer »abgelaufenen Kulturperiode« stammten, in Bayern wurde 1926 von Sachen »aus älterer Zeit« gesprochen. Tatsächlich stellte die ausdrückliche Nennung einer Zeitgrenze aber die Ausnahme dar.[30] Auch von den Gesetzen in der Bundesrepublik normierten lediglich drei ausdrücklich, dass das Objekt aus »vergangener Zeit« stammen müsse, um Denkmal sein zu können.[31]

---

28 BLDAM Wünsdorf, L 9/12, 3. Verordnungsentwurf, 28.07.1971.
29 Jungmann: Kommentar Heimatschutzgesetz, 1934, S. 51.
30 Speitkamp: Verwaltung der Geschichte, 1996, S. 323.
31 Schleswig-Holstein (1958 und auch nach der Neufassung 1972, § 1 (2): »Kulturdenkmale im Sinne dieses Gesetzes sind Sachen vergangener Zeit, […]«), Bayern (1973, Art. 1 (1): »Denkmäler sind von Menschen geschaffene Sachen oder Teile davon aus vergangener Zeit, […]«), Rheinland-Pfalz (1978, § 3 »Kulturdenkmäler sind Gegenstände aus vergangener Zeit […]«).

II. Der Denkmalbegriff des Denkmalpflegegesetzes

Darüber, ob für die Denkmalwerdung ein bestimmtes Mindestalter erforderlich sei, wurde seit Gründung der DDR auch in Fachkreisen debattiert. Hermann Weidhaas, seinerzeit Professor an der Hochschule für Baukunst und Bildende Künste in Weimar, verfasste im Juni 1950 Überlegungen zur Denkmalpflege.[32] Diese dienten dem Ministerium für Bauwesen als Diskussionsgrundlage, als die Zuständigkeit für die Denkmalpflege zu jener Zeit vom Ministerium für Volksbildung auf das Ministerium für Bauwesen übergehen sollte. Zur Zuordnung zum Bauministerium kam es zugunsten des Ministeriums für Kultur zwar nicht, dennoch liefert das Papier Weidhaas' Einblicke in die denkmaltheoretischen Überlegungen während der frühen DDR-Zeit. Weidhaas war Kunsthistoriker und Architekt und übernahm 1949 die erste deutschsprachige Professur für Denkmalpflege in Weimar.[33] Wie auch Strauss war er innerhalb der amtlichen Denkmalpflegerschaft der frühen DDR weitgehend isoliert, Brandt mutmaßte, das habe damit zu tun, dass beide nie als aktive Denkmalpfleger gearbeitet hatten,[34] wohl aber auch mit Weidhaas' Rolle beim Abriss des Berliner Schlosses.[35] Nichtsdestotrotz zeugen die teils radikalen Neuordnungsideen Weidhaas' davon, wie früh darüber nachgedacht wurde, dass eine Zeitgrenze gerade im Sozialismus keinen Platz in der Denkmalpflege haben sollte.

Weidhaas kritisierte an der bisherigen Auslegung des Denkmalbegriffes unter anderem die Konzentration auf den Riegl'schen Alterswert. Dieser ergab sich aus den »Stimmungswirkungen, die das Wissen um das hohe Alter eines Gegenstandes hervorbringt und aus dem Gehalt an Geschichtsmenge, der mit zunehmendem Alter wächst«.[36] Der Denkmalbegriff einer »fortschrittlichen Denkmalpflege« rechne allerdings nicht mit Stimmungen, »die sehr labil zu sein pflegen«. Zentraler sei der ebenfalls von Alois Riegl bedachte »Dokumentarwert«, denn das Denkmal »entschleiert« Voraussetzungen und Ziele seiner Errichtung. Aus diesen Gedanken heraus entwickelte Weidhaas seinen Denkmalbegriff, der daher alles umfasse, »was für eine Epoche – auch die gegenwärtige – charakteristisch ist und sie nur noch in seltener werdenden Exemplaren vertritt. […] Denkmal ist jedes Glied, das die Kette der Überlieferung nicht zerreißen lässt«. Auch wenn Weidhaas' Überlegungen nicht zu nachzuvollziehenden Reaktionen innerhalb der

---

32 BArch, DH 1/39020, Weidhaas, Grundsätzliches zur Denkmalpflege, 18.06.1950. Dazu Brandt: Geschichte der Denkmalpflege in der SBZ/DDR, 2003, S. 82–87.
33 Wirth, Hermann: Der erste Lehrstuhl für Denkmalpflege an einer deutschen Universität in Weimar, in: Weimarer Heimat. Natur, Geschichte, Kultur des Kreises Weimar Land 13 (1999), S. 20–22.
34 Brandt: Geschichte der Denkmalpflege in der SBZ/DDR, 2003, S. 77.
35 Wie Strauss war auch Weidhaas in die Diskussionen um den Abriss des Berliner Stadtschlosses verwickelt und hat wohl im Auftrag Ulbrichts Aufmaß am Berliner Stadtschloss genommen; Wirth, Hermann: Die Weimarer Fragmente der Aufmaßdokumentation des Berliner Stadtschlosses, in: kritische berichte (1994), S. 47 f.
36 BArch, DH 1/39020, Weidhaas, Grundsätzliches zur Denkmalpflege, S. 19, 18.06.1950.

Denkmalpflegerschaft führten,[37] wurde die Diskussion um ein Mindestalter von Denkmalen immer wieder aufgegriffen.

Im ersten Grundsatzpapier zur Denkmalpflege der DDR, den Bad Saarower Empfehlungen von 1964, waren die Autoren allerdings noch dem geltenden Denkmalverständnis der Verordnung von 1961 verhaftet. Denkmale waren danach »aufschlussreiche Urkunden für [die] Lebensweise der Menschen in der Vergangenheit«. Betont wurde vor allem die historische Komponente der Denkmale und mit ihr gerechtfertigt, alten Baubestand überhaupt zu erhalten. Denkmale lehrten in ihrer zeitlichen Abfolge anschaulich, »die Gesetzmäßigkeit der Entwicklung bis zum Aufbau der Produktion, der gesellschaftlichen Lebensform und der Umwelt im Sozialismus zu erkennen. Damit erhält die Existenz und die Aussagekraft der Denkmale aktuelle politische Bedeutung«.[38] In dieser Frühphase der politisch-ideologischen Neuorientierung ging es für die Verantwortlichen in der Denkmalpflege darum, aufzuzeigen, welche Daseinsberechtigung historische Bauwerke im neuen Staat überhaupt hatten. Offenkundig war die grundsätzliche Bedeutung der Denkmale und ihrer Pflege in den Anfangsjahren der DDR nicht allgemein anerkannt, neben »Neigung zum Aufschub der notwendigen Maßnahmen«, habe es auch »ideologische Schwächen in der Erkenntnis des Werts der historischen Baukunst als eines sehr wesentlichen Bestandteils unseres kulturellen Erbes« gegeben, so Deiters 1964.[39] Darum musste betont werden, dass den Denkmalen eine für den aufzubauenden Staat elementare Bedeutung zugeschriebenen werden könne: Ihre Existenz veranschaulichte, dass es zum Sozialismus kommen musste.

Im weiteren Nachdenken über Denkmalpflege ließ sich der Gedanke über die bloße politische Daseinsberechtigung hinaus weiterentwickeln. Nadler formulierte im Spätsommer 1968 vor dem Kulturbundpräsidium die nächste Stufe dieser Überlegungen: Denkmale konnten in der Gegenwart geformt werden.

> »Wir sollten uns immer wieder vor Augen halten, wie eng ein Denkmal mit der Gegenwart verbunden ist. Denkmale werden doch in der Fülle des Lebens geboren. Die gute Tat von heute, der schöpferische Akt einer genialen geistigen Konzeption und Gestaltung, ist morgen Denkmal dieser guten Tat. Denkmale werden immer in einer Gegenwart erdacht und geformt. Denkmale überdauern die Generationen und werden immer aufs Neue erworben, wenn sie lebendiger geistiger Besitz der Gesellschaft sind.«[40]

---

37 Siehe S. 235, Fn. 44.
38 BArch, DY 27/7338, Bad Saarower Empfehlungen, S. 2, 27.–30.11.1964.
39 BArch, DY 27/4421, Blatt 51, Deiters' Referat »Die nächsten Aufgaben der Denkmalpflege«, 05.09.1964.
40 BArch, DY 27/8262, Hans Nadlers Beitrag für die Diskussion Architektur und Städtebau im Präsidialrat des Deutschen Kulturbundes, Denkmalpflege im Städtebau, 19.08.1968.

Nadler formulierte damit einen bedeutenden Ansatz in der Denkmalpflege der DDR, nämlich, dass Denkmale in den Alltag der Menschen integriert werden müssen, um Wirkung zu entfalten. Über die permanente Beschäftigung mit der Bausubstanz könne diese interpretiert und angeeignet werden. Nun ging es nicht mehr nur darum, zu kommunizieren und zu akzeptieren, dass historische Bausubstanz vorhanden war und anhand dieser eine historische Entwicklungslinie abgelesen werden konnte, sondern auch darum, den Bestand zu interpretieren und ihn mit den Bedürfnissen und Ansichten der Gegenwart zu verbinden.

Im dritten Schritt wurde dieser Gedanke fortgeführt: Nun ging es nicht mehr lediglich um die Interpretation von Vorhandenem, sondern um die Neuschaffung von Denkmalen, eigener Denkmale, die zwangsläufig junger sein mussten als die bisher vorgefundene Substanz. Im zweiten Grundsatzpapier der Denkmalpflege, der »Neuordnung« vom Spätsommer 1968, ist sodann auch die Rede davon, dass dem überlieferten Schatz der nationalen Kultur ständig neue Werke aus der Schöpferkraft der Werktätigen, Volkskunstschaffenden, Architekten, Bildhauer und Maler hinzugefügt würden.[41] In der vorgeschlagenen Aufstellung für eine zentrale Denkmalliste sind allerdings keine (Bau-)Werke jüngeren Datums enthalten, sondern vorrangig klassisch-kunsthistorisch wertvolle Bauwerke wie Kirchen, Schlösser und Burgen. In der ersten vorgeschlagenen Kategorie zu historischen Gedenkstätten und Stätten der Arbeiterbewegung finden sich vor allem Gedenkstätten und -häuser zu wichtigen Persönlichkeiten der Arbeiterbewegung (Lenin, Clara Zetkin) sowie zu nationalsozialistisch geprägten Orten, aber auch Gedenkorte für Luther, das Völkerschlachtdenkmal in Leipzig sowie die Wartburg in Eisenach.[42]

Ganz deutlich wird die Auffassung zum Alter von Denkmalen dann in der Neufassung der Vorlage zur Neuordnung der Aufgaben und Arbeitsweise der Denkmalpflege im gesellschaftlichen System des Sozialismus formuliert, die Deiters im Januar 1969 an den Vertreter des Ministeriums der Finanzen, Höft, sandte.[43] Durch den »Dokumentarwert ihrer originalen Substanz« seien Denkmale für die marxistische Geschichtsforschung von besonderer Bedeutung. Die »Kette« erhaltener Denkmale lehre die Menschen, in geschichtlichen Kategorien zu denken.[44] Ein Geschichtsbewusstsein, das die Kontinuität progressiver Kräfte erkenne, setze voraus,

---

41 BArch, DY 27/8262, Neuordnung, S. 1, 01.08.1968.
42 BArch, DY 27/8262, Anlage 2 zur Neuordnung, 01.08.1968.
43 BArch, DN 1/15931, Bd. 1, Neufassung der Vorlage zur Neuordnung, Deiters an Höft, S. 2, 14.01.1969.
44 In diesem Dokument wurden in engem Zusammenhang der Begriff »Dokumentarwert« und das Bild einer »Kette« verwendet, die auch Weidhaas 1950 in seinen Überlegungen nutzte. Sie werden sonst nirgends (nicht in der »Neuordnung« von 1968 oder in den Bad Saarower Empfehlungen, 27.–30.11.1964) erwähnt. Möglicherweise wurde Weidhaas' Papier 1969 doch rezipiert.

»daß der Denkmalbegriff nicht mehr nur auf die Zeugnisse abgeschlossener geschichtlicher Epochen angewandt wird. Wenn Orte großer historischer Ereignisse und besondere künstlerische Leistungen, die die geschichtliche Rolle der DDR und ihren Aufbau symbolisieren, als Denkmale herausgestellt werden, wird die Gesamtheit der Denkmale dem historischen und politischen Bewußtsein gerade der jungen Menschen eine Basis geben, auf der die Verpflichtung zu eigener Leistung zugunsten der weiteren sozialistischen Entwicklung wächst.«[45]

Dabei ist zu bedenken, dass es zu diesem Zeitpunkt nicht grundsätzlich um einen neuen Rechtstext ging, sondern zunächst darum, die Denkmalpflege innerhalb der Kulturpolitik neu zu positionieren. Der Gegenwartsbezug sollte folglich in die Verordnung von 1961 hineingelesen werden können.

Was konkret unter zeitgeschichtlichen Denkmalen verstanden werden sollte, wird in der Begründung zur Ministerratsvorlage vom Frühjahr 1970 deutlich:

»Zeugen bedeutender politischer Ereignisse und besonderer Aufbauleistungen aus der Geschichte unserer Republik, wie das Ensemble der Weberwiese und das Staatsratsgebäude in Berlin sind in den Denkmalbegriff einzubeziehen. Die Methodik des Schutzes und der Pflege dieser Denkmale der Zeitgeschichte ist zu entwickeln«.[46]

Als Denkmale des Städtebaus und der Architektur waren das angesprochene Staatsratsgebäude sowie das Hochhaus an der Weberwiese als Teil eines großräumigen Ensembles in Berlin schließlich auf der zentralen Denkmalliste von 1979 verzeichnet.[47]

In den ersten vorgelegten Entwürfen für eine neue Denkmalschutzverordnung war indes kein Bezug zur Gegenwart vorhanden. Erst im 3. Entwurf zum Denkmalpflegegesetz fand sich in der Präambel der Satz, dass »Leistungen schöpferischer Menschen aus der Vergangenheit bis zum heutigen Tag« durch Denkmale repräsentiert werden sollen. Diese Formulierung wurde auch in die endgültige Fassung des Gesetzes übernommen und ist der einzige Hinweis darauf, wie der Denkmalbegriff zeitlich ausgedehnt werden sollte. Die Denkmaleigenschaft könne nicht mehr auf abgeschlossene Epochen beschränkt werden: »Der geschichtliche Fortschritt muß uns bis in unsere Tage hinein bewußt werden«,[48] so erläuterte Deiters den Denkmalbegriff 1977.

---

45 BArch, DN 1/15931, Bd. 1, Neufassung der Vorlage zur Neuordnung, Deiters an Höft, S. 2, 14.01.1969.
46 BArch, DN 1/15931, Bd. 1, Ordnung zur Durchführung der Denkmalpflege im entwickelten gesellschaftlichen System des Sozialismus, 27.04.1970; Begründung zur Ministerratsvorlage, S. 15, 17.03.1970.
47 GBl. SD Nr. 1017, Zentrale Denkmalliste, 25.09.1979.
48 Deiters, Ludwig: Zur Arbeit mit dem Denkmalpflegegesetz vom 19. Juni 1975 und den Nachfolgeregelungen, in: Denkmalpflege in der DDR 4 (1977), S. 2–13, S. 3.

II. Der Denkmalbegriff des Denkmalpflegegesetzes

Konsequent für die denkmalpflegerische Praxis gedacht, musste diese Auslegung des Denkmalbegriffs auch dazu führen, dass die aufzustellenden Denkmallisten kontinuierlich um gerade erst errichtete, für die staatstragende Narration wichtige Bauwerke erweitert würden. Schulmeister überlegte daher 1978, »ob es möglich ist, evt. jeweils nach fünf Jahren eine bestimmte Erweiterung der zentralen Denkmalliste beschließen zu können«. Dabei sollten Objekte berücksichtigt werden, die die DDR-Geschichte in ihren verschiedenen Bereichen repräsentierten.[49] Zu einer solchen Erweiterung der zentralen Denkmalliste ist es jedoch nicht gekommen. Die einzige verabschiedete Liste stammt aus dem Jahr 1979.

Ob es auf den Listen der unteren Ebenen, die vorrangig im Verlauf der 1980er-Jahre erstellt wurden, Anpassungen gab, müsste systematisch überpruft werden.[50] Escherich schätzt, dass auf den Listen ca. 300 Positionen aus der Zeit nach 1945 und davon wiederum »deutlich über hundert« Objekte aus der Zeit nach 1955 verzeichnet waren.[51] Vorausgesetzt, in jedem der 191 Landkreise sowie in den 28 Stadtkreisen[52] wurden Denkmallisten aufgestellt, befänden sich bei 300 Objekten auf jeder dieser 219 Listen durchschnittlich 1,4 Objekte, die nach 1945 erbaut wurden.[53] Im Verhältnis zum auf den Kreislisten erfassten Gesamtbestand stellen 300 Denkmale keine große Zahl dar, wenn zugrunde gelegt wird, dass eine einzige Kreisliste ca. 400 bis 500 Objekte umfassen konnte.

Denkmale jungen Alters waren vor allem solche Objekte, die für die unmittelbare Geschichte der DDR von Bedeutung waren. Sie repräsentierten die sogenannten »revolutionären Traditionen der Arbeiterbewegung«, den »antifaschistischen Widerstandskampf«; sie standen für die »Verwirklichung des sozialistischen Patriotismus« sowie für den »proletarischen Internationalismus« (vgl. § 1 Abs. 2 DPG). Mit diesen Objekten sollte »die Kontinuität der progressiven Kämpfe und Leistungen betont und erstmals die undialektische Beschränkung der Denkmale vergangener Epochen überwunden«[54] werden. Hier wird deutlich, dass junge Objekte insbesondere zur Denkmalgattung der sogenannten Geschichtsdenkmale gehörten.

---

49 BArch, DY 27/8353, Schulmeister an Hoffmann, 14.11.1978.
50 Dafür müssten die Denkmallisten der DDR grundsätzlich zunächst erfasst, analysiert und im besten Fall digitalisiert werden.
51 Escherich: Denkmale unserer Zeit, 2015, S. 55.
52 Mampel: Das System der örtlichen Volksvertretungen, 1982, S. 515.
53 Für belastbare Zahlen müsste der Bestand der Kreislisten systematisch erfasst werden.
54 BArch, DA 1/11732, Stenographisches Protokoll der Sitzung des Volkskammerausschusses für Kultur, S. 8, 29.05.1975.

2. Besonders ausgeprägte Denkmalgattungen des Denkmalpflegegesetzes – Genese und Vergleich

Drei Denkmalgattungen kam besondere Bedeutung zu. Sie wurden im Vergleich zu den Bestimmungen in der Bundesrepublik exklusiv, besonders frühzeitig oder umfassender in der DDR geregelt. Es handelt sich um die Denkmalgattungen: »Geschichtsdenkmale« (2.1.), technische Denkmale (2.2.) und Denkmale der Garten- und Landschaftsgestaltung, die sogenannten Gartendenkmale (2.3.).

2.1. Geschichtsdenkmale

»§ 3 (2) Zu den Denkmalen gehören:
– Denkmale zu bedeutenden historischen und kulturellen Ereignissen und Entwicklungen oder zu Persönlichkeiten der Politik, der Kunst und Wissenschaft wie Bauten oder andere Wirkungsstätten und ihre Ausstattungen, Befestigungsanlagen, Schlachtfelder und Grabstätten, Standbilder, Gedenksteine und Tafeln;
– Denkmale zur Kultur und Lebensweise der werktätigen Klassen und Schichten des Volkes wie typische Siedlungsformen, Wohn- und Arbeitsstätten mit ihren Ausstattungen […].«

2.1.1 Entwicklung der Gattung »Geschichtsdenkmale«

Mit dem Denkmalpflegegesetz wurde die Denkmalgattung der sogenannten Geschichtsdenkmale erheblich ausgebaut. Deiters erläuterte, dass unter dem Begriff Geschichtsdenkmale »diejenigen Stätten und Bauten [verstanden wurden], die speziell vom Leben und Wirken historischer Persönlichkeiten oder von bedeutenden geschichtlichen Ereignissen oder Entwicklungen zeugten«.[55]

Die Gattung »Geschichtsdenkmale« hatte zwar mit den Diskussionen über das neue Gesetz eine neue wie irritierende Bezeichnung bekommen,[56] der sie tragende Gedanke wohnte allerdings bereits den Vorgängerverordnungen inne.

Auch noch ältere Gesetze griffen den Gedanken auf, dass Denkmal auch sein könne, was an Ereignisse erinnere, ohne den Schutz vorrangig an Bausubstanz zu knüpfen. In Gesetzentwürfen Preußens und Badens aus dem 19. Jahrhundert wurde die politische Relevanz eines Objektes betont, erst sie rechtfertige das staatliche Engagement für den Erhalt.[57] Der badische Gesetzentwurf von 1883 sah vor, dass Denkmale nur dann erhalten würden, wenn auch »die Erhaltung der Er-

---

55 Deiters: Erinnerungen und Reflexionen, 2014, S. 38.
56 Bogner: Denkmale der unmittelbaren Vergangenheit, 2017, S. 172.
57 Speitkamp: Verwaltung der Geschichte, 1996, S. 324.

innerung an Vorgänge von hervorragendem historischem Interesse« durch den Schutz vorgesehen war.[58] Im Entwurf des russischen Denkmalschutzgesetzes von 1877 finden sich ähnliche Gedanken. Der Entwurf sah vor, dass auch »zeitgenössische Werke der Monumentalkunst, die an historische Ereignisse erinnern sollten (etwa das erst 1862 errichtete Denkmal »Russlands Millennium« in Nowgorod), als ›Geschichtsdenkmäler‹« gewertet werden. Davydov verwendete sogar in seiner Übersetzung des Gesetzentwurfes den in der DDR gewählten Begriff der Geschichtsdenkmale.[59]

Schon die VO-52 hatte in § 1 Abs. 2 d) eingeführt, dass auch »Gegenstände, die zu bedeutenden Persönlichkeiten oder Ereignissen der deutschen Geschichte in Beziehung stehen«, Denkmal sein konnten. Diese Gattung ergänzte zusammen mit den technischen Denkmalen diejenigen, die aus dem Sächsischen Heimatschutzgesetz übernommen worden waren (Denkmale der Architektur und des Städtebaus sowie Kunstdenkmale).[60]

In der Verordnung von 1961 wurde den Geschichtsdenkmalen ein prominenterer Platz eingeräumt, sie rückten an die erste Stelle der Aufzählung. Verbunden wurde der Gedanke aus der Vorgängerregelung mit den Gedenkstätten, insbesondere zum antifaschistischen Widerstand, sowie mit der Geschichte der Arbeiterbewegung. Es hieß in der VO-61:

»§ 2 (2) a) VO-61: Denkmal im Sinne des Abs. 1 sind insbesondere nationale Gedenkstätten und andere Stätten, die zu bedeutenden Ereignissen oder Persönlichkeiten der Geschichte, besonders auch der Geschichte der Arbeiterbewegung, in Beziehung stehen; […].«

Die Rangordnung wurde als ein Zeichen der »fortgeschrittenen sozialistischen Entwicklung« gewertet, »die entscheidende Rolle der Deutschen Demokratischen Republik bei der Wahrung der Nation und der Erhaltung der nationalen Traditionen sowie die Anerkennung der Arbeiterklasse als der führenden Kraft in der fortschrittlichen Entwicklung« komme in diesen Denkmalen zum Ausdruck.[61] Verbunden wurden Denkmale dieser Gattung schon damals in der Theorie mit den Objekten, die in Beziehung zur Arbeiterbewegung standen. In der Praxis schlug sich dieses Verständnis zunächst jedoch nicht nieder. Die erste zentrale Denkmalliste von 1962 enthielt unter den 32 Positionen zwar auch die drei Gedenkstätten Buchenwald, Ravensbrück und Sachsenhausen sowie die Nationalen Forschungsstätten der klassischen deutschen Literatur in Weimar. Denkmale der Arbeiterbewegung fanden sich jedoch nicht. Das lag wahrscheinlich daran, dass

---

58 Ebd., S. 324 f.
59 Davydov: Denkmalschutz für Grenzsicherungsanlagen in Russland, 2014, S. 19.
60 Zu den technischen Denkmalen siehe S. 246.
61 Münzer: Erläuterungen zur VO-61, 1962.

ein besonderer »internationaler Kunstwert« gefordert war, um ein Objekt auf die Liste aufzunehmen.[62] Dieser konnte den Denkmalen der Arbeiterbewegung häufig nicht zugeschrieben werden.

Die Unterscheidung zwischen künstlerischem und geschichtlichem Wert der Denkmale war bereits in den Beratungen von Bad Saarow 1964 zentral. Vor dem Hintergrund der ideologischen Neupositionierung der Denkmalpflege wurde dort erläutert, dass Denkmale »wertvollstes Studienmaterial« für die Geschichtswissenschaft seien, dass sie »erinnern« und eine politische Aussagekraft haben könnten; sie leisteten darüber hinaus einen Beitrag zum nationalen Geschichtsbild.[63]

Im weiteren Verlauf der Diskussionen kristallisierte sich heraus, dass Denkmale stärker als »bewußtseinsbildender Faktor« beachtet werden sollten. Aus diesem Grunde werde man künftig zwischen Geschichts- und Kunstdenkmalen unterscheiden, so erläuterte Deiters 1970 die angedachte Neukonzeption vor Kulturbundvertretern. Geschichtsdenkmale seien 1. Denkmale der politischen Geschichte einschließlich der Arbeitergeschichte, 2. Denkmale der Militärgeschichte, 3. Denkmale der Kulturgeschichte (Bach-Gedenkstätten, Goethe-Gedenkstätten), 4. Denkmale der Produktionsgeschichte, 5. Ethnografische Denkmale.[64] Der erste Verordnungsentwurf vom April 1971 enthielt dann auch eine ausdrückliche Zweiteilung des Denkmalbegriffs in Geschichtsdenkmale einerseits und Kunstdenkmale andererseits.[65]

In der Fassung des Gesetzentwurfes von November 1973, die erstellt wurde, nachdem der Ministerrat es abgelehnt hatte, den Entwurf in die Volkskammer einzubringen, wurde die ausdrückliche Zweiteilung in Geschichts- sowie Bau- und Kunstdenkmale aufgegeben.[66] In der endgültigen Fassung des DPG ist sie dennoch erkennbar: Die ersten drei Spiegelstriche des § 3 Abs. 2 DPG waren den Geschichtsdenkmalen (politische und militärgeschichtliche Denkmale, ethnografische Denkmale sowie Denkmale der Produktions- und Verkehrsgeschichte), die letzten drei Spiegelstriche (Städtebau, Architektur, Landschafts- und Gartengestaltung sowie Kunstdenkmale) den Bau- und Kunstdenkmalen zugeordnet.

Die Gattung »Geschichtsdenkmale« verselbstständigte sich auch organisatorisch ab 1975 mit der Bildung der gleichnamigen Abteilung beim Institut für Denkmalpflege unter der Leitung von Gerhard Thiele.[67] Thiele war, wie andere Mitarbeiter der neu gegründeten Abteilung auch, Historiker. Das war ein bedeutender Unterschied zu den anderen Bereichen des IfD, in denen vorrangig

---

62 Siehe S. 206.
63 BArch, DY 27/7338, Bad Saarower Empfehlungen, S. 1 f., 27.–30.11.1964.
64 BArch, DY 27/8933, Protokoll über die Bezirksfachtagung zu Fragen der Denkmalpflege im Bezirk Gera, S. 5, 09.07.1970.
65 Ab 8. Verordnungsentwurf, vermutlich Frühjahr 1972, BArch, DY 27/4306, S. 136–148, wurde die zweite Rubrik mit »Bau- und Kunstdenkmale« überschrieben.
66 BLDAM Wünsdorf, L 9/18, Gesetzentwurf, 23.11.1973.
67 Bogner: Denkmale der unmittelbaren Vergangenheit, 2017, S. 171.

Architekt*innen und Kunsthistoriker*innen angestellt waren. Die Abteilung war damit eine der wenigen Verbindungen der Denkmalpflege zur Geschichtswissenschaft. Hierin liegt das dezidiert Politische dieser Denkmalgattung. Ganz im Sinne Jan Assmanns, nach dem nur bedeutsame Vergangenheit erinnert und nur erinnerte Vergangenheit bedeutsam werde,[68] galt es für die Abteilung für Geschichtsdenkmale, bestimmte Bilder von Geschichte, bestimmte Erzählungen und Diskurse zu evozieren. Sie wollte mithilfe der Denkmale ein kollektives Gedächtnis konstruieren. Thiele erläuterte den Zusammenhang zwischen Denkmalpflege und Geschichtswissenschaft indes so:

»Sozialistische Denkmalpflege fördert das Geschichtsbewußtsein. Aber die Dialektik will es, daß die sozialistische Denkmalpflege ihrerseits nicht möglich ist ohne ein vom marxistischen Geschichtsbild getragenes Geschichtsbewußtsein. Je tiefer dieses Bewußtsein bei allen verankert ist, die Denkmalpflege zu betreiben haben, je breiter und tiefer ihr Geschichtsbild angelegt ist, desto einfühlender und wissenschaftlicher werden sie die Denkmale behandeln.«[69]

Denkmalpflege und Geschichtswissenschaft sollten sich nicht gegenseitig befruchten, vielmehr sollte Denkmalpflege im geschichtswissenschaftlichen Sinne stattfinden. Denkmalpflege könne besser betrieben werden, wenn sich das Geschichtsbild durch das Studium marxistischer Geschichtswissenschaften festige; Denkmalpflege war im Bereich der Geschichtsdenkmale eine reine Hilfswissenschaft für die Geschichtswissenschaft. Entsprechend dürftig fallen die Ausführungen Deiters 2014 zum Thema Geschichtsdenkmale aus. Er lobte zwar Thiele als jemanden, der dem IfD »besonders verbunden« war, meinte dann aber lapidar, es habe auf dem Gebiet der Geschichtsdenkmale »vieles hinsichtlich der Erfassung und Beschreibung, der Konservierung und Präsentation zu bedenken [gegeben], und es galt, sich mit der Praxis entsprechend auseinanderzusetzen«.[70]

2.1.2 Geschichtsdenkmale als Erinnerungsorte
Mit den Geschichtsdenkmalen erhielten Objekte, die vorrangig oder gar ausschließlich ihrer geschichtlichen Aussagen wegen erhalten wurden, eine eigene Kategorie. Bausubstanz war keine Schutzvoraussetzung. So finden sich auf den

---

68 Assmann, Jan: Das kulturelle Gedächtnis. Schrift, Erinnerung und politische Identität in frühen Hochkulturen, München 2007, S. 77.
69 Thiele, Gerhard: Aktuelle Probleme der Erfassung und Erschließung der Geschichtsdenkmale, in: Denkmalpflege in der DDR 6 (1979), S. 5–11, S. 11.
70 Deiters: Erinnerungen und Reflexionen, 2014, S. 38. Auch der Artikel vom zweiten Generalkonservator Peter Goralczyk zur politischen Dimension der Denkmalpflege in der DDR enthält keine Ausführungen zur Abteilung Geschichtsdenkmale, Goralczyk, Peter: Denkmalpflege und Politik in der DDR – ein Rückblick, in: Jörg Haspel/Hubert Staroste/Landesdenkmalamt Berlin (Hg.): Denkmalpflege in der DDR. Rückblicke, Berlin 2014, S. 118–127.

Denkmallisten unter dieser Kategorie auch Gedenktafeln oder Gedenksteine als Denkmale verzeichnet, die an ihren Orten an dort zuvor niedergelegte Bauwerke erinnerten, in denen als bedeutend eingestufte Ereignisse stattgefunden haben.[71] Dabei war es nicht zwingende Voraussetzung, dass die Ereignisse nach der Staatsgründung der DDR 1949 stattgefunden haben.

Allerdings wurden ab 1979, dem 30. Jahrestag der Staatsgründung, vermehrt auch Objekte auf die zu diesem Zeitpunkt zu erstellenden Denkmallisten aufgenommen, die erst während der Zeit der DDR erbaut worden waren.[72] Diese Objekte wurden häufiger auch als »Denkmale der Geschichte der DDR« bezeichnet und sind von den »Geschichtsdenkmalen« zu unterscheiden. Sie konnten ebenfalls als Geschichtsdenkmale verzeichnet werden, gingen in manchen Fällen jedoch über die Denkmalgattung hinaus bzw. waren zum Zeitpunkt des Mauerfalls (noch) keine Denkmale nach dem Denkmalpflegegesetz.[73] Sie stellten neben den Denkmalen des antifaschistischen Widerstandes eine wichtige Gruppe an Objekten dar, die hauptsächlich zu den Geschichtsdenkmalen gezählt wurden. Eine weitere Gruppe waren die Denkmale der Arbeiterbewegung.[74]

Als dem Denkmalbegriff in § 3 DPG vorgelagerte Vorschrift regelte § 1 Abs. 2 DPG insbesondere die politische Zielrichtung von Denkmalen der Arbeiterbewegung. Sie seien für

»die Verwirklichung des sozialistischen Patriotismus und proletarischen Internationalismus zu erschließen [...]. Diese Festlegung trägt in besonderem Maße der Tatsache Rechnung, daß die DDR das gesetzmäßige Ergebnis der jahrhundertelangen Kämpfe der progressiven Kräfte des deutschen Volkes ist und die gegenständlichen Zeugnisse dieser bis zur unmittelbaren Gegenwart reichenden gesellschaftlichen Entwicklung für die Herausbildung der sozialistischen deutschen Nation besonders bedeutsam sind. Damit wird auch gleichzeitig klargestellt, daß ein bestimmtes ›Alter‹ der Zeugnisse gesellschaftlicher Entwicklungen, ein bestimmter zeitlicher Abstand zu ihnen kein Kriterium des Denkmalbegriffs ist.«[75]

---

71 TLDA Erfurt, Denkmalliste des Kreises Eisenach, Mitteilungen des Kreistages und des Rates des Kreises Eisenach, Beschluss Nr. 0068/79, 22.03.1979, z. B. Gedenktafel, die an den V. Parteitag der SDAP 1873 (ehem. »Gasthaus Sonne«) erinnert; Tafel zum Gedenken an den Schauplatz der Pulverexplosion 1810; Gedenktafel an Ernst Abbe (ehem. Standort seines Geburtshauses).
72 Deiters: Erinnerungen und Reflexionen, 2014, S. 38.
73 Bogner: Denkmale der unmittelbaren Vergangenheit, 2017, S. 172 sowie S. 176–181 zum inventarähnlichen Buchprojekt der Abteilung für Geschichtsdenkmale, das 360 Objekte enthielt und den Titel »Denkmale zur Geschichte der DDR. Eine Auswahl« tragen sollte, wobei die wenigsten der vorgeschlagenen Objekte tatsächlich auf Denkmallisten verzeichnet waren. 80 Prozent der zusammengetragenen Objekte waren nach 1945 errichtet oder baulich verändert worden. Das Buch sollte anlässlich des 40. Jahrestages der DDR erscheinen. Dazu kam es jedoch nicht mehr; auch Escherich: Denkmale unserer Zeit, 2015, S. 64.
74 Deiters: Zum neuen Denkmalpflegegesetz, 1975, S. 1.
75 Fischer: Rechtsgrundlagen der Denkmalpflege, 1986, S. 3 f.

Unter den Geschichtsdenkmalen sind daher besonders auch junge Bauwerke verzeichnet.

Untersucht man die Objekte dieser Gattung der zentralen Denkmalliste, fällt ebendiese junge bauliche Substanz auf, die für die Unterschutzstellung allerdings eben kein Hindernis war. Die Mahn- und Gedenkstätten zum antifaschistischen Widerstand beispielsweise wurden allesamt zwischen 1958 und 1961 eröffnet und waren zum Zeitpunkt ihrer Denkmalwerdung kaum 18 Jahre alt.[76] Vier der ersten fünf alphabetisch gelisteten Positionen in dieser Kategorie stammen – bis auf das Schloss Allstedt im Kreis Sangerhausen, das bereits im 9. Jahrhundert erstmals urkundlich erwähnt wurde – aus der zweiten Hälfte des 20. Jahrhunderts: Die Karl-Marx-Gedenkstätte wurde 1964 errichtet, das Spanienkämpfer-Denkmal im Volkspark Friedrichshain 1968, das Denkmal des polnischen Soldaten und des deutschen Antifaschisten 1972, der Zentralfriedhof Friedrichsfelde in Berlin-Lichtenberg mit den Gedenkstätten der Sozialisten und Pergolenweg 1951 sowie die Gedenktafel am Wohnhaus Artur Beckers[77] in der Schlichtallee 1 in Berlin-Lichtenberg, die 1968 angebracht wurde. Schon anhand dieser stichprobenartigen Aufschlüsselung der Baujahre der Geschichtsdenkmale wird deutlich, dass es bei diesen Objekten gerade nicht auf eine schützenswerte, kunsthistorisch oder architektonisch wertvolle Substanz ankam, sondern vor allem auf die durch das Objekt vermittelte Narration der Vergangenheit.

Geschichtsdenkmale vermischten verschiedene Ebenen der Erinnerung: Gedenkstätten, Denkmale, Mahnmale. In Ansätzen wurde mit dieser Denkmalgattung das Konzept des Erinnerungsortes vorweggenommen. Konzept und Begriff des Erinnerungsortes gehen zurück auf die Gedanken des französischen Historikers Pierre Nora. Zwischen 1984 und 1992 sammelte Nora in einem sieben Bände umfassenden Werk Orte, deren »Wirkungskraft als Symbole und ihr – entscheidendes und doch zugleich ungreifbares – Gewicht für die Herausbildung der politischen Identität Frankreichs« konstitutiv waren. Der Begriff, den Nora für diese Orte fand, lautet »Les lieux de mémoire«. Wörtlich übersetzt bedeutet er »Gedächtnisorte«. Diesen Begriff hat Nora auch selbst in einer für das deutschsprachige Publikum gedachte Vorwort einer Aufsatzsammlung genutzt. In der Folge hat Noras Herangehensweise viele Nachahmer gefunden und so hat es auch in Deutschland ein Projekt gegeben, das solche Gedächtnisorte für die deutsche Nation zusammengetragen hat. Diese Arbeit wurde von Etienne François und Hagen Schulze Anfang der 2000er-Jahre in einem dreibändigen Werk bewältigt. Sie

---

76 Die älteste der Gedenkstätten, Buchenwald, war 1958 eröffnet worden, die Gedenkstätte Ravensbrück 1959 und die Gedenkstätte in Sachsenhausen erst 1961.
77 Artur Becker war ein kommunistischer Jugendfunktionär. Die Gedenktafel wurde von der FDJ angebracht. Sie wurde 1990 für Dacharbeiten abgenommen. Erst 1994 brachte das Aktive Museum erneut eine Tafel an, die 1996 wiederum abgenommen wurde, Eintrag zu Artur Becker in der Datenbank »Gedenktafeln in Berlin«: https://www.gedenktafeln-in-berlin.de/gedenktafeln/detail/artur-becker/2033 (letzter Abruf: 05.10.2021).

fanden wiederum den für den deutschen Sprachgebrauch nun etablierten Begriff des »Erinnerungsortes«.[78]

In seinem Werk beschreibt Nora anhand französischer Beispiele, wie sich sowohl individuelles als auch kollektives Gedächtnis an bestimmten »Orten« orientiere, an denen sich »Erinnerungen bündeln«. Dadurch würden diese Orte zu »materiellen wie auch immateriellen, langlebigen, Generationen überdauernden Kristallisationspunkt[en] kollektiver Erinnerung und Identität«. Ein solcher Ort sei gekennzeichnet durch einen Überschuss an »symbolischer und politischer Dimension [...], in gesellschaftliche, kulturelle und politische Üblichkeiten eingebunden [...] und [verändert] sich in dem Maße [...], in dem sich die Weise seiner Wahrnehmung, Aneignung, Anwendung und Übertragung verändert«.[79] Nora unterschied materielle Erinnerungsorte und solche im übertragenen Sinne. Materielle Erinnerungsorte sind beispielsweise Gebäude, Erinnerungsorte im übertragenen Sinne können auch historische Ereignisse sein. Nora charakterisierte Erinnerungsorte damit als »historisch frei konnotierbare Objekte«, die als virtuelle Scheinbilder der Wirklichkeit nachempfunden sind und ohne zwingende Referenz auf die historische Realität auskommen; die Realität wird lediglich diskursiv mit dem historischen Ereignis verknüpft.[80] Bei Erinnerungsorten stehen daher Diskurs und Narration im Vordergrund. Erinnerungsorte haben, so fasst Mager die Thesen von Nora zusammen, die Aufgabe, »Gegenwart zu konstituieren, indem sie ihr zu Legitimationszwecken einen nicht zwangsläufig authentischen Geschichtsbezug verleihen«; Vergangenheit werde aus der Gegenwart heraus produziert.[81]

Die Herausgeber zum deutschen Pendant von Noras Sammelband, François und Schulze, schreiben in der Einleitung zur einbändigen Ausgabe von *Deutsche Erinnerungsorte*, dass »Erinnerungsorte uns vor Augen [führen], daß Geschichte nicht nur das ist, was früher irgendwann geschah, sondern vor allem das, was immer noch geschieht«.[82] In dem Band finden sich beispielsweise »Goethe«, der »Kniefall« oder auch der »Weißwurstäquator«. Nora schreibt zu dieser Vielfältigkeit, dass es eben nicht das Interessante an der Typologie der Erinnerungsorte sei, dass sie streng oder gar vollständig sein müsse, sondern vielmehr dass die Typologie überhaupt möglich ist:

---

78 François, Étienne/Schulze, Hagen: Einleitung, in: dies. (Hg.): Deutsche Erinnerungsorte, Band 1, München 2001, S. 9–24, S. 17.
79 François, Étienne: Pierre Nora und die »Lieux de mémoire«, in: Pierre Nora (Hg.): Erinnerungsorte Frankreichs, München 2005, S. 7–14, S. 9; François/Schulze: Einleitung, 2001, S. 17 f.
80 Mager, Tino: Schillernde Unschärfe. Der Begriff der Authentizität im architektonischen Erbe, Berlin 2016, S. 138 f.
81 Mager: Schillernde Unschärfe, 2016, S. 139.
82 François/Schulze: Einleitung, 2001, S. 12.

II. Der Denkmalbegriff des Denkmalpflegegesetzes

»Sie zeigt, daß ein unsichtbarer Faden die Objekte ohne offenkundige Beziehung zueinander verbindet [...]. Es gibt ein gegliedertes Geflecht dieser verschiedenen Identitäten, eine unbewußte Organisation des kollektiven Gedächtnisses; sie ihm bewusst zu machen, ist unsere Aufgabe. Die Orte des Gedächtnisses sind unser Augenblick der nationalen Geschichte.«[83]

Erinnerungsorte nach Nora sind viel mehr als Baudenkmale und insofern geht das Konzept Noras auch erheblich über den Ansatz der Geschichtsdenkmale in der DDR hinaus. Die Geschichtsdenkmale nahmen dennoch in Bezug zu baukulturellem Erbe Noras Überlegungen vorweg. Zwar war denkmalwerte Substanz keine Schutzvoraussetzung, allerdings waren die Erinnerungen im Fall der Geschichtsdenkmale immer mit einem Bauwerk verknüpft. Die Objekte in der Gattung Geschichtsdenkmale werden ebenfalls von dem von Nora angesprochenen »unsichtbaren Faden« miteinander verknüpft. Sie tragen die Narration von der Identität des Volkes, sie sollen dazu beitragen, den sozialistischen Patriotismus und den proletarischen Internationalismus zu erschließen, wie es in § 1 Abs. 2 DPG gefordert wird. Sie symbolisieren, dass die DDR das »gesetzmäßige Ergebnis der jahrhundertelangen Kämpfe der progressiven Kräfte des deutschen Volkes« ist und die Denkmale für die »Herausbildung der sozialistischen deutschen Nation besonders bedeutsam« sind.[84]

Dabei wählt Nora die Perspektive, dass erinnert werden müsse, was eigentlich schon im Verschwinden begriffen ist: Ein Gedächtnisort entstehe in einem dialektischen Moment gerade dann, wenn »einerseits eine rein historiographische Bewegung, der Augenblick einer Wende der Geschichte zur Reflexion auf sich selbst«, stattfinde, »andererseits eine im eigentlichen Sinn historische Bewegung,« mithin gerade das »Ende einer Gedächtnistradition«, anstehe. Ab diesem Moment bedarf es eines Erinnerungsortes. Abstrakter gesprochen, soll in Frankreich erinnert werden, was schon nicht mehr ist. Für die DDR ist diese Perspektive möglicherweise deshalb nicht haltbar, weil es in dem jungen Staat um eine zukunftsgerichtete Erinnerung ging. Hier ging es nicht um das Ende einer Gedächtnistradition, sondern um den Anfang. Insofern muss das Konzept umgedreht werden, die Intention allerdings bleibt gleich: Mithilfe von Erinnerungsorten soll eine staatstragende Identität aufgebaut und untermauert werden. Freilich umfassen die Erinnerungsorte mehr als nur die Objekte, die in der Gattung der Geschichtsdenkmale aufgeführt sind. Nicht alle Erinnerungsorte sind insofern Geschichtsdenkmale im Sinne der DDR, auch kann nicht jedes Geschichtsdenkmal die Voraussetzungen eines Erinnerungsortes erfüllen. Dennoch gibt es erstaunliche Schnittmengen zwischen beiden Konzepten. Dass bereits Mitte der 1970er-Jahre darüber nach-

---

83 Nora, Pierre: Zwischen Geschichte und Gedächtnis, Berlin 1990, S. 32.
84 Fischer: Rechtsgrundlagen der Denkmalpflege, 1986, S. 3 f.

gedacht wurde, auch substanzlos Denkmalschutz zu gewähren und gerade nicht die Bausubstanz, sondern vielmehr ein politisches oder gesellschaftliches Erinnerungsmoment als Voraussetzung genügen zu lassen, ist bemerkenswert. Im Denkmalpflegegesetz von 1975 und der Denkmalliste von 1979 kam dieses Verständnis des Erinnerungsortes zum Ausdruck und wurde in der Folge propagiert. In der Zeitschrift *Denkmalpflege in der DDR* erläuterte Thiele nach der Gründung der Abteilung Geschichtsdenkmale, wie die neuartige Denkmalgattung zu verstehen sei. Geschichtsdenkmale hätten eine besondere Wirkung;

»[sie] vermögen zwar nicht, geschichtliche Zusammenhänge zu verdeutlichen. Sie hinterlassen jedoch Eindrücke und Emotionen, die den Betrachter für den Tatbestand aufgeschlossen machen. Er sieht sich Dokumenten, objektiven Zeugnissen gegenüber, an denen nicht zu deuten ist, die vielmehr den angenehmen Zwang hervorrufen, sich mit ihnen bekannt zu machen, über sie zu lesen und zu sprechen. Deshalb sollte der Anteil der erkannten und zugleich erschlossenen Geschichtsdenkmale am gesamten Erbe erhöht werden.«[85]

Diese Propaganda offenbart ein problematisches Denkmalverständnis: Dort, wo den Denkmalen eben kein Dokumentarwert mehr zukommt, weil es sich um schlichte Rekonstruktionen oder eben um ausschließlich substanzlose Erinnerungsorte handelt, können lediglich Eindrücke und Emotionen vermittelt werden, von »objektiven Zeugnissen« kann jedoch keine Rede sein. Gerade deshalb kam den Geschichtsdenkmalen in der DDR eine besondere Rolle zu. Die Objekte aus dieser Gattung sind die politischsten. Ganz ausdrücklich kommt auch den Denkmalen selbst eine Aufgabe zu, nämlich die sogenannte »Bewusstseinsbildung der Konsumenten« im Sinne der sozialistischen Lesart von Geschichte zu beeinflussen. Dies ist eine Besonderheit des DDR-Denkmalpflegegesetzes. Die Vorschriften in der Bundesrepublik enthalten lediglich allgemein gehaltene Schutz- und Erhaltungsaufträge an die Denkmalpflege, nicht jedoch politische Aufträge an die Denkmale selbst.

2.2. Technische Denkmale

»§ 3 (2) 2: Denkmale der Produktions- und Verkehrsgeschichte wie handwerkliche, gewerbliche und landwirtschaftliche Produktionsstätten mit ihren Ausstattungen, industrielle und bergbauliche Anlagen, Maschinen und Modelle, Verkehrsbauten und Transportmittel«

---

85 Thiele: Geschichtsdenkmale, 1979, S. 6.

II. Der Denkmalbegriff des Denkmalpflegegesetzes

§ 3 Abs. 2 DPG zählte die sogenannten technischen Denkmale auf. Wie aus den Entwürfen des Gesetzes hervorgeht, wurden sie in der ursprünglich vorgesehenen, ausdrücklichen Aufteilung des Denkmalbegriffs in Geschichts- und Kunstdenkmale den Geschichtsdenkmalen zugeordnet.[86] In der endgültigen Fassung des § 3 Abs. 2 DPG, in der die ausdrückliche Zweiteilung aufgegeben worden war, fanden sich die technischen Denkmale an dritter Stelle.

Den technischen Denkmalen wurde in der DDR besondere Bedeutung zugemessen. Sie zeugten von der Arbeit der Menschen, von entwickelten Maschinen, von Leistungen der Arbeiter, Ingenieure und Wissenschaftler sowie der Entwicklung der Produktivkräfte und ließen sich deshalb gut in die Narration der die Gesellschaft voranbringenden Arbeiter einordnen. Zur Erklärung des besonderen Stellenwertes wurde in der späten DDR offen kommuniziert, dass die technischen Denkmale genutzt wurden, um Traditionen in der Arbeiterschaft zu propagieren.

1986 wurde von der Akademie für Gesellschaftswissenschaften beim ZK der SED von einem Autorenkollektiv[87] ein Manifest mit dem Titel *Die SED und das kulturelle Erbe* veröffentlicht. Diese Publikation fasste dem Untertitel folgend »Errungenschaften« und »Probleme« auf dem Gebiet der Erbeaneignung zusammen und sollte dem Leser »Orientierung« bieten. Tatsächlich präsentierte sie Meilensteine der Kulturpolitik der letzten vier Jahrzehnte, wie etwa gefeierte Jubiläen, geführte Debatten und wegweisende Konferenzen. Diese Aktivitäten wurden eingebettet in die Theorie des Marxismus-Leninismus und mit historischen Leitlinien verknüpft. Auch das Verhältnis des Staates zu seinen Denkmalen spielte immer wieder eine Rolle. Zu den technischen Denkmalen wurde im Zusammenhang mit der Erweiterung des Kulturbegriffs in den 1970er-Jahren ausgeführt:

»Für die massenwirksame Propaganda der Arbeitstraditionen und des Erbes von Wissenschaft und Technik ist die Anschaulichkeit der Zeugnisse aus der Geschichte der Produktionsmittel und Produkte, der Denkmale agrarischer und industrieller (wie auch handwerklicher) Produktion ein besonderer Vorzug.«[88]

Allerdings sei dies keine Neuerung der DDR, vielmehr seien technische Denkmale bereits in der »kapitalistischen Gesellschaft zu Bildungszwecken« genutzt

---

86 Siehe S. 238.
87 Bestehend aus Horst Haase, Rudolf Dau, Birgid Gysi, Hermann Peters und Klaus Schnakenburg. Horst Haase war habilitierter Germanist und seit 1986 Direktor des Instituts für marxistisch-leninistische Kunst- und Kulturwissenschaft, ab 1980 war er Mitglied des Nationalen Rates für die Pflege und Verbreitung des deutschen Kulturerbes; Klaus Schnakenburg wurde 1972 mit einer Arbeit über »Die Klassiker des Marxismus-Leninismus über das produktiv-schöpferische Verhältnis der Arbeiterklasse zum kulturellen Erbe im Sozialismus« promoviert, Rudolf Dau war Literatur-, Hermann Peters Kunstwissenschaftler; Birgid Gysi (Klaus Gysis zweite Ehefrau, nach Irene Gysi) war Geschäftsführerin der Dramaturgischen Gesellschaft der DDR.
88 Haase/Dau/Gysi u. a.: Die SED und das kulturelle Erbe, 1986, S. 466.

worden. In der DDR knüpfe man daran an. Freilich entspreche eine solche Herangehensweise auch der »historisch-materialistischen Sicht der Geschichte«. Schon bei Marx finde sich die Konzeption, dass »die Geschichte der Industrie und das gewordne [sic] gegenständliche Dasein der Industrie das aufgeschlagne [sic] Buch der menschlichen Wesenskräfte« sei.[89] Die Autoren des Kollektivs meinten, damit sei die theoretische Grundlage für die Wertschätzung der technischen Denkmale hinreichend hergeleitet. Allerdings urteilten sie, dass die Praxis von Aneignung und Vermittlung der technischen Denkmale bis zum Jahr 1973 dieser theoretischen Auseinandersetzung hinterherlief.

1973 erschien der unter der wissenschaftlichen Leitung von Wagenbreth und Eberhard Wächtler verfasste Band zu technischen Denkmalen in der DDR.[90] Er brachte, den Mitgliedern des Autorenkollektives zufolge, »beachtliche Fortschritte« auf dem Gebiet der Aneignung und Vermittlung technischer Denkmale.[91]

Die beiden Herausgeber dieses Bandes, Wagenbreth[92] und Wächtler[93], waren die zentralen Figuren auf dem Gebiet der technischen Denkmale in der DDR. Sie lenkten die Aufmerksamkeit auf die Erhaltung der technischen Denkmale und widmeten ihnen große Teile ihres Lebens.[94] Beide waren im Zentralen Fachausschuss des Kulturbundes für Bau- und Denkmalpflege sowie in der Arbeitsgruppe für technische Denkmale, die eine der am besten entwickelten und wichtigsten Arbeitsgruppen im Kulturbund war,[95] aktiv.

---

89 Ebd., S. 466 mit Verweis auf Karl Marx: Ökonomisch-philosophische Manuskripte aus dem Jahre 1844, in: MEW, Ergänzungsband, Erster Teil, Berlin 1968, S. 542.
90 Gesellschaft für Denkmalpflege/Eberhard Wächtler/Otfried Wagenbreth (Hg.): Technische Denkmale der DDR, Weimar 1973. Bis 1989 erfuhr dieser Band vier Auflagen und wurde 2015 bei Springer mit einer historischen Einführung von Helmuth Albrecht unverändert nachgedruckt.
91 Haase/Dau/Gysi u. a.: Die SED und das kulturelle Erbe, 1986, S. 466.
92 Wagenbreth wurde 1927 in Zeitz geboren. Er studierte Bergbaukunde an der Bergakademie in Freiberg, wurde 1958 promoviert und arbeitete beim Geologischen Dienst in Halle. 1962 wurde er Dozent an der HAB Weimar, schließlich lehrte er ab 1979 an der TU Dresden. Nach der friedlichen Revolution wurde er an die Bergakademie Freiberg gerufen, wo er das neu gegründete Institut für Wissenschafts- und Technikgeschichte leitete. 1995 wurde er emeritiert. Sein Nachfolger wurde Helmuth Albrecht. Bis 2008 war er der Bergakademie im Lehrbetrieb verbunden. Er starb 2017. Nachruf auf verdienten Wissenschaftler der TU-Bergakademie Freiberg Prof. Dr. Otfried Wagenbreth, 30.05.2017, https://tu-freiberg.de/presse/nachruf-auf-verdienten-wissenschaftler-der-tu-bergakademie-freiberg-prof-dr-otfried-wagenbret [sic] (letzter Abruf: 05.10.2021).
93 Wächtler wurde 1929 in Dresden geboren. Er war diplomierter Historiker der Universität Leipzig. Bis 1962 war er wissenschaftlicher Assistent, zunächst in Leipzig, dann am Institut für Wirtschaftsgeschichte der Akademie der Wissenschaften in Berlin. 1968 wurde er mit einem bergbauhistorischen Thema an der Universität Rostock habilitiert. Von 1962 bis 1990 war er Inhaber des Lehrstuhls für Technikgeschichte an der Bergakademie Freiberg. Er starb 2010. Laube, Adolf: Nachruf auf Prof. Dr. Eberhard Wächtler, in: Sitzungsberichte der Leibniz-Sozietät der Wissenschaften zu Berlin 110 (2011), S. 185–188.
94 Wagenbreth, Otfried: Das eigene Leben im Strom der Zeit. Lebenserinnerungen von Otfried Wagenbreth, Freiberg 2015; Wächtler, Eberhard: Autobiografie eines aufrechten Unorthodoxen, Essen 2013; Lehmann: Rise of Industrial Heritage, 2021, S. 195–216.
95 Campbell: Historic Preservation in the SBZ/GDR 1945–1990, 2005, S. 467.

II. Der Denkmalbegriff des Denkmalpflegegesetzes

Auch die technischen Denkmale nutzten und wurden gleichzeitig genutzt. Sie nutzten, um die Bevölkerung für Denkmalpflege zu sensibilisieren. Als Instrument für diese Sensibilisierung und gleichzeitig Popularisierung wurden beispielsweise im Verlag für Lehrmittel Pößneck 1989 Kartenspiele mit technischen Denkmalen herausgegeben.[96] Genutzt wurden technische Denkmale, um den Interessen der Denkmalpflege auf höchster politischer Ebene Nachdruck zu verleihen, denn ihre Pflege wurde auch im Ausland wahrgenommen. Dieses machte sich beispielsweise Wagenbreth zunutze. Er erstellte 1971/72 eine Liste mit einer Auswahl der in letzter Zeit im Ausland erschienenen denkmalpflegerischen Literatur über technische Denkmale.[97] Außer der ČSSR und Polen sind keine weiteren sozialistischen Staaten aufgeführt, sondern Schweden, Dänemark und England.[98] Er vermerkte, dass es den »außenpolitischen Akzent dieser gesellschaftlichen Aufgabe!!! [sic]« sowie »den außenpolitischen Akzent der Pflege technischer Denkmale!!! [sic]« zeige, dass sie auch in anderen Ländern in den Fokus rückten. Diese Liste wurde auch an das Ministerium für Kultur weitergeleitet.[99] Wagenbreth argumentierte mit der Außenwirksamkeit, um den technischen Denkmalen innerhalb der DDR mehr Gewicht zu verleihen.

2.2.1 Entwicklung der Gattung »Technische Denkmale«

Obwohl, dem Urteil der Autoren des Autorenkollektives folgend, erst mit der Publikation von Wagenbreth und Wächtler 1973 die Popularisierung der technischen Denkmale breitenwirksam begann,[100] trug das Recht der besonderen Stellung von technischen Denkmalen schon zuvor Rechnung. Bereits die VO-52 nannte die später so bezeichneten technischen Denkmale ausdrücklich. Es hieß in § 1 Abs. 2 c) VO-52, Denkmale könnten auch sein:

---

96 Quartettspiel »Technische Denkmale« beim DDR-Museum Berlin, Inventarnummer 1014078, https://www.ddr-museum.de/en/objects/1014078, Ein Quartettspiel mit 32 Karten enthält Skizzen und Informationen zu technischen Denkmalen aus Erzbergbau, Wasserversorgung, Mühlen, Metallurgie, Baustoffindustrie, Verkehrswesen, Energiewirtschaft und Maschinenbau, für Kinder ab 10 Jahren, Pößneck 1989.
97 BArch, DY 27/4450, Blatt 13. »CSSR: Eine Übersicht der technischen Denkmäler in dem tschechischen Teil der CSSR, Prag 1970, 123 Seiten, 22 Abb.; VR Polen: Technische Museen und technische Denkmale in Polen, Warschau 1970, 188 Seiten, 56 Abb.; Führer durch das Salzbergwerk Wieliczka, Wieliczka 1967, 50 Seiten, 67 Bilder (betrifft also nur ein Objekt, wenn auch das größte in Polen!)«.
98 »Alte Ziegeleien, Kopenhagen 1968, 95 Seiten, etwa 80 Bilder«; »Inventarisation von technischen Kulturdenkmalen, Stockholm 1968, 29 Seiten, 12 Bilder; Technische Denkmale in der DDR, Stockholm 1970, 17 Seiten, 3 Bilder«; »Die technischen Denkmale und Museen Englands (ein Führer), Newton Abbot, 1969; Ein Führer durch die technischen Denkmale Europas, Bath 1971, 186 Seiten, 72 Bilder, davon 7 Seiten und 3 Bilder die DDR (»German Democratic Republic«) betreffend.«
99 BArch, DY 27/4450, Blatt 2 ff.
100 Haase/Dau/Gysi u. a.: Die SED und das kulturelle Erbe, 1986, S. 466 ff.

»Einrichtungen, Maschinen, Anlagen und Bauten, soweit sie geschichtliche und ethnographische Bedeutung haben, der technischen und landwirtschaftlichen Tätigkeit und dem Verkehr allgemein dienen oder gedient haben und für die Arbeitsweise in einzelnen Landschaftsgebieten kennzeichnend sind.«

Diese Denkmalgattung war nicht aus dem Sächsischen Heimatschutzgesetz entnommen, sondern originär in die DDR-Verordnung aufgenommen worden. In einem Aufsatz »Zur Geschichte der Pflege technischer Denkmale« schrieben Nadler und Wächtler zwar, nur das Sächsische Heimatschutzgesetz habe, im Unterschied zur denkmalpflegerischen Gesetzgebung anderer kapitalistischer Länder Deutschlands, festgelegt, »daß technische Anlagen Denkmale im Sinne des Gesetzes« sein könnten.[101] Eine entsprechende Vorschrift kann indes im Sächsischen Heimatschutzgesetz nicht gefunden werden.[102] Ausdrücklich werden die technischen Denkmale dort nicht aufgezählt. Vom allgemeinen Denkmalbegriff waren sie allerdings mit umfasst. Ein Beispiel für die frühe Pflege eines technischen Denkmals ist der Frohnauer Hammer, ein historisches Hammerwerk, im dem das in den Hütten erschmolzene Metall weiterverarbeitet wurde. Er wurde 1906, und damit schon lange vor der Verabschiedung des Sächs.HSG 1934, zum ersten technischen Denkmal Sachsens. Er galt auch nach dem allgemeinen Denkmalbegriff des Sächs.HSG als Denkmal.

Dass die technischen Denkmale 1952 ausdrücklich als eigene Kategorie in die Verordnung aufgenommen wurden, hängt wohl auch mit den Entwicklungen in Österreich zusammen.[103] Dort bemühten sich Denkmalpfleger und Historiker bereits vor dem Ersten Weltkrieg um die Unterschutzstellung technischer Denkmale,[104] gesetzlich verankert war sie allerdings im Denkmalschutzgesetz von 1923 nicht. Es hieß lediglich, Denkmale könnten »Gegenstände von geschichtlicher, künstlerischer oder kultureller Bedeutung« sein, technische Gründe waren

---

101 Wächtler, Eberhard/Nadler, Hans: Zur Geschichte der Pflege technischer Denkmale, in: Gesellschaft für Denkmalpflege (Hg.): Technische Denkmale der DDR, Weimar 1977, S. 17–23, S. 18.
102 Es heißt dort in § 1 (1): »Denkmale im Sinne dieses Gesetzes sind unbewegliche oder bewegliche Sachen, deren Erhaltung wegen ihres künstlerischen, wissenschaftlichen (geschichtlichen, kulturoder naturgeschichtlichen) oder heimatlichen Wertes im öffentlichen Interesse liegt.
§ 2: Kunst- und Kulturdenkmale im Sinne von § 1 können sein a) Bauwerke in ihrer äußeren und inneren Gestaltung, Ruinen, Steindenkmale, Steinkreuze und dergleichen, Ortsteile von besonderer städtebaulicher, siedlungstechnischer oder heimatlicher Bedeutung, b) Werke der bildenden Kunst und des Kunsthandwerks vor allem von Meistern deutscher Herkunft, c) Burgwälle (Schanzen), Gräber, Siedlungen und sonstige unbewegliche und bewegliche Bodenaltertümer aus vor- und frühgeschichtlicher Zeit«.
103 Brandt: Geschichte der Denkmalpflege in der SBZ/DDR, 2003, S. 118: insbesondere in Sachsen seien Versuche unternommen worden, »diese Erfahrungen der österreichischen Denkmalpflege aufzugreifen«.
104 Brandt: Geschichte der Denkmalpflege in der SBZ/DDR, 2003, S. 117 f.

II. Der Denkmalbegriff des Denkmalpflegegesetzes

nicht ausdrücklich angeführt.[105] Zwei Jahre später wurde ein Referat für wirtschaftsgeschichtliche Denkmale im österreichischen Bundesdenkmalamt gegründet. Dieses sollte sich, neben den bereits gepflegten münz- und geldgeschichtlichen Denkmalen, um solche aus Industrie, Gewerbe, Bergbau und Landwirtschaft kümmern.[106]

Wohl auch inspiriert von der österreichischen Initiative und dem Gedanken, die bereits praktizierte weite Auslegung des Denkmalbegriffs zu kodifizieren und auch technische Anlagen zu erfassen, wurden die technischen Denkmale also in die Verordnung von 1952 – womöglich erstmals in Europa – ausdrücklich aufgenommen. Sie traf damit sehr früh nach dem Zweiten Weltkrieg, und etwa 22 Jahre vor der Bundesrepublik, erste ausdrückliche Regelungen zum Schutz der technischen Denkmale.

In der Denkmalschutzgesetzgebung anderer sozialistischer Länder war der Schutz technischer Denkmale ebenfalls früh, allerdings in verschiedenen Abstufungen, verbrieft. So regelten die VR Bulgarien, die ČSSR sowie die VR Ungarn in ihren Gesetzen von 1958 bzw. im Denkmalverzeichnis von 1960 (Ungarn), dass technische Denkmale als Architekturdenkmale geschützt sein konnten. Die Definition war damit auf Gebäude verengt und umfasste keine Maschinen oder Anlagen. Als eigenständige Kategorie – und nicht lediglich gemeinsam mit den Baudenkmalen – erhielten die technischen Denkmale in der VR Polen Schutz.[107]

Im Vergleich zur Regelung im Denkmalpflegegesetz war die Aufzählung in der Verordnung von 1952 stärker auf landwirtschaftliche und volkskundliche Bedeutung ausgerichtet. Der Landwirtschaft in der DDR kam von Beginn an eine zentrale Rolle bei der Herrschaftssicherung zu, sie war ein systemstabilisierendes Element.[108] Die von »Technik« zwar umfassten Zweige Handwerk, Gewerbe, Industrie und Bergbau kamen erst im Denkmalpflegegesetz ausdrücklich hinzu. Ebenso wurden Denkmale der Verkehrsgeschichte 1975 mehr betont als noch 1952. 1952 lag der Schwerpunkt der Regelung auf Maschinen, Anlagen und Einrichtungen von Landwirtschaft und Verkehr im Allgemeinen.

Mit der Neufassung der Verordnung im Jahr 1961 wurde die Kategorie der technischen Denkmale minimalisiert. Reduziert zählte sie auf, Denkmale im Sinne des § 2 Abs. 2 f) VO-61 seien »Technische Anlagen, Maschinen und Gerätschaften«.

---

105 § 1 (1) Österreichisches Bundesgesetz vom 25. September 1923 betreffend Beschränkungen in der Verfügung über Gegenstände von geschichtlicher, künstlerischer oder kultureller Bedeutung (Denkmalschutzgesetz), Bundesgesetzblatt 103. Stück, Nr. 533, S. 1725–1727.
106 Stadler, Gerhard A.: Das industrielle Erbe Niederösterreichs. Geschichte, Technik, Architektur, Wien 2006, S. 26.
107 BArch, DY 27/8933, Vergleichsmaterial zur Denkmalpflege in Auswertung der Konferenz in Karl-Marx-Stadt, 03.–04.06.1967.
108 Schöne, Jens: Frühling auf dem Lande? Die Kollektivierung der DDR-Landwirtschaft, Berlin 2007, S. 297; Laue: Das sozialistische Tier, 2017, S. 153.

Im Kommentar zur Verordnung von 1961 wurden exemplarisch »alte Mühlen« und »Eisenhammerwerke« aufgezählt.[109] Die Denkmalliste von 1962 enthielt allerdings kein technisches Denkmal. Das lag daran, dass keines der technischen Denkmale, die noch im ersten Entwurf der Liste vorgeschlagen worden waren,[110] tatsächlich auch den geforderten »internationalen Kunstwert« aufwies.

Obwohl die Verordnung ausdrückliche Regelungen zum Schutz technischer Denkmale enthielt, mangelte es an der Umsetzung. Insbesondere die teils kostenintensiven Maschinen und Anlagen instand zu halten und zu pflegen, stellte die Denkmaleigentümer vor Herausforderungen. Eigentümer technischer Denkmale waren vor allem die volkseigenen Betriebe. Diese sahen sich jedoch mit der Denkmalpflege entgegenstehenden Auflagen konfrontiert.[111] Die 1970 eingeführte sogenannte Produktionsfondssteuer führte dazu, dass auf alle Grundmittel bis zu ihrer tatsächlichen Aussonderung Steuern gezahlt werden mussten. Dies galt auch für vermietete oder verpachtete Grundmittel, § 1 Abs. 1 a) AO über Finanzmaßnahmen.[112] Durch diese Abgabe wirkten ökonomische Hebel, die die Betriebe veranlassten, sich von ungenutzten Grundmitteln und damit potenziellen technischen Denkmalen (Gerätschaften, Maschinen, Anlagen) zu trennen. Auch die 1972 geregelte Pflicht, metallische Sekundärrohstoffe, zum Beispiel Schrott, abzuführen, beeinträchtigte die Pflege potenzieller technischer Denkmale.[113]

Im Unterschied zu den beiden Verordnungen fällt im Denkmalpflegegesetz der Platz der technischen Denkmale ins Auge: Waren sie 1952 und 1961 noch an vorletzter bzw. letzter Stelle verortet, rückten sie 1975 an die dritte Stelle auf.

---

109 Münzer: Erläuterungen zur VO-61, 1962, unpag.
110 Zinnwäsche mit Bergrevier »Rote Zeche«, Hammerwerk in Frohnau und Kupferhammer in Grünthal; BArch, DR 1/8031, Blatt 16–20, Erste Liste der Denkmale von überbezirklicher Bedeutung, 1960.
111 BArch, DY 27/4450, Blatt 51, Abschrift Eingabe, undat. (wohl 1972).
112 GBl. II 1970, S. 704, Anordnung über Finanzmaßnahmen zur besseren Nutzung der in den Betrieben mit staatlicher Beteiligung vorhandenen Leistungs- und Effektivitätsreserven. Zum Steuersystem der DDR: Duda, Sandra: Das Steuerrecht im Staatshaushaltssystem der DDR, Frankfurt am Main 2010; zur Produktionsfondssteuer dort S. 143. Die Steuer galt sowohl für die Produktionsgenossenschaften des Handwerkes (6 Prozent) als auch für verbliebene private Betriebe (3 Prozent); vgl. Hedtkamp, Günter/Brodberg, Karl: Finanzwirtschaft, öffentliche III: Die Finanzwirtschaft der DDR, in: Willi Albers/Anton Zottmann (Hg.): Handwörterbuch der Wirtschafswissenschaften, Göttingen 1981, S. 195–211, S. 206. Schon 1963 war mit der Richtlinie über das NÖS eine Produktionsfondsabgabe eingeführt worden, die den Betrieben als Anreiz dienen sollte, Anlage- und Umlaufvermögen effektiv zu nutzen. Diese Abgabe war als fester Prozentsatz auf den Durchschnittsbestand der Betriebe zu erheben und aus ihrem Gewinn zu entrichten; Steiner, André: Die DDR-Wirtschaftsreform der sechziger Jahre. Konflikt zwischen Effizienz- und Machtkalkül, Berlin 1999, S. 236 f.
113 GBl. II 1972, S. 333, Anordnung über das planmäßige Erfassen, Sammeln und Aufbereiten von metallischen Sekundärrohstoffen und metallurgisch sowie für die Feuerfest-Industrie verwertbaren Industrierückständen – Sekundärrohstoffanordnung (M); zur Frage, ob Denkmale als Grundmittel zu behandeln waren, siehe S. 216.

2.2.2 Der Schutz technischer Denkmale in den Denkmalschutzgesetzen der 1970er-Jahre in der Bundesrepublik

Im Gegensatz zur Bundesrepublik hatte die DDR sehr früh ausdrückliche Regelungen zum Schutz technischer Denkmale erlassen. Die drei vor 1974 erlassenen Denkmalgesetze Schleswig-Holsteins (SH, 1958), Baden-Württembergs (BW, 1971) sowie Bayerns (BY, 1973) erwähnten die technischen Denkmale nicht. Auch die Gesetze Berlins (BE, 1977) und Niedersachsens (ND, 1978) nahmen keinen Bezug auf technische Denkmale.

Insgesamt vier Denkmalschutzgesetze griffen mit den Bedeutungskategorien »technisch«, »technikgeschichtlich« oder »technologisch« im allgemeinen Denkmalbegriff auch den Schutz technischer Denkmale auf: Hessen (HE, 1974), Bremen (HB, 1975), das Saarland (SL, 1977) und Nordrhein-Westfalen (NW, 1980).[114]

Im hamburgischen Gesetz von 1973 (HH) wurden technische Denkmale nur im Zusammenhang mit immobilen Denkmalen erwähnt. »Unbewegliche Denkmäler«, hieß es in § 1 Abs. 3 HH DSchG, seien neben Baudenkmalen, »Standbilder, freistehende Plastiken und technische Denkmäler«. Hamburg schränkte seine technischen Denkmale damit auf technische Bauwerke oder Verkehrsbauten, wie beispielsweise Brücken, ein. Maschinen und Anlagen wurden also nicht erfasst. Rheinland-Pfalz (RP) wählte in seinem Denkmalschutzgesetz einen anderen Ansatz. Statt in einer Bedeutungskategorie auf die technische Bedeutung von Objekten hinzuweisen, wurde der Anwendungsbereich verengt, indem es erforderlich war, dass ein »Zeugnis handwerklichen oder technischen Wirkens« vorlag, an dessen Erhaltung und Pflege wiederum aus wissenschaftlichen, künstlerischen oder städtebaulichen Gründen ein öffentliches Interesse bestand (§ 3 DSchG-RP 78). Der Vorschlag zu dieser Formulierung ging auf einen von der CDU eingebrachten Gesetzentwurf zurück.[115]

Die in den jeweiligen Landesparlamenten geführten Debatten im Rahmen der Gesetzgebungsprozesse zu den jeweiligen Denkmalschutzgesetzen, in denen auch auf die technische Bedeutung von Objekten Bezug genommen werden sollte, zeigen, dass die Regelungen der sozialistischen Länder zumindest wahrgenommen wurden und teilweise als Vorbild für die erlassenen Vorschriften fungierten (HE), aber auch als wie problematisch der vergleichende Blick auf die DDR wahrgenommen wurde (NW).

---

114 »Technische Gründe«, § 2 Abs. 1 DSchG HE; »aus technikgeschichtlichen Gründen«, § 2 Abs. 1 DSchG HB; »aus technologischen Gründen«, § 2 Abs. 1 DSchG SL; »bedeutend für die Entwicklung der Arbeits- und Produktionsverhältnisse«, § 2 Abs. 1 S. 2 DSchG NW.
115 LT-Drs. RP 8/1030. Der später von der FDP eingebrachte Gesetzentwurf sah vor, dass unter Kulturdenkmalen »von Menschen geschaffene Sachen, Sachgesamtheiten und Sachteile, an deren Erhaltung aus geschichtlichen, künstlerischen oder wissenschaftlichen Gründen ein öffentliches Interesse besteht«, verstanden werden. Technologische oder technische Gründe waren hier nicht aufgezählt. Aus der Problemstellung zum Entwurf geht jedoch hervor, dass Zeugnisse aus Wirtschafts-, Verkehrs- und Technikgeschichte als erhaltenswürdig eingestuft wurden; LT-Drs. RP 8/1104.

Hessen nahm 1974 als erstes Land die »technischen Gründe« in sein Denkmalschutzgesetz auf. Die Entwürfe zum Gesetz wurden Anfang September 1973 sowohl von der oppositionellen CDU-Fraktion als auch von der sozialliberalen Landesregierung eingebracht.[116] Die Landtagsfraktionen reagierten damit auf einen Antrag des CDU-Abgeordneten Rolf Lucas vom September 1968. In diesem hatte er die Landesregierung aufgefordert, »alsbald« einen Gesetzentwurf für ein Denkmalschutzgesetz vorzulegen.[117] Beide Entwürfe enthielten letztendlich die »technischen Gründe«. Sich ihrer Pionierstellung bewusst, griff die damalige sozialliberale Landesregierung in ihrer Begründung des Gesetzentwurfs ausdrücklich die technischen Denkmale auf. Es hieß, neben den »traditionellen Motiven« werde auch der Schutz von Denkmälern aus technischen Gründen vorgesehen, »weil technisch besonders bemerkenswerte Bauten als Zeugnisse unserer Kulturepoche erhalten werden sollen«.[118] Hessen hatte die Gesetzgebungsaktivitäten der anderen Länder der Bundesrepublik sowie der »Nachbarländer« wahrgenommen und hob »insbesondere« die Kodifikationen in »Frankreich, Österreich, Dänemark sowie d[er] DDR und [der] Tschechoslowakei« hervor.[119] Die DDR wurde wahrscheinlich in diesem Zusammenhang erwähnt, weil auch die damals geltende Verordnung von 1961 den Schutz technischer Denkmäler umfasste. Es ist unwahrscheinlich, aber nicht ausgeschlossen, dass das in Erarbeitung befindliche Denkmalpflegegesetz als Vorlage herangezogen wurde. In der ČSSR wurden technische Bauten seit 1958 als Architekturdenkmale geschützt.[120]

Das Bremische Denkmalschutzgesetz trat am 28. Mai 1975 in Kraft. Der dort geregelte Denkmalbegriff erwähnte sowohl »feststehende Denkmäler der Technik« als Objekte des Denkmalschutzes als auch »technikgeschichtliche Gründe«, die der Erhaltung der Kulturdenkmäler zugrunde liegen konnten.[121] Der Entwurf für das Denkmalschutzgesetz war von allen drei im Senat vertretenen Fraktionen gemeinsam ausgearbeitet worden[122] und wurde dem Landtag Bremens, der Bürgerschaft, vom Senat im März 1975 vorgelegt.[123] Dem Entwurf lagen die »kritisch

---

116 LT-Drs. HE 7/3958 vom 07.09.1973 (Entwurf der Landesregierung), LT-Drs. HE 7/3922 vom 04.09.1973 (Entwurf der CDU-Fraktion), wobei die Landesregierung im ersten Satz des Anschreibens erläuterte, dass der dem Gesetzentwurf zugrunde liegende Kabinettsbeschluss ebenfalls am 04.09.1973 gefällt wurde.
117 LT-Drs. HE 6/1434; dieser Antrag wurde zunächst an den Innenausschuss und von ihm an den Kulturpolitischen Ausschuss weitergeleitet. Letzterer empfahl in der Drs. 6/1994 im März 1969 dem Landtag, den Antrag des Abgeordneten Lucas unter der Streichung des Wortes »alsbald« anzunehmen.
118 LT-Drs. HE 7/3958, S. 17.
119 LT-Drs. HE 7/3958, S. 12.
120 BArch, DY 27/8933, Vergleichsmaterial zur Denkmalpflege in Auswertung der Konferenz in Karl-Marx-Stadt, 03.–04.06.1967.
121 § 2 Abs. 1 DSchG HB.
122 Pl-Pr. HB 73/3996, S. 3997 D. Diese interfraktionelle Übereinkunft erklärt auch die einmütige »Debatte« in erster und zweiter Lesung zum Gesetz.
123 LT-Drs. HB 8/1374.

II. Der Denkmalbegriff des Denkmalpflegegesetzes

verwertet[en]« Denkmalschutzgesetze anderer Länder (SH, BW, BY, HH, HE) zugrunde; die Verordnungen der DDR wurden nicht genannt.[124] Wie selbstverständlich werden die technischen Gründe neben den klassischen Kategorien aufgezählt. In der beispielhaften Aufzählung von unbeweglichen Denkmälern wird neben Gebäuden, Standbildern oder Brunnen »ein alter Kran« genannt. Auch eine Gruppe unbeweglicher Denkmäler könne dann geschützt sein, wenn »industriegeschichtliche Gründe« vorlägen.[125]

Als drittes Bundesland nahm das Saarland 1977 in sein Gesetz auf, dass Sachen dann Kulturdenkmale sind, wenn an ihrer Erhaltung aus technologischen Gründen ein öffentliches Interesse besteht (§ 2 Abs. 1 SL DSchG). Bereits zum Ende der 6. Wahlperiode hatte die SPD einen Entwurf für ein Denkmalschutzgesetz eingebracht, dieser war allerdings vor der Landtagswahl am 4. Mai 1975 nicht zur Entscheidungsreife gelangt. In der 7. Wahlperiode brachte die SPD-Fraktion den Gesetzentwurf erneut ein.[126] Auch in Anbetracht des Europäischen Denkmalschutzjahres sei es angezeigt, den Denkmalschutz im Saarland umfassend neu zu gestalten.[127] Im Entwurf war der »technologische Wert« eines Objektes bereits aufgeführt. Begründet wurde dies mit der »Rücksicht auf die Besonderheiten des Landes«, in dem Fördertürme und Bergwerksstollen eine besondere Rolle einnähmen.[128] Diese sollten mit der ausdrücklichen Nennung des technologischen Wertes vom Denkmalbegriff umfasst werden. Der kurz drauf von der Regierungsfraktion (CDU) eingebrachte Gesetzentwurf enthielt die Bedeutungskategorie »technologisch« nicht, sondern beschränkte sich auf »geschichtliche, künstlerische, wissenschaftliche und städtebauliche« Gründe.[129] Erst im Entwurf zur zweiten Lesung wurden die Bedeutungskategorien um »technologisch« sowie »volkskundlich« ergänzt.[130] Nach den Diskussionen im Ausschuss habe sich gezeigt, dass »gerade im Saarland als einem Industrieland mit seiner bodenständigen Bevölkerung« die Möglichkeit geschaffen werden sollte, Sachen auch aus volkskundlichen sowie technologischen Erwägungen unter Schutz zu stellen. Der Entwurf sei daher um diese Bedeutungskategorien ergänzt worden. Zusätzlich wurde auf historische Wirtschaftsflächen und -anlagen als potenzielle Denkmalschutzgebiete hingewiesen.[131] Damit wurden insbesondere Forderungen der SPD-Fraktion erfüllt, was sie auch in der Aussprache betonte.[132] Vorbilder für diese Regelungen wurden nicht genannt.

---

124 LT-Drs. HB 8/1374, S. 8.
125 LT-Drs. HB 8/1374, S. 11.
126 LT-Drs. SL 7/129 sowie Pl-Pr. SL 7/6.
127 Pl-Pr. SL 7/6, S. 124.
128 LT-Drs. SL 7/129, S. 2, 11.
129 LT-Drs. SL 7/279, S. 3.
130 LT-Drs. SL 7/806, S. 3.
131 Pl-Pr. SL 7/31, S. 1609.
132 Pl-Pr. SL 7/31, S. 1612.

In Nordrhein-Westfalen hieß es, Sachen seien dann Denkmal, wenn sie unter anderem bedeutend für die »Entwicklung der Arbeits- und Produktionsverhältnisse« seien.[133] Schon 1970 hatte die Landesregierung Nordrhein-Westfalens aus SPD und FDP einen »mittelfristigen Handlungsplan« erstellt.[134] Dieses sogenannte »Nordrhein-Westfalen-Programm 1975« enthielt Ziele, Handlungsrichtlinien und Finanzierungsmöglichkeiten für verschiedene Bereiche. Für den Bereich Kulturdenkmäler wies der Plan darauf hin, dass, neben dem Wiederaufbau einiger kriegszerstörter Baudenkmale, »verstärkt die Erhaltung wertvoller Bauwerke« gesichert werden müsse, »die für die technische und wirtschaftliche Entwicklung des Landes charakteristisch« seien. Dazu gehörten u. a. Fördertürme, Maschinenhallen, Schleusen und Schachtgebäude.[135] Die Landesregierung wolle im Programmzeitraum 70 Millionen DM zur Verfügung stellen, um diese Aufgabe zu erfüllen.

Die Arbeit am Denkmalschutzgesetz Nordrhein-Westfalens begann zu Beginn des Jahres 1976.[136] Die sich damals in Opposition befindliche CDU-Fraktion ersuchte die Landesregierung aus SPD und FDP in einem Antrag, ein Denkmalschutzgesetz zu erlassen. Am selben Tag stellte die FDP-Fraktion des Landtages eine Große Anfrage an die Landesregierung,[137] der die FDP allerdings selbst angehörte. Große Anfragen sind üblicherweise ein Instrument der oppositionellen Fraktionen, um die Regierung zu kontrollieren. In der Mehrzahl der Fälle werden Große Anfragen daher von Oppositionsfraktionen gestellt.[138] Aber auch Regierungsfraktionen nutzen das Instrument, um ihrer Regierung zu ermöglichen, öffentlich Stellung zu beziehen.[139] Die Große Anfrage der FDP-Fraktion ist folglich als (Re-)Aktion auf den Antrag der CDU-Fraktion zu verstehen und sollte das Problembewusstsein der Landesregierung signalisieren. Das Europäische Denkmalschutzjahr habe gezeigt, so heißt es in der Großen Anfrage, dass Denkmalpflege sich »nicht in der Erhaltung anerkannter kunsthistorisch wertvoller und geschichtsträchtiger Einzelobjekte vergangener Epochen erschöpfen« könne. Der Denkmalbegriff in Wissenschaft und in der Fachwelt habe sich gewandelt, sodass

---

133 § 2 Abs. 1 S. 2 DSchG NW.
134 Landesregierung Nordrhein-Westfalen, Nordrhein-Westfalen Programm 1975, Düsseldorf 1970, Vorwort.
135 Nordrhein-Westfalen Programm 1975, 1970, S. 118.
136 LT-Drs. NW 8/635, 09.02.1976.
137 LT-Drs. NW 8/640, 09.02.1976.
138 Mielke, Siegfried/Reutter, Werner: Landesparlamentarismus in Deutschland. Eine Bestandsaufnahme, in: diess. (Hg.): Landesparlamentarismus. Geschichte, Struktur, Funktionen, Wiesbaden 2012, S. 23–67, S. 54, zeigen anhand ausgewählter Landesparlamente die Verteilung der Großen Anfragen je nach dem, von wem die Initiative ausging. Für Rheinland-Pfalz etwa konnten sie für den Zeitraum von 1947 bis 2006 nachhalten, dass die Oppositionsfraktionen 923 (70,5 Prozent) und die Regierungsfraktionen 383 (29,2 Prozent) der Großen Anfragen stellten.
139 In der 8. Wahlperiode war das Verhältnis von Regierungs- und Oppositionsanfragen tatsächlich umgekehrt zum sonst Üblichen: Von insgesamt 25 Große Anfragen, kamen 14 aus den Regierungsfraktionen und elf aus der damals oppositionellen CDU-Fraktion. Für den Zugang zu den Fallzahlen danke ich dem Team der Infothek des Landtages NW.

II. Der Denkmalbegriff des Denkmalpflegegesetzes

»nun auch nach der Verkörperung des ›Zeitgeistes‹ gefragt [wird]. Damit rücken auch erst wenige Jahre alte Bauwerke, wie z. B. technische Anlagen, in das Blickfeld der Denkmalpflege.«[140]

Da Nordrhein-Westfalen das letzte Bundesland war, das sich ein Denkmalschutzgesetz gab, konnte es auf die Erfahrungen anderer Länder mit gesetzlichen Regelungen zurückgreifen. So informierten sich die verantwortlichen Parlamentarier beispielsweise auf »Informationsreisen« in die Niederlande und nach Belgien.[141] Ob auch die Regelungen der DDR als Vorbild dienten, wurde nicht ausdrücklich erwähnt.

Allerdings wäre es problematisch gewesen, auf Regelungen in der DDR direkt Bezug zu nehmen. Wie problematisch, zeigt eine Anekdote aus dem Jahr 1976: Im April 1976 reiste der damalige nordrhein-westfälische Innenminister Burkhard Hirsch (FDP) in seine Geburtsstadt Magdeburg.[142] Im Anschluss an diese Reise gab er der *Westdeutschen Allgemeinen Zeitung* ein Interview, in dem er sich von dem Aufwand, mit dem in der DDR Baudenkmäler erhalten wurden, »beeindruckt« zeigte.[143] Da in Nordrhein-Westfalen bis dato kein Denkmalschutzgesetz verabschiedet war, empörte sich die oppositionelle CDU-Fraktion über Hirschs Äußerungen. Er musste sich im Parlament dafür rechtfertigen. Der CDU-Abgeordnete Bernd Petermann richtete eine mündliche Anfrage an den Innenminister:

»Ist der Innenminister – auch in seiner Eigenschaft als Wohnungsbauminister – bereit, innerhalb der Regierung des Landes Nordrhein-Westfalen Konsequenzen aus seinen Äußerungen zu ziehen, insbesondere aus Anlaß der Beratungen über den Antrag der Fraktion der CDU – Drucksache 8/635 – Denkmalschutzgesetz?«[144]

---

140 LT-Drs. NW 8/640, 09.02.1976, S. 1.
141 Ausschussprotokoll APr 8/1133, 15.09.1978, Ausschuss für Kommunalpolitik, Wohnungs- und Städtebau, https://www.landtag.nrw.de/portal/WWW/dokumentenarchiv/Dokument/MMA08-1133.pdf (letzter Abruf: 05.10.2021).
142 Hirsch erinnerte sich 2016 in einem Interview im Deutschlandfunk an diese Reise: »Das war eine merkwürdige Reise. Ich war Innenminister in Nordrhein-Westfalen zu dieser Zeit und traute mich zum ersten Mal, in die DDR zu fahren. Die kannten mich natürlich. Und die begleitenden Polizeibeamten blieben also an der Zonengrenze zurück, ich bin dann allein mit meiner Familie in meinem Wagen gefahren. Und wir merkten sehr schnell, dass, wohin wir immer kamen, hinter uns zwei Wartburgs waren mit vier Leuten drin. Das waren also Stasi-Leute, ich habe später die Akte gesehen, die das geschrieben haben, wo sie wirklich minutiös aufgeschrieben haben, was sie alles gesehen und gehört haben. Ich habe daraufhin alle Besuche bei Bekannten oder Verwandten abgeblasen und habe mir nur noch Museen und Kirchen angeschaut … Die haben während dieser Reise noch nie so viele Kirchen und Museen gesehen wie in ihrem ganzen sonstigen Leben, was sie auch etwas murrend dann beschrieben …«, Interview mit Birgit Wentzien, Sendung Zeitzeugen im Gespräch am 30.06.2016, https://www.deutschlandfunk.de/fdp-politiker-burkhard-hirsch-eine-liberale-gesellschaft.1295.de.html?dram:article_id=358791 (letzter Abruf: 05.10.2021).
143 Goch, Gerd: Hirsch ruft zu DDR-Reisen auf, Westdeutsche Allgemeine Zeitung vom 21.04.1976, S. 2. Gleichzeitig kritisierte Hirsch, dass die »Innenstädte drüben mehr noch als hier veröden, weil auf der grünen Wiese graue ›Trabantensilos‹ gebaut werden«.
144 LT-Drs. NW 8/940, Frage 77.

Hirsch antwortete, dass die Reise ihn sehr berührt habe, da er zum ersten Mal, seitdem er 1948 die SBZ verlassen hatte, in seine Heimat gefahren sei. Er habe versucht, in »wenigen Worten positive und negative Eindrücke darzustellen, weil ich der Auffassung bin, daß wir uns über die Lebensverhältnisse in der DDR besser anhand eigener Eindrücke unterhalten [...]«.[145] Zum Denkmalschutz in der DDR äußert sich Hirsch in seiner Antwort nicht noch einmal. Vielmehr ging er auf die Möglichkeiten ein, die es in Nordrhein-Westfalen gab, Denkmale auch ohne das noch nicht verabschiedete Denkmalschutzgesetz zu schützen. Er versicherte, dass an dem Gesetzentwurf gearbeitet werde, aber zunächst Rechts- und Kostenfragen geklärt werden müssten.[146]

Der Vorfall verdeutlichte, als wie brisant Vergleiche mit der DDR wahrgenommen wurden, sofern die DDR positiv dargestellt wurde. Es war nicht möglich, auf Errungenschaften in der DDR hinzuweisen, ohne unter Rechtfertigungsdruck zu geraten, wie weit die Fortschritte im eigenen Land bereits gediehen seien.

Auch wenn die Referenzen im Parlament nicht immer ausdrücklich genannt wurden, ist davon auszugehen, dass auch in jenen Ländern, in denen nicht ausdrücklich Bezug auf die Regelungen in der DDR genommen wurde, diese jedenfalls bekannt waren.

Informationsaustausche zwischen den Fachleuten aus der DDR und jenen in der Bundesrepublik fanden trotz aller Schwierigkeiten statt, beispielsweise beim »II. Internationalen Kongress für Pflege technischer Denkmale« vom 3. bis 9. September 1975 in Bochum (und damit wenige Monate, bevor das Thema Denkmalschutz offiziell in den nordrhein-westfälischen Landtag eingebracht wurde). Veranstalter war »The International Committee for the Conservation on Industrial Heritage (TICCIH)«.[147] Insgesamt kamen von 62 Teilnehmern 16 aus der Bundesrepublik, davon wiederum nur drei nicht aus Nordrhein-Westfalen.[148] Interessanterweise waren mit Hessen und Nordrhein-Westfalen zwei der vier Länder vertreten, die auch in ihren Denkmalschutzgesetzen den technischen Denkmalen

---

145 LT-Drs. NW 8/20, S. 928.
146 LT-Drs. NW 8/20, S. 928 f.
147 Deutsches Bergbaumuseum/Kroker, Werner (Hg.): Verhandlungen, II. Internationaler Kongreß für die Erhaltung technischer Denkmäler, Bochum 1978. Gegründet wurde die Vereinigung unter dem Namen »The International Committee for the Conservation of the Industrial Monuments«, benannte sich aber schon auf der zweiten Sitzung 1975 in Bochum um und ersetzte »Monuments« durch »Heritage«: Steiner, Marion/Meier, Hans-Rudolf: Denkmal, Erbe, Heritage. Begriffshorizonte am Beispiel der Industriekultur, in: Simone Bogner u. a. (Hg.): Denkmal, Erbe, Heritage. Begriffshorizonte am Beispiel der Industriekultur, Holzminden 2018, S. 16–35, S. 27. So ergibt sich das heute noch gängige Akronym: TICCIH.
148 Wilfried Dechau, damals wissenschaftlicher Assistent am Lehrstuhl für Baukonstruktion und Industriebau bei Walter Henn an der TU Braunschweig (Internetseite des heute als Fotograf tätigen Wilfried Dechau: http://wdechau.de/ [letzter Abruf: 05.10.2021]); sowie zwei Vertreter aus Hessen: Akoš Paulinyi, Professor für Technikgeschichte und Wirtschaftsgeschichte an der Technischen Hochschule Darmstadt, und der Vorsitzende des Hessischen Heimatbundes, Gerhard Seib.

II. Der Denkmalbegriff des Denkmalpflegegesetzes

Platz einräumten bzw. einräumen würden. Geladen waren auch zwei Vertreter der Denkmalpflege der DDR, Wächtler und Wagenbreth.[149]

Wagenbreth war zum damaligen Zeitpunkt Dozent an der Hochschule für Architektur und Bauwesen (HAB) Weimar für Geologie und technische Gesteinskunde.[150] Wie der Teilnehmerliste des Kongresses in Bochum zu entnehmen ist, war er allerdings »persönlich verhindert« und daher auf der Tagung nicht anwesend.[151] Wächtler trug sowohl im Rahmen der »Länderberichte zur Industriearchäologie« als auch in der Arbeitssitzung »Theoretische Aspekte der Industriearchäologie« dort zu »Soziale Revolution und Industriearchäologie« vor.[152] Im Bericht zum Stand der Pflege der technischen Denkmäler sprach Wächtler als »erstes herausragendes Ereignis« das Denkmalpflegegesetz an, das zu diesem Zeitpunkt seit zwei Monaten in Kraft war. Das Gesetz ermögliche »Denkmale[n] der Technik und damit den Arbeitsprozessen überhaupt als Beweise für die Schöpferkraft und Energie der Arbeiter, Bauern, Handwerker und der Intelligenz in der Vergangenheit hohe Würdigung zuteilwerden« zu lassen. »Zweifellos«, so Wächtler weiter, »wird dieses Gesetz schon in naher Zukunft nützliche Ergebnisse zeigen.«[153]

Interessant ist, dass mit Hessen, Bremen, dem Saarland und Nordrhein-Westfalen Länder den technischen Denkmalen Schutz einräumten, die von der SPD (Bremen, Hamburg) bzw. von sozialliberalen Koalitionen (Hessen, NW) regiert wurden, bzw. im Falle des Saarlandes der ausschlaggebende Impuls für die Unterschutzstellung von der SPD ausging. Der Schutz technischer Denkmale hing auch in der Bundesrepublik mit den Traditionen der Arbeiterschaft zusammen, für die sich traditionell die SPD einsetzte. Es lässt sich festhalten, dass die Länder, in denen der Schutz nicht geregelt war, in der Mehrheit CDU- bzw. CSU-geführt waren. Jeweilige Ausnahmen bildeten Rheinland-Pfalz und West-Berlin: Im CDU-geführten Rheinland-Pfalz wurde auf die Erhaltungswürdigkeit von Zeugnissen technischen Wirkens hingewiesen, im SPD-geführten West-Berlin waren technische Denkmale nicht ausdrücklich genannt. Es war natürlich dennoch möglich,

---

149 Wächtler, Eberhard/Wagenbreth, Otfried: Vorwort zur zweiten Auflage, in: Gesellschaft für Denkmalpflege (Hg.): Technische Denkmale der DDR, Weimar 1977
150 Nachruf auf verdienten Wissenschaftler der TU-Bergakademie Freiberg Prof. Dr. Otfried Wagenbreth, 30.05.2017, https://tu-freiberg.de/presse/nachruf-auf-verdienten-wissenschaftler-der-tu-bergakademie-freiberg-prof-dr-otfried-wagenbret [sic] (letzter Abruf: 05.10.2021).
151 Deutsches Bergbaumuseum/Kroker: Internationaler Kongreß für die Erhaltung technischer Denkmäler, 1978, S. 12. Nachforschungen im Archiv der Bauhaus-Universität Weimar führten leider nicht zu Erkenntnissen, warum Wagenbreth die Reise nicht antreten konnte.
152 Deutsches Bergbaumuseum/Kroker: Internationaler Kongreß für die Erhaltung technischer Denkmäler, 1978, S. 66–70, S. 160–176; der Vortrag der Arbeitssitzung wurde auch veröffentlicht in: Wächtler, Eberhard/Wagenbreth, Otfried: Soziale Revolution und Industriearchäologie, in: Ethnographisch-Archäologische Zeitschrift 18 (1977), S. 399–417.
153 Wächtler, Eberhard/Wagenbreth, Otfried: Länderbericht Deutsche Demokratische Republik, in: Deutsches Bergbaumuseum/Kroker (Hg.): Internationaler Kongreß für die Erhaltung technischer Denkmäler, 1978, S. 66–70, S. 66 f.

auch technisch bedeutsame Objekte unter die allgemeinen Denkmalbegriffe der Landesgesetze zu subsumieren. Dass technische Denkmale allerdings ausdrücklich genannt wurden, war ein Signal und positives Bekenntnis zu einem weiten, nicht mehr nur ausschließlich kunsthistorisch geprägten Denkmalbegriff. Dieser lag in der DDR bereits ab 1952 zugrunde und wurde dort ab 1975 prominent vertreten. Möglichkeiten, sich zwischen der DDR und der Bundesrepublik auszutauschen, bestanden und wurden genutzt.

2.3. Gartendenkmale

»§ 3 (2): Denkmale der Landschafts- und Gartengestaltung wie Park- und Gartenanlagen, Friedhöfe, Wallanlagen und Alleen«

2.3.1 Entwicklung der Gattung Gartendenkmale

Udo Mainzer, damals Landeskonservator am Rheinischen Amt für Denkmalpflege in Brauweiler, bezeichnete 1995 die sogenannten neuen Bundesländer »als Paradies der Gartendenkmalpflege« – in der DDR habe die Gartendenkmalpflege »einen festen Platz« gehabt, wohingegen sich die alten Bundesländer schwer mit ihr getan hätten.[154]

Im Gegensatz zu den technischen Denkmalen ist sowohl die Geschichte der Disziplin Gartendenkmalpflege als auch die rechtliche Seite ihrer Unterschutzstellung gut erforscht.[155]

Der Begriff »Gartendenkmalpflege« hat sich in der DDR erst spät, seit etwa 1983, etabliert.[156] Zuvor und auch im Denkmalpflegegesetz wurde der Begriff Denkmale der Landschafts- und Gartengestaltung verwendet.

---

154 Mainzer, Udo: Moderation der Podiumsdiskussion, in: Deutsches Nationalkomitee für Denkmalschutz (Hg.): Historische Parks und Gärten. Ein Teil unserer Umwelt, Opfer unserer Umwelt, Bonn 1997, S. 74–80, S. 75.
155 Hennebo, Dieter: Gartendenkmalpflege in Deutschland. Geschichte, Probleme, Voraussetzungen, in: ders. (Hg.): Gartendenkmalpflege. Grundlagen der Erhaltung historischer Gärten und Grünanlagen, Stuttgart 1985, S. 12–48; Fibich: Gartendenkmalpflege, 2013; Brandenburger, Ellen: Zur Geschichte und Theorie der Gartendenkmalpflege. Vergleichende Analysen an Beispielen in Bamberg, Brühl und Großsedlitz, Bamberg 2011; zur rechtlichen Seite der Gartendenkmalpflege in den 1980er-Jahren: Hönes, Ernst-Rainer: Die gesetzlichen Grundlagen und Möglichkeiten der Gartendenkmalpflege, in: Hennebo (Hg.): Gartendenkmalpflege, 1985, S. 81–105.
156 Zur Begriffsgenese: Fibich: Gartendenkmalpflege, 2013, S. 33. Der Begriff »Gartendenkmale« wurde noch 1978 von Hugo Namslauer, einem wichtigen Akteur in der Gartendenkmalpflege der DDR, verworfen, weil darunter Denkmale in Parks oder Gärten verstanden werden könnten. 1983 hielt Detlef Karg einen Vortrag in Dresden, in dem er den Begriff »Gartendenkmalpflege« erstmals verwendete. 1985 erschien in der Bundesrepublik das von Dieter Hennebo herausgegebene (inzwischen Standard-)Werk zum Gegenstand, das ebenfalls »Gartendenkmalpflege« als Titel nutzte. Seither bürgerte sich der Begriff flächendeckend ein, vgl. Hennebo (Hg.): Gartendenkmalpflege, 1985.

II. Der Denkmalbegriff des Denkmalpflegegesetzes 261

Bereits in der Verordnung von 1952 wurden »Park- und Gartenanlagen« zusammen mit Friedhöfen ausdrücklich unter § 1 Abs. 2 gemeinsam mit Baudenkmalen aufgezählt.[157] Historisch war diese ausdrückliche Nennung wohl ohne Vorläufer.[158] Seit dem hessischen Denkmalschutzgesetz von 1902 konnten historische Parks und Gartenanlagen zwar über die allgemeinen Denkmalkategorien »künstlerisch, wissenschaftlich oder geschichtlich« geschützt werden.[159] Ein allgemeines Bewusstsein für die Schutzwürdigkeit von Parkanlagen und historischen Gärten bildete sich allerdings erst zu jener Zeit heraus. Beim 11. Tag für Denkmalpflege 1910 in Danzig wurde erstmals institutionell über den Wert historischer Parks und Gärten diskutiert und die Trennung von Denkmal- und Naturschutz vorgenommen.[160] Im Sächsischen Heimatschutzgesetz war diese Trennung schließlich auch gesetzlich verankert, mit allen damit verbundenen Abgrenzungsschwierigkeiten. Die Regelungen für den Schutz von Naturdenkmalen erfassten auch menschengemachte (und damit eigentlich im engeren Sinne gerade keine »natürlichen«) Landschaften wie »eigenartige oder schöne Pflanzungen (Wälder, Haine, Weinberge, Alleen, Baumgruppen oder Bäume, Pflanzengruppen oder Pflanzen)« (§ 3 c) Sächs.HSG). »Alleen« wurden aus den Aufzählungen den DDR-Verordnungen von 1952 und 1961 herausgenommen, fanden aber 1975 zurück ins Gesetz. 1961 wurden die Gartendenkmale aus der Gattung der Baudenkmale herausgelöst und erhielten eine eigene, sehr knapp gefasste Aufzählung: Insbesondere »Gärten, Parkanlagen, Friedhöfe« konnten nach § 2 Abs. 2 VO-61 Denkmale sein.

Schon im ersten Entwurf von 1971 zur neuen Rechtsgrundlage wurde deutlich, dass die knappe Formulierung der Verordnung von 1961 nicht übernommen werden sollte. Unter der Überschrift »Kunstdenkmale« wurden auch »Denkmale der Landschafts- und Gartengestaltung wie Alleen, Park- und Gartenanlagen, Friedhöfe« aufgezählt.[161] Im Juli 1971 wurden die einzelnen Kategorien ausführlicher umschrieben. Ein Denkmal der Landschafts- und Gartengestaltung konnte nach diesem Entwurf eine gestaltete Landschaft oder Grünanlage sein, die überragende künstlerische Bedeutung hatte oder mit anderen Geschichts- und Kunstdenkmalen in Zusammenhang stand. Dazu gehörten, so die Erläuterung, Park- und Gartenanlagen, Alleen sowie Friedhöfe.[162] Die Menschengemachtheit wurde noch einmal besonders herausgestellt, indem man auf die Gestaltung hinwies. Wissenschaft-

---

157 § 1 (2) VO-52: »Insbesondere sind hiernach als Denkmale zu betrachten Bauwerke in ihrer äußeren und inneren Gestaltung, Park- und Gartenanlagen sowie Friedhöfe, Ruinen, [...]«.
158 Fibich: Gartendenkmalpflege, 2013, S. 35: »möglicherweise erstmals in der Denkmalschutzgesetzgebung«.
159 Hönes, Ernst-Rainer: Rechtliche Voraussetzungen für die Erhaltung historischer Parks und Gärten, in: Deutsches Nationalkomitee für Denkmalschutz (Hg.): Historische Parks und Gärten, S. 17–42, 1997, S. 17 und Fn. 2.
160 Brandenburger: Geschichte und Theorie der Gartendenkmalpflege, 2011, S. 12.
161 BLDAM Wünsdorf, L 9/12, 1. Verordnungsentwurf, 02.04.1971.
162 BLDAM Wünsdorf, L 9/12, 3. Verordnungsentwurf, 28.07.1971.

liche oder geschichtliche Gründe reichten für die Unterschutzstellung nicht aus, der Anlage musste eine »überragende künstlerische« Bedeutung zugeschrieben werden können. Diese Abgrenzung ist insbesondere gegenüber Naturdenkmalen zu verstehen, die eben nicht vom Denkmalpflegegesetz der DDR umfasst wurden.

Im Spätsommer 1972, im Entwurf zum nun bereits geplanten Denkmalpflegegesetz, waren die Denkmale der Landschafts- und Gartengestaltung den »Bau- und Kunstdenkmalen« zugeordnet. Sie standen dort an zweiter Stelle, zwischen den Denkmalen des Städtebaus und den Denkmalen der Baukunst bzw. Architektur[163] und damit den klassisch<en kunsthistorischen Kategorien der Denkmalpflege näher, als den – häufig als ideologisch vereinnahmt bezeichneten – Geschichtsdenkmalen. Klar wird damit auch, dass die sogenannten Gartendenkmale den gleichen Stellenwert einnehmen sollten, wie Denkmale der Baukunst bzw. der Architektur.

Ihren endgültigen Platz und ihre abschließende Formulierung erhielt die Kategorie der Gartendenkmale bereits mit der Fassung vom Ende des Jahres 1973.[164] Nach einer Besprechung mit dem Minister für Kultur wurde die letztendlich verabschiedete Version des Denkmalbegriffs (bis auf wenige Änderungen bei den Geschichtsdenkmalen) festgeschrieben. Die ausführliche Umschreibung der Gartendenkmale aus den vorangegangenen Entwürfen wurde nicht übernommen. Stehen blieben lediglich die vormals als Regelbeispiele aufgeführten »Denkmale der Landschafts- und Gartengestaltung wie Park- und Gartenanlagen, Friedhöfe, Wallanlagen und Alleen«. Neu hinzugekommen waren die Wallanlagen, die streng genommen keine Parks oder Gärten darstellten. Sie waren nunmehr von »Burgwällen« abzugrenzen, die nach § 1 Abs. 2 a) als unbewegliche Bodenaltertümer von der Bodenaltertümerverordnung von 1954 erfasst waren.

2.3.2 Überschneidungen des Regelungsgegenstandes mit dem Landeskulturgesetz

Bei der Pflege von Parks, Gärten und Friedhöfen gab es Berührungspunkte zum Landeskulturgesetz (LKultG), das 1970 in Kraft getreten war. § 13 LKultG regelte die Erhaltung geschützter Landschaften, Landschaftsteile und Objekte.[165]

Kurz nach Erlass des Landeskulturgesetzes leiteten Denkmalpfleger aus ihm auch Aufträge für die Denkmalpflege ab, obwohl Denkmalpflege im engeren

---

163 BArch, DN 1/15931, 3. Entwurf für ein Denkmalpflegegesetz, undat. (vermutlich Sommer 1972).
164 BLDAM Wünsdorf, L 9/18, Entwurf für ein Denkmalpflegegesetz, undat.
165 § 13 (1) LKultG: »Zur Erhaltung der Vielfalt und Schönheit der sozialistischen Heimat und zur Gewährleistung der wissenschaftlichen Forschung sind geeignete Landschaften und Landschaftsteile, einzelne Objekte und Gebilde in der Natur sowie seltene Pflanzen- und Tierarten besonders zu schützen. Dazu können die zuständigen Staatsorgane Landschaften, Landschaftsteile oder Objekte zu Naturschutzgebieten, Landschaftsschutzgebieten, Naturdenkmalen, ur- und frühgeschichtlichen Bodendenkmalen oder seltene Pflanzen- und Tierarten zu geschützten Pflanzen und Tieren erklären.«

II. Der Denkmalbegriff des Denkmalpflegegesetzes

Sinne vom Gesetz und von den damit verbundenen Vorgaben nicht umfasst war. Aber zum Zeitpunkt des Erlasses des Landeskulturgesetzes, 1970, suchten die Denkmalpfleger nach Möglichkeiten, den Belangen der Denkmalpflege Nachdruck zu verleihen. Die Arbeiten an einer eigenen Rechtsgrundlage für die Denkmalpflege waren noch in vollem Gange. Daher lasen sie mögliche Aufträge an die Denkmalpflege in das Gesetz hinein, die zunächst nicht auf der Hand lagen und dessen Konzeption zufolge auch so nicht gedacht waren. Der Schutz durch das Landeskulturgesetz bezog sich gerade auf Objekte, die nicht vom Denkmalschutz erfasst waren. Nadler erklärte die Wirkungen des Landeskulturgesetzes für die Denkmalpflege trotzdem so:

>»In dieser [durch das Landeskulturgesetz geschützten, BTD] Umwelt stehen die Denkmale als Zeugnisse historischer Ereignisse, künstlerischer Gestaltung oder wissenschaftlicher Bedeutung. Diese Denkmale sind oft Steigerung der landschaftlichen Wirkung und Kristallisationspunkte von Erholungslandschaften. Auch in der Natur gilt es ›die spezifischen Eigenheiten‹ im Interesse der einprägsamen Wirkung und des Erlebniswertes zu bewahren. In Durchführung des Gesetzes werden wir Belange der Denkmalpflege zu vertreten haben und über unsere Mitarbeit zu einer kulturellen Aufwertung der Erholungslandschaft beitragen. Dazu gehört auch, daß wir den Zustand der Denkmale und ihre Nutzung ständig überwachen, um als das gute Gewissen der Denkmale dafür zu sorgen, daß rechtzeitig kleine Schäden beseitigt werden und daß die Denkmale in ihrer künstlerischen, wissenschaftlichen und geschichtlichen Aussage dem Besucher innerhalb einer gepflegten Natur verständlich zur Vermittlung von Bildung, Erziehung und Erholung vorgestellt werden.«[166]

Das Landeskulturgesetz konnte, solange das Denkmalpflegegesetz noch nicht verabschiedet war, als Vorschrift herangezogen werden, um denkmalpflegerische Maßnahmen zu rechtfertigen. Dem Grunde nach sollten die Vorschriften sich allerdings ergänzen. Geschützte Parks im Sinne der als Durchführungsbestimmung zum Landeskulturgesetz konzipierten Naturschutzverordnung[167] konnten daher nur städtische oder ländliche Parkanlagen sein, die nicht unter Denkmalschutz standen.[168] Denkmalschutz wirkte stärker als der Schutz nach dem Landeskulturgesetz, betraf wegen der erhöhten Anforderungen an bau- und gartenkünstlerische Gestaltung aber auch weniger Objekte.

---

166 BArch, DY 27/4421, Blatt 110 f., Nadlers Rede vor dem Kulturbund, 10.05.1970.
167 Erste Durchführungsverordnung zum Landeskulturgesetz – Schutz und Pflege der Pflanzen- und Tierwelt und der landschaftlichen Schönheiten (Naturschutzverordnung), GBl. II 1970, Nr. 46, S. 331.
168 Supranowitz, Stephan/Christoph, Karl-Heinz: § 13, in: diess. (Hg.): Landeskulturgesetz. Kommentar, Berlin 1973, S. 132.

Neben den inhaltlichen Ergänzungen ist die Entstehung des Landeskulturgesetzes interessant. Auch Natur- und Umweltschutz waren Materien, die in den 1960er- und 1970er-Jahren internationale Aufmerksamkeit erlangten. Zum Erlass des Denkmalpflegegesetzes gibt es erstaunliche Parallelen. Auch im Bereich Naturschutz hatte die DDR zunächst frühe Verordnungen erlassen, entschied sich dann aber – im Lichte der internationalen Aufmerksamkeit? – für die Verabschiedung eines Gesetzes.

Am 14. Mai 1970 wurde das »Gesetz über die planmäßige Gestaltung der sozialistischen Landeskultur in der Deutschen Demokratischen Republik« verabschiedet.[169] Es wurde kurz als »Landeskulturgesetz« bezeichnet und war von einer erst 1969 gebildeten »Ständigen Arbeitsgruppe Sozialistische Landeskultur« unter der Leitung Werner Titels, stellvertretender Vorsitzender des Ministerrates, in nur zwei Jahren erarbeitet worden. Offensichtlich gab es aber schon vorher Überlegungen zu diesem neuen Gesetz.[170] Mit der Verfassungsreform 1968 wurde auch der Naturschutz ausdrücklich in Artikel 15 verankert.[171] Daraus kann zwar kein konkreter Gesetzgebungsauftrag gelesen werden, zumal es bereits vor 1970 umfassende Naturschutzgesetzgebung in der DDR gab, beispielsweise das Naturschutzgesetz von 1954 und das Wassergesetz von 1963.[172] Trotzdem urteilte Mampel, dass das Landeskulturgesetz »in Vollzug des Art. 15 Abs. 2« der Verfassung von 1968 erging.[173] Auch der Ministerrat bezog sich in seiner Sitzung am 5. Februar 1969 auf die Verfassung und schlussfolgerte, dass es zur »Verwirklichung des Art. 15« ein Landeskulturgesetz geben müsse.[174]

Anders als in der Bundesrepublik, wo sich der Begriff Umweltschutz (als Übersetzung von »environmental protection«) durchsetzte, etablierte sich in der DDR der alte Begriff Landeskultur, begleitet durch »sozialistisch«, und wurde so zur »sozialistischen Landeskultur«.[175] Im Kommentar zum LKultG war festgelegt, dass Landeskultur die über den Umweltschutz hinausgehende Gestaltung und Nutzung der Natur umfasse. Der Begriff sollte die »Einheit der Maßnahmen zur sinnvollen

---

169 GBl. I 1970, Nr. 12, S. 67 ff.
170 Ohlenforst, Sascha: Umweltrecht in der DDR. Das Landeskulturgesetz als Mittel zur völkerrechtlichen Anerkennung?, in: Natur und Recht 41 (2019), S. 530–537, S. 531.
171 In der Verfassung von 1949 hieß es lediglich, dass alle Bodenschätze und natürlichen Ressourcen Volkseigentum seien und Verteilung und Nutzung des Bodens überwacht sowie Missbrauch verhütet werden (Art. 25 und Art. 26 Verf.-49); Dix/Gundermann: Naturschutz in der DDR, 2006, S. 546, sehen darin auch die Verankerung des Naturschutzes in der ersten Verfassung in »gewisser Weise«.
172 Ohlenforst: Landeskulturgesetz, 2019, S. 531. Das Wassergesetz war im Übrigen ein Gesetz von derart grundlegender Bedeutung, dass es Gegenstand einer Volksdiskussion war, siehe S. 129.
173 Mampel: Kommentar Verfassung, 1972, Art. 15 II 3.
174 Huff: Umweltgeschichte der DDR, 2015, S. 169 mit Hinweis auf BArch, DC 20/I/3/715.
175 Tobias Huff: Umweltgeschichte der DDR, 2015, S. 171, bezeichnet ihn als »sperrig«. Der Begriff Landeskultur wurde wahrscheinlich schon 1762 erstmals in dem »Generalmandat über die Landescultur« in einem Rechtstext verwendet: Weiß, Erich/Gante, Jürgen (Hg.): Landeskulturgesetze in Deutschland, Hamburg 2005, S. 799.

Nutzung und Gestaltung der Natur mit den Maßnahmen zum wirksamen Schutz der Natur zum Ausdruck bringen«.[176] Geregelt wurden neben klassischen umweltrechtlichen Belangen, wie beispielsweise der Reinhaltung von Luft, Landschaft und Gewässern sowie dem Schutz vor Lärm, auch naturschutzrechtliche Belange, der Schutz von Boden und Wäldern, der Küstenschutz sowie die Gestaltung von Kur- und Erholungsgebieten.[177]

Nur Schweden besaß zu diesem Zeitpunkt ein umfassendes Umweltschutzgesetz.[178] Das Landeskulturgesetz der DDR wurde damals dementsprechend rege besprochen.[179] Nach der friedlichen Revolution lobte der Umweltrechtler Michael Klöpfer das konzeptionell »ökologisch fortschrittliche« Umweltrecht der DDR.[180] Ähnlich wie beim Denkmalpflegegesetz wurde diese »moderne« Gesetzgebung, die auch in westlichen Staaten hätte gelten können und sich an zeitgenössischen Debatten orientierte, vom Staat genutzt, um sich im internationalen Staatengeflecht zu positionieren. Laue geht sogar so weit zu sagen, dass es der DDR »vor allem um eine internationale Anerkennung – weniger um Natur- und Umweltschutz«[181] ging. Huff hingegen stellte schon 2015 diese Lesart zur kritischen Diskussion.[182] Ohlenforst schloss sich Huff an und meinte, die Bestrebungen im Umweltschutz und der Gesetzgebung allein auf internationale Faktoren zurückzuführen, würde die »Redlichkeit der Bemühungen der ›Arbeitsgruppe Sozialistische Landeskultur‹ gänzlich in Abrede stellen«. Vielmehr sei das Gesetz sowohl ein Versuch gewesen, der »übermäßigen Vergeudung von Ressourcen zu begegnen«, als auch gleichzeitig ein Versuch, die Etablierung der Umweltpolitik für eine völkerrechtliche Anerkennung zu nutzen. Das Gesetz enthalte daher nicht

---

176 Supranowitz/Christoph: Landeskulturgesetz Kommentar, 1973, S. 15 f. Huff: Umweltgeschichte der DDR, 2015, S. 171, meint, die Konzepte, die Umweltschutz und Landeskultur zugrunde liegen, seien sehr ähnlich.
177 Das zuvor geltende Naturschutzgesetz von 1954 sowie das Wassergesetz von 1964 fanden Eingang in das Landeskulturgesetz, siehe zu den nationalen Entwicklungen vor dem LKultG Ohlenforst: Landeskulturgesetz, 2019, S. 531 f.
178 Laue: Das sozialistische Tier, 2017, S. 290. In der Bundesrepublik orientierte sich der Rat für Landespflege ausdrücklich am Naturschutz in Schweden: Natur- und Umweltschutz in Schweden, Nr. 24, 1975, https://www.landespflege.de/schriften/DRL_SR24.pdf (letzter Abruf: 05.10.2021). Dort wurde bereits 1909 das erste europäische Naturschutzgesetz erlassen (Lag [1909:56] angående naturminnesmärkens fredande), das 1952 und wiederum 1964 durch neue Rechtsgrundlagen ersetzt wurde (Naturskyddslagen [1952:688]; Naturvårdslagen [1964:822]).
179 Huff: Umweltgeschichte der DDR, 2015, S. 172, mit weiteren Nachweisen in Fn. 15; ebenfalls zur zeitgenössischen Rezeption Hünemörder, Kai: Frühgeschichte der globalen Umweltkrise und die Formierung der deutschen Umweltpolitik (1950–1973), Stuttgart 2004, S. 194.
180 Klöpfer, Michael: Zur Geschichte des deutschen Umweltrechts, Berlin 1994, S. 140. Hünemörder: Frühgeschichte der globalen Umweltkrise, 2004, S. 194 ff., kritisiert am Gesetz die fehlenden Grenzwerte sowie die fehlende freie Presse, was dazu führe, dass auf Umweltverschmutzung nicht ausreichend aufmerksam gemacht werden konnte. Letzteres war allerdings kein Manko des Gesetzes.
181 Laue: Das sozialistische Tier, 2017, S. 290.
182 Huff: Umweltgeschichte der DDR, 2015, S. 167.

nur umweltpolitische Instrumente, sondern sei gleichzeitig an »außenpolitisches Kalkül« geknüpft.[183] Auch im Bereich Umweltschutz kann eine parallele Entwicklung in beiden deutschen Staaten konstatiert werden. Die DDR war in diesem Fall schneller darin, »die Strömungen in Gesetzesform« zu fassen.[184]

Dem Denkmalschutz ähnlich spielten auch bei der Gesetzgebung im Bereich Umweltschutz systemimmanente Konkurrenzen zwischen sozialistischen und westlichen Staaten eine Rolle, die von internationalen Entwicklungen geprägt war. Die späten 1960er- und frühen 1970er-Jahre waren nicht nur auf europäischer Ebene eine umbruchreiche Zeit für den Umweltschutz. Es kann gar von einer globalen Revolution im Umweltbewusstsein gesprochen werden.[185] Auch über ihre Umweltpolitik versuchten die Verantwortlichen der DDR-Führung, in internationale Sphären und Organisationen vorzudringen. Dort wurde seitens der bundesrepublikanischen Vertreter befürchtet, dass der bisher praktizierte Alleinvertretungsanspruch nicht mehr länger gehalten werden könne: »Umweltfragen und die internationale Aufmerksamkeit, die sie beanspruchen, erweisen sich offenkundig als ein besonders wirksames Vehikel des Universalitätsprinzips«.[186] Mit dem Hinweis auf die erforderliche Universalität der UNESCO versuchten die sozialistischen Staaten immer wieder darauf hinzuwirken, dass alle Staaten Teil der Staatengemeinschaft werden sollten.

Die Umweltkonferenz der UNO, die 1972 in Stockholm stattfand und die gemeinhin als Aufbruch in ein neues Umweltzeitalter interpretiert wird, sowie ihre Rahmenbedingungen waren daher geprägt von der Systemkonkurrenz und dem Streben der DDR, in die internationale Staatengemeinschaft aufgenommen zu werden.[187] In der DDR wurde die Teilnahme an der Umweltkonferenz seit Mitte des Jahres 1971 zwar vorbereitet,[188] an der Konferenz hat die DDR letztendlich aber nicht teilgenommen.[189] Andere Ostblockstaaten boykottierten die Konferenz aus Solidarität; nur Rumänien nahm teil.[190]

---

183 Ohlenforst: Landeskulturgesetz, 2019, S. 536 f.
184 Huff: Umweltgeschichte der DDR, 2015, S. 171. Die Bundesrepublik erließ 1976 ein Bundesnaturschutzgesetz.
185 Für eine Gesamtdarstellung der globalen Umweltgeschichte vgl. z. B. Radkau, Joachim: Die Ära der Ökologie. Eine Weltgeschichte, München 2011, S. 124–134 für die 1970er-Jahre.
186 Hans-Peter Schwarz/Institut für Zeitgeschichte: Akten zur Auswärtigen Politik der Bundesrepublik Deutschland (AADP), 1971, München 2002, Aufzeichnungen von van Well, 28.05.1971, Dok. 192.
187 AADP 1971, 2002, Staatssekretär Frank an den Beobachter bei der UNO in New York, 25.10.1971, Dok. 367.
188 BArch, DK 1/14410, Neu an Reichelt, 09.07.1971: Konrad Werner erarbeitete im Auftrag Werner Titels Material zum Thema »Wiedernutzbarmachung von Bergbauflächen in der DDR«, das an alle Teilnehmerländer im Vorfeld der Umweltkonferenz versandt werden sollte.
189 Huff: Umweltgeschichte der DDR, 2015, S. 176.
190 Hünemörder: Frühgeschichte der globalen Umweltkrise, 2004, S. 262–267.

II. Der Denkmalbegriff des Denkmalpflegegesetzes

Im Schatten der mittlerweile gut aufgearbeiteten Umweltkonferenz von Stockholm steht die wissenschaftliche Erforschung des 1970 vom Europarat ausgerufenen Europäischen Naturschutzjahres (ENJ).[191] Ausgerechnet das Jahr, in dem in der DDR nach einigen Jahren der Vorbereitung das Landeskulturgesetz schließlich erlassen wurde, war das vom Europarat ausgerufene »Europäische Naturschutzjahr«. Dieses Themenjahr diente letztlich auch, wie erwähnt, dem Europäischen Denkmalschutzjahr von 1975 zum Vorbild. In einem Bericht von einer Tagung des osteuropäischen Komitees der internationalen Naturschutzorganisation IUCN im Juni 1969 heißt es, die Einladungen des Europarates seien bereits an die Außenministerien der europäischen Länder ergangen. Die DDR sei als einziger europäischer Staat nicht aufgefordert worden, sich am Europäischen Naturschutzjahr zu beteiligen.[192] An den Aktivitäten zum Europäischen Naturschutzjahr hat sich die DDR so letztendlich auch nicht beteiligt, aber in dem Jahr ihr Landeskulturgesetz erlassen. Ein Zusammenhang zwischen dem ENJ und dem Erlass dieses Umweltgesetzes kann an dieser Stelle nur vermutet, nicht jedoch belegt werden. Es ist jedoch ein bemerkenswertes zeitliches Zusammenfallen der vom Europarat initiierten Themenjahre (1970 ENJ und 1975 EAHY) und den sachlich entsprechenden Gesetzen in der DDR (Landeskulturgesetz 1970 und Denkmalpflegegesetz 1975) zu beobachten.

2.3.3 Der Schutz von Gartendenkmalen in den Denkmalschutzgesetzen der 1970er-Jahre in der Bundesrepublik

Fibich resümierte, dass die Gartendenkmalpflege in der DDR trotz aller Schwierigkeiten, die sich aufgrund von Mangelwirtschaft und Kulturpolitik ergaben, einen beachtlichen Entwicklungsstand erreicht habe. Organisatorisch, theoretisch-methodisch und auch praktisch sei sie derjenigen in der Bundesrepublik weit voraus gewesen.[193]

Die Gesetze der Länder in der Bundesrepublik, die vor 1975 ihre Denkmalschutzgesetze erneuerten (SH, BW, HH, HE und HB), kannten Gartendenkmale überhaupt nicht ausdrücklich. In diesen Ländern musste also versucht werden, etwaige Gartendenkmale über die Baudenkmalpflege zu erfassen.

Allein Bayern bildete eine Ausnahme. In seinem Denkmalschutzgesetz wurde 1973 festgelegt, dass Gartenanlagen auch Baudenkmale sein könnten. Im Zusammenhang mit dem Ensembleschutz führte Bayern auch den ausdrücklichen

---

191 Schulz, Thorsten: Das ›Europäische Naturschutzjahr 1970‹, 2006, https://bibliothek.wzb.eu/pdf/2006/p06-007.pdf (letzter Abruf: 05.10.2021).
192 BArch, DK 1/14410, Fritz Wernicke, Bericht über die Teilnahme an der Tagung des Präsidiums des Osteuropäischen Komitees der Ständigen Kommission für Erziehung und Bildung bei der IUCN in Kiew vom 5. bis 10.9.1969, S. 4 und 5.
193 Fibich: Gartendenkmalpflege, 2013, S. 28. Einen Erfahrungsbericht liefert Thimm, Günther: Zur Gartendenkmalpflege in Thüringen, in: Haspel/Staroste/Landesdenkmalamt Berlin (Hg.): Denkmalpflege in der DDR, 2014, S. 240–245.

Schutz von Gartenanlagen ein. Der bayerische Senat erläuterte 1971 in seinem Gesetzentwurf, dass zu den Baudenkmalen auch »die hauptsächlich im 18. Jahrhundert in französischer Manier angelegten Gärten« gehörten, weil es sich »um künstliche Schöpfungen handelt (Gartenarchitektur), die durch die Bestimmungen des Naturschutzes kaum erfaßt und nicht in ihrem Bestand und ihrer Gestalt geschützt werden« könnten.[194]

Bemerkenswert ist, dass alle Bundesländer, die nach 1975 ihre Denkmalschutzgesetze neufassten (BE, SL, ND, RP und NW), Gartenanlagen als Denkmale ausdrücklich aufgenommen haben. Ob das zwischenzeitlich verabschiedete Denkmalpflegegesetz der DDR von 1975 dabei Pate gestanden hat, lässt sich nicht nachzeichnen. Diskussionen darum, ob Gartendenkmale von den Denkmalschutzgesetzen umfasst werden sollten, hat es – soweit nachvollziehbar – in den Parlamenten nicht gegeben. Wahrscheinlich ist, dass die fortschreitende Erweiterung des Denkmalbegriffs in den 1970er-Jahren und das geschärfte Bewusstsein für die Mannigfaltigkeit des baukulturellen Erbes dazu beigetragen haben, dass die Gartendenkmale einmütig aufgenommen wurden. So wurde 1971 das Internationale Spezialkomitee für historische Gärten von ICOMOS im französischen Fontainebleau gegründet und 1975 in Schwetzingen ein erstes Symposium zu »Historischen Gärten und ihren Anlagen« in der Bundesrepublik abgehalten.[195] Die damals neuen Gesetze signalisierten eine »erstaunliche Ausweitung des Denkmalbegriffs«, urteilte 1985 Hennebo in seinem zum Standardwerk avancierten Buch zur Gartendenkmalpflege. Sie seien sowohl »Resultat des gewandelten Verständnisses zu den sozialen, kulturellen und künstlerischen Leistungen der jüngeren wie der jüngsten Vergangenheit« als auch eines geschärften Bewusstseins für den Dokumentwert der überlieferten Zeugnisse.[196]

Auch in diesem Falle hatten also Zeitgeist sowie die internationale Entwicklung maßgeblich dazu beigetragen, dass sich die Denkmalverständnisse in der DDR und der Bundesrepublik anglichen. Nicht zu verkennen ist der Umstand, dass auch die Länder in der Bundesrepublik die Gartenanlagen in ihre Denkmalschutzgesetze aufnahmen, nachdem die DDR ihr in Bezug auf Gartendenkmalpflege fortschrittliches Gesetz erlassen hatte.

---

194 Sen-Drs. BY 185/71, S. 9. (Der Senat war bis 1999 eine zweite Kammer neben dem Landtag in Bayern. Er war die Vertretung der sozialen, wirtschaftlichen, kulturellen und gemeindlichen Körperschaften des Landes und wirkte an der Gesetzgebung mit. Durch Volksentscheid im Jahr 1998 wurde die Verfassung derart verändert, dass der Senat aufgelöst wurde.)
195 Zu ICOMOS: Brandenburger: Geschichte und Theorie der Gartendenkmalpflege, 2011, S. 25; zum Symposium in Schwetzing: Hennebo: Gartendenkmalpflege, 1985, S. 28.
196 Hennebo: Gartendenkmalpflege, 1985, S. 30.

3. Bau- und Kunstdenkmale

Neben den Denkmalgattungen, denen wegen exklusiver (Geschichtsdenkmale), früher (technische) oder umfassender (Gartendenkmale) Regelungen im Denkmalpflegegesetz besondere Bedeutung im Rahmen zeitgenössischer Denkmalschutzgesetze zukam, umfasste der Denkmalbegriff des Denkmalpflegegesetzes auch die traditionellen Denkmalgattungen der Bau- und Kunstdenkmale.

3.1. Städtebauliche Denkmale

»§ 3 Abs. 2: Denkmale des Städtebaus und der Architektur wie Stadt- und Ortsanlagen, Straßen- und Platzräume, Stadtsilhouetten und Ensembles, Burgen, Schlösser, Rathäuser, Bürgerhäuser, Theater und andere Kulturbauten, Kirchen, Klöster oder Teile von ihnen wie Tore, Erker, Treppen, Innenräume, Decken und Wandgestaltungen, Kleinarchitekturen und Ausstattungen«

Mit dem Denkmalpflegegesetz wurde die Denkmalkategorie der architektonischen und städtebaulichen Denkmale erheblich erweitert. Die Vorschrift umfasste im ersten Teil Denkmale des Städtebaus, im Weiteren bedeutende Einzelobjekte der Architektur (Burgen, Schlösser, Rathäuser usw.). Im ersten Entwurf der Verordnung von 1971 waren diese unterschiedlichen Bestandteile noch in zwei separaten Normen aufgeführt: »Denkmale des Städtebaus« und »Denkmale der Baukunst«.[197] Diese Zweiteilung wurde im Verlauf der Überarbeitung im Jahr 1973 aufgegeben.[198] Werke der Architektur sind originäres Metier der Denkmalpflege. Ihre Aufzählung überrascht daher nicht. Hervorzuheben sind die städtebaulichen Elemente, denen das Gesetz ebenfalls Schutz gewährt. Damit wurden internationale Entwicklungen aufgegriffen, über die mindestens seit der Charta von Venedig 1964 ein Konsens hergestellt war. Darin wurde erstmals festgelegt, dass nicht nur einzelne Bauwerke, sondern ganze städtebauliche Zusammenhänge unter Schutz gestellt werden können.[199]

---

197 BLDAM Wünsdorf, L 9/12, 1. Entwurf einer Denkmalschutzverordnung, 02.04.1971.
198 BLDAM Wünsdorf, L 9/18, Entwurf des Denkmalpflegegesetzes, 20.11.1973.
199 Brandt: Grundsatzpapiere der städtebaulichen Denkmalpflege, 2015, S. 51 ff.

3.1.1 Stadtbildpflege und Umgebungsschutz als Elemente frühen städtebaulichen Denkmalschutzes in der DDR

Die früheren Verordnungen gewährleisteten städtebauliche Denkmalpflege in Ansätzen. Schutzgegenstand waren ausdrücklich Orts-, Straßen- und Platzbilder, womit ein Gedanke aus Verunstaltungsgesetzen aufgegriffen wurde.[200] Die Verunstaltungsgesetze waren keine originären Denkmalschutzgesetze, sondern sollten allein das äußere Erscheinungsbild eines Bauwerkes schützen; Ursache für die Regelungen waren »gröbliche Verunstaltungen« durch angebrachte Reklameschilder. Trotzdem enthielten die Verunstaltungsgesetze auch Regelungen, die Denkmale betrafen. So regelte § 2 S. 2 Preußisches Verunstaltungsgesetz (1907), dass bei einzelnen Bauwerken von geschichtlicher oder künstlerischer Bedeutung die baupolizeiliche Genehmigung versagt werden müsse, wenn Veränderungen in der Umgebung solcher Bauwerke deren Eigenart beeinträchtigten. Der Umgebungsschutz wurde auch in den Denkmalschutzverordnungen normiert.[201] Im Gesetz war der Umgebungsschutz in § 4 Abs. 3 DPG geregelt.[202]

Beide Instrumente führten mithin zum Erhalt historischer Stadtstrukturen. Sie können daher als frühe Elemente städtebaulichen Denkmalschutzes angesehen werden, auch wenn sie nicht deckungsgleich mit ihm sind und ursprünglich eine andere Zielrichtung hatten.

3.1.1.1 Verordnung von 1952

Die beiden frühen Denkmalschutzverordnungen in der DDR griffen den Gedanken der Ortsbildpflege auf und bezogen ihn nicht auf neuere Planungen, sondern explizit auf historische Strukturen: In der Verordnung von 1952 waren Orts-, Straßen- und Platzbilder, die sich durch ihre geschichtliche Bedeutung, ihre Eigenart und/oder Schönheit auszeichneten, geschützt (§ 1 Abs. 2a). Einen darüber hinausgehenden Bezug auf städtebauliche Zusammenhänge nahm die Verordnung nicht.

---

200 Gesetz gegen die Verunstaltung landschaftlich hervorragender Gegenden vom 2. Juni 1902, Preuß. GS. 1902, S. 159 (galt nur für ländliche Bereiche); Gesetz gegen die Verunstaltung von Ortschaften und landschaftlich hervorragenden Gegenden vom 15. Juli 1907, Preuß. GS 1907, S. 260 (erstreckte sich auch auf Bauwerke in Städten); die Gesetze waren Vorbild für Verunstaltungsgesetze anderer Länder, vgl. Mieth: Denkmalschutz in Preußen 1701–1947, 2005, S. 105, Fn. 223; Speitkamp: Verwaltung der Geschichte, 1996, S. 298.

201 § 2 VO-52: »Der Schutz ortsfester Denkmale erstreckt sich auch auf ihre Umgebung, soweit deren Veränderung den Bestand, die Eigenart des Denkmals oder den Eindruck, den es hervorruft, unmittelbar zu beeinträchtigen vermag.«; § 3 VO-61: »Der Schutz ortsfester Denkmale erstreckt sich auch auf ihre Umgebung, soweit sie für die Eigenart und die Wirkung des Denkmals von Bedeutung ist.« Hammer: Entwicklung des Denkmalrechts, 1995, S. 351, schreibt sogar, die Verordnung von 1952 sehe in § 2 und § 9 einen »gewissen Ensembleschutz«, bei den angesprochenen Normen handelt es sich um Umgebungsschutz (§ 2) und die Pflicht des Eigentümers, das Denkmal pfleglich zu behandeln bzw. es öffentlich zugänglich zu machen (§ 9).

202 § 4 (3) DPG:»In den Schutz der Denkmale wird ihre Umgebung einbezogen, soweit sie für die Erhaltung, Wirkung und gesellschaftliche Erschließung des Denkmals von Bedeutung ist.«

Im sächsischen Heimatschutzgesetz von 1934 hingegen, das der Verordnung von 1952 in weiten Teilen zugrunde lag, waren die städtebaulichen Zusammenhänge ausdrücklich erwähnt. In § 2 a) Sächs.HSG hieß es, dass »Ortsteile von besonderer städtebaulicher, siedlungstechnischer oder heimatlicher Bedeutung« Denkmal sein konnten. Damit gemeint waren die später sogenannten Ensembles, wobei dieser Begriff damals noch nicht verwandt wurde.[203] Der Schutz von Ortsteilen komme dann infrage, »soweit sich aus Bauten, die im einzelnen keine Denkmale zu sein brauchen, ein eigenartiges Stadtbild« ergebe.[204] 30 Jahre vor der Charta von Venedig, die 1964 eine gewisse Sensibilisierung für städtebauliche Zusammenhänge als Denkmalgrund bewirkte, normierte das Sächsische Heimatschutzgesetz somit bereits eine frühe Form des später sogenannten Ensembleschutzes.

Die Aufzählung in der Verordnung von 1952 begann wortgleich dem Sächs. HSG mit den »Bauwerken in ihrer äußeren und inneren Gestaltung«. Auch die aufgezählten »Ruinen« wurden in die VO-52 übernommen. Steindenkmale und -kreuze wurden hingegen in der VO-52 nicht mehr genannt.[205] Statt von »Ortsteilen von städtebaulicher Bedeutung« sprach die VO (nur noch) von »Ortsbildern«. Sie mussten sich durch ihre geschichtliche Bedeutung auszeichnen, wobei es sich bei der erneuten Nennung der geschichtlichen Bedeutung um eine deklaratorische Redundanz zu § 1 Abs. 1 VO-52 handelte. § 1 Abs. 2 Sächs.HSG hingegen formulierte dezidiert strukturbezogene Bedeutungskategorien (»städtebaulich und siedlungstechnisch«). Auch diese wurden nicht in die VO-52 übernommen. Der frühe Ensembleschutz, der sich in der Formulierung des § 2 Abs. 1 a) Sächs. HSG (»Ortsteile von städtebaulicher Bedeutung«) niederschlug, wurde durch die gewählte Formulierung »Ortsbilder, die sich durch geschichtliche Bedeutung« auszeichnen, nahezu aufgehoben. Eine rein städtebauliche Bedeutung reichte nun nicht mehr aus. Zur »geschichtlichen Bedeutung« musste im Falle der Unterschutzstellung von Orts-, Straßen- und Platzbildern hinzukommen, dass diese Bilder durch ihre Eigenart oder Schönheit gekennzeichnet waren. Diese eigentümlich poetischen Begriffe fanden sich ebenfalls im Sächsischen Heimatschutzgesetz, allerdings nicht dort, wo es um Bauwerke ging, sondern bei Regelungen, die Naturdenkmale betrafen.

Das Sächsische Heimatschutzgesetz ging in seiner 1934 verabschiedeten Fassung in Bezug auf den Schutz städtebaulicher Ensembles folglich weit über das hinaus, was letztlich Eingang in die VO-52 fand. Im Zusammenhang mit diesen Unterschieden muss der entstehungszeitliche Kontext der Verordnung berück-

---

203 Zum Begriff des Ensembles S. 277.
204 Jungmann: Kommentar Heimatschutzgesetz, 1934, S. 53 mit Verweis auf die Lübecker Stadtsilhouette, die anscheinend nach dem Gesetz von 1918 schon geschützt war.
205 Sie werden auch in der VO-61 und im DPG nicht wieder aufgenommen, auf den Denkmallisten der späten 1970er- und 1980er-Jahre finden sie sich allerdings vereinzelt ausdrücklich als Einzeldenkmale der Architektur verzeichnet.

sichtigt werden: 1952 war der Zweite Weltkrieg erst sieben Jahre vorüber, die Zerstörungen in den Städten noch allgegenwärtig. Es gab kaum städtebauliche Strukturen, die einen flächenmäßigen Denkmalschutz hätten genießen können. Dazu wurde um die Prämissen des Wiederaufbaus gerungen; zwei Extreme standen sich gegenüber: Wiederaufbau anhand althergebrachter Strukturen oder Neuaufbau mit »struktureller Neuordnung als Zeichen für eine Neuordnung der Lebensverhältnisse«.[206] Unabhängig davon, welche Position sich durchsetzte, ging es im Städtebau der 1950er-Jahre folglich nicht vorrangig um Bewahren, sondern um Neuschaffen.

Grundlage hierfür waren in der DDR das Gesetz über den Aufbau der Städte in der Deutschen Demokratischen Republik und der Hauptstadt Deutschlands, Berlin (kurz: Aufbaugesetz), sowie die 16 Grundsätze des Städtebaus.[207] Sie enthielten die rechtlichen Regelungen und Leitlinien für den Wiederaufbau der kriegszerstörten Städte sowie für die neuen Städte im Sozialismus. Denkmalpflege im engeren Sinne spielte in diesen theoretischen Rahmenbedingungen nur eine marginale Rolle.[208] Allein in den Grundsätzen Nummer zwei und fünf der 16 Grundsätze des Städtebaus finden sich zwei Bezüge zur historisch gewachsenen Stadt.

In Grundsatz zwei wurden Ziele und Methoden des Städtebaus erläutert. Die harmonische Befriedigung des menschlichen Anspruchs auf Arbeit, Wohnung, Kultur und Bildung wurde als Ziel des Städtebaus ausgegeben. Zu erreichen sei dies, wenn Methoden und Grundsätze des Städtebaus auch »auf der Verwendung der fortschrittlichen Elemente des Kulturerbes des Volkes« fußten. Das bedeute, es müsse an die »großen Erfahrungen angeknüpft [werden], die im Kulturerbe je-

---

206 Goralczyk, Peter: Architektur und Städtebau der 50er Jahre in der DDR, in: Werner Durth/Niels Gutschow/Deutsches Nationalkomitee für Denkmalschutz (Hg.): Architektur und Städtebau der fünfziger Jahre, Bonn 1990, S. 62–80, S. 62.
207 GBl. 1950, Nr. 104, S. 965; Sonderdruck der Fachzeitschrift der Industriegewerkschaft Bau/Holz, 16 Grundsätze des Städtebaus mit Erläuterungen von Minister für Aufbau Lothar Bolz, abgedruckt bei Düwel, Jörn: Baukunst voran! Architektur und Städtebau in der SBZ/DDR, Berlin 1995, S. 87.
208 Brandt: Geschichte der Denkmalpflege in der SBZ/DDR, 2003, S. 43, schreibt zwar, Aufbaugesetz und Grundsätze »enthielten gerade für die inhaltliche Bestimmung und Durchsetzung der denkmalpflegerischen Positionen konkrete Angaben«, geht allerdings nicht weiter darauf ein. Brandt verweist auf Düwel: Baukunst voran!, 1995, S. 43 ff. Doch auch bei Düwel findet sich kein Hinweis darauf, wie der historische Baubestand in die neuen Planungen eingebettet werden sollte. Vorrangig sollten repräsentative Stadträume geschaffen werden, doch es »mangelte an der ökonomischen Potenz für einen durchgreifenden Stadtumbau, andererseits stellten auch die verfügbaren Mittel keine Garantie dafür dar, daß das nur im Umriß bekannte Programm seine gestalterische Ausfüllung erhielt« (Düwel: Baukunst voran!, S. 83). Besonderes Augenmerk lag auf Berlin (auf das sich die Grundsätze sowie das Aufbaugesetz anfangs ausdrücklich und ausschließlich bezogen; ebd., S. 82) und den sogenannten Aufbaustädten, Leipzig, Dresden, Magdeburg und Rostock, »wo ein großzügiger Stadtumbau das Versprechen von einer besseren Zukunft zumindest partiell einlösen sollte« (ebd., S. 84). Zur Planung Rostocks Klusemann, Christian: Hermann Henselmann und die »erste sozialistische Straße« in Rostock, in: Mager/Trötschel-Daniels (Hg.): Rationale Visionen, 2019, S. 30–41.

des Volkes aufgespeichert sind und die gründlich und unablässig studiert werden müssen, um das Fortschrittliche vom Rückschrittlichen zu sondern, sich zu eigen machen und weiterzuentwickeln«.[209] Anders als in der Sowjetunion sei in den kapitalistischen Ländern zu erkennen, dass eben nicht auf die fortschrittlichen Elemente des Kulturerbes zurückgegriffen werde. Dort würden nur die »reaktionärsten Traditionen« gepflegt, die angestrebte harmonische Befriedigung der Bedürfnisse sei so nicht zu erreichen. Wie eine Anknüpfung an die fortschrittlichen Elemente des Kulturerbes aussehen könnte, blieb offen.

Deiters bezog sich dennoch 1982 auf ebendiesen Grundsatz Nummer zwei als frühe kulturpolitische Grundlage für die Denkmalpflege.[210] Diesen als Grundlage für denkmalpflegerisches Handeln auszulegen, zeugt davon, dass treffendere und geneigtere kulturpolitische Weisungen für die Denkmalpflege in den frühen 1950er-Jahren nicht zu finden waren und sich Denkmalpflege einmal mehr dort bedienen musste, wo sie eigentlich nicht ausdrücklich mitgedacht worden war.

Der fünfte Grundsatz rief dazu auf, historisch gewachsene Strukturen in Planungen einzubeziehen: »Der Städteplanung zugrunde gelegt werden müssen das Prinzip des Organischen und die Berücksichtigung der historisch entstandenen Struktur der Stadt bei Beseitigung ihrer Mängel«. In der Erläuterung hieß es, dass das historisch Entstandene bei der Planung zwar zu berücksichtigen sei, dies jedoch nicht heiße, dass es blind verwendet oder kopiert werden solle. Im Gegenteil sollten eben auch die Mängel der historisch entstandenen Struktur durch neue Planungen aufgehoben werden.[211]

Auch im Aufbaugesetz (AufbauG) von 1950 wurden die »historisch gewordenen Bezirke« lediglich im Zusammenhang mit den aufzustellenden Flächennutzungsplänen erwähnt: Sie sollten als »Perspektivpläne in großen Umrissen« einzelne Bereiche in der Stadt bestimmen (vgl. § 9 Nr. 1 AufbauG). In den Grundsätzen des Städtebaus und im Aufbaugesetz finden sich folglich keinerlei konkrete Angaben, Handlungsanweisungen oder gar -spielräume für Denkmalpfleger; sie hielten keine Rechtsgrundlagen für die Denkmalpflege bereit. Allein der Umstand, dass »Kulturerbe« oder »historisch entstandene Strukturen« erwähnt wurden, stärkte die Stellung der Denkmalpflege innerhalb der neuen Planungen nicht.

Umgekehrt verwies die angedachte, aber Entwurf gebliebene Durchführungsbestimmung von 1956 zur Verordnung von 1952 ausdrücklich auf die 16 Grundsätze des Städtebaus. Danach sollten

---

209 Sonderdruck der Fachzeitschrift der Industriegewerkschaft Bau/Holz, Grundsätze des Städtebaus, abgedruckt bei Düwel: Baukunst voran!, 1995, S. 87.
210 Deiters: Grundlagen und Ziele der Denkmalpflege, 1982, S. 12.
211 Sonderdruck der Fachzeitschrift der Industriegewerkschaft Bau/Holz, Grundsätze des Städtebaus, abgedruckt bei Düwel, Baukunst voran!, 1995, S. 88.

»Stadtanlagen, Orts-, Straßen- und Platzbilder sowie Stadtsilhouetten von besonderer geschichtlicher Bedeutung, künstlerischer Gestaltung und Eigenart, ferner stadtentwicklungsgeschichtliche Zeugnisse [...] entsprechend den 16 Grundsätzen des Städtebaus vom 27.7.1950 unter Wahrung ihrer Eigenart und Bedeutung zu erhalten und in die Neuplanung einzuordnen«

sein.[212] Planungen in altstädtischen Kontexten sollten mit den Außenstellen des Instituts für Denkmalpflege abgestimmt werden. Vor Beginn der Arbeiten sollte im Baugenehmigungsverfahren die Zustimmung der zuständigen Außenstelle eingeholt werden. Zu solch großem Einfluss des IfD ist es letztendlich nicht gekommen.

Tatsächlich konnten Denkmalpfleger bei Diskussionen rund um Stadt- und Wiederaufbauplanungen nur in geringem Maß Einfluss ausüben. Für die Denkmalpflege in Sachsen wurde dies bereits exemplarisch herausgearbeitet.[213] Etwa bei den Planungen zum zentralen Platz in Dresden wurden die Vertreter der sächsischen Denkmalpflege nicht als stimmberechtigt, sondern als lediglich beratend hinzugezogen.[214] Nadler, der sächsische Landeskonservator, verfolgte die Wiederaufbauplanungen zurückhaltend. Er versuchte sich in dem durch politische Vorgaben eng begrenzten Rahmen, für eine kleinräumige städtebauliche Denkmalpflege einzusetzen. Er erklärte 1955, sich seines geringen Handlungsspielraums bewusst und dennoch hoffend:

»Der Aufbau von Dresden wird niemals allein nach den Empfehlungen des Denkmalpflegers erfolgen können, aber seine Wünsche sollen dazu beitragen, daß im neuen Dresden die Maßstäbe und die souveräne künstlerische Atmosphäre der alten Stadt aufgenommen und in der Handschrift unserer Zeit neu entstehen soll.«[215]

Trotz des geringen Handlungsspielraumes gab es selbstredend Erfolge bei der städtebaulichen Denkmalpflege, wie Heinrich Magirius und Sigrid Brandt herausstellten.[216] Im Bereich der städtebaulichen Denkmalpflege wurde allerdings be-

---

212 BArch, DR 1/8031, Blatt 184, Entwurf für die erste Durchführungsbestimmung, undat. (nach Dezember 1956).
213 Magirius: Geschichte der Denkmalpflege Sachsens, 2010; Brandt: Geschichte der Denkmalpflege in der SBZ/DDR, 2003, insbes. ab S. 103.
214 Brandt: Geschichte der Denkmalpflege in der SBZ/DDR, 2003, S. 122.
215 Ebd., S. 123 mit Verweis auf Hans Nadler: Denkmalpflege, Jahrbuch zur Pflege der Künste 3 (1955), S. 131–149, S. 143.
216 Magirius: Geschichte der Denkmalpflege Sachsens, 2010, S. 24, nennt etwa Nadlers erfolgreiches Eintreten für das Theaterensemble in Dresden und den Elberaum zwischen Waldschlösschen und Ostragehege sowie den Erhalt der historischen Dresdner Stadtsilhouette im Allgemeinen, die durch den geplanten Bau einiger Hochhäuser gestört hätte werden können. Weitere sächsische Beispiele für gelungene städtebauliche Denkmalpflege in den 1950er-Jahren: Brandt: Geschichte der Denkmalpflege in der SBZ/DDR, 2003, S. 120 ff.

sonders sichtbar, dass in der Dekade nach dem Zweiten Weltkrieg zunächst zum einen die organisatorische Konsolidierung der Denkmalpflege und zum anderen die Herausforderungen des Wiederaufbaus die Handlungsspielräume der Denkmalpfleger stark begrenzten. Bei einem Vortrag 1990 auf einer Tagung in Hannover zu Architektur und Städtebau der 1950er-Jahre erwähnte Goralczyk, Deiters' Nachfolger im Amt des Generalkonservators seit 1987, schließlich auch keine denkmalpflegerische Position.[217] Denkmalpflege spielte schlicht im Wiederaufbau eine nur untergeordnete Rolle.

3.1.1.2 Verordnung von 1961

In der Verordnung von 1961 waren in § 2 Abs. 2c ebenfalls »Orts-, Straßen- und Platzbilder« aufgezählt, sie wurden ergänzt durch »Stadtanlagen« und »stadtgeschichtlich bedeutsame Anlagen, wie Stadtumwehrungen, Burganlagen, charakteristische alte Dorf- und Gehöftanlagen, und Verkehrswege«. Im häufigeren Gebrauch wurde statt von Bildern oder Anlagen allerdings von »Denkmalen der Stadtbaukunst« gesprochen.[218]

Obwohl Städtebau und Architektur traditionelle Objekte von Denkmalschutz waren, wurde während der Diskussion um die Novelle der Denkmalschutzverordnung 1961 sogar überlegt, ob sie weiterhin von der neugefassten Verordnung umfasst werden sollten. In der Stellungnahme des Ministeriums für Aufbau zum Entwurf der neuzufassenden Verordnung im Jahr 1957, sprach sich der zuständige Bearbeiter Winkler dafür aus, die »städtebaulichen und baulichen Objekte« aus der Neufassung der Verordnung herauszunehmen und die Verantwortung für diese Objekte dem Ministerium für Aufbau zu übertragen. Seit dem Erlass der Verordnung von 1952 seien Erfahrungen im Städte- und Hochbau gemacht wurden, die es

> »notwendig machen, Erhaltung und Pflege der städtebaulichen und baulichen Denkmale, aber auch die Frage der Beseitigung geschützter Anlagen, die bei schlechter baulicher Substanz und weniger hohem baukünstlerischen Wert Wiederaufbau, Um und Ausbau nicht rechtfertigen, dem Aufgabengebiet des Ministeriums für Aufbau«[219]

zuzuordnen. Der Abteilungsleiter der Hauptabteilung Bildende Kunst im MfK, Heese, folgte diesem Vorschlag und strich den Passus, der Stadtanlagen, Orts-, Straßen- und Platzbilder sowie Stadtsilhouetten oder stadtentwicklungsgeschichtliche Zeugnisse zum Gegenstand der Denkmalpflege machte, aus dem Verordnungsentwurf heraus. Es lohne »kein weiterer Streit, um den notwendigen Erlaß

---

217 Goralczyk: Architektur und Städtebau der 50er Jahre, 1990, S. 62 ff.
218 Zum Beispiel Deiters: Kulturpolitisches Interesse an Denkmalen, 1962, Bl. 2; Deutsche Bauakademie/Collein, Edmund u. a (Autorenkollektiv): Handbuch für Architekten, Berlin 1954, S. 223.
219 BArch, DR 1/8031, Blatt 112 f., Winkler an Abusch, 08.07.1957.

der neuen Verordnung nicht zu verzögern«, begründete er resignierend seine Entscheidung gegenüber Alexander Abusch.[220] Dieser war Staatssekretär im Ministerium für Kultur und gab die Entscheidung an das Ministerium für Aufbau weiter: Der Absatz, der sich »für eine moderne Städteplanung hemmend auswirken konnte«, sei nun gestrichen. Die für die Denkmalpflege dadurch entstehende »empfindliche Lücke« müsse in »Zukunft durch eine gute Zusammenarbeit zwischen Ihrem Ministerium [für Aufbau] und der Denkmalpflege geschlossen werden«.[221]

Dass die städtebaulichen Denkmale letztlich überhaupt in der Verordnung von 1961 erwähnt wurden, muss bei den erwähnten Ambitionen des Ministeriums für Aufbau bereits als Erfolg des Ministeriums für Kultur und der Denkmalpflege gewertet werden.

Was unter dieser Kategorie in der Praxis verstanden wurde, offenbart die Denkmalliste von 1962. Sie umfasste Altstädte und Ensembles.[222] In der Denkmalliste waren sie unter der Rubrik »Denkmale der Stadtbaukunst« zusammengefasst. Stadtbaukunst war der auch in der Architektenausbildung in der DDR genutzte Begriff, um künstlerische Gestaltungsprinzipien in der Stadtplanung zu beschreiben. Danach waren die »historisch entstandene Struktur und die wertvollen Baudenkmale einer Stadt als Ausdruck der schöpferischen Kräfte unseres Volkes und als Zeugen der Geschichte« so in die Planungen einzubeziehen, dass die neue Gesellschaftsordnung in der Stadt vollständig und einprägsam zum Ausdruck komme.[223] Auch im Aufbau der Städte, bei der Bildung der Straßen und Platzräume, in der Sichtbeziehung zu den gesellschaftlichen Bauten und der Anordnung der Dominanten in der Stadtsilhouette seien »künstlerische Gestaltungsabsichten« sichtbar. Teile mancher Städte oder manchmal auch »im ganzen guterhaltene Stadtanlagen« könnten daher als Denkmale der Stadtbaukunst verzeichnet werden.[224] Ihr Erhalt sei »allen Menschen gemeinsames Interesse«, weil sie der gesamten Bevölkerung zugänglich sind. Denkmalpflegerische Aufgabe sei es, die Verunstaltungen, die den Denkmalen der Stadtbaukunst in den letzten Jahren widerfahren seien, zu beseitigen.

»Mehr oder weniger sind alle historischen Bauten, die zu einem denkmalwerten Ensemble gehören, zugunsten egoistischer Interessen der Besitzer in den vergangenen kapitalistischen Jahrzehnten verschandelt und verdorben. Typische Verschandelungen

---

220 BArch, DR 1/8031, Blatt 111, Heese an Abusch, 16.07.1957.
221 BArch, DR 1/8031, Blatt 109, Abusch an Winkler, 23.07.1957.
222 Die Liste mit 32 Positionen enthielt sechs Denkmale der Stadtbaukunst: Berlin, Lindenensemble und Museumsinsel; Dresden, Theaterplatz und Zwingerensemble; Quedlinburg, Altstadt; Stralsund, Altstadt; Görlitz, Altstadt; Neubrandenburg, Altstadt, mittelalterliche Stadtbefestigung; abgedruckt in: Münzer: Kulturrecht, 1963.
223 Deutsche Bauakademie: Handbuch für Architekten, 1954, S. 223.
224 Deiters: Kulturpolitisches Interesse an Denkmalen, 1962, Bl. 2.

sind: brutale Ladeneinbauten, protziger Fassadenschmuck, Verbauung und Zerstückelung der Innenräume, Aufstockungen und Überbauung der den Baudenkmalen zugehörigen Grundstücke für gewerbliche Zwecke.«[225]

Unter der Prämisse, dass jedes Denkmal genutzt werden müsse, sollten auch die Denkmale der Stadtbaukunst »weiterentwickelt« werden. Ein Lückenschluss oder der Rückbau neuerer Bauten war daher nicht ausgeschlossen. Diese Maßnahmen wurden häufig, so Deiters, unter dem Begriff »Sanierung« gefasst, der Begriff »Rekonstruktion« sei jedoch angebrachter. So erhalte man Straßen- und Platzräume, die »unter Wahrung und Wiederherstellung aller überkommenen baukünstlerischen Eigenheiten zugleich den modernen Bedürfnissen entsprechend sorgsam eingefügt« seien.[226]

Obwohl es also nach dem Wortlaut der Verordnung von 1961 vorrangig um den Erhalt von »Stadtbildern« ging, war in Ansätzen schon erfasst, was erst im Denkmalpflegegesetz ausbuchstabiert werden sollte.

3.1.2 Einführung des Ensemblebegriffs in die Rechtssprache
Als man sich im DPG 1975 zugunsten der Begriffe »Anlagen«, »Räume« und »Silhouetten« vom bis dahin üblichen Begriff des »Ortsbildes« verabschiedete, änderten sich nicht nur Begrifflichkeiten: vielmehr wurde eine neue Perspektive zu Erhaltung und Gestaltung eingenommen.

Seither war und ist die Frage virulent, wie die Abgrenzung von städtebaulicher Denkmalpflege und Stadtbildpflege gelingen soll, heute insbesondere im Zusammenhang mit den Rekonstruktionen, die auf einzelne Zeitschichten zurückgreifen und dadurch ein »Geschichtspanorama ohne Geschichte« erschaffen.[227] Reine Stadtbildpflege beschränkte sich oft auf den für Denkmalpfleger unbefriedigenden Zustand der vordergründigen beziehungsweise rein kosmetischen Gestaltung, ohne historische Zusammenhänge zu berücksichtigen.[228] Entscheidend für die Abgrenzung ist wohl, dass das Ensemble zu einer »stadtgeschichtlichen oder stadtentwicklungsgeschichtlichen Unverwechselbarkeit« beiträgt.[229] Beim städtebaulichen Denkmalschutz steht die historisch gewachsene Struktur im Vordergrund, bei der Stadtbildpflege hingegen gegenwärtige Planung.[230]

Als der Begriff »Ensemble« in den 1970er-Jahren in die Gesetzessprache Einzug hielt, ging man davon aus, dass der Denkmalcharakter die Pflege von Ensembles

---

225 Ebd.
226 Ebd.
227 Scheurmann: Konturen und Konjunkturen, 2018, S. 378 ff.
228 Neuwirth, Franz: Was unterscheidet den städtebaulichen Denkmalschutz von der Stadtbildpflege?, in: ICOMOS Hefte des Deutschen Nationalkomitees 6 (1992), S. 47–50, S. 47.
229 Davydov: Handbuch Denkmalschutz und Denkmalpflege, 2017, Rn. 42.
230 Ebd., Rn. 40 f.

von der Orts- und Stadtbildpflege trenne;[231] Schiedermair beschrieb in seinen Erläuterungen zum bayerischen Denkmalschutzgesetz, in dem der Ensemblebegriff erstmals verwendet wurde, dass die Grenzen »fließend« seien, zumal das »malerische Sehen« des 19. Jahrhunderts, bei dem gerade das Bildhafte vordergründig sei, eine der Wurzeln des Ensemblebegriffs sei.[232]

Mit dem gewählten Begriff des »Ensembles« wurde ein Gedanke aus der 1964 verfassten Charta von Venedig aufgegriffen. Er beschreibt eine Mehrzahl baulicher Anlagen. Unter Ensembleschutz werden diese Anlagen dann gestellt, wenn ihnen eine gewisse ästhetische oder kulturelle Qualität zukommt. Der Begriff ist so jung wie unscharf.[233]

Die Besonderheit des Ensembleschutzes besteht darin, dass sich unter den baulichen Anlagen auch solche befinden, die allein keine Denkmalqualität aufweisen, aber durch ihre Zugehörigkeit zu einer Gesamtanlage unter Schutz stehen. So ist es möglich, städtebauliche Zusammenhänge und Strukturen zu bewahren und zu erhalten.

Nicht mehr nur Einzeldenkmale, sondern ganze städtebauliche Zusammenhänge, historische Grundrisse sowie Stadt- und Dorfstrukturen bewahren zu wollen, ist ein Gedanke, der in der Denkmalpflege zu Beginn des 20. Jahrhunderts entwickelt wurde. Zunächst obsiegte oft das Einzeldenkmal gegenüber den städtebaulichen Zusammenhängen.[234] Während der Heimatschutzbewegung forderten ihre Vertreter, beispielsweise Paul Clemen, dass sich der Schutz auf das »ganze Stadtbild« beziehen müsse.[235] Ensembleschutz speist sich folglich zum einen aus einer ästhetischen Komponente, in der malerisches Sehen ausschlaggebend für den Schutz ist, zum anderen aus der Tatsache, dass Historisches besonders im Zusammenhang veranschaulicht werden kann.[236]

Dies schlug sich auch in der Denkmalschutzgesetzgebung nieder. In Österreich wurden 1899 auch Denkmalgruppen als schutzwürdig genannt. Der Begriff Ensemble wird in dieser Zeit allerdings noch nicht verwendet. Nach dem Zweiten

---

231 Schiedermair, Werner: Zum Bayerischen Denkmalschutzgesetz, in: Baumeister 72 (1975), S. 107–110, S. 108.
232 Ebd. Gleiches sagte auch Breuer, Tilmann: Ensemble – Konzeption und Problematik eines Begriffs des Bayerischen Denkmalschutzgesetzes, in: Wilfried Lipp (Hg.): Denkmal – Werte – Gesellschaft. Zur Pluralität des Denkmalbegriffs, Frankfurt am Main/New York 1993, S. 170–202, S. 171; zum malerischen Sehen bei Schinkel: Bisping, Mascha: Die Stadt wird Geschichte. Das Ensemble in Panorama. Denkmalpflege und Städtebau bei Karl Friedrich Schinkel, in: Harald Tausch (Hg.): Gehäuse der Mnemosyne: Architektur als Schriftform der Erinnerung, Göttingen 2003, S. 233–262.
233 Bisping: Denkmalpflege und Städtebau bei Karl Friedrich Schinkel, 2003, S. 233.
234 Herold, Stephanie: »nicht, weil wir es für schön halten«. Zur Rolle des Schönen in der Denkmalpflege, Bielefeld 2018, S. 84, nennt als Beispiel die Freilegung innerstädtischer Kirchenbauten.
235 Herold: »nicht, weil wir es für schön halten«, 2018, S. 85; zu Paul Clemen: Scheurmann: Konturen und Konjunkturen, 2018, S. 68–81.
236 Breuer: Ensemble, 1993, S. 173; Herold: »nicht, weil wir es für schön halten«, 2018, S. 69–168.

Weltkrieg griff das Badische Denkmalschutzgesetz von 1949 den Gedanken wieder auf und regelte, dass Kulturdenkmale für sich allein »oder in ihrer Zusammenfassung zu Gruppen« Denkmalwert besitzen können.[237]

Im *Handbuch für Architekten* von 1954 verwendete das Autorenkollektiv um Edmund Collein den Begriff »Ensemble« ausschließlich im Kapitel zur Stadtbaukunst, was eine Verbindung des Begriffs zum historischen Baubestand nahelegt.[238] Um ein Ensemble zu bilden, müssten alle Organismen einer Stadt einer beherrschenden Gestaltungsidee untergeordnet und so harmonisch in ein Ganzes eingegliedert werden. Dieser Prozess sei die »Ensemblebildung«.[239] Damit wird die Verbindung von Ensemble und künstlerischer Gestaltung deutlich.

In der deutschen Fassung der 1964 verabschiedeten Charta von Venedig heißt es, der Denkmalbegriff umfasse »sowohl das einzelne Denkmale als auch das städtische oder ländliche Ensemble (Denkmalbereich), das von einer ihm eigentümlichen Kultur, einer bezeichnenden Entwicklung oder einem historischen Ereignis Zeugnis ablegt«.[240] Die Übersetzung ist von Ernst Bacher, Ludwig Deiters, Michael Petzet und Alfred Wyss, den jeweiligen Präsidenten der ICOMOS-Nationalkomitees von Österreich, der DDR, der Bundesrepublik und der Schweiz, 1989 erarbeitet worden. In der französischen Fassung wird der Begriff »Ensemble« nicht verwendet. Dort heißt es, ein Denkmal sei neben einem einzelnen Objekt »aussi bien que le site urbain ou rural«.[241] Unter »site« wird in der französischen Gesetzgebung auch der Teil einer Natur- oder Kulturlandschaft von besonderer Bedeutung verstanden.[242] In der englischen Fassung ist von urbanen oder ruralen »settings« die Rede.[243] Der Begriff »Ensemble« in der deutschen Fassung ist folglich nicht der englischen oder französischen Version entlehnt, sondern scheint ein originär deutscher Begriff zu sein, der sich zwar an ein französisches Wort anlehnt, von diesem Ursprung allerdings weitestgehend gelöst ist und nun ein »Eigenleben«[244] führt. In einer frühen Übersetzung, die Mitte der 1960er-Jahre in der DDR angefertigt wurde, war vom Ensemble auch nicht die Rede. Art. 1 war dahingehend übersetzt worden, dass der Begriff Baudenkmale sowohl das alleinstehende Werk der Architektur als auch »die Stadt oder den Landstrich« von besonderem Wert

---

237 Badisches GVBl. 1949, Nr. 33/34, S. 303, § 2 Abs. 1; Paschke, Uwe: Die Idee des Stadtdenkmals. Ihre Entwicklung und Problematik im Zusammenhang des Denkmalpflegegedankens, Nürnberg 1972, S. 24–29.
238 Deutsche Bauakademie: Handbuch für Architekten, 1954, S. 232–253.
239 Ebd., S. 232.
240 Charta von Venedig, Deutsche Übersetzung, https://www.icomos.org/venicecharter2004/german.pdf (letzter Abruf: 05.10.2021).
241 Charte internationale sur la Conservation et la Restauration des Monuments et des Sites (Charte de Venise 1964), https://www.icomos.org/charters/venice_f.pdf (letzter Abruf: 05.10.2021).
242 Paschke: Die Idee des Stadtdenkmals, 1972, S. 27; Breuer: Ensemble, 1993, S. 172.
243 International Charter for the Conservation and Restoration of Monuments and Sites (The Venice Charter 1964), https://www.icomos.org/charters/venice_e.pdf (letzter Abruf: 05.10.2021).
244 Breuer: Ensemble, 1993, S. 170.

umfassen sollte.[245] Der Begriff Ensemble wurde erst im Laufe der späten 1960er-Jahre etabliert.[246]

Auch im Grundsatzpapier zur »Neuordnung der Denkmalpflege« aus dem Jahr 1968 wurden Veränderungen im Bereich »Städtebau und Denkmalpflege« gefordert. Allein

»durch das Zusammenwirken von Kommunalpolitikern, Städtebauern, Architekten, Denkmalpflegern, Museologen, Reisebüros und Dienstleistungsbetrieben, mit den Gewerkschaften und anderen gesellschaftlichen Organisationen sind die Voraussetzungen für die Integration der denkmalpflegerischen Aufgaben in die sozialistische Prognose, Planung und Ausführung zu schaffen«.[247]

Der Begriff »Bauensemble« wurde 1968 bereits verwendet: Sie seien, gemeinsam mit Einzeldenkmalen, in die Neugestaltung sozialistischer Städte einzubeziehen. Dadurch würde die Qualität städtebaulicher Ensembles mitbestimmt.

Während des Gesetzgebungsprozesses wird der Begriff »Ensemble« erstmals im 3. Verordnungsentwurf vom Juli 1970 verwendet.[248] Es hieß dort, zu Denkmalen des Städtebaus gehörten »Stadtanlagen mit ihren kompositionellen Qualitäten im Stadtaufbau und Stadtgrundriss, Stadtsilhouetten, Straßen und Platzräume, städtebauliche Achsen und Ensembles«.[249] Damit griff der Verordnungsentwurf noch früher als der bayerische Gesetzgeber auf diesen Terminus technicus zurück.

Was unter Ensembles verstanden wurde, offenbaren die Vorschlagsliste für eine zentrale Denkmalliste von 1968 sowie die endgültige zentrale Liste von 1979. Auf der Vorschlagsliste von 1968[250] fanden sich nur wenige historische Altstadtkerne. Insgesamt wurden 14 Städte aufgeführt, deren Altstädte als zusammenhängendes Ensemble Denkmalschutz genießen sollten.[251] Separat dazu waren 19 Städte mit »historischen Ensembles« vorgeschlagen.[252] Diese Vorschläge wur-

---

245 TLDA Erfurt, Ordner IfD 36, Charta von Venedig.
246 So auch im internationalen Kontext auf ICOMOS-Tagungen, 1967: Premier Colloque sur l'étude de la conservation, de la restauration et de la réanimation des ensembles historique/First Conference on the conservation, restoration and revival of areas and groups of buildings of historic interest, Caceres, Espagne/Spain 15–19 Mars 1967; 1968: Deuxième Colloque sur l'étude de la conservation, de la restauration et de la réanimation des ensembles historiques/Second Conference on the conservation, restoration and revival of areas and groups of buildings of historic interest, Tunis, Tunisie, 9–16 Avril 1968.
247 BArch, DY 27/8262, Neuordnung, S. 4, 01.08.1968.
248 BLDAM Wünsdorf, L 9/12, 3. Verordnungsentwurf, 29.07.1970.
249 § 2 des Verordnungsentwurfes.
250 BArch, DY 27/8262, Neuordnung, Anlage, 01.08.1968.
251 Bautzen mit Ortenburg, Erfurt, Freiberg, Görlitz, Güstrow, Ludwigslust, Meißen, Neubrandenburg, Neuruppin, Potsdam, Quedlinburg, Salzwedel, Stralsund und Tangermünde.
252 Altenburg, Berlin, Brandenburg, Dresden, Frankfurt (Oder), Gotha, Halberstadt, Magdeburg, Merseburg, Naumburg, Pirna, Potsdam, Rostock, Schmalkalden, Schwerin, Stolberg/Harz, Weimar, Wernigerode, Zittau.

den größtenteils in die endgültige zentrale Denkmalliste von 1979 übernommen und nur geringfügig erweitert. Zwar befinden sich auf der zentralen Denkmalliste unter »Altstadtkernen« insgesamt 22 Altstädte, und damit acht mehr als in der Vorschlagsliste von 1968. Allerdings wurden lediglich vier Altstädte neu hinzugefügt. Fünf wurden aus den 1968 vorgeschlagenen »historischen Ensembles« herausgenommen und unter »Altstadtkernen« aufgeführt; umgekehrt wurde der Vorschlag Neubrandenburg jetzt unter den historischen Ensembles aufgezählt. Als zusätzliche Altstadtkerne kamen 1979 im Vergleich zur Vorschlagsliste von 1968 (also nur) die Städte Mühlhausen, Osterwieck, Torgau und Wasungen hinzu.

Anders ist das Bild bei den historischen Ensembles. Hier wurde die endgültige zentrale Denkmalliste gegenüber der Vorschlagsliste von 1968 erheblich erweitert. 22 weitere Ensembles, die ursprünglich nicht erwähnt wurden, sind auf der zentralen Denkmalliste verzeichnet.[253] Bei den Ensembles handelt es sich größtenteils um Marktplätze mit angrenzender oder umgebender Bebauung, etwa Rathäuser, Kirchen und auch Reste von Befestigungsanlagen waren erfasst.

Die zwischen 1968 und 1979 hinzugekommenen Ensembles von Dresden-Hellerau und Dresden-Pillnitz sowie das Ensemble in Moritzburg stechen aus verschiedenen Gründen heraus. Die »Gartenstadt mit Reihenhausbebauung und [das] Festspielhaus« in Dresden-Hellerau stammen vom Beginn des 20. Jahrhunderts und sind damit eines der jüngsten Ensembles auf der Liste.[254]

Dresden-Pillnitz sowie das Ensemble in Moritzburg stechen deshalb heraus, weil für sie der Begriff »Kulturlandschaft« verwendet wurde. Geschützt sind die jeweiligen Schlösser mit angrenzenden Parks.[255] Die räumliche Erweiterung des Denkmalbegriffs durch verstärkten Umgebungsschutz und den eingeführten Schutz räumlicher Zusammenhänge wirkte sich nicht nur vorteilhaft auf den Schutz städtebaulicher Konstruktionen aus, sondern ebenso auf den Schutz von Gartenanlagen und Parks.[256]

---

253 Es handelt sich um Ensembles in Aschersleben, Bernau, Dresden-Hellerau und Dresden-Pillnitz, Eisenach, Greifswald, Halle, Havelberg, Heiligenstadt, Jüterbog, Leipzig, Luckau, Moritzburg, Potsdam, Saalfeld, Schneeberg, Sondershausen, Stendal, Wechselburg, Wismar, Wittenberg und Zwickau
254 Jünger ist wohl nur die Lange Straße in Rostock, die in den 1950er-Jahren fertiggestellt wurde; zur Rolle Hermann Henselmanns bei den Planungen zur Langen Straße: Klusemann: Hermann Henselmann und die »erste sozialistische Straße« in Rostock, 2019.
255 Dresden-Pillnitz: Kulturlandschaft, Pillnitz mit Schlössern, Park, Maillebahn bis zur Kirche am Wasser, Bergkirche, Landschaftspark Friedrichsgrund mit Ruine und Weinberghänge, Fischerhaus; Moritzburg (Kreis Dresden): Kulturlandschaft Moritzburg mit Schloss, Teichanlage, Jagdforst, Hellhaus, Fasanerie, Gestüt, Dardanellen. (Die Dardanellen sind eine Meerenge zwischen dem Schwarzen Meer und dem Marmarameer. In der Teichlandschaft von Moritzburg ließ Friedrich August III. am Ufer eines der Teiche eine Festungsanlage sowie einen Kanal errichten, um die einige Jahre zuvor stattgefundene Seeschlacht an den tatsächlichen Dardanellen nachstellen zu können.)
256 Siehe S. 260.

In der Rechtssprache der Bundesrepublik wurde der Begriff »Kulturlandschaft« wohl 1980 erstmals auf Bundesebene im Naturschutzgesetz verankert.[257] In der Landesgesetzgebung, vor allem in der Landesplanung, war er allerdings schon früher verwendet worden.[258] Im denkmalpflegerischen Diskurs wurde er zwar vereinzelt genutzt,[259] allgemein aber war der Begriff »Kulturlandschaft« bis 1979 im gesamten deutschen Sprachraum sehr unüblich: In der Wochenzeitung *Die Zeit* wurde er in den 30 Jahren zwischen 1949 und 1979 lediglich 78-mal verwandt.[260] In der Zeitungslandschaft der DDR wurde der Begriff in diesem Zeitraum ähnlich selten verwendet: Die *Berliner Zeitung* verwendete ihn 20-mal, das *Neue Deutschland* 38- und die christlich geprägte *Neue Zeit* 70-mal. In der Regel wurde der Begriff also in manchen Jahren gar nicht oder höchstens in einer einstelligen Zahl von Fällen benutzt.[261] Mit dem politischen Systemumbruch erfolgte

---

257 Artikel 5 des Gesetzes zur Berücksichtigung des Denkmalschutzes im Bundesrecht vom 1. Juni 1980 (BGBl. I 1980, S. 649–650) sah vor, dass im BNatSchG ein neuer § 2 Abs. 1 Nr. 13 eingefügt wird. Er lautete: »Historische Kulturlandschaften und -landschaftsteile von besonderer charakteristischer Eigenart sind zu erhalten. Dies gilt auch für die Umgebung geschützter oder schützenswerter Kultur-, Bau- oder Bodendenkmäler, sofern dies für die Erhaltung der Eigenart oder Schönheit des Denkmals erforderlich ist.« Dieses Gesetz wiederum ging auf eine Vorlage der Arbeitsgruppe »Recht und Steuerfragen« des DNK aus dem Jahr 1975 zurück; Hönes, Ernst-Rainer: Die historische Kulturlandschaft in der Gesetzeslandschaft, http://www.dnk.de/Im_Fokus/n2372?node_id=2372&from_node=2402&beitrag_id=333 (letzter Abruf: 30.03.2020).
258 Beispielsweise in Nr. 56 des Raumordnungsprogramms des Saarlandes vom 10.10.1967 (ABl. I, 1969, S. 37); in § 10 des Bayerischen Landesplanungsgesetzes vom 06.02.1970 (GVBl. 1970, Nr. 2, S. 9); in Nr. 9 Abs. 2 des Hessischen Landesraumordnungsprogramms, Anlage des Gesetzes über die Feststellung des Hessischen Landesraumordnungsprogramms und zur Änderung des Hessischen Landesplanungsgesetzes vom 18.03.1970 (GVBl. 1970, Nr. 16, S. 265).
259 Beispielsweise vom slowakischen Denkmalpfleger Emanuel Hruška, der 1956 auf der Erfurter Konferenz einen Vortrag hielt, Brandt: Geschichte der Denkmalpflege in der SBZ/DDR, 2003, S. 45, 60 f.: »Er nimmt mit dem angewohnten, jungen Begriff die Diskussionen späterer Zeiten und Orte um Jahrzehnte vorweg. Kultur-Landschaft ist dabei ein anderer Entwurf als Stadtlandschaft oder das Stadt-Land, wie es Egli begrifflich zu fassen versucht hat.« Zur historischen Herleitung des Begriffs Dix, Andreas: Grundsätze zur Definition und Bewertung historischer Kulturlandschaften, in: Arbeitskreis Theorie und Lehre in der Denkmalpflege/Birgit Franz/Achim Hubel (Hg.): Historische Kulturlandschaft und Denkmalpflege, Holzminden 2010, S. 22–29, S. 23 m. w. N.
260 Stichwort: »Kulturlandschaft«, Digitales Wörterbuch der deutschen Sprache, https://www.dwds.de/r/?q=Kulturlandschaft&corpus=zeit&date-start=1949&date-end=1979&format=full&sort=date_desc&limit=50 (letzter Abruf: 05.10.2021). Eine Suche im Spezialkorpus »DDR« ergab im Zeitraum 1949 bis 1979 lediglich drei Treffer, im Korpus DWDS für den Zeitraum 1900 bis 1979 finden sich 69 Treffer.
261 Ausnahme war das Jahr 1978, als der Begriff allein 18-mal verwendet wurde. Davon viermal in der Wiedergabe der Rede Honeckers »Die Aufgaben der Partei bei der weiteren Verwirklichung der Beschlüsse des IX. Parteitages der SED«, z. B. in Neues Deutschland, 18.02.1978, S. 8, in der er sagte, »die bis zum Überdruß verbreitete westliche Propagandalüge von einer angeblichen ›Verödung‹ oder ›Austrocknung‹ unserer Kulturlandschaft« sei durch die hohe Besucherzahl bei der VIII. Kunstausstellung widerlegt. Das verdeutlicht, dass der Begriff nicht ausschließlich im Sinne von »Landschaft« verwendet wurde, sondern auch das kulturelle Leben beschrieben wurde.

der sprunghafte Anstieg von 29-mal im Jahr 1989 auf 131-mal im Jahr 1990 in den drei ostdeutschen Zeitungen.[262]

In der bundesrepublikanischen Wochenzeitung *Die Zeit* hat die Zäsur 1989/90 einen weniger drastischen Anstieg bei der Verwendung des Begriffes mit sich gebracht.[263] Diese Entwicklung zeigt, dass der Begriff insbesondere im Sprachgebrauch der DDR unüblich war.

Indem er auf der zentralen Denkmalliste von 1979 verwendet wurde, signalisierten die Denkmalpfleger ihren Anschluss an die international geführten Diskurse. Den Anknüpfungspunkt für den Schutz von Kulturlandschaften mit außergewöhnlichem universellem Wert bot das »UNESCO-Übereinkommen zum Schutz des Kultur- und Naturerbes der Welt« vom 23. November 1972. »Cultural heritage« wird dort (auch) definiert als »Gruppen von einzelnen oder zusammenstehenden Gebäuden«, die wegen ihres »Platzes in der Landschaft« von außergewöhnlichem Wert seien. 1972 sei, so Dornbusch, die Kulturlandschaft als Schutzgegenstand noch nicht in der »heute üblichen Intensität« diskutiert worden, die Umschreibung in der Konvention daher sehr abstrakt. Sie stelle aber dennoch den entsprechenden Schutzrahmen für Kulturlandschaftsschutz als Gegenstand der Denkmalpflege dar.[264]

Städtebauliche Denkmalpflege und Kulturlandschaftspflege teilen »beträchtliche Schnittmengen«, wobei sich Erstere auf den Schutz von »Landschaftselementen inmitten von Überbauungen« konzentriere und es sich im Falle der Kulturlandschaft um »Gebautes und Gestaltetes inmitten von Landschaft« handele.[265] Der zu pflegende Gegenstand bestimmt den Begriff: Es geht um den Unterschied zwischen Stadt und Landschaft.[266] Diese Unterscheidung trifft auch für die in der zentralen Denkmalliste 1979 gewählten Begrifflichkeiten zu: Mit Pillnitz und Moritzburg wurden Schlösser in ländlichen Gebieten beschrieben. In der DDR wurde, im Vergleich zur internationalen Ebene, früh mit dem Begriff »Kulturlandschaft« gearbeitet. Dabei wurde er so verwendet, wie es auch heute üblich ist.

---

262 Zeitungsinformationssystem, Staatsbibliothek zu Berlin, Preußischer Kulturbesitz, Zeitungsportal DDR-Presse: Stichwort: »Kulturlandschaft«, http://zefys.staatsbibliothek-berlin.de/ddr-presse/volltextsuche/ (letzter Abruf: 05.10.2021).

263 Im Jahr 1989 finden sich 10 Treffer, für 1990 12 und für 1991 30 Treffer beim Digitalen Wörterbuch der deutschen Sprache, www.dwds.de (letzter Abruf: 10.05.2019). 1993 wurde »Kulturlandschaft« als neue Kategorie in die Welterbe-Liste der UNESCO aufgenommen.

264 Dornbusch, Ramona Simone: Teil C IV. Denkmalbegriff – Historische Kulturlandschaft, in: Martin/Krautzberger (Hg.): Handbuch Denkmalschutz und Denkmalpflege, 2017, Rn. 189. In der Fortschreibung der Ausführungsrichtlinien zur Welterbekonvention wurde 1992 auch der Begriff Kulturlandschaft aufgenommen. Sie stelle »das gemeinsame Werk von Natur und Mensch dar«.

265 Meier, Hans-Rudolf: Abgrenzungen I: Städtebauliche Denkmalpflege und Kulturlandschaftspflege, in: Arbeitskreis Theorie und Lehre in der Denkmalpflege/Franz/Hubel (Hg.): Historische Kulturlandschaft und Denkmalpflege, 2010, S. 30–40, S. 31.

266 Ebd., S. 34, 37.

3.1.3 Städtebaulicher Denkmalschutz in den Denkmalschutzgesetzen der 1970er-Jahre in der Bundesrepublik

Dem Bayerischen Denkmalschutzgesetz von 1973 kommt in Bezug auf die städtebauliche Denkmalpflege eine Vorreiterrolle zu. Als erstes Bundesland hat 1973 Bayern sowohl die »städtebauliche Bedeutung« als Denkmalgrund als auch den Begriff des »Ensembles« in sein Denkmalschutzgesetz eingeführt.

Dort, wo im Gesetz nicht ausdrücklich die städtebauliche Bedeutung in den allgemeinen Denkmalbegriff aufgenommen wurde, verunklarten weitere Begriffe die Rechtssprache. In den Gesetzen der Bundesrepublik fanden sich die Begriffe »Gesamtanlagen« sowie »Mehrheit baulicher Anlagen« zur Beschreibung von Situationen, denen auch eine städtebauliche Bedeutung zugeschrieben werden konnte. In einigen wenigen Gesetzen wurde auch der Begriff »Sachgesamtheit« verwendet. Er kann verschiedene Bezugspunkte haben und meint, je nachdem, Unterschiedliches: Bezieht sich der Begriff auf bewegliches Kulturgut, kann eine Sachgesamtheit eine Sammlung oder ein Archiv beschreiben. Bezieht er sich auf immobiles Kulturgut, kann zum Beispiel ein Ensemble oder ein Denkmalbereich gemeint sein.[267] Von diesem zivilrechtlich geprägten Begriff wurde jedoch schnell wieder abgerückt und Termini technici der Denkmalpflege wie »Ensemble« und »Gesamtanlagen« eingeführt. Dabei ist eine gewisse Begriffsevolution zu beobachten: In den frühen Gesetzen war von »Gesamtanlagen« die Rede,[268] ab 1973 kam der Begriff »Ensemble« hinzu.[269] Ab 1977 wurde der Begriff »Ensemble« in der Mehrzahl der Fälle verdrängt von der »Mehrheit baulicher Anlagen«[270].

Schleswig-Holstein (1958), Baden-Württemberg (1971) und Bremen (1975) hatten die »städtebauliche Bedeutung« zwar nicht im allgemeinen Denkmalbegriff. Allerdings kannten zumindest Baden-Württemberg und Bremen ausdrückliche Regelungen zum Schutz von Gesamtanlagen und Ensembles. Allein Schleswig-

---

267 Zu den unterschiedlichen Begriffen und Bedeutungen in den heutigen Ländergesetzen Martin, Dieter: Teil C IV Denkmalbegriff – Denkmalgattungen, in: Martin/Krautzberger (Hg.): Handbuch Denkmalschutz und Denkmalpflege, 2017, Rn. 161–164.
268 BW 1971, HH 1973, HE 1974.
269 BY 1973, HH 1973, HB 1975, DDR 1975, SL 1977.
270 BE Dez 1977, § 3 (2) »Ein Baudenkmal ist eine bauliche Anlage, ein Teil einer baulichen Anlage oder eine Mehrheit baulicher Anlagen, […] deren Erhaltung […] wegen ihrer Bedeutung für das Stadtbild im Interesse der Allgemeinheit liegt.«
RP 1978, § 5 (1) »Denkmalzonen sind insbesondere 1. bauliche Gesamtanlagen, 2. kennzeichnende Straßen-, Platz- und Ortsbilder […].«
ND 1978, § 3 (3) »Baudenkmal ist auch eine Gruppe baulicher Anlagen, die aus den in Absatz 2 genannten Gründen erhaltenswert ist, unabhängig davon, ob die einzelnen baulichen Anlagen für sich Baudenkmale sind.«
NW 1980, § 2 (3) »Denkmalbereiche sind Mehrheiten von baulichen Anlagen, und zwar auch dann, wenn nicht jede dazugehörige einzelne bauliche Anlage die Voraussetzungen des Absatzes 1 erfüllt. Denkmalbereiche können Stadtgrundrisse, Stadt-, Ortsbilder und -silhouetten, Stadtteile und -viertel, Gesamtanlagen und Einzelbauten sein sowie deren engere Umgebung, sofern sie für deren Erscheinungsbild bedeutend ist.«

II. Der Denkmalbegriff des Denkmalpflegegesetzes

Holstein hatte 1958 mit seiner frühen Neuregelung weder städtebauliche Gründe aufgenommen noch eigenständige Regeln für den Ensembleschutz erlassen. In der Neufassung seines Denkmalschutzgesetzes von 1972 wurden die städtebaulichen Werte aufgenommen (§ 1 Abs. 2 SH DSchG-72).

In Baden-Württemberg wurde 1971 der Begriff der »Gesamtanlagen« eingeführt.[271] Er geht wohl ebenfalls auf das Badische Denkmalschutzgesetz von 1949 zurück, in dem von der »Gesamterscheinung der Straßen-, Platz- und Ortsbilder« die Rede war.[272] Dieses war wiederum inspiriert vom zuvor auf dem Gebiet Badens geltenden französischen Denkmalschutzgesetz von 1930, das einen Schutz von Gebäudegruppen vorsah.[273] Tatsächlich war der Begriff »Gesamtanlage« in der Rechtssprache allerdings eine Wortneuschöpfung, die sogleich in die zeitlich nachfolgenden Gesetze Hamburgs und Hessens übernommen wurde.

Nur die zwischen 1973 und 1977 entstandenen Gesetze Bayerns, Hamburgs, Bremens und des Saarlandes verwendeten den Begriff »Ensemble« überhaupt und betonten damit ihre internationale Anschlussfähigkeit.

Zum ersten Mal in der bundesdeutschen Gesetzgebung wurde der Begriff »Ensemble« in Art. 1 Abs. 3 BY DSchG verwendet. Er lieferte sogleich eine Legaldefinition. Das Bayerische Denkmalschutzgesetz regelte, dass zu Baudenkmalen auch »eine Mehrheit von baulichen Anlagen (Ensemble) gehören [kann], und zwar auch dann, wenn nicht jede einzelne dazugehörige bauliche Anlage die Voraussetzungen des Absatzes 1 erfüllt, das Orts-, Platz- oder Straßenbild aber insgesamt erhaltenswürdig ist«. Die Einführung des Begriffs »Ensemble« in einen deutschen Rechtstext war nach Schiedermair »mehr als jede andere Formulierung des [Bayerischen] Denkmalschutzgesetzes Ausdruck der [...] Evolution im Verständnis von Denkmalschutz und Denkmalpflege«.[274]

Der bayerische Senat ordnete seine Gesetzgebungsaktivitäten in einen europäischen Kontext ein. Mit der Neufassung des Bayerischen Denkmalschutzgesetzes folge man einerseits den bundesdeutschen Beispielen in Schleswig-Holstein und

---

271 BW 1971 § 19 (1) DSchG: »Die höhere Denkmalschutzbehörde ist ermächtigt, im Einvernehmen mit der Gemeinde Gesamtanlagen, insbesondere Straßen-, Platz- und Ortsbilder, an deren Erhaltung aus wissenschaftlichen, künstlerischen oder heimatgeschichtlichen Gründen ein besonderes öffentliches Interesse besteht, durch Rechtsverordnung unter Denkmalschutz zu stellen.«
272 § 34 Badisches DSchG 1949 »Straßen-, Platz- oder Ortsbilder, die in ihrer Gesamterscheinung als Kulturwerte anzusehen sind, können in das Denkmalbuch eingetragen werden.«; Strobel, Richard: Gesamtanlagen – Bedeutung und Aufgaben für die Denkmalpflege, in: Denkmalpflege in Baden-Württemberg 14 (1985), S. 21–32, S. 21.
273 Stopfel, Wolfgang: Gesamtanlagen als Schutzobjekt der Denkmalpflege, ein neues Problem?, in: Denkmalpflege in Baden-Württemberg 12 (1983), S. 78–83, S. 82.
274 Schiedermair: Bayerisches Denkmalschutzgesetz, 1975, S. 107f. Gemeint ist die »Anerkennung der Tatsache, daß die historischen Städte mit ihren Straßenbildern und Straßengefügen von hohem Gestaltungswert, mit der Erinnerung an ihre politische, gesellschaftliche, kulturelle und wirtschaftliche Entwicklung, mit ihrer damit gegebenen Individualität ihren Bewohnern eine Identifikation mit dem sie umgebenden Lebensraum ermöglichen und damit in einer Zeit allgemeiner Vermassung und Isolierung des einzelnen von höchster kultureller und sozialer Bedeutung sind«.

Baden-Württemberg;[275] auch die Entwürfe aus Hamburg und Hessen seien bekannt. Andererseits gebe es auch in den Nachbarländern Deutschlands wichtige Beispiele, etwa aus Frankreich, Österreich und Dänemark.[276]

»Im Einklang mit den in vielen europäischen Ländern zu beobachtenden Bestrebungen des Denkmalschutzes, nicht nur einzelne Gebäude zu erhalten, die gelegentlich inmitten von lauter modernen Neubauten wie Fremdkörper wirken können, sondern durch Erhaltung von Häusergruppen, von Straßenzügen und Plätzen ein besseres Abbild der Geschichte zu geben, legt Art. 1 Abs. 2 fest, daß auch eine Mehrheit von Gebäuden ein Baudenkmal sein kann (Ensembleschutz).«[277]

Auch in Hessen wurde 1974 die internationale Bedeutung des Ensembles betont. Der neue § 18 HE DSchG, der den Schutz von »Gesamtanlagen« regelte, sei eine besondere Errungenschaft »europäischen Formates«.[278] Diese Regelung hebe das Hessische Denkmalschutzgesetz von den bisher in der Bundesrepublik verabschiedeten Gesetzen ab. Auch in Westeuropa hätten nur die Niederlande und England vergleichbare Regelungen in ihren Gesetzen.[279] Wie schon in Bayern wurde die Unterschutzstellung von städtebaulichen Zusammenhängen als ein explizit internationales Phänomen dargestellt, an welches mit den gesetzlichen Regelungen angeknüpft werden solle.

In Bremen wies der Senat darauf hin, dass der Begriff Ensemble »besonders im internationalen Denkmalschutzwesen gebräuchlich« sei.[280] In § 2 Abs. 1 Nr. 2

---

275 Wobei das Gesetz Schleswig-Holsteins von 1958 die städtebauliche Bedeutung nicht kannte. Davydov meint mit Blick auf die heute geltenden Gesetze Bremens und Baden-Württembergs, die die städtebauliche Bedeutung ebenfalls nicht in ihrem allgemeinen Denkmalbegriff aufgenommen haben, dass dann die Unterschutzstellung eines Denkmals »unmittelbar aufgrund seiner städtebaulichen Bedeutung grundsätzlich nicht in Betracht« käme. Davydov verweist auf Rechtsprechung des VGH BW, Urt. vom 28.5.1993, 1 S 2426/92; vgl. Davydov: Handbuch Denkmalschutz und Denkmalpflege, 2017, Rn. 45.
276 Sen-Drs. BY 185/71, S. 9.
277 Ebd.
278 Nach § 18 HE DSchG waren Gesamtanlagen »Straßen-, Platz- und Ortsbilder, Schloß- und Parkanlagen einschließlich der mit solchen Gesamtanlagen verbundenen Pflanzen-, Frei- und Wasserflächen, soweit an ihrer Erhaltung aus wissenschaftlichen, künstlerischen oder geschichtlichen Gründen ein öffentliches Interesse besteht«, in das Denkmalbuch einzutragen.
279 LT-Drs. HE 07/101, Sten. Bericht der 101. Sitzung vom 18.9.1974, S. 5527.
280 In der Drs. HB 8/1374, S. 11, heißt es, der Begriff »Ensemble« werde in der Empfehlung Nr. 612 des Europarates verwendet. Die Bürgerschaft bezog sich damit auf die Empfehlung Nr. 612 von 1970 der damals noch sogenannte Beratenden Versammlung des Europarates, seit Februar 1994 trägt das Organ die Bezeichnung »Parlamentarische Versammlung« (siehe amtliche Übersetzung der Satzung des Europarates, Art. 10 ii, https://rm.coe.int/1680036051, letzter Abruf: 05.10.2021). Die Beratende Versammlung ist neben dem Minister-Komitee eines der zwei Organe des Europarates.
  In dieser »Recommendation 612 (1970) on a draft outline law for the active protection of immovable property in Europe« (September 1970, Doc. 2819, Rapporteur: Mr. Cravatte; Debatte am 23.09.1970) wurde ein Rahmengesetz vorgestellt, an dem sich die Mitgliedstaaten bei der

DSchG HB 1975 war festgelegt, dass Kulturdenkmäler auch »Gruppen unbeweglicher Denkmäler und Gesamtanlagen (Ensembles) sein können«. »Die Gesamtanlage (Ensemble) besteht im Gegensatz zur Gruppe nicht unbedingt nur aus Bauwerken, sondern aus Sachen, die erst im Zusammenhang und -klang den besonderen Eindruck eines unbeweglichen Denkmals oder des Ganzen hervorrufen«, wie beispielsweise eine Kirche mit Pfarrhaus und Friedhof.[281]

Alle Denkmalschutzgesetze, die zwischen 1971 und 1980 entstanden sind, haben entweder die städtebaulichen Gründe in den allgemeinen Denkmalbegriff aufgenommen oder separate Regelungen zum Schutz von Gesamtanlagen oder Ensembles getroffen. Auch wenn die Abgrenzung von städtebaulichem Denkmalschutz und (reiner) Stadtbildpflege schwierig ist,[282] kann die »Konkurrenz« zwischen ihnen wohl nicht dadurch vermieden werden, dass die »städtebaulichen

---

Neufassung ihrer Rechtsgrundlagen für den Denkmalschutz orientieren konnten. Darin wurden in der englischen Fassung zwar verschiedene Denkmalbegriffe definiert. Der Begriff »Ensemble« taucht dort allerdings nicht auf. Es heißt in Art. 3 zur Definition von Gebäudegruppen: »A group or area of buildings of historic or artistic interest is a collection of isolated buildings or a group of buildings whose architectural unity and character as a feature of the landscape justify its protection and revival as an amenity.«

Erarbeitet wurde dieses Rahmengesetz vom luxemburgischen Politiker Henry Cravatte und dem promovierten Juristen Robert Brichet, seinerzeit an der Universität von Rom tätig. Der »Entwurf eines Rahmengesetzes für den aktiven Schutz des unbeweglichen Eigentums in Europa« umfasste 78 Artikel. Der Entwurf wurde vom Committee of Ministers nicht formell beantwortet, sondern an das intergouvernementale Komitee für Denkmale und Plätze weitergeleitet. Dieses »Committee for Co-operation in the Protection of Monuments and Sites« war just neu ins Leben gerufen worden (Council of Europe, Official Reports of Debates, Vol. II, Sittings 10 to 19, S. 343–710, Strasbourg 1970, hier: Sixteenth Sitting, 23.09.1970, S. 541–550, S. 546). Es sollte auch die noch einzuholenden Stellungnahmen von Europa Nostra und ICOMOS sowie dem Conseil des Communes de l'Europe bearbeiten. Das Committee for Co-operation in the Protection of Monuments and Sites hatte allerdings bereits ebenfalls Vorschläge erarbeitet, wie sich die Gesetzgebung auf dem Gebiet des kulturellen Erbes verbessern könnte. Diese Vorschläge resultierten in zwei Resolutionen des Committee of Ministers: Resolution (72) 20 »on interim measures for protecting the immovable cultural heritage« und Resolution (76) 28 »concerning the adaptation of laws and regulations to the requirements of integrated conservation of the architectural heritage« (Pickard, Robert: Council of Europe, European Cultural Heritage. A review of policies and practice, Band II, Strasbourg 2002, S. 189 und S. 199. Dort sind die Resolutionen abgedruckt.).

Letztere Resolution nimmt in ihrer Präambel Bezug auf die Empfehlung 612. Darüber hinaus wurde dem Dokument seitens des intergouvernementalen Komitees allerdings keine Beachtung geschenkt. Als Cravatte in der Beratenden Versammlung das Rahmengesetz vorstellte, attestierte Duncan-Sandys dem Bericht Cravattes noch einen außergewöhnlichen Wert. Er war sich sicher, dass man sich lange an diesen Bericht erinnern und er der Beginn für wichtige Aktivitäten in den Regierungen der Mitgliedstaaten des Europarates sein werde (Council of Europe, Consultative Assembly, Twenty-Second Ordinary Session (second part), 18–25. September 1970, Official Report of Debates, Vol. II, Sittings 10 to 19, S. 343–710, Strasbourg 1970, hier: Sixteenth Sitting, 23.09.1970, S. 541–550, S. 546). Angesichts seines profund erarbeiteten Inhalts verwundert es, dass das Rahmengesetz nicht weiter rezipiert wurde. In der Bürgerschaft Bremens wurde es dennoch vier Jahre später als Orientierung herangezogen.

281 Bremische Bürgerschaft Drs. 8/1374, S. 11.
282 Siehe S. 270.

Gründe« nicht in den allgemeinen Denkmalbegriff aufgenommen werden.[283] Auf die Errungenschaft einer städtebaulichen Bedeutung als Denkmalgrund zu verzichten, wäre ein Rückschritt in die 1950er-Jahre.

3.1.4 Denkmale mit Gebietscharakter

Ein weiteres Instrument zur städtebaulichen Denkmalpflege in der DDR war die Möglichkeit, bestimmte Bereiche in Städten und Dörfern zu sogenannten Denkmalschutzgebieten erklären zu können. Das Denkmalpflegegesetz enthielt dazu allerdings keine Regelungen. Es handelte sich nicht um einen eigenständigen Schutzstatus, sondern vielmehr um eine Bezeichnung, die die Ausdehnung des Denkmals bzw. der Denkmäler in räumlicher Breite verdeutlichte. Näheres regelte (erst) die zweite Durchführungsbestimmung zum Denkmalpflegegesetz vom 14. Juli 1978.[284]

Voraussetzung für die Erklärung zum Denkmalschutzgebiet war der »Gebietscharakter« des Denkmals und seiner Umgebung. Dies war insbesondere bei Stätten historischer Ereignisse, historischen Stadt- und Ortskernen sowie anderen bedeutenden Baugebieten, von historischen Verteidigungs-, Produktions- oder Verkehrsanlagen eingenommenen Flächen, Gärten, Parkanlagen oder anderen gestalteten Landschaftsbereichen oder Einzeldenkmalen oder Ensembles mit der für ihren Schutz beziehungsweise ihre Wirkung bedeutsamen Umgebung der Fall (§ 1 Abs. 2 2. DB-DPG).[285] Mit der zweiten DB wurde der räumlich erweiterte Denkmalbegriff aus dem Gesetz somit präzisiert.

Auch die Mitarbeiter des Instituts für Denkmalpflege mussten diesbezüglich geschult werden. Ein 1979 erschienenes Heft in der Reihe »Materialien zur Denkmalpflege« erklärte daher – »nur für den Dienstgebrauch« – Maßnahmen in Denkmalschutzgebieten. In ihnen seien »sämtliche Hoch- und Tiefbaumaßnahmen mit den für die Denkmalpflege zuständigen staatlichen Organen abzustimmen«.[286]

Insbesondere die erforderliche Zusammenarbeit mit dem Bauwesen erschwerte allerdings die Durchsetzung von Unterschutzstellungsmaßnahmen im Denkmalschutzgebiet. Diesem Problembereich widmete sich die Dissertation von Christiane Schilling, die 1985 an der Hochschule für Architektur und Bauwesen in Weimar erarbeitet wurde. Schilling resümierte, dass bei den bevorstehenden Aufgaben insbesondere beim Bauen im historischen, innerstädtischen Bereich von den Beteiligten »Dialogfähigkeit und Sachkenntnis, vielleicht auch

---

283 Davydov: Handbuch Denkmalschutz und Denkmalpflege, 2017, Rn. 45 Fn. 142 mit Verweis auf Strobl/Sieche: Denkmalschutzgesetze für BW, 2010, § 2 Rn. 22.
284 GBl. I 1978, Nr. 25, S. 285.
285 Ebd.
286 Henze, Martin/Karg, Detlef/Gandert, Krista: Denkmalpflege im Städtebau und in der Landschafts- und Gartengestaltung, Berlin 1979, S. 23.

Kompromissbereitschaft erwartet werden« müsse.[287] Sie empfahl, Architekten mit denkmalpflegerischen Spezialkenntnissen bei den zuständigen örtlichen Räten zu installieren, da allein das Institut für Denkmalpflege nicht die Analysen und Zielstellungen, die nach der Durchführungsbestimmung für Denkmale mit Gebietscharakter gefordert wurden, erstellen können würde.[288] Schilling mutmaßte, »schärfere gesetzliche Bestimmungen könnten vielleicht Abhilfe schaffen«, um die Abteilungen für Kultur der zuständigen örtlichen Organe besser in die Planungsprozesse einzubinden. Dabei meinte sie allerdings keine denkmalpflegerischen, sondern anderweitige Regelungen, denn dem Denkmalpflegegesetz und seinen Durchführungsbestimmungen attestierte sie, eine »gute gesetzliche Grundlagen für die Auseinandersetzung mit dem Denkmalschutzgebiet« zu sein.[289]

Zur besseren Zusammenarbeit wurden Vereinbarungen über das Zusammenwirken von staatlichen Organen des Bauwesens und der Kultur zwar getroffen,[290] der Stand der Denkmalpflege im Verhältnis zum Bauwesen blieb jedoch schwach und die Zusammenarbeit funktionierte schlecht. Noch 1974, als sowohl der desolate Zustand denkmalwerter Substanz offenkundig war und gleichzeitig die DDR-Denkmalpflege internationale Anerkennung für ihre grundsätzliche Arbeit erfuhr, sprachen sich Vertreter des Ministeriums für Bauwesen dafür aus, »die Anzahl der Baudenkmale auf das gesellschaftlich notwendige Maß zu beschränken, sowie die Rang- und Reihenfolge der Restaurierung eindeutig nach gesellschaftspolitischen und ökonomischen Gesichtspunkten zu ermitteln, zentral zu regeln und im Prozeß der Bilanzierung zu berücksichtigen«.[291] Auch nach dem Denkmalpflegegesetz blieb die Stellung der Denkmalpflege im Planungsprozess schwach und insbesondere das Verhältnis zum Bauwesen von Hierarchie und Unterordnung geprägt.

3.2. Denkmale der bildenden und angewandten Kunst

»§ 3 (2): Denkmale der bildenden und angewandten Kunst wie Werke und Sammlungen der Malerei, der Grafik, der Plastik, des Kunsthandwerks, des Musikinstrumentenbaus.«

---

287 Schilling, Christiane: Denkmalschutzgebiet und Umgebungsschutz, Weimar 1986, S. 89.
288 Ebd., S. 90.
289 Ebd., S. 91.
290 Vereinbarung über das Zusammenwirken der staatlichen Organe des Bauwesens und der Kultur bei der städtebaulich-architektonischen und bildkünstlerischen Gestaltung der Städte, in: VuM des MfK, Nr. 3, 14.04.1977; Verfügung des Ministers für Kultur und des Ministers für Bauwesen über die städtebauliche Einordnung von Baumaßnahmen, die den Bestand und die Wirkung von Denkmalen beeinflussen, in: VuM des MfK, Nr. 2, 18.05.1983.
291 BArch, DR 1/10459, Junker an Hoffmann, 06.04.1974.

Unter bildender Kunst werden neben der Baukunst die Kunstgattungen Bildhauerei, Malerei, Zeichnung, Grafik, Fotografie und Kunsthandwerk zusammengefasst.[292] Als angewandte Kunst werden Werke verstanden, die neben künstlerischer Formgebung Bedarfs- oder Gebrauchswert haben.[293] Dabei ist zu beachten, dass § 5 Abs. 2 DPG regelte, dass zwischen Denkmalen und anderen Arten geschützten Kulturgutes abgegrenzt werden müsse:[294] Zum Museumsfonds gehörende Gegenstände, Bodenaltertümer, Bibliotheksgüter oder Archivalien waren nicht vom Denkmalpflegegesetz umfasst. Insbesondere von Gegenständen und Sammlungen der Staatlichen Museen mussten die Denkmale der bildenden und angewandten Kunst daher abgegrenzt werden. Ein Gemälde oder eine Skulptur, die sich in einem Museum befand, konnte kein Denkmal im Sinne des Denkmalpflegegesetzes sein. Die Regelungen des DPG bezogen sich vor allem auf baubezogene Kunst sowie weitere Kunst im öffentlichen Raum,[295] auf baukünstlerische Werke, die nicht von den anderen Denkmalgattungen erfasst wurden, auf einzelne Ausstattungsteile von Gebäuden (beispielsweise Pforten oder Türen) oder Grabmale.

97 von 399 Positionen der zentralen Denkmalliste waren der Gattung »Denkmale der bildenden und angewandten Kunst« zugeordnet, fast 25 Prozent aller Denkmale der zentralen Liste waren also als Kunstdenkmale verzeichnet. Es handelte sich bei den Kunstdenkmalen der zentralen Liste vorrangig um Kirchen, teilweise mit Ausstattung wie Orgel oder Altar. Darüber hinaus sind we-

---

292 Zur bildenden Kunst in der DDR, insbesondere zur Malerei, fanden in den letzten Jahren einige Ausstellungen statt. Die jeweiligen Kataloge geben einen guten Überblick über Malerei in der DDR: »Abschied von Ikarus. Bildwelten der DDR – neu gesehen«, 2013 im Neuen Museum Weimar; »Hinter der Maske. Künstler in der DDR«, 2018 im Museum Barberini Potsdam; »Ostdeutsche Malerei und Skulptur 1949–1990«, 2019 im Albertinum Dresden; »Utopie und Untergang. Kunst in der DDR.«, 2020 im Kunstpalast Düsseldorf. Zum Ausstellungsbetrieb in der DDR z. B. Weißbach, Angelika: Frühstück im Freien. Freiräume im offiziellen Kunstbetrieb der DDR. Die Ausstellungen und Aktionen im Leonhardi-Museum in Dresden 1963–1990, Berlin 2008.
293 Die Forschung zur Angewandten Kunst in der DDR findet vereinzelt statt. Z. B. zur kunstvollen Produktion von Bildteppichen Raupach, Björn: Gewirkte Lebensfreude. Der Gobelin in der DDR, Leipzig 2018; zum Industriedesign: Ausstellungskatalog Stiftung Haus der Geschichte der Bundesrepublik Deutschland: Zürn, Gabriele: Alles nach Plan? Formgestaltung in der DDR, Bonn 2016, sowie die Aufsatzsammlung Höhne, Günter (Hg.): Die geteilte Form: deutsch-deutsche Designaffären 1949–1989, Köln 2009.
294 § 5 (2) DPG: »Gegenstände und Sammlungen, die zu den Fonds der staatlichen Museen, Bibliotheken und Archive gehören, sowie Bodenaltertümer sind nicht als Denkmal im Sinne dieses Gesetzes zu erfassen. Ihre Beziehungen zur Denkmalpflege werden gesondert geregelt.«
295 Zur baubezogenen Kunst in der DDR: Sukrow, Oliver: Arbeit. Wohnen. Computer. Zur Utopie in der bildenden Kunst und Architektur der DDR in den 1960er Jahren, Heidelberg 2018; Maleschka, Martin: Baubezogene Kunst – DDR: Kunst im öffentlichen Raum 1950 bis 1990, Berlin 2019; Jackes, Anja: Halle-Neustadt und die Vision von Kunst und Leben. Eine Untersuchung zur Planung architekturbezogener Kunst, Berlin 2021; Helas, Luise/Rambow, Wilma/Rössl, Felix: Kunstvolle Oberflächen des Sozialismus: Wandbilder und Betonformsteine, Weimar/Kromsdorf 2014. Zu Künstlerinnen, die sich in der DDR mit dem öffentlichen Raum beschäftigt haben, Weißbach, Angelika: Der Raum dazwischen als Spannungsraum. Kunst aus der DDR auf der Ausstellung ›Zwischen Räumen‹, in: Mager/Trötschel-Daniels (Hg.): Rationale Visionen, 2019, S. 162–169.

II. Der Denkmalbegriff des Denkmalpflegegesetzes

nige Standbilder verzeichnet, beispielsweise das Lenin-Denkmal in Berlin, das Denkmal für Königin Luise von Karl Friedrich Schinkel in Gransee oder das Ernst-Abbe-Denkmal von Henry van de Velde in Jena. Das Friedrichstädter Krankenhaus mit einigen Ausstattungsmerkmalen (Brunnen, Friedhof); die Aula der Friedrich-Schiller-Universität mit dem Wandbild von Ferdinand Hodler, die Begräbnis-Kolonnaden in Kunersdorf sowie die Karl-Marx-Universität Leipzig mit zwei Grabmalen sind als einzige nicht kirchliche Bauwerke als Kunstdenkmale auf der zentralen Liste verzeichnet. Dabei war die Zuordnung von Kirchen zu Kunstdenkmalen nicht zwingend. Im Kreis Gotha etwa wurden die Kirchen unter den »Denkmalen des Städtebaus und der Architektur« verzeichnet. Auf der Gothaer Liste finden sich unter den Kunstdenkmalen lediglich 13 Objekte, etwa Grabsteine, Haustüren, Bildstöcke und eine Sonnenuhr.[296] Im Kreis Eisenach wurde ebenso verfahren. Unter Kunstdenkmalen wurden die Ausstattungen von zwölf Kirchen erfasst.[297] Diese unterschiedliche Listung von ähnlichen Objekten in unterschiedlichen Rubriken macht es ohne systematische Erfassung der Denkmallisten unmöglich, belastbare Aussagen darüber zu treffen, wie viele Objekte tatsächlich als Denkmale der bildenden und angewandten Kunst in der DDR verzeichnet waren und wie ihr tatsächliches Zahlenverhältnis zu den jeweils anderen Denkmalgattungen war.

Die Bedeutungskategorie »künstlerisch« gehörte zu den Basiskategorien aller Denkmalschutzgesetze und fand sich sowohl in den Vorgängerverordnungen zum Denkmalpflegegesetz als auch in allen Denkmalschutzgesetzen der Bundesrepublik.

Die allgemeinen Denkmalbegriffe der Verordnung von 1952 und 1961 hatten die künstlerische Bedeutung jeweils an erster Stelle geführt.[298] Im Denkmalpflegegesetz war »künstlerisch« dann zugunsten von »geschichtlich« an zweite Stelle gerückt. In der Aufzählung der jeweiligen Denkmalgattungen veränderte sich die Positionen der Kunstdenkmale noch deutlicher. In der Verordnung von 1952 waren die »Werke der Malerei, Plastik, Graphik und des Kunsthandwerkes, die von hervorragender Bedeutung sind«, an zweiter Stelle, direkt hinter den Denkmalen der Architektur, aufgeführt. In der Verordnung von 1961 rückten sie an die vorletzte Stelle, hinter die Gartendenkmale, aber noch vor die technischen Denkmale. Im Denkmalpflegegesetz waren sie während der ersten Gesetzentwürfe im Sommer 1972 an die letzte Stelle gerückt.[299] Dabei fällt auf, dass die Gattung seit

---

296 TLDA Erfurt, Denkmalliste des Kreises Gotha, Mitteilungsblatt des Rates des Kreises Gotha, Beschluss Nr. 0210/79, 06.12.1979.
297 TLDA Erfurt, Denkmalliste des Kreises Eisenach, Mitteilungen des Kreistages und des Rates des Kreises Eisenach, Beschluss Nr. 0068/79, 22.03.1979.
298 VO-52: künstlerisch, wissenschaftlich, geschichtlich; VO-61: künstlerisch, geschichtlich, wissenschaftlich; DPG 1975: geschichtlich, künstlerisch, wissenschaftlich.
299 Verändert zwischen 8. Verordnungsentwurf, BArch DY 27/4306, und 3. Gesetzentwurf, BArch, DN 1/15931.

1961 nicht weiterentwickelt wurde. Damals waren die Werke des Musikinstrumentenbaus im Vergleich zu 1952 ergänzt worden. Malerei, Plastik, Grafik und Kunsthandwerk waren bereits 1952 aufgeführt und wurden auch 1975 wieder aufgenommen. Von einer im ersten Verordnungsentwurf im April 1971 angedachten Aufzählung von Möbeln, Leuchtern, Geräten und Porzellan verabschiedete man sich bereits im zweiten Entwurf im Mai 1971. Stattdessen ging man wieder dazu über, die Handwerks- und Kunstzweige aufzuführen und die Produkte doch den Künstlern zu überlassen.

Fazit und Ergebnisse

I. Zusammenfassung

Bereits 1952 wurde in der DDR eine Denkmalschutzverordnung erlassen, die sowohl vom Ministerpräsidenten Otto Grotewohl als auch von der Staatlichen Kommission für Kunstangelegenheiten verabschiedet wurde. Sie enthielt nicht etwa einen – für die frühen Jahre der DDR durchaus denkbar – klassenkämpferischen oder ideologisch aufgeladenen Text, sondern knüpfte in Form und Funktion an die früheren Denkmalschutzgesetze Preußens und Sachsens an. Teile der erweiterten Verwaltungsorganisation wurden vom preußischen System übernommen.[1] Die Verordnung umfasste zwölf Paragrafen, regelte Gegenstand und Träger des Denkmalschutzes, die Zuständigkeiten der Landesämter für Denkmalschutz und verfügte als Durchsetzungsinstrument über Strafbestimmungen, wonach mit Gefängnis bis zu drei Jahren oder Geldstrafe belegt werden konnte, wer gegen die Bestimmungen der Verordnung verstieß. Mit ihr hatte die DDR sehr früh eine Rechtsgrundlage für eine Materie, der nur sieben Jahre nach dem Ende des Zweiten Weltkrieges nicht selbstverständlich Priorität eingeräumt wurde.

Doch geradezu symptomatisch für die erste Dekade des Denkmalschutzes in der DDR, wurde der Denkmalschutzverordnung nur wenige Wochen nach ihrem Inkrafttreten ihre verwaltungsorganisatorische Grundlage entzogen: Mit dem »Gesetz über die weitere Demokratisierung des Aufbaus und der Arbeitsweise der staatlichen Organe«[2] wurden die zentralen Landesbehörden, darunter die Landesämter für Denkmalpflege, aufgelöst. Es folgte eine Zeit verwaltungsorganisatorischer Neuordnung und Umstrukturierung im ganzen Verwaltungsapparat der DDR, in der die ehemaligen Strukturen von fünf Ländern auf nunmehr 14 Bezirke und Ostberlin umorganisiert werden mussten. Drei der fünf Landesämter für Denkmalpflege wurden aufgelöst und zwischenzeitlich eine Zentrale des Instituts für Denkmalpflege installiert. Diese Zentralisierungsbestrebungen wurden 1957 aufgegeben. Die Zentrale wurde wieder aufgelöst; das aufgelöste Landesamt in Mecklenburg-Vorpommern wurde 1956 in Schwerin wiederbelebt, ebenso jenes in Thüringen, das ab 1963 in Erfurt angesiedelt wurde. So waren gut zehn Jahre nach der Auflösung der Landesämter ab 1963 die Strukturen zwar neu geordnet und dabei doch die »alte« Ordnung weitestgehend wiederhergestellt.

Die Denkmalschutzverordnung von 1952 verlor formal in jenen Jahren der Umorganisation nicht an Gültigkeit. Sie stellte während der Umstrukturierungsmaßnahmen fast eine Dekade lang die Rechtsgrundlage für die Denkmalpflege in der DDR dar, obwohl sie eine nicht mehr existente Verwaltungssituation voraussetzte. Dass sich die Verordnung den sich ändernden Gegebenheiten anpassen

---

1 Mieth: Denkmalrecht in Preußen 1701–1947, 2005, S. 170.
2 GBl. 1952, Nr. 99, S. 613.

müssen werde, um Wirkung entfalten zu können, war den Verantwortlichen schnell klar.

Treibende Kraft war zunächst der Justiziar im Ministerium für Kultur, Georg Münzer. Er passte immer wieder die Entwürfe für eine neue Verordnung an die Anforderungen verschiedener Ministerien – Bauwesen, Justiz – und der Wissenschaft an. Erst spät, 1959, wurde ein Expertengremium gebildet, dem neben Münzer auch die Konservatoren Ludwig Deiters und Hans Schoder angehörten. Ab diesem Zeitpunkt wurde auch inhaltlich und nicht mehr ausschließlich verwaltungstechnisch an der neuen Verordnung gearbeitet. Sie wurde schließlich, nach mindestens 22 Entwürfen und nach dem Wechsel von Alexander Abusch zu Hans Bentzien im Amt des Ministers für Kultur, im September 1961, nur wenige Tage nach dem Bau der Mauer, erlassen.

1. Neuanfänge und Kontinuitäten

Trotz der Reformbemühungen zeichnete sich im Bereich Denkmalschutz in der ersten Dekade nach dem Zweiten Weltkrieg damit eine wegweisende institutionelle und personelle Kontinuität ab, die sich im Übrigen auch nach 1990 fortsetzte.[3] Auch die Praktiken der Denkmalverwaltung überdauerten die politischen Brüche des 20. Jahrhunderts. Die Tätigkeit der die Denkmale verwaltenden Behörden, Organe und Personen ähnelte einander und erfuhr durch die Gründung des Staates DDR nur geringfügige Veränderungen.

Diese Kontinuitäten spielen für die Entstehung des Denkmalpflegegesetzes von 1975 eine besondere Rolle. Die langen Entstehungsprozesse der Verordnung von 1961 sowie des Denkmalpflegegesetzes wurden maßgeblich von den Personen in den Verwaltungen und Fachgremien begleitet. Prägende Figuren waren, neben Münzer, die Konservatoren Ohle, Schubert (insbesondere für die VO-61) sowie Nadler und Deiters für das Denkmalpflegegesetz. Die beiden Letzteren verbrachten ihr gesamtes Berufsleben im Dienst der Denkmalpflege in der DDR und prägten die Debatten und das Fach wesentlich.[4] Nadler war eine Schlüssel- und Verbindungsfigur zum Kulturbund, der wiederum eine Plattform für ideologische Diskussionen rund um die Denkmalpflege war. Auch andere Engagierte in den

---

3 Bekanntmachung der Landesregierung Thüringens vom 11. Dezember 1990, Anlage 1: Fortzuführende Einrichtung des Landes Thüringens sind: 6.10. Institut für Denkmalpflege, Arbeitsstelle Erfurt.
4 Magirius kam daher zu dem Schluss, Denkmalpflege sei auch in der DDR ein »bürgerliches Metier« gewesen, die »bürgerlichen Landeskonservatoren« hätten gesiegt; Magirius: Geschichte der Denkmalpflege Sachsens, 2010, S. 29. Die Kategorien »bürgerlich« und »sozialistisch« helfen allerdings bei der Beschreibung einer Disziplin nicht weiter.

Verwaltungen haben zu den Erfolgen der Denkmalpflege beigetragen, etwa Sonja Wüsten und Roland Feix.

Die Wechsel bei den nach außen in Erscheinung tretenden politischen Persönlichkeiten, allen voran den Ministern für Kultur, setzten während der langwierigen Prozesse zeitversetzt Impulse: Kurz nachdem Bentzien Abusch abgelöst hatte, wurde die VO-61 erlassen; wenige Monate nachdem Gysi eingesetzt worden war, nahm die interministerielle Arbeitsgruppe 1966 ihre Arbeit auf; erste Amtshandlung Hoffmanns war 1973 die Vorlage des Denkmalpflegegesetzentwurfs an den Ministerrat. Sie führten die jeweils schon lang begonnenen Arbeiten an den neuen Rechtsgrundlagen fort. Die Minister für Kultur waren Fürsprecher für die Denkmalpflege im Rahmen ihrer Möglichkeiten. Ihre Rolle und die ihrer Mitarbeiter in den Ministerien wissenschaftlich aufzuarbeiten, steht noch aus.

2. Wer »sie« waren: Akteure und Zeiten

Die Denkmalschutzverordnung von 1961 stellte keine Zäsur dar. Sie hatte zwar die Regelungen der Realität angepasst und die Verantwortlichkeit für Denkmalpflege der nicht mehr existenten Landesämter auf die Räte der Bezirke und Kreise übertragen. Doch im Kreise der Denkmalpfleger wurde um die kulturpolitische Verortung ihrer Disziplin gerungen. Gelang es ihr, sich den Vorgaben der sozialistischen Kulturpolitik anzupassen, sich ihnen unterzuordnen oder sie gar mitzugestalten? Konnte Denkmalpflege einen Beitrag leisten zur Herausbildung einer sozialistischen Nation? Und wollte »die Denkmalpflege« das überhaupt?

Denkmalpflege in der DDR war vielschichtig. Es gab zahlreiche unterschiedliche Interessengruppen, die mit ihren jeweiligen Perspektiven Fach und Wirklichkeit prägten.

An erster Stelle waren dies die hauptamtlichen Denkmalpfleger im Institut für Denkmalpflege mit seinen Arbeitsstellen. Dort arbeiteten Architekten und Kunsthistoriker, traditionell ausgebildete Denkmalpfleger, die die Geschicke der Arbeitsstellen schon zu Zeiten gelenkt und mitbestimmt hatten, als diese noch Landesämter waren. Sie ließen sich von den neuen Gegebenheiten nicht irritieren und suchten, wo es sich ergab, nach Möglichkeiten, im neuen System ihre alten Wege weiter zu beschreiten.

Darüber hinaus übernahm der Kulturbund als wichtigste kulturelle Massenorganisation eine zentrale Rolle. Er war Sammelstelle für die ehrenamtlichen Mitarbeiter in der Denkmalpflege, die einen großen Anteil an den durchgeführten praktischen Arbeiten an den Objekten hatten. Die Zusammenarbeit zwischen Kulturbund und der amtlichen Denkmalpflege lief dabei nicht immer reibungslos. Die Arbeit des IfD sei »zu Teilen von einem gesellschaftlich schädlichen Ressortgeist bestimmt«, wenn Vertreter des IfD erklärten, sie seien zwar für die Pflege

I. Zusammenfassung

der Denkmale, nicht aber für ihre Popularisierung verantwortlich, so schimpfte der Kulturbundfunktionär Wagenbreth 1970 auf die hauptamtlichen Mitarbeiter des IfD.[5] Im Kulturbund wurde versucht, Denkmalpflege in das System der sozialistischen Kulturpolitik zu integrieren, im IfD hingegen – so der Eindruck – versuchten die Mitarbeiter so wenig wie möglich mit dem kulturpolitischen Regime in Kontakt zu treten und auf tradierten Wegen für die Denkmale einzustehen, unabhängig von den gerade geltenden Regelungen, Weisungen, Kompetenzen. Beide Ansätze hatten ihre Berechtigung, beide wollten für die Denkmale das bestmögliche Ergebnis erzielen.

Die DDR existierte 40 Jahre lang zwischen 1949 und 1989. Diese Zeit war wahrscheinlich ähnlich ereignisreich und schnelllebig wie entsprechend lange Zeitabschnitte zuvor. Da dieses Land und sein System 1989 zusammengebrochen sind, scheint es allerdings verlockend und einfach, sie als homogene Epoche zu beschreiben. Häufiger wird daher von »der« DDR oder in diesem speziellen Fall von »der« Denkmalpflege gesprochen. Doch 40 Jahre sind eine lange Zeit: Positionen werden neu besetzt und selbst, wenn sie über lange Zeit von denselben Menschen bekleidet werden, ändern sich doch auch die Menschen innerhalb des Systems. Aussagen, die getätigt, Entscheidungen, die gefällt wurden, Dogmen, die bestanden: Sie müssen in ihren jeweiligen zeithistorischen Kontexten gesehen werden.

Die Abgeschlossenheit der Epoche darf nicht zur undifferenzierten Betrachtung von 40 sehr unterschiedlichen Jahren führen. »Die« Denkmalpflege in der DDR hat es daher nie gegeben. Akteure und Zeiten müssen explizit und differenziert betrachtet werden.

3. Konkurrenz belebt das Geschäft: Verschränkung von Innen- und Außenpolitik

Der Kulturbund bot sich ab 1963 als Diskussionsplattform an und veranstaltete zahlreiche Konferenzen, Sitzungen und Diskussionen, in denen über die Rolle der Denkmalpflege im Sozialismus debattiert wurde. Der Kulturbund war an der Novelle der ersten Denkmalschutzverordnung nicht beteiligt worden. Ab Ende 1963 brachte er sich umso mehr ein. Zentral war seine Stellung sowohl als kulturelle Massenorganisation als auch als Fraktion in der Volkskammer. Mitglied waren praktisch tätige Denkmalpfleger, wie beispielsweise Hans Nadler, der als Konservator in Dresden und als Vorsitzender des zentralen Fachausschusses gleich mehrere Perspektiven der praktischen Denkmalarbeit in den Prozess einbringen konnte. In den ersten in Bad Saarow verschriftlichten Überlegungen, wie

---

5 BArch, DY 27/8931, Wagenbreth an Bänninger, 04.11.1970.

Denkmalpflege zukünftig gestaltet werden könne, waren schließlich alle zentralen Punkte enthalten, die allerdings erst nach Verabschiedung des Denkmalpflegegesetzes von 1975 und teilweise noch später umgesetzt wurden. Die Denkmalpflege der DDR ab 1975 war folglich jene, die bereits 1964 erdacht wurde.

Das als »Kahlschlagplenum« in die Geschichte eingegangene 11. Plenum des ZK der SED (16. bis 18. Dezember 1965) brachte den für die Denkmalpflege weitreichenden Wechsel im Amt des Ministers für Kultur: Klaus Gysi folgte auf den abgesetzten Hans Bentzien. Gysi und Deiters kannten sich bereits durch Deiters' frühere Arbeit als Architekt. Die persönliche Bekanntschaft erleichterte die Zusammenarbeit. Ab 1966 setzte Gysi eine Arbeitsgruppe ein, in der Fachleute aus Ministerien und dem Institut für Denkmalpflege eine neue Rechtsgrundlage für die Denkmalpflege erarbeiteten. Erst 1968 stellte diese Arbeitsgruppe in einem zweiten Grundsatzpapier zur Denkmalpflege in der DDR ihre Überlegungen dar. Sie entwickelte, aufbauend auf den Bad Saarower Empfehlungen von 1964, Instrumente und kulturpolitische Orientierung für die Denkmalpflege.

Dabei ist beobachten, dass Konkurrenz das Geschäft belebt. Dies gilt im Denkmalschutz auch für Systemkonkurrenz.[6]

Denn zur selben Zeit, zwischen 1964 und 1968, rang die DDR-Führung um internationale Anerkennung. Die Handlungsstränge von Innen- und Außenpolitik sind eng miteinander verwoben und können nicht isoliert voneinander betrachtet werden. Die Materie der Denkmalpflege, oder weiter gefasst: die Sorge um das bedrohte baukulturelle Erbe, beschäftigte inzwischen die Menschen in ganz Europa. Neue Bauaufgaben und Stadtplanungen bedrohten den kleinteiligen Bestand der historischen europäischen Städte. Zu seinem Schutz gründete sich 1964/65 ein Internationaler Rat für Denkmalpflege, ICOMOS. Er sollte die Kulturorganisation der Vereinten Nationen, UNESCO, in denkmalpflegerischen Fragen beraten und bot Raum für Diskussion und Austausch innerhalb der Denkmalpflegerschaft, auch für die DDR-Denkmalpfleger. Um zu erreichen, an den internationalen Netzwerken teilhaben zu können, argumentierten die DDR-Denkmalpfleger gegenüber den politischen Entscheidungsträgern immer wieder mit der außenpolitischen Dimension, die Denkmalpflege inzwischen erlangt hatte. Mit der Pflege des baukulturellen Erbes konnte sich ein Staat profilieren und die Aufmerksamkeit

---

6 Wie dargestellt waren auch die Bereiche Museumswesen und Naturschutz von der Systemkonkurrenz geprägt. Bekannter sind wohl die Auswirkungen der Systemkonkurrenz im Bereich Sport: Dietrich: Kulturgeschichte der DDR, 2018, S. 1279; Wanner, Anne: »Erfolge unserer Sportler – Erfolge der DDR«. Das Leipziger Sportmuseum und die museale Präsentation der (Sport-)Nation DDR, Deutschland Archiv 5/2012, https://www.bpb.de/geschichte/zeitgeschichte/deutschlandarchiv/135224/erfolge-unserer-sportler-erfolge-der-ddr?p=2 (letzter Abruf: 24.02.2022); damit beschäftigen sich Sporthistoriker, wie Wiese und Reinhart: Wiese, René: Erfolge nach Plan. Sportclubs und Kinder- und Jugendsportschulen, in: Jutta Braun/Michael Barsuhn (Hg.): Zwischen Erfolgs- und Diktaturgeschichte. Perspektiven der Aufarbeitung des DDR-Sports in Thüringen, Göttingen 2015, S. 146–195; Reinhart, Kai/Krüger, Michael: Funktionen des Sports im modernen Staat und in der modernen Diktatur, in: Historical Social Research 32 (2007), S. 43–77.

I. Zusammenfassung

anderer Staaten erringen: Aufmerksamkeit, auf die die DDR-Führung spekulierte, auf die sie angewiesen war, wenn sie ihrem Ziel, als eigenständiger Staat in die UNO aufgenommen zu werden, näherkommen wollte.

Die beteiligten Akteure, wie beispielsweise Ludwig Deiters für die Denkmalpflege, aber auch Johannes Jahn, der in den 1960er-Jahren um internationale Anerkennung für die Museumsarbeit in der DDR rang, kämpften an mehreren Fronten: Sie mussten einerseits die politischen Entscheidungsträger in ihrem Land davon überzeugen, dass es der DDR als Staat mehr nützte als schadete, wenn sich die Fachleute international vernetzten. Andererseits mussten sie innerhalb dieser internationalen Netzwerke die dortigen Entscheidungsträger davon überzeugen, den Kontakt auch zu den Fachleuten in der DDR zu suchen. Beides gestaltete sich schwierig.

Mit Blick auf die Denkmalpflege musste sich zunächst das kulturpolitische Klima dahingehend ändern, dass sie als Disziplin überhaupt wahrgenommen wurde. In den frühen Jahren der DDR wurde Denkmalpflege weder bei bau- noch bei kulturpolitischen Vorgaben mitgedacht. Erst die Beharrlichkeit der Akteure, Deiters', aber auch der Beteiligten im Kulturbund, Bänninger, Schulmeister sowie Wagenbreth und Wächtler, die sich insbesondere für den Schutz technischer Denkmale einsetzten, ebnete den Weg dafür, die Denkmalpflege in das Bewusstsein der politischen Entscheidungsträger zu rücken. Sie bereiteten mit ihrer Langmut und unerschütterlichem Einsatz für ihr Fach den Boden dafür, dass mit dem Moment, in dem es kulturpolitisch möglich war, die Denkmalpflege voranzubringen, dies auch geschah.

Noch bevor die Hallstein-Doktrin der Bundesrepublik offiziell aufgegeben und es damit für Drittstaaten möglich wurde, sowohl die Bundesrepublik als auch die DDR als Staat anzuerkennen, ohne dass der jeweils andere Staat die Beziehungen zum anerkennenden Drittstaat abbrach, gelang den Denkmalpflegern ein großer Erfolg: Ihr Nationalkomitee wurde Ende des Jahres 1969 bei ICOMOS aufgenommen.

Die für die Entwicklung hin zu einem Gesetz ausschlaggebenden Monate waren die zwischen dem VIII. Parteitag 1971 und dem 6. Plenum des ZK der SED im Juli 1972. Von der durch Honeckers Rede auf dem Parteitag eingeleiteten kulturpolitischen Öffnung profitierte auch die Denkmalpflege. In Kurt Hagers Rede auf dem ZK-Plenum wurde sie erstmals in einem politischen Text ausdrücklich adressiert. Die Zeichen standen gut, das in Fachkreisen bereits in Vorbereitung begriffene Denkmalpflegegesetz alsbald verabschieden zu können.

Am vom Europarat ausgerufenen Europäischen Denkmalschutzjahr, das 1975 nach zweijährigem Vorlauf mit Veranstaltungen und Ausstellungen seinen Höhepunkt erlebte, beteiligte sie die DDR offiziell nicht. Eine Abstimmung unter den Präsidenten der ICOMOS-Nationalkomitees sozialistischer Länder hatte bereits 1973 ergeben, dass sie meinten, auf dem Gebiet der Pflege des baukulturellen Erbes keine Kampagne nötig zu haben. Obwohl Deiters als Denkmalpfleger die

Kampagne eigentlich begrüßte, fügte er sich schließlich der Entscheidung, dass die DDR keinen Beitrag leisten werde und verteidigte sie sogar noch im Februar 1975 vor dem Kulturausschuss der Volkskammer.

Umgekehrt haben die Existenz des Staates DDR und die Handlungen seiner Vertreter das Weltgeschehen beeinflusst. Mit Blick auf die Denkmalpflege war es sicher von Relevanz auch für die Länder der Bundesrepublik, dass die DDR, zu der sie sich in Konkurrenz sahen, 1975 bereits zum dritten Mal eine neue Rechtsgrundlage für die Denkmalpflege auf den Weg brachte, wohingegen in den Ländern (bis auf Schleswig-Holstein) zu Beginn der 1970er-Jahre immer noch mit den Gesetzen aus dem frühen 20. Jahrhundert gearbeitet wurde. Bremen, West-Berlin, das Saarland, Niedersachsen, Rheinland-Pfalz und Nordrhein-Westfalen erließen zeitgleich oder erst nach der DDR neue Denkmalschutzgesetze. Die Gesetzgebungsaktivitäten der DDR wurden wahrgenommen, wie die Diskussionen im Hessischen und im Nordrhein-Westfälischen Landtag belegen. Sie hatten Auswirkungen auf die Aktivitäten in anderen Ländern. Allerdings ist nur in geringem Umfang nachweisbar, dass sich die westdeutschen Länder bei den Regelungen etwa zum Schutz technischer Denkmale oder der Gartendenkmale ausdrücklich auf die DDR bezogen. Doch es gab Austausch zwischen den Fachleuten, der fruchtbar war. Die DDR war 40 Jahre Bestandteil des europäischen Staatensystems. Ihre Existenz hatte Einfluss auch auf das Staatengefüge der internationalen Gemeinschaft. Es wäre daher zu wünschen, dass beispielsweise bei den Internetpräsenzen internationaler Organisationen auch auf die frühere Mitgliedschaft der DDR hingewiesen würde.[7]

4. Denkmalpflege als Instrument von Erbaneignung

Insbesondere die Denkmalpfleger im Kulturbund, aber auch hauptamtliche Denkmalpfleger in Publikationen, die sich an Parteigremien richteten, propagierten die affirmative Rolle ihres Faches beim Aufbau des sozialistischen Staates. Denkmalpflege, so die Narration, könne dazu beitragen, das Bewusstsein der Bürger im Sinne der ausgegebenen Doktrin zu bilden. In offiziellen Darstellungen zur Denkmalpflege lesen sich diese Narrationen anbiedernd und werden wohl auch

---

7 Beispielsweise findet sich kein Hinweis auf die Ratifikation der UNESCO-Welterbekonvention durch die DDR am 12. Dezember 1988 auf der Internetseite der UNESCO: 212 EX/23.I.INF, Annex II, Status of Ratification of Conventions and Agreements adopted under the Auspices of UNESCO, http://www.unesco.org/eri/la/convention.asp?KO=13055&language=E (letzter Abruf: 08.11.2021). Auf der Homepage von ICOMOS findet sich ein Hinweis auf die Gründung des Deutschen Nationalkomitees von ICOMOS 1965 in Mainz. Ein Hinweis auf das Nationalkomitee der DDR und dessen Aufnahme 1969 findet sich jedoch nicht: Aufgaben und Ziele, ICOMOS: Internationaler Rat für Denkmalpflege: https://www.icomos.de/index.php?lang=Deutsch&contentid=143&navid=197 (letzter Abruf: 05.10.2021).

I. Zusammenfassung

der tatsächlichen Rolle von Denkmalpflege nicht gerecht. Nach der offiziellen Parteidarstellung sollten sich die Bürger der DDR die Hinterlassenschaften aus vorangegangenen Epochen aktiv aneignen, indem sie die Entstehung der Hinterlassenschaften verstanden, ihren Gebrauch in vorhergehenden Zeiten erkannten und sie von ihrem Standpunkt aus neu interpretierten. In der Denkmalpflege konnte diese theoretische Herangehensweise an das Erbe praktisch angewandt werden. Denkmalpfleger wiesen geschickt in offiziellen Papieren und Stellungnahmen immer wieder auf diese mögliche Übereinstimmung von theoretischer Erbeaneignung und praktischer Denkmalpflege hin. Dies stärkte die Stellung der Denkmalpflege unter den verschiedenen Interessen in der DDR.

Die Parteifunktionäre allerdings hatten selten Denkmalpflege im Sinn, wenn sie über Erbeaneignung sprachen. Denkmalpflege wurde in diesem Kontext selten bis nie ausdrücklich genannt. Vielmehr wurden vor allem die bildende Kunst und Literatur erwähnt; eine Verbindung der Denkmalpflege mit der offiziellen Geschichtswissenschaft gab es ebenfalls kaum. Auch bei Städtebau und Architektur wurde Denkmalpflege von den Parteifunktionären nicht mitgedacht. Vorgaben oder Handlungsspielräume für Städtebau und Architektur zielten nicht auf Denkmalpflege. Die Denkmalpfleger selbst ordneten sich häufiger den Parteiaufträgen an Städtebau und Architektur zu und leiteten daraus Handlungsaufträge für ihr Fach ab. Wo es fachlich zu Überschneidungen kam, nahmen sie auch Aufträge an Kunst und Kultur an. Ihr Stand innerhalb des Städtebauwesens war allerdings schwach. Eine Berücksichtigung denkmalpflegerischer Belange innerhalb des Städtebaus gab es selten und nicht aufgrund eines funktionierenden Systems von Interessenabwägungen, sondern aufgrund persönlichen Engagements beteiligter Akteure sowie für die Denkmale glücklicher Akteurskonstellationen. Die Handlungsmöglichkeiten der Denkmalpflege waren stark beschränkt.

Daher kann konstatiert werden, dass sie – statt affirmativ zu sein – eher »unter dem Radar« flog. Das hatte den Vorteil, dass Handlungsspielräume von Akteuren in der praktischen Denkmalpflege ausgereizt werden konnten, allerdings auch den Nachteil, dass denkmalpflegerische Belange nur schwierig offiziell durchgesetzt werden konnten, weil Denkmalpflege schlichtweg nicht wahrgenommen wurde.

Die in der praktischen Denkmalpflege tätigen Bürger, engagierten sich nicht deshalb in der Denkmalpflege, weil sie sich dort »das Erbe« aneignen konnten. Die Gründe für ehrenamtliches oder hauptamtliches Engagement in der Denkmalpflege waren vielfältig, hatten aber in den wenigstens Fällen damit zu tun, dass Denkmalpflege als Teil aktiver Erbepflege verstanden wurde. Die »bewusstseinsbildende Rolle« der Denkmale wurde immer wieder von den Verantwortlichen in der Denkmalpflege in offiziellen Papieren heraufbeschworen. Damit beschrieben wurde der logische Umstand, dass allein gepflegte Denkmale ihre positiven Wirkungen im Stadtraum entfalten konnten, nur in einem solchen Fall ein Denkmal in seiner Ganzheitlichkeit auch erlebbar ist und seine künstlerische, wissenschaftliche oder geschichtliche Bedeutung zur Geltung kommen kann.

5. Gesetze als Mittel zur Staats(re)präsentation

Gesetze waren in der DDR Mittel der Staats(re)präsentation. Der Erlass von Gesetzen vermittelte entschlossenes Handeln durch die Volkskammer, welche von der Verfassung als das oberste Organ staatlicher Macht ausgewiesen war. In der Staatsorganisation der DDR war vorgesehen, dass die Volkskammer mit dem Ministerrat zusammenarbeitete und nicht, wie der Bundestag in der Bundesrepublik, weitgehend autonom von der Regierung agierte und große Handlungsspielräume hatte. Dennoch kann aus diesem Unterschied zum bundesrepublikanischen System nicht geschlossen werden, dass ein Volkskammergesetz keinen über eine Verordnung hinausgehenden Wert hatte. Dass eine Materie zur Rechtssetzung an die Volkskammer herangetragen wurde, zeugte von der Wertschätzung, die dem Inhalt durch den Ministerrat als initiativem Gremium beigemessen wurde. Der Ministerrat hatte, wie es verfassungsrechtlich vorgesehen war, beschlossen, der Volkskammer ein Gesetz über die Pflege und den Schutz der Denkmale in der DDR vorzulegen. In dieser Entscheidung des Ministerrates kommt zum Ausdruck, dass der Denkmalpflege eine repräsentative Rolle zugeschrieben wurde. Ministerrat und Volkskammer bildeten verfassungsrechtlich eine Einheit. Gemeinsam, so war die Idee, schufen sie sozialistisches Recht. Die Volkskammer war für »die Grundfragen der Staatspolitik« zuständig, konnte aber in den meisten Fällen nicht selbst entscheiden, welches diese Grundfragen waren. Nach Art. 65 Abs. 1 der Verfassung der DDR hatten die Volkskammerabgeordneten das Recht, Gesetzesinitiativen einzubringen. Davon machten sie jedoch nie während der gesamten Zeit des Bestehens der Volkskammer Gebrauch. Die meisten Gesetzesvorlagen gingen vom Ministerrat, der Regierung der DDR, aus. Sie war durchsetzt mit Parteimitgliedern der SED. Dieser Umstand sollte jedoch nicht darüber hinwegtäuschen, dass es in diesem Inertialsystem trotz allem eine Bedeutung hatte, wenn der Ministerrat entschied, dass eine Materie derartig »grundsätzlich« war, dass sie durch ein von der Volkskammer verabschiedetes Gesetz geregelt werden müsse. Die Bedeutung war vor allem eine symbolische.

Für die qualitative, rechtstechnische Unterscheidung innerhalb der DDR hatte die Frage nach der Rechtsformwahl, also Verordnung oder Gesetz, im Bereich Denkmalschutz sehr wohl eine Bedeutung. Durch das Gesetz konnte die Eingriffsintensität erhöht werden, was der Vergleich zwischen den Verordnungsentwürfen und dem Gesetzentwurf zeigt; gleichzeitig wurde mit dem Ministerrat auch ein Gremium involviert, welches dem Denkmalschutz eher skeptisch gegenüberstand und dessen politische Vorstellungen von Denkmalpflege sich häufig nicht mit den kunsthistorischen Ansätzen der amts- oder ehrenamtlichen Denkmalpfleger deckten. Hatte zuvor in den Verordnungen allein der Minister für Kultur die Verantwortung für die Denkmale, so wurden nun zusätzlich dem Ministerrat durch das Gesetz umfassende Kompetenzen zugewiesen, Denkmalpflege wurde mithin zur »Chefsache«. Der Ministerrat sollte laut § 6 die zentrale staatliche Leitung und

Planung der Denkmalpflege gewährleisten, dafür Sorge tragen, dass die denkmalpflegerischen Maßnahmen in die Volkswirtschaftspläne aufgenommen werden und die Zentrale Denkmalliste bestätigen. Die Zusammenarbeit mit dem Ministerium für Bauwesen, mit dem die Aufgaben der Denkmalpflege nach der VO-61 noch abgestimmt werden mussten, entfiel im Denkmalpflegegesetz.

Aufgrund fehlender Untersuchungen zum Vollzug des Gesetzes ab 1975 kann nur gemutmaßt werden, wie sich diese Veränderungen auf die Abläufe im Denkmalwesen auswirkte. Die eindeutigere Zuordnung allein zum MfK war sicher vorteilhaft für die Denkmalpfleger, denn der Minister für Kultur, Hans-Joachim Hoffmann, war ihnen zugewandt. Welche Rolle die zusätzliche Instanz des Ministerrates letztendlich spielte, bleibt jedoch noch zu beantworten.

Es ergab sich durch die Neufassung als Gesetz ein Regelungsparadox: Ein Gesetz wurde in der Hoffnung, es bringe bessere Handlungsmöglichkeiten für die Denkmalpfleger und damit bessere Bedingungen für die Denkmale, gefordert. Gleichzeitig ermöglichte die Rechtsform Gesetz ein höheres Eingriffsniveau, indem etwa Enteignungen möglich wurden, was sich positiv auf die Denkmale auswirken konnte, gleichzeitig aber eine starke Beschneidung der Rechte der Eigentümer war. Einziges Rechtsmittel gegen ein Gesetz bzw. einen staatlichen Akt, der auf einem Gesetz beruhte, war in der DDR die Rechtsmittelbeschwerde. Sie war unabhängig davon, ob eine Maßnahme auf einer Verordnung oder einem Gesetz beruhte. Darüber hinaus wurde es mit dem Gesetz möglich, den Ministerrat zu involvieren, was die Stellung der Denkmalpfleger möglicherweise verschlechterte.

Dennoch war die Verabschiedung eines Gesetzes für die beteiligten Fachleute, Bürger der DDR und Menschen außerhalb der DDR ein Signal der wachsenden Bedeutung der Denkmalpflege. Das Gesetz entfaltete eine innen- wie außenpolitische Strahlkraft. Nach innen wirkte das Gesetz zunächst stabilisierend und befriedete die langjährigen Forderungen nach einer stärkeren (oder zumindest als stärker wahrgenommenen) Rechtsgrundlage.

Nach außen wirkte das Gesetz als Ausweis für die Fortschrittlichkeit, für den Avantgardismus der DDR im europäischen Vergleich.

Im Februar 1979 resumierte der Minister für Kultur, Hans-Joachim Hoffmann, vor dem Kulturausschuss der Volkskammer daher auch zufrieden:

>»Sowohl das Gesetz als auch die bei seiner Durchführung erreichten Ergebnisse sind wichtige Belege unserer sozialistischen Kulturpolitik, und ich muß auch sagen: Sie finden internationale große Anerkennung. Die UNO- bzw. UNESCO-Institutionen interessieren sich für die DDR und die Denkmalpflege sehr intensiv.«[8]

---

8 BArch, DA 1/14265, Hans-Joachim Hoffmann, Stenographisches Protokoll der Sitzung des Ausschusses für Kultur der Volkskammer, S. 57, 13.02.1979.

Obwohl nicht ursprünglich angestrebt, ist es auch kein Zufall, dass das Gesetz im Europäischen Denkmalschutzjahr verabschiedet wurde. Die Genese zeigt, dass es zwar bereits 1973 in einer Version vorlag, die verabschiedungsreif gewesen wäre. Allein der Ministerrat verhinderte zu jenem Zeitpunkt durch seine Forderungen nach mehr Macht für sich die Verabschiedung. In den Quellen findet sich kein Hinweis darauf, dass das Denkmalpflegegesetz deshalb 1975 verabschiedet werden sollte, weil das vom Europarat ausgerufene Themenjahr stattfand. Doch 1975 sollte der Erlass auch nicht weiter verzögert werden. Es ist davon auszugehen, dass in Zeiten der Systemkonkurrenz auch der Zeitpunkt, zu dem ein Gesetz erlassen wurde, ein Symbol und ein Signal war.

Die Menschen in der DDR, auch die politisch und fachlich Verantwortlichen, wollten Teil einer europäischen Bewegung sein, Bürger eines Staates, der Teil eines europäischen Gefüges war.

II. Hätte das Denkmalpflegegesetz nach der friedlichen Revolution in den neuen Bundesländern übernommen werden können?

Das Denkmalpflegegesetz der DDR hätte nach Art. 9 Abs. 1 S. 1 Einigungsvertrag nach der friedlichen Revolution auch in den sogenannten neuen Bundesländern fortgelten können. Dort war geregelt, dass Recht der DDR, »das nach der Kompetenzordnung des Grundgesetzes Landesrecht ist«, in Kraft bleiben kann, soweit es mit dem Grundgesetz und dem Recht der (damals noch sogenannten) Europäischen Gemeinschaften vereinbar ist und nicht gegen Bundesrecht verstößt. Das Denkmalpflegegesetz erfüllte diese Voraussetzungen. Es galt daher in allen neuen Bundesländern zunächst fort. Mit dem Gesetz über die Selbstverwaltung der Gemeinden und Landkreise der DDR war am 17. Mai 1990 eine demokratisierte Kommunalverfassung auf dem Gebiet der ehemaligen DDR eingeführt worden.[1] Das Gesetz legte in § 102 fest, dass die Zuständigkeiten für Aufgaben und Befugnisse, die bisher durch die örtlichen Volksvertretungen wahrgenommen wurden, auf die Gemeinden und Landkreise übergingen. Die Landkreise übernahmen daher die denkmalpflegerische Administration von den Kreisen.[2]

Allerdings entschieden sich alle neuen Länder zu Beginn der 1990er-Jahre, neue Denkmalschutzgesetze zu erlassen.

In einem Rechtsstreit, der im Jahre 1991 begann und erst 2004 mit einem Beschluss des Bundesverwaltungsgerichtes endgültig beigelegt war, wurde die Frage auch gerichtlich überprüft, ob das Denkmalpflegegesetz der DDR hätte fortgelten können.[3] Das Oberverwaltungsgericht (OVG) Mecklenburg-Vorpommern kam zu dem Schluss, dass der Denkmalbegriff des DDR-Denkmalpflegegesetzes hinreichend bestimmt sei. Der Kläger hatte vorgetragen, der Denkmalbegriff sei durch die Bereinigung um die Tatbestandsmerkmale zur Entwicklung des sozialistischen Bewusstseins seines »Inhaltes beraubt«. Das Gericht hingegen konnte dies nicht erkennen. Es urteilte, der Inhalt der Vorschrift könne sehr wohl mit den allgemein gültigen Methoden der Auslegung bestimmt werden.[4] Das Denkmalpflegegesetz könne in Verbindung mit den Verwaltungsverfahrensgesetzen des Bundes und der Länder sowie in Verbindung mit den aus den Grundrechten

---

1 GBl. I 1990, S. 255.
2 OVG Mecklenburg-Vorpommern, 22.10.2003, 3 L 33/99, Rn. 24.
3 VG Schwerin, Urt. v. 11.11.1998, 2 A 761/92; das VG wies die Klage ab. Der Kläger ging in Berufung zum OVG; OVG Mecklenburg-Vorpommern, Urt. v. 22.10.2003, 3 L 33/99; dort wurde die Berufung zurückgewiesen, die Revision nicht zugelassen. Dagegen wehrte sich der Kläger mit einer Nichtzulassungsbeschwerde vor dem BVerwG. Dort wurde letztendlich die Beschwerde des Klägers gegen die Nichtzulassung der Revision zurückgewiesen, BVerwG, Beschl. v. 07.04.2004, 4 B 25/04.
4 OVG Mecklenburg-Vorpommern, 22.10.2003, 3 L 33/99, Rn. 20.

abzuleitenden Verfahrensgarantien angewandt werden, § 9 Abs. 2 S. 2 DPG böte dafür eine ausreichende normative Grundlage.[5] Die Urteilsbegründung verdeutlicht einmal mehr, dass das Denkmalpflegegesetz der DDR seinem Wesen nach auch unter bundesrepublikanischen Bedingungen hätte funktionieren können. Der Denkmalbegriff war gerade kein ausgewiesen »sozialistischer«.

Zum Zeitpunkt des Urteils hatten allerdings alle neuen Länder bereits neue Gesetze erlassen. Das Denkmalpflegegesetz der DDR (mit den freilich nötigen Anpassungen) zu übernehmen, war in keinem der neuen Bundesländer eine Option.

Teilweise war in den Begründungen zu diesen neuen Gesetzen harsche Kritik am Denkmalpflegegesetz der DDR zu vernehmen. Im Entwurf zum Thüringischen Denkmalschutzgesetz hieß es beispielsweise: »Nach der Einigung mangelt es dem Denkmalpflegegesetz der DDR im Bereich Thüringens [an] der demokratischen Legitimation ebenso wie der öffentlichen Akzeptanz, stellt es doch eine alte zentralistisch-sozialistische Rechtsmaterie dar.«[6]

---

5 OVG Mecklenburg-Vorpommern, 22.10.2003, 3 L 33/99, Rn. 21.
6 TH LT-Drs. 1/824, S. 1.

III. Differenzierung von Gesetz und Vollzug

Wie bei jedem Gesetz muss zwischen dem geschriebenen Recht und dem vollzogenen Recht differenziert werden. Beim Denkmalpflegegesetz der DDR lag spätestens 1989 auf der Hand, dass Anspruch an Denkmalpflege und Wirklichkeit weit auseinanderfielen. Bei allen Qualitäten und der internationalen Anschlussfähigkeit des Gesetzes,[1] war ein Vollzug, der eine denkmalgerechte Instandhaltung des Baubestandes sicherte, nicht möglich gewesen.

Am 20. Oktober 1989 schrieb Ludwig Deiters einen Brief »aus großer Sorge um den weitgehend katastrophalen Zustand unserer Denkmale wie der alten Bausubstanz überhaupt und den damit verbundenen Verlust an Heimatverbundenheit und Identifizierung der Bürger mit unserem Staat« an den neuen Generalsekretär des Zentralkomitees der Sozialistischen Einheitspartei Deutschlands, Egon Krenz. Aufgrund von Vorurteilen und Fehleinschätzungen komme es immer wieder dazu, dass Sicherungsmaßnahmen an Denkmalen abgelehnt würden, stadtbildprägende Bauten von den staatlichen Denkmallisten gestrichen würden und das Denkmalpflegegesetz verletzt werde.[2] Er bat Krenz um Hilfe, es müsse dringend dafür gesorgt werden, dass das Denkmalpflegegesetz eingehalten werde.

Deutlich wurde hier, 14 Jahre nach Erlass, dass die mit dem Denkmalpflegegesetz verbundenen Hoffnungen sich nicht erfüllt hatten. Das Gesetz wurde umgangen, seine Einhaltung nicht gewährleistet. Dabei ist aber gerade »die Stärke, Breite und Tiefe dieses Vertrauens auf das Recht […] einer der wichtigsten Pfeiler für die Stabilität der sozialen Ordnung«.[3] Nur legitime Ordnungen können »langfristig stabile Ordnungen«[4] sein.

Diese langfristige Stabilität konnte das praktizierte Rechtssystem in der DDR bekanntlich nicht gewährleisten.

---

1 »Das Denkmalpflegegesetz der DDR entsprach inhaltlich dem Niveau der westdeutschen Denkmalschutzgesetze, war aber de facto durch die Baupolitik des Staates außer Kraft gesetzt«: Lukas-Krohm, Viktoria: Denkmalschutz und Denkmalpflege von 1975 bis 2005 mit Schwerpunkt Bayern, Bamberg 2014, S. 49; Martin, Dieter/Schneider, Andreas/Wecker, Lucia/Bregger, Hans-Martin: Sächsisches Denkmalschutzgesetz (Sächs. DSchG). Kommentar, Wiesbaden 1999, S. 184 f.; Magirius bescheinigte dem Gesetz rückblickend in der Praxis wenig Wirkung, »da sich seither [seit 1975] der volkswirtschaftliche Ruin mehr und mehr abzeichnete und Eigentum zu besitzen nur noch als unerträgliche Last empfunden wurde«; Magirius: Denkmalpflege in der DDR, 2001, S. 134.
2 BArch, DY 27/8353, Deiters an Krenz, 20.10.1989.
3 Raiser, Thomas: Grundlagen der Rechtssoziologie, Tübingen 2009, S. 345.
4 Mahlmann, Matthias: Konkrete Gerechtigkeit. Eine Einführung in Recht und Rechtswissenschaft der Gegenwart, Baden-Baden 2019, S. 35, Rn. 15.

Anhang

Erste Durchführungsbestimmung
zur Verordnung über die Erhöhung der Gehälter für Wissenschaftler, Ingenieure und Techniker.

Vom 28. Juni 1952

Auf Grund § 13 der Verordnung vom 28. Juni 1952 über die Erhöhung der Gehälter für Wissenschaftler, Ingenieure und Techniker (GBl. S. 509) wird folgendes bestimmt:

§ 1

(1) Die in der dem § 2 der Verordnung beigefügten Anlage festgelegten Gehaltssätze für Braunkohlenindustrie unter Tage gelten auch für Kali, Schiefer und Kaolin unter Tage.

(2) Die für die Braunkohlenindustrie über Tage festgelegten Sätze gelten auch für Kaolin über Tage.

Berlin, den 28. Juni 1952

Ministerium für Arbeit	Ministerium der Finanzen
Chwalek	I. V.: Georgino
Minister	Staatssekretär

Verordnung
zur Erhaltung und Pflege der nationalen Kulturdenkmale (Denkmalschutz).

Vom 26. Juni 1952

Das kulturelle Erbe des deutschen Volkes umfaßt kostbare Werke der Kunst, die durch ihre Schönheit und Wahrhaftigkeit Zeugnis für die schöpferische Kraft der Volksmassen ablegen. Dieses Erbe zu erhalten, zu pflegen und den breiten Massen unseres Volkes zugänglich zu machen, gehört zu den wichtigen kulturellen Aufgaben der Regierung der Deutschen Demokratischen Republik. Die Aneignung des kulturellen Erbes ist Sache des ganzen Volkes, das sich gegen alle Versuche böswilliger oder fahrlässiger Zerstörung von Kulturdenkmalen mit der Strenge des Gesetzes wendet.

Zur Ordnung der Denkmalpflege und zur Sicherung von Denkmalen auf allen Gebieten der Kunst wird folgendes verordnet:

I.
Gegenstand des Schutzes

§ 1

(1) Denkmale im Sinne dieser Verordnung sind alle charakteristischen Zeugnisse der kulturellen Entwicklung unseres Volkes, deren Erhaltung wegen ihrer künstlerischen, wissenschaftlichen oder geschichtlichen Bedeutung im öffentlichen Interesse liegt.

(2) Insbesondere sind hiernach als Denkmale zu betrachten:

a) Bauwerke in ihrer äußeren und inneren Gestaltung, Park- und Gartenanlagen sowie Friedhöfe, Ruinen, Orts-, Straßen- und Platzbilder, die sich durch ihre geschichtliche Bedeutung, durch ihre Eigenart oder Schönheit auszeichnen.

b) Werke der Malerei, Plastik, Graphik und des Kunsthandwerks, die von hervorragender Bedeutung sind.

c) Einrichtungen, Maschinen, Anlagen und Bauten, soweit sie geschichtliche und ethnographische Bedeutung haben, der technischen und landwirtschaftlichen Tätigkeit dienen oder gedient haben und für die Arbeitsweise in einzelnen Landschaftsgebieten kennzeichnend sind.

d) Gegenstände, die zu bedeutenden Persönlichkeiten oder Ereignissen der deutschen Geschichte in Beziehung stehen.

§ 2

Der Schutz ortsfester Denkmale erstreckt sich auch auf ihre Umgebung, soweit deren Veränderung den Bestand, die Eigenart des Denkmals oder den Eindruck, den es hervorruft, unmittelbar zu beeinträchtigen vermag.

II.
Träger des Denkmalschutzes

§ 3

(1) Aufsichtführende Dienststellen für die Denkmalpflege sind die Staatliche Kommission für Kunstangelegenheiten, die Verwaltungen für Kunstangelegenheiten der Landesregierungen sowie die Räte der Stadt- und Landkreise (Dezernenten für Volksbildung).

(2) Die Staatliche Kommission für Kunstangelegenheiten kann eine zentrale Denkmalkommission berufen, die in Angelegenheit der Denkmalpflege beratend mitwirkt.

(3) Mit der Durchführung der Aufgaben der Denkmalpflege in den Ländern sind die Landesämter für Denkmalpflege beauftragt. Die Aufgaben sollen der Eigenart der Denkmalpflege entsprechend in Zusammenarbeit mit den Eigentümern der Denkmale oder sonstigen daran berechtigten Personen gelöst werden.

§ 4

(1) Die Landesämter für Denkmalpflege sind nachgeordnete Dienststellen der Verwaltung für Kunstangelegenheiten der Landesregierungen.

(2) Bei den Landesämtern für Denkmalpflege sind beratende Fachkommissionen zu bilden.

§ 5

Die Landesämter für Denkmalpflege haben

a) über die Denkmale im Lande zu wachen, durch Beratungen und Anordnungen dafür zu sorgen, daß sie sachgemäß gepflegt, — soweit nötig — instand gesetzt oder vor Beschädigung geschützt werden;

b) für die Feststellung und Sicherung der Denkmale im Lande zu sorgen, die Denkmalslisten zu führen und die Denkmale der Erziehung und Bildung des Volkes dienstbar zu machen.

c) Die Landesämter für Denkmalpflege werden vom Landeskonservator geleitet, der für seinen Arbeitsbereich verantwortlich ist und vom zuständigen Referat der Verwaltung für Kunstangelegenheiten der Landesregierung angeleitet wird.

§ 6

In jedem Stadt- oder Landkreis werden für jedes einzelne oder das gesamte Sachgebiet der Denkmalpflege ehrenamtliche Kreishelfer bestellt. Die Kreishelfer werden in Zusammenarbeit mit den Dezernenten für Volksbildung des Kreises durch den Landeskonservator ernannt.

III.
Denkmalpflege

§ 7

(1) Die bedeutenden Denkmale werden durch die Landesämter für Denkmalpflege in die Denkmalsliste des Landes eingetragen. Durch die Eintragung werden die Denkmale unter Schutz gestellt. Die Eigentümer der Denkmale und sonst daran berechtigte Personen sind von der Eintragung schriftlich zu verständigen.

(2) Bestehen Zweifel darüber, ob eine Sache unter Denkmalschutz gestellt werden soll, so entscheidet auf Antrag des Interessenten das Landesamt für Denkmalpflege unter Hinzuziehung der beratenden Fachkommission, im Falle eines Einspruchs die Verwaltung für Kunstangelegenheiten der Landesregierung.

§ 8

Maßnahmen, durch welche geschützte Denkmale verändert, beseitigt, veräußert oder aus der Deutschen Demokratischen Republik verbracht werden sollen, bedürfen der vorherigen schriftlichen Zustimmung des Landesamtes für Denkmalpflege. Der Wechsel des Eigentümers oder des Standortes einer geschützten Sache ist dem Landesamt für Denkmalpflege mitzuteilen.

§ 9

Der über ein Denkmal Verfügungsberechtigte ist verpflichtet, dieses pfleglich zu behandeln, seine Erhaltung zu sichern und es in der Regel der Öffentlichkeit zugänglich zu machen.

IV.
Straf- und Schlußbestimmungen

§ 10

Wer vorsätzlich oder fahrlässig gegen die Bestimmungen dieser Verordnung verstößt, wird mit Gefängnis bis zu drei Jahren und mit Geldstrafe oder mit einer dieser Strafen bestraft, soweit nicht nach anderen gesetzlichen Bestimmungen eine höhere Strafe verwirkt ist.

§ 11

Durchführungsbestimmungen erläßt die Staatliche Kommission für Kunstangelegenheiten.

§ 12

Diese Verordnung tritt mit ihrer Verkündung in Kraft.

Berlin, den 26. Juni 1952

Die Regierung
der Deutschen Demokratischen Republik

Der Ministerpräsident
G r o t e w o h l

Staatliche Kommission
für Kunstangelegenheiten
Der Vorsitzende
H o l z h a u e r

Verordnung
über die Übertragung der Aufgaben der Preisstellen für Mieten, Pachten und Grundstücksverkäufe auf die Finanzämter.
Vom 26. Juni 1952

Durch die Verordnung vom 1. Juni 1950 über die Neuorganisation der Preisbehörden (GBl. S. 465) wurden die Aufgaben der Preisüberwachung größtenteils den Finanzämtern übertragen. Die Bearbeitung der Angelegenheiten für Mieten, Pachten und Grundstücksverkäufe verblieb jedoch bei den Räten der Stadt- und Landkreise.

Um eine einheitliche Durchführung der auf dem Gebiet der Preisüberwachung anfallenden Aufgaben zu gewährleisten, wird hiermit folgendes verordnet:

§ 1

Die Aufgaben der Preisstellen für Mieten, Pachten und Grundstücksverkäufe gehen von den Räten der Stadt- und Landkreise auf die örtlich zuständigen Finanzämter über, so daß nunmehr die gesamten Aufgaben auf dem Gebiete der Preisüberwachung bei den Finanzämtern vereinigt sind.

§ 2

(1) Die Bevölkerung ist zur Mitarbeit im Rahmen der in den Kreisen, Städten und Gemeinden auf diesem Gebiete bestehenden Kommissionen weitgehend heranzuziehen.

(2) Die Räte der Stadt- und Landkreise haben festzulegen, welche Kommissionen oder Ausschüsse die Finanzämter bei der Arbeit der Preisstellen für Mieten, Pachten und Grundstücksverkäufe beraten und unterstützen.

§ 3

Durchführungsbestimmungen erläßt das Ministerium der Finanzen.

§ 4

Diese Verordnung tritt mit Wirkung vom 1. Juli 1952 in Kraft.

Berlin, den 26. Juni 1952

Die Regierung
der Deutschen Demokratischen Republik

Der Ministerpräsident
G r o t e w o h l

Ministerium der Finanzen
I. V.: R u m p f
Staatssekretär

GESETZBLATT

der Deutschen Demokratischen Republik
Teil II

1961	Berlin, den 23. Oktober 1961	Nr. 72

Tag	Inhalt	Seite
28. 9. 61	Verordnung über die Pflege und den Schutz der Denkmale	475
28. 9. 61	Erste Durchführungsbestimmung zur Verordnung über die Pflege und den Schutz der Denkmale	477
28. 9. 61	Anordnung über das Statut des Instituts für Denkmalpflege	477

Verordnung
über die Pflege und den Schutz der Denkmale.
Vom 28. September 1961

Die Denkmale gehören zum kulturellen Erbe der Nation. Sie sind fester Bestandteil der von der sozialistischen Gesellschaft bewahrten materiellen, architektonischen und künstlerischen Kultur vergangener Epochen. Ihre Erhaltung, Pflege, ordnungsgemäße Verwaltung, zweckdienliche Verwendung und Erschließung für die Bevölkerung im Zusammenhang mit den Erfordernissen der sozialistischen Gesellschaft entspricht dem Wesen und den Aufgaben des Arbeiter-und-Bauern-Staates.

Angesichts der jahrzehntelangen Vernachlässigung der Denkmale in der kapitalistischen Vergangenheit und der schweren Kriegszerstörungen hat die Denkmalpflege seit der Gründung der Deutschen Demokratischen Republik bedeutende Sicherungs- und Wiederaufbauarbeiten an international bekannten und auch an vielen Hunderten von kleinen Denkmalen durchgeführt. Eine große Anzahl von Bauwerken wurde einer sinnvollen gesellschaftlichen Nutzung als Dorfzentren, Schulen, Erholungs- und Altersheimen, Kulturhäusern oder Museen zugeführt.

Zur weiteren Entwicklung der Pflege und des Schutzes der Denkmale wird folgendes verordnet:

§ 1
Staatlicher Schutz

(1) Alle Denkmale im Sinne dieser Verordnung (§ 2) stehen als kultureller Besitz der Nation unter staatlichem Schutz.

(2) Die zentralen und örtlichen staatlichen Organe, die volkseigenen Betriebe und die staatlichen Einrichtungen sind verpflichtet, den Schutz der Denkmale unabhängig von ihrer früheren oder gegenwärtigen Bestimmung zu gewährleisten. Die Bevölkerung wird aufgerufen, hierbei die staatlichen Organe zu unterstützen.

§ 2
Gegenstand des Schutzes (Denkmalbegriff)

(1) Denkmale sind solche Werke der Baukunst und des Städtebaus, der bildenden Kunst und des Kunsthandwerks, der Gartenkunst und der Technik, deren Erhaltung wegen ihrer künstlerischen, geschichtlichen oder wissenschaftlichen Bedeutung im Interesse von Staat und Gesellschaft liegt.

(2) Denkmale im Sinne des Abs. 1 sind insbesondere:

a) nationale Gedenkstätten und andere Stätten, die zu bedeutenden Ereignissen oder Persönlichkeiten der Geschichte, besonders auch der Geschichte der Arbeiterbewegung, in Beziehung stehen;

b) Bauwerke, auch Ruinen, in ihrer äußeren und inneren Gestalt sowie einzelne Teile von ihnen, wie Tore, Erker, Innenräume und Ausstattungen, Treppenanlagen oder Decken;

c) Stadtanlagen, Orts-, Straßen- und Platzbilder, desgleichen stadtgeschichtlich bedeutsame Anlagen, wie Stadtumwehrungen, Burganlagen, charakteristische alte Dorf- und Gehöftanlagen und Verkehrswege, Standbilder, Postmeilensäulen, Grenzsteine und ähnliches;

d) Gärten, Parkanlagen, Friedhöfe;

e) Werke und Sammlungen der Malerei, Plastik, Grafik, des Kunsthandwerks und des Musikinstrumentenbaus;

f) technische Anlagen, Maschinen und Gerätschaften.

§ 3
Umgebungsschutz

Der Schutz ortsfester Denkmale erstreckt sich auch auf ihre Umgebung, soweit sie für die Eigenart und die Wirkung des Denkmals von Bedeutung ist.

§ 4
Erhaltungspflicht

(1) Zur Erhaltung und Pflege eines Denkmals ist der Rechtsträger, Eigentümer oder Verfügungsberechtigte verpflichtet. Er hat das Denkmal nach Möglichkeit der Öffentlichkeit zugänglich zu machen.

(2) Bei der Ausübung der Pflichten nach Abs. 1 werden die Rechtsträger, Eigentümer oder Verfügungsberechtigten von den zuständigen staatlichen Organen angeleitet und unterstützt. Diese können ihnen auch Auflagen zur Erfüllung ihrer Pflichten erteilen.

§ 5
Veränderungen

(1) Maßnahmen, durch die Denkmale verändert, beseitigt oder im Standort geändert werden sollen, sowie die Planung und Durchführung baulicher Maßnahmen in der Umgebung ortsfester Denkmale, die deren Bestand oder Wirkung verändern oder beeinträchtigen, be-

dürfen der vorherigen schriftlichen Genehmigung des für die Denkmalpflege zuständigen staatlichen Organs (§§ 6, 8).

(2) Ein Wechsel des Rechtsträgers, Eigentümers oder Verfügungsberechtigten eines Denkmals ist dem zuständigen staatlichen Organ durch den neuen Rechtsträger innerhalb eines Monats mitzuteilen.

Organe der Pflege und des Schutzes der Denkmale

§ 6

Das zentrale Organ des Ministerrates für die Pflege und den Schutz der Denkmale ist das Ministerium für Kultur. In bezug auf Bau- und Architekturfragen führt es seine Aufgaben in enger Zusammenarbeit mit dem Ministerium für Bauwesen durch.

§ 7

Die Verantwortung für die Pflege und den Schutz der Denkmale von besonderer nationaler Bedeutung und internationalem Kunstwert kann nach Bestätigung durch den zuständigen Stellvertreter des Vorsitzenden des Ministerrates unmittelbar vom Ministerium für Kultur übernommen werden. Die notwendigen Maßnahmen sind in Zusammenarbeit mit den örtlichen staatlichen Organen durchzuführen.

§ 8

(1) In Durchführung der Ordnungen vom 28. Juni 1961 über die Aufgaben und die Arbeitsweise der örtlichen Volksvertretungen und ihrer Organe (GBl. I S. 51 bis 67) nehmen die örtlichen Räte die in den Absätzen 2 bis 7 genannten Aufgaben wahr.

(2) Die Räte der Bezirke sind für die Pflege und den Schutz sowie die Erfassung der Denkmale verantwortlich, sofern keine andere Regelung getroffen ist. Sie sind ferner für die Anleitung und Kontrolle der Räte der Kreise auf dem Gebiet der Denkmalpflege und des Denkmalschutzes sowie bei der Erfassung der Denkmale verantwortlich.

(3) Die Räte der Kreise und Stadtkreise sind für die Pflege und den Schutz der Denkmale, sofern keine andere Regelung getroffen ist, und für die Erfassung aller Denkmale in ihrem Bereich verantwortlich. Sie sind ferner für die Anleitung und Kontrolle der Räte der kreisangehörigen Städte und Gemeinden bzw. der Stadtbezirke auf dem Gebiet der Denkmalpflege und des Denkmalschutzes verantwortlich. In den kreisangehörigen Städten sind die Räte für die Pflege, den Schutz sowie die Erfassung der Denkmale, sofern keine andere Regelung getroffen ist, und für die Errichtung von Denkmalen verantwortlich.

(4) Die Räte der Stadtbezirke und Gemeinden fördern und unterstützen die Pflege und den Schutz sowie die Errichtung örtlicher Denkmale.

(5) Die zuständigen örtlichen staatlichen Organe tragen die Verantwortung für eine sachgemäße Nutzung der Denkmale, damit die kulturpolitisch notwendigen Aufwendungen für die Pflege und den Schutz zugleich allgemeine Wohn- und Lebensbedürfnisse befriedigen.

(6) Die Räte der Kreise und Stadtkreise und bei Bedarf auch die Räte der Städte und Gemeinden können zur Unterstützung der denkmalpflegerischen Arbeit in ihrem Bereich ehrenamtliche Helfer einsetzen.

(7) Die örtlichen staatlichen Organe sind berechtigt, über die Pflege und den Schutz von Denkmalen Vereinbarungen mit den gesellschaftlichen Organisationen ihres Bereiches, insbesondere dem Deutschen Kulturbund, abzuschließen.

§ 9
Institut für Denkmalpflege

(1) Als fachwissenschaftliche Einrichtung für Fragen der Denkmalpflege und des Denkmalschutzes untersteht dem Ministerium für Kultur unmittelbar das Institut für Denkmalpflege.

(2) Rechtsstellung, Aufgaben, Gliederung und Tätigkeit des Instituts werden im einzelnen durch ein Statut geregelt, das der Minister für Kultur erläßt.

§ 10
Planung und Finanzierung der Denkmalpflege

(1) Die Planung und Finanzierung denkmalpflegerischer Maßnahmen hat durch den Rechtsträger, Eigentümer oder Verfügungsberechtigten zu erfolgen. Die zuständigen staatlichen Organe üben darüber die Kontrolle aus und stimmen die Pläne und Maßnahmen zur Pflege von Baudenkmalen mit den Organen des staatlichen Bauwesens ab.

(2) Haushalts- und Investitionsmittel für Denkmalpflege sind bei der für die Denkmalpflege zuständigen Räten der Gemeinden, der Städte, Kreise und Bezirke zu planen, soweit nicht eine andere Regelung getroffen ist.

(3) Die erforderlichen Baukapazitäten und Materialien sind von den Bezirks- und Kreisbauämtern im Rahmen der Volkswirtschaftspläne bereitzustellen.

(4) Denkmalpflegerische Maßnahmen, die der Erhaltung und Erweiterung der Grundmittel dienen, sind nach den gesetzlichen Bestimmungen zur Vorbereitung und Durchführung des Investitionsplanes zu behandeln. Dazu gehört auch die Erhaltung nichtbewerteten Sachvermögens.

§ 11
Rechtsmittel

(1) Gegen Entscheidungen der Räte der Gemeinden, Städte und Kreise in Fragen der Erfassung, der Pflege und des Schutzes der Denkmale steht den Rechtsträgern, Eigentümern oder Verfügungsberechtigten der Denkmale das Recht der Beschwerde zu. Diese ist innerhalb eines Monats schriftlich mit Begründung bei dem Rat einzulegen, dessen Entscheidung angefochten wird. Hilft dieser der Beschwerde nicht innerhalb von 4 Wochen ab, so ist sie an den übergeordneten Rat weiterzuleiten. Dieser entscheidet innerhalb von 2 Monaten nach Einholen einer fachwissenschaftlichen Stellungnahme. Entscheidungen der Räte der Bezirke sind endgültig. Beschwerden, die Denkmale nach § 7 betreffen, sind unmittelbar an das Ministerium für Kultur zu richten, das endgültig entscheidet.

(2) Beschwerden haben aufschiebende Wirkung. Bis zur Entscheidung dürfen Veränderungen an den im Streit stehenden Gegenständen nicht vorgenommen werden. Bei Gefährdung der öffentlichen Sicherheit oder drohendem Substanzverlust sind notwendige Sicherungsmaßnahmen durchzuführen.

§ 12
Durchführungsbestimmungen

Durchführungsbestimmungen erläßt der Minister für Kultur im Einvernehmen mit den Leitern der beteiligten zentralen staatlichen Organe.

§ 13
Schlußbestimmungen

(1) Diese Verordnung tritt mit ihrer Verkündung in Kraft.

(2) Gleichzeitig tritt die Verordnung vom 26. Juni 1952 zur Erhaltung und Pflege der nationalen Kulturdenkmale (Denkmalschutz) (GBl. S. 514) außer Kraft.

Berlin, den 28. September 1961

**Der Ministerrat
der Deutschen Demokratischen Republik**

Der Minister für Kultur

Stoph Bentzien
Stellvertreter
des Vorsitzenden
des Ministerrates

**Erste Durchführungsbestimmung
zur Verordnung über die Pflege und den Schutz
der Denkmale.**

Vom 28. September 1961

Auf Grund des § 12 der Verordnung vom 28. September 1961 über die Pflege und den Schutz der Denkmale (GBl. II S. 475) wird im Einvernehmen mit der Staatlichen Plankommission, dem Minister für Bauwesen, dem Minister des Innern und dem Minister der Finanzen folgendes bestimmt:

Zu § 2 der Verordnung:

§ 1

(1) Denkmale im Sinne der Verordnung und ihre Umgebung genießen den staatlichen Schutz, auch wenn sie noch nicht nach § 8 der Verordnung erfaßt sind.

(2) Bei Zweifeln über die Denkmaleigenschaft eines Objektes haben der Rechtsträger, Eigentümer oder Verfügungsberechtigte bzw. das zuständige örtliche staatliche Organ eine wissenschaftlich begründete Feststellung einzuholen.

Zu § 4 der Verordnung:

§ 2

Soll ein Denkmal nicht oder nur eingeschränkt der Öffentlichkeit zugänglich gemacht werden, so bedarf es der Zustimmung des zuständigen staatlichen Organs. Diese soll im allgemeinen nur erteilt werden, wenn die Wachsamkeit zum Schutze der Deutschen Demokratischen Republik oder andere besondere Gründe dies erfordern.

Zu § 5 der Verordnung:

§ 3

(1) Die Planträger sind verpflichtet, bereits im Stadium der Vorplanung einer Baumaßnahme bei dem zuständigen örtlichen staatlichen Organ, in Zusammenhang mit der Standortberatung festzustellen, ob Belange des Denkmalschutzes berührt werden.

(2) Für die Planung von Instandsetzungen oder Veränderungen an einem Baudenkmal (auch Putzausbesserung, Farbgebung, Fenstererneuerung) gelten die Bestimmungen der Deutschen Bauordnung vom 2. Oktober 1958 (Sonderdruck Nr. 287 des Gesetzblattes). Darüber hinaus sind die Rechtsträger, Eigentümer oder Verfügungsberechtigten eines Denkmals verpflichtet, die Genehmigung des zuständigen örtlichen staatlichen Organs einzuholen.

Zu § 8 Abs. 3 der Verordnung:

§ 4

Die Erfassung aller Denkmale im Kreis erfolgt in einer Denkmalkartei, die als Arbeitskartei auch dem zuständigen Bauamt zur Verfügung steht.

Zu § 8 Abs. 6 der Verordnung:

§ 5

(1) Die ehrenamtlichen Helfer führen die Bezeichnung „Vertrauensmann für Denkmalpflege".

(2) Der Vertrauensmann für Denkmalpflege ist vom zuständigen örtlichen staatlichen Organ heranzuziehen, um die Bevölkerung zur Mitarbeit beim Schutz und bei der Pflege der örtlichen Denkmale zu gewinnen. Er wirkt bei der Überwachung und Feststellung der Denkmale mit und berichtet über die Fälle, in denen Maßnahmen zum Schutze eines Denkmals notwendig werden.

Zu § 10 der Verordnung:

§ 6

Für die Planung und Finanzierung denkmalpflegerischer Maßnahmen gilt folgendes:

1. Bei Denkmalen ohne Nutzwert (unbewertetes Sachvermögen), z. B. Stadtmauern, Toren, Türmen, Ruinen von Baudenkmalen, Kleinarchitekturen und Bildwerken, auch Kirchen im staatlichen Eigentum einschließlich ihres beweglichen Kunstgutes, obliegt die Planung und Finanzierung den als Rechtsträgern zuständigen Räten der Städte und Gemeinden soweit nicht andere Rechtsträger oder Eigentümer verantwortlich sind.

2. Bei ständig genutzten Denkmalen in Rechtsträgerschaft einer Haushaltsorganisation, eines volkseigenen oder diesem gleichgestellten Betriebes sind alle denkmalpflegerischen Maßnahmen durch den Rechtsträger zu planen und zu finanzieren. Die Planung soll im Einvernehmen mit der Abteilung Kultur des zuständigen Rates erfolgen.

3. Bei Denkmalen im Privateigentum sind die Eigentümer für die Einleitung und Finanzierung denkmalpflegerischer Maßnahmen verantwortlich.

Werden Darlehen staatlicher Kreditinstitute in Anspruch genommen, so prüft das zuständige örtliche staatliche Organ die Kreditanträge und befürwortet vor allem Anträge, denen eine kulturpolitische Verpflichtung zugrunde liegt oder die im Interesse der Gewinnung bzw. Regeneration von Nutzraum liegen. Als Regeneration ist auch die Entkernung von Innenhöfen zu verstehen, sofern durch diese Entkernung günstigere Lebensbedingungen in den an dem Hof liegenden Wohn- und Arbeitsräumen geschaffen werden.

In besonderen Fällen können Beihilfemittel für die Durchführung der denkmalpflegerischen Maßnahmen von zentralen und örtlichen staatlichen Organen gewährt werden.

§ 7

Inkrafttreten

Diese Durchführungsbestimmung tritt mit ihrer Verkündung in Kraft.

Berlin, den 28. September 1961

Der Minister für Kultur

Bentzien

**Anordnung
über das Statut des Instituts für Denkmalpflege.**

Vom 28. September 1961

Auf Grund des § 9 Abs. 2 der Verordnung vom 28. September 1961 über die Pflege und den Schutz der Denkmale (GBl. II S. 475) wird für das Institut für Denkmalpflege folgendes Statut erlassen:

§ 1

Rechtliche Stellung und Sitz

(1) Das Institut für Denkmalpflege (nachstehend „Institut" genannt) ist als eine fachwissenschaftliche Einrichtung juristische Person. Es ist dem Ministerium für Kultur unterstellt. Sein Sitz ist Berlin.

**Gesetz
zur Erhaltung der Denkmale
in der Deutschen Demokratischen Republik
— Denkmalpflegegesetz —**

vom 19. Juni 1975

In der Deutschen Demokratischen Republik ist die Pflege des kulturellen Erbes Anliegen der sozialistischen Gesellschaft und ihres Staates.

Die Deutsche Demokratische Republik verfügt über einen bedeutenden Besitz an Denkmalen, die von geschichtlichen Entwicklungen und progressiven Taten zeugen, die städtebauliche und landschaftsgestalterische, bau- und bildkünstlerische, handwerkliche und technische Leistungen aus der Vergangenheit bis in die Gegenwart repräsentieren.

Die Erhaltung und Erschließung dieser Denkmale der Geschichte und Kultur gehören zu den Elementen des reichen kulturellen Lebens der sozialistischen Gesellschaft. Deshalb beschließt die Volkskammer folgendes Gesetz:

I.

Ziel, Inhalt und Grundsätze der Denkmalpflege

§ 1

(1) Ziel der Denkmalpflege ist es, die Denkmale in der Deutschen Demokratischen Republik zu erhalten und so zu erschließen, daß sie der Entwicklung des sozialistischen Bewußtseins, der ästhetischen und kulturellen Bildung sowie der ethischen Erziehung dienen. Das erfordert die Erforschung, Interpretation und Popularisierung der Denkmale, ihre Erfassung und ihren Schutz, ihre planmäßige Konservierung und Restaurierung nach wissenschaftlichen Methoden.

(2) Die Denkmale der revolutionären Traditionen des deutschen Volkes, der internationalen und der deutschen Arbeiterbewegung, des antifaschistischen Widerstandskampfes und der Geschichte der Deutschen Demokratischen Republik sind so zur Geltung zu bringen, daß sie zur Verwirklichung der Ideen des sozialistischen Patriotismus und proletarischen Internationalismus beitragen.

(3) Die Denkmale sind in die Gestaltung der Städte, der Dörfer und der Landschaft so einzubeziehen, daß unverwechselbare Ensembles von geschichtlicher Aussage und künstlerischer Wirkung entstehen. Das schließt eine ihrer Eigenart entsprechende Nutzung für die Verbesserung der Arbeits- und Lebensbedingungen der Werktätigen, insbesondere für das geistige und kulturelle Leben, für die Erholung und den Tourismus, ein.

§ 2

Für die Denkmalpflege sind die zentralen Staatsorgane sowie die örtlichen Volksvertretungen mit ihren Räten verantwortlich. Sie lösen diese Aufgabe unter Einbeziehung der Bevölkerung mit den wirtschaftsleitenden Organen, den Betrieben und Einrichtungen, der Nationalen Front der DDR, den gesellschaftlichen Organisationen, insbesondere dem Freien Deutschen Gewerkschaftsbund, der Freien Deutschen Jugend, dem Kulturbund der DDR, dem Bund der Architekten der DDR, dem Verband Bildender Künstler der DDR und der Kammer der Technik.

§ 3

(1) Denkmale im Sinne dieses Gesetzes sind gegenständliche Zeugnisse der politischen, kulturellen und ökonomischen Entwicklung, die wegen ihrer geschichtlichen, künstlerischen oder wissenschaftlichen Bedeutung im Interesse der sozialistischen Gesellschaft durch die zuständigen Staatsorgane gemäß § 9 zum Denkmal erklärt worden sind.

(2) Zu den Denkmalen gehören:

— Denkmale zu bedeutenden historischen und kulturellen Ereignissen und Entwicklungen oder zu Persönlichkeiten der Politik, der Kunst und Wissenschaft wie Bauten und andere Wirkungsstätten und ihre Ausstattungen, Befestigungsanlagen, Schlachtfelder und Grabstätten, Standbilder, Gedenksteine und Tafeln;

— Denkmale zur Kultur und Lebensweise der werktätigen Klassen und Schichten des Volkes wie typische Siedlungsformen, Wohn- und Arbeitsstätten mit ihren Ausstattungen;

— Denkmale der Produktions- und Verkehrsgeschichte wie handwerkliche, gewerbliche und landwirtschaftliche Produktionsstätten mit ihren Ausstattungen, industrielle und bergbauliche Anlagen, Maschinen und Modelle, Verkehrsbauten und Transportmittel;

— Denkmale des Städtebaus und der Architektur wie Stadt- und Ortsanlagen, Straßen- und Platzräume, Stadtsilhouetten und Ensembles, Burgen, Schlösser, Rathäuser, Bürgerhäuser, Theater und andere Kulturbauten, Kirchen, Klöster oder Teile von ihnen wie Tore, Erker, Treppen, Innenräume, Decken und Wandgestaltungen, Kleinarchitekturen und Ausstattungen;

— Denkmale der Landschafts- und Gartengestaltung wie Park- und Gartenanlagen, Friedhöfe, Wallanlagen und Alleen;

— Denkmale der bildenden und angewandten Kunst wie Werke und Sammlungen der Malerei, der Grafik, der Plastik, des Kunsthandwerks, des Musikinstrumentenbaus.

§ 4

(1) Denkmale stehen als kultureller Besitz der sozialistischen Gesellschaft unter staatlichem Schutz.

(2) Der staatliche Schutz erstreckt sich auf die gesamte Substanz eines Denkmals als Träger seiner geschichtlichen und wissenschaftlichen Aussage und seiner künstlerischen Wirkung.

(3) In den Schutz der Denkmale wird ihre Umgebung einbezogen, soweit sie für die Erhaltung, Wirkung und gesellschaftliche Erschließung des Denkmals von Bedeutung ist.

§ 5

(1) Denkmale werden klassifiziert und einheitlich gekennzeichnet. Sie werden entsprechend ihrer Bedeutung auf der zentralen Denkmalliste, der Bezirksdenkmalliste oder der Kreisdenkmalliste erfaßt.

(2) Gegenstände und Sammlungen, die zu den Fonds der staatlichen Museen, Bibliotheken und Archive gehören, sowie Bodenaltertümer sind nicht als Denkmal im Sinne dieses Gesetzes zu erfassen. Ihre Beziehungen zur Denkmalpflege werden gesondert geregelt.

II.

Aufgaben und Verantwortung der Staatsorgane

§ 6

Der Ministerrat gewährleistet die zentrale staatliche Leitung und Planung der Denkmalpflege. Er beschließt die kulturpolitischen und ökonomischen Maßnahmen für den Schutz, die Pflege und die gesellschaftliche Erschließung der Denkmale und sichert, daß die denkmalpflegerischen Aufgaben in die Volkswirtschaftsplanung einbezogen werden. Er bestätigt die zentrale Denkmalliste.

§ 7

(1) Der Minister für Kultur ist für die Verwirklichung der vom Ministerrat gestellten Aufgaben auf dem Gebiet der Denkmalpflege verantwortlich. Er regelt im Rahmen seiner Verantwortung die Grundfragen und die Methodik der Denkmalpflege und sichert ihre Anwendung.

(2) Der Minister für Kultur stellt die zentrale Denkmalliste auf und ist für den Schutz, die Pflege und die Erschließung der auf ihr verzeichneten Denkmale verantwortlich. Er gewährleistet in Zusammenarbeit mit den örtlichen Räten die Durchführung der erforderlichen denkmalpflegerischen Arbeiten.

(3) Der Minister für Kultur ist berechtigt, in Übereinstimmung mit den Vorsitzenden der Räte der Bezirke von den Räten der Kreise eine Denkmalerklärung oder ihren Widerruf zu fordern.

(4) Als zentrale wissenschaftliche Einrichtung für die Vorbereitung und Anleitung bei der Erfassung, dem Schutz, der Pflege und der Erschließung der Denkmale ist dem Minister für Kultur das Institut für Denkmalpflege unterstellt. Er regelt Aufgaben und Tätigkeit des Instituts.

(5) Der Minister für Kultur plant den zentralen Denkmalpflegefonds und unterstützt aus ihm die Durchführung denkmalpflegerischer Maßnahmen.

§ 8

(1) Die Räte der Bezirke sind für die Erhaltung und gesellschaftliche Erschließung des Denkmalbestandes ihres Territoriums verantwortlich.

(2) Die Räte der Bezirke beschließen nach vorheriger Zustimmung des Ministers für Kultur über die Aufnahme von Denkmalen in die Bezirksdenkmalliste.

(3) Die Räte der Bezirke sind für den Schutz, die Pflege und die Erschließung der in der Bezirksdenkmalliste erfaßten Denkmale verantwortlich. Sie gewährleisten in Zusammenarbeit mit den Räten der Kreise die Durchführung der erforderlichen denkmalpflegerischen Arbeiten unter fachwissenschaftlicher Anleitung.

(4) Die Räte der Bezirke planen den Bezirksdenkmalpflegefonds und unterstützen aus ihm die Durchführung denkmalpflegerischer Maßnahmen.

§ 9

(1) Die Räte der Kreise erfassen alle Denkmale, sichern die materiellen Voraussetzungen für denkmalpflegerische Maßnahmen und beziehen die Denkmale in die Entwicklung ihres Territoriums ein.

(2) Die Räte der Kreise beschließen nach vorheriger Zustimmung des Rates des Bezirkes über die Aufnahme von Denkmalen in die Kreisdenkmalliste unter Berücksichtigung der Denkmale der zentralen Denkmalliste und der Bezirksdenkmalliste. Die Entscheidung ist unter Einbeziehung der Rechtsträger, Eigentümer oder Verfügungsberechtigten vorzubereiten.

(3) Die Räte der Kreise sprechen die Denkmalerklärung nach § 3 Abs. 1 aus und unterrichten die Rechtsträger, Eigentümer oder Verfügungsberechtigten über die Klassifizierung des Denkmals und ihre Verpflichtungen zu seiner Pflege und Erschließung. Das zuständige Ratsmitglied ist berechtigt, den Rechtsträgern, Eigentümern oder Verfügungsberechtigten im Rahmen ihrer Pflichten nach § 11 Absätze 1 und 2 Auflagen zu deren Erfüllung zu erteilen.

(4) Die Räte der Kreise können eine Denkmalerklärung nach vorheriger Zustimmung des Ministers für Kultur aufheben.

(5) Die Räte der Kreise sind für den Schutz, die Pflege und die Erschließung der in der Kreisdenkmalliste erfaßten Denkmale verantwortlich. Sie gewährleisten die Durchführung der erforderlichen denkmalpflegerischen Arbeiten unter fachwissenschaftlicher Anleitung.

(6) Die Räte der Kreise lösen ihre denkmalpflegerischen Aufgaben in Zusammenarbeit mit den Räten der Städte, Stadtbezirke und Gemeinden.

(7) Die Räte der Kreise planen den Kreisdenkmalpflegefonds und unterstützen aus ihm die Durchführung denkmalpflegerischer Maßnahmen.

§ 10

(1) Die Räte der Städte, Stadtbezirke und Gemeinden überwachen auf ihrem Territorium den Bestand und die Wirkung der Denkmale. Sie unterstützen alle Maßnahmen zu ihrem Schutz und ihrer Pflege und fördern dazu in Zusammenarbeit mit den gesellschaftlichen Organisationen die Mitwirkung der Bevölkerung.

(2) Den Räten von Stadtbezirken und kreisangehörigen Städten, die einen bedeutenden Denkmalbestand besitzen, können auf Beschluß der Volksvertretung des Kreises Befugnisse nach § 9 Absätze 3 und 5 übertragen werden.

III.

Aufgaben und Verantwortung der Rechtsträger, Eigentümer oder Verfügungsberechtigten

§ 11

(1) Die Rechtsträger, Eigentümer oder Verfügungsberechtigten sind verantwortlich für den Schutz und die Pflege der Denkmale sowie dafür, daß sie im Rahmen der Denkmalerklärung der Öffentlichkeit zugänglich gemacht und gekennzeichnet werden.

(2) Die Rechtsträger, Eigentümer oder Verfügungsberechtigten sind verpflichtet, in enger Zusammenarbeit mit den zuständigen Staatsorganen die Denkmale unter fachwissenschaftlicher Anleitung in ihrem Bestand und ihrer Wirkung zu erhalten und zu restaurieren. Sie können bei der Durchführung ihrer denkmalpflegerischen Aufgaben finanziell unterstützt werden.

(3) Vor Maßnahmen, die den Bestand, den Standort, die Nutzung oder die Wirkung der Denkmale verändern, ist die Genehmigung des für die Denkmalpflege zuständigen Staatsorgans einzuholen.

§ 12

(1) Erfordern die Sicherung des Bestandes, die Restaurierung, Nutzung oder Erschließung eines Denkmals Maßnahmen entsprechend der denkmalpflegerischen Zielstellung, zu denen der Rechtsträger, Eigentümer oder Verfügungsberechtigte nicht in der Lage ist, ist ein Vertrag über Rechtsträgerwechsel oder Kauf anzustreben.

(2) Kommt ein Vertrag nach Abs. 1 nicht zustande, kann der zuständige Rat des Kreises auf Antrag des für das Denkmal verantwortlichen Staatsorgans durch Beschluß
- einen Wechsel des Rechtsträgers vornehmen oder
- die Eigentums- oder Nutzungsrechte am Denkmal und den zugehörigen Grundstücken gegen Entschädigung beschränken oder entziehen.

(3) Der Rat des Kreises entscheidet zugleich über Art und Höhe der Entschädigung nach dem Entschädigungsgesetz vom 25. April 1960 (GBl. I Nr. 26 S. 257).

(4) Das Verfahren nach Abs. 2 wird durch eine Durchführungsbestimmung geregelt.

(5) Der Rat des Kreises kann die Durchführung der erforderlichen Maßnahmen zu Lasten des Eigentümers oder Verfügungsberechtigten beschließen und hierzu auf Grundstücken die Rechtsvorschriften zur Kreditierung und Sicherung durch Aufbaugrundschuld anwenden.

(6) Werden Nutzungs- oder Mitnutzungsrechte begründet, so haben diese den Vorrang gegenüber bestehenden dinglichen Rechten.

§ 13

Werden im Zusammenhang mit Forschungs-, Planungs- oder Ausführungsarbeiten an einem Objekt Besonderheiten festgestellt, die dessen Denkmaleigenschaft vermuten lassen, so sind der für die Arbeiten am Ort Verantwortliche und der Rechtsträger, Eigentümer oder Verfügungsberechtigte nach Kenntnis verpflichtet, das betreffende Objekt unverzüglich dem zuständigen Rat des Kreises schriftlich zur Erfassung zu melden. Das Objekt gilt vom Zeitpunkt der Feststellung an bis zur Entscheidung über seine Denkmaleigenschaft als Denkmal im Sinne dieses Gesetzes. Die Meldung eines der Verpflichteten entpflichtet den anderen.

IV.

Beschwerdeverfahren

§ 14

(1) Beschlüsse und Auflagen der örtlichen Staatsorgane nach § 9 Abs. 3 und § 12 Absätze 2 oder 5 haben schriftlich zu ergehen, eine Rechtsmittelbelehrung zu enthalten, sind zu begründen und den Betreffenden auszuhändigen oder zuzusenden.

(2) Gegen Beschlüsse und Auflagen nach Abs. 1 kann Beschwerde eingelegt werden. Diese Beschwerde ist schriftlich unter Angabe von Gründen innerhalb von 4 Wochen nach Zugang der Entscheidung bei dem örtlichen Rat, der den Beschluß gefaßt hat, bzw. dem Mitglied des Rates, das die Auflage erteilt hat, einzulegen.

(3) Der zuständige Rat bzw. das zuständige Mitglied des Rates entscheidet über die Beschwerde innerhalb von 4 Wochen nach ihrem Eingang. Wird der Beschwerde nicht oder nicht in vollem Umfang stattgegeben, ist sie innerhalb dieser Frist
— vom Rat des Kreises dem Rat des Bezirkes,
— vom Mitglied des Rates des Kreises bei Denkmalen der Bezirksdenkmalliste dem zuständigen Mitglied des Rates des Bezirkes, bei Denkmalen der zentralen Denkmalliste dem Minister für Kultur
zur Entscheidung zuzuleiten. Diese entscheiden innerhalb weiterer 4 Wochen nach Eingang endgültig.

(4) Kann in Ausnahmefällen eine Entscheidung innerhalb der Frist nicht getroffen werden, ist rechtzeitig ein Zwischenbescheid unter Angabe der Gründe sowie des voraussichtlichen Abschlußtermins zu geben.

(5) Die Beschwerde hat aufschiebende Wirkung. Wenn jedoch die Gefahr des Substanzverlustes besteht, kann der zuständige Rat des Kreises oder bei Auflagen das zuständige Mitglied des Rates die Durchführung von Sicherungsmaßnahmen zu Lasten des Rechtsträgers, Eigentümers oder Verfügungsberechtigten anordnen.

(6) Entscheidungen über Beschwerden sind zu begründen und dem Einreicher der Beschwerde mitzuteilen.

V.

Ordnungsstrafbestimmungen

§ 15

(1) Wer vorsätzlich oder fahrlässig
— als Leiter von Betrieben oder Einrichtungen, die Rechtsträger von Denkmalen sind, oder als deren Eigentümer oder Verfügungsberechtigter Auflagen nach § 9 Abs. 3 nicht erfüllt oder Denkmale nicht gemäß § 11 in ihrem Bestand erhält oder nicht die nach § 11 Abs. 3 erforderliche Genehmigung zu Maßnahmen, die diesen oder den Standort oder die Nutzung verändern, einholt oder seiner Kennzeichnungspflicht nicht nachkommt,
— bei Arbeiten an Objekten seiner Meldepflicht nach § 13 nicht nachkommt,
kann mit Verweis oder Ordnungsstrafe von 10 M bis 300 M belegt werden.

(2) Ist eine vorsätzliche Handlung nach Abs. 1 aus Vorteilsstreben oder ähnlichen, die gesellschaftlichen Interessen mißachtenden Beweggründen oder wiederholt innerhalb von 2 Jahren durchgeführt und mit Ordnungsstrafe geahndet worden, kann eine Ordnungsstrafe bis zu 1 000 M ausgesprochen werden.

(3) Die Durchführung des Ordnungsstrafverfahrens obliegt dem zuständigen Mitglied des Rates des Kreises am Standort des Denkmals.

(4) Für die Durchführung des Ordnungsstrafverfahrens und den Ausspruch von Ordnungsstrafmaßnahmen gilt das Gesetz vom 12. Januar 1968 zur Bekämpfung von Ordnungswidrigkeiten — OWG — (GBl. I Nr. 3 S. 101).

VI.

Schlußbestimmungen

§ 16

Durchführungsbestimmungen erläßt der Minister für Kultur.

§ 17

(1) Dieses Gesetz tritt am 1. Juli 1975 in Kraft.

(2) Gleichzeitig treten die Verordnung vom 28. September 1961 über die Pflege und den Schutz der Denkmale (GBl. II Nr. 72 S. 475) und die Erste Durchführungsbestimmung dazu vom 28. September 1961 (GBl. II Nr. 72 S. 477) außer Kraft.

Das vorstehende, von der Volkskammer der Deutschen Demokratischen Republik am neunzehnten Juni neunzehnhundertfünfundsiebzig beschlossene Gesetz wird hiermit verkündet.

Berlin, den neunzehnten Juni neunzehnhundertfünfundsiebzig

**Der Vorsitzende des Staatsrates
der Deutschen Demokratischen Republik**
W. Stoph

Quellen- und Literaturverzeichnis

Archivbestände

Bundesarchiv, Standort Berlin-Lichterfelde (BArch)

Volkskammer der DDR
- BArch, DA 1/4192
- BArch, DA 1/4194
- BArch, DA 1/4196
- BArch, DA 1/4197
- BArch, DA 1/4198
- BArch, DA 1/4221
- BArch, DA 1/11730
- BArch, DA 1/11732
- BArch, DA 1/12725
- BArch, DA 1/14265

Ministerrat der DDR
- BArch, DC 20-I/4/2739
- BArch, DC 20/11441
- BArch, DC 20/16058
- BArch, DC 20/16132

Ministerium für Bauwesen
- BArch, DH 1/39020

Bauakademie der DDR
- BArch, DH 2/21205

Ministerium für Land-, Forst- und Nahrungsgüterwirtschaft
- BArch, DK 1/14410

Ministerium für Finanzen
- BArch, DN 1/15931

Ministerium des Innern, Hauptabteilung Innere Angelegenheiten
- BArch, DO 1/16761

Staatssekretär für Kirchenfragen
- BArch, DO 4/1689
- BArch, DO 4/6146

Ministerium für Kultur
- BArch, DR 1/10459
- BArch, DR 1/10569a
- BArch, DR 1/15881
- BArch, DR 1/23303
- BArch, DR 1/7481
- BArch, DR 1/7482
- BArch, DR 1/8031
- BArch, DR 1/8039
- BArch, DR 1/8042

Ministerium für Volksbildung
- BArch, DR 2/1176
- BArch, DR 2/25249

Bund der Architekten
- BArch, DY 15/882
- BArch, DY 15/984

Kulturbund der DDR
- BArch, DY 27/4305
- BArch, DY 27/4306
- BArch, DY 27/4421
- BArch, DY 27/4450
- BArch, DY 27/7338
- BArch, DY 27/7883
- BArch, DY 27/8262
- BArch, DY 27/8353
- BArch, DY 27/8357
- BArch, DY 27/8929
- BArch, DY 27/8931
- BArch, DY 27/8933

Sozialistische Einheitspartei Deutschlands
- BArch, DY 30/18562
- BArch, DY 30/40982
- BArch, DY 30/57085
- BArch, DY 30/IV 1/VI/8
- BArch, DY 30/J IV/2/2A

Bundesarchiv, Standort Koblenz (BArch)
- BArch, B 106/59688

Politisches Archiv des Auswärtigen Amtes (PA AA)
- PA AA, MfAA, Dok. 346
- PA AA, MfAA/C/3783
- PA AA, MfAA/C/554-75
- PA AA, MfAA/C/554-75
- PA AA, MfAA/C/81-77

Thüringer Landesamt für Archäologie und Denkmalpflege (TLDA Erfurt)
- TLDA Erfurt, Ordner IfD 36
- TLDA Erfurt, Ordner IfD 37
- TLDA Erfurt, Ordner ICOMOS, ICOMOS-Tagungen, 1966–1980.
- TLDA Erfurt, Denkmalliste des Kreises Gotha, Mitteilungsblatt des Rates des Kreises Gotha, Beschluss Nr. 0210/79, 06.12.1979.
- TLDA Erfurt, Denkmalliste des Kreises Eisenach, Mitteilungen des Kreistages und des Rates des Kreises Eisenach, Beschluss Nr. 0068/79, 22.03.1979.

Brandenburgisches Landesamt für Denkmalpflege und Archäologisches Landesmuseum
(BLDAM Wünsdorf)
- BLDAM Wünsdorf, M 54
- BLDAM Wünsdorf, L 4/1
- BLDAM Wünsdorf, L 3/6
- BLDAM Wünsdorf, L 9/6
- BLDAM Wünsdorf, L 9/7
- BLDAM Wünsdorf, L 9/18
- BLDAM Wünsdorf, L 9/12

Literaturverzeichnis

Abteilung Presse und Information des Staatsrates der Deutschen Demokratischen Republik (Hg.): Die Entwicklung des geistig-kulturellen Lebens im gesellschaftlichen System des Sozialismus, Materialien der 13. Sitzung des Staatsrates der DDR vom 18.10.1968, 3. Wahlperiode, Heft 7, Berlin 1968.

Ackermann, Manfred: Phasen und Zäsuren des Erbeverständnisses der DDR, in: Deutscher Bundestag (Hg.): Materialien der Enquete-Kommission »Aufarbeitung von Geschichte und Folgen der SED-Diktatur in Deutschland« (12. Wahlperiode des Deutschen Bundestages), Band III/2, Frankfurt am Main 1995, S. 768–795.

ADN: DDR im Internationalen Museumsrat, Neues Deutschland vom 03.08.1968, S. 2.

ADN: Komitee für Denkmalpflege der DDR in UNESCO-Organisation, Neues Deutschland vom 10.12.1969, S. 4.

ADN: Nationaler Museumsrat der DDR tagte, Neues Deutschland vom 24.02.1968, S. 5.

Agde, Günter: Kahlschlag. Das 11. Plenum des ZK der SED 1965. Studien und Dokumente, Berlin 2000.

Akademie für Staats- und Rechtswissenschaften der DDR/Büchner-Uhder, Willi/Assmann, Walter u.a. (Autorenkollektiv): Verwaltungsrecht. Lehrbuch, Berlin 1979.

Akademie für Staats- und Rechtswissenschaften der DDR/Egler, Gert/Assmann, Walter u.a. (Autorenkollektiv): Staatsrecht der DDR. Lehrbuch, Berlin 1977.

Amos, Heike: Die Entstehung der Verfassung in der Sowjetischen Besatzungszone/DDR 1946–1949, Münster 2006.

Assmann, Jan: Das kulturelle Gedächtnis. Schrift, Erinnerung und politische Identität in frühen Hochkulturen, München 2007.

Bendias, Torsten: Die Esperanto-Jugend in der DDR. Zur Praxis und Lebenswelt sozialer Strömungen im Staatssozialismus, Berlin 2011.

Berger, Hans: Zum Tode von Hans Schoder, in: Deutsche Kunst und Denkmalpflege 50 (1992), S. 98–99.

Bernet, Wolfgang: Eingaben als Ersatz für Rechte gegen die Verwaltung in der DDR, in: Kritische Justiz 23 (1990), S. 153–161.

Bernet, Wolfgang: Kapitel 9 Verwaltungsrecht, in: Uwe-Jens Heuer (Hg.): Rechtsordnung der DDR. Anspruch und Wirklichkeit, Baden-Baden 1995, S. 395–426.

Bernet, Wolfgang/Fuß, Norbert/Schüler, Richard: Zu Grundzügen und Funktion, Rechtsstellung und Arbeitsweise der örtlichen Räte nach dem GöV der DDR, in: Die Verwaltung 21 (1988), S. 354–374.

Bernhardt, Christoph: Längst beerdigt und doch quicklebendig: Zur widersprüchlichen Geschichte der ›autogerechten Stadt‹, in: Zeithistorische Forschungen 14 (2017), S. 526–540.

Betker, Frank: »Einsicht in die Notwendigkeit«. Kommunale Stadtplanung in der DDR und nach der Wende (1945–1994), Stuttgart 2005.

Bisping, Mascha: Die Stadt wird Geschichte. Das Ensemble in Panorama, Denkmalpflege und Städtebau bei Karl Friedrich Schinkel, in: Harald Tausch (Hg.): Gehäuse der Mnemosyne. Architektur als Schriftform der Erinnerung, Göttingen 2003, S. 233–262.

Bogner, Simone: Denkmale der unmittelbaren Vergangenheit. Zur Erfassung und Bewertung von baulichem Erbe der 1960er bis 80er Jahre in der DDR, in: Frank Eckardt/Hans-Rudolf Meier/Ingrid Scheurmann u. a. (Hg.): Welche Denkmale welcher Moderne? Zum Umgang mit Bauten der 1960er und 70er Jahre, Berlin 2017, S. 168–187.

Böhret, Carl: Politik und Verwaltung, Opladen 1983.

Bonanni, Giandomenico: Neues zur sozialistischen DDR-Verfassung von 1968. Entstehungsgeschichte und das Problem der Grundrechte, in: Jahrbuch für historische Kommunismusforschung 2005, S. 189–215.

Bönninger, Karl: Rechtsnorm und Verwaltungsanweisung, Festschrift für Erwin Jacobi, Berlin 1957, S. 333–361.

Booß, Christian: Im goldenen Käfig. Zwischen SED, Staatssicherheit, Justizministerium und Mandant – die DDR-Anwälte im politischen Prozess, Göttingen 2017.

Bornheim gen. Schilling, Werner: Bericht vom 21. Juli 1965, in: Sigrid Brandt (Hg.): Im Schatten des Kalten Krieges. Dokumente und Materialien zur Geschichte von ICOMOS Deutschland, Berlin 2017, S. 21–35.

Brachmann, Botho u. a. (Autorenkollektiv): Archivwesen der Deutschen Demokratischen Republik. Theorie und Praxis, Berlin 1984.

Brandenburger, Ellen: Zur Geschichte und Theorie der Gartendenkmalpflege. Vergleichende Analysen an Beispielen in Bamberg, Brühl und Großsedlitz, Bamberg 2011.

Brandt, Sigrid (Hg.): Im Schatten des Kalten Krieges. Dokumente und Materialien zur Geschichte von ICOMOS Deutschland, Berlin 2017.

Brandt, Sigrid: Einführung, in: dies. (Hg.): Im Schatten des Kalten Krieges, Dokumente und Materialien zur Geschichte von ICOMOS Deutschland, Berlin 2017, S. 7–16.

Brandt, Sigrid: »Die Frage einer Beteiligung am ›Europäischen Jahr des Kulturerbes‹ kann nur von den Regierungen der sozialistischen Länder entschieden werden« – Positionen und Realisiertes in der DDR, in: Michael Falser/Wilfried Lipp (Hg.): Eine Zukunft für unsere Vergangenheit. Zum 40. Jubiläum des Europäischen Denkmalschutzjahres (1975–2015), Berlin 2015, S. 358–366.

Brandt, Sigrid: Internationale Grundsatzpapiere der städtebaulichen Denkmalpflege. Eine Analyse im Vergleich zu städtebaulichen Entwicklungen, in: Österreichische Zeitschrift für Kunst und Denkmalpflege (ÖZKD) LXIX (2015) Heft 1/2: 50 Jahre Charta von Venedig. Geschichte, Rezeption, Perspektiven, S. 51–59.

Brandt, Sigrid: Geschichte der Denkmalpflege in der SBZ/DDR. Dargestellt an Beispielen aus dem sächsischen Raum 1945–1961, Berlin 2003.

Bräuer, Michael: Stadterneuerung und Städtebaulicher Denkmalschutz – zwischen Vision bis 1989 und Wirklichkeit heute. Dokumentation: 15 Jahre Förderprogramm Städtebaulicher Denkmalschutz, Informationsdienste Städtebaulicher Denkmalschutz 32, Berlin 2007, S. 30–32.

Braun, Matthias: Kulturinsel und Machtinstrument. Die Akademie der Künste, die Partei und die Staatssicherheit, Göttingen 2007.

Breslin, Beau: From Words to Worlds. Exploring Constitutional Functionality, Baltimore 2009.

Breuer, Tilmann: Ensemble – Konzeption und Problematik eines Begriffs des Bayerischen Denkmalschutzgesetzes, in: Wilfried Lipp (Hg.): Denkmal – Werte – Gesellschaft. Zur Pluralität des Denkmalbegriffs, Frankfurt am Main/New York 1993, S. 170–202.

Brichetti, Katharina: Die Paradoxie des postmodernen Historismus. Stadtumbau und Städtebauliche Denkmalpflege vom 19.–21. Jahrhundert am Beispiel von Berlin und Beirut, Berlin 2009.

Brunner, Georg: § 11 Das Staatsrecht der Deutschen Demokratischen Republik, in: Josef Isensee/Paul Kirchhof (Hg.): Handbuch des Staatsrechts der Bundesrepublik Deutschland, Band I: Historische Grundlagen, 3. Aufl., Heidelberg 2003.

Bruns, Wilhelm: Politik der selektiven Mitgliedschaft, in: Vereinte Nationen 5/1978, S. 154–159.

Büchler, Markus: Verfassung als Kampagne. Verfassungspolitik und Verfassungskultur in der SBZ und DDR, Hagen 2013.

Campbell, Brian William: Resurrected from the Ruins, Turning to the Past. Historic Preservation in the SBZ/GDR 1945–1990, Rochester 2005.

Cancik, Pascale: Vom Widerspruch zum informalen Beschwerdemanagement. Siegt der »Verhandlungsstaat« über den »hoheitlichen Anordnungsstaat«?, in: Die Verwaltung 43 (2010), S. 467–499.

Cobbers, Arnt: Abgerissen! Verschwundene Bauwerke in Berlin, Berlin 2015.

Davydov, Dimitrij: Teil C II Denkmalbegriff – gesetzliche Voraussetzungen, in: Dieter Martin/Michael Krautzberger (Hg.): Handbuch Denkmalschutz und Denkmalpflege. Recht, fachliche Grundsätze, Verfahren, Finanzierung, 4. Aufl., München 2017.

Davydov, Dimitrij: Das »fremde« Erbe. Grenzsicherungsanlagen der 1920er bis 1940er Jahre als Gegenstand des Denkmalschutzes in Russland, Bonn 2014.

Deiters, Ludwig: Das Institut für Denkmalpflege in der DDR. Erinnerungen und Reflexionen, in: Jörg Haspel/Hubert Staroste/Landesdenkmalamt Berlin (Hg.): Denkmalpflege in der DDR. Rückblicke, Berlin 2014, S. 16–46.

Deiters, Ludwig: Grundlagen und Ziele der Denkmalpflege in der DDR, Berlin 1982.

Deiters, Ludwig: L'entretien des monuments en R.D.A./Monuments Preservation in the GDR, in: ICOMOS Bulletin 5 (1978), S. 5–24.

Deiters, Ludwig: Zur Arbeit mit dem Denkmalpflegegesetz vom 19. Juni 1975 und den Nachfolgeregelungen, in: Denkmalpflege in der DDR 4 (1977), S. 2–13.

Deiters, Ludwig: Zum neuen Denkmalpflegegesetz, in: Denkmalpflege in der DDR 2 (1975), S. 1–4.

Deiters, Ludwig: Zum kulturpolitischen Interesse der Gesellschaft an den Denkmalen, in: Deutscher Kulturbund/Institut für Denkmalpflege (Hg.): Denkmalpflege in unserer Zeit, Berlin 1962, unpag.

Delafons, John: Politics and Preservation. A Policy History of the Built Heritage 1882–1996, London 1997.

Demshuk, Andrew: Demolition on Karl Marx Square. Cultural barbarism and the people's state in 1968, New York 2017.

Deutsche Bauakademie: Collein, Edmund u. a. (Autorenkollektiv) (Hg.): Handbuch für Architekten, Berlin 1954.

Deutsches Bergbaumuseum/Kroker, Werner (Hg.): Verhandlungen, II. Internationaler Kongreß für die Erhaltung technischer Denkmäler, Bochum 1978.

Deutsches Nationalkomitee für Denkmalschutz (Hg.): Denkmalschutz. Texte zum Denkmalschutz und zur Denkmalpflege, 4. Aufl., Bonn 2007.

Dietrich, Gerd: Kulturgeschichte der DDR, Göttingen 2018.

Dix, Andreas: Grundsätze zur Definition und Bewertung historischer Kulturlandschaften, in: Arbeitskreis Theorie und Lehre in der Denkmalpflege/Birgit Franz/Achim Hubel (Hg.): Historische Kulturlandschaft und Denkmalpflege, Holzminden 2010, S. 22–29.

Dix, Andreas/Gundermann, Rita: Naturschutz in der DDR: Idealisiert, ideologisiert, instrumentalisiert?, in: Hans-Werner Frohn/Friedemann Schmoll (Hg.): Natur und Staat. Staatlicher Naturschutz in Deutschland 1906–2006, Bonn 2006, S. 535–624.

Dobby, Alan: Conservation and Planning, London 1978.

Dornbusch, Ramona Simone: Teil C IV. Denkmalbegriff – Historische Kulturlandschaft, in: Dieter Martin/Michael Krautzberger (Hg.): Handbuch Denkmalschutz und Denkmalpflege. Recht, fachliche Grundsätze, Verfahren, Finanzierung, 4. Aufl., München 2017.

Duda, Sandra: Das Steuerrecht im Staatshaushaltssystem der DDR, Frankfurt am Main 2010.

Düwel, Jörn: Baukunst voran! Architektur und Städtebau in der SBZ/DDR, Berlin 1995.

Eckardt, Frank/Meier, Hans-Rudolf/Scheurmann, Ingrid u. a. (Hg.): Welche Denkmale welcher Moderne? Zum Umgang mit Bauten der 1960er und 1970er Jahre, Berlin 2017.

Eckert, Jörn: Karl Polak, in: Otto zu Stolberg-Wernigerode (Hg.): Neue deutsche Biographie, Bd. 20: Pagenstecher–Püterich, Berlin 2001.

Ehlers, Dirk/Schoch, Friedrich (Hg.): Rechtsschutz im Öffentlichen Recht, Berlin 2009.

Elsner, Steffen H.: Die Praxis der ›operativen Arbeitsgruppeneinsätze‹ der DDR-Volkskammer. Ergebnisse einer retrospektiven Befragung von Abgeordneten, in: Historical Social Research 24 (1999), S. 29–69.

Emmerich, Wolfgang: Kleine Literaturgeschichte der DDR, Berlin 2005.

Ende, Horst: Dr. Walter Ohle zum 100. Geburtstag, in: Denkmalschutz und Denkmalpflege in Mecklenburg-Vorpommern 11 (2004), S. 61–62.

Engelberg-Dockal, Eva von: Kategorisierung in der niederländischen Denkmalpflege, in: Kunsttexte 2 (2005), S. 1–3.

Escherich, Mark: »Denkmale unserer Zeit«. Inventarisation von Bauwerken der DDR-Moderne zu Zeiten der DDR, in: Forum Stadt 42 (2015) 1, S. 55–73.

Faur, Julia Faber du: Der Begriff des öffentlichen Erhaltungsinteresses im Denkmalschutzrecht, Berlin 2004.

Fejérdy, Tamás: The (indirect) Impacts of the European Cultural Heritage Year in a former »Socialist Country«. Sketches for a Hungarian Case Study, in: Michael Falser/Wilfried Lipp (Hg.): Eine Zukunft für unsere Vergangenheit. Zum 40. Jubiläum des Europäischen Denkmalschutzjahres (1975–2015), Berlin 2015, S. 380–389.

Fibich, Peter: Gartendenkmalpflege in der DDR. Handlungsstrukturen und Positionen eines Fachgebietes, München 2013.

Fischer, Edwin: Rechtsgrundlagen der Denkmalpflege, Berlin 1986.

Fögen, Marie Therese: The Legislator's Monologue. Notes on the History of Preambles, in: Chicago-Kent Law Review 70 (1995), S. 1593–1620.

François, Étienne: Pierre Nora und die »Lieux de mémoire«, in: Pierre Nora (Hg.): Erinnerungsorte Frankreichs, München 2005, S. 7–14.

François, Étienne/Schulze, Hagen: Einleitung, in: diess. (Hg.): Deutsche Erinnerungsorte, Band 1, München 2001, S. 9–24.

François, Étienne/Schulze, Hagen: Einleitung, in: diess. (Hg.): Deutsche Erinnerungsorte: eine Auswahl, Bonn 2005, S. 8–12.

Franz, Thorsten: Einführung in die Verwaltungswissenschaft, Wiesbaden 2013.

FRG (Federal Republic of Germany)/RFA (République Fédérale d'Allemagne): Third General Assembly of ICOMOS, in: ICOMOS Bulletin 3 (1975), S. 175–176.

Fürniß, Maren: Das Europäische Denkmalschutzjahr 1975 im Kontext der Postmoderne. Debatten in Denkmalpflege und Architektur, Dresden 2018.

Fürniß, Maren: Die Kampagne des Europarates für das Europäische Denkmalschutzjahr 1975. Entstehungsgeschichte, Ziele und Umsetzung, in: Michael Falser/Wilfried Lipp (Hg.): Eine Zukunft für unsere Vergangenheit. Zum 40. Jubiläum des Europäischen Denkmalschutzjahres (1975–2015), Berlin 2015, S. 73–85.

Gesellschaft für Denkmalpflege/Wächtler, Eberhard/Wagenbreth, Otfried (Hg.): Technische Denkmale der DDR, 1. Aufl., Weimar 1973.

Gfeller, Aurélie Elisa: Preserving Cultural Heritage across the Iron Curtain. The International Council on Monuments and Sites from Venice to Moscow 1964–1978, in: Ursula Schädler-Saub/Angela Weyer (Hg.): Geteilt, Vereint! Denkmalpflege in Mitteleuropa zur Zeit des Eisernen Vorhangs und heute, Petersberg 2015, S. 115–121.

Ginsburg, Tom/Rockmore, Daniel/Foti, Nick: We the Peoples. The Global Origins of Constitutional Preambles, in: The George Washington International Law Review 305 (2014), S. 101–136.

Glaser, Gerhard/Schoder, Hans u. a.: Berichte der ehemaligen Arbeitsstellen des Instituts für Denkmalpflege der DDR, in: Deutsche Kunst und Denkmalpflege 49 (1991), S. 16–51.

Glendinning, Miles: The European Architectural Heritage Year and UNESCO World Heritage. The Hare and The Tortoise?, in: Michael Falser/Wilfried Lipp (Hg.): Eine Zukunft für unsere Vergangenheit. Zum 40. Jubiläum des Europäischen Denkmalschutzjahres (1975–2015), Berlin 2015, S. 93–103.

Glendinning, Miles: The Conservation Movement. A History of Architectural Preservation, London 2013.

Goch, Gerd: Hirsch ruft zu DDR-Reisen auf, Westdeutsche Allgemeine Zeitung vom 21.04.1976, S. 2.

Goralczyk, Peter: Nachruf auf Ludwig Deiters, in: Die Denkmalpflege 76 (2018), S. 216–223.

Goralczyk, Peter: Denkmalpflege und Politik in der DDR – ein Rückblick, in: Jörg Haspel/Hubert Staroste/Landesdenkmalamt Berlin (Hg.): Denkmalpflege in der DDR. Rückblicke, Berlin 2014, S. 118–127.

Goralczyk, Peter: Behindert Kategorisierung die Denkmalpflege?, in: Kunsttexte 2 (2005), S. 1–7.

Goralczyk, Peter: Architektur und Städtebau der 50er Jahre in der DDR, in: Werner Durth/Niels Gutschow/Deutsches Nationalkomitee für Denkmalschutz (Hg.): Architektur und Städtebau der fünfziger Jahre, Bonn 1990, S. 62–80.

Guckelberger, Annette: Die »richtige« Ausbalancierung von Denkmalschutz und Eigentum. Eine fast unendliche Geschichte, in: Deutsches Nationalkomitee für Denkmalschutz (Hg.): Quo Vadis Denkmalrecht? Kulturerbe zwischen Pflege und Recht, Berlin 2017, S. 37–65.

Gutzeit, Ina: Denkmäler im Braunkohleabbaugebiet Leipzig Süd. Möglichkeiten und Grenzen, Hamburg 2007.

Haase, Horst/Dau, Rudolf/Gysi, Birgid u. a.: Die SED und das kulturelle Erbe. Orientierungen, Errungenschaften, Probleme, Berlin 1986.

Haferkamp, Hans-Peter/Thiessen, Jan/Waldhoff, Christian (Hg.): Deutsche Diktatorische Rechtsgeschichten? Perspektiven auf die Rechtsgeschichte der DDR. Gedächtnissymposium für Rainer Schröder (1947–2016), Tübingen 2018.

Hager, Kurt: 4. Tagung des ZK der SED, Neues Deutschland vom 30.01.1968, S. 1–6.

Hager, Kurt: Zu Fragen der Kulturpolitik der SED. Referat auf der 6. Tagung des Zentralkomitees, Neues Deutschland vom 08.07.1972, S. 3–7.

Hammer, Felix: Die geschichtliche Entwicklung des Denkmalrechts in Deutschland, Tübingen 1995.

Hanisch, Anja: Die DDR im KSZE-Prozess 1972–1985. Zwischen Ostabhängigkeit, Westabgrenzung und Ausreisebewegung, München 2012.

Hartke, Werner: Zur Gründung der Gesellschaft für Denkmalpflege im Kulturbund der DDR, in: Denkmalpflege in der DDR 5 (1978), S. 16–22.

Haspel, Jörg/Staroste, Hubert/Landesdenkmalamt Berlin (Hg.): Denkmalpflege in der DDR. Rückblicke, Berlin 2014.

Hedtkamp, Günter/Brodberg, Karl: Finanzwirtschaft, öffentliche III: Die Finanzwirtschaft der DDR, in: Willi Albers/Anton Zottmann (Hg.): Handwörterbuch der Wirtschafswissenschaften, Göttingen 1981, S. 195–211.

Helas, Luise: Gegen den Verfall. Bürgerschaftliches Engagement für das baukulturelle Erbe Dresdens zur Zeit der DDR, Dresden 2022.

Helas, Luise: Das Überleben der Ruine des Dresdner Schlosses. Ehrenamtliche Akteure erinnern sich, in: Tino Mager/Bianka Trötschel-Daniels (Hg.): Rationelle Visionen. Raumproduktion in der DDR, Weimar/Kromsdorf 2019, S. 100–111.

Helas, Luise/Rambow, Wilma/Rössl, Felix: Kunstvolle Oberflächen des Sozialismus. Wandbilder und Betonformsteine, Weimar/Kromsdorf 2014.

Hennebo, Dieter: Gartendenkmalpflege in Deutschland. Geschichte, Probleme, Voraussetzungen, in: ders. (Hg.): Gartendenkmalpflege. Grundlagen der Erhaltung historischer Gärten und Grünanlagen, Stuttgart 1985, S. 12–48.

Henze, Martin/Karg, Detlef/Gandert, Krista/Informationszentrum beim Ministerium für Kultur (Hg.): Denkmalpflege im Städtebau und in der Landschafts- und Gartengestaltung, Berlin 1979.

Herold, Stephanie: »nicht, weil wir es für schön halten«. Zur Rolle des Schönen in der Denkmalpflege, Bielefeld 2018

Herrmann, Joachim: Werner Hartke (1. März 1907 bis 14. Juni 1993). Einhundert Jahre, in: Sitzungsberichte der Leibniz-Sozietät der Wissenschaften zu Berlin 92 (2007), S. 182–188.

Heuer, Uwe-Jens (Hg.): Rechtsordnung der DDR. Anspruch und Wirklichkeit, Baden-Baden 1995.

Heuer, Uwe-Jens/Lieberam, Ekkehard: Rechtsverständnis in der DDR, in: Uwe-Jens Heuer (Hg.): Rechtsordnung der DDR. Anspruch und Wirklichkeit, Baden-Baden 1995, S. 25–74.

Hoffmann, Gertraude/Höpcke, Klaus: »Das Sicherste ist die Veränderung«. Hans-Joachim Hoffmann, Kulturminister der DDR und häufig verdächtigter Demokrat, Berlin 2003.

Höhne, Günter (Hg.): Die geteilte Form. Deutsch-deutsche Designaffären 1949–1989, Köln 2009.

Honecker, Erich: Die Entwicklung der sozialistischen Gesellschaft in der Deutschen Demokratischen Republik, Protokoll der Verhandlungen des VIII. Parteitages der Sozialistischen Einheitspartei Deutschlands, 15. bis 19. Juni 1971, Band 1, Berlin 1971, S. 57–97.

Hönes, Ernst-Rainer: Rechtliche Voraussetzungen für die Erhaltung historischer Parks und Gärten, in: Deutsches Nationalkomitee für Denkmalschutz (Hg.): Historische Parks und Gärten. Ein Teil unserer Umwelt, Opfer unserer Umwelt, Bonn 1997, S. 17–42.

Hönes, Ernst-Rainer: Die gesetzlichen Grundlagen und Möglichkeiten der Gartendenkmalpflege, in: Dieter Hennebo (Hg.): Gartendenkmalpflege. Grundlagen der Erhaltung historischer Gärten und Grünanlagen, Stuttgart 1985, S. 81–105.

Hruška, Emanuel: Zur neuen Konzeption des Denkmalschutzes in der ČSSR, in: Deutsche Kunst und Denkmalpflege 32 (1974), S. 85–91.

Huff, Tobias: Natur und Industrie im Sozialismus. Eine Umweltgeschichte der DDR, Göttingen 2015.

Hüfner, Klaus/Naumann, Jens: UNESCO-Organisation der Vereinten Nationen für Erziehung, Wissenschaft und Kultur, in: Rüdiger Wolfrum/Norbert J. Prill/Jens A. Brückner u.a. (Hg.): Handbuch Vereinte Nationen, München 1977, S. 475–479.

Hünemörder, Kai: Frühgeschichte der globalen Umweltkrise und die Formierung der deutschen Umweltpolitik (1950–1973), Stuttgart 2004.

Hütter, Elisabeth/Löffler, Fritz/Magirius, Heinrich: Kunst des Mittelalters in Sachsen. Festschrift Wolf Schubert, dargebracht zum 60. Geburtstag am 28.1.1963, Weimar 1967.

Institut für Theorie des Staates und des Rechts der Akademie der Wissenschaften der DDR (Hg.): Marxistisch-leninistische Staats- und Rechtstheorie. Lehrbuch, Bd. 1: Wesen, Aufgaben, Funktionen und Mechanismus des sozialistischen Staates, Potsdam-Babelsberg/Berlin 1975.

Jackes, Anja: Halle-Neustadt und die Vision von Kunst und Leben. Eine Untersuchung zur Planung architekturbezogener Kunst, Berlin 2021.

Jesse, Eckard: § 68 Die Volkskammer der DDR. Befugnisse und Verfahren nach Verfassung und politischer Praxis, in: Wolfgang Zeh/Hans-Peter Schneider (Hg.): Parlamentsrecht und Parlamentspraxis in der Bundesrepublik Deutschland. Ein Handbuch, Berlin 1989, S. 1821–1844.

Jessen, Ralph: Diktatorische Herrschaft als kommunikative Praxis. Überlegungen zum Zusammenhang von »Bürokratie« und Sprachnormierung in der DDR-Geschichte, in: Alf Lüdtke/Peter Becker (Hg.): Akten. Eingaben. Schaufenster. Die DDR und ihre Texte. Erkundungen zu Herrschaft und Alltag, Berlin 1997, S. 57–75.

Jokilehto, Jukka: ICCROM and the Conservation of Cultural Heritage. A History of the Organization's first 50 years 1959–2009, Rom 2011.

Jokilehto, Jukka: A History of Cultural Conservation, York 1986.

Jungmann, Hanns: Gesetz zum Schutze von Kunst-, Kultur- und Naturdenkmalen (Heimatschutzgesetz). Für den Gemeingebrauch erläutert, Radebeul 1934.

Kappelt, Olaf: Braunbuch DDR. Nazis in der DDR, Berlin 2009.

Kappelt, Olaf: Die Entnazifizierung in der SBZ sowie die Rolle und der Einfluß ehemaliger Nationalsozialisten in der DDR als ein soziologisches Phänomen, Hamburg 1997.

Kasimirtschuk, Wladimir P.: Der soziale Mechanismus der Wirkung des Rechts, in: Staat und Recht 20 (1971), S. 284–295.

KB: Erbe in guter Hand, Neue Zeit vom 16.08.1968, S. 1.

Keltsch, Sandra: Stadterneuerung und städtebauliche Denkmalpflege in der DDR zwischen 1970 und 1990. Dargestellt an der Entwicklung von Denkmalstädten in Sachsen-Anhalt, Leipzig 2012.

Kilian, Werner: Die Hallstein-Doktrin. Der diplomatische Krieg zwischen der BRD und der DDR 1955–1973, aus den Akten der beiden deutschen Außenministerien, Berlin 2001.

Klein, Josef: Sprache und Macht, in: Aus Politik und Zeitgeschichte (APuZ) 8/2010: Sprache, S. 7–13.

Klemstein, Franziska: Denkmalpflege zwischen System und Gesellschaft. Vielfalt denkmalpflegerischer Prozesse in der DDR (1952–1975), Bielefeld 2021.

Klemstein, Franziska: Der ›Klassifizierungsstreit‹ von 1956. Zuständigkeiten, Kompetenzen und die Suche nach Struktur, in: Tino Mager/Bianka Trötschel-Daniels (Hg.): BetonSalon. Neue Positionen zur Architektur der späten Moderne, Berlin 2017, S. 113–126.

Klenner, Hermann: Vorwärts, doch nicht vergessen. Die Babelsberger Konferenz von 1958, in: Utopie kreativ (2005), S. 291–305.

Klenner, Hermann: Babelsdorf 1958. Voreingenommene Bemerkungen zu einer voreingenommenen Konferenz, in: Der Staat 31 (1992), S. 612–626.

Klöpfer, Michael: Zur Geschichte des deutschen Umweltrechts, Berlin 1994.

Klusemann, Christian: Hermann Henselmann und die »erste sozialistische Straße« in Rostock, in: Tino Mager/Bianka Trötschel-Daniels (Hg.): Rationelle Visionen. Raumproduktion in der DDR, Weimar/Kromsdorf 2019, S. 30–41

Kono, Toshiyuki (Hg.): Intangible Cultural Heritage and Intellectual Property. Communities, Cultural Diversity and Sustainable Development, Cambridge 2009.

Kott, Sandrine: Par-delà la guerre froide. Les organisations internationales et les circulations Est-Ouest (1947–1973), in: Viengtième Siècle. Revue d'Histoire 109 (2011), S. 143–154.

Kreisel, Heinrich: Tagung der Denkmalpfleger 1965 in Hessen und Thüringen, in: Deutsche Kunst und Denkmalpflege 23 (1965), S. 128–146.

Kröger, Herbert: Schluß mit bürgerlichem Rechtsformalismus, Neues Deutschland vom 21.05.1958, S. 4.

Kroppenberg, Inge: Stichwort Präambel, in: Albrecht Cordes/Hans-Peter Haferkamp u. a. (Hg.): Handwörterbuch zur Deutschen Rechtsgeschichte, Band II, 2. Aufl., Berlin 2004, Sp. 701–703.

Krüger, Elfriede: Antrag der »DDR« auf Aufnahme in die Weltgesundheitsorganisation, in: Vereinte Nationen 4/1968, S. 117–119.

Länderverfassungen 1946/47. Textausgabe für Brandenburg, Mecklenburg, Sachsen, Sachsen-Anhalt, Thüringen, Berlin 1990.

Landesdenkmalpfleger: Wartburg-Thesen, in: Kunstchronik 43 (1990), S. 145–146.

Landesregierung Nordrhein-Westfalen: Nordrhein-Westfalen Programm 1975, Düsseldorf 1970.

Langberg, Harald: Das neue dänische Denkmalschutzgesetz, in: Deutsche Kunst und Denkmalpflege 26 (1968), S. 63–67.

Lapp, Peter Joachim: Der Ministerrat der DDR. Arbeitsweise und Struktur der anderen deutschen Regierung, Opladen 1982.

Lapp, Peter Joachim: Die Volkskammer der DDR, Opladen 1975.

Lapp, Peter Joachim: Der Staatsrat im politischen System der DDR (1960–1971), Opladen 1972.

Laube, Adolf: Nachruf auf Prof. Dr. Eberhard Wächtler, in: Sitzungsberichte der Leibniz-Sozietät der Wissenschaften zu Berlin 110 (2011), S. 185–188.

Laue, Anett: Das sozialistische Tier. Auswirkungen der SED-Politik auf gesellschaftliche Mensch-Tier-Verhältnisse in der DDR (1949–1989), Köln/Wien u. a. 2017.

Lehmann, Nele-Hendrikje: Socialism and the Rise of Industrial Heritage. The Preservation of Industrial Monuments in the German Democratic Republic, in: Eszter Gantner/Corinne Geering/Paul Vickers (Hg): Heritage under Socialism. Preservation in Eastern and Central Europe, 1945–1991, Oxford 2021, S. 195–216.

Lohmann, Ulrich: Zur Staats- und Rechtsordnung der DDR. Juristische und sozialwissenschaftliche Beiträge 1977–1996, Wiesbaden 2015.

Lubini, Julian: § 24 Verwaltungsrechtsschutz in Ostdeutschland nach 1945, in: Karl-Peter Sommermann/Bert Schaffarzik (Hg.): Handbuch der Geschichte der Verwaltungsgerichtsbarkeit in Deutschland und Europa, Berlin 2019, S. 959–988.

Lubini, Julian: Die Verwaltungsgerichtsbarkeit in den Ländern der SBZ/DDR 1945–1952, Tübingen 2015.

Lukas-Krohm, Viktoria: Denkmalschutz und Denkmalpflege von 1975 bis 2005 mit Schwerpunkt Bayern, Bamberg 2014.

Mager, Tino: Schillernde Unschärfe: Der Begriff der Authentizität im architektonischen Erbe, Berlin 2016.

Magirius, Heinrich/Landesamt für Denkmalpflege Sachsen (Hg.): Die Geschichte der Denkmalpflege Sachsen 1945–1989. Hans Nadler zum 100. Geburtstag, Dresden 2010.

Magirius, Heinrich: Denkmalpflege in der DDR, in: Die Denkmalpflege 59 (2001), S. 125–140.

Magirius, Heinrich: Notizen zur Biographie von Elisabeth Hütter, in: Landesamt für Denkmalpflege Sachsen (Hg.): Denkmalpflege in Sachsen, Mitteilungen des Landesamtes für Denkmalpflege in Sachsen. Elisabeth Hütter zum 75. Geburtstag am 21. März 1995, Dresden 1995, S. 5–7.

Magirius, Heinrich: Zum Schicksal der Bau- und Kunstdenkmale in der DDR, in: Kunstchronik 43 (1990), S. 237–248.

Magirius, Heinrich/Hütter, Elisabeth: Zum Verständnis der Denkmalpflege in der DDR, in: Zeitschrift für Kunstgeschichte 53 (1990), S. 397–407.

Mahlmann, Matthias: Konkrete Gerechtigkeit. Eine Einführung in Recht und Rechtswissenschaft der Gegenwart, Baden-Baden 2019.

Mainzer, Udo: Moderation der Podiumsdiskussion, in: Deutsches Nationalkomitee für Denkmalschutz (Hg.): Historische Parks und Gärten. Ein Teil unserer Umwelt, Opfer unserer Umwelt, Bonn 1997, S. 74–80.

Majewski, Piotre: Polnische Denkmalpflege angesichts der Totalitarismen (1939–1956), in: Ruth Heftrig/Olaf Peters/Barbara Schellewald (Hg.): Kunstgeschichte im »Dritten Reich«, Berlin 2008, S. 347–361.

Maleschka, Martin: Baubezogene Kunst – DDR. Kunst im öffentlichen Raum 1950 bis 1990, Berlin 2019.

Malycha, Andreas: Im Zeichen von Reform und Modernisierung (1961 bis 1971), in: Bundeszentrale für politische Bildung (Hg.): Informationen zur politischen Bildung: Geschichte der DDR, Bonn 2011, S. 37–47.

Malycha, Andreas/Winters, Peter Jochen: Geschichte der SED. Von der Gründung bis zur Linkspartei, Bonn 2009.

Mampel, Siegfried: Normierung und Normsetzung in der DDR. Ein Symptom des politischen Systems der entwickelten sozialistischen Gesellschaft in der DDR, in: Georg Brunner (Hg.): Sowjetsystem und Ostrecht, Festschrift für Boris Meissner, Berlin 1985, S. 375–388.

Mampel, Siegfried: § 43. Das System der örtlichen Volksvertretungen in der DDR, in: Günther Püttner (Hg.): Handbuch der kommunalen Wissenschaft und Praxis, Band 2, 2. Aufl., Berlin/Heidelberg 1982, S. 515–532.

Mampel, Siegfried: Die sozialistische Verfassung der Deutschen Demokratischen Republik, Frankfurt am Main 1972.

Marek, Michaela: Das tschechische Denkmalpflegegesetz von 1987. Eine gefährliche Erblast für die historischen Städte, in: Kunstchronik 43 (1990), S. 330–362.

Markovits, Inga: Diener zweier Herren. DDR-Juristen zwischen Recht und Macht, Berlin 2020.

Markovits, Inga: Frühe Verfassungsüberlegungen in Ost-Berlin (und Bonn), in: Rechtsgeschichte 11 (2007), S. 206–212.

Markovits, Inga: Gerechtigkeit in Lüritz. Eine ostdeutsche Rechtsgeschichte, Bonn 2006.

Marks, Erwin: Die Entwicklung des Bibliothekswesens der DDR, Leipzig 1985.
Martin, Dieter: Teil C IV Denkmalbegriff – Denkmalgattungen, in: Dieter Martin/Michael Krautzberger (Hg.): Handbuch Denkmalschutz und Denkmalpflege. Recht, fachliche Grundsätze, Verfahren, Finanzierung, 4. Aufl., München 2017.
Martin, Dieter/Schneider, Andreas/Wecker, Lucia/Bregger, Hans-Martin: Sächsisches Denkmalschutzgesetz (Sächs. DSchG). Kommentar, Wiesbaden 1999.
Marx, Karl/Engels, Friedrich: Werke, Band 1, Berlin 1976.
Mayer, Otto: Deutsches Verwaltungsrecht, Bd. 1, Leipzig 1895.
Meenzen, Sandra: »Gutes Klassenbewusstsein, Parteiverbundenheit und Prinzipienfestigkeit«. SED-Sekretäre mit NSDAP-Vergangenheit in Thüringen, in: Historical Social Research 35 (2010), S. 47–78.
Meier, Hans-Rudolf: Abgrenzungen I: Städtebauliche Denkmalpflege und Kulturlandschaftspflege, in: Arbeitskreis Theorie und Lehre in der Denkmalpflege/Birgit Franz/Achim Hubel (Hg.): Historische Kulturlandschaft und Denkmalpflege, Holzminden 2010, S. 30–40.
Micheel, Hans-Jürgen: Außenpolitische Aspekte der Mitgliedschaft der DDR in der UNESCO, in: Siegfried Bock/Ingrid Muth/Hermann Schwiesau (Hg.): DDR-Außenpolitik im Rückspiegel, Teil II: Alternative deutsche Außenpolitik?, Münster 2006, S. 179–193.
Mielke, Siegfried/Reutter, Werner: Landesparlamentarismus in Deutschland. Eine Bestandsaufnahme, in: diess. (Hg.): Landesparlamentarismus. Geschichte, Struktur, Funktionen, 2. Aufl., Wiesbaden 2012, S. 23–67.
Mieth, Stefan: Die Entwicklung des Denkmalrechts in Preußen 1701–1947, Frankfurt am Main u. a. 2005.
Mintaurs, Mārtiņš: European Architectural Heritage Year 1975. A Year that wasn't there in the USSR, in: Michael Falser/Wilfried Lipp (Hg.): Eine Zukunft für unsere Vergangenheit. zum 40. Jubiläum des Europäischen Denkmalschutzjahres (1975–2015), Berlin 2015, S. 367–375.
Mitscherlich, Alexander: Die Unwirtlichkeit unserer Städte, Frankfurt am Main 1965.
Moldt, Ewald: Wende in Beziehungen zwischen DDR und UNO-Organisationen, Neues Deutschland vom 22.11.1972, S. 6.
Mollnau, Karl: Die Babelsberger Konferenz oder: Vom Beginn der Niedergangsjurisprudenz in der DDR, in: Robert Alexy/Ralf Dreier/Ulfrid Neumann (Hg.): Rechts- und Sozialphilosophie in Deutschland heute: Beiträge zur Standortbestimmung (Archiv für Rechts- und Sozialphilosophie, Beiheft 44), Stuttgart 1991, S. 236–247.
Mollnau, Karl/Sander, Peter: Rechtsetzung in der entwickelten sozialistischen Gesellschaft, Berlin 1989.
Mörsch, Georg: Wer bestimmt das öffentliche Interesse an der Erhaltung von Baudenkmalen? Mechanismen und Problematik der Auswahl, in: Deutsche Kunst und Denkmalpflege 38 (1980), S. 126–129.

Müller, Hanswerner: Handbuch der Gesetzgebungstechnik, Berlin 1963.
Müller-Römer, Dietrich: Die Entwicklung des Verfassungsrechts in der DDR seit 1949, in: Archiv des öffentlichen Rechts 95 (1970), S. 528–567.
Müller-Römer, Dietrich: Ulbrichts Grundgesetz. Die sozialistische Verfassung der DDR, Köln 1968.
Münzer, Georg: Erläuterungen zur Verordnung über die Pflege und den Schutz der Denkmale, in: Institut für Denkmalpflege/Deutscher Kulturbund (Hg.): Denkmalpflege in unserer Zeit, Berlin 1962, unpag.
Münzer, Georg: Kulturrecht. Eine Sammlung kulturrechtlicher Bestimmungen für Kulturfunktionäre und Kulturschaffende, Berlin 1963.
Muth, Ingrid: Die DDR-Außenpolitik 1949–1972. Inhalte, Strukturen, Mechanismen, Berlin 2001.
Neuwirth, Franz: Was unterscheidet den städtebaulichen Denkmalschutz von der Stadtbildpflege?, in: ICOMOS Hefte des Deutschen Nationalkomitees 6 (1992), S. 47–50.
Nora, Pierre: Zwischen Geschichte und Gedächtnis, Berlin 1990.
O. A.: Aus dem Bereich der Vereinten Nationen – Das Tauziehen um die Aufnahme der Bundesrepublik Deutschland in den Ausschuss für die Vorbereitung der Zweiten Entwicklungsdekade, in: Vereinte Nationen 2/1969, S. 57–63.
O. A.: Berufliches: Klaus Gysi, in: Der Spiegel 6/1973, S. 124.
O. A.: Das Schloß muss fallen, in: Der Spiegel 42/1950, S. 37–38.
O. A.: DDR aufgenommen, Neue Zeit vom 10.12.1969, S. 1.
O. A.: Gestorben: Hans-Joachim Hoffmann, in: Der Spiegel 31/1994, S. 176.
O. A.: In Icomos aufgenommen, Berliner Zeitung vom 09.12.1969, S. 7.
O. A.: Regional Conference on the Protection of Historic Town Centres and the Problems of Adapting them to New Uses in Socialist Countries, Vilnius, in: ICOMOS Bulletin 4 (1976), S. 184–185.
Obrecht, Marcus: Niedergang der Parlamente? Transnationale Politik im Deutschen Bundestag und der Assemblée nationale, Bordeaux/Freiburg 2009.
Odendahl, Kerstin: Kulturgüterschutz. Entwicklung, Struktur und Dogmatik eines ebenenübergreifenden Normensystems, Tübingen 2005.
Oebbecke, Janbernd: § 42 Denkmalschutz, in: Dirk Ehlers/Michael Fehling/Hermann Pünder (Hg.): Besonderes Verwaltungsrecht, Band 2, 3. Aufl., Heidelberg 2013, S. 304–322.
Ohlenforst, Sascha: Umweltrecht in der DDR. Das Landeskulturgesetz als Mittel zur völkerrechtlichen Anerkennung?, in: Natur und Recht 41 (2019), S. 530–537.
Otto, Elisabeth: Das Verwaltungsrecht in der SBZ/DDR bis zur Verwaltungsneugliederung im Jahr 1952, Frankfurt am Main u. a. 2012.
Otto, Martin: Von der Eigenkirche zum Volkseigenen Betrieb: Erwin Jacobi (1884–1965). Arbeits-, Staats- und Kirchenrecht zwischen Kaiserreich und DDR, Tübingen 2008.

Paschke, Uwe: Die Idee des Stadtdenkmals. Ihre Entwicklung und Problematik im Zusammenhang des Denkmalpflegegedankens, Nürnberg 1972.

Patzelt, Werner J./Schirmer, Roland (Hg.): Die Volkskammer der DDR. Sozialistischer Parlamentarismus in Theorie und Praxis, Wiesbaden 2002.

Pestel, Friedemann: Prekäre DDR-Repräsentation. Die Europa-Tourneen des Leipziger Gewandhausorchesters in den 1950er bis 1980er Jahren, in: Revue d'Allemagne et des pays de langue allemande 51 (2019), S. 83–97.

Petev, Valentin: Sozialistisches Zivilrecht, Berlin 1975.

Poppe, Eberhard: Der Fortschritt ist Verfassung, in: Staat und Recht 18 (1969), S. 500–505.

Prause, Andrea: Catwalk wider den Sozialismus. Die alternative Modeszene der DDR in den 1980er Jahren, Berlin 2018.

Preuschen, Henriette von: Der Griff nach den Kirchen. Ideologischer und denkmalpflegerischer Umgang mit kriegszerstörten Kirchenbauten in der DDR, Worms 2011.

Putz, Andreas: Wo Paul und Paula lebten. Zur Erhaltung und ›Rekonstruktion‹ des Baubestandes in der DDR, in: Tino Mager/Bianka Trötschel-Daniels (Hg.): Rationelle Visionen. Raumproduktion in der DDR, Weimar/Kromsdorf 2019, S. 81–99.

Radkau, Joachim: Die Ära der Ökologie, eine Weltgeschichte, München 2011.

Raiser, Thomas: Grundlagen der Rechtssoziologie, Tübingen 2009.

Rau, Christian: »Nationalbibliothek« im geteilten Land. Die Deutsche Bücherei 1945–1990, Göttingen 2018.

Raupach, Björn: Gewirkte Lebensfreude. Der Gobelin in der DDR, Leipzig 2018.

Rehbinder, Manfred: Rechtssoziologie, 8. Aufl., München 2014.

Reinhart, Kai/Krüger, Michael: Funktionen des Sports im modernen Staat und in der modernen Diktatur, in: Historical Social Research 32 (2007), S. 43–77.

Röseberg, Dorothee: Rita Schober – Vita. Eine Nachlese, editiert, kommentiert und mit Texten aus Archiven und dem Nachlass erweitert, Tübingen 2018.

Roth, Dieter: Die Wahlen zur Volkskammer in der DDR. Der Versuch einer Erklärung, in: Politische Vierteljahresschrift (PVS) 31 (1990), S. 369–393.

Roth, Margit: Zwei Staaten in Deutschland. Die sozialliberale Deutschlandpolitik und ihre Auswirkungen 1969–1978, Opladen 1981.

Rüegg, Peter: Rechtliche Aspekte zur Werterhaltung von Denkmalen, in: Denkmalpflege in der DDR 3 (1976), S. 39–45.

Ruland, Ricarda: Die deutsche Einheit im Spiegel des Städtebaulichen Denkmalschutzes, in: Informationen zur Raumentwicklung 5/2015, S. 519–529.

Sauerländer, Willibald: Erweiterung des Denkmalbegriffs?, in: Deutsche Kunst und Denkmalpflege 33 (1975), S. 117–130.

Scheurmann, Ingrid: Konturen und Konjunkturen der Denkmalpflege. Zum Umgang mit baulichen Relikten der Vergangenheit, Köln/Weimar/Wien 2018.

Scheurmann, Ingrid: Erweiterung als Erneuerung. Zur Kritik des traditionellen Denkmalbegriffs im Denkmalschutzjahr 1975, in: Michael Falser/Wilfried Lipp (Hg.): Eine Zukunft für unsere Vergangenheit. Zum 40. Jubiläum des Europäischen Denkmalschutzjahres (1975–2015), Berlin 2015, S. 147–156.

Schiedermair, Werner: Zum Bayerischen Denkmalschutzgesetz, in: Baumeister 72 (1975), S. 107–110.

Schilling, Christiane: Denkmalschutzgebiet und Umgebungsschutz, Weimar 1986.

Schmitthenner, Friedrich: Kurzes Deutsches Wörterbuch für Etymologie, Synonymik und Orthographie, Darmstadt 1834.

Schohknecht, Ulrich/Kunow, Jürgen: Die Bodendenkmalpflege in der DDR und in den neuen Bundesländern, in: Verband der Landesarchäologen in der Bundesrepublik Deutschland (Hg.): Archäologische Denkmalpflege in Deutschland. Standort, Aufgabe, Ziel, Stuttgart 2003, S. 20–29.

Schöne, Jens: Frühling auf dem Lande? Die Kollektivierung der DDR-Landwirtschaft, Berlin 2007.

Schreyer, Hermann: Das staatliche Archivwesen der DDR, Düsseldorf 2008.

Schröder, Jan: Rechtswissenschaft in Diktaturen, München 2016.

Schröder, Rainer (Hg.): Zivilrechtskultur der DDR, Band 1–4, Berlin 1999–2008.

Schulmeister, Karl-Heinz: Ausschussarbeit am Beispiel des Kulturausschusses, in: Roland Schirmer/Werner Patzelt (Hg.): Die Volkskammer der DDR. Sozialistischer Parlamentarismus in Theorie und Praxis, Wiesbaden 2002, S. 215–226.

Schulze-Forster, Jens/Strobel, Michael: Der lange Weg zu einem sächsischen Denkmalschutzgesetz aus archäologischer Perspektive, in: Ausgrabungen in Sachsen 2, Arbeits- und Forschungsberichte zur sächsischen Bodendenkmalpflege Beiheft 21 (2010), S. 7–18.

Schwarz, Hans-Peter/Institut für Zeitgeschichte: Akten zur Auswärtigen Politik der Bundesrepublik Deutschland (AADP), 1970, München 2001.

Schwarz, Hans-Peter/Institut für Zeitgeschichte: Akten zur Auswärtigen Politik der Bundesrepublik Deutschland (AADP), 1971, München 2002.

Seeböck, Tanja: Schwünge in Beton. Die Schalenbauten von Ulrich Müther, Schwerin 2016.

Seidler, Friederike: Die Arbeiten des VEB Denkmalpflege Halle/Sitz Quedlinburg an der Thomas-Müntzer-Gedenkstätte Schloß Allstedt (Westflügel) bis 1989, in: Burgen und Schlösser in Sachsen-Anhalt 20 (2011), S. 412–466.

Seiffert, Wolfgang: Entscheidungsstrukturen der SED-Führung. Verknüpfung zwischen Partei und Staat in der DDR, Mittel und Wege der sowjetischen Einflussnahme in den fünfziger Jahren, Vortrag vor der Enquete-Kommission, Protokoll der 25. Sitzung: »Die Machthierarchie der SED«, Band II/1, Baden-Baden 1999, S. 436–445.

Selvage, Douglas/Süß, Walter (Hg.): Staatssicherheit und KSZE-Prozess. MfS zwischen SED und KGB (1972–1989), Göttingen 2019.

Senn, Marcel: Stichwort Gewaltenteilung, in: Albrecht Cordes/Hans-Peter Haferkamp u. a. (Hg.): Handwörterbuch zur Deutschen Rechtsgeschichte, Band II, 2. Aufl., Berlin 2004, Sp. 335–341.

Sorgenicht, Klaus/Weichelt, Wolfgang/Riemann, Tord u. a.: Verfassung der Deutschen Demokratischen Republik, Berlin 1969.

Speitkamp, Winfried: Die Verwaltung der Geschichte. Denkmalpflege und Staat in Deutschland 1871–1933, Göttingen 1996.

Spröte, Wolfgang: Das Wirken der DDR im Rahmen der UNO und ihrer Spezialorganisationen, in: Institut für Internationale Beziehungen Potsdam-Babelsberg/Stefan Doernberg u. a. (Autorenkollektiv) (Hg.): Außenpolitik der DDR. Drei Jahrzehnte sozialistische deutsche Friedenspolitik, Berlin 1979.

Staatsrat: Die Aufgaben der Kultur bei der Entwicklung der sozialistischen Menschengemeinschaft. Beschluss, in: Kanzlei des Staatsrates der Deutschen Demokratischen Republik (Hg.): Die Aufgaben der Kultur bei der Entwicklung der sozialistischen Menschengemeinschaft. Protokoll der 5. Sitzung des Staatsrates der DDR vom 30. November 1967. 3. Wahlperiode, Heft 2, Berlin 1967, S. 141–151.

Stadler, Gerhard A.: Das industrielle Erbe Niederösterreichs. Geschichte, Technik, Architektur, Wien 2006.

Stamm, Kerstin: »Il monumento per l'uomo«, Zur Entstehungsgeschichte der Charta von Venedig im Kontext der europäischen Nachkriegszeit, in: Österreichische Zeitschrift für Kunst und Denkmalpflege (ÖZKD) LXIX (2015) Heft 1/2: 50 Jahre Charta von Venedig, Geschichte, Rezeption, Perspektiven, S. 20–26.

Steiner, André: Die DDR-Wirtschaftsreform der sechziger Jahre. Konflikt zwischen Effizienz- und Machtkalkül, Berlin 1999.

Steiner, Marion/Meier, Hans-Rudolf: Denkmal, Erbe, Heritage. Begriffshorizonte am Beispiel der Industriekultur, in: Simone Bogner/u. a. (Hg.): Denkmal, Erbe, Heritage. Begriffshorizonte am Beispiel der Industriekultur, Holzminden 2018, S. 16–35.

Stiftung Haus der Geschichte der Bundesrepublik Deutschland/Zürn, Gabriele (Hg.): Alles nach Plan? Formgestaltung in der DDR, Bonn 2016.

Stolleis, Michael: Geschichte des öffentlichen Rechts in Deutschland, Vierter Band: Staats- und Verwaltungsrechtswissenschaft in West und Ost 1945–1990, München 2012.

Stolleis, Michael: Sozialistische Gesetzlichkeit. Staats- und Verwaltungsrechtswissenschaft in der DDR, München 2009.

Stopfel, Wolfgang: Gesamtanlagen als Schutzobjekt der Denkmalpflege. Ein neues Problem?, in: Denkmalpflege in Baden-Württemberg 12 (1983), S. 78–83.

Strobel, Richard: Gesamtanlagen – Bedeutung und Aufgaben für die Denkmalpflege, in: Denkmalpflege in Baden-Württemberg 14 (1985), S. 21–32.

Stubbs, John H./Makaš, Emily G.: Architectural Conservation in Europe and the Americas, Hoboken 2011.

Štulc, Josef: Heritage Conservation in Communist Czechoslovakia in the 1970s and the European Architectural Heritage Year 1975, in: Michael Falser/Wilfried Lipp (Hg.): Eine Zukunft für unsere Vergangenheit. Zum 40. Jubiläum des Europäischen Denkmalschutzjahres (1975–2015), Berlin 2015, S. 376–379.

Sukrow, Oliver: Arbeit. Wohnen. Computer. Zur Utopie in der bildenden Kunst und Architektur der DDR in den 1960er Jahren, Heidelberg 2018.

Supranowitz, Stephan/Christoph, Karl-Heinz: § 13, in: diess. (Hg.): Landeskulturgesetz. Kommentar, Berlin 1973.

Thiele, Gerhard: Aktuelle Probleme der Erfassung und Erschließung der Geschichtsdenkmale, in: Denkmalpflege in der DDR 6 (1979), S. 5–11.

Thimm, Günther: Zur Gartendenkmalpflege in Thüringen, in: Jörg Haspel/Hubert Staroste/Landesdenkmalamt Berlin (Hg.): Denkmalpflege in der DDR. Rückblicke, Berlin 2014, S. 240–245.

Trötschel-Daniels, Bianka: Europäische Institutionenöffentlichkeit. Der Weg zur Mitgliedschaft der DDR bei Icomos, 1964–1969, in: Revue d'Allemagne 51 (2019), S. 99–112.

Trötschel-Daniels, Bianka: Kann denn Beton Denkmal sein? Zum Denkmalbegriff im Denkmalpflegegesetz der DDR von 1975, in: Tino Mager/Bianka Trötschel-Daniels (Hg.): BetonSalon. Neue Positionen zur Architektur der späten Moderne, Berlin 2017, S. 127–138.

Tüffers, Bettina: Die 10. Volkskammer der DDR. Ein Parlament im Umbruch. Selbstwahrnehmung, Selbstparlamentarisierung, Selbstauflösung, Düsseldorf 2016.

Ulbricht, Walter: Allgemeine Entwicklungstendenzen der sozialistischen Kultur, Das Protokoll des VII. Parteitages der SED, Bd. 1, 1.–3. Beratungstag, Berlin 1967, S. 264–287.

Ulbricht, Walter: Die sozialistische Staats- und Rechtsordnung in der Deutschen Demokratischen Republik, Das Protokoll des VII. Parteitages der SED, Bd. 1, 1.–3. Beratungstag, Berlin 1967, S. 81–97.

Ulbricht, Walter: Einleitende Bemerkungen, in: Kanzlei des Staatsrates der Deutschen Demokratischen Republik (Hg.): Die Aufgaben der Kultur bei der Entwicklung der sozialistischen Menschengemeinschaft. Protokoll der 5. Sitzung des Staatsrates der DDR vom 30. November 1967. 3. Wahlperiode, Heft 2, Berlin 1967, S. 5–7.

Ulbricht, Walter: Die Staatslehre des Marxismus-Leninismus und ihre Anwendung in Deutschland, Berlin 1958.

UNESCO/ICOMOS Documentation Center: Activities of the ICOMOS National Committees in 1973, in: ICOMOS Bulletin 4 (1976), S. 173–177.

Varga, Csaba: The Preamble. A Question of Jurisprudence, in: Acta Juridica Academiae Scientiarum Hungaricae 13 (1971), S. 101–128.

Verhoeven, Jennifer: Die Deutsche Demokratische Republik und das UNESCO-Welterbe, in: Landesamt für Denkmalpflege Hessen (Hg.): Der Denkmalpfleger als Vermittler. Gerd Weiß zum 65. Geburtstag, Wiesbaden 2014, S. 49–66.

Vowinckel, Annette: Weimars visuelles Erbe, in: Hanno Hochmuth/Martin Sabrow/Tilmann Siebeneichner (Hg.): Weimars Wirkung. Das Nachleben der ersten deutschen Republik, Göttingen 2020, S. 126–145.

Wächtler, Eberhard: Autobiografie eines aufrechten Unorthodoxen, Essen 2013.

Wächtler, Eberhard/Nadler, Hans: Zur Geschichte der Pflege technischer Denkmale, in: Gesellschaft für Denkmalpflege (Hg.): Technische Denkmale der DDR, 2. Aufl., Weimar 1977, S. 17–23.

Wächtler, Eberhard/Wagenbreth, Otfried: Länderbericht Deutsche Demokratische Republik, in: Deutsches Bergbaumuseum/Werner Kroker (Hg.): Verhandlungen, II. Internationaler Kongreß für die Erhaltung technischer Denkmäler, Bochum 1978, S. 66–70.

Wächtler, Eberhard/Wagenbreth, Otfried: Vorwort zur zweiten Auflage, in: Gesellschaft für Denkmalpflege (Hg.): Technische Denkmale der DDR, 2. Aufl., Weimar 1977.

Wagenbreth, Otfried: Das eigene Leben im Strom der Zeit. Lebenserinnerungen von Otfried Wagenbreth, Freiberg 2015.

Weber, Gudrun/Florath, Bernd: Vorbemerkung, in: Gudrun Weber (Hg.): »Nun falten Sie den Zettel ...«. Wahlen in der DDR in der Überlieferung der Staatssicherheit (1949–1961), Berlin 2019, S. 7–35.

Weber, Petra: Justiz und Diktatur. Justizverwaltung und politische Strafjustiz in Thüringen 1945–1961, München 2000.

Weichert, Maik: Kunst und Verfassung in der DDR. Kunstfreiheit in Recht und Rechtswirklichkeit, Tübingen 2019.

Weiß, Erich/Gante, Jürgen (Hg.): Landeskulturgesetze in Deutschland. Eine Sammlung historischer Gesetze zur Gemeinheitsteilung, Zusammenlegung und Umlegung sowie zur Reallastenablösung, Hamburg 2005.

Weißbach, Angelika: Der Raum dazwischen als Spannungsraum. Kunst aus der DDR auf der Ausstellung ›Zwischen Räumen‹, in: Tino Mager/Bianka Trötschel-Daniels (Hg.): Rationelle Visionen. Raumproduktion in der DDR, Weimar/Kromsdorf 2019, S. 162–169.

Weißbach, Angelika: Frühstück im Freien. Freiräume im offiziellen Kunstbetrieb der DDR. Die Ausstellungen und Aktionen im Leonhardi-Museum in Dresden 1963–1990, Berlin 2008.

Wentker, Hermann: Justiz in der SBZ/DDR, München 2001.

Werner, Oliver/Kotsch, Detlef/Engler, Harald (Hg.): Bildung und Etablierung der DDR-Bezirke in Brandenburg. Verwaltung und Parteien in den Bezirken Potsdam, Frankfurt/Oder und Cottbus 1952–1960, Berlin 2017.

Wiese, René: Erfolge nach Plan. Sportclubs und Kinder- und Jugendsportschulen, in: Jutta Braun/Michael Barsuhn (Hg.): Zwischen Erfolgs- und Diktaturgeschichte. Perspektiven der Aufarbeitung des DDR-Sports in Thüringen, Göttingen 2015, S. 146–195.

Willer, Stefan: Kulturelles Erbe. Tradieren und Konservieren in der Moderne, in: Stefan Willer (Hg.): Erbe. Übertragungskonzepte zwischen Natur und Kultur, Berlin 2013, S. 160–201.

Willer, Stefan: Erbfälle. Theorie und Praxis kultureller Übertragung in der Moderne, Paderborn 2014.

Wirth, Hermann: Der erste Lehrstuhl für Denkmalpflege an einer deutschen Universität in Weimar, in: Weimarer Heimat. Natur, Geschichte, Kultur des Kreises Weimar Land 13 (1999), S. 20–22.

Wirth, Hermann: Die Weimarer Fragmente der Aufmaßdokumentation des Berliner Stadtschlosses, in: Kritische Berichte (1994), S. 47–48.

Wöbse, Anna-Katharina: Naturschutz global – oder: Hilfe von außen. Internationale Beziehungen des amtlichen Naturschutzes im 20. Jahrhundert, in: Hans-Werner Frohn/Friedemann Schmoll (Hg.): Natur und Staat. Staatlicher Naturschutz in Deutschland 1906–2006, Bonn 2006, S. 625–727.

Wokalek, Astrid: Denkmalpflege in der DDR (Analysen und Berichte 6/1984, hg. v. Gesamtdeutschen Institut – Bundesanstalt für Gesamtdeutsche Aufgaben), Bonn 1984.

Wüllner, Katja: Hinter der Fassade. Das institutionelle System der Denkmalpflege in der DDR, Cottbus 2015.

Zaryn, Aleksandra: The first General Assembly of ICOMOS 1965, in: ICOMOS Scientific Journal 5 (1995): Thirty Years of ICOMOS, S. 3–6.

Zieger, Gottfried: Die Organisation der Staatsgewalt in der Verfassung der DDR, in: Archiv des öffentlichen Rechts 94 (1969), S. 185–223.

Zieger, Gottfried: Die Regierung der SBZ als Organ der Gesetzgebung, Teil II, in: Recht in Ost und West (1960), S. 98–102.

Zimmer, Andreas: Der Kulturbund in der SBZ und in der DDR. Eine ostdeutsche Kulturvereinigung im Wandel der Zeit zwischen 1945 und 1990, Wiesbaden 2019.

Internetquellen

(letzter Abruf, soweit nicht anders angegeben, 05.10.2021)

Literatur, online

Bundestag, Deutscher (Hg.): Datenhandbuch Bundestag Onlineausgabe 1990–2013: https://www.bundestag.de/datenhandbuch

Dokumente und Quellen zu DDR-Statistik: Grundlagen, Methoden und Organisation der amtlichen Statistik der DDR 1949 bis 1990, in: Dokumentenband 13,

DOC 103, Heft 34 der »Sonderreihe mit Beiträgen für das Gebiet der ehemaligen DDR«, https://www.statistischebibliothek.de/mir/servlets/MCRFileNodeServlet/DEHeft_derivate_00033382/DokumenteDDR-13.pdf

Donth, Stefan: Rezension zu: Prause, Andrea, Catwalk wider den Sozialismus, Die alternative Modeszene in der DDR in den 1980er Jahren, Berlin 2018, 18.09.2019, https://www.hsozkult.de/publicationreview/id/reb-27406

Dowe, Dieter/Kuba, Karlheinz/Wilke, Manfred (Hg.), FDGB-Lexikon. Funktion, Struktur, Kader und Entwicklung einer Massenorganisation der SED (1945–1990), Berlin 2009, http://library.fes.de/FDGB-Lexikon/rahmen/lexikon_frame.html.

DPA: Wartburg in Eisenach feiert Rekord: 459 000 Besucher zum Reformationsjubiläum, https://www.thueringer-allgemeine.de/web/zgt/leben/detail/-/specific/Wartburg-in-Eisenach-feiert-Rekord-459-000-Besucher-zum-Reformations jubilaeum-1957132640

Feldmann, Hans-Christian: Der Palast der Republik in Berlin, https://web.archive.org/web/20140808035439/http://www.denkmaldebatten.de/kontroversen/palast-der-republik/

Gülstorff, Torben: Die Hallstein-Doktrin – Abschied von einem Mythos, Deutschland Archiv vom 09.08.2017, www.bpb.de/253953

Herms, Michael: »Wolfgang Seiffert«, in: Helmut Müller-Enbergs/Jan Wielgohs/Dieter Hoffmann/Andreas Herbst/Ingrid Kirschey-Feix (Hg.): Wer war wer in der DDR? Ein Lexikon ostdeutscher Biographien, Berlin 2010, https://www.bundesstiftung-aufarbeitung.de/de/recherche/kataloge-datenbanken/biographische-datenbanken/wolfgang-seiffert

Hönes, Ernst-Rainer: Die historische Kulturlandschaft in der Gesetzeslandschaft, http://www.dnk.de/Im_Fokus/n2372?node_id=2372&from_node=2402&beitrag_id=333 (letzter Abruf: 30.03.2020), gedruckt in: Denkmalschutz Informationen 27 (2003), Heft 3.

»Künstler geben Nachhilfe zur DDR«: Berliner Kurier vom 02.06.2003, https://www.berliner-kurier.de/kuenstler-geben-nachhilfe-zur-ddr-21859372 (letzter Abruf: 02.02.2019).

Martin, Dieter: DSchG Sachsen-Anhalt Übergangsvorschriften, 2001, https://www.denkmalrechtbayern.de/wp-content/uploads/2015/06/Martin_2001_DSchGLSA_23_24_Uebergangsvorschriften_11_S.pdf

Mestrup, Heinz: »Klaus Sorgenicht«, in: Helmut Müller-Enbergs/Jan Wielgohs/Dieter Hoffmann/Andreas Herbst/Ingrid Kirschey-Feix (Hg.): Wer war wer in der DDR? Ein Lexikon ostdeutscher Biographien, Berlin 2010, https://www.bundesstiftung-aufarbeitung.de/de/recherche/kataloge-datenbanken/biographische-datenbanken/klaus-sorgenicht

Müller-Enbergs, Helmut/Wielgohs, Jan/Hoffmann, Dieter/Herbst, Andreas/Kirschey-Feix, Ingrid (Hg): Wer war wer in der DDR? Ein Lexikon ostdeutscher Biographien, Berlin 2010, https://www.bundesstiftung-aufarbeitung.de/de/recherche/kataloge-datenbanken/biographische-datenbanken/

Nawrocki, Joachim: DDR am Ende des Tunnels, Die Zeit, Nr. 48 vom 01.12.1972, https://www.zeit.de/1972/48/ddr-am-ende-des-tunnels/komplettansicht

Neugebauer, Bernhard: UNESCO-Leben in der DDR von 1956 bis 1990, Mitteilungsblatt des Berliner Komitees für UNESCO-Arbeit e. V., 2011, http://web.archive.org/web/20170306094503/http://www.vip-ev.de/text724.htm

Rat für Landespflege (Hg.): Natur- und Umweltschutz in Schweden, März 1975, Heft Nr. 24, https://www.landespflege.de/schriften/DRL_SR24.pdf

Rauterberg, Hanno: Ein Land auf Abriss, Die Zeit, Nr. 03 vom 11.01.2007, https://www.zeit.de/2007/03/Denkmal/komplettansicht (letzter Abruf: 24.02.2022).

Reich-Ranicki, Marcel: Ein Fanatiker, mit dem sich reden läßt. Der neue Kulturminister der DDR Klaus Gysi, Die Zeit, Nr. 5 vom 28.01.1966, https://www.zeit.de/1966/05/ein-fanatiker-mit-dem-sich-reden-laesst/komplettansicht

Richter, Christoph: »Das Ding muss weg« – Kirchenabrisse in der DDR, Vortrag von Arnold Bartetzky am 17.09.2020 in Potsdam, https://www.deutschlandfunk.de/kirchenabrisse-in-der-ddr-das-ding-muss-weg.886.de.html?dram:article_id=488487

Schulz, Thorsten: Das ›Europäische Naturschutzjahr 1970‹. Versuch einer europaweiten Umweltkampagne, Wissenschaftszentrum Berlin für Sozialforschung (WZB), Best.-Nr. P 2006-007, Berlin 2006, https://bibliothek.wzb.eu/pdf/2006/p06-007.pdf

Wanner, Anne: »Erfolge unserer Sportler – Erfolge der DDR«. Das Leipziger Sportmuseum und die museale Präsentation der (Sport-)Nation DDR, Deutschland Archiv 5/2012 vom 03.05.2012, https://www.bpb.de/geschichte/zeitgeschichte/deutschlandarchiv/135224/erfolge-unserer-sportler-erfolge-der-ddr?p=2

Wanner, Anne: ICOM Deutschland feiert Geburtstag, Mitteilungen, 60 Jahre ICOM Deutschland 20/2013, S. 11–18, https://icom-deutschland.de/images/PDF/60_Jahre_ICOM_Deutschland.pdf; https://www.yumpu.com/de/document/read/23402745/60-jahre-icom-deutschland-pdf (letzter Abruf: 24.02.2022).

Wentzien, Birgit im Gespräch mit Burkhard Hirsch. Sendung Zeitzeugen im Gespräch, 30.06.2016, https://www.deutschlandfunk.de/fdp-politiker-burkhard-hirsch-eine-liberale-gesellschaft.1295.de.html?dram:article_id=358791

Rechtsquellendatenbanken, Parlamentsdokumentationen und Übereinkommen

Rechtsquellendatenbanken:
Für Schweden: https://www.riksdagen.se/en/documents-and-laws
Für Polen: http://prawo.sejm.gov.pl/isap.nsf
Für Österreich: https://www.ris.bka.gv.at
Für Frankreich: https://www.legifrance.gouv.fr

Parlamentsdokumentationen:
https://dip.bundestag.de
https://www.landtag.nrw.de/home/dokumente/dokumentensuche/direktabruf.html
https://www.parlamentsspiegel.de/home/einfache-suche.html

Charta von Venedig in französischer, deutscher und englischer Fassung:
https://www.icomos.org/charters/venice_f.pdf
https://www.icomos.org/venicecharter2004/german.pdf
https://www.icomos.org/charters/venice_e.pdf

ICOMOS-Statuten:
https://www.icomos.org/images/DOCUMENTS/Secretariat/StatutesAmendments_R2_20130325/st1965-statuts-en.pdf

Charta der Vereinten Nationen:
https://dgvn.de/publications/PDFs/Sonstiges/Charta-der-Vereinten-Nationen.pdf

UNESCO-Verfassung, Stand der Ratifikationen und
UNESCO-Dokumentation
(letzter Abruf: 08.11.2021):
https://www.unesco.de/mediathek/dokumente/verfassung-der-organisation-fuer-bildung-wissenschaft-und-kultur
http://www.unesco.org/eri/la/convention.asp?KO=13055&language=E
https://unesdoc.unesco.org/ark:/48223/pf0000114582.page=142
https://unesdoc.unesco.org/ark:/48223/pf0000131324
https://unesdoc.unesco.org/ark:/48223/pf0000378425_eng/PDF/378425eng.pdf.multi.page=11
http://whc.unesco.org/en/statesparties

Dokumente des Europarates:
https://publicsearch.coe.int
https://www.coe.int/en/web/documents-records-archives-information/relationship-webcat-archivalware

Amtsblatt der Europäischen Gemeinschaften/Europäischen Union:
https://eur-lex.europa.eu/oj/direct-access.html
https://eur-lex.europa.eu/eli/reco/1975/65/oj

Resolution von Brüssel für ein Europäisches Denkmalschutzjahr:
http://www.dnk.de/_uploads/media/137_1969_Europarat_Denkmalschutzjahr.pdf

Wiener Übereinkommen vom 18. April 1961 über diplomatische Beziehungen: https://www.justiz.nrw.de/Bibliothek/ir_online_db/ir_htm/frame_wued_18-04-1961.htm

Nachschlagewerke

Biographische Datenbank des Forschungsprojektes »Stadtwende. Altstadtverfall, Bürgergruppen, DDR'89«: https://stadtwende.de/stadtwendepunkte/ (letzter Abruf: 24.02.2022).
Rektoren und Präsidenten der HU Berlin seit 1810: https://www.hu-berlin.de/de/ueberblick/geschichte/rektoren/neye
Kalliope: überregionaler Verbund und nationales Nachweisinstrument für Nachlässe, Autographen und Verlagsarchive: http://kalliope-verbund.info/
Mitglieder der Sächsischen Akademie der Künste: https://www.sadk.de/mitglieder/
Spezialarchiv Bauen in der DDR. Informationszentrum Plattenbau, hrsg. vom Bundesinstitut für Bau-, Stadt- und Raumforschung im Bundesamt für Bauwesen und Raumordnung: https://bauarchivddr.bbr-server.de/bauarchivddr/
Deutsches Wörterbuch: http://dwb.uni-trier.de/de/das-woerterbuch/das-dwb
Das Wortauskunftssystem zur deutschen Sprache in Geschichte und Gegenwart, hrsg. v. d. Berlin-Brandenburgischen Akademie der Wissenschaften: https://www.dwds.de
Gabler Wirtschaftslexikon: https://wirtschaftslexikon.gabler.de/

Sonstige

Internetauftritt des Deutschen Nationalkomitees von ICOMOS www.icomos.de (letzter Abruf: 24.02.2022)

Datenbank für digitalisierte Tagespresse der DDR: http://zefys.staatsbibliothek-berlin.de/ddr-presse/volltextsuche/

Suchmaschinen des Bundesarchivs:
http://www.argus.bstu.bundesarchiv.de/
https://invenio.bundesarchiv.de/invenio/login.xhtml

Aufstellung über Besucherzahlen in Thüringer Museen des Museumsverbandes Thüringen e. V.:
http://www.museumsverband-thueringen.de/fileadmin/museumsverband/dokumente/Jahres-PK_2017/MVT_JPK_Besucherzahlen_Th_Museen_2002-2016.pdf (letzter Abruf: 20.08.2018).

Nachruf auf verdienten Wissenschaftler der TU-Bergakademie Freiberg
Prof. Dr. Otfried Wagenbreth, 30.05.2017:
https://tu-freiberg.de/presse/nachruf-auf-verdienten-wissenschaftler-der-tu-berg-akademie-freiberg-prof-dr-otfried-wagenbret

Internetauftritt des Fotografen Wilfried Dechau:
http://wdechau.de/

Eintrag zu Artur Becker in der Datenbank »Gedenktafeln in Berlin«:
https://www.gedenktafeln-in-berlin.de/gedenktafeln/detail/artur-becker/203

Quartettspiel »Technische Denkmale« beim DDR-Museum Berlin, Inventarnummer 1014078:
https://www.ddr-museum.de/en/objects/1014078

Abkürzungen

a. E.	am Ende
AADP	Akten zur Auswärtigen Politik der Bundesrepublik Deutschland
ABl.	Amtsblatt
Abt.	Abteilung
AufbauG	Gesetz über den Aufbau der Städte in der Deutschen Demokratischen Republik und der Hauptstadt Deutschlands, Berlin, (Aufbaugesetz) vom 6. September 1950
BE	Berlin
BNatSchG	Bundesnaturschutzgesetz
Brd. LDA	Brandenburgisches Landesamt für Denkmalpflege
BStU	Der/Die Bundesbeauftragte für die Unterlagen des Staatssicherheitsdienstes der ehemaligen Deutschen Demokratischen Republik
BW	Baden-Württemberg
BY	Bayern
DASR	Akademie für Staats- und Rechtswissenschaften der DDR
DB	Durchführungsbestimmung
DDR	Deutsche Demokratische Republik
Dok.	Dokument
DPG	Gesetz zur Erhaltung der Denkmale in der Deutschen Demokratischen Republik (Denkmalpflegegesetz)
DSchG	Denkmalschutzgesetz
EAHY	European Architectural Heritage Year (Europäisches Denkmalschutzjahr)
Fn.	Fußnote
GBl.	Gesetzblatt
gem.	gemäß
GfD	Gesellschaft für Denkmalpflege
GöV	Gesetz über die örtlichen Volksvertretungen
GVBl.	Gesetz- und Verordnungsblatt
GVOBl.	Gesetz- und Verordnungsblatt (Schleswig-Holstein)
HB	Hansestadt Bremen
HE	Hessen
HH	Hansestadt Hamburg
i. V. m.	in Verbindung mit
ICCROM	International Centre for the Study of the Preservation and Restoration of Cultural Property
ICOM	International Council on Museums
ICOMOS	International Council on Monuments and Sites

IfD	Institut für Denkmalpflege
KB	Kulturbund
LKultG	Landeskulturgesetz der DDR von 1970
LT-Drs.	Landtagsdrucksache
LVerf	Landesverfassung
LVerfG	Landesverfassungsgericht
m. w. N.	mit weiteren Nachweisen
MdF	Ministerium der Finanzen
MdJ	Ministerium der Justiz
MfAA	Ministerium für Auswärtige Angelegenheiten
MfB	Ministerium für Bauwesen
MfK	Ministerium für Kultur
ND	Niedersachsen
NW	Nordrhein-Westfalen
PA AA	Politisches Archiv des Auswärtigen Amtes
Rn.	Randnummer
RP	Rheinland-Pfalz
Sächs.HSG	Sächsisches Heimatschutzgesetz von 1934
Sdr.	Sonderdruck
Sen-Drs.	Senatsdrucksache
SH	Schleswig-Holstein
SL	Saarland
SN	Sachsen-Anhalt
TLDA	Thüringisches Landesamt für Denkmalpflege
TTD	Temporary Travel Document (auch sogenannter Travel-Pass)
undat.	undatiert
UNESCO	United Nations Educational, Scientific and Cultural Organization
UNO	United Nations Organization
Verf.	Verfassung
VO	Verordnung
VO-52	Verordnung zur Erhaltung und Pflege der nationalen Kulturdenkmale (Denkmalschutz) von 1952
VO-61	Verordnung über die Pflege und den Schutz der Denkmale von 1961
VR	Volksrepublik
VuM	Verfügungen und Mitteilungen
VwVfG	Verwaltungsverfahrensgesetz
z. B.	zum Beispiel

Personenregister

Abbe, Ernst 242, 291
Abusch, Alexander 46, 49, 118, 276, 295 f.
Achilles, Leopold 44, 205
Ackermann, Anton 195
Ackermann, Manfred 13
Albrecht, Helmuth 248
Assmann, Jan 241

Bach, Johann Sebastian 240
Bacher, Ernst 279
Bachmann, Walter 37
Bahner, Werner 154
Bänninger, Horst 64–66, 101 f., 299
Bartetzky, Arnold 15
Becher, Johannes R. 107
Becker, Artur 243
Beethoven, Ludwig van 107
Benjamin, Hilde 38, 45
Bentzien, Hans 14, 46, 49, 60, 118, 207, 295 f., 298
Berger, Hans 69, 165 f.
Blankenhorn, Herbert 153
Böhmer, Maria 154
Böhret, Carl 134
Bonanni, Giandomenico 86
Bönninger, Karl 40, 42
Bornheim gen. Schilling, Werner 147, 150 f., 157 f., 163–166

Brandt, Sigrid 21, 31, 151, 233, 272, 274
Brandt, Willy 150
Brasch, Horst 67
Bräuer, Michael 168 f.
Bredel, Willi 107
Breschnew, Leonid I. 86
Brichet, Robert 287
Brichetti, Katharina 169
Brunner, Georg 90, 127–129

Campbell, Brian William 21, 31
Chruschtschow, Nikita S. 40
Clemen, Paul 278
Collein, Edmund 279
Cravatte, Henry 287

Damm, Hans 161
Dau, Rudolf 110, 247
Davydov, Dimitrij 198, 239, 286
Dechau, Wilfried 258
Dehio, Georg 14
Deiters, Ludwig 15, 18, 25, 36 f., 44, 46, 49, 55, 61, 63, 65–69, 77–79, 95, 98, 100, 102, 107, 109, 111, 118, 122–125, 138, 144–146, 148, 150 f., 157, 163, 165–167, 173–175, 177–180, 189, 195 f., 205, 208 f., 229, 234–236, 238, 240 f., 273, 275, 277, 279, 295, 298 f., 307
Demshuk, Andrew 60
Dimitroff, Georgi 207
Dornbusch, Ramona Simone 283
Douffet, Karl Heinrich 100
Duncan-Sandys, Duncan Edwin 176, 287
Dürer, Albrecht 107
Düwel, Jörn 272

Edeling, Herbert 85
Egler, Gert 85
Egli, Hans-Rudolf 282
Elsner, Steffen H. 121, 123
Emmerich, Wolfgang 75
Engels, Friedrich 110
Escherich, Mark 237

Fait, Joachim 165
Feix, Roland 144 f., 148, 160–162, 296
Fibich, Peter 21, 267
Fiedler, Manfred 169
Fischer, Edwin 212, 224, 230
Fitzner, Elfriede 69
Franz, Thorsten 134
François, Etienne 243 f.
Friedrich II. (der Große), König von Preußen 14

Friedrich August III., König von Sachsen 281
Friedrich, Christa 163 f.
Fröhlich, Paul 60

Gaus, Günter 16 f.
Gazzola, Piero 147–149, 151, 163, 173–175
Gilsenbach, Reimar 137
Glaser, Gerhard 174
Glendinning, Miles 140, 176
Goethe, Johann Wolfgang von 240, 244
Goralczyk, Peter 198 f., 241, 275
Graefrath, Bernhard 41 f.
Grotewohl, Otto 84, 294
Grunert, Horst 154
Gysi, Birgid 247
Gysi, Irene 146, 175, 247
Gysi, Klaus 28, 60–63, 66 f., 91, 96, 100–102, 109 f., 117, 166, 192, 247, 296, 298

Haase, Horst 110, 247
Hager, Kurt 77–80, 92, 108, 299
Hallstein, Walter 149, 153
Halturin, Alexander 163
Hartke, Werner 66
Hassler, Uta 13
Heese, Walter 38, 275
Hegel, Georg Wilhelm Friedrich 89

Heinze, Dieter 85, 154
Helas, Luise 22
Henn, Walter 258
Hennebo, Dieter 260, 268
Henselmann, Hermann 26, 281
Hentzen, Alfred 163
Henze, Martin 165
Herbst, Wolfgang 164
Herold, Stephanie 278
Heuer, Uwe-Jens 41 f., 85, 87
Hirsch, Burkhard 257 f.
Hochbaum, Hans-Ulrich 40
Hodler, Ferdinand 291
Hoffmann, Hans-Joachim 59, 109, 117–119, 296, 303
Höft, Egon 69, 95, 98, 235
Holtzhauer, Helmut 164
Honecker, Erich 17, 77, 85, 107, 111, 128, 282, 299
Hruška, Emanuel 191, 282
Huff, Tobias 264 f.
Hütter, Elisabeth 190

Iwanow, Wladimir 174

Jahn, Johannes 159–162, 164, 167, 299
Jendretzky, Hans 47 f., 113, 207
Jessen, Ralph 44
Jungmann, Hanns 32 f.

Kabus, Günter 174
Kaminsky, Horst 72

Karg, Detlef 260
Kegel, Gerhard 85
Keltsch, Sandra 21
Kiermeier, Hildegard 145, 160 f.
Kiesow, Gottfried 166
Klar, Herma 169
Klemm, Bernhard 69
Klemstein, Franziska 20, 22
Klenner, Hermann 41–43
Klöpfer, Michael 265
Krenz, Egon 307
Kröger, Helga 44, 205
Krutzsch, Walter 85

Lade, Kurt 36
Lahn, Lothar 150
Lapp, Peter Joachim 120, 123
Laue, Anett 265
Lehmann, Nele-Hendrikje 22
Lehrmann, Edgar 180
Lemaire, Raymond 149, 163
Lenin, Wladimir I. 110, 223, 235, 291
Löffler, Kurt 69
Lohmann, Ulrich 115
Lorentz, Stanisław 147–151, 163, 166
Lucas, Rolf 254
Luise, Königin von Preußen 291
Luther, Martin 14, 235

Mager, Tino 244
Magirius, Heinrich 16 f., 31, 49, 190, 274, 295, 307

Mainzer, Udo 260
Malraux, André 139
Malycha, Andreas 108
Mampel, Siegfried 11, 264
Mann, Heinrich 107
Mansfeld, Heinz 30
Markovits, Inga 23
Martin, Dieter 214
Marx, Karl 89, 110, 188, 243, 248
Materna, Helmut 180
Mayer, Otto 23
Meenzen, Sandra 60
Meyer, Rudolf 164
Mielke, Erich 179
Mitscherlich, Alexander 170
Mohr, Siegfried 125
Moldt, Ewald 156
Mollnau, Karl 42, 133, 141
Mückenberger, Joachim 60
Müller, Gottfried 36
Müller-Römer, Dietrich 90
Münzer, Georg 35, 38f., 43f., 47f., 128, 195, 204f., 225, 295
Müther, Ulrich 13

Nadler, Hans 12, 37–39, 59, 63, 69, 76, 80f., 101f., 150f., 165, 192, 234f., 250, 263, 274, 295, 297
Namslauer, Hugo 165, 260
Neutsch, Erik 75
Neye, Walter 152

Nora, Pierre 243–245
Nuschke, Otto 215

Obrecht, Marcus 135
Odendahl, Kerstin 32
Ohle, Walter 34–38, 45f., 69, 165, 203f., 295
Ohlenforst, Sascha 265
Oppermann, Lothar 85, 87

Patzwall, Kurt 164
Paulinyi, Ákoš 258
Petermann, Bernd 257
Peters, Hermann 247
Petzet, Michael 279
Pischner, Hans 44, 46, 187, 195
Polak, Karl 41, 84
Polenz, Serafim 37, 165, 174
Poppe, Eberhard 76, 85
Ptasznik (Leiter der Abteilung Museumswesen in Warschau, 1965) 148

Rackwitz, Werner 59, 124f.
Rauterberg, Hanno 13
Rehbein, Elfriede 164
Rehbinder, Manfred 134
Reich-Ranicki, Marcel 60
Reimann, Brigitte 75
Reinhart, Kai 298
Renborg, Sten 172
Rieck, Käthe 20
Riegl, Alois 233
Rost, Rudolf 72, 100

Ruland, Ricarda 169
Rüssel, Harald 55, 69

Sasse, Konrad 164
Sauerländer, Willibald 110f.
Schiedermair, Werner 278, 285
Schilling, Christiane 288f.
Schinkel, Karl Friedrich 13, 278, 291
Schlegel, Friedrich 228
Schlopsnies, Peter 69
Schmid, Alfred A. 146
Schmidt, Heinz 85, 87
Schnakenburg, Klaus 247
Schneider, Leonardas 174
Schober, Rita 154
Schoder, Hans 37, 44, 69, 165f., 205, 295
Schröder, Jan 23, 131
Schröder, Rainer 22
Schubert, Wolf 36–38, 205, 295
Schulmeister, Karl-Heinz 121f., 169, 237, 299
Schulze, Hagen 243f.
Schwarzenberger, Ute 165
Seib, Gerhard 258
Seiffert, Wolfgang 85
Semler, Hans-Joachim 85
Senglaub, Konrad 164
Siering, Kurt 69
Sorgenicht, Klaus 84–86, 88
Speitkamp, Winfried 202

Spielmann, Helmut 69
Stalin, Josef W. 40f.
Stamm, Kerstin 21, 145
Steinert, Ursula 125
Stelzer, Helmut 165, 174
Stolleis, Michael 23
Stoph, Willi 150
Strauss, Gerhard 12, 14, 30f., 45, 55, 233
Such, Heinz 42

Tausendschön, Kurt 165, 184
Thälmann, Ernst 207
Thiede, Manfred 175
Thiele, Gerhard 63, 69, 240f., 246
Titel, Werner 264, 266
Tönnies, Günther 148–150

Ulbricht, Walter 15, 17, 24, 36, 40–42, 74–76, 83–86, 107, 233

Varga, Csaba 185
Velde, Henry van de 291
Verhoeven, Jennifer 21f.
Volk, Waltraud 20
Voss, Hans 85

Wächtler, Eberhard 248–250, 259, 299
Wagenbreth, Otfried 100f., 124, 138, 248f., 259, 297, 299
Wandel, Paul 152
Weichelt, Wolfgang 85f.
Weidhaas, Hermann 14, 233, 235

Weinert, Erich 107
Weiß, Ludwig 170f.
Weiß, Wolfgang 42
Werner, Konrad 266
Wiese, René 298
Wilhelm, Richard 125
Winters, Peter Jochen 108
Winzer, Otto 166
Witt, Günter 60
Wolf, Siegfried 161
Wüllner, Katja 21
Wüsten, Sonja 65, 68f., 93, 296
Wyss, Alfred 279

Zander, Dieter 180
Zetkin, Clara 235
Zieger, Gottfried 90, 127
Zießler, Rudolf 174
Zühlsdorf, Erich 26

Dank

Die vorliegende Arbeit wurde im Frühjahr 2020 als Dissertation an der Bauhaus-Universität Weimar angenommen. Sie ist im Rahmen des DFG-Graduiertenkollegs GRK 2227 »Identität und Erbe« entstanden und konnte dort in warmherziger, kollegialer sowie freier und kritischer Umgebung diese Gestalt annehmen. Ich möchte mich herzlich bei Sarah Alberti, Claudia Ba, Simone Bogner, Maria Frölich-Kulik, Luise Helas, Cornelia Panjas sowie Mark Escherich und Tino Mager für die Begleitung in den letzten Jahren bedanken. Ein besonderer Dank gilt meinem Erstbetreuer Hans-Rudolf Meier, der mir den nötigen Freiraum gab und das Vertrauen schenkte, diese Arbeit so zu verwirklichen. Winfried Speitkamp und Kerstin Wittmann-Englert danke ich herzlich für die rasche Erstellung der weiteren Gutachten.

Der Grundstein für diese Arbeit wurde in den Jahren gelegt, in denen ich als Mitarbeiterin am Lehrstuhl meiner akademischen Mutter und Wegbereiterin Pascale Cancik arbeitete. Sie hat mir mit der Arbeit an ihrem Lehrstuhl die Möglichkeit gegeben, Perspektiven einzunehmen, für die ihm Rahmen des Curriculums des Jurastudiums kein Raum ist. Sie hat mich bestärkt, dass die mich umtreibenden Fragen durchaus beantwortet werden können, dafür aber der Blick über den (formal-)juristischen Tellerrand notwendig ist. Sie hat mir gezeigt, was Wissenschaft ist, hat mich begleitet, gefordert, gefördert und nachhaltig geprägt. Dafür danke ich ihr aufrichtig.

Viele Personen haben mir auf meinem Weg mit Rat und Tat beiseitegestanden. Sie inspirieren und tragen mich mit ihrer Stärke – und ihren Lebensentwürfen. Ich danke Ariane Gernhardt, Ingrid Scheurmann, Ines Steins, Christine Giesa und Annkatrin Jung dafür, dass sie mir, teils über Dekaden hinweg, Orientierung gegeben und mich begleitet haben.

Jana Fröbel vom Ch. Links Verlag danke ich herzlich für das Interesse an meinem Manuskript, ihre Geduld und die kundige Betreuung. Daniel Bussenius danke ich für das Lektorat. Der Bundesstiftung zur Aufarbeitung der SED-Diktatur danke ich für die Gewährung eines großzügigen Druckkostenzuschusses.

Mein treuer Begleiter, Jan Benjamin Daniels, hat den Entstehungsprozess dieser Arbeit verfolgt, manchmal auch ertragen. Dein unerschütterlicher Glaube an mein Durchhaltevermögen hat mich stark gemacht; Dein Verständnis, Deine Neugier, Dein kritischer Blick haben diese Arbeit bereichert. Danke, dass Du für mich da warst und bist.

Ich widme diese Arbeit meinen Eltern, Jörg und Silke Trötschel. Ihr unterstützt mich in jeder denkbaren Weise, schenkt mir Kraft und Selbstvertrauen, Ihr habt mich immer und fortwährend bestärkt, meinen Weg zu gehen. Dafür danke ich Euch unendlich.

Die Autorin

Bianka Trötschel-Daniels ist in Thüringen aufgewachsen. Ihr Rechtswissenschaftsstudium an der Universität Osnabrück schloss sie 2011 mit dem Diplom ab. Anschließend absolvierte sie ebenfalls in Osnabrück ein Masterstudium der Geschichte. Sie forscht zur DDR-Verwaltungs(rechts)praxis, zum Denkmalschutzrecht und zur Parteiengeschichte und lehrte in Osnabrück und an der Technischen Universität Dortmund. Zusammen mit Tino Mager gab sie die Bücher *Rationelle Visionen – Raumproduktion in der DDR* in der Schriftenreihe *Forschungen zum baukulturellen Erbe der DDR* (2019) sowie *BetonSalon – Neue Positionen zur Architektur der späten Moderne* (2017) heraus. Ihre vorliegende Dissertation entstand im DFG-Graduiertenkolleg »Identität und Erbe« an der Bauhaus-Universität Weimar.